惊魂的谜团

姜 波 主编

中国华侨出版社

北 京

图书在版编目 (CIP) 数据

惊魂的谜团 / 姜波主编 . —北京：中国华侨出版社，2014.6（2019.10 重印）
ISBN 978-7-5113-4745-9

Ⅰ . ①惊… Ⅱ . ①姜… Ⅲ . ①科学知识 – 普及读物 Ⅳ . ① Z228

中国版本图书馆 CIP 数据核字（2014）第 130189 号

惊魂的谜团

主　　编：姜　波
责任编辑：雨　墨
封面设计：李艾红
文字编辑：朱立春
美术编辑：张　诚
插图绘制：陈福平
部分图片来自 www.quanjing.com & www.ICpress.cn
经　　销：新华书店
开　　本：720mm×1020mm　1/16　印张：27　字数：620 千字
印　　刷：北京市松源印刷有限公司
版　　次：2014 年 8 月第 1 版　2019 年 10 月第 4 次印刷
书　　号：ISBN 978-7-5113-4745-9
定　　价：68.00 元

中国华侨出版社　北京市朝阳区静安里 26 号通成达大厦 3 层　邮编：100028
法律顾问：陈鹰律师事务所
发 行 部：（010）58815874　　　　传　真：（010）58815857
网　　址：www.oveaschin.com　　　E－m a i l：oveaschin@sina.com

如果发现印装质量问题，影响阅读，请与印刷厂联系调换。

前言
PREFACE

在我们生活的世界里有许多事情像谜一样演绎着，一不留神恐惧就会扑面而来，它一直深入你的灵魂，在你的脑海留下永久的烙印。这些惊魂的事件超乎科学的解释，超乎人类的逻辑思维和想象，震撼着你的心灵。

美国作家洛夫克拉夫特曾说："人类最古老而强烈的情绪便是恐惧，最古老而强烈的恐惧便是未知。"

面对一个个震撼心灵的悬疑，一个个无法索解的谜团，一幕幕魅影重重的历史往事，一个个有关生命的惊人话题，我们惊悚，我们敬畏，我们疑惑，我们惊叹。到底是什么以超自然的力量，神不知鬼不觉地操控着我们的生活？那些匪夷所思的谜团背后又隐藏着怎样的玄机？大自然赋予我们神奇的头脑，使我们不得不密切关注和发出疑问。

在人类科学尚不发达时，人们囿于知识的局限，对这些现象只能主观猜测与揣摩；当人类的科学知识水平获得空前大发展以后，对很多过去遗留的难题，都做出了合理的解释。然而，尽管有些事情已经得到科学上的印证和解释，但这并不影响它的非同寻常所带给人们的心理冲击和心灵震撼。

地球上总有一些异常现象发生，有很多神秘地带，犹如一条条死亡飘带，处处都沾染着鲜血，在其统治下的区域，人类神秘死亡事件层出不穷，这些地方究竟隐藏着什么？无人知晓。

道听途说也好，现场目击也罢，有一些野人、雪人、蜥蜴人、卵生人在现实中活动着。还有各种各样的奇人，他们有"千里眼""第六感"，甚至还能"自燃"，是特异功能，还是某种巧合？人们莫衷一是。

生活中也经常发生一些灾难悲剧的巧合，让人感到扑朔迷离，就像一双无形的巨手在操纵着这一切。牵涉生死，却又带有更多神秘色彩的巧合事件，使我们看不到巧合的前因后果，尤其在双胞胎之间常常存在着种种不可思议的巧合，让人迷惑难解。

世界各地到处都隐藏着各式各样的宝藏，探险家们都试图把这些宝藏收入自己囊中，却赔上了自己的性命，这些宝藏为什么如此难以接近？

当你读完这些惊魂的谜团时，你会突然发现，原来你对这个世界并不了解。这个世界有太多的神秘无法揣测，有太多的神奇无法解释。它们不断露出朦胧的脸庞，向人类的智慧和耐力发出挑战。这些谜团就像一篇篇尚无结局的传世之作，等待着

1

我们用大胆的设想和精益求精的态度去续写更多的精彩。

本书几乎涵盖了当今世界各个领域的种种谜团、生活中无奇不有的怪异现象，带着你在悬疑丛生的叙述中品味神奇的大千世界。我们在这里并不是想给大家一个明确的答案，连科学家都无法定案的事件，我们也不能盲目地下定论，只是把这些事件展现给读者，科学家们的观点也是见仁见智、各不相同，有的听起来甚至有点"离经叛道"，但这当中不乏智慧的闪光，我们可以自己去参透、去领悟。

同时，本书还精选了几百幅与文字相契合的图片，它们或渲染恐怖气氛，或阐释故事情节，为事件本身笼罩了一层朦胧、神秘的氛围，为读者增加了更广阔的想象空间，引领读者进入精彩玄妙、匪夷所思的神秘世界，同时又给读者带来阅读快感。

第一篇　玄妙的外星生命谜团

第二篇 惊魂的自然谜团

第三篇　奇妙的生命谜团

人体之谜

死亡之旅

第四篇　神奇的古文明谜团

神秘消失的繁华

第五篇　难解的政治谜团

中外名人离奇之死

第六篇　骇人的军事谜团

战火弥漫的天空

无孔不入的暗杀

谍影幢幢

第七篇　惊险的考古谜团

指引黄泉路的神奇宝藏

第八篇　奇谲的文化艺术谜团

第九篇　致命的灾难谜团

天崩地裂，祸从天降

肆虐无常的瘟疫之魔

第十篇　离奇的巧合谜团

生与死：前世今生两茫茫

灾与祸：为什么偏偏这时来

第一篇

玄妙的外星生命谜团

UFO 的传说

UFO 难道是近几年才知道地球上有人类吗？不，他们早就知道，而且可能还来过。

UFO 解密

长久以来，人们都自以为人类才是宇宙中唯一的生命，可是 UFO 的出现使人类开始重新考虑并关注其他星球是否存在生命的问题，以及这些生命是否与地球、人类之间存在着某种联系。关于神秘的 UFO 的故事不断充斥在各种杂志、报刊和影视中，那么 UFO 是不是外星人的交通工具呢？它真的是天外来客吗？

UFO 是英文 Unidentified Flying Object 的缩写，中文意思为"不明飞行物"，它主要是指出现在地面附近或天空中的一种奇异的光或物体，也称"飞碟"。这个缩写最早是在美国 1947 年 6 月 24 日出现飞碟时由一名记者在报纸上使用的，一直沿用至今。

最早记载不明飞行物出现的时间是在 1878 年 1 月，美国得克萨斯州的天空中突然出现了一个圆形物体。当地农民 J. 马丁发现这一圆形物体后，这条新闻同时登载在美国 150 家报纸上。1947 年 6 月 24 日，美国爱达荷州的企业家肯尼斯·阿诺德驾驶私人飞机飞经华盛顿时，发现雷尼尔山附近出现了 9 个以一种奇特的跳跃方式在空中高速前进的圆形物体。它们就像一种类似弯形的闪光物，更像是碟盘一类的器具。这些物体以大约 2000 千米 / 小时的速度疾飞而过，转眼就在天空中消失了……美国几乎所有的报纸都报道了这一事件，世界性的飞碟热被引发，"飞碟"的名称由于十分形象、贴切而开始流传。

随着 UFO 目击事件的日益增多，人类也尝试着想与之较量一番，但是在几次的较量中都以人类的失败而结束。1956 年 10 月 8 日，一个 UFO 出现在日本冲绳岛附近，适逢附近正在实弹演习的一架西方盟国的战斗机飞过，机警的战斗机炮手马上向它开炮。结果炮弹爆炸后，"先下手为强"的战斗机碎成残片，机毁人亡，而被攻击的 UFO 却安然无恙。1996 年 8 月的一天，美国西

这张拥有经典外观的 UFO 照片拍摄于 1967 年美国罗得州。

部某导弹基地附近也出现了一架长期滞留的UFO。自作聪明的人类在对它拍完录像之后，立即启动基地几乎所有的导弹发射装置来攻击它。奇怪的现象又一次发生了，基地所有的装置在同一时刻瘫痪，而UFO依然安然无恙。特别是一束神奇的射线击中了一套最先进的导弹发射装置，使它在顷刻间"熔为一堆废铁"！科学家们闻讯赶来，一致认为可能是一种高脉冲的东西把这套先进的装置"化"为废铁的。

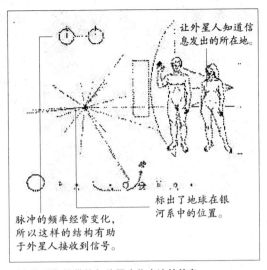

让外星人知道信息发出的所在地。

标出了地球在银河系中的位置。

脉冲的频率经常变化，所以这样的结构有助于外星人接收到信号。

"先锋号"携带的与外星生物交流的信息
星球爆炸的地图印在"先锋10号"和"先锋11号"的箔金属上。它标出了地球在银河系中的位置，也可以让外星人知道信息发出的所在地。

　　几次"以卵击石"的事件造成了巨大损失之后，专门研究UFO的科学家们开始对"妄自尊大"的人们提出忠告："与UFO相遇时，'先下手为强'是绝对不可取的；因为与UFO相比，人类的飞机与炮弹就像一个与坦克较量的弹弓。除了无谓的牺牲外，我们别无选择，只能静观其变。"

　　然而，人类并没有停止对UFO的研究。1967年，由美国政府授权、美国空军协助，以哥诺兰大学著名物理学家爱德华·U.康顿博士为首，组成了歌诺兰大学调查委员会。他们全面分析鉴别了1948年以来美国空军搜集到的12618起UFO报告。整整18个月以后，他们的研究结果被整理成了一份名为《不明飞行物体的科学研究》(亦称《蓝皮书计划》)。这份共有2400页、重达4.5千克的报告认为，由于UFO对国家安全并无具体威胁，所以不应再重视UFO的研究了。英国国防部同期也开展了同样性质的研究，他们调查研究了1967~1972年间英国境内的1631起UFO事件，认为除了极少数"未能查实"的不明飞行物以外，绝大部分只是高空气球、飞行器碎片、大气现象和飞机等物质。

　　罗勃·D.巴利先生是美国"20世纪UFO研究会"的主席，也是研究UFO的权威人士。据他所知，美国军方目前掌握着一架1962年坠毁在美国墨西哥州某空军基地的UFO的最详尽的资料。这个UFO有16.8米的直径，它的主要原料是一种地球上找不到的金属，外形是典型的碟状飞船。飞碟的飞行速度在着陆时达到144千米/小时，但它的着陆装置未放下来。各种专家对写有文字内容的飞碟碎片进行了分析鉴定，但仍破解不了其中的奥秘。

　　按照巴利先生的说法，UFO显然真实存在，但事情却另有蹊跷。2001年3月10日，美国中情局首次大规模解密了859份秘密情报文件。这批从1947年至1991年的内容五花八门的秘密文件，包括了美国中情局从20世纪40年代末一直到现在对UFO现象展开的研究。这50年来的研究结果让人瞠目结舌：UFO的存在并没有确凿

美国顾问海奈克展示 UFO 草图

在 1966 年 3 月的一次记者招待会上，美国空军蓝皮书作业组织的顾问海奈克展示一幅密歇根 UFO 目击者所绘的草图。美国政府自此开始调查 UFO 事件。

证据，换句话说，也许根本就没有 UFO!

以美国侦察部为研究对象的历史学家海恩斯将 20 世纪 90 年代美国中情局所有关于 UFO 的秘密内参全部翻阅后，得出的结论是：在 1950~1960 年间，所谓的 UFO 超过半数都是美军人员驾驶的侦察飞机。

他认为美国一直在撒一个弥天大谎! 海恩斯主要由两个方面确定和推测美国政府的行为：一是当时苏联对美国领空的入侵造成了美国民众的恐慌，美政府假借 UFO 可以安抚民众；二是因为美国当时的 SR-71 和 A-12 是最机密的情报收集机，但它们总是在飞临敌方上空时受到致命的威胁。所以中情局就以 UFO 这枚"烟幕弹"来为其护航，这样就会麻痹被侦察国的防空警报系统，从而改变原来的被动状况，同时达到浑水摸鱼的效果。

根据中情局的一些解密文件和海恩斯的研究，许多人认为：苏联政府在早期曾经创造了 UFO 现象，目的就是为了引起美国社会混乱。但是这种阴谋反而被美国政府所利用，制造了后期的 UFO 现象，并指望 UFO 能够遮掩政府进行的绝密间谍飞机的实验，但到目前为止，这种说法仍缺乏足够的证据。

无论 UFO 是否存在，全世界仍有约 1/3 的国家还在对不明飞行物进行持续的研究工作。美国的一些理工大学甚至还把对这种不明飞行物进行分析与讨论正式列入了博士论文的选题。

华盛顿遭遇 UFO 入侵

号称无敌的美国空军，却被 UFO 耍得团团转。

UFO 光临地球在许多地方都发生过，自称看到 UFO 的人都对它的奇特性惊呼不已。在 1952 年，美国爆发了震撼全球的"UFO 入侵华盛顿上空"事件，这是一次让美国军方绷紧了神经的 UFO 事件，其可信度也是极大的。

1952 年 7 月 19 日晚上 11 时 40 分，正当美国公民沉浸在周末的温馨气氛中时，华盛顿国际机场控制塔的雷达屏幕上突然出现了 7 个闪光点。不仅如此，这 7 个闪光点中的两个竟然以每小时 1.12 万千米的超高速在空中飞行，不一会儿就从雷达屏幕上消失了，这显然不是普通飞机所能达到的速度。与此同时，安德鲁斯空军基地的雷达也捕捉到了相同的情况。紧接着，卡塔尔机场 807 航班、610 航班的飞行员也报告说亲眼看到了这些东西。这件事情引起了美国军方的重视。

"入侵"事件发生后，美国空军司令部为了保护美国的领空安全，立即命令先进的 F-86 型喷气式战斗机出击，以防止不明飞行物的任何危险行为。但战斗机刚一升空，不明飞行物就"唰"的一下消失了，战斗机根本无法追赶。等到 F-86 返航时，那些不明飞行物又神不知鬼不觉地出现在华盛顿上空。它们就像与美国空军捉迷藏一样，一直折腾到天亮，将不可一世的美国空军彻底戏弄了一番。

第二天夜晚，这些谜一般的飞行物再次成队地飞临华盛顿上空。战斗机又出动了，但又如同上次一样，一直折腾到清晨，仍一无所获，美国空军又被戏弄了一次！

迄今为止，不仅是美国人，所有地球人还从未击落过一架 UFO！

古印度人制造宇宙飞船之谜

在人们的印象中，高速飞行器械肯定是现代人的发明。但是，考古学家的发现却给出了不同的答案。因为，考古发现，古人不但能够造飞行器械，还能造宇宙飞船。

近年来，人们竟然根据印度古文献仿造出了飞行速度达 5.7 万千米 / 小时的飞船。当然，从现代科技的角度去看，也许这是小事一桩。这份文献是从一座倒塌的史前时代的庙宇地下室中发现的，是一些古代梵文木简。而这种飞船就是大名鼎鼎的"战神之车"。

这份资料详细记载了"战神之车"飞船的驱动方式、构造、制造飞船的原料乃至飞行员的训练与服装等众多细节，篇幅达 6000 行之多。据记载，"战神之车"的飞行速度如换算成现代计算单位应为每小时 5.7 万千米。

这就是说，当人类发明了火车、飞机、飞船并为自己的发明所陶醉的时候，他们根本就没有想到，这些看来非常现代化的工具在几千年前就可能已经存在了，这真让科学家们尴尬了一回。

说起"战神之车"，还要从印度南部古城甘吉布勒姆的 424 座神庙说起。这些神庙据说最多时曾达到 1000 座，因而"寺庙之城"就成为这座城市的当之无愧的称号。在这些神庙中，除了湿婆、毗湿奴、黑天、罗摩等众多古印度的神灵雕像外，还有一种飞船的雕塑。这种被雕成不同样式的飞船上面刻有众多神话人物，但"战神之车"却是它们共同的名称。据说这些飞船就是这些神话人物乘坐的坐骑。

研究者们发现，"战神之车"是一种多重结构的飞船，绝缘装置、电子装置、抽气装置、螺旋翼、避雷针以及喷焰式发动机都装备在了飞机上。文献中多次指明飞船呈金字塔形，顶端覆盖着透明的盖子。这简直就是传说中的飞碟。

这份文献是 1943 年从印度南部的迈索尔市

古希腊出土的青铜飞船模型
古希腊也发现了宇宙飞船，它与古印度的"战神之车"似乎有某种联系。这不禁让人猜想，古代地球上真有过外星人光临吗？

梵语图书馆一座倒塌的庙宇地下室中发现的。这些神话故事因为它的发现开始变得更加扑朔迷离了，究竟这些人是神话人物还是真实人物？究竟这种飞船是地球人所造还是外星人所造？连科学家们也无法回答这些问题。

飞船的驾驶方法也被记在这份文献中，也就是说早在史前时代，飞船和飞船驾驶员就出现在了印度这个地方。这样看来，人类的科技真像魔术一样神奇。

当然，人类科技的发展是从当代和现代才开始的，这已被众多的事实所证明，那么，对古印度的飞船就只有一种解释看上去显得合理一点，那就是根本就不是人类建造了这些飞船。也许那时的人们看到了一个这样的飞船，而这个飞船却是外星人乘坐着到地球上来考察的，然后根据这个也许被外星人废弃了的飞船，当地人仿造出了其他的飞船，而他们将那些外星人当成了神仙供奉起来了。但一切都只是猜测而已。

地球上的飞碟基地

地球内部可能存在着飞碟基地？根据飞碟专家的深入研究发现，飞碟的来源存在三种可能性，即外太空、内太空和穿过时间隧道的未来人。这里的内太空就是指从地心到大气层的地球本身。

曾任美国海军少将的拜尔德公布的驾机探访地心飞碟基地的神奇经历，使地心存在飞碟基地的说法得到佐证，也使飞碟和外星人再次成为美国人关心的焦点。

根据拜尔德的日记，他曾于1947年2月率领一支探险队从北极进入地球内部，发现那里存在着一个庞大的飞碟基地，并生活着许多种原已在地面上绝种的动植物，并且他们还在这个基地上发现拥有高科技的"超人"。

在北极，拜尔德只身驾驶飞机进入一个地方，发现地势更加平坦，而且还分布着闪闪发光的城市，而飞机似乎被某种浮力托着，在这种无形力量的支配下，拜尔德无法控制飞机，这时在舱门右侧和上端出现带有神秘符号的碟形发光飞行器，更不可思议的是，竟从无线电传出英语"欢迎将军的光临"，并让拜尔德放心，说过不了7分钟，飞机将完全降落。话一说完，飞机的引擎停止运转，在轻微的震动中，飞机平安着陆，这时几位没有携带任何武器的、金发碧眼、皮肤白皙、体形高大的人出现了。

在这里，他通过与那些人交谈，得知这个地下世界名叫"阿里亚尼"。这个基地的人对外界的关注始于美军在日本广岛投下两颗原子弹，为

1939年出版的科幻杂志对UFO的模样做了艺术的再现。

了调查那个时代发生的事，他们派遣许多飞行器到地表活动。他们自称地上世界的文化和科技要比地下世界落后数千年，他们原先对地上世界的战争不加干涉，但因原子武器破坏性太强，他们不愿再见到人类使用原子武器，因此曾派人与超级大国交涉，希望能劝他们停止使用原子武器，可惜未成功。这次借邀请将军的机会警告地上世界可能会走上自我毁灭。那些人还对地上世界对他们派出的使者的待遇发出抱怨，声称飞行器经常遭到战机的攻击。但他们也提到人类一旦因战争而陷入劫难，他们会协助重建世界。

结束会晤后，拜尔德沿原路前往通信员停留的地方，与他会合。临行之前，无线电传来英语"再见"。拜尔德等经由两架飞行器的引导而升空至823米，27分钟后，他们平安地在基地着陆。

拜尔德一回到美国就参加了美国国防部的参谋会议，并且向杜鲁门总统做了汇报。为了证明他所作汇报的真伪，他被最高安全部门及医疗小组调查，后被有关方面告知严守机密。拜尔德身为军人，只能服从命令，因此，关于那个基地的秘密，被美国政府封锁了多年，但在1965年12月24日的日记中，他写道："那块土地在北极，那个基地是一个巨大的谜。"

拜尔德日记的真伪一直为世人所争论。"阿里亚尼"是否真是一个飞碟基地也一直为科学家争论不休，但无论如何，内太空作为飞碟的来源之一的存在可能还有待于科学家的进一步研究来确定。

与外星人的亲密接触

外星人与地球人亲密接触，你认为是真有其事，还是人们的臆想？

太阳系地外生命探疑

地球是幸运地拥有生命的唯一天体吗？人类是孤独的吗？在广袤无垠的宇宙中，是否还有同样具有生命的天体？

自从人们知道了地球不是宇宙的中心，就开始猜测有地外文明的存在，也创造出了关于外星生命的神话传说。

随着现代天文学、生物学、无线电技术和航天技术的日益发展，更多的人开始接受这样的观点：宇宙中的天体数目如此庞大，其中不可能没有适合生命生存的另一个天体，不可能没有与我们地球人相似的、有智慧的、能创造自己文明的生物存在；甚至很有可能有些球外生物创造出的文明比我们地球上的人类文明更为先进、更为优秀。对地球外文明的研究早已不是人们所传说的神话故事，而成为一门严肃的科学。

通过登月探测，基本排除了月球存在生命的可能。

人类对地外生命的研究由来已久，离地球较近的月球首先进入了人类的视野。早年有人猜想月球很可能是一个空心体，里面居住着外星人。其主要理论依据是因为当年阿波罗登月飞船在月球上登陆的时候，指令舱中的记录仪记录到的持续震荡波长达15分钟，这一结果使科学家感到极为惊异。有学者认为，如果月球是实心体，那么在碰击后产生的震荡波不会回荡这么长时间，至多维持5分钟。由此，便出现了月球可能是空心体的设想。但在仔细研究月岩标本后，科学家发现其中金属含量较高，而且其中的亲氧金属如铁等并没有被氧化。据此有人居然得出了一个大胆的假设：月球很可能是一个空心体，而且是外星人人工制造的。也有了诸如月球的内部可能是一个奇特的生态系统，也许居住着一些比人类更文明的"月球人"，那里可能是外星生命为了监视地球而设置的一个巨大的航天站等各种奇思妙想。但是这种种设想都被无情的事实推翻了，一切不过是人类依据科学观测所做出的主观猜想，也可以认为是半真半假的神话故事。

而在19世纪30年代，曾出现过一个"月亮骗局"的故事，影响极大，轰动一时。事情的经过是这样的：1835年8月，美国新创办了《纽约太阳报》，该报为吸引读者和打开销路、扩大销量，便诚邀英国作家洛克为自己撰稿。当时英国天文学家约翰·赫歇耳正前往非洲南部的开普敦去观测研究南天星空。洛克便选中了这件事，用自己的生花妙笔杜撰出了一个神奇而又引人入胜的月亮的理性生物的故事。他在故事中说，赫歇耳的望远镜在不久以前已能分辨出月球表面有约18英寸，即大小约45厘米的物体。用这样高分辨率的望远镜，他看见了月亮上有鲜花和紫松等树木，也有一个碧波千里的湖泊，还有一些类似野牛、齿鲸等动物的大型动物。他还惊讶地看到了一种长有翅膀并且外貌有些像人的动物。文章这样写道："他们的姿势看上去充满了热情而且很有力度，因此我们推论这种生物是有理性的。"结果许多人对这一重大新闻深信不疑，人们奔走相告，该报一度成为当时最畅销的报纸。

天文学家们很快把这个骗局拆穿了。科学证明，如果要把月面上45厘米大小的物体分辨出来，光学望远镜的口径至少需要570米那么大，这么大的望远镜到今天人们仍没有能力造出来。同时，当时虽然还没有一位天文学家登上月球亲眼看看月球的样子，但由地面天文观测分析也能推知，月球上没有水，也没有大气，是一个死气沉沉的荒凉世界。

随着科学技术的发展，人类对地外生命的研究也变得更加科学。为了寻找地外生命，科学家们首先研究了地球人的进化过程。他们认为：地球人虽是"万物之灵"，具有很高智慧，但起源也和地球上的动植物一样，是从地球上进化而来的。换言之，地球上的碳、氢、氧、氮等元素，先是发生了长期的化学变化和物理变化，后来又经历了复杂而漫长的生物演化过程，最后才演化出了人类。科学实验也已经证明，人类生命的化学基础是蛋白质和核酸，而蛋白质又是由各种氨基酸构成的，氨基酸则是由复杂的有机分子组成的。

在宇宙中，不仅碳、氢、氧、氮等元素广泛存在，而且在温度极低的星际空间也发现了几十种复杂的有机分子，在许多陨石中甚至还找到了十几种重要的氨基酸的存在。这就可以认定，只要地球外的星球环境适于生命体的存

宇宙的微小部分，约由30个星系构成的星系团。

银河系由2000多亿颗恒星组成，太阳只是其中一颗。

太阳系由太阳连同它的八大行星以及矮行星和流星体共同组成。

地球是生命体存在的家园。

渺无边际的宇宙

在，那么就很可能会发生大量的有机体演化。

当然，如果以我们地球生命的形成、演化历史作为标准，还需要很多条件才能从氨基酸逐渐演化成生命。如合适的温度、足够厚的大气层的保护、水的存在、液态的氨或甲烷的存在、足够长时间而且较为稳定的光和热。

在宇宙中，地球只是一个再平凡不过的行星，但对于人类来说，它是我们生命的摇篮，是最重要也是最熟悉的天体。地球是如此适合我们人类生活，有充足的水，空气中富含氧气，温度不冷不热，这与它距离太阳的位置等条件有关系。譬如水星和金星是离太阳最近的两颗行星，水星的白天热得如火，夜晚却冷得比冰还凉；厚厚的金星大气成分以二氧化碳为主，温室效应很明显，导致环境极为恶劣，任何生物根本就生存不下去。火星在地球轨道以外，虽说距离太阳并不是很远，但比起地球来，不但气候极其寒冷，而且根本没有水，生物在这种情况下也不可能生存下去。土星和木星上没有任何生命存在，这一点十几年前宇宙飞船的空间探测就已证实了。位于太阳系边远空域的3颗大星是天王星、海王星和冥王星，科学家们通过空间探测以及各种地面观测知道，它们同样不具备适宜智慧生命生存的环境。到目前为止，所有的太阳系探测结果都表明，太阳系中的行星中只有地球是适于像人类这种智慧生命生存繁衍的星球。

不过一些科学家，尤其是化学家认为，生命可能不需要以碳和水为基础。在高温情况下，生命的化学基础有可能是硅。另一种有理性的生命不一定有物质外壳，其存在形式可能是以能的形式。

由此看来，太阳系中是否存在有生命的星球，至今仍无定论。不过，随着科学

技术日新月异的发展，人类探索太空的足迹将会出现在更多的星球上，到那时这个问题一定会大白于天下。

遗留在地球上的外星人尸体

作为外星人的星际交通工具飞碟，在地球人眼里无疑是非常完美的，转瞬之间旋转即逝，速度之快，令人瞠目结舌。然而，地球上还是会发现飞碟失事的事，或许世界上没有十全十美的事，在整个宇宙中也是通用的。

地球人最早记载的回收外星人尸体的事件至少可以追溯到 1950 年。1950 年 12 月 7 日，美国空军上校威廉·克哈姆和上尉巴金斯，在与美国临界的墨西哥境内目睹了美国军方回收一个坠毁飞碟的情况，在这个飞碟的残骸中就有一个外星人的尸体，这个坠毁的飞碟和外星人的尸体都被运到了美国。美国回收飞碟和外星人尸体的事件在世界各国是最多的，但由于这涉及高度的军事和科技机密，美国政府总是想尽办法掩盖事情的真相，这本来也是可以理解的。日本的著名作家矢追纯一先生花了大量的时间和精力，在美国各地拜访了许多与回收外星人尸体有关的人员，获得了大量的资料。在此基础上，他在 1989 年出版了一部引起世界飞碟研究界高度重视的著作《外星人尸体之谜》。在这本书中，他详细记载了自己在美国调查访问的情况。他认为这些年来美国回收飞碟和外星人尸体的事件竟有 46 起之多，现在还有数十具外星人的尸体在美国，他们被冷冻在地下室的秘密器皿中，美国还解剖过外星人的尸体等。

一家房产公司的建筑师塔博驱车行驶在潘帕斯草原的公路上，发现路旁草地上静静地停着一个盘状的金属物体。出于强烈的好奇心，他停车走近物体。从圆形物体的舷窗往内看，他发现舱内有 4 张座椅，其中 3 张座椅上各坐着一个小矮人，他们纹丝不动，肌肉却已僵硬，显然已经死了。这几个小矮人样子与地球人差不多，有眼睛、鼻子和嘴巴，棕色的头发不长不短，皮肤黝黑，全身套着铝灰色的服装，第四张座椅则空着。

塔博发现，舱内有灯，有各种仪表，还有电视荧光屏，但看不出有电线和导管。他被眼前的景象惊呆了，知道这一定是一艘坠毁的外星人的飞船。于是，他赶紧驾车逃到旅馆，把自己的奇遇告诉了他的两个朋友。第二天，他和他的朋友驾车赶回原地，但地上只剩下了一堆烫手的灰烬。他的一个朋友抓起了一把灰，手马上就变紫了。后来，塔博得了怪病，连续数月高烧不退，皮肤也像干涸的土地一样破裂了，谁也治不好他的病。

这 3 个外星人的尸体被人们发现却未能回收到，是不是第四张座椅上的外星人在飞碟坠毁时幸免于难，最后不得已把飞碟和 3 个外星人的尸体一同销毁了呢？

苏联科学家杜朗诺克博士曾在南斯拉夫透露，1987 年 11 月，苏联一支考察队在茫茫的戈壁沙海中，发现了一个被埋于沙丘中的碟形飞行器，其直径为 22.87 米。苏联科学家们认为，这个飞碟的坠毁距今已有上千年历史了，包括引擎在内的各种装置仍保存完好。在这个飞碟的舱内，科学家们还发现了 14 具已变成干尸的外星人遗骸。

飞碟残骸和外星人的尸体对地球人的研究是极为重要的。因此，不论在地球的什么地方，只要发现飞碟的残骸或外星人的尸体，那里的政府和研究人员都在极为保密的情况下进行回收，而回收以后的研究情况又从来都是秘而不宣的。所以，有关外星人的尸体以及飞碟残骸的公开记载非常之少，具体的情况人们更是所知无几了。

神奇的麦田怪圈

20 世纪 70 年代末，英国威尔特郡的农民在成熟的玉米和小麦地里收割庄稼的时候，发现许多庄稼遭到了破坏。从高处看，很多庄稼倒伏，并呈现出有规则的和对称的圆圈现象。

经新闻媒体报道后，英国的麦田怪圈引起了很多人的兴趣，到威尔特郡考察观光的游人络绎不绝。但是，因为这种奇观仅仅在收获季节前的几周内出现，而且是在尚未收获的田地里，所以并不是每一个到威尔特郡的人都能看到这种奇观。

科学家根据观察到的现象猜测，可能是一股小的台风导致了这一奇观。但后来却出现了包括三角形在内的其他几何图案，而小旋风的涡旋只能形成圆圈，因此，这个谜团又笼罩上了一层迷雾。这个据说容易出现外星人削平庄稼的地方竟然成了旅游热点，农田主也趁机向来参观的游客收取费用，发了一笔小财。但是这种奇异的现象到底是怎么发生的呢？热衷于此的人对此仍然好奇不已。此后不久，在英国汉普郡的 Chilbolton 天文台附近的麦田里，人们再次发现了两个图案。其中之一是一个如同电影里常常虚拟的外星人形象的脸形，另一个是人类 1974 年 11 月向 M13 球状星云发射的信息修改后的图案。

自此以后，每年都有麦田怪圈在世界各地被发现，并且地域逐年扩大，形状逐年复杂，数量也逐年增多。

2000 年 6 月 24 日，一家名为"公众"的俄罗斯电视台插放了一组画面，显示发生在俄罗斯南部斯塔夫洛波尔地区的一块成熟的大麦田里的四个有规则的对称的圆圈，似乎有人以顺时针的方向把圆圈中的庄稼削平。这 4 个圆圈中最大的直径长达 20 米，其余 3 个的直径分别为 3 米和 5 米。另外，人们发现一个深 20 厘米的土洞，位于最大的圆圈的中心处，洞面光滑。

安全官员排除了是人力所为的可能，但是在现场也没有发现任何化学物质和辐射现象。

麦田呈现出巨大的规则和对称的圆圈

1980 年英格兰西部出现的倒伏的麦田怪圈

这样，他们就猜测这个麦田怪圈是外星人造成的，而且推测"他们可能使用了与人类不同的起飞和着陆原理"。而当地的一些居民也声称，他们曾经看见了所谓的外星人降落。据说这些外星人从降落到重新起飞离去只用了几秒钟时间，那么，外星人制造的那个深 20 厘米的土洞又是干什么用的呢？"公众"电视台将此解释为这是外星人用来"土壤取样"的。

这些麦田怪圈究竟是怎样形成的呢？这成了世界各国科学家和相关媒体关注的话题，并提出了各种推断和假说。大致可以分为两类：一种认为是大自然的杰作，一种则说是外星人所为。

支持前种说法的大都是考古学家、气象学家、物理学家、地质学家、动物学家和农学家等等。

一些考古学家认为：可能在怪圈生成的地下埋藏有石器时代的圆形巨石建筑，或是青铜器时代的埋葬品呈圆形分布。这些地下的埋葬品和建筑可能影响到土壤结构，因而农作物也作出特定的反应。气象学家则提出：大量尘埃包含在陆地上生成的小型龙卷风中，在风的作用下，尘埃与空气剧烈摩擦产生静电荷。神秘的怪圈就是在带有静电荷的小型龙卷风的作用下产生的。一些地质学家提出了"球形闪电说"：球形闪电和其他因素即"等离子体旋流"共同形成了怪圈，此外，太阳表面黑子活动增强亦与怪圈有一定关系。日本科学家声称，根据"球形闪电说"，他们在实验室里利用球形闪电设备已成功地模拟了怪圈现象。还有一些地质学家认为由地球核心发出的大地射线导致了怪圈这一奇怪现象。植物会因这种射线发生有规则的倒伏，动物和人也会因此而得病。动物学家则提出：动物发情求偶的季节一般在 5月 ~7 月，雄性动物围绕雌性动物打圈，从而制造出怪圈。那些有在田间做窝习性的动物如刺猬和一些鸟类也可能有类似的创作。农学家则称：田地之所以出现怪圈地，是因为其土壤成分不一。霉菌病变及施肥分布的不均都有可能使农作物发生某种形状的倒伏，让人们误以为是一种奇异的现象。

除以上说法外，仍有许多人坚持认为：这些出现在各地的麦田怪圈是天外来客——外星人留下的。当他们乘坐飞碟光临地球时，飞碟刚好降落在麦田上，旋转的强烈气流造成了一个个怪圈。

正当持这两种不同论调的人们争论不休时，1990年，8个法国青年向世界宣布：所谓的怪圈不是什么大自然的创作，而纯属某些人的恶作剧行为。

这一年的夏天，8名法国青年出于对自然的热衷慕名来到英国，对麦田怪圈进行科学考察。在多次出现怪圈的麦田附近的山丘上，他们架设了高清晰度的夜视仪及敏感度很高的红外摄像机。7月24日，在发现麦田里出现了10个怪圈、3条直线之后，他们随即观看录像带，结果发现其中有一些模糊的影像。经分析，确认这些模糊的痕迹是人体物质的热辐射留下的。第二天夜里，摄像机里又出现了6个不太清晰的影像。

1991年9月，英国名叫多格·鲍尔和戴维·柯莱的两名男子向公众宣布，是他们制造了麦田怪圈。利用一根弹簧、两块木板以及一个将其固定在棒球罩上的古怪器具，就可以制造这样的怪圈。研究怪圈的英国专家德尔加多闻讯后承认自己上当受骗，并指责这是十分肮脏的把戏。

麦田怪圈真的是某些人的恶作剧吗？但为什么所有怪圈的周围都没有留下任何人的足迹？一些人也曾守候在麦田边，希望当场捉住这些恶作剧者，但至今却什么也没有发现，而怪圈却不断地出现。由此看来，这个问题似乎并没有我们想象的那么简单。怪圈的神秘恶作剧者到底是谁呢？

神秘手印：澳大利亚远古洞穴画

澳大利亚土著部落传统上用树皮盖住所，因而通常在构成屋顶的大块桉树皮上绘画，所画内容都是他们日常生活中的重要东西，如猎获或采摘到的各种动植物，有时也画仪式场景，配有祖先人物和鬼怪，而洞穴中的岩石画则标志着远古神灵降临大地的地点。

在澳大利亚有许多远古时期的洞穴，洞穴中画有许多奇怪的东西，例如军事武器的简化符号、抽象化的飞行器、人的手臂等，还有各种各样的手印。

这些神秘的手印引起了考古学家的注意，他们考察了澳大利亚的民俗传统，发现在澳大利亚中部地区的土著居民中十分盛行一种贮存祖先灵魂的灵牌，当地人称其为"珠灵牌"。这种灵牌用木板或石板制成，外形为长卵形或椭圆形，长度从几英寸到几英尺不等。土著居民把珠灵牌看作是祖先"不朽而又不能被创造的"精神实体，他们认为，自从天地开创以来，祖先一接触地面，珠灵牌就被散布在地上了，这其中还包含着尚未诞生的灵魂。不论男女老

原始壁画中的手印

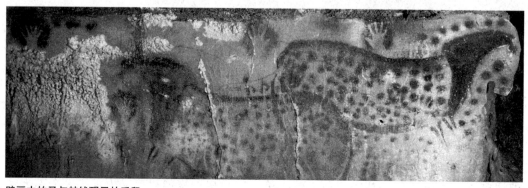

壁画中的马与赫然醒目的手印

少，人人都有一块珠灵牌。据说这块牌上附有死者的特性，其占有者能传承死者的特性，如果占有者将珠灵牌不慎遗失，将会被认为是最大的不幸。

由于珠灵牌至关重要，所以由部落里权力最高的人——图腾酋长保管。附在牌上的灵魂被分为两部分，收藏于室内的珠灵牌上依附着一部分，另一部分灵魂则会钻入从旁边经过的妇女的身体中，从而再度出生为一个婴儿，所以土著居民认为每个人都是图腾祖先的转世。对于妇女怀孕与男子是否有关系这一点，当地的土著人持根本否定的态度。他们认为妇女怀孕是某一个图腾祖先的神灵进入母体的结果，因此即使某人的妻子生了一个混血儿他们也不会感到丝毫惊奇，而只是觉得这很可能是她吃了欧洲人的白面粉的原因。正因为如此，珠灵牌成为每个人生命中最神圣的东西。据说如果当地土著人为了举行某种仪式，必须从洞穴中移走珠灵牌时，就要在这个洞穴的入口处留下该珠灵牌所有者的手印以"让灵魂知道"。

在当地的土著人中还盛行着这样一个习俗：当一个人结婚的时候，应在神庙中留下他右手的印记；而在他死去之后，则在神庙中留下左手的印记。从这些资料中可以推测出原始洞穴里的手印是旧石器时代的，它不仅表示一种企图去控制的力量，也很有可能是作为一种参与神圣仪式而留下的印记。但也有人认为这些手印是岩画作者留下的符号，意思是"我在这里"。

另有一些专家则提出了这样的观点，认为手印与狩猎巫术有关。A.R.韦尔布鲁真就认为在洞穴中印上手印是为了唤起"狩猎者的巫术能作用于被符号化了的动物"，或者是作为一种变感巫术的手段，以祈求使动物不断繁殖。还有人认为，它是一种为多生子而做的巫术留下的印记，目的在于想联系上"母神"。

S.古德恩则认为手印是一种"自残"行为，他说"自残了的手印像一个悲剧合唱中的叠句那样，在那里永远地呼唤着要求帮助和怜悯"。

此外，还有一种"为艺术而艺术"的解释，认为这些手印仅仅是属于儿童和妇女的，他们或是为了好玩，或是一个"审美显示"，所以在岩壁上印上手印。也有人认为手印只是婴儿的，是成年人把它印在岩石上面的，以此表示婴儿对某种社交活动的参与。而有的专家则认为所有手印均是作为妇女的性符号而存在的，与手印相伴的是一些点和短线的男性性符号。

澳大利亚原始洞穴中的神秘手印会是谁留下的呢？它是在什么情况下留下来的呢？以上种种推测，我们又究竟该相信哪一种呢？目前没有人能够告诉我们问题的答案，看来我们也只有耐心等待谜底的揭开。

谁绘制了最早的古地图

世界的七大洲中，南极洲是最晚被人们所认识的大洲。并且因为南极洲终年有暴风雪，气候条件十分恶劣，鲜有人类居住在南极洲。可是，一幅古地图的发现却打破了人们这固有的观念，这幅古地图说明了早在几千年前，人类就已经开始了对南极的探险，并且绘制了最早的地图，这是多么不可思议的事情，令人惊讶不已又令人高度兴奋。

最早的古地图是皮瑞雷亚斯的地图，它不是任何的骗局，而是 1513 年在君士坦丁堡绘制成的。1957 年，古地图被送到了美国海军制图专家、休斯敦天文台主任汉南姆那里，经过科学分析研究，认定古地图不仅异常准确地描绘了地球外貌，而且包括了一些我们今天也很少勘察或者根本没有发现过的地方。这幅古地图被称为了"古地图之谜"，是世界的重大奇迹之一，那么，它的"奇"究竟在什么地方表现出来的？

第一，南极洲图形之谜。这幅古地图描绘的是"冰层下的地形"，也就是南极洲穆德后地被冰雪覆盖之前的真正面貌。自从公元前 4000 年，穆德后地被冰雪覆盖以来，世人就无缘一睹它的真面目。直到 1949 年，英国和瑞典的一支科学考察队抵达南极，对穆德后地展开全面的地震调查，人们才一睹它的"芳容"。

难以想象 18 世纪之前，在任何人都不可能知道南极洲的真实面目的情况下，古地图的绘制者却绘制了精确而且清晰的南极洲，他们难道到过南极？更令人不解的是，几千年来，人们并不知道南极洲的厚达 4500 多米的冰层的下面有山脉，但是古地图不但绘制了这些山脉，有的甚至标出了高度。我们今天的地图是借助回声探测仪才绘制出来的，那么古地图的绘制者是怎么知道这一切的？

第二，"泽诺地图"之谜。"泽诺地图"上的挪威、瑞典、德国、苏格兰等地的精确度以及岛屿经纬的精确度，达到了令我们今天的现代人吃惊的地步。除了精确之外，"泽诺地图"还绘有今天并不存在的岛屿，根据专家的猜测，这些岛屿以前确实是存在过，不过现在已经沉入了海底，还有一种可能就是它们已经被南下的巨大的冰块所覆盖了。这些岛屿的存在证明了地图的真实性，难道会有今天的人们来绘制早就已经不存在的岛屿吗？地图的真实反而使我们有了更多的困惑：远古的人类，科学难道已经发达到如此的地步，以至于他们竟然可以绘制这样精确的地图？他们的地图有什么作用吗？他们应该不是为了绘制而简单

在希腊出土的刻有地图的陶瓷残片

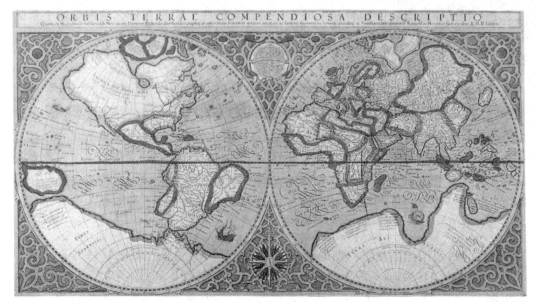

这是 18 世纪欧洲人绘制的世界地图。从中可以看出人们对世界的认识的不全面。

地描画了远古的地形的，那么，地图的用途是什么呢？难道是古人远航所用的吗？

第三，地图是空中绘制的吗？现存两块羊皮纸的地图残片，这两块羊皮纸的吸引人的地方在于它们的绘制独特。地图上的陆地与海岸线呈现明显的歪斜现象，并且南美洲看上去比实际大了许多。人们本来以为是地图绘制者的失误，然而经过仔细的研究却发现，它们竟然与第二次世界大战中美国空军的地图十分相似，而美国空军的地图是采用正距方位作图法绘制的。正是因为从空中俯视地面，所以陆地与海岸线呈现了明显的歪斜现象。由于地球是一个球体，离开地图中心的区域就好像是"下沉"了，歪斜了，所以南美洲看上去比实际大了许多。古地图的绘制情况是如此的，而美国登月飞船上所拍摄的地球的照片竟然与古地图有惊人的相似之处。难道这又是一个巧合？难道古地图是古人在天空中绘制出来的？有这样的猜测的确是匪夷所思的，但是除此之外，我们还有什么更好的答案呢？

如果要绘制这样精确的地图，就必须具备两个基本的条件，其一是必须在空中飞行，其二是必须有在空中拍摄的器具与技术。

人类掌握空中拍摄的技术不过是近期的事情，古代的人们是如何掌握了这样的技术？他们的拍摄的器具又是如何制造的呢？如果古人不具备这样的条件，他们又是怎样绘制出地图的呢？并且地图的精确度是这样的令我们赞叹！

是外星人帮助我们的古人绘制的地图吗？很明显，许多学者并不赞同这样的观点。那么，如果不是天外来客的帮助，我们的祖先是怎样绘制出地图的呢？到底是什么人绘制了地图？他们又是采用了什么样的方法来绘制的呢？他们绘制这样的地图的用意是什么呢？他们为什么要绘制在今天看来是超出了他们的实际需求的地图呢？

面对这样的疑问，我们期盼学者们的研究会给我们一个满意的答案，我们或许只能期盼来自未来的回答了。

纳斯卡地画：巨画何人绘

纳斯卡地画被称为"世界第八大奇迹"，在纳斯卡高原荒凉的地面上雕刻这些风格独特的图案，充分展现了设计者的高超智慧。这些奇特的图案过于硕大，线条又极其简洁，以致人们在地面上都无法察觉到这是一幅幅巨画。

在 1926 年 9 月，两位考古学家爬上了位于秘鲁西南部的纳斯卡镇的岩石山。一位是秘鲁考古学家托雷比奥·梅嘉，另一位是美国考古学家阿尔弗雷德·克罗伯，他俩正打算去检查附近的一座墓地。当他们停下来正想休息一会儿的时候，往下看着平坦但布满石块的沙漠，突然注意到有很多又长又直的线一直延伸到地平线。两位学者当时认为这些线是某种灌溉系统，因此没有多想。

直到 20 世纪 30 年代，当商业飞行开始飞越这片沙漠的上空时，飞行员和乘客们都注意到沙漠上有更多类似的直线——多得超乎他们的预想。他们在空中可以看到数百条线，很多都是从中间的一个圆点向外辐射，它们中的一部分线条非常直并且有几千米长。也有些线条组成了一些图形，比如三角形、矩形、梯形、螺旋形以及一些动物的形状。人类学家安东尼·阿文尼曾经说过，这些图形看起来就像是刚刚结束的几何课所留下来的板书。

回到地面后，考古学家们仔细检查了这些线条和图形，结果发现线条的成因非常简单，就是把覆盖在沙漠上的小石子往旁边清理掉。原先覆盖在石子下面的是一层薄薄的沙子，因为边上的石子是黑色的，所以这样显得线条以及图形的边界很清晰。考古学家们同时也认识到，一旦图形形成，就会长时间保持这种形态：因为纳斯卡附近的沙漠极为干燥（每年降水量只有 20 毫米），无风，因此这些线条很可能已经有几百年甚至上千年的历史。实际上，在一些线条附近发现的陶器碎片显示，至少已经有 2000 年的历史了。

令科学家们感到疑惑不解的是，是什么原因引发了当时的创作者选择这么复杂而又困难的画布来画画呢？他们为什么要画这么大的图案，以至于在地面上根本看不出来呢？有些人认为，古代纳斯卡人可能已经学会借助某种原始的滑翔机或者热气球而飞行。或者，有些最著名的观点和解释就是，它们根本不是纳斯卡人所画的，而是出自外星人

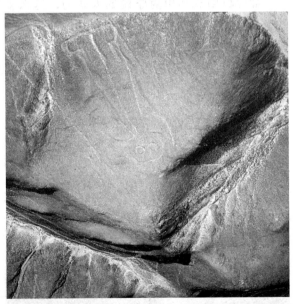

有一些比较特别的地画并不在平地上，而是被发现于纳斯卡石谷中。

之手；那么根据这种观点来看，这些线就是宇宙飞船的跑道，而各种图形则是它们的降落点。

埃里克·冯·丹尼肯所写的《诸神的战车》是一本关于外星宇宙飞船理论的世界畅销书。它纯粹是一本科幻作品，主要依据是纳斯卡线图中的一小部分与现代机场存在表面上的相似，但是就像书中提出古代纳斯卡人可以飞行这一猜想一样，冯·丹尼肯的书至少还为我们提供了他对这个巨大而又神秘的图画的某种解释。

科学家们如何解释这些画在沙子上但仅能从空中才能辨认出的线条？

对纳斯卡线正式研究开始于1941年，当时美国历史学家保罗·科索科参观了这个沙漠。科索科也是通过抬头仰望天空的方式来探寻谜底。此时太阳正在落山，这激发了他的灵感，并且他突然意识到太阳正好落在一条长线的尽头。他愣了一会儿，很快就意识到这一天恰好是6月22日——也就是一年中白天最短的一天，还是太阳落山最靠近西北方向的一天。

"我们兴奋异常，马上意识到自己揭开了谜底。"科索科后来回忆说，"因为，毫无疑问的是，古纳斯卡人是为了标明冬至而建造这条线的。如果我们的猜测是正确的，那么其他的标记也非常可能在某种意义上同天文学及古人们与天文学相关的活动有关联。"

科索科在他的正式研究工作开展之前，不得不离开纳斯卡沙漠，因此他便求助于玛利亚·里克。里克是秘鲁首都利马的一名出生在德国的数学教师。在1941年年底，里克发现另外12条线或者跟冬至节气有关，或者跟夏至节气有关。科斯克与里克于是便下了这么一个结论：纳斯卡沙漠是"世界上最大的天文学巨作"。在地平线上标注出关键的天文学点位，那么它就可以起到一个巨型日历的作用。

批评科斯克和里克学说的人认为，这么多线条延伸至不同的方向，其中有一些线条与太阳的升落相一致是很容易发生的巧合。需要一种更加系统化的方法来深入研究。

在1968年，杰拉德·霍金斯到了秘鲁，他就是来解决这一问题的。霍金斯看起来是最适合这项工作的。他更像是一名天文学家，而非是一位历史学家。他借助于计算机的辅助分析系统，对巨画上的准线进行了精确分析，确认这些遗迹曾经作为天文观测台。霍金斯最开始派一队观测队员乘坐飞机穿越沙漠，然后拍摄下一系列用于绘制线条和图像精准位置的照片。接着，他把沿着地平线的太阳、月亮和各种星星的位置坐标输入计算机，同时也把过去2000多年以来发生的一些细微变化当作参数输入。最终他从沙漠中的一个特定部

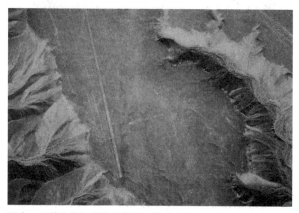

画中一只蜂鸟将细长的喙伸到延伸的直线上。

分选出了 186 条线。

霍金斯发现 186 条线中有 39 条与天文学位置相匹配。听起来这很让人鼓舞，虽然有这么多的天文学位置可供选择，结果却让人很失望。预计只有 19 条线恰好与一些准线相匹配，其他匹配中实际上是"复制品"，因为其中的一条线在一个方向上指向冬至，而在另外一个方向上则指向夏至。另外，超过 80% 的线条延伸的方向毫无规律可循。

猴子巨画

这幅地画非常形象地展现了巨猴的外貌特征，但在纳斯卡高原究竟是谁完成了如此巨大的工程，结论尚未肯定。

因此这位用天文学解释过英国巨石阵的权威人士，下结论说对于纳斯卡"计算机分析否认了星星—太阳—月亮的日历理论"。

在 20 世纪 80 年代初期，加拿大考古学家帕西斯·克拉克森收集到线条边上找到的陶器碎片，然后把它们与史前秘鲁的各种陶器做比较。她惊人的结论是：碎片中的一部分（尤其是那些在动物图案附近发现的那些）年代在公元前 200 年到公元后 200 年之间，而其他线条附近发现的碎片则是 1000 年以后的物品。

对于寻找这些线条秘密的人来说，非常具有戏剧性。如果这些图画和线条产生的年代是如此久远，如果它们在不同的历史时期被视作当时人们生产活动的组成部分，那么它们同样可能还担负着各种各样的目的。换句话说，这些线条有超过一种以上解释的可能。或者说，借用阿文尼的隐喻所讲的那样，这块黑板上面写的是不易擦掉的几何学板书，这不是一堂课就能写成的，而是很多堂几何课才完成的。

20 世纪 80 年代后期，各种解释基本上都与水有关——这毫不意外，因为在沙漠中这是最紧缺的。人类学家乔安·雷哈德认为一些线条把灌溉系统中特定的点与宗教崇拜的地点联系起来，也许是某种生产的仪式。很多鸟型的图案也有了新的含义，尤其是当现代纳斯卡农民看到苍鹭、鹈鹕或者秃鹫就认为是即将下雨的征兆，也许这些鸟状及其他动物状的图形意味着祈雨。

另外两个人类学家，阿文尼和赫莱恩·希尔弗曼注意到这些线条和地理基准位置有某种关系。大部分线条延伸的方向等同于沙漠暴雨后水流方向；很多线条跟附近山谷中流水的方向相同。阿文尼和希尔弗曼不认为这些线曾用作灌溉——因为它们要想起到灌溉的作用，还是有些浅——但是他们同意雷哈德的看法，即在这些线条和水流之间存在某种仪式上的关联。

阿文尼与另外一名人类学家汤姆·祖德玛（古印加问题专家）组成了一个团队。印加人在西班牙人来到美洲大陆之前，统治了秘鲁的大部分地区。祖德玛认为印加的首都就在秘鲁南部的库斯科，而该城被设计为一个从太阳神庙为圆点向外辐射的

在千奇百怪的地画中，有一幅蜘蛛图。这只蜘蛛以一条单线砌成，是纳斯卡最动人的动物寓意图形之一，这幅图可能是某个特权阶层的图腾，也可能与预卜未来的仪式有关。

网络。根据早期西班牙人的记录来看，对印加人来说这种辐射状的线条具有双重的意义：宗教和社会意义。祖德玛和阿文尼推断说纳斯卡沙漠中的类似线条也应当表明他们与印加人有着共同的宗教信仰。

另外一位人类学家加里·厄顿从现在居住在库斯科附近大山中的村民的生活习俗中寻找某些相似之处。厄顿描述了在某些节日期间，帕卡里奇坦伯的村民是如何在又长又窄的广场上举办卫生清扫仪式。对于厄顿而言，他认为古代纳斯卡人在沙漠的线条上举办类似的宗教仪式并不是很困难的事情。

与此同时，玛利亚·里克仍然居住在纳斯卡地区，不仅起着纳斯卡线专家的角色，还担任着它们的保护者。当冯·丹尼肯的小说把纳斯卡变成一个旅游胜地之后，里克开始拿出自己有限的资金雇佣保安进行保护。尽管她的年龄日渐变大，但是她仍然坐在轮椅上在沙漠地区不停地巡逻，如果认为旅游者会破坏这些线条的话，她就会开枪示警并把他们赶走。在纳斯卡地区，她是一位不折不扣的女英雄。

在20世纪90年代的早期，至少从一些研究者的角度来看，里克和她的姐姐里纳特·里克是过分警觉了。玛利亚·里克雇佣的保卫人员阻止了克拉克森和厄顿在沙漠里的研究工作，指责前者偷走了陶器碎片，并且认为厄顿有意地破坏这块平原。玛利亚·里克的批评者们一方面认可她这种保护行为，另一方面又认为她在着力捍卫自己的天文学理论。

如果真的是这样的话，玛利亚·里克可能会从最新的天文学分析中得到一丝安慰，可惜她在1998年去世，享年95岁。这次最新的天文学分析是阿瓦尼和另外一名英国的天文学家克里夫·罗格斯进行的。就跟霍金斯一样，阿瓦尼和罗格斯也发现天体准线跟大多数的纳斯卡线没有什么关联。但是跟霍金斯不一样的是，他们推论说，因为这种准线的数量过多，因此不可能仅仅用巧合来解释。阿文尼也注意到科斯克的一些射线与太阳、月亮和星星的位置排成一条线，因此他得出结论说，天文学在纳斯卡线中确实起到了某种作用，虽然这种作用比科索科或者里克所猜想的要小得多。

冯·丹尼肯的读者们也毫无疑问地会为关于纳斯卡线最新的猜测而感到失望。这些理论相互重叠——包括天文学的、农业的和宗教的——并不能像某种单一的理论那样，能够清晰地予以解释。任何单一的、能够说明这些线条和图案的解释，都是不可能实现的。

时至今日，阿文尼、希尔弗曼、厄顿、祖德玛以及其他学者的发现，跟以往相比，有着很多的共同之处。他们中的每一个人都是从寻找纳斯卡人同秘鲁其他文明之间的联系开始着手的，不管这种文明是历史的还是现在的。它们中的每一种联系都可能会帮助我们解读纳斯卡线的意义。

纳斯卡线被称为"古代世界的一个奇迹"，因为它们是如此与众不同、非凡无比，以至于我们不能以常规的、对南美洲其他古迹那样来解释、理解它们。但是对于现代大部分考古学家、人类学家和历史学家们来说，纳斯卡线仍然无法解释：如果这些线想要被人们所理解，那么也许只有放在它们那个年代才行。

有多少地外生命可以探寻

苍茫宇宙，浩瀚无边，除了地球上的生命，还有哪些星球有生命存在呢？如果其他星球上真的有生命存在，它们是如何生活的呢？

寻找宇宙中心

从古至今，人们每天都能看见太阳东升西落，好像太阳在围绕地球运转，自然会产生地球位于宇宙中心的想法，后来这种观点被日心说所推翻，它认为太阳才是宇宙的中心。那么宇宙的中心到底是什么？地球、太阳、银河系还是其他河外星系，更或者宇宙根本就没有中心？其实很久以前就有人思考过这个问题，人们通过大量的观测工作记录了许多测量数据，并根据这些数据形成了一些观点和看法，但到目前为止还未形成一个系统的具有说服力的学说。

早在公元90~168年，古希腊学者托勒密就建立起了世界上第一个完整的地心宇宙体系。他在总结前人的观点和测量数据的基础上，特别是针对那时关于行星的观测结果，提出地球处在宇宙的中心静止不动这一说法。恒星均位于被称作"恒星天"的固体球壳上，其他的天体如太阳、月亮、五大行星等都沿各自的轨道绕行在地球周围，每颗行星都在一个小圆轨道上做匀速转动，人们将这些小圆轨道称为"本轮"。"本轮"的中心又在一个被称为"均轮"的大圆轨道上围绕地球匀速转动。这样，在以地球为中心的轨道上，"恒星天"和太阳、月亮、五大行星等各自做匀速运动。

就当时的科学状况而言，托勒密的地心说中许多内容是比较科学的。例如，托勒密在研究天体运动时，建立了新的几何学模型和坐标参考系。另外，他把恒星固定在被他称为"恒星天"的固体球壳上，俗称"水晶球"，至今人们还将这种假想的"天球"概念保留在天文观测上。但是托勒密的理论是错误的。

中世纪期间，欧洲教会就是利用这个错误来维持统治的，使西方认为地球是宇宙中心的错误历史延续了1400多年。在这段时期，教会总是宣传上帝居住的极乐天

托勒密像

堂是最高天堂，"上帝选定的宇宙中心是地球"。教会把地心宇宙观奉为神圣不可侵犯的真理。

但是，教会的统治并不能阻止人们探寻真理的脚步。

从14世纪中期开始，随着人类不断扩大生产活动、发展经济，社会需求提高了，一种新的文化潮流在欧洲兴起。15世纪，航海事业的发展促进了天文学的进步，为了正确导航，天文学家需要精确地观测和预报天体的位置，这时就发现采用托勒密理论计算出来的行星位置与实际偏差很大，因此他的理论显得非常不实用。

即使是这样，仍有一些人坚决地维护地心说理论，他们采取在"本轮"上再加"本轮"的方法来处理出现的偏差，若计算出来的行星位置仍与实际位置存在偏差时，就再加上一个本轮，以此类推进行下去直到不再有偏差存在为止。有时几颗行星的"本轮"数多达80多个，而且某颗行星究竟应该被加上多少个"本轮"才合理，谁也无法确认。天文学由此陷入了尴尬的局面。

1543年，波兰天文学家哥白尼在《天体运行论》一书中向传统的地心说提出了挑战，认为地球是一颗不断转动的普通行星，太阳才是宇宙的中心，其他的天体都围绕太阳运转。那么哥白尼是一个什么样的人，他的宇宙观又是如何形成的呢？

伟大的哥白尼于1473年2月19日诞生在波兰西部维斯杜拉河畔的托伦城。21岁时，哥白尼求学于欧洲最文明的国家，也就是当时文艺复兴的中心——意大利。

在意大利生活的10年当中，哥白尼深受当时文艺复兴思想的影响，例如他曾拜访过达·芬奇这位文艺复兴的代表人物。年长他20岁的画家兼科学家十分蔑视宗教神学，认为教会利用天堂来做买卖，而天堂全是虚构出来的。达·芬奇企图恢复一些古典哲学家的天文学说，主张宇宙的中心不是地球。和达·芬奇一样，意大利天文和数学家诺瓦拉也反对地心说，哥白尼经常和他在一起观测天象，探讨怎样改进"地心说"。当时，哥伦布发现新大陆的消息也将哥白尼创立新的天文学说的热情和勇气激发出来了。

哥白尼仔细阅读了各种古罗马和古希腊的哲学著作后，初步提出了"地动"的思想。这个在今天看来十分古老的科学见解在当时却显得很新鲜。

回到波兰后，哥白尼将全部的精力投入到天文学研究工作上。经过数十年的辛勤工作，他终于创立了新的宇宙结构理论。哥白尼认为，巨大的天球并没有动，人们看到的天球的运动只是一种表面现象。只是因为地球在自转，所以人们产生了错觉，认为天球在动。他大胆指出，地球不是宇宙的中心，地球只是绕着太阳在转，太阳才是宇宙的真正中心。

随着科学技术的发展，有人又提出一种新的观点，认为太阳仅是太阳系的中心，银河系也有中心，它周围所有的恒星也都绕着银河系的中心旋转，但是宇宙是没有

中心的，即不存在一个中心，让所有的
星系围着它转。这种观点可用宇宙不断
膨胀的理论加以解释。因为在三维空间
内，宇宙的膨胀一般不发生，只有在四
维空间内宇宙才有可能膨胀。四维空间
不仅包括普通三维空间的长度、宽度和
高度，还包括时间。尽管描述四维空间
的膨胀困难重重，但也许我们可以通过
气球的膨胀来解释它。

假设宇宙是一个不断膨胀的气球，而
星系遍布在气球表面的各个点上，我们
人类就住在某个点上。此外还需要假设

表现哥白尼《天体运行论》理论的图

星系只能沿着表面移动而不能进入气球内部，或向外运动而不会离开气球的表面，
在某种意义上我们被描述为一个存在于二维空间的人。假如宇宙不断膨胀，即气球
的表面不断地变大，那么表面上的每个点的距离就会越来越大。其中，若以某个人
所在的某一点为定点，这个人将会看到其他所有的点都在后退，而且距离他越远的
点，其退行速度越快。

现在，倘若我们要寻找气球表面上的点的退行起点，那么我们就会发现它其实
已经不在气球表面上的二维空间内了。由于气球的膨胀实际上是在三维空间内从内
部的中心开始的，而我们所处的位置在二维空间上，所以我们无法将三维空间内的
事物探测清楚。

同样的道理，三维空间内部不是宇宙膨胀的起点，而我们却只能在宇宙的三维
空间内运动。在过去的某个时间，即宇宙开始膨胀的时候，或许是亿万年以前，虽
然我们可以看到，可以从中获得有关的信息，而回到那个时候却是不可能的。所以
说宇宙没有中心。

但这种观点同样无法解释所有的现象，宇宙到底有没有中心仍有待证明。

宇宙的起源：大爆炸理论

宇宙不仅比我们想象得更为奇特，而且这种奇特的程度简直超出了人们的想象
能力。宇宙起源于一场大爆炸吗？所有的星星都在相互远离吗？……人类已经开始
了解宇宙的运作，但似乎永远也无法真正解释宇宙的起源。

大多数重要科学理论的产生都伴随着一些科学伟人的名字，他们与这些理论牢
牢地联系在一起。如果某人提到"地心引力"一词，那么艾萨克·牛顿爵士的名字
便会立即浮现在人们的脑海中。提到"进化论"你会立即想到谁？当然是查尔斯·
达尔文。那么"相对论"呢？答案自然是阿尔伯特·爱因斯坦。然而，当提到"大
爆炸"一词的时候，人们却无法在瞬间想起与之相关的人名。在过去几十年里，大

创世大爆炸示意图

约 150 亿年前，宇宙经过一次巨大的爆炸（即"创世大爆炸"），开始了它膨胀和变化的过程，而这种膨胀和变化至今仍在继续进行着。经过千百万年之久的变化，星系、恒星以及我们今天所知道的宇宙逐渐形成。

爆炸模式已为宇宙学家们所广为接受，并已作为宇宙起源的标准解释写入各类教科书及大众杂志之中。然而，这一概念与任何特定的科学伟人并无关联。以前，一些反对该理论的人士没把这一概念当回事儿，他们只是轻描淡写地稍带提及，所以根本就没有人真想以此居功自傲。的确，"大爆炸"一词的首创者正是这一理论最大的反对人士之一，即英国天文学家弗雷德·霍伊尔，他用这个词来讽刺该理论的整体概念。然而，不知出于何种原因，这一说法却广为流传下来。1993 年，美国科学作家蒂莫西·费里斯、天文学家卡尔·萨加，以及电视记者修·道温斯在一次为该理论选出更佳名字的国际大赛上担当裁判。正如蒂莫西·费里斯在其 1977 年出版的《宇宙纪事》中指出的："在 41 个国家提交的 13099 个词条中，我们没有找到令人更加满意的名字。"

这一概念源自比利时教士乔治斯·勒梅特尔，他曾对物理学产生过浓厚的兴趣。1927 年，33 岁的乔治斯·勒梅特尔获得了麻省理工学院的博士学位。同年，勒梅特尔作出了这样的推论，根据爱因斯坦在其 1915 年广义相对论中所阐述的引力定律，整个宇宙一定会从各个方位以相同的速度不断膨胀。勒梅特尔进一步指出，宇宙产生自一种原始原子的爆炸，而这种原子包含着宇宙中的一切要素。爱德文·鲍威尔·哈勃随后发现，遥远的星系正向四面八方移动，离我们越来越远，而这些星系各自之间的距离也在扩大。这种移动的速度与其同银河系之间的距离成正比，这一发现进一步证实了勒梅特尔的理论。爱德文·鲍威尔·哈勃当时并没意识到勒梅特尔的观念，但是他在 1929 年对宇宙膨胀进行了记录，这无疑会让更多的天文学家思考某种原初爆炸的存在，这种爆炸很可能产生了促使宇宙膨胀的足够能量。

20 世纪 40 年代，支持原初爆炸理论的物理学家们推论，在这样一次爆炸发生之后，所生成的等离子的温度一定会比现存任何恒星内部的温度都要高得多，但是这种高温会随着时间的推移而逐渐降低，最终仍会存留至少一点点温度。物理学家们指出，这一过程的残留物会产生一层厚厚的烟雾，一直存留至今。这一理论现今被称为宇宙微波背景，即指外太空中离我们越远的地方（或是时间上离我们越久远的年代），那里的烟雾就会越厚。这一理论当时在很大程度上受到了忽视，因为大多数天文学家及物理学家并不相信大爆炸理论，而且他们也没法对宇宙微波背景进行测量或是证实其存在。

然而，1965 年，美国贝尔实验室的阿尔诺·彭齐亚斯和罗伯特·威尔森宣布，他们已经检测到了一种宇宙微波背景辐射的稳定的"嘶嘶"声，这是他们在为首颗通讯卫星特斯达号开发一个接收器时偶然发现的。这一发现改变了很多宇宙学家的思考方式。在 1965 年以前，大爆炸理论只是一个无法验证的理论，而现在由原初爆炸所产生的残留物却可以证实这个理论。

　　此时，虽然很多科学家开始改变立场，转而推崇大爆炸理论，但是支撑该理论的证明还远远不足。20 世纪 40 年代至 50 年代之间，有人对可能存在的宇宙微波背景的性质进行了几次预测。根据研究结果推测，宇宙微波背景的温度应该在绝对零点之上 3 度左右——这点温度会在高温下降之后保持下来，使原初爆炸之后残存的物质得以重组。这点温度还应具有一定的等向性，根据蒂莫西·费里斯的解释，这就是说，"在宇宙的任何地方，任何一位观测者无论测量天空中哪块地方，其所测量到的背景温度都应是相同的"。此外，根据量子物理学的要求，宇宙微波背景似乎应显示出一种黑体光谱，它会发出一种最大值的热辐射，波长由其自身温度决定——这种光谱可以通过特殊的量子方程进行测量。

　　随着宇宙微波辐射的重要性逐渐显现，美国宇航局（NASA）根据形势所需发射了一种用于测量这一"宇宙背景"的微波卫星探测器。宇宙背景探测器不会因地球大气的影响而变形，而且会准确勘测到大爆炸之后 50 万年的情况。此时，宇宙的温度已下降到一定程度，足以使纯能源开始形成物质，并让光源得以释放。宇宙背景探测器发射于 1989 年，它不仅实现了宇宙学家们的愿望，而且还证实了宇宙微波背景的等向性，证实了其温度接近绝对零点之上 3 度。此外，勘探结果与预计中的黑体光谱方程相符，精确程度令人惊讶。

　　1992 年，由宇宙背景探测器卫星编辑的一张全天空图证实了另一种推测：物质一旦开始从大爆炸后冷却的气体中形成，便会生出越来越多的物质，并最终导致充满恒星的星系产生。这一推测与另一种观念一致，即在宇宙形成初期，微观量子的波动会影响物质总体的均匀分布。用平常话来说，摆在我们面前的是一碗疙疙瘩瘩的酱汁——面放得有些不适量，肉块虽然不多，但是却有大有小，突兀不均。

　　早在 1939 年，美国物理学家汉斯·贝蒂就已指出，重元素（就其原子量来说）可能会在恒星内部产生。这些元素构成了各颗行星的质量以及我们的人体，而它们却只占整个宇宙总质量的 2%，余下部分主要是 75% 的氢气、23% 氦气，还有微量锂元素。为了解释恒星中氢气的含量以及氢气对氦气的比例，物理学家们推测，这些轻元素可能就是在大爆

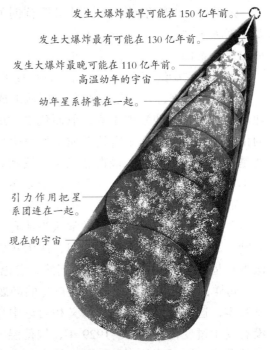

发生大爆炸最早可能在 150 亿年前。
发生大爆炸最有可能在 130 亿年前。
发生大爆炸最晚可能在 110 亿年前。
高温幼年的宇宙
幼年星系挤靠在一起。
引力作用把星系团连在一起。
现在的宇宙

天文学家推测的宇宙诞生理论示意图

宇宙探测卫星

大爆炸理论看起来为宇宙的膨胀提供了很好的解释，但是直到1992年，也几乎没有证据能证明它。1992年，微波背景探测卫星带回了一组宇宙的照片，照片显示，宇宙微波背景辐射在不同方向上存在着微弱的温度涨落，这被解释为大爆炸的结果，因此，这些照片证明了大爆炸理论的正确性。

炸中形成的。仅在太阳中由氢气转化而成的氦气，便能够释放每秒400万吨的能量，而且如果氢气与氦气在大爆炸的时候还未达到平衡状态，这一过程所产生的能量还会多得多。人们相信，由恒星熔炉"提炼"出来的较重元素最终会被抛撒到太空之中，在宇宙中播种可以产生固体物质的原材料。随后，那些最古老的恒星会保留较少量的重元素，因为它们可能一直在排放这些元素。人们认为，正是这一新发现使测量最终成为可能。经证实，这种被称为宇宙元素丰度的元素分布，与大爆炸理论是一致的。

此时，我们似乎有把握认定，大爆炸理论的准确性曾经得到过证实。无论何时，只要一项新的科学理论作出某些可检验的预测，而且这些预测能够为观测或实验所证实，那么科学家们都会在随后的每次证实中感到欢欣鼓舞。当这种证实积累到一定数量的时候，该理论就能够得到充分的验证。然而，虽然大多数宇宙学家都接受了大爆炸理论，但是众所周知，有些问题仍然存在。这些问题意义重大，足以对该理论本身提出质疑。一些问题时常突然出现，大爆炸理论几乎一直处于危机不断的状态之中。

弗雷德·霍伊尔带着嘲讽的讥笑首创了"大爆炸"一词，他一直是该理论的主要反对人士之一。1948年，霍伊尔与宇宙学家赫尔曼·邦迪及托马斯·戈尔德一起提出了所谓的"稳态"理论。根据这一理论，同天文观测的结果相比，宇宙似乎要古老得多，它始终存在着，并将一直存在下去。

亿万年以来，各大星系都会经历从形成、发展到消亡的过程，新的星系会不断地从逝去星系的残骸中生成，取而代之。虽然，新的星系不一定会在逝去星系曾经的位置上形成，但是宇宙的总质量始终会保持一定的平衡状态。从这方面来看，即使是我们所能观测到的最古老星系，放到大局中来看其实也是较为年轻的。很多宇宙学家不喜欢稳态理论，因为该理论表明，我们永远也无法将宇宙真相弄个水落石出，而大多数物理学家和天文学家们都认为这是可以实现的。霍伊尔的意见可能有些生硬，他的科学家同事们常常认为他有些傲慢自大，而这对于他的理论来说毫无帮助。另一方面，也许有人会问，认为我们能够将宇宙真相弄个水落石出，这种想法本身是不是傲慢的最大体现？当然，辩论各方似乎都能找到足够的特有说法。

同样，霍伊尔的理论也有其自身的问题。首先，该理论是宇宙常数论的一种改良版本，这是爱因斯坦在其广义相对论中介绍的一种数学经验系数，用以表明一个没有发生过变化的宇宙。1929年，埃德温·哈勃根据远方星系颜色转向光谱红色一端的研究（即所谓的"红移"），得出了这样的结论，随着宇宙的膨胀，各大星系正在迅速地彼此分离。爱因斯坦的宇宙常数论走向终结，即使爱因斯坦本人也称之为他所犯下的最严重错误。

大多数物理学家都对宇宙常数论感到厌恶，再加上 1965 年宇宙微波背景的发现，霍伊尔的稳态理论似乎即将被迫倒台。不过，霍伊尔可并没打算就此罢休。虽然他自己的理论可能存在着一些问题，但是他仍然坚持认为，大爆炸理论存在着更多的问题。其中一个难题就是，宇宙学家们了解得越多，一个事实就越清晰地摆在人们面前，即宇宙在

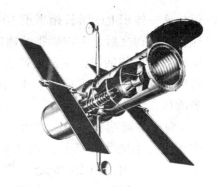

1990 年发射的哈勃太空望远镜

形成初期并不是按照现行的物理法则运行的。至少在大爆炸之后的 50 万年里，在物质形成及光源释放（即所谓的“光子减震”，因为光源是由光子传播的）所需的足够低温产生之前，我们现行的宇宙法则并不存在。

这一矛盾迫使大爆炸理论家们不得不转向另一种观念，即原初的宇宙具有一定特殊性，是自成一体的。霍伊尔和他的追随者们（他当时还保留了一些追随者）对这一概念发起了攻击。的确，他们嘲笑道，你找到的证据让你的大爆炸理论陷入一团糟，而你却不去怀疑这个理论，反倒提出一个怪异的想法，把我们所知的一切全部推翻。

1990 年，霍伊尔自己的理论开始取得了一些新的进展。他的一位追随者，德国马普研究所的美国宇宙学家霍尔顿·阿普指出，很多关于天体红向移动的观测与天体到地球之间的距离并不匹配。这是一个严重的问题。如果红移观测根本不能准确地指出宇宙膨胀的速度，那么大爆炸理论的要害就会被击中。或许，各大星系彼此分离的移动速度并没有那么快，毕竟它们自己也许并不需要大爆炸理论来启动。1991 年，阿普进一步指出：“看来这个理论已经开始露出了马脚，因为我们注意到，为什么望远镜无法观测到这些重要的目标？为什么在讨论这些问题的时候总有人迫不及待地想要压制？”难道是证据受到了忽视？还是辩论受到了抵制？大爆炸理论家们对此做出了愤怒的回应。与此同时，约翰·波斯洛在其 1992 年《时间的主宰》一书中指出，其他几位物理学家指责大爆炸理论的拥护者们要么就是忽略了证据，要么就是在制造一种无法验证的假设。的确，1986 年，薛尔登·格拉肖（1979 年诺贝尔物理学奖获得者之一）和他在哈佛的同事保罗·金斯帕格一起提出，物理学总体而言正在演变成一种遥不可及的活动，这种情形所造成的后果可能是，“研究地点变成了神学院，研究人员都成了现代版的中世纪神学家”。

在有关大爆炸理论的新观念之中，最无法验证的一个就是宇宙膨胀论。这一概念是由阿兰·古斯在 1981 年提出来的，是指在远古时期，即人们一直以来所说的“瞬息万变”的日子里，宇宙膨胀的速度要比现在快得多，它从一个针头大小瞬间暴胀到了一个橘子或全球那么大。

这听上去可能算不了什么，但是从数学角度上来说，这种变化简直令人难以置

信：这一体积上的增长相当于 10~50 倍的力量，或是 1 后面加上 150 个 0。在这种迅速膨胀过程之后，宇宙膨胀的速度开始放慢（相对来说），并一直以这种缓慢的速度运动着。换句话说，宇宙最初表现得就像是一个超人，而瞬间之后便决定甩掉这一特质，变得像《超人前传》中的克拉克·肯特一样，在宇宙历史余下的时光之中慢步前行。

对于普通读者来说，这听上去有些荒唐可笑，但是膨胀论的确吹散了悬在大爆炸理论之上的些许乌云，而且也广为人们所接受。此外，在得到解决的问题之中，还有一个宇宙平坦度的问题。根据人们普遍的理解，尽管从数学的角度来看，平坦度一词的使用似乎是合情合理的，但是用它来描述该理论中相关的物理学却不大合适。物理学家们决定，宇宙要么应是"开放的"，即它会沿一种无限弯曲的平面一直膨胀下去，要么就应是"封闭的"，即地心引力最终会导致宇宙返回自身状态，最后可能会变成那种引发大爆炸的原始原子。然而，遗憾的是，没有任何可观测到的迹象表明，宇宙的状态到底是开放的，还是封闭的。这两种可能性的几率似乎各占一半，而这种状况被描述为平坦度，因为太空的平均曲率等于零，表现为一条"平坦"的轨迹。

令情况更加复杂的是，宇宙的实际密度（产生引力的物质总量）与宇宙自身爆炸所需的密度，二者之比等于一，希腊字母 Omega 的比率就与此相同。从数学的角度来说，如果宇宙是开放的，那么它的比率应小于 Omega，而如果宇宙是封闭的，那么它的比率就应大于 Omega。因此，无论是等于零的曲度值，还是等于一的密度值，结论都能表明，宇宙是平坦的。阿兰·古斯的膨胀理论首次使这一结论显得合乎情理，更不用说人们常常将膨胀理论形容为一个针头胀成了橘子，其形状肯定是圆的。这里还要注意一点，一个气球越是膨胀，它的表面就会变得越平滑，而且这种膨胀就发生在一瞬间，因而会产生更大的平滑效果。

有趣的是，膨胀理论的反对者指责，对方竟然在宇宙大问题上也抱着"懒得管它"的态度。阿兰·古斯在研究这一概念期间，遇到了一个问题，造成了其著作延期两年出版的后果。根据该理论的推测，宇宙这种迅速的膨胀会产生大量分散的"气泡"，这些气泡的外壁仍然应是清晰可见的，但事实却不是这样。最终，古斯还是决定出版这一发现成果，

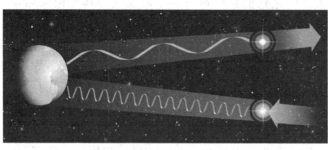

红移

我们知道星系正在加快速度，远离我们地球所在的银河系而去，因为它们在"红移"。如果一个光源急速地闪过，每一道光波都会从更远一点的地方发射出来，这样才能延伸出去。当光波延伸出去的时候，光看起来更红。大多数远距离的星系都有着非常巨大的红移，它们运动得非常迅速。红移建立在奥地利物理学家克里斯蒂安·多普勒（1803~1853）观察的基础之上。多普勒观察到，快速运动中的声波也以同样的方式延伸出去。一辆朝向你行驶而来的火车所发出的鸣叫声调很高。当火车从你身边疾驰而过的时候，其音调下降，因为声波变得更长。

以期引起其他宇宙学家的兴趣，从而使这一问题得到解决。当然，全世界的宇宙学家都对此产生了兴趣。俄罗斯物理学家安德烈·林德首先提出了一种解释，随后其他人也得出了这一答案。林德能够从数学角度证明，那些气泡（此后更名为"畴"）可能是独立产生的。此外，我们已知的宇宙可能只占这些"畴"的亿万分之一，而且气泡的外壁产生于十分久远的时期，我们是无法观察到其存在的。这一结论好似把一头莽撞的大象赶出了房间，并将其顺利地拴到了牲口棚里，让人眼不见心不烦。不过，这件事还是让薛尔登·格拉肖谈起了中世纪神学。

仙女座星系

仙女座星系是离银河系最近的星系，也是唯一用肉眼能看见的星系。但是当哈勃对造父变星进行研究时，发现即使这一最近的星系也离我们有 200 万光年以上。那些只能通过高倍望远镜才能观察到的其他的星系，则离我们有数十亿光年。

然而，同膨胀理论本身一样，这一泡畴理论为大多数宇宙学家欣然接受，包括大名鼎鼎的史蒂芬·霍金，他是人们所熟知的在世的最杰出物理学家。尽管泡畴理论是无法验证的，但是它解决了膨胀理论（同样无法验证）的问题。而且，膨胀理论不仅解释了宇宙平坦度的问题，还说明了大爆炸理论其他一些难点问题，包括物质在宇宙间的同类分布——膨胀瞬间发挥了某种调和宇宙的作用。对于某些批评家（如弗雷德·霍伊尔和霍尔顿·阿普）来说，无论数学有多么神奇，无论理论与理论吻合得多么巧妙，这一切都未免过于顺利了。然而，批评家毕竟只有屈指可数的那几位。尽管还有很多物理学家不太接受大爆炸及膨胀理论的某些内容，但是他们只愿对新观念发起小小的挑战，同时还要保持谨慎，尽量不去嘲笑整体概念。

目前，大爆炸理论仍然是关于我们宇宙起源的最佳解释，这里一定要突出"我们"二字。不要忘记其他那些泡畴，还有那些始终处于我们理解能力之外的泡壁。法国物理学家宣团在其 1995 年《神秘旋律》一书中写道："我们的宇宙只是一个微小的气泡，迷失在另一个气泡的浩瀚空间之中。这个气泡就是元宇宙，或超级宇宙，十几万亿倍于当前宇宙的大小。而且，这一元宇宙自身也迷失于大量其他元宇宙之中，这些元宇宙都是在膨胀时期由极其微小的区域空间产生的，它们是彼此分离的。"这种想法很有气魄，极具吸引力，简直令人难以置信。

随着望远镜及计算机的作用与日俱增，我们已经能够用其观测或模拟宇宙中更广阔的空间。随着量子物理学实验对亚原子微粒的钻研不断深入，有一个现象似乎不可避免，即我们已获得的最新认识有时似乎是支持大爆炸理论的，而其他一些发现则为该理论带来了一些有待跨越的新障碍。2000 年 6 月，《纽约时报》头版刊登了这样一则新闻，澳大利亚的一个机器人望远镜拍摄到了首张关于星系凝块的大图，这些星系可能会形成所谓的宇宙大陆。尽管经证实这些大陆已出现很多，但其大小并没有超出大爆炸理论关于这种结构的推测。报纸头版写到，"机器人望远镜证实宇宙起源的推测"。然而，《纽约时报》过去也曾刊登过很多质疑大爆炸理论其他推测的发现。

一些乐观主义者（包括史蒂芬·霍金）认为，我们很快就会了解宇宙的全部真相，而且距离找到那个"一统天下的宏伟理论"也将为期不远。然而，即使在大爆炸理论的捍卫者之中，仍然有很多人表示怀疑，我们只是刚刚了解宇宙的运行情况，而且可能永远也无法解开那些宇宙的基本谜团。

无论如何，就目前来说，大爆炸理论是唯一的标准理论，但是还不能将其称之为真理。

黑洞！黑洞！

为了研究太空中看不见的光线，美国宇航局研制发射了高能的天文观察系统。在其发回的 X 射线宇宙照片中，天文学家发现了最惊人的一幕：那些人们认为已经湮灭了的星体依然放射出比太阳这样的恒星体更为强烈的宇宙射线。这证明了长久以来人们的一个大胆设想：宇宙中确实存在着看不见的"黑洞"。

什么是黑洞呢？要解释这个问题，我们要先从万有引力谈起。

牛顿的万有引力定律认为，地球和宇宙间的一切天体，都具有强大的相互吸引力，它们能牢牢地吸引住附近的一切物体。比如地球的引力吸引着地表的物质使之不能随意地飞离地球；人们想要把人造卫星送上围绕地球运行的轨道，至少要使发射的火箭有每秒钟 8 千米的速度。如若不然，因为地球的引力，人造卫星就会被拉回地面，我们称这个速度为第一宇宙速度；如果我们要把一只飞船送到火星上去，也就是说要让飞船摆脱地球引力的控制，那么发射的火箭就要把速度提到每秒钟 11 千米，这个速度叫作第二宇宙速度，又被称为天体的表面脱离速度。不同天体的表面脱离速度也不同，这与质量关系密切。比如说，月球的质量比地球小，表面脱离速度就比地球的表面脱离速度小很多；而太阳的质量比地球大许多倍，表面脱离速度就会相应大许多。

那么，人们不禁又要问：有没有可能在宇宙中有这样一些天体，它们的表面脱离速度能超过每秒 30 万千米，比光速还要大？由于它自己的引力如此之大，以至于连它所发射的光都跑不出来？

1798 年，法国天文学家拉普拉斯从牛顿力学出发，预言了宇宙中可能存在引力如此之大的大天体。他认为"宇宙中最明亮的天体，很可能我们根本就看不到它"。他大胆地假设说，如果有一个天体的密度或质量很大，达到了一个限度，这时它很可能是不可见的。因为光速也低于它的表面脱离速度，也就是说光无法离开它而最终到达我们这里。他的预测其实就是一种早期的黑洞理论。

著名科学家爱因斯坦

近代以来，爱因斯坦发表了广义相对论，越来越多的自然科学家从牛顿力学和广义相对论出发，得出了类似结论，纷纷预言"黑洞"的存在。依据牛顿的万有引力理论，科学家得出，一个球形的天体，一旦它的质量超过太阳质量的 2 倍，就可能引发"引力崩溃"。也就是说，它可能会向自己的中心引力坍缩，成为一个体积无限小、质量无限大的质点。依据爱因斯坦的广义相对论，德国科学家史瓦西计算出了一个可能具备无穷大引力的天体半径。他进一步阐述说，一个天体一旦半径达到了这个大小，就很可能有无限大的引力，任何物质都不

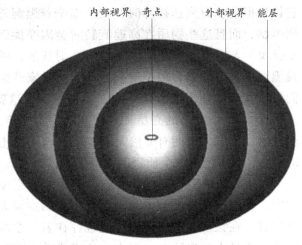

内部视界　奇点　外部视界　能层

旋转黑洞的构造
所有的黑洞基本结构相同，中心的奇点部分被一个不可见的边界围着，我们称它为"视界"，没有东西可以从里面逃出来。视界的尺码叫史瓦西半径，它的名字得自于一个认识到它重要性的物理学家。旋转的黑洞就更复杂了，它有一个能层（一个像宇宙漩涡的区域），里面还有一个内部视界，它奇点的形状像个戒指。

能从它那儿逃脱出来，只能被它吸引进去。即便光线速度极快，也"难逃噩运"。这个有能力把一切吸引住的地方，人们无法看到它，因而称之为黑洞。

　　当今科学家们更加确切地定义了黑洞，他们认为黑洞是广义相对论能够预言的一种特殊天体。这种天体具有一个封闭的边界称为"视界"，这是它最基本的特征。视界的封闭也是相对而言的，外界的物质和辐射可以进入视界，而视界内的一切都无法逃逸到外面去。更简单地说，黑洞不向外界发射和反射任何光线，人们就没办法"看到"它，这就是黑洞之所以"黑"的原因；同时任何东西一旦进入其中，就再也出不来了。黑洞似乎永远都处于饥饿的状态，是个填不饱的"无底洞"，有人形象地把它叫作"星坟"。

　　人们已不再置疑是否有黑洞，那么黑洞里面的情况如何呢？由于目前对黑洞还没有直接的观测依据，科学家们只能从理论上推测。假如有一位无畏的科学家驾驶飞船向黑洞飞去，他最先感到的是巨大的吸引力。他要是从窗口望出去，就会看到一个平底锅似的圆盘在周围星光衬托下很显眼。走得更近，远方似乎有"地平线"，发出 X 射线，那似乎深不见底的黑洞便是被这"地平线"包围着。光线在黑洞附近变形，成为一个光环。宇航员这时要返航已是不可能的了，双脚受到的巨大引力使得他向黑洞中心飞去。他如同坐在刑具台上，头和脚之间出现巨大的引力差，这巨大的引力差早在距"地平线"4800 千米之外的地方就把他撕碎了。

　　科学家一直在寻找能说明黑洞存在的证据。黑洞本身是不能被直接观测到的，但它有相当大的引力场，这就会影响附近天体的运动。于是人们找到了间接观测黑洞的方法，那就是由附近天体的运动来推测黑洞的存在。如果有物质落向黑洞，当

它接近但还没有到达视界时，就会围绕着黑洞外围做高速旋转，运动轨迹呈盘状或喇叭状，而且这些物质在高速旋转时会因摩擦而产生高温，同时释放出强大的高能X射线。人们用仪器是可以探测到X射线的，所以这类高能辐射也成为科学家们寻找黑洞的重要线索。根据这一点，天文学家开始在浩瀚的宇宙中细细搜寻。终于人们发现在天鹅座附近有奇特的强X射线源，这就是著名的"天鹅X-1射线源"，有一颗比太阳大20倍的亮星和它相互围绕着旋转。估计这个X射线源便是一个黑洞，而且这个黑洞大概拥有8倍太阳的质量。人们还估计，在一个名叫M87的椭圆星系的核心，很可能有一个质量巨大的黑洞，而它竟有90亿倍太阳的质量。

从这些结果出发，科学家们大胆地做了更深一步的设想。他们认为，在整个宇宙中，普遍存在着黑洞，而且组成宇宙的主要天体很有可能就是黑洞。他们还进一步预言，在银河系中心，很可能也存在着一个质量相当于500万个太阳质量的巨大黑洞。正是由于它巨大的引力，才将成千上万颗恒星吸引住，这些恒星和气体的运行速度极快，而且都围绕着银河系中心旋转，成为一个十分巨大的集合体，银河系由此而成。

那么，什么原因导致宇宙中黑洞的形成呢？有人认为，恒星到了它的晚年，耗尽全部的核燃料，由于自身引力发生坍缩。如果坍缩物质的质量比太阳质量大3倍，那么最终的坍缩产物就是黑洞。此类黑洞的质量一般不会很大，不超过太阳质量的50倍。另外有人还认为由于在星系或球状星团的中心部分密集分布了很多恒星，以至于星与星之间极易发生大规模的碰撞，导致超大质量天体的坍缩，质量超过太阳1亿倍的黑洞就这样形成了。还有一种说法认为，也许是在宇宙大爆炸时，产生了极为强大的力量，一些物质被如此强的力量挤压得非常紧密，于是产生了"原生黑洞"。

一旦证实了黑洞的普遍存在，那么宇宙不但神秘如同我们的想象，甚至神秘得超乎我们的想象。我们知道宇宙仍处于不断扩张中，这是宇宙大爆炸的结果，爆炸中心的宇宙核仍是一切物质的来源。宇宙是否会在宇宙核的物质变得很稀薄时停止扩张？是否会因为各天体的自身引力而导致收缩？相对论的回答是肯定的，黑洞的存在部分地证实了相对论的判断。也许宇宙不会消失在一个黑洞中，那么很可能会消失在几百万个黑洞中。因此，彻底地揭开黑洞之谜，还关系着人类对于宇宙归宿的追问。

太阳末日

太阳是我们这个星系赖以生存的能量源泉。如果没有太阳，地球上的人类、动物和植物都无从生长，我们美丽的地球将会一片死寂。太阳如同烈焰，带给人类温暖和光明，从古至今都被视为至高无上的象征。太阳会有衰老死亡的一天吗？它的未来将会如何？

宇宙中，太阳是离地球最近的恒星。其核心温度高达1500万~2000万K，每秒都有6亿多吨的氢聚变为氦，每4个氢原子核在这一过程中聚变为1个氦原子核，太阳也就因此向外辐射出一小部分的能量。地球植物的生长和光合作用，煤、石油等矿藏的形成，大气循环、海水蒸发、云雨生成等等，均源于太阳的活动。10亿年来，地球的温度变化很小，不超过20℃。这是太阳稳定活动的证据，这也为生命的孕育、演化打下良好基础。

　　太阳上的氢聚变反应至今为止已经历了几十亿年，从不间断。氢持续减少，氦不断产生，太阳的未来是怎样的呢？

　　恒星演化理论诠释了"主星序阶段"，即从恒星中心核内的氢开始燃烧直至全部生成氦。恒星在主星序阶段上称为"主序星"。各恒星体根据各自质量在主星序中存在的时间是不同的。天文学家爱丁顿发现，恒星体的质量与它为抗衡万有引力而产生的热量成正比；星体膨胀速度与产生热量成正比。产生的热量越多，星体膨胀速度越快，相应的留在主星序中的时间越短。太阳现在就处于主星序阶段，科学家计算，太阳最多有100亿年左右的时间停留在主星序阶段，至今为止它已有46亿年处于这一阶段了。大于太阳15倍质量的恒星只能在主星序阶段停留1000万年，相当于1/5太阳质量的恒星则可以存在长达10000亿年之久。

　　恒星漫长的青壮年期——主星序阶段一旦度过，进入老年期就会成为"红巨星"。在这个阶段，恒星将膨胀到大于本来10亿多倍的体积，因此被称为"巨星"。之所以被加上"红"，是由于随着恒星迅速膨胀，其外表面越来越远离中心，温度也随之降低，发出的光也愈发偏红。红巨星尽管温度降低，光度却增大，变得极其明亮。人类肉眼能看到的亮星，就有许多是红巨星。我们熟悉的即是猎户座的"参宿四"，其直径为太阳直径的800倍，达11亿千米。若"参宿四"在太阳的位置发光，红光会遍及整个太阳系。"主序星"到"红巨星"的衰变过程，变化不仅是外在的，内核也发生了巨大的转变——从"氢核"成为"氦核"。氦核逐渐增大，氢燃烧层也不断向外扩展。

　　一旦形成红巨星，它便会发展到恒星演化的下一阶段——"白矮星"。外部区域迅速膨胀，氦核受反作用力向内收缩，其中的物质温度增高，内核温度最终将超过1

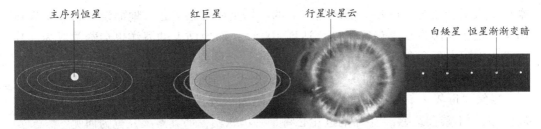

主序列恒星　　　　红巨星　　　　行星状星云　　　　白矮星　恒星渐渐变暗

稳定燃烧
大多数恒星因为质量太轻而不能变成超新星。像太阳这样的恒星，在悄无声息地结束生命之前，会在主序列恒星带用几十亿年的时间燃烧其氢气。

膨胀的恒星
当所有的氢气耗尽时，太阳将膨胀成一个红巨星，用燃烧氦气代替氢气；当氦气耗尽时，太阳会喷出其外层物质来形成一团行星状星云。

白矮星
行星状星云将会消散，留下裸露的太阳中心；这一中心是一个白矮星——一个不留任何核燃料的、由灰烬构成的大密度小球体；再过几十亿年，它将会冷却下来并消失得无影无踪。

太阳的演变过程

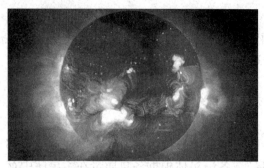

高倍太空望远镜下的太阳

亿℃，引发氦聚变。氦核经过几百万年燃烧殆尽，而恒星的外壳混合物仍然以氢为主。这时恒星结构复杂了许多：氢混合物外壳下隐藏着一个氦层，还有一个碳球埋藏在内。这样，恒星体的核反应更加复杂，其内部温度上升，最终使其变为其他元素。红巨星外部与此同时也开始急剧地脉动振荡：恒星半径大小不定，稳定的主星序恒星变为多变的大火球。火球内部的核反应更加动荡，忽强忽弱。恒星内部核心的密度增大到每立方厘米 10 吨左右，此刻一颗白矮星便诞生在红巨星内部。

白矮星的特征是体积小、亮度低、质量大、密度高。例如天狼星伴星，体积类似地球，却差不多和太阳一样重！它的密度为每立方米 1000 万吨左右。由白矮星的半径和质量，算出其表面重力差不多是地球表面重力的 1000 万 ~10 亿倍。任何物体在这样高的压力下都将毁灭，即使是原子也会被压碎；电子也将脱离原子轨道而自由运动。

由于没有热核反应来为单星系统提供能量，白矮星一边发光，温度一边降低。100 亿年的漫长岁月过去后，白矮星将停止辐射而死亡，躯体会变成硬过钻石的巨大晶体——"黑矮星"，在宇宙中孤单地飘浮。

一些科学家们认为，几十亿年后，太阳会在快要灭亡时迅速膨胀，所有太阳系内的星体和星际物质都会被"吞噬"掉。到那时，太阳会剧烈地抖动，大量物质在脉动过程中被抛入星际空间，而太阳会失掉大部分的质量，其余部分则缩为白矮星。银河系中发现的大量变星表明，恒星死亡过程中脉动和质量的抛失极为普遍，一些变星每年能够抛出等于地球质量的大量物质。为了更好地了解包括太阳在内的恒星如何灭亡，可以研究这种质量的抛失。

一些科学家认为，虽然目前还不太清楚恒星的演化过程，但 50 亿年后，可以基本肯定太阳会成为红巨星。随之地球上的一切生命都会灭亡，地面温度将高于现在两至三倍，北温带夏季最高温度会达到 100℃；而地球上的海洋也会蒸发成为一片沙漠。太阳大概会在红巨星阶段停留 10 亿年，光度会提高到今天的几十倍；体积也将会极大地膨胀，若从地面观察，会看见整个天空都是太阳。

当然"世界末日"距现在还很遥远，但因为提前几十亿年了解这样的"大结局"，人们不禁会疑惑："生命的进化必将是一场悲剧，那其意义究竟为何呢？"

暗物质之谜

宇宙大爆炸理论认为：宇宙诞生之前，没有时间，没有空间，没有物质，也没有能量。约 150 亿年前，一个很小的点爆炸了，逐渐膨胀，形成了空间和时间，宇宙随之诞生，并经过膨胀、冷却演化至今，星系、地球、空气、水和生命便在这个不断膨胀的时空里逐渐形成。

最近的天文观测和膨胀宇宙论研究表明，宇宙的密度可能由约70%的暗能、5%的发光和不发光物体、5%的热暗物质和20%的冷暗物质组成。也就是说，宇宙中竟有九成是看不见的暗物质，其中可能包含宇宙早期遗留至今的一种看不见的弱相互作用的重粒子——冷暗物质正是支持膨胀宇宙论的关键。

正因为宇宙中的暗能、暗物质至今尚未被发现，所以科学家们给我们留下了一系列关于宇宙中的暗物质问题的谜团。人类共同关心的问题是：宇宙中的暗物质究竟有多少？它们在宇宙中占有多大的比例？目前天文学家还无法确知。只是给出了一些估计的数字：在宇宙的总质量中，重子物质约占2%，也就是说，宇宙中可观测到的各种星际物质、星体、恒星、星团、星云、类星体、星系等的总和只占宇宙总质量的2%，98%的物质还没有直接观测到。在宇宙中非重子物质的暗物质当中，冷暗物质约占70%，热暗物质约占30%。

紧接着，下一个问题又来了：宇宙中存在的大量非重子物质的暗物质组成成分究竟是些什么粒子？它们的形成及运动规律又是怎样的呢？于是寻找暗物质，探求暗物质的性质就成了世界高能物理研究的热点之一，寻找的途径包括在超大型加速器上的实验，还包括在地下、地面和宇宙空间对宇宙线粒子的测量。中国科学院高

80亿光年以外的星系的变形图像。

阿贝尔2218星系团质量相当于50万亿个太阳。

70亿光年以外的一个星系的两张放大图。

阿贝尔2218星系团（产生透镜化的星系团）中最亮的星系在30亿光年之外。

100亿光年以外的星系，由于受到透镜作用而变亮。

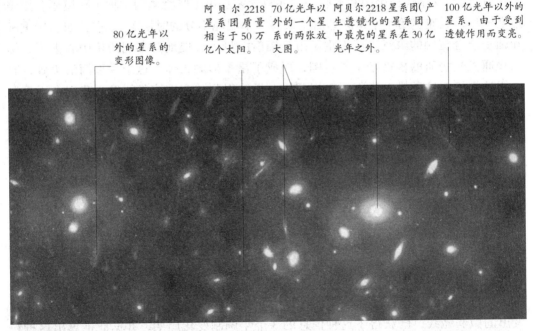

宇宙幻景

这张哈勃图像上发光的弧弦就像宇宙蜘蛛网的一缕缕网线。这为暗物质的存在提供了强有力的证据。阿贝尔2218是距地球30亿光年的一个星系团，它相当于一个引力透镜。来自更遥远星系的光的射线受到其引力的影响，聚集而成为明亮的曲线。聚集光所需的引力要比可见星系提供的引力强10倍，所以这个星团90%的质量必定存在于暗物质上。

能物理研究所在寻找暗物质的研究方面在国际上一直处于领先地位。1972 年高能所云南高山宇宙线观测站曾观测到一个奇特现象，即观察到一个从宇宙射线中来的能量大于 3000 亿电子伏特的粒子碰撞石墨中的粒子后，产生了 3 个带电粒子。分析表明，其中一个是负介子，一个是质子，还有一个是能量大于 430 亿电子伏特、寿命长于 0.046 纳秒的带电粒子。许多科学家认为若此事能被证实，它将肯定是超出标准模型的新粒子，而这个新粒子就可能是暗物质的粒子。

1979 年，科学家发现，在仙女座背景方向的温度比天空其他方向的要高，那里存在着巨大的未知质量。"失踪"的物质哪里去了呢？按照牛顿物理万有引力定律，星系中越往外的行星绕该星系中心的转动速度越慢。太阳系中的行星运转正是这样的。但已观测到有许多星系，其外边缘行星比中心附近行星绕转得更快。这说明除看得见的星系或星系团外，还有大量暗物隐藏在其中，它们像晕一样包围着星系和星系团。那么这些像晕一样的东西是由什么物质构成的呢？有人认为是 X 射线和星系际云，但它们远没有估算的暗物质那么多；也不是年老的恒星，如体积很小的中子星和白矮星，它们行将死亡时会抛出大量物质，但人类并未观测到。英国剑桥大学的物理学家霍金认为有可能是黑洞。还有不少科学家认为是"中微子"，并提出了暗物质的"中微子"模型。但研究这个模型还存在一定的困难，例如，按此模型只有在超星系团周围才有晕，但实际上在星系周围也观测到晕；而且中微子是否有质量，科学实验也未最终确证。

20 世纪 80 年代，美国和苏联的一些科学家提出了暗物质的"轴子"模型。按照这个模型，混沌伊始（宇宙爆炸后不久有一个混沌不分的时期），宇宙就如一坛重子和轴子混合交融的浓汤。后来重子由于辐射能量，慢慢地转移到团块中心去了，结果普通发光物质的核被冷子晕包围，形成了星系似的天体。这个模型简洁美妙，有人用计算机对这种模型进行了模拟演算，最终得到的宇宙演化图像与我们今天观测到的宇宙十分吻合。但这个模型毕竟是假想的产物，它能否成立，还需要更多的实验来验证。

从理论上说，冷暗物质粒子应该具有一种质量很重的中性稳定粒子，它不直接参与电磁相互作用，但可以参与弱相互作用和引力相互作用。这种粒子肯定是超出标准模型的粒子，如果能在实验中直接观测到这种粒子，将是探讨物质微观世界结构和基本规律方面的重大突破。目前中科院高能所参加了由意大利罗马大学牵头的意中 DAMA（暗物质）合作组的冷暗物质粒子研究。为了避免各种信号干扰，意大利国家格朗萨索实验室建在一个高速公路穿过的山洞下，岩石厚度有 1000 米。中意科学家研制的 100 千克低本底碘化钠晶体阵列安装在意大利格朗萨索国家地下实验室。经过 8 年的实验，已经探测到这种物质粒子偶尔碰撞碘化钠晶体中的原子核时发出的微弱光线，已获得了这种信息的 3 个年调制变化周期，并据此推算出这种粒子很重，它的质量至少是质子的 50 倍。实验的初步结果提供了宇宙中可能存在一种重粒子，即冷暗物质粒子的初步证据。

科学家们认为，这种粒子的存在将非常有力地支持暴胀宇宙论和超对称粒子模型，困扰天文学家 70 多年的谜团就能澄清，粒子物理、天体物理、宇宙学将会有突破性发展。但实验上要确认冷暗物质的存在及特性，尚需进一步的观测数据和可靠证据，我们期待着关于暗物质的一系列谜团早日揭开。

银河系的中心到底是什么

在科学技术不发达的古代，无论是中国人还是西方人，都毫无例外地把人类居住的地球看成是宇宙的中心，这就是有名的"地心说"。直到 16 世纪，哥白尼才提出了"日心说"向"地心说"挑战。经过长时间艰苦的努力，哥白尼的"日心说"才逐渐占了上风，取得了这场争论的胜利。"日心说"的主要贡献是把地球降为一颗普通行星，而把太阳作为宇宙中心天体。到 18 世纪，赫歇尔又进一步指出，太阳是银河系中心。到 20 世纪，卡普利批驳了太阳是银河系的中心的说法，他把太阳流放到银河系的悬臂上，认为太阳离银河系中心有几万光年之遥。

当太阳"离开银心"之后，谁坐镇银河系的中心就成了天文学家特别关注的大问题。因为，银心距离人类并不算太遥远，理应把它的"主人"搞清楚。但是，由于银心处充满了尘埃，对银心的观测并不容易，要想透过这层厚厚的面纱，看清银河系中心的真相，实在不容易。

随着科学技术的进步，观测银河系的手段也在不断改进，人们对银心的了解也在不断增加。这种方法主要是接收尘埃无法遮挡的红外线和射电源，然后再对之进行分析研究。就像医生测人体心电图一样，天文学家们从红外线和射电波送来的大量有用信息来观测银河系的内部结构。

最先接收到银心射电波的科学家是美国贝尔实验室的工程师詹斯基。

由于银心核球的红外线和射电波信号很强，詹斯基认为，它似乎不是一个简单的恒星密集核心，而很可能是质量极大的矮星群。1971 年，英国天文学家提出了这样的假设：核球中心部有一个大质量的致密核，或许还是一个黑洞，其质量约为太阳质量的 100 万倍。这种假设有一个前提，那就是如果核球中心真有一个黑洞，那么银心应有一个强大的射电源。于是，天文学家们开始了对银心射电源的探测。

200 千米／秒
250 千米／秒
240 千米／秒
220 千米／秒

银河系俯视图

银河系侧视图

银河系的自转原理示意图
银河系并不是匀速自转的，其速度受各方面引力的影响各不相同，位于猎户臂中的太阳就是一个高速运行着的天体。

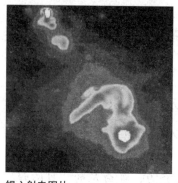

银心射电图片

这一射电望远镜所呈现出的银心的射电，覆盖了一个跨幅约450光年的区域。在图片中心的下方就是人马座A复合体（白色的明亮块），而弯曲的特征区就是弧弦，图左上端是人马座B2的巨型分子云。

20世纪80年代，美国天文学家探测到以每秒200千米的速度围绕银心运动的气体流，这种气体流离中心越远速度越慢，他们估计这是银心黑洞射电源的影响造成的。另一些美国天文学家也宣布探测到银心的射电源，这说明银心可能是一黑洞。

但这种说法遭到了苏联的天文学家的质疑，他们认为证明银心是黑洞的证据不足，并提出了另一种假设：银心可能是恒星的诞生地，因为其中心有大量的分子云，总质量为太阳质量的10万倍，温度为200~300K。

由于天文学家对于银心是否为黑洞的问题争论不休。为了解决这个问题，美国天文学家海尔斯提出了一个假设，即一对质量与太阳相当的双星从黑洞旁掠过时，其中一颗被黑洞吸进后，另一颗则以极高速度被抛射出去。这个判据得到了天文学家们的认同。但经过计算，根据掠过黑洞表面的距离，这样的机会并不大。海尔斯的判据虽不能最终解决问题，但不失为一条探测的路子。然而，要最终搞清楚银心的构成大概仍有许多工作要做。

月亮背面

自古以来，人们就喜欢仰望月亮，然而无论何时何地人们看到的总是月亮的同一面。为什么人们无法观察到月亮的另一面呢？原因在于月球绕轴自转的周期与绕地球公转的周期刚好相同，因此人们用肉眼始终只能观察到月球的半个球面。

地球的公转轨道面和月亮的公转轨道面存在一个交角，这就使月亮自转轴的南端和北端，每月轮流朝向地球，因而在地球上有时也能看到月亮两极以外的一小部分，占月亮表面的59%。那么其余的41%的月面（月亮的背面）呢？它始终背着地球，让人难窥其实。有人说，月亮的背面，也许有空气和水的存在，重力可能要比正面大一些；也有些人预言那里有一片既广阔、又明亮的环形山；还有一部分人认为月亮正面的中央部分是最高地，而背面的中央部分则是一片"大海"——呈暗色的平原。

1959年1月2日，苏联发射的"月球1号"探测器在1月4日飞抵离月亮6000米的上空，并拍摄了一些照片传回地球。1959年10月4日，苏联又发射了"月球3号"。它于10月6日开始进入月球轨道飞行，7日6时30分，转到月亮背面大约7000米的高空。当时在地球上的人们看到的是"新月"景象，而在月亮上正是太阳照射其背面的白天，是照相的大好时机。就这样有史以来拍摄到的第一批月亮背面的照片公之于众。

月亮的背面也像正面一样，中央部分没有"海"，绝大部分是山区，其他地方虽有一些"海"，也都比较小。背面的颜色相较于正面稍红一些。

1966 年美国"月球太空船"所拍摄的照片，使人们能够看清同美国西北部的圆丘相似的月面上那些大量错落、形状不一的圆丘。科学家认为，是月亮内部熔岩向月面鼓涌形成了这一月貌。

科学家对现代科学仪器观测的结果和宇航员带回的月亮岩石进行分析，提出了这样的假设：在月貌的形成过程中，火山活动和陨星撞击这两种自然力量都起了作用。在火山活动中形成了许多圆丘和较小的环形山，而那些大环形山则是陨星撞击月亮时造成的。

而随着科学家观测的深入，产生的有关月背的疑团却愈发复杂。第一件怪事是月球的最长半径和最短半径都在月背。月球半径最大处比平均半径长 4 千米，最小处比平均半径短 5 千米（月球半径的平均值通常被认为是 1738 千米）。

第二件怪事则是月球的正面集中了所有的月瘤。月瘤也叫月质量瘤，是月球表面重力比较大的地方。科学家们估计，在这些地方的月面以下有许多高密度物质。此外，月球上还有些地方重力分布小于平均值。令人不解的是，月瘤所在的正异常区和重力偏小的反异常区都在正面，而月背上却没有一处。

另外，月球"海洋""湖""沼""湾"等凹陷结构占了月球正半球面积的一半，共有 30 余处这样的凹陷分布在月球上，但 90% 以上都集中在正面，完整的"海"只有两个是在月背上，不足背半球面积的 10%，月背其余 90% 的面积都是由起伏不平的山地所组成，山地的分布结构呈现出几个巨大的同心圆，地形凹凸悬殊，剧起剧伏，而这种地势是正面所没有的。

人们不禁要问，月球正面与背面的这些差异是怎样形成的？自从看到了月球背面的"本来面目"，科学家们便对这一问题从各种角度展开了研究。经过长期的努力，科学界形成了几种不同的见解。

这个巨大的环形山最终将成为雨海。

当熔岩淹没环形山盆地时，雨海就产生了。

哥白尼环形山于 8 亿年前形成。

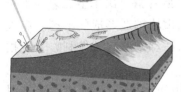
陨星撞击月球的外壳
40 亿年前：月球在诞生后的第一个 7.5 亿年中，经历了一个由陨星造成的破坏性的撞击阶段。陨星的碰撞破坏了月球外壳，并在月表各处形成环形山。

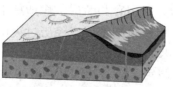
熔岩通过月球外壳的裂缝喷发出来
30 亿年前：碰撞的次数降低。当又大又深的环形山被月表下 100 千米处向上涌的熔岩（熔化的岩石）注满时，火山剧烈活动期就来临了。熔岩固化形成了月海。

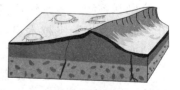
火山活动已经全部停止
现在的月球：在过去的 16 亿年中，月球表面变化不大。一些明亮年轻的环形山，例如哥白尼环形山显露了出来。大部分原始外壳已在形成环形山时被破坏。

有人认为，在地球引力的作用下月球发生了"固体潮"，即月球地层也出现类似地球上的潮汐现象，结果就导致了正背面的差别。也有人认为，月球正背面的差异是由巨大的温差所造成的。当地球运转到太阳与月亮之间，月亮上便会发生日全食，此时月球正面的温度会急剧降低，因而形成巨大温差，反复的温度骤变引起了正背面的差别。

木星上有生命吗

木星是具有生命的天体吗？争论仍在继续。

也许我们能十分有把握地断定，在太阳系的诸天体中，除地球外，没有任何一个天体拥有智慧生物，但仍无法肯定，在这些天体中也不存在任何生命活动，特别是那些低等的原始的微生物。除火星外，如今木星也被列入了"怀疑名单"。

木星之所以被怀疑可能有生命存在，是因为它的生态条件与地球比较接近。但是，这颗太阳系体积最大的行星上根本没有可供登陆的固态地表，这是一颗由气体构成的巨大星体，大气层中充满了氢气、氦气、氨、甲烷、水，这样的条件对生命的生存有着极大的障碍。

随着科学技术的进步，人们对木星了解得越来越多。科学家们对木星大气层的成分进行研究后发现，木星大气成分和形成于早期地球海洋的物质十分相似。因此，木星上存在生命形式也成为一种可能。

然而，进一步的调查显示，木星大气层具有强烈的乱流，而且大气下方温度极高，在这种情况下，很难形成生命。任何生物只要一碰到这股乱流，就会被卷入下方的高温中，化为灰烬。

科学家认为，唯一可以在这种环境下维持生命的办法就是在被烧焦之前复制新的个体，并且借助气流的力量把后代带到大气层中较高、较冷的地方。这种极少的生命形态可以在大气层外侧飘浮，其生命活动的能量主要来自所取用的食物。

令科学家欣喜的是，美国"伽利略号"探测器前不久拍摄的照片显示，在木星的一颗卫星（木卫二）的表面下可能隐藏着一片海洋。如果这片海洋真的存在，那么其中就可能存在生命现象。"伽利略号"探测器拍摄的照片揭示出木卫二表面上有一个网状系统，该系统中的一些山脊和断层很像地球上板块构造形成的形态。有人在"旅行者号"飞越木星以后就猜测木卫二经历过火山活动，此次"伽利略号"拍下的近景照片为这一猜测提供了有力的证据。

据此，某些理论工作者假定，有一片深达200千米的液态水海洋被掩盖在木卫二的冰壳之下。这一观点进一步论证了下述推测：木卫二可能存在类似于在地球深海温泉处富含矿物质的水中繁衍生息的那些有机体的生命形态。

总之，对于木星是否存在生命这一问题，目前我们还无法做出肯定的回答。

神秘的"太白"金星

用望远镜观看，金星只是一个模糊不清的淡黄色圆面，在金星大气的笼罩下，根本无法看清其"庐山真面目"。

金星是全天空最明亮的一颗星星。晚间在西方天空出现时，被叫作"长庚星"。早晨在东方天空出现时，被叫作"启明星"。它距太阳的平均距离为 1.08 亿千米，与太阳的角距离约为 47°，人们之所以能时常看到它，主要是因为其大部分时间同太阳的角距离较大。夜空中除了月亮以外，其他所有的星星在亮度上都比不上它。由于常有银白色的、像金刚石的闪光从金星发出，所以，它在中国素有"太白"的别称。

科学家们后来知道，金星非常明亮的原因与其周围有浓密的大气层有关，大气反射了照在它上面的 75% 左右的太阳光。金星离地球最近时，平均为 4000 多万千米。人们常将金星视为地球的孪生姊妹，因其大小、质量和密度与地球差不多。金星的公转周期约为 225 天。20 世纪 60 年代初，通过用雷达反复测量，天文学家得知金星的自转周期为 243 天——竟然长于它的公转周期。另外，金星的自转方向是逆向的，确切地说，它的自转方向是自东向西的，在金星上太阳西升东落，昼和夜（一天）的时间远远长于地球，在那里看到的太阳约是我们所见到太阳大小的 1.5 倍。

金星有厚厚的大气层，这一点天文学家很早就知道了。用望远镜观看，金星只是一个模糊不清的淡黄色圆面，在金星大气的笼罩下，根本无法看清其"庐山真面目"。人们现在所掌握的金星表面及其大气等知识，主要来自空间飞行探测。

自 1961 年以来，苏联和美国先后向金星发射的探测器有 30 多个（虽然有几个发射失败），获得了大量的研究成果。1970 年 8 月 17 日，苏联的"金星 7 号"无人探测器成功地实现了在金星表面上着陆探测，曾测得金星温度高达 480℃，表面为 100 个大气压。此后还有多个苏联的探测器都在金星表面实现了成功着陆。美国于 1989 年 5 月发射了"麦哲伦号"探测器对金星进行空间探测，为期 5 年，取得了大量的研究成果。

人类根据对金星的探测结果得知，它那厚厚的大气层几乎全部由二氧化碳组成，因此，它具有巨大的温室效应。其高层大气中的二氧化碳达 97%，而低层处可达到 99%。从许多宇宙飞船发回的照片来看，金星的天空呈橙色，大气中有激烈的湍流存在，还有强烈的雷电现象，有人推算金星上的风速约达 100 米 / 秒。更让人惊讶不已的是，厚厚的浓云笼罩在金星表

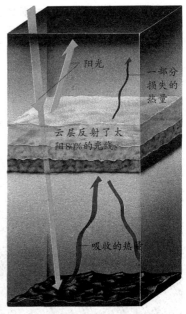

金星的大气层

面上 30 千米 ~70 千米的高空，云中有具强腐蚀作用、浓度很大的硫酸雾滴。

　　总体上看，金星大气层好似一个巨大的温室或蒸笼。尽管金星大气将约 3/4 的入射太阳光反射掉了，但其余那部分阳光到达金星表面并进行加热。大气中的二氧化碳、水汽和臭氧好似温室玻璃，阻止了红外辐射，结果金星蓄积了大量所接受到的太阳能，因而使那里的温度高达 465℃ ~485℃。

　　与水星不同的是，金星上面环形山很少，表面比较平坦，但也有高山、悬崖、陨石坑和火山口。金星上的凹地与月面上的"海"（平原）相似，"海"上有火山。金星有十分活跃的地质活动，其表面有众多的火山、巨大的环形山、许多地层断裂的痕迹以及涌流的熔岩。

　　金星表面最高的麦克斯韦山位于北半球，远远高于地球上的珠穆朗玛峰；在南半球赤道附近并与赤道平行的地方，是阿芙洛德高原。金星上一处横跨赤道的大高原有近 10000 千米长、3200 多千米宽。有些探测器成功地完成了在金星上的自动钻探、取样和分析任务，人们因此知道了金星表面最多的是玄武岩。

　　随着科学技术的发展和进步，人类有关金星的探索和研究将会取得更大的成就，金星也将不再神秘。

金星上的神秘城墟

　　据人类目前所知，相对于火星来说，金星的自然环境要严酷得多。其表面温度高达 500℃，大气中的二氧化碳占到 90% 以上，时常降落巨大的具有腐蚀性的酸雨，还经常刮比地球上 12 级台风还要猛烈的特大热风暴。金星的周围是浓厚的云层，以至于二十余年间（1960~1981）从地球上发射的近 20 个探测器仍未能认清其真面目。20 世纪 80 年代，美国发射的探测器发回的照片显示金星上有大量城墟。

航天探测器拍摄的金星照片
起伏不大的火山平原，覆盖了金星的大部分地区。而 9000 多米高的玛亚特山是金星上最大的火山之一。

玛亚特山，金星上最大的火山之一，比周围地区高出 9000 米，宽 200 千米。

在玛亚特山底部，熔岩穿过平原，流淌长达几百千米。

经分析，金星上共有城墟 2 万座，这些城墟建筑呈"三角锥"形金字塔状。每座城市实际上只是一座巨型金字塔，门窗皆无，可能在地下开设有出入口；这两万座巨型金字塔摆成一个很大的马车轮形状，其圆心处为大城市，呈辐射状的大道连着周围的小城市。

研究者认为，这些金字塔式的城市可以有效地避免白天的高温、夜晚的严寒以及狂风暴雨。

苏联科学家尼古拉·里宾契诃夫在比利时布鲁塞尔的一个科学研讨会上首次披露了在金星上发现城墟的消息。1989 年 1 月，苏联发射了一枚探测器。该探测器带有能穿透浓密大气的雷达扫描装备，也发现了金星有 2 万座城墟这一重大秘密。

刚开始的时候，人们还不敢断定这就是城墟，认为可能是探测器出了问题，也可能是大气层干扰造成的海市蜃楼的幻象。但经过深入研究，人们确信这些是城市的遗迹，并推测是智能生物留下来的。不过，这些智能生物早已绝迹了。

里宾契诃夫博士在会上指出，"我们渴望弄清分布在金星表面的城市是谁造的，这些城市是一个伟大的文化遗迹"。这位苏联科学家详细地介绍说："在那些以马车轮的形状建成的城市的中间轮轴部分就是大都会。根据我们推测，那里有一个庞大的呈辐射状的公路网将其周围的一切城市连接起来。"他说："那些城市大多都倒下或即将倒塌，这说明历史已经很悠久了。现在金星上不存在任何生物，这说明那里的生物已绝迹很久了。"

由于金星表面的环境极差，因此不具备派宇航员到那里实地调查的条件。但里宾契诃夫博士强调说，苏联将努力用无人探险飞船去看清楚那些城市的面貌，无论代价多大，都在所不惜。

而在 1988 年，苏联宇宙物理学家阿列克塞·普斯卡夫则宣布：金星上也存在"人面石"，这一点与火星一样。联系到金星上发现的作为警告标志的垂泪的巨型人面建筑——"人面石"，科学家推测，金星与火星是一对难兄难弟，都经历过文明毁灭的悲惨命运。

科学家还说，800 万年的金星经历过地球现今的演化阶段，应该有智能生物的存在。后来，金星中的大气成分中二氧化碳越来越多，以至于温室效应越来越强烈，进而使得水蒸气散失，最终使得金星的环境不再适合生物的生存。

迄今为止，人们在月球、金星、火星上都找到了文明活动的遗迹和疑踪，甚至在距离太阳最近的水星表面也发现了一些断壁残垣。地球、月球、火星、金星上都存在金字塔式的建筑。人们将这些联系起来后认为，地球并不是太阳系文明的起点，而是其终点。

倒塌的金星城市中，究竟隐藏着什么秘密呢？那个垂泪的人面塑像到底是否经历了金星文明的毁灭呢？由于这实在太令人捉摸不透了，所以只有等待人类未来的实地探测，但愿这一天能尽早到来。

火星上人头像的困惑

火星上是一片荒漠，然而在卫星图片上却出现了清晰的人头像，这是怎么回事呢？

1994年，为了进一步探测火星的秘密，美国发射了"火星观察者号"探测器，准备在火星上做实地考察。然而，在进入火星轨道时，"火星观察者号"突然失踪，再也没有了联系。

不为人知的是，就在美国"火星观察者号"失踪的前13天，探测器曾经传回两张神秘的照片。一张照片是火星上的一座巨大的人头雕像，它是从火星上空另一个角度近距离拍摄的。另一张照片更令科学家们百思不得其解，照片上竟出现一只巨大无比的鱼形太空生物。它长着一条鲸鱼般的大尾巴，扁圆状身躯，金鱼一样的大眼睛，张着三角形的大嘴，俨然是"太空鱼怪"。背景上充满着大大小小闪烁着的宇宙星光。

美国航天局的专家们认为：在对火星的考察进入关键时期，发生"火星观察者号"失踪和地面接收到它发回的"太空鱼怪"照片两件事并非偶然。也有人认为，"火星观察者号"的神秘失踪，可能是火星上的智慧生物将它击落。"太空鱼怪"可能是火星上的智慧生物制造的一种用特殊动物外貌做伪装的大型宇宙星际母舰。

其实，早在1975年，美国就先后发射了"海盗1号"和"海盗2号"两艘火星探测飞船，这两艘飞船的着陆器分别于1976年7月和8月在火星上成功着陆。同年7月底，美国宇航局公布了一张"海盗1号"拍摄到的火星表面照片——看起来它很像一张人脸，冷冷地向上凝视。而科学家们在"维京1号"火星观察卫星发回的数千张的火星照片上，也发现了几张巨大无比的"人脸"像，非常清晰。照片上显示着一个人的面部，眼睛、眉毛、头发、嘴唇和鼻子十分清楚，就连两个鼻孔都能看见。这是一位长相英俊、潇洒的男性脸，因为它嘴唇上有胡须。

照片的出现，引起了科学界的震动。美国宇航局的专家解释说，"人脸"其实是巨大的岩石，看起来像"人脸"完全是由光影造成的错觉。尽管如此，这张照片还是激起了公众对火星的强烈兴趣，成为各大媒体的热门话题。这块大石头被越传越神，有人称它像埃及法老的脸，有人干脆说它是火星上曾经存在高度发达的文明的证据，而"人脸"所在的火星北部基多尼亚地区则被奉为"圣地"。

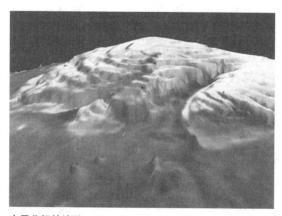

火星北极的地形
在火星北极有被称为冰帽的永不融化的冰层，大气层中的二氧化碳凝华形成干冰。

火星是一个荒漠的世界，那里没有空气、水，气温低得不可能使任何生物生存。据计算这"人脸"的面积约有 100 平方千米。这样大的巨幅"人脸"像又是谁造的呢？又是怎样造成的呢？因此，有些科学家们怀疑，这些"人脸"照片是有些人恶作剧，通过美国太空总署的宇航微波接收网络传来的。为此，美国太空总署在 1989 年聘请了一些优秀的电脑专家对"人脸"照片做分析、鉴定，识别真伪。

著名的电脑专家通过使用最新的电脑绘图技术对"人脸"照片做分析后，确定了这些照片确是从"海盗 1 号"和"维京 1 号"火星观察卫星上发回来的。此外，还发现"人脸""狮身人面像""建筑物"照片，并非光影上的错觉，而是一个个庞大的实体。所以就有人认为：那些"人脸""建筑物"照片是数百万年前，曾在火星上出现过文明的一个标志。显然那个文明已在火星上消失了，但它留下了永恒的标志。

奇怪的是，从 1992 年 9 月开始，从火星上拍回的照片，那张"人脸"突然消失，变得无影无踪了。此事使火星文明之谜，更蒙上了神秘的色彩：为什么图像会忽隐忽现呢？

1997 年 7 月 4 日，美国"火星探路者号"探测器在火星着陆，当时数百万美国电视观众坐在电视机前焦急地等待着"火星探路者号"从火星上传回震惊世界的新发现。但令人遗憾的是，"火星探路者号"在火星着陆和"外来者号"漫游车在火星上行驶的镜头虽已向观众播放，但另外一个震惊世界的场面并未向观众们播放。"外来者号"漫游车上的摄影机镜头上清晰地出现了一艘酷似地球上的挪亚方舟的高大船体，它半埋在一片沙滩上。美国航天局的科学家们立刻接到一道严格的命令："在官方当局尚未决定向社会公众发布这一令人绝对难以置信的震惊世界的新闻之前，必须守口如瓶！"

据说地球上曾经发生过洪水，是挪亚方舟拯救了人类，难道火星上曾发生过巨大洪水？这场大洪水也给火星上的智慧生物带来了巨大的灾难吗？

"火星上可能存在生命"的观点已经流行了几个世纪，但科学家对火星生物究竟是什么模样可以说是一无所知，要知道，迄今为止，还没有任何实际观测证据可以断定火星上存在生命，哪怕是最简单的生命，更不要说最高级的生命——人。要想查明火星上究竟有没有过生命，最好的办法还是派人上火星去实地寻觅，但是这一天恐怕还要等若干年才能到来。

宇宙中相互"残杀"的星星

一般人都知道，宇宙中星体之间的距离非常遥远，彼此接近的机会很少。但经过天文学家的观测和研究，发现星球之间也存在彼此吞食、互相残杀的现象。科学家们把这类星球称为宇宙中的"杀星"。

前不久，美国天文学家就发现了这种互相吞食的现象。主角是两颗恒星，并且是一对双星，都已进入衰亡期，均属白矮星。这两个星球体积很小，可质量要比太阳大得多。经观测发现，这两颗星体靠得很近，彼此围绕着对方旋转运动。其中一颗大的恒星，在不停地吞吃比它小的那一颗。大恒星把小恒星的外层物质剥下来吸到自己身上来，自己变得越来越胖，质量和体积不断增大。而那颗被吞食的恒星，变得越来越小，最后只剩下一个光秃秃的星核了。

不止是星球之间存在着彼此吞食的现象，星系之间也在互相吞食和残杀。现在有一种理论认为，宇宙中的椭圆星系就是两个漩涡扁平星系互相碰撞、混合、吞食而形成的。有人曾经用计算机做过模拟实验：用两组质点代表星系内的恒星，分布在两个平面里，由于引力作用，星系内的恒星在一定的规律作用下相向而行，逐渐融合成一个整体。

加拿大天文学家科门迪通过观测还发现，某些巨大的椭圆形星系，其亮度分布异常，仿佛中心部位还有一个小核。他认为，这是一个质量较小的椭圆星系被巨椭圆星系吞食的结果。

但由于星系之间、天体之间距离都极为遥远，碰撞和吞食的机会很少，所以，要想证实以上说法是不是成立，还需要一段时间。

小行星会撞击地球吗

近年来，关于地球的命运有一个很敏感的话题，即小行星会撞击地球。的确，在茫茫宇宙之中，地球只是一个很不起眼的星球。既然宇宙中每时每刻都在发生星体碰撞，那么地球也就存在被撞击的可能。但是这里是人类的家园，就目前而言，我们舍此别无居所。因此人们自然会想到一个很令人担忧但不容回避的问题：地球的命运如何？小行星真的会撞击地球吗？

实际上，这并非杞人忧天。尽管各种星体在茫茫太空的运行都井然有序，大家"井水不犯河水"，按各自的轨道来回穿梭运行。但是，偌大的宇宙太空，天体运行中的"交通事故"经常发生。经研究，彗星和小行星对地球的威胁最大。太阳系的外部边缘是彗星的活动范围，这种活动范围时时急剧地倾向地球的轨道。这种情形就像一辆车在双向高速公路上行驶，不断有车辆迎面而过，也不断有人从旁边的快车道超车。不过与彗星相比，太阳系小行星对地球的威胁要大得多，毕竟彗星的物质构成还很稀薄。

1807年，灶神星被发现以后，一直到1815年，8年间再没有人发现过小行星，直到1845年发现了第5颗之后，每年都有新的发现，小行星的数量急剧增加。23年后，小行星的数目突破100颗，数量达到200颗时只用了29年。又过了33年，小行星的数量已经达到449颗。截止到1999年1月初，已有1万多颗小行星被人类正式编号记录下来。据估计，约有50多万颗的小行星能通过天文望远镜用照相的方法记录下来。

小行星与大行星一样，都紧紧地围绕着太阳旋转，但它们大小不同，形状各异。小行星一般都不大，最大的谷神星直径只有700多千米。据统计，只有100多颗小行星直径大于 100 千米。约有一两万颗小行星的直径都不到 1000 米，大多数小行星的直径仅有几米、几十米。此外，已发现有小卫星绕着部分行星运转。

1991 年 10 月，"伽利略号"探测器（其主要任务是探测木星）拍摄到大小约为 19×12×11 立方千米，自转周期约 2.3 小时的第 951 号小行星加斯帕拉。其表面有几百个较小的陨击坑，这可能是当它在碰撞时，大陨击坑被强烈的大星震夷为平地。

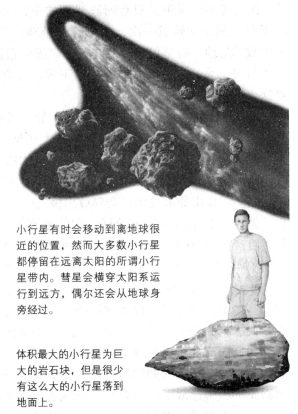

小行星有时会移动到离地球很近的位置，然而大多数小行星都停留在远离太阳的所谓小行星带内。彗星会横穿太阳系运行到远方，偶尔还会从地球身旁经过。

体积最大的小行星为巨大的岩石块，但是很少有这么大的小行星落到地面上。

"伽利略号"探测器还拍摄到一颗具有磁场的叫"艾达"的小行星，同时还发现了艾达的卫星也具有磁场。小行星艾达呈不规则的长条形状，大小约为 56×24×21 立方千米，自转周期是 4.6 小时，其表面有许多撞击坑。距离艾达 1000 千米的小卫星直径为 1.5 千米。据分析，可能是一颗直径达 250 千米的母体分裂而形成的艾达小行星及其卫星，迄今它们仍保持着磁场。有趣的是，一年后"伽利略号"宇宙飞船观测到的 4179 号小行星，也是一对形状很不规则的小行星，其中最大的直径为 6.5 千米，其上均有许多陨石坑。

1997 年 6 月 27 日，美国"近地小行星会合号"空间探测器拍摄了一张距离小行星 2400 千米的照片，这颗小行星就是 253 号行星"玛蒂尔达"。它属于碳质小行星，大小为 57×53×50 立方千米，其自转周期为 17.4 小时，表面反射率很低，有 4% 的入射阳光能被反射回去。玛蒂尔达表面上布满了陨石坑，陨石坑比小行星艾达上的陨石坑要大，有一个陨石坑的直径至少在 19 千米 ~20 千米，相当于它本体直径的 2/5。

小行星通常是由下列物质构成的：石头、碳、金属、石与金属的结合。按它们所在的空间区域分，主要有以下 3 类：（1）位于火星与木星之间的小行星带。在该区域中，小行星围绕太阳运行，轨迹近似圆形。多数小行星，尤其是较大的小行星都位于这一区域。（2）特洛伊小行星群，包括两个小行星群，它们与木星在同一轨道上运行，其中一个小行星群在木星之前 60 度，另一个小行星群在木星之后 60 度。这些小行星的命名是用特洛伊战争中的英雄命名的。（3）绕太阳运行时穿过地球轨道且自身轨道明显伸长的一群小行星，它们的轨道不规则。这类小行星以古希腊与古罗马神话中的太阳神阿波罗命名。

在上述小行星中，只有阿波罗型的小行星对地球有危险。这些小行星通常每隔若干年穿越地球轨道一次，它们穿过地球运行轨道时，虽说距离地球相对比较远，但少数的近地小行星仍有可能与地球碰撞。它们主要是平均直径略超过 0.8 千米的石质小行星，直径从 6 千米 ~39 千米不等。迄今已发现近 200 颗阿波罗型小行星，而且这个数字还在继续增长。

天文学家认为，可以排除直径小于数十米的近地小行星对地球构成威胁的可能，因为它们往往在与大气摩擦时产生巨大热量，在未到达地面前就已经被燃烧殆尽。直径大约 100 米 ~1000 米的小行星对地球构成了较大的威胁。直径 1000 米以上的中等小行星对地球的威胁最大，这是因为它们撞击地球的机会相对比较大，而且它们数量众多。撞击如果发生，会释放出极其巨大的能量，而且会使世界上 1/4 的人口死亡。假定一颗小行星撞上地球，它的密度为 3 克 / 立方厘米、平均速度为 20 千米 / 秒，直径为 1000 米，那么它所造成的冲击相当于数十亿吨黄色炸药的爆炸力，其能量为 1945 年在广岛上空爆炸的原子弹所释放能量的几百万倍。

事实上，从诞生伊始，地球便在漫长的年代里不断受到撞击。说起来人类应感谢这些撞击，因为正是由于这些撞击，地球才会有水或其他生命所需的有机物质出现。大约 45 亿年前，天文学家认为在一团旋转的气体和尘埃云中诞生了太阳系。岩石等物质凝聚为包括地球在内的行星。由于岩石在互相碰撞中释放出巨大的能量，地球最初像一个熔融的球体，热度很高，表面的水、二氧化碳、氨、甲烷等挥发性的物质都沸腾逸散了。随岩石逐渐减弱了撞击，地球慢慢冷却下来，地壳凝结成固体。这时太阳系边缘的寒冷的彗星，携带着水等有机物质撞击地球，于是生命开始了漫长的进化过程。

然而，这些不速之客的光临并非总给地球带来好运。古生物学家认为由于小行星或彗星撞击地球，地球进化史上曾发生了几次 50% 以上的物种灭绝事件。如 5.05 亿年前和 4.38 亿年前，海洋生物被灭绝；3.6 亿年前，海洋和陆地有机体被灭绝；6500 万年前，统治地球 1 亿多年的恐龙被灭绝。特别是恐龙的灭绝，由于距我们时间最近，一直最为人们关注。近来有越来越多的研究人员认为，小行星的撞击造成了这种庞然大物的灭绝。

如果说只能推测和想象上述撞击事件，那么发生在 20 世纪的险情则让我们有了真切的感受。100 年间，天文学家发现过许多次近地小行星与地球近距离"照面"的情形，真是"险象环生"。令天文学家们大吃一惊的是，1932 年首次发现阿莫尔型小行星离地球最近时只有 2200 万千米。1989 年，在"1989FC"小行星远离地球半年之后，曾引起一场轰动世界的风波，人人都以为小行星可能撞击地球，后来证实这只不过是新闻报道的失误，让人虚惊一场。1991 年 1 月 18 日，人们发现"1991BA"小行星离地球的距离只是月球到地球距离的一半，仅 17 万千米，当时堪称"近地之冠"。"1997BR"小行星是中国天文学家发现的第一颗距地球距离小于 7.5 万千米的近地小行星，其运行轨道与地球轨道相切。像这样与地球轨道相切的近地小行星，是已知的对地球潜在威胁最大的小行星。2000 年 12 月底，一颗小行星从伦敦上空

"飞过"，吓得不少人直冒冷汗，当时这颗直径为 46 米的小行星距地球仅仅 80 万千米，如果它撞上地球，将会撞出一个 1200 米宽的大坑，后果不堪设想。

相对于这些有惊无险的事件，20 世纪初的那次撞击更让我们感到了它的威力和可怕。1908 年 6 月 30 日凌晨，一个来自太空的火球拖着长达 800 千米的尾巴在通古斯河谷上空爆炸，通古斯河谷位于贝加尔湖西北 800 千米处。大片森林被强烈的冲击波击倒，燃起一场冲天大火，浓烟积聚成的黑云许久不散。遥远的伦敦甚至也听到了爆炸声，约有 1500 只驯鹿葬身火海，所幸没有人死亡。后来人们发现在爆炸中心出现了一个巨大的"坑"，200 多个直径 1 米~50 米的洞穴遍布在周围 3000 米的范围内，30

小型小行星在到达地球表面前一般都会被地球的大气层烧尽，而大型小行星与地球相撞并摧毁地球的几率则非常小，像图中所示的景象几乎不会出现。

千米~60 千米范围内的树木全部倒下，树根齐刷刷地冲着爆炸中心。这一事件被称为"通古斯事件"。由于科学家们在现场没有找到陨石碎片，因此他们几十年来一直在苦苦探索。近年来，有一种为越来越多的人所能接受的解释是：一颗石质小行星从东北方向以 30°角进入大气层，这颗直径 30 米的小行星的速度是 15 千米 / 秒，它的冲击波的震荡和压力化解了自己，当辐射能达到临界值时，发生的威力相当于 1000 多万吨 TNT 炸药的爆炸。让人庆幸的是，它发生在荒凉的西伯利亚地区，虽然当时它没有直接造成人员死亡，但却使周围牧民受到了辐射的损伤。在他们及其后代身上，出现了许多像广岛原子弹事件的受害者一样的怪病。

据科学家预测，21 世纪里小行星与地球"照面"的机会将有 7 次，这 7 次都发生在距离小于 300 万千米的情况下。近来，英国天文学家已计算出一个位置，在这里，小行星带有可能接近地球。这个小行星带可能会增加碰撞地球的机会，而且都是灾难性的。报告说，在适当的条件下，这些天体可以在非常接近地球的轨道上运行。虽说并不能确定地球与小行星是否会发生大碰撞，但这种危险的确存在。也就是说，那些数百万年或数千万年才会有一次的碰撞事件的确可能存在，尽管概率很低，但不能排除这种可能性。

我们只有提前探测到潜在的有巨大杀伤力的小行星，才能避免悲剧的发生。为此世界各国制定了观测计划，都是针对近地小行星的。比如美国的"太空监测计划""近地小行星追踪计划"，中国的"施密特 CCD 小行星计划"等。再者，就是考虑如何拦截小行星或使其偏离原来的轨道而远离地球。形形色色的方案随之被提出来了。方案一为"打击"，有人提出可用一系列的钨弹排列起来打击小行星，或将数万发至数十万发钨弹用轻质纤维串在一起形成一个打击自投罗网的小行星的三维网络；方案二是"蒸发"，即在小行星轨道上引发使其汽化的核爆炸；方案三称"转向"，即通过发射火箭或利用核爆炸拦截或改变小行星运动方向。但以上3个方案产生的碎片极有可能会对地球造成更大的伤害。因此，方案四是：利用太阳能让小行星"光荣妥协"。具体方案是：在小行星活动区域附近安置一面巨大的由超薄片制成的凹面镜，来搜集太阳能；然后利用第二面镜子将能量聚集到小行星上的某个区域，使其发热；在受热不均匀的情况下，小行星会自动转向。甚至有人提出，干脆利用地球上发射的超高能激光，直接推动小行星偏离其轨道。

另外，科学家们设想，或许有一天，人们可能要到小行星上去采集稀有金属，小行星自然就成了天然的航天中转站。

第二篇

惊魂的自然谜团

不为人知的人类角落

1000多年前，武陵人发现了桃花源；1000多年后的今天，又不断发现"野人"、水怪的出没，对于这个星球我们究竟知道多少呢？还有多少不为我们所知的角落呢？

现代智人的起源

大约距今5万~4万年前，人类的体质已经发展到与今天的现代人没有太大差别的程度，称为现代智人。这一时期，冰河渐渐消退，天气转暖，人不仅居住在山洞里，也居住在平原上，这时，除了两极之外，地球上其他地方都已经有人类居住了。那么究竟什么人算是现代智人了呢？现代智人是如何进化的呢？什么人是现代智人的起源呢？

被古人类学家称为晚期智人、现代智人或干脆就叫作现代人的是最早的在身体的解剖结构上与现代人完全相同的人类，现代智人与早期智人形态上的不同主要表现在面部以及前部的牙齿缩小，眉脊减弱，颅骨的高度增加，使其整个脑壳和面部的形态越来越与现代的人一样。他们的整个躯干的结构表明他们已经完全能直立行走，脑容量达到了1400毫升以上，他们的出现表明人类体质发展的过程已经到了最后完成的阶段。

关于现代智人的起源问题，目前存在两种截然不同的假说。一种假说认为现代智人起源于直立人群，直立人经过演化成为了现代智人，这种假说被称为多地区进化假说；另一种假说则认为现代智人在约10万年前起源于非洲，并走出非洲扩张到世界各地，取代了当地的直立人和远古智人。走出非洲的这部分智人进一步演化为现代智人，这样的假说称之为非洲起源说。持多地区进化假说的科学家，他们的主要依据来自对各种化石的研究，研究结果表明当地的古人化石与现代人在解剖学上呈现一定的连续性变化。持非洲起源说的科学家的主要证据则来自各种理论分析和考古研究，现代分子遗传学的研究成果也有力地支持这一假说。究竟谁是谁非呢？我们先看考古中最重要的化石资料。

在埃塞俄比亚东北部地区发现了3个头骨化石，是年代最早、保存最完整的"现代人类直系祖先"化石，包括基本完整的一个成年男子头骨、一个儿童头骨和一

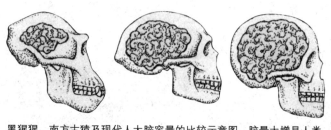

黑猩猩、南方古猿及现代人大脑容量的比较示意图。脑量大增是人类进化的最显著标志之一。

个残缺的成年人头骨。他们的解剖学特征显示了他们是人类进化过程中的一个重要环节，因为现代人类的面部特征已经显现：明显的前额，扁平的面部和淡化的眉毛，这与早期人类向前凸出的头骨特征已大为不同。他们是不是已经可以称为现代智人了呢？

现在最早被发现的现代智人化石是法国的克罗马农人，但是迄今发现的生活时代最早的现代智人的化石都出现在非洲大陆，包括年代在距今 10 万年以上的南非的边界洞人和年代最早为距今 13 万 ~12 万年、最晚为距今 6 万年的克莱西斯河口人，克莱西斯河口人在这个地区生活的时期至少长达 6 万年之久。除此之外，还有埃塞俄比亚的奥莫人，他们的生存年代为距今 13 万年，以及在坦桑尼亚莱托里地区发现的现代智人，他们的生活年代为距今 12 万年。同时，比过去的石器技术更为进步的、在窄石叶基础上发展起来的石器技术也在 10 万年以前就在非洲开始出现。而那个时候的欧洲还是掌握着相对原始的莫斯特技术的尼安德特人的天下。

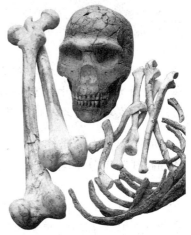

现代智人遗骸

这是 20 世纪 30 年代在以色列加尔默山的斯库穴发现的智人遗骸，这是一个成年的男性的头骨及其他骨骼，科学家通过碳 −14 测定法得知他是生活在 10 万年前的早期智人，这意味着他们要比克罗马家人和古尼安德特人要早三倍的年代。这些遗骸是真正意义上的现代智人，也是完全意义上的现代人，不管从学术研究上还是医学解剖学意义上来看。

但是，非洲的上述人类化石，其形态接近于现代人，其年代的可靠程度不一，都存在一些问题。现有的证据也不能肯定非洲撒哈拉沙漠以南的解剖学结构上的现代智人分化较早的观点。人类是否就是非洲起源的呢？现有的证据是不能完全地证明这个观点的。

至于多地区进化假说，是有一定的依据的。现代智人是否是由直立人进化的呢？在直立人发展到现代人的过程中有一个中间阶段，那就是尼安德特人。解剖学的证据表明，尼安德特人的头骨有许多原始的近似猿的形状，是从直立人发展到现代人的中间环节。但是，也有的学者根据一些年代比尼安德特人更早、而形态上却远比尼安德特人更为现代的骨骼化石，认为尼安德特人不是现代人的祖先，而是与现代人祖先平行发展的另外的一种类型。现代智人是由尼安德特人以前的智人演化而来的。那么，究竟是什么样的直立人进化成了现代智人呢？在这个问题中有一个关键点就是尼安德特人的命运问题。尼安德特人究竟到哪里去了呢？他们是现代智人起源的祖先吗？根据从考古挖掘的地层中尼安德特人的突然消失并为现代智人所代替的现象认为这种迅速的变化发生在 3 万年 ~ 4 万年，但是这样短的时间里可能发生这样巨大的变化吗？因为近来的众多的证据也表明，实际上进化的时间要长得多，也就是说直立人进化为现代智人是值得再认真思考的问题，是需要更多的考古资料来支持的。

消失的尼安德特人

尼安德特人是距今大约 20 万~3 万年生活在欧洲、近东和中亚地区的古人类，在人类历史上具有十分重要的地位。由于他们的骸骨最早在德国西北部的尼安德特河流域被发现，因此人们称其为尼安德特人。

尼安德特人的居住方式并不相同，有的住在洞穴中，有的扎营而居。在动物迁徙的路线附近分布比较广泛，这样可以使他们有充足的肉食供应，此外他们还捕鸟、捕鱼。

根据出土的颅骨，尼安德特人的外貌特征与猿十分相似，但脑容量跟现代人相差无几，甚至有的还要大些。他们长得粗壮结实，体型和身高与现代的因纽特人差不多。

尼安德特人已经比直立猿人进步得多，并已经能制造相当精致的工具，他们的石器石片很薄，刃口锋利。北京猿人只会用火，借火，存火；而尼安德特人的用火能力有了一个飞跃——人工取火。还进行大规模的狩猎活动，利用悬崖把千百匹野马赶入绝地。更可贵的是，尼安德特人学会了埋葬，并懂得照顾自己的同伴。人们在罗马附近的一个山洞里发现了一个尼安德特人尸体，他的头下放着石器，在他的周围整齐地排列着 74 件石制工具，尸体上还铺有红色的氧化铁粉末。很显然，这是有意安葬的，其意义似乎希望死者能恢复生命的活力，到新的世界里继续使用陪葬的工具。有一个尼安德特人骨折后并没有很快死亡。据研究，是他受伤期间得到了同伴们的照顾，才得以存活了一段时间。以上表明，尼安德特人开始对活的和死的同伴表示关心，他们开始思考生命的活力来自何处，开始思考人死后到何处去这样的问题。这些都说明尼安德特人的智力已经有了较大的飞跃。尽管尼安德特人具备了许多技能和一定的社会组织，但是，在 7 万年前，兴旺一时的尼安德特人却突然灭绝了，留给后人的只有众多的考古发现和无尽的思考。

尼安德特人骨骼

1908 年在法国夏佩尔一个山洞里发现的男性尼安德特人的头盖骨和骨头。这个样本的股骨和脊椎都已严重变形。最早的骨骼研究发表于第一次世界大战前，证实了尼安德特人与现代人相比更接近于类人猿，但对他的真实构造、步态和智商则产生了一种完全的误解。尼安德特人承受这种错误的认识长达半个世纪，直到 1950 年对骨骼的重新研究证实了这个人的骨骼变形是由于骨关节炎和骨折。其余的部分属于一个老年的几乎掉光牙的男性。

对于尼安德特人的消失，科学家们历来持不同看法。有的专家认为，尼安德特人的头盖骨越来越大，导致婴儿难以出生，繁殖能力降低，造成了尼安德特人的灭绝。

尼安德特人真的灭绝了吗？能不能在现在的一些偏远山区找到他们与世隔离的生活着的后裔呢？

20世纪50年代，苏联科学院曾报道在西伯利亚东北部寒冷偏僻的地区，发现一群称为"丘丘拉"的野人。据说这些人说话音域非常狭窄，造成这种现象的可能性有两个，一种是遗传突变的结果，另一种则可能显示他们是尼安德特人后裔的迹象。

然而在从高加索山脉到戈壁沙漠的中亚地带发现野人的地点较多。从15世纪起，当地的部落民族和探险家就多次发现这些神秘的难以接近的生物。20世纪初，一名在俄国革命期间驻防帕米尔山脉的红军军官宣称他的士兵追到一个这样的生物并将之射杀。他还对那个生物做了详细描绘："前额倾斜……眉毛粗重……鼻子极为扁平……下颌阔大凸出……身材中等。"这些特征与我们知道的尼安德特人极为吻合。因此，那些士兵很可能枪杀了一个世界上难得一见的尼安德特人。

如果这些情况能被证实的话，那么，尼安德特人可能没有灭绝。实际情况也许是更有才能的智人取代了尼安德特人的地位，尼安德特人退居荒野，逐渐依靠原始的兽性的力量来维持生存。

也有不少学者认为在生存斗争中的落后性导致尼安德特人在进化中被智人灭绝了，就像塔斯马尼亚人被英国人灭绝一样。有人指出，不少尼安德特人化石都显示他们曾受过重创，可能是与智人搏斗后留下的。

赞成尼安德特人灭绝观点的学者很多，他们认为，尼安德特人生活在小群体内，实行群内通婚，后代受到近亲交配的影响而质量下降。尼安德特人眉脊突起，额叶收缩，正是退化的表现。尼安德特人因此变得行动缓慢，走路踉跄，在生存斗争中处于不利地位，终于被灭绝。菲利普·利伯曼和耶鲁大学医学院的解剖学家埃德蒙·克里林则根据尼安德特人的头骨及声道特点，用计算机对尼安德特人的发音能力进行测定，认为尼安德特人是单道共鸣系统，发音能力很低，因而整个种群的思想交流和进步受到了影响，导致发展滞缓，在生存斗争中处于劣势，终于被淘汰。

还有一些人则认为尼安德特人没有消失，而是与其他人种杂交融合了。这一观点认为，尼安德特人生存的地域横跨欧亚非三洲，数量庞大。智人兴旺时，人数很有限，不可能消灭世界上所有的尼安德特人，他们很可能与尼安德特人通婚，杂交的后代更为进步，尼安德特人的基因融化在智人中，因而现代人的身上也保存着尼安德特人的某些特征。

尼安德特人究竟去了哪里，人类历史上没有留下丝毫的记载和证据。即便这样，一些科学家仍然没有放弃对其的研究工作。我们有理由相信，关于尼安德特人的下落之谜总有一天会被解开，只是时间早晚而已。

尼斯湖水怪之谜

你看过影片《尼斯湖水怪》吗？你见过真正的尼斯湖水怪吗？

2007年，美国上映了一部惊险大片《尼斯湖水怪》，描述了这样一个故事：在第二次世界大战期间，一个名叫安格斯·麦克莫洛的孤独苏格兰小男孩和妈妈安妮、姐姐克丝蒂生活在一起。他每天都在默默地祈祷，希望他那奔赴战场的父亲能够早

画家想象中的水怪形象——蛇颈龙

日回家。然而，安格斯在海滩上发现一个神秘且充满了魔法的魔蛋。它很快孵化出一只暴躁难以控制的奇怪爬行类生物，长相介于马、海龟和海豹之间，安格斯称它为"克鲁奥斯"。克鲁奥斯性格虽然焦躁，却极听安格斯的话。为了不让妈妈和姐姐发现自己带回了一个怪物，安格斯将克鲁奥斯藏在了自家的浴缸里。

妈妈找回来帮着家里打零工的刘易斯对安格斯说，克鲁奥斯很可能就是传说中的尼斯湖水怪，一种只存在于凯尔特人的神话中的独特海洋生物。而且，克鲁奥斯的成长速度是非常惊人的，它的身材已经快变成恐龙大小了，安格斯的家里再也藏不住它了，他不得不将克鲁奥斯从它藏身的地方赶进湖里，希望它能由此游向海洋，奔向自由。然而，就在位于海口的地带，却是由好战的军队把守着的，他们警惕着水面上一切可疑的波纹。那么，像克鲁奥斯这么大的生物，又要如何在这些人的眼皮底下逃生呢？为了保护好友，也为了将传奇继续下去，等待安格斯的将会是什么呢？

尼斯湖位于英国苏格兰高原北部的大峡谷中，湖长 39 千米，宽 2.4 千米。面积并不大，却很深，平均深度达 200 米，最深处达 293 米。该湖终年不冻，两岸陡峭，树林茂密。湖北端有河流与北海相通。尼斯湖水怪，是地球上最神秘也最吸引人的谜之一。

关于水怪的最早记载可追溯到公元 565 年，爱尔兰传教士圣哥伦伯和他的仆人在湖中游泳，水怪突然向仆人袭来，多亏教士及时相救，仆人才游回岸上，保住性命。自此以后，十多个世纪里，有关水怪出现的消息达 10000 多宗。但当时的人们对此并不相信，认为不过是古代的传说或无稽之谈。

直到 1934 年 4 月，伦敦医生威尔逊途经尼斯湖，正好发现水怪在湖中游动。威尔逊连忙用相机拍下了水怪的照片，照片虽不十分清晰，但还是明确地显出了水怪的特征：长长的脖子和扁小的头部，看上去完全不像任何一种水生动物，而很像早 7000 多万年前灭绝的巨大爬行动物蛇颈龙。

蛇颈龙，是生活在距今 1 亿多年前到 7000 多万年前的一种巨大的水生爬行动物，也是恐龙的远亲。它有一个细长的脖子、椭圆形的身体和长长的尾巴，嘴里长着利齿，以鱼类为食，是中生代海上的霸王。如果尼斯湖水怪真是蛇颈龙的话，那它无疑是极为珍贵的残存下来的史前动物，这一发现也将在动物学上占有重要地位。

因此这张照片刊出后，很快就引起了举世轰动，伴随着 20 世纪的"恐龙热"，人们开始把水怪与蛇颈龙可能仍然生存着联系起来，对此给予极大关注。1960年4月3日，英国航空工程师丁斯德在尼斯湖拍了15米多长的影片，影片虽较粗糙，但放映时仍可明显地看到一个黑色长颈的巨型生物游过尼斯湖。有些原来对此持否定态度的科学家，看了影片后改变了看法。皇家空军联合空中侦察情报中心分析了丁斯德的影片，结论是"那东西大概是生物"。

进入20世纪70年代，科学家们开始借助先进的仪器设备，大举搜索水怪。1972年8月，美国波士顿应用一些利用水下摄影机和声呐仪，在尼斯湖中拍下了一些照片，其中一幅显示有一个两米长的菱形鳍状肢附在一巨大的生物体上。同时，声呐仪也寻得了巨大物体在湖中移动的情况。

1975年6月，该院再派考察队到尼斯湖，拍下了更多的照片。其中有两幅特别令人感兴趣：一幅显示有一个长着长脖子的巨大身躯，还可以显示该物体的两个粗短的鳍状肢。从照片上估计，该生物长6.5米，其中头额长2.7米，确实像一只蛇颈龙。另一幅照片拍到了水怪的头部，经过电脑放大，可以看到水怪头上短短的触角和张大的嘴。最后的结论是"尼斯湖中确有一种大型的未知水生动物"。

1972年和1975年的发现曾轰动一时，使人感到揭开水怪之谜或者说捕获活的蛇颈龙已迫在眉睫了。此后英、美联合组织了大型考察队，派24艘考察船排成一字长蛇阵，在尼斯湖上拉网式地驶过，企图将水怪一举捕获。但遗憾的是，除了又录下一些声呐资料之外，一无所获。

由于追捕水怪的失败，持否定的观点又流行起来。一位退休的电子工程师在英国《新科学家》杂志上撰文称：尼斯湖水怪并不是动物，而是古代的松树。他说，1万多年前，尼斯湖附近长着许多松树，冰期结束时"湖水上涨，许多松树沉入湖底。由于水的压力，使树干内的树脂排到表面，而由此产生的气体排不出来。于是，这些松树有时就会浮上水面，但在水面上释放出一些气体后又会沉入水底。这在远处的人看来，就像是水怪的头颈和身体"。

但这种观点无法使那些声称亲眼看到了水怪的人们信服，而且在20世纪70年代后期，又有人几次拍下了水怪的照片。

那么，为什么人们至今还未能捕获水怪呢？

这要从尼斯湖特殊的地质构造谈起。原来尼斯湖水中含有大量泥炭，这使湖水非常混浊，水中能见底不足三四尺。而且湖底地形复杂，到处是曲折如迷宫般的深谷沟壑，即使是体形巨大的水生动物也很容易静静地在其间，避过电子仪器的侦察。湖中

这张拍摄于1977年的著名照片经专家鉴定具有很高的可信度。

鱼类繁多，水怪不必外出觅食，而该湖又与海相通，水怪出入方便，因此想要捕获水怪，谈何容易。

但只要没有真正找到水怪，这个谜就没有揭开。直到现在，人们对于水怪是否存在仍争论不休，谁也不能妄下结论。

神农架之谜

神农架是世界中纬度地区唯一的一块绿色宝地。它拥有当今世界中纬度地区唯一保持完好的亚热带森林生态系统，是最富特色的垄断性的世界级旅游资源，动植物区系成分多样，古老、特有而且珍稀。

苍劲挺拔的冷杉、古朴郁香的岩柏、雍容华贵的梭罗、风度翩翩的珙桐、独占一方的铁坚杉，枝繁叶茂，遮天蔽日；金丝猴、白熊、苏门羚、大鲵以及白鹳、白鹤、金雕等走兽飞禽出没草丛林间。

这里山峰瑰丽，清泉甘洌，风景绝妙。神农顶雄踞"华中第一峰"，风景垭名跻"神农第一景"；红坪峡谷、关门河峡谷、夹道河峡谷、野马河峡谷雄伟壮观；阴峪河、沿渡河、香溪河、大九湖风光绮丽；万燕栖息的燕子洞、时冷时热的冷热洞、盛夏冰封的冰洞、一天三潮的潮水洞、雷响出鱼的钱鱼洞令人叫绝；流泉飞瀑、云海佛光皆为大观。

这里还有着优美而古老的传说和古朴而神秘的民风民俗，人与自然共同构成中国内地的高山原始生态文化圈。神农氏尝草采药的传说、"野人"之谜、汉民族神话史诗《黑暗传》、川鄂古盐道、山乡情韵都具有令人神往的诱惑力。

谜之一：动物白化现象

我国许多城市的动物园里都养有白熊。从外表看，它们实在没有什么区别，若注意到产地栏的记载，就会发现其中的大不同。原来多数白熊都属引进的北极熊，唯独武汉动物园里的白熊标记着"神农架"三个字，是地道的"国产货"。关于神农架白熊是否真是白熊的问题，科学界在20世纪50年代就有争议，至今余波未了。

20世纪50年代初期，人们在神农架山林里捕到的第一只白熊被送到武汉动物园，引起了科学界的震惊。依照常理，白熊只能生活在北极圈内、北冰洋地区，神农架属中纬度地区，是亚热带向温带气候的过渡地带，怎么可能出现白熊呢？

未过多久，人们在神农架又相继捕到4只白熊，而且雄雌老幼兼备。

20世纪70年代，在两次大规模的"鄂西北奇异动物科学考察"过程中，科学工作者竟陆续捕到了神奇的白蛇、白獐、白麂、白龟、白金丝猴、白苏门羚、白鹳、白皮鹭、白冠长尾雉……当地百姓还曾目睹过白"野人"、白蟾蜍等，几乎所有的动物物种都有白的。

在古代传说中，白色动物一直被视为修行千载、始悟仙道的精灵或神物。《史记·五帝本纪》中记述的曾帮助轩辕黄帝立下赫赫战功的"罴"即为白熊，《白蛇传》中的白娘子也是白蛇修成人身的。

神农架的白色动物同非白色的同种动物相比，在生活习性方面尚未发现有多大差异。

通体白色的动物在当今世界上已为数寥寥了，非洲白狮、白人猿，印度白鹿，中国台湾白猴等无不被人视为珍宝。在我国珍稀动物名录里，诸如白鹳、白冠长尾雉等占据了相当大的比重，神农架被称为"白色动物之乡"的确当之无愧，而神农架所有白

神农架燕子垭

色动物均享受国家一类保护动物的待遇也是理所当然的。不过人们至今还是不清楚，为什么唯独在神农架才会出现这么大规模的动物白化现象。

谜之二：山溪之间的潮汐

潮汐是由月球对地球的引力而产生的海水涨落现象。谁能相信，这海边特有的自然现象竟也能出现在神农架的山溪间呢？流经红花乡茅湖村境内林区的潮水河就可以看到这种现象。

观察潮水河奇观最理想的地方当数横卧于上游的一座小桥。桥不知建于何时，虽历经修补，却依然保留着原有的模样，桥墩用石头垒砌，桥身由树干架成，高丈余。平时看来，这座桥似乎架得多余。因为只有汩汩流水从桥下淌过，行人完全可以凭"石步子"安全过往。唯有到涨潮的时候才可以认识到桥的必要，那时候水位陡升，波涛翻腾，一下子便漫上桥头，需半个多钟头才会慢慢消退。溪水从观音岩上的一个岩洞中涌出，滚坡直下，最初为一挂瀑布，降至谷底才形成一条小溪。细观瀑流，时粗时细，一昼夜三变，因而引起溪水三起三落。涨潮时波澜翻滚，汹涌澎湃，落潮时水位锐减，露出岸边卵石。这与海边潮汐又不尽相同。

地质工作者曾探察过潮水河的源头，发现观音岩上的岩洞内通地下河，地下河的源头远在海拔 2060 米的"一碗水"，"一碗水"又是一处间歇泉，因此认为潮汐为间歇泉所致。但"一碗水"究竟有多大蓄水量？间歇泉是怎么形成的？间歇泉有能量使下游的溪水如潮水般定时暴起暴跌吗？潮水河还有许多令人费解的现象。譬如，它来潮时的水色因时节而不同。若逢干旱时节，水色混浊，像暴起的山洪；若逢淫雨时节，则碧波荡漾，如奔腾的清流。为什么如此泾渭分明呢？再譬如，它左右各有一条水溪，水色也因时节而异，不过恰与潮水河色相反，这是为什么呢？这些问题谁能解答呢？

谜之三：真假虚实的动物故事

神农架动物世界奇闻特别多。1986 年 12 月 4 日的《江汉早报》上赫然登着一则报道，题曰《神农架巨型水怪之谜》。报道称新华乡农民发现三只巨型水怪，"栖息

在深水潭中，皮肤呈灰白色，头部像大蟾蜍，两只圆眼比饭碗还大，嘴巴张开有四尺多长，两前肢生有五趾……浮出水面时嘴里喷出几丈高的水柱，接着冒青烟"。

与水怪传闻大致相似的还有关于棺材兽、独角兽和驴头狼等的传闻。《神农架报》称棺材兽是自然保护区科考队员黎国华最早在神农顶东南坡发现的，是一种"长方形怪兽，头大，颈短，尾巴细长能自由摆动，时而还能搭到背脊骨上，全身麻灰色毛……向山下疾奔，碰得树枝噼里啪啦地脆断，四蹄带起的石头轰隆隆地滚动"。《神农架之野》里说独角兽"头跟马脑壳一样，体像大型苏门羚，四肢比苏门羚还长，后腿略长，尾巴又长又细，末梢有须……前额正中生着一只黑色的弯角，像牛角，长有 40 厘米，从前额弯向脑后，呈半回形弧弓。后颈部长有鬃毛，类似于马鬃"。

在谜一般的神农架，据说还生活着一种驴头狼身的怪兽，当地群众称其为"驴头狼"。据目击者说，驴头狼"四条腿比较细长，尾巴又粗又长，除了腹部有少量白毛外，全身是灰毛。头部跟毛驴一样，而身子又跟大灰狼一样，好比是一头大灰狼被截去狼头换上了驴头，身躯比狼大得多。长着四只像狼那样的利爪，是一种凶猛的食肉动物"。当地不少人都见过它的踪迹，在 20 世纪 60 年代，有的猎手还打到过这种怪兽，可惜尸体没有保留。

这些传闻似乎荒诞可笑，但又是如此的言之凿凿，我们能断定它是否存在吗？

谜之四：盛夏结冰川的洞穴

一般岩洞内都是冬暖夏凉，但这也仅是相对暖和而言，凉倒也罢了，可是隆冬热风扑面来，犹如置身于暖气房；盛夏冰川林立，好像钻进了广寒宫，这样的现象就很奇怪了。神农架就有这样一个奇洞，名叫"冰洞"。冰洞山高耸在宋洛河西侧，主峰海拔 2400 多米，顶部呈棱台状，正中内陷，形成一个倒扣的漏斗形天坑。天坑约 10 米深，7 米宽，20 米长，原来曾盛着半池清水，大概是周围林木被砍伐殆尽的原因，水位渐跌，以至于到今天完全枯竭了。冰洞口便显露在石体上，仅有一人多高，宽也不过 4 米左右。在洞口处站不到 1 分钟，就能强烈地感到这里气候与外界截然不同。冰洞的主洞道不长，支岔却很多，门洞稍微宽展些，越向前越狭窄，可容游人通行者不足 1000 米。洞内有一条暗河，基本沿主洞道而流，水量不大，却可闻潺潺之声。究竟洞深几许，尚属未解之谜。冰洞内的景象因时而异：春来珠光宝气，夏至冰塔林立，秋季碧水轻流，冬时暖气融融。结冰一般在七八月开始溶化，有人做过测试，化冰时洞口温度为 21℃，山麓温度为 30℃。三伏盛夏，进入冰洞，犹如登上了嫦娥蟾宫。先前还是汗流浃背，马上就有了彻骨寒意，得赶紧加穿衣服，适应了才能慢慢观赏。只见头上悬着各式各样的冰灯，脚下踩着形状各异的冰球，四壁耸立着奇形怪状的冰柱，深处飘逸着时隐时现的冰流。那些冰灯无不灵巧生动，辉煌耀目；那些冰球无不通体透明，漫地滚动；那些冰柱无不攀龙附凤，熠熠生辉；那些冰流无不从天而降，气势逼人。

在冰洞里，似乎一切全是白银打造而成，所有景观都是翡翠点缀，满目是玉树琼花，遍地皆锦鳞秀甲。以科学的观点来分析，冰洞的奇特现象极有可能与洞体结构和所处的环境有关。冰洞山高达 2000 多米，冰洞深藏在天坑底部，洞道又呈正东西走向，洞体全是坚实的岩石，石体具有吸热快、散热也快的特点。冬季，地心温度高于地表，寒风有天坑遮挡，难以吹进洞内，来自地底的暖气流同外界的冷气流在洞口处相遇，于是形成了水珠。夏季情况

神农架风光

则相反，外界的暖气流从天坑底部涌入洞内，遇上了来自地心的冷空气，温度骤降，就可能结水成冰。但这尚不是最终结论，人们仍须继续探索。

谜之五：信疑难定的"野人"传说

神秘的神农架，久为世人向往，而神农架"野人"之谜更是像磁石一般吸引着世人的目光。

神农架地区自古以来就有"野人"的传说。在鄂西北地区的历代地方志中都有"野人"出没的记载。据报载，至今有数百人声称他们见过"野人"。而且类似的报道现在仍时有耳闻。在传说中，"野人"有许多与人类相似的特征：体形似人，满身红毛，无尾巴，身材高大，能直立行走，能发出类似鸟类的鸣叫声。

如此众多的报道、如此言之凿凿的描述，不能不引起科学界的关注。1976 年 5 月，中国科学院组织了"鄂西北奇异动物考察队"深入神农架林区，收集了大量"野人"脚印、毛发、粪便样本。经初步鉴定，认为"野人"是一种接近于人类的高级灵长类动物，推测其正处于从猿到人进化过程中的一个阶段，即"正在形成的人"。

其后又有数支考察队进驻神农架林区，得出了相似的结论。但是到目前为止，还没有捕获到一个活的"野人"，因此神架"野人"仍是一个谜。它们是尚处蒙昧阶段的原始人类？是人类的近亲灵长类动物？或者是人们虚构出来的不存在的东西？如果人类能捕捉到一个活的"野人"，也许这一切都将迎刃而解，我们拭目以待。

美国的"蜥蜴人"

影视版的"蜘蛛侠"已经是众所周知，然而你听说过现实版的"蜥蜴人"吗？

1954 年，美国拍摄了一部电影《黑湖怪物》，讲述了原始时期的人类故事。其中的景象惊奇异常，不仅有恐龙、翼龙，还有"蜥蜴人"。电影本来是虚构的，然而有谁能够想到竟然有人在现实中亲眼见到了"蜥蜴人"呢！

有人称遇到过"蜥蜴人"。

1988年6月29日下午，美国南卡罗来纳州李县毕肖维勒村庄外沼泽地旁，一个名叫克利斯·达维斯的17岁小伙子正换车胎时，忽然听到身后有响动，他回头一看，顿时吓得目瞪口呆：离他约25米处有一个怪物正朝他走过来，一双眼睛红得冒火。他慌忙逃进车内，并想拉上车门。不料，那状似蜥蜴的怪物已奔到面前，同时抓住了车门，双方便对拉起来，"怕是凶多吉少，说不定要和它拼一回命！"后来他回忆说，"我扭过头瞧了它一眼，清清楚楚看见它的双手只有3个指头，又黑又粗又长，绿色的皮肤非常粗糙，身材高大，强壮极了。"除达维斯外，少年罗德尼·诺尔菲和山尼·斯托基思也看见过"蜥蜴人"从他们的汽车前面飞快跑过去；工人乔治·霍罗曼说，他在世界20号公路和15号公路会合处不远的沼泽地一眼自流井抽水时，看到"蜥蜴人"在不远处徘徊。

隐秘动物学会的创立人埃利克·贝克乔分析："'蜥蜴人'似乎也极爱吃麦克唐纳快餐馆的夹鱼三明治。它们以沼泽地为家，也许是由于饥饿才袭击了达维斯的车子，因为车内有这种三明治，还有汉堡包和法式炸牛排。"这以后，很少再听到有关发现"蜥蜴人"的消息。

有人估计，1988年夏天美国大旱不已，活动在沼泽地区的熊都随着野餐旅游者到尤斯麦蒂国家公园去了，而"蜥蜴人"和其他大脚怪有可能留在原地没有走，成了干旱的牺牲品。诺尔菲和斯托基思俩人遇到"蜥蜴人"的消息传出后，南加州骑警麦克·霍奇等人曾专程仔细查勘了发现地周围一大片地区。发现有3处被搅得乱七八糟的纸板堆，体积约40加仑，离地2.5米高处的纸板给扯了下来。据霍奇透露，他们找到几个像人一样的脚印，十分清晰地印在发硬的红色沙地上。阿特金森则在离脚印350米处看到地面印着另外一行脚印，显然是他们搜寻期间内有位不速之客来到汽车旁边，待了一会儿又溜回去了，把脚印留在汽车的轮胎辗出的印痕上。

达维斯等人的描述与目前存档的大脚人记录材料基本一致：身材高大，红眼睛，全身披着长毛，唯一不同的是手指、脚趾，过去的记录都是5个，只有"蜥蜴人"是例外，所以具有特殊的研究价值。

那么，美国真的有"蜥蜴人"吗？不少人信以为真，认为达维斯等人的报告是可信的。但有学者认为，"蜥蜴人"不可信，因为缺乏生存和传宗接代的条件。根据最基本的生物学原理，一个高级动物种要维持生存，必须拥有一个适合的生存环境和最低基数的种群。没有足够的实物和不够这个基数，或者够这个基数但由于分散而不常接触，这个种就要灭亡。而达维斯等人看见的都是孤身的"蜥蜴人"，未见过其群体或家族，所以不可能传宗接代。

究竟可信与否，恐怕谁也不敢确定。那么，"蜥蜴人"究竟为何物呢？至今仍是谜团一个。

绿孩子的传说

地球上除了白、黄、黑三种肤色，还有绿色人种。

1887年8月的一天，对于西班牙班贺斯附近的居民来说，是终生难忘的。

绿孩子

这天人们突然看见从山洞里走出两个绿孩子。人们简直不敢相信自己的眼睛，就十分小心翼翼地走到跟前仔细观看。没错，这两个孩子的皮肤真是绿色的，身上穿的衣服面料也从来没有见过。他们不会说西班牙语，只是惊恐地不知所措地站着。好奇和同情心使人们很快给这两个孩子送来了食物，可惜起初他们不肯进食，那个男孩也就很快地死去了。而绿女孩还比较乖巧，她居然学会了一些西班牙语，并能和人们交谈。

据绿女孩后来解释自己的来历时说，他们是来自一个没有太阳的地方，有一天，被旋风卷起，后来就被抛落在了那个山洞里。这个绿女孩后来又活了5年，于1892年死去。至于她到底从哪里来，为什么皮肤是绿色，人们始终无法找到答案。

但是这两个奇怪的绿孩子的事件在地球上并不是独一无二的。早在公元11世纪，据传说，从英国的乌尔毕特的一个山洞里也曾走出来两个绿孩子。他们的长相、皮肤和西班牙的这两个绿孩子极为相似。令人惊异的是，当时的那个绿女孩说，她们也是来自一个没有太阳的地方。

这两次奇怪的事件，始终使人们困惑不解。因为人们都知道地球上的人只有白、黄、黑三种肤色，而有些自称见过外星人的人在说到外星人时，总是把他们描绘成身材矮小，皮肤为绿色的类人生物，也被称为"小绿人"。这不禁使人们想到，在西班牙发现的绿孩子是不是与被称为"小绿人"的外星人有关。而绿孩子自称的"没有太阳的地方"，到底是哪儿呢？

喜马拉雅山的雪人之谜

在全世界流传的关于喜马拉雅山的雪人的神秘传说，给人类带来无限的幻想空间。

女作家吉尔宁在她那部引起轰动的著名探险记《雪人和它的伴侣们》里，描述了这样的经历：一次，她在一群尼泊尔少女的陪同下深入喜马拉雅山南麓寻觅雪人。

一个阳光明媚的日子里，这群少女在雪山间的一条山涧里裸泳嬉戏，不幸被十几头夜帝（当地的夏尔巴人称喜马拉雅山的雪人为夜帝）发现。它们呼啸着一拥而上，将这群可怜的少女尽情掳走。吉尔宁幸而未及下水——在一处山崖旁观赏雪景，因此得以脱逃。喜马拉雅山真有"雪人"吗？

雪人，意思是居住在岩石上的动物。它行动极快，人们有时会在厚厚的积雪上看到它留下的一串足迹，世界的很多高山上似乎都留有它的足迹。但更多的线索则是存在于中国西藏自治区和尼泊尔交界处的喜马拉雅山脉中。

关于雪人的神秘传说总是从当地的夏尔巴山人口中传出，一些声称见到过夜帝的当地人这样描述这个动物：它们高 1.5 米 ~4.6 米不等，头颅尖耸，红发披顶，周身长满灰黄色的毛，步履快捷。其硕大的双脚可以在不转身的情况下迅速转向 180 度以便爬升和逃跑。

一个关于夜帝的神奇描述出现在 1938 年。当时的加尔各答维多利亚纪念馆馆长奥维古（音译）上尉，独自在喜马拉雅山旅行时，一场突然的暴风雪横扫喜马拉雅山，顷刻间他患了雪盲，在寒冷的风雪中坐以待毙。就在他接近死亡时，被一个近 3 米高的动物掩护住身体，保住了性命。直到他的感觉恢复，能适应周围环境时，这个神秘的动物才消失。

在很多其他的传说中，夜帝就没有这么仁慈了。一个放牧牦牛的夏尔巴女孩曾描述了她被夜帝惊吓的过程：一个平常的日子，女孩赶着牦牛在山中放牧，突然，一个有着黑灰毛发的巨大类猿动物出现在这个夏尔巴女孩面前。一开始拖着她，好像要带走她似的，但后来好像被她惊恐的尖叫声镇住了，就放了她。这个巨大的动物还野蛮地杀死了她的两头牦牛。女孩逃回家中，把这个事件报告给了当地的警察局，随后赶到的警察发现了脚印。

这样的故事足以最大限度地勾起探险家的想象力，探寻神秘的雪人成为他们永驻心头的向往。最早关于雪人的比较可靠的报道是在 1925 年，当希腊摄影师汤巴兹，作为英国地质探险队的一名成员在喜马拉雅山上探险时，一个人形动物在远处一个低斜坡穿过，闯入他们的眼帘。在海拔 4500 米的高处，这个人形动物几乎离他们有 300 米远。"毫无疑问，这个动物的体形确实很像一个人，直立行走并且偶尔停下时，会连根拔起或拉起一些矮小的树丛，"汤巴兹说，"与雪比起来它显得有点黑，直到我能够辨认它并没有穿衣服。"

在汤巴兹摁下照相机快门之前，这个动物消失并且再也没有出现。他走向那个他曾发现这个动物的地方，看到了在雪地上的脚印。"它们在外形上非常像人脚的形状，但在脚最宽的部分，也只有 18 厘米 ~21 厘米长，12 厘米宽，5 个脚趾的痕迹非常清晰，但脚后跟的轮廓却有些模糊……"

共有 15 个脚印被发现，每一个脚印之间的距离大概有 30 厘米 ~60 厘米，汤巴兹在茂密的丛林中错过了它的踪迹。当他问当地人这个动物的名字时，当地人告诉他那是"干城章嘉峰魔鬼"（干城章嘉峰是喜马拉雅山东部的山脉，世界第三高峰）。汤巴兹并不认为他看到的是一个魔鬼，但他也不知道那是其他什么东西。也许他看到了一个流浪的佛教徒或者印度修士，抑或是一个隐士。随着时间的流逝，其他关于雪人的故事浮出水面后，汤巴兹开始怀疑——是不是他看到的也是一个雪人呢？

与汤巴兹看到的脚印不太一样，现在人们看到的最清晰的脚印照片是英国登山家艾瑞克·西普顿和麦克尔·沃德 1951 年拍摄的。他们发现这些足迹是在门朗冰河的西南坡，它位于西藏自治区和尼泊尔之间，海拔 6096 米。他们看到的脚印要比汤巴兹看到的大得多，每一个脚印 39 厘米宽，54 厘米长。那些痕迹似乎是新的，并且西普顿和沃德一直跟着这个足迹走了约 1500 米，最后它消失在硬冰里。

如此看来，雪人似乎肯定是存在的，只是人们还没能够确定它应该被怎样界定。很多关于雪人的说法显示，这种动物可能拥有类似于人的智慧，可能要比人的智慧低，比猿要高，甚至有人说会高于人的智慧。

并不是每个人都愿意相信雪人的存在，很多学者对探险家们提供的证据都表示怀疑。毕竟，所有关于雪人存在的叙述都只是来自一些可疑的证据和道听途说。即使是西普顿拍下的清晰照片，也不能证明那就是雪人留下的。

关于雪人的探索还远远没有结束。没有确凿的证据支持雪人的存在，但是也没有办法证明它并不存在。

巨人真的存在过吗

每个民族都创造了有关巨人的传说，在考古中也会找到巨人的遗迹，他们真的存在过吗？

那些相信历史上有过巨人的人，其中还有不少是治学严谨的科学家，如著名的瑞典自然科学家、植物界和动物界分类法的始祖卡尔·林耐竟然算出，亚当身高 40 米，夏娃身高 35 米。

巨人说的一个论据是一些不可思议的庞大建筑物，而其中最令人叫绝的是黎巴嫩位于首都贝鲁特约 100 千米的巴勒贝克神庙。考古学家在它的地基中发现了一些大小为 21 米 ×5 米 ×4 米、重达好几千吨的大石板，一块块石板还拼得严丝合缝，中间几乎都插不进一根针。如果不是一些巨人建筑工，还有谁能把这些石块垒起来呢？

很可能像埃及和墨西哥的金字塔、英国的巨石阵和复活节岛上的巨人石像，都是一些巨人建造起来的。

巨人们闲暇时间还玩石球，这些球是一些胡乱扔在中美洲哥斯达黎加原始森林中的大石球，有的重达 16 吨，直径有

传说中的巨人

2.5 米。

著名的希腊史诗《奥德赛》中，也写到希腊英雄俄底修斯在海岛上遇到独眼巨人的情节。

18 世纪以来，随着近代人类学的研究，有关巨人的神话色彩逐渐消退。但仍有某些发现巨人遗迹的消息，引起人们的关注。

美国内华达州垂发镇西南 35 千米处，有一个叫作垂发洞的山洞。据在这里生活的源龙特族印第安人说，很久以前，他们曾受到一些红发巨人的威胁。这些巨人十分凶悍。他们战斗了多年，才把巨人赶走。这些传说一开始并没有引起人们注意。但 1911 年，一些矿工来到垂发洞挖掘鸟粪之后，竟发现了一具巨大的木乃伊，身高达 2.2 米，头发红色。

这个发现使人们想起了印第安人的传说，也引起了学者们的兴趣。1912 年，加州伯克利大学和内华达州历史学会派人前往山洞调查。但山洞已受到开矿的破坏，劳德只找到几件印第安人的遗物。又发现了更多的大型人类骸骨，垂发镇的采矿工程师李德和其他人员测量了挖掘出的一些股骨长度，推断股骨所属的那些人，身高可达 2 米 ~3 米。在这里也发现了一些红发。不过有人指出，尸体的黑发从黑暗处移到阳光下后，往往会变得发红。

不知垂发洞木乃伊的头发是否发生过这种变化，一些骸骨被内华达州的亨波特博物馆收藏，直到现在还在那里。

在马来西亚的沙捞越一带，也流传着巨人的传说，20 世纪初，有人在沙捞越的密林中发现了一些巨大的木棒，这些木棒长达 2.5 米 ~9 米，据说是巨人使用的工具。

在人类漫长的发展史上，是否有巨人存在过？如果说没有，那么在垂发洞发现的巨大骨骸是怎么回事？如果有，后来他们又到哪儿去了呢？

神秘的"海底人"

神秘的"海底人"，是人类进化的分支，还是外星人，抑或是不为人知的新物种？

地球上是否就存在我们人类这一种智慧动物呢？进入 20 世纪以后，根据一些科学家和探险家的考察，认为地球上还存在着另一种神秘的智慧动物——海底人。这是真的吗？

1959 年 2 月，在波兰的格丁尼亚港发生了一件怪事。在当地执行任务的一些人，忽然发现海边有一个人。他疲惫不堪，拖着沉重的步履在沙滩上挪动。人们立即把他送进了格丁尼亚大学的医院内。他穿着一件制服般的东西，脸部和头发好像被火烧过。医生把他单独安排在一间病房内进行检查。人们立即发现很难解开此人的衣服，因为它不是用一般呢子、棉布之类的东西缝制的，而是用金属做的。衣服上没有开口处，非得用特殊工具使大劲才能切开。体检的结果使医生大吃一惊：此人的手指和脚趾数都与众不同，此外他的血液循环系统和器官也极不平常。正当人们要对他做进一步研究时，他忽然神秘地失踪了。在此之前，他一直活在那个医院内。

神秘的海底

这是一个什么人？他来自何方？不能不使人们浮想联翩：难道在蔚蓝色的大海深处有另一种人存在吗？

有一种观点认为，"海底人"确实存在，它们既能在"空气的海洋"里生存，又能在"海洋的空气"里生存，是史前人类的另一分支，其理由是：人类起源于海洋，现代人类的许多习惯及器官明显地保留着这方面的痕迹，例如，喜食盐，身无毛，会游泳，海生胎记，爱吃鱼腥等，而这些特征则是陆上其他哺乳动物所不具备的。

第二种观点则认为，"海底人"不是人类的水下分支，很可能是栖身于水下的特异外星人，理由是这些生物的智慧和科技水平远远超过了人类。

世界上是否真的有"海底人"，还需要科学家们进一步去证实。

菲律宾"矮小黑人"

菲律宾"矮小黑人"或许来自中国，他们正渐渐步入现代社会。

在菲律宾，有一个独特的民族，由于这个民族的人身材矮小，肤色棕黑，所以人们称他们为"矮小黑人"。两万年前，中国内地南部沿海一带的居民为了躲避其他部族而不断南迁，其中一部分迁移到菲律宾群岛，成为这里最早的居民，他们就是"矮小黑人"的祖先。

在菲律宾的不同的地方，人们对"矮小黑人"的称呼不同。吕宋岛北部，他们被称为阿格他人，吕宋岛中部他们被称为阿依他人，这里的"矮小黑人"擅长木雕和藤蔓编织工艺；在中部的米沙鄢地区，"矮小黑人"能歌善舞，擅长捕鱼，被称为阿提人；南部棉兰老岛的"矮小黑人"被称为马马努瓦人，以制作精巧绝伦的刺绣和串珠闻名。现在，"矮小黑人"只有不到 3.3 万人，占菲律宾人口 0.05％。他们结群居住在北部吕宋岛、南部棉兰老岛和西部的巴拉望，从事渔猎活动。

"矮小黑人"一般都肤色棕黑，头发卷曲，面庞稍宽，鼻梁短而瘪，嘴唇略厚。男子一般身高不足 1.5 米，女子则在 1.4 米以下，体毛少，只有少数年长的男子留有胡须。

"矮小黑人"盛行文身，无论男女从十二三岁就开始在两臂、胸和背部用贝壳刺图案，年龄越大，身上的文身图案越丰富。"矮小黑人"的祖先相信巫术，害怕鬼魂，他们将特定的符咒文在身体的不同部位，如文在手臂上的图案可以增加气力，文在背上的图案可以抵御敌人或猛兽从背后袭击，文在脸部的图案可以驱赶邪恶的

菲律宾"矮小黑人"

鬼魂。

"矮小黑人"衣着简单，男人只在下身系一条兜裆布，女人只穿一条短裙，上身赤裸。他们用贝壳做耳饰，将植物的种子串成项链和手链，用藤蔓做项圈，将木头或动物的骨骼雕成挂件、手镯和脚环等。矮小黑人相信万物有灵，如果能够将众多的物种"穿"在身上，就有更多的神灵庇佑自己。

在婚姻制度上，"矮小黑人"实行自由恋爱和一夫一妻制。男子求婚时必须亲自拉弓，将箭射入女方安放在远处的竹筒内，否则表明男方没有能力养活妻子，不能赢得佳人芳心。这就是所谓的"一箭定终身"。

早先，马来人居住在靠近沿海的平坦地区，生活在米沙鄢地区的"矮小黑人"——阿提人以耕种为生。马来人因土地争端常与阿提人发生冲突。1210 年，菲律宾群岛中部暴雨不断，引发山洪，阿提人的庄稼颗粒无收，于是酋长带领手下到沿海平地讨要食物。马来人热情地招待了他们并给了他们粮食。为了感谢马来人的救命之恩，阿提人酋长遂以一顶金帽子和一个金盆为代价，将沿海的一些土地出售给马来人。阿提人还为马来人表演了精彩的山地舞蹈。为表示友好，马来人用锅底油灰涂抹脸部和四肢，扮装成阿提人加入舞蹈者的行列。

从此，每年雨季结束，收获开始的时候，阿提人总要成群结伙地下山，象征性地从马来人那里索要食物，并穿着马来人部落的传统服装跳舞表示感谢。于是，"假装阿提人"的风俗流传了下来，人们将每年 1 月的第三个星期定为"假装阿提人"节。这个节日现在已成为菲律宾的一个重要节日。

现在，"矮小黑人"的传统文化和风俗处于"濒危"境地。随着与外界交往的深入，"矮小黑人"的传统风俗逐渐被丢弃。生活在吕宋岛北部的"矮小黑人"——阿格他人，20 世纪 60 年代初尚有 600 人，到了 90 年代末，仅剩下 220 人。许多年轻女子嫁到山外，外面的女子不愿到山里过近于原始的生活。

专家呼吁一定要保留"矮小黑人"的传统文化和风俗，在引导"矮小黑人"接受现代文明、改善生活状况的同时，一定要鼓励他们保留自己的风俗习惯。

"狼人"之谜

"狼人"并不是怪兽，他们也是人，只是由于基因变异造成的多毛症。

古时候欧洲大陆暴发瘟疫，人们纷纷死去，村落里一个名字叫作科维努斯的年轻人看到这样的惨状，为了生存下去摆脱瘟疫的困扰，自己经过研究生命的起源得到启示，后来只有他一个人活了下来。科维努斯的后代一共有 3 位，不幸的是一位被染过病毒的蝙蝠咬伤，另一位被染了病毒的狼咬伤，只有一位是完整的作为人的形态活了下来。由于染上病毒产生变异，一位成为吸血鬼的始祖，另一位成为"狼人"的始祖。从此"狼人"和吸血鬼便在欧洲流传开来。

据报道，23岁的墨西哥男子丹尼·拉莫斯·戈梅兹出生后，全身都被浓厚的黑色毛发覆盖，看起来就像传说中的恐怖"狼人"。他和26岁的哥哥拉里从小便被当成"怪物"，被关进笼子中四处展出。

在民间，"狼人"是一个热门的话题。传说这种怪物平时从外表看与常人并无不同，但一到月圆之夜就会变身为狼。目前，在全球范围内存在近百例"狼人"，他们全身96%以上面积覆盖着浓密的毛发，看上去非常像传说中的"狼人"。

其实，我们所看到的"狼人"并不是什么怪物，实际上他们患有一种罕见的病症——先天性全身多毛症，也叫"狼人综合征"，和月亮以及狼没有任何联系，而是与基因有关。

先天性全身多毛症是一种极其罕见的先天性疾病，这种疾病会导致毛囊超时工作。在最严重的先天性全身多毛症患者身上，除了手心和脚底之外，全身其他任何地方都会长满稠密的体毛。而导致这种疾病出现的原因可能是基因突变，也可能是潜伏在人体内的一种非常古老基因的"苏醒"，从而导致人退化到人类多毛时代。在一些罕见的例子中，有的人会长出多个乳头，还有人脊柱末端会长出类似尾巴的突体。

多毛症有几种不同的类型，先天性多毛症患者身上的体毛没有颜色，精细松软，生长稠密，会伴随人一生。痣样多毛症患者身上的某个斑点或某个地方会长出过多的稠密体毛，而正常体毛则会围绕在斑点周围。后天性多毛症是在人出生后才出现的，这不同于出生前就会出现的其他类型的那些多毛症。

据记载，法国国王亨利二世的宫廷中就曾出现过这样的"狼人"。1547年，一个看起来好像半人半兽的10岁男童被当作礼物送给了亨利国王。除了嘴唇和眼睛外，男孩全身覆盖着金黄色体毛。这个男孩的名字叫佩德罗·冈萨雷斯，出生在加那利群岛。后来，佩德罗娶了一位可爱的法国妇女，并成了很多孩子的父亲，他其中的5个孩子继承了他的先天性基因缺陷。曾有很多油画都把绘画主题放在了这个奇异的家庭上，直到现在仍然还有一些油画悬挂在奥地利茵斯布鲁克附近的阿姆布拉斯城堡中。

从那以后，在中国、波兰、德国、俄罗斯和墨西哥境内都发现过这种"狼人"。目前全世界只能找到19名还健在的多毛症患者。这种疾病可能比较轻，也可能比较严重，尽管严重的多毛症非常罕见。

科学家研究发现，先天性全身多毛症的

"狼孩"用四肢代替双足行走，并能快速奔跑。

根源在于 DNA 染色体变异，患者体内 17 号染色体出现严重的变异，缺失了 140 万个 DNA 碱基对。先天性全身多毛症极其罕见，从中世纪以来仅有 50 个有关这种病例的记载，人类患多毛症的概率为十亿分之一。

冰人奥兹

蒙昧时期，人类以采集现成的天然产物为主，如以采集果实、挖掘根茎和块根、拾取鱼贝和猎取动物等为食物。人类的制造品主要是从未加磨制的石器、棍棒、标枪，逐渐到磨制石器和制造弓箭，并掌握了摩擦取火的本领，从而学会了用火和石斧及做独木舟等。

埃丽卡和西蒙是一对热爱登山的德国夫妇，1991 年 9 月，他们来到意大利阿尔卑斯山度假。在登上费南尔斯皮茨山顶峰后，两人决定沿着一条偏僻路线返回山上的临时小屋。在穿越海拔 3200 米的奥兹冰川途中，阳光照射下，透过半溶化的冰雾，他们看见了恐怖的一幕——冰面上趴着一具尸体！

尸体的姿势很不自然，上半身露在冰外，脸朝下地深埋在冰中。他大概是一名遇难的登山者，从脱水变干的皮肤看来已经死亡多年了。西蒙取出相机为尸体拍了照并通知了警方。

一个调查组立即赶往尸体的发现地点。当他们从冰中取出尸体进行检查时，发现尸体上有一些像是受到鞭挞的痕迹，头部也有大片伤痕，这让调查人员最初以为他是一名谋杀受害者。但是，事情又让人觉得有哪里不对劲：在尸体周围已融化的冰水中，调查人员找到了一些奇怪的东西，包括装在袋子里的燧石短剑、一把金属头斧子，甚至还有弓箭和一些皮毛等。

尸体随即被送往奥地利因斯布鲁克的法医学研究所，测定的结果令人大吃一惊，这具尸体已经有 5300 年历史了！他死时连埃及的金字塔都还没有建好呢。

根据发现的地点，尸体被称为冰人"奥兹"。"奥兹"是一位皮肤黝黑的北欧男子，死时大约 45 岁，这种年纪在那个时代已经算是高寿。严重脱水使得他的形体大大变小，就连大脑也萎缩得像葡萄干一样，只有原先的一半大小。

冰人奥兹发现现场

奥兹身体的各部分都传递出来自那个时代的信息：他的牙齿磨损得很厉害，这表明他食用一些粗糙的食物。在奥兹的右耳垂上有一处清晰的直角压痕，很可能尸体曾随着一度融化的冰川改变过姿势，也有人认为那是耳环留下的痕迹。尽管当初发现他的时候，奥兹是个光头，但是在尸体附近以及衣服残片上找到的数百根长约 9 厘米的黑褐色卷发表明，他在死前不久才理过发，连胡子也刮得很干净。此外，对奥兹头发的分析还显示，他曾参加过冶炼铜的工作，这说明当时人类已经开始向青铜时代过渡。

除了血管已经硬化外，其他器官的状态都非常好。他的肺部发黑，那大概是被篝火熏的。有 8 根肋骨曾发生过骨折，但死亡时已经愈合或正在愈合。奥兹的身体状况不佳，身上那些原本被认为是鞭打的痕迹实际上是文身，这表明他生前患有关节炎，因为古代人相信文身有类似针灸的神奇力量。他的指甲显示他是一名体力劳动者，而且在死前 2~4 个月里曾经得过一场重病，导致指甲的生长速度减缓。

令人感兴趣的还有奥兹的随身物品。寒冷和冰冻使它们保留下来，成为石器时代人类日常用具的绝好范例。

收集到的物品达 70 件之多，最重要的发现是一把 60 厘米长的铜斧。它是从模子里翻铸而成的，捆在裹着皮条的紫杉木手柄上，甚至还配有一个皮套。这把铜斧标志着到了公元前 3300 年，金属已经开始取代石头成为制作工具的材料。其他的物品还包括一把长约 2 米的紫杉木弓，上面涂着血液或脂肪以保持其柔韧性，一块草编的垫子和草编网，以及皮袋、项链等有趣的东西。

全身披挂的冰人复原图
芦苇或秸秆制的草编斗篷在 18 世纪欧洲部分地区仍被人们穿用。

遗憾的是，由于冰人身上的衣服年久发脆，在运输途中全部粉碎，只剩下了皮裹腿。皮裹腿里塞满了保温的野草，在现场发现的一件草编的斗篷和一顶带皮绳的熊皮帽表明，奥兹身穿的服装十分温暖，这种装束很适合阿尔卑斯山中的气候。

在整个检查过程中，一个问题始终困扰着研究者们：他的死因到底是什么？又为何会死在海拔 3200 米的雪山上呢？

人们在冰中获得了重要的线索，那就是花粉。科学家对这些花粉进行了分析，发现它们全都来自在秋季开花的植物，这与在现场找到的一枚李子在时令上相吻合，加上秋季正是阿尔卑斯山气候突变的季节，因此许多人都相信奥兹是被冻死的。考古学家斯平德勒甚至做出了生动的描述：奥兹是一位石器时代的牧羊人。秋季的一天，他赶着羊群回村子。就在这时，敌人袭击了奥兹所在的村庄，他负伤逃了出来并拼命往山上跑。跑到 3200 米高处时，精疲力竭的奥兹再也走不动了，他放好随身物品，倒地便睡，结果在梦中被冻死。

这个解释看起来合情合理，X 光摄片也显示出奥兹的左脚上有一块冻伤的痕迹。事实真的是这样吗？

2001 年 6 月的一天，意大利病理学家爱德华·维吉尔偶然找到了奥兹真正的死因。那天，在完成对奥兹的常规保存工作后，维吉尔突发奇想，采用计算机轴向层析扫描技术（CAT）透视冰人。不料，这次的透视结果让他惊得目瞪口呆。

三维影像显示，奥兹的肩部有某种密度相对较大的物质，进一步检查发现，那竟然是一枚深深嵌入左肩骨的箭头！奥兹皮肤上一道2厘米长的伤痕，也与箭头射入的方位相吻合。这使得研究者们猜测，这支箭才是奥兹的真正死因。长不足1英寸的燧石箭头击碎了他的肩胛骨，撕坏了主要神经和几根大血管，导致其左臂瘫痪。在他逃离的过程中，伤口大量出血，并最终因为失血过多倒在雪地里，被冰雪掩埋。

同时，对冰人所持刀具及衣服残片进行的化学分析表明，上面至少溅有另外4人的血迹，冰人的右手处也有很深的伤口。后来的研究表明，奥兹胃中的残留的蛇麻角树花粉产生于3~6月，从而推翻了死亡时间为秋季的结论。这些证据综合起来，奥兹死于战争的解释似乎才更合理。

神奇的生物世界

天地开辟以来，地球上究竟存在多少物种，又有多少物种灭绝了？恐龙、猛犸象，甚至更庞大的物种，在天地之间显得是多么渺小，总有消亡的一天。

恐龙灭绝之谜

在距今大约6500万年到7000万年前，恐龙从地球上消失了，留下来的只有深埋在地层中的形形色色的化石以及科学家们的思考。长期以来，科学家们对恐龙这种史前生物的灭绝一直有很多猜测：究竟是因为它们自身进化的失败遭到了大自然的淘汰，还是因为飞来的天外横祸将这些头脑简单、躯体庞大的家伙斩草除根的呢？

在人类出现以前，一种十分庞大的动物——恐龙曾经统治地球达1.6亿年之久。那时候，地球上随处可见各种各样的恐龙。它们的体形和习性相差很大。最大的可达30米左右，小的却跟一只小公鸡差不多。它们的脖子长，头小，一只长长的尾巴拖在身体后面，极不成比例。许多人都以为恐龙是生性残暴的肉食性动物。其实不然，它们中也有温和的草食性动物和像我们人类一样的杂食性动物。像跃龙、霸王龙等蜥龙类就是典型的肉食动物。它们的前肢不发达，后肢着地，奔跑速度极快；它们不仅捕食各种动物，而且连同类的草食恐龙也不肯放过。而溪龙、梁龙、雷龙等则是草食性恐龙，它们的头要比蜥龙类的稍小，其中有许多长着尖角，身上全副武装着硬甲。

科学家们为此对恐龙化石进行了深入的研究，希望可以从中找到一些线索。

最初，一些科学家从进化论的角度研究恐龙最终灭绝的原因，认为恐龙自身种族的老化以及在与新兴哺乳动物的进化竞争中的失败导致了恐龙的灭绝。在几千万年前，正当恐龙称霸于地球之时，大自然的力量造就了一种新兴的高等动物——哺乳动物。与庞大的恐龙相比，单个哺乳动物的力量是微弱的，可它们却依靠自身的优势成功地在地球环境变化中生存了下来，哺乳动物有能够隔热和保温的毛皮和脂肪层，高度发展的大脑和非常高的幼子成活率。
而貌似强大的恐龙由于种族的老化，在残酷的斗
争及大自然的变迁中逐个倒下，最终退出了生存
的历史舞台。

　　还有一些观点则认为慢性食物中毒导致了
恐龙的灭绝。原来，曾在中生代遍布全球的苏
铁、羊齿等裸子植物，为了保护自身的生存和繁
衍，在自己体内产生了一些有毒的生物碱，如尼
古丁、吗啡、番木碱等，一些食草恐龙吞入这些
植物，也就相当于吞下了"毒药"，在食物链的
作用下，食肉恐龙也间接中毒。这样恶性循环下
去，毒素在恐龙体内越积越多，由于毒素侵袭，
恐龙神经变得麻木，直到最后导致了整个种群都
消失灭绝。

霸王龙是生活在侏罗纪时期的大型食肉动
物，凶猛无比，有良好的视力和敏锐的嗅觉，
坚硬的头骨能承受住以 32 千米 / 小时的速
度与猎物的冲击。被称为残暴的爬行动物
之王。

　　另外类似的观点，还有氧气过量说、便秘说
等等。但这些观点都是纯粹基于生物学角度来看
问题。现代科学家们认为，这些观点的不足之处在于：生物学意义上的物种灭绝是
需要一个极为漫长的过程的，而人们目前已经掌握的资料显示，恐龙是在距今大约
6500 万年"很短"的一段时期内突然灭绝的。因此，这些生物学假设现在受到很大
质疑。

　　现在，支持宇宙天体物理变化导致恐龙灭绝这种观点的科学家越来越多。1979
年，美国加州大学伯克利分校著名物理学家、诺贝尔奖获得者路易斯·阿尔瓦雷兹
提出了著名的"小行星撞击说"，为人类开辟了一条探讨恐龙灭绝之谜的新道路。

　　1983 年，根据各自的研究，美国物理学家理查德·马勒、天文学家马克·戴维
斯、古生物学家戴维·罗普和约翰·塞考斯基以及轨道动力学专家皮埃·哈特等人，
共同提出了"生物周期性大灭绝假说"，也叫"尼米西斯假说"。他们的观点是，地
球上类似恐龙消失这种"生物大灭绝"是具有周期性的，在地球上大约以 2600 万年
为一个周期。其原因在于银河系中的大多数恒星都属于双星系统，太阳当然也不例
外，它有一颗人类从未见过的神秘伴星——"尼米西斯星"。"尼米西斯星"在太阳
系的外围，大约每隔 2600 万 ~3000 万年运转一周。在其影响下，冥王星外飘荡着的
近 10 亿颗彗星和小行星就会脱离原来的轨道，组成流星雨进入太阳系，其中难免有
一两颗不幸撞击或者落在地球上，而也许正是这几率极小的偶然，使一些生物遭到
灭顶之灾。

　　还有一些科学家认为，太阳系在银河系中的"死亡穿行"是恐龙灭绝的主要原
因。众所周知，九大行星在太阳系中围绕着太阳旋转，而太阳系则又以银河系为中
心旋转，旋转一周需要 2.5 亿年。在受从中心释放出的强烈放射性物质的影响下，一
块"死亡地带"在银河系的一部分地区形成了。距今 6500 万 ~7000 万年前，太阳系

恐龙时代的各型动物

刚好在这个"死亡地带"中穿行，放射性射线袭击了所有的地球生物，恐龙也在这次灾难中惨遭灭顶之灾。

另外一些科学家的观点是，6500万年前这场灾难的罪魁祸首是人们根本无法看见的宇宙射线。苏联科学家西科罗夫斯基称，太阳系附近一颗超新星的爆发导致了恐龙的灭绝。据科学家们推算，在距今7000万年前，一颗非常罕见的超新星在距太阳系仅32光年的地方爆发。爆发释放出的巨大能量和许多宇宙射线向整个宇宙发散，包括地球在内的整个太阳系都未能幸免于难。强烈的辐射把地球的臭氧层和电磁层完全摧毁了，地球上大多数生物都没能幸免于这场"飞来横祸"。在宇宙射线的侵蚀下，就连庞大的恐龙都几乎完全丧失了自我防御的能力，只能在眼看着自己的身躯慢慢坏死的恐惧中痛苦地死去。那些躲在洞穴或地下的小型爬行动物和哺乳动物，作为幸存者而生存了下来。

此外还有一些观点认为，地球本身的改变造成了这场灾难。科学家们发现，大约每20万年地球上就会有一次地磁磁极反转的现象发生。在这可能长达1万年的漫长岁月中，地球会暂时得不到磁场的保护，这时宇宙放射性射线就会袭击地球，从而成为恐龙这样的地球生物纷纷灭绝的原因。

最近的科学研究发现，恐龙的灭绝实际上也是一个持续了几十万年的过程，与此同时，恐龙至少经历了两次大规模的死亡。因此，所谓恐龙突然灭绝的这个"突然"不是绝对意义上的。而对地球产生短期影响的"飞来横祸"和地球自身的突变，不可能持续几万年，甚至几十万年。看来，这些观点都无法成为解答恐龙灭绝之谜的完满答案，因此人类暂时还无法证实或推翻这些科学的"推断"和"假设"。

恐龙的墓葬

庞大的物种，突然之间灭绝，而且竟然葬了在一起，这是谁的杰作？

在世界的一些地方，发现了大量恐龙遗骸集中埋在一处的现象，这就是"恐龙公墓"。墓中大量不同品种的恐龙在瞬间灭绝，这是怎么回事呢？

四川省自贡市是我国的"恐龙之乡"。自贡的恐龙化石其数量之多、门类之丰富、保存之完好和埋藏之集中，在我国乃至世界同一地质时代的地层中极为罕见。简直可以说是一个恐龙的墓葬群。

对于恐龙公墓产生的原因，科学家们进行了不断的探索，但始终是看法不一。

1. 原地埋藏说

在 1.6 亿年前的中侏罗纪，大山铺地区河流纵横，湖泊广阔，气候温和，是恐龙生存繁衍的好场所，成群结队的蜥脚类恐龙生活在这水草丰美的湖滨平原上。由于大批恐龙误食了含砷量很高的植物而突然暴死，被迅速埋藏于较平静的低能沙质浅滩环境中，属未搬运的原地埋藏。但是，这种说法又使人感到证据不足。因为当时大山铺植物的砷含量的平均背景值是多少？致使恐龙暴死的砷含量又是多少？取样是否具有代表性？如能将这些质疑阐述清楚，这一理论必定是很理想而独特的。

2. 异地埋藏说

本区恐龙化石已发掘采集 100 多个个体，其中完整或较完整的仅有 30 多个，约占总数的 1/5；如果是原地埋藏，无疑应大都是完整或较完整的个体，事实恰好相反。

综观化石现场，除埋藏丰富、保存完整容易被人发现的特征外，还有一种不易被人注意的现象是，靠边上部或地表的化石较破碎零散，大都是恐龙的肢骨经搬运后被磨蚀得支离破碎；同时，越是接近上部岩层，小化石越多，如鱼鳞、各种牙齿遍及整个化石场，鸟脚龙、剑龙与蛇颈龙的椎体也十分零星，并具有从南到北由多到少的分布规律。下部几乎是躯体庞大的蜥脚龙，保存都不完整，很明显是经过搬运后的结果。

更多的科学家则认为大山铺恐龙公墓中大部分系被搬运后埋藏下来的，也有少部分为原地埋藏的，是综合形成的恐龙公墓。

事实证明，中侏罗纪的大山铺是一个洪泛平原，这些古老的爬行动物也可能和现生动物一样，对生活环境具有明显的选择性。恐龙中性情温和的蜥脚龙常成群结队生活于地形较低的湖滨平原上；剑龙喜居比湖滨稍高而常年杂草丛生的山林中；鸟脚龙以其形态轻巧灵活又善于奔跑的特点，活跃于较高的山间密林中。其他脊椎动物，如翼龙，仅能在湖岸间作低空飞行。恐龙与这些脊椎动物的生活环境和习性有

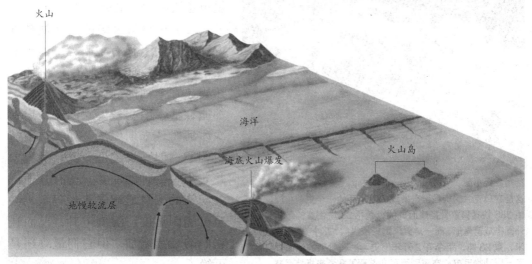

地壳及地幔示意图

着极大的区别，这些恐龙为什么会集中到一起来呢？

无论多么强大的生物，在宇宙与自然面前总是那么渺小。当末日来临，都是那么束手无策。

猛犸象的灭绝

猛犸象的灭绝虽然不是突然，但也有很多令人反思之处。

猛犸，在鞑靼语中是"地下居住者"，猛犸象曾经是世界上最大的象。它身高体壮，有粗壮的腿，脚生四趾，头特别大，在其嘴部长出一对弯曲的大门牙。一头成熟的猛犸象，身长达 5 米，体高约 3 米，与亚洲象相近，门齿长 1.5 米左右，虽然身高不高，但身体肥硕，因而体重可达 6 吨 ~8 吨。它身上披着黑色的细密长毛，皮很厚，具有极厚的脂肪层，厚度可达 9 厘米。从猛犸象的身体结构来看，它具有极强的御寒能力。猛犸象如其他大型动物一样，在距今 1.3 万年 ~1.15 万年灭绝了。然而，是所有的猛犸象都灭绝了吗？

其实有两种猛犸象灭绝了，即分布于欧亚大陆北方以及北美洲的长毛猛犸象，最后一支残存的猛犸象群则在北冰洋的朗格岛又存活了 6000 年，为了存活，它们的体形变小，体高还不到 1.8 米。究竟这些体形变小的猛犸象为何又存活了一段时间？

1. 气候的突然转变

朗格岛上的猛犸象，可能是因为岛上的植物和冰河时代仍然类似而存活下来。那些植物混合着特殊的多种草本植物与香草，正好就是猛犸象主要的食粮。这些植物被称为"猛犸象干草原"，一度在欧亚大陆的北方和北美随处可见，但是在两万年前，气候变得更暖和、更潮湿，新形态的植物就取而代之了。这些植物形态最终是因温度和湿度增加而改变的，因此导致猛犸象的栖息地严重丧失，数量也急剧减少，最后完全灭绝。

关于猛犸象灭绝的"气候转变说"乍听之下很有说服力，但也遭遇某些解释上的困难。最重要的是，猛犸象在之前的许多次气候改变下都能存活，因此若说它们在最后一次冰河时代末期无法一如往常般应变调适，似乎没道理。况且猛犸象并非唯一绝种的动物，还有其他许多动物的栖息地迥异于猛犸象，甚至可能因温度、湿度上升，反而让它们的食物增加，但它们最终还是灭绝了。

猛犸象骨小屋

这是在乌克兰的梅兹里奇发现的复原后的一个史前小屋。它是由 385 块猛犸象骨搭建而成的，包括 95 块倒置的下腭骨，在外围搭成箭尾形，而一对象牙则搭成拱门，整个骨屋直径达 4.8 米，重 23 吨，距今有 2 万年历史。这些骨架的外面很可能罩了一层动物毛皮，空隙则用草和苔藓等塞满来抵挡严寒。

2. 人类大量捕杀

初到北美洲的人类首先渡过现已被水淹没的白令海峡，来到了阿拉斯加，然后向南扩张至整个美洲大陆，将大型动物屠杀殆尽。这些人建立了所谓的"克洛维斯文化"，他们的特征在于使用大型石矛尖这种致命的狩猎工具。"克洛维斯文化"在北美大陆各地都有发现，兴盛于距今 1.35 万 ~ 1.33 万年间。古骆驼、大地懒、猛犸象从未遇到过如此强势的掠食者，因为这些人类有致命的武器，同时也能群聚在一起合

猛犸象
猛犸象是冰川期广泛地生活在欧洲、亚洲和北美的大型动物，约在 1 万年前灭绝。

作狩猎，设陷阱和埋伏。然而，说人类滥捕滥杀造成大型动物灭绝的理论也有严重的问题，因为虽然发现了一些猛犸象被宰杀的考古遗迹，但却没有直接的证据。

猛犸象究竟为什么灭绝，人们还是各执一词，没有最后的答案。

太平洋怪兽是蛇颈龙、鲨鱼还是爬虫

1977 年 4 月 25 日，日本大洋渔业公司的一艘名叫"瑞洋丸"号远洋拖网船，在新西兰克拉斯特彻奇市以东 50 多千米的海面上捕鱼。当船员们把沉到海下 300 米处的网拉上来时，竟然是一只庞然大物。网里是一具见所未见的怪兽尸体。

为了看清楚它的全貌，船员们用起重机把它吊了起来。尸体散发出一股强烈的腐臭，一小部分肌肉和尸体上的脂肪，拉着长长的黏丝掉在甲板上。这下人们看清楚了：这是一个类似爬虫类动物的尸体。尽管尸体已经腐烂，但整个躯体却完整地保存着，可以清楚地看到它的脖子长长的，脑袋小小的，肚子很大（腹部已空，五脏俱无），而且长着 4 个很大的鳍……怪兽身长大约 10 米，颈长 1.5 米，尾部长 2 米，重量近 2 吨，估计死去已经月余。它肯定不是鱼类，也不像是海龟，在海上捕鱼多年的船员谁也不认识它。人们正在议论纷纷之际，船长闻讯赶来，见大家在欣赏一具腐臭的怪物，大发脾气，为了避免自己船舱里的鱼受到损失，他命令船员们把怪物立即丢到海里去！所幸的是，随船有位矢野道彦先生，觉得这是个不寻常的发现，在怪兽被抛下大海之前，拍摄了几张照片并做了相关记录。

消息传到日本之后，举国震动，尤其是动物学家、古生物学家们更是兴奋，他们在对照片进行了分析之后认为："这不像是鱼类，一定是非常珍贵的动物"，"非常惊人呀！这是不次于发现矛尾鱼那样的世纪性的大发现"。"20 世纪最大的发现——活着的蛇颈龙"……消息随之传遍了全世界，各国报刊都很快转载了照片，发了消息。各国著名生物学家都对这件事给予了极大的关注。

但怪物已经被丢弃了，尽管大洋渔业公司立刻命令在新西兰海域的所有渔船，到现场去重新捕捞怪兽尸体，但由于消息发表之日（7 月 20 日）与丢弃怪物之日已

相隔 3 个月，人们只能徒劳而返。不过，这次发现总算给生物学家们保留下了 3 个线索：一是怪兽的 4 张彩色照片，二是四五十根怪兽的鳍须（鳍端部像纤维一样的须条），三是矢野道彦先生在现场画的怪兽骨骼草图。

（1）照片：从照片来看，它的头部甚小，与现存的所有鲸类的头骨不同，而且颈部奇长，特别是有 4 个对称的大鳍，这就没有其他海洋动物或鱼类可以与它相提并论了。

（2）鳍须：这是留下的唯一重要物证。它是怪兽鳍端的须状角质物。长 23.8 厘米，粗 0.2 厘米，呈米黄色的透明胶状，尖端分成更细的 3 股，很像人参的根须。

（3）骨骼草图：草图左上方写着"10 时 40 分吊起，尼西（即尼斯湖里的怪兽？）拍了照片"。怪兽骨骼长 10 米，头和颈部长约 2 米，其中头部 45 厘米，颈的骨骼粗 20 厘米，尾部长 2 米，根部粗 12 厘米，尾端部粗 3 厘米，身体部分长约 6.05 米。

虽然上述这些记录和证据是非常宝贵的，而且成为科学家们研究、鉴定、探讨的依据，但是要依靠它们来确定怪兽究竟属于哪一种动物，还缺少根本性的依据。因为没有实物，无法与已知的各种动物和古生物的化石骨骼做比较，也就无法对比鉴定。所以，科学家们至今还对这个怪物到底是什么的问题争论不休。

有人怀疑它是 7000 万年前便已绝灭了的蛇颈龙的子孙。其中一个主要的依据是它的长颈。许多学者据此认为它是"活着的蛇颈龙"。日本横滨国立大学的鹿间时夫教授认为："从照片上看，仅限于爬行类，然而可以考虑太古生息过的蛇颈龙，可以说是发现了名副其实的活着的化石。"这种说法曾经轰动一时，甚至有报纸认为："这是 20 世纪的最大的发现！"

但是不久，东京水产大学对怪物须条进行了蛋白质的分析后，发现它的成分酷似鲨鱼的鳍须，于是报纸、新闻又转向鲨鱼说，一时间"巨鲨""一种未见过的鲨鱼"的说法又充斥了报纸杂志。英国伦敦自然史博物馆的奥韦恩·惠勒说："这个猎获物大概是鲨鱼，以前在世界各海滨附近曾发现许多别的怪物，结果弄清楚后，都是死鲨鱼。鲨鱼是一类软骨鱼。它们没有硬骨架。当鲨鱼死后，尸体逐渐腐烂时，头部和鳃部先从躯体脱垂，这样就形成一个细长的'颈'，末端像个小小的头。许多日本渔民，甚至更为内行的人都被类似蛇颈龙的形状所愚弄……"这种说法似乎很有道理，而且一时间许多持有蛇颈龙说法的人也都放弃了自己原来的主张，认为怪兽就是鲨鱼，言之凿凿，仿佛已成定论。

但是，对怪物须条进行重复测试后，又不能肯定它是鲨鱼了。一些科学家和日本记者提出了种种否定它是鲨鱼的根据：

其一，鲨鱼的肉是白的，姥鲛的肉是粉红色的，而怪兽则是赤红的。

其二，鲨鱼没有排尿器，体内积蓄的尿是利用海水的浸透压力，从全身排出的；因此，鲨鱼的肉有一种尿特有的臭味，有经验的渔民都会闻出来。"瑞洋丸"的渔民们正是根据这一点而否定了它是鲨鱼。

其三，如果真是鲨鱼，那么具有软骨架的鲨鱼，在死了半年之后，是绝对不会被起重机吊起来的。因为尸体开始腐烂，软骨也开始腐烂，尸体的软骨架绝对经受不住大约两吨的自重。对此，许多鱼类学权威都认为这是否定鲨鱼说的一个重要论据。

其四，怪兽有较厚的脂肪层，包裹在全身的肌肉上，而鲨鱼只在肝脏里才有脂肪。

于是，从鲨鱼说又转回到爬行类动物说。证明怪兽可能是爬行类动物还有一个重要的论据，即怪兽的头部呈三角形，这是爬行类独具的特点。

到现在为止，围绕着这个奇怪的太平洋怪兽到底是什么的问题，科学家们仍然在议论纷纷，人们都盼望有一天怪兽会再现其踪影。

动物之间为什么会发生争斗

在地球上，除了人类以外，动物界也经常发生大大小小的争斗。在以往的很长时间内，动物学家们都认为大多数的动物并不会杀害它们的同类。动物之间经常会发生侵犯的行为，主要是一种耀武扬威的姿态，而不是残杀性的。有时为了集体的利益，它们通常是相互合作的。

比如说在草原上生活的土狼，为了捕捉长耳兔经常采用接力的方法来弥补体力的不足。当第一条土狼追到体力不足的时候，就把长耳兔沿着对角线的方向追赶到一个隐蔽处，等在那里的另一条土狼会跳出来接着追赶，第一条土狼趁机抄近路跑到前边，等到充分地休息后，再接着追下去，就这样两条土狼轮番地追赶，直到兔子筋疲力尽成为土狼的口中美食。

还有一种长鼻浣熊，生活在中南美洲。喜欢吃栖息在树上的一种蜥蜴，可是对于浣熊来说，到树上捉蜥蜴是不容易的，它们就采取兵分两路的方法，一个在树下等，另一个则到树上把蜥蜴赶下树，彼此配合来捕捉蜥蜴。

几十年来，通过大量的观察，科学家们发现，在动物中间也存在着争斗的现象。而且在争斗的过程中还有着一定的规则，任何一方都是严格遵守决不违背。

蝙蝠的争斗方式是身体倒挂在石岩上，彼此通过鼻子的碰撞来发泄愤恨。蛇类相斗时从不以毒牙加害对方，常常采取的方式是将尾部交缠在一起，挺起胸膛竭力将对方的头部按下，谁将对方牢牢按压住几秒钟，谁就是胜者。雄旱龟在彼此相斗时，仅仅将对手翻个仰面朝天失去战斗力就算赢家。

鸟类之间的竞争准则很多。如鸽子之间仅仅是以发怒的一方羽毛横竖挺着胸在另一方面前踱步的方式来进行对抗。谁的外貌显得雄壮威武谁就为胜利的一方。红眉雄黑禽鸡在争斗时要先发出一阵啾啾声，然后张开翅膀像公鸡一样厮杀，胸脯碰撞，相互击打，看起来就像一大团羽毛在狂飞乱舞。

大型的动物中争斗方式比较奇特的要数棕熊了。雄性的棕熊在发情期间会变得格外的凶悍，不仅会因争夺配偶斗得头破血流，还会疯狂地袭击附近的民宅。

对于动物来说在争斗中总是以最强壮的器官作为理想的兵器。袋鼠的争斗很像是"拳击"，因为它们自信自己的前爪最有力。海狸争斗的武器是尾巴，而长颈鹿是用脖子来击打对方。有蹄类的动物常常将角作为自卫的武器。但是对于过于锋利的

无论是长颈鹿、斑马或是羚羊，它们的争斗行为基本上是为了争夺配偶、领地或食物等，所以它们的争斗往往只是分出胜负即可，并非定要将对手置之死地才罢手。

武器，动物之间也是要遵循一定的规则的，直角羚从不在同类的争斗中使用角。而鹿和驼鹿则在准备争斗的时候，目不转睛地盯着对手，直到弱小的一方认输为止。狼和狗在争斗中如果认输时，会把身体中最薄弱的咽喉暴露给对方，而胜者决不会再碰负者一下。

当然，在动物中也有一些相互残杀的例子。有记载的最触目惊心的一个例子在20世纪70年代，一群约15头黑猩猩，以每次杀死一头雄性黑猩猩的方法，杀死了邻近的一小群黑猩猩。

对于动物之间的这种争斗和残杀，有一些是可以找到原因的。比如为了争夺配偶、领地或者食物等。美国动物学家曾经目睹过象海豹为了争夺首领而厮打的场面。当两头雄性象海豹中的一头被打得晕倒在地的时候，一群雄性的象海豹扑到战败者的身上，把它折磨致死。在1990年的6月澳大利亚曾发生过一起大群企鹅自相残杀的事件。这场残杀导致大约7000只企鹅丧生，其中有雏企鹅6000只。而科学家们对于事件的原因却是无法解释。

社会生物学家对于动物之间的争斗现象是这样解释的：他们说这完全是出于动物的一种自私的本性。所有的动物都想把自己的基因或者亲属的基因传到下一代去。所以，它们进行漫山遍野的厮杀，只是为了让自己的后代进行繁殖，并不是为了种族的利益去牺牲。因此在一个亲属关系比较稳定的群体里很少发生剧烈的厮杀。

而动物学家却认为，动物是不存在传宗接代的自觉意识的。它们所进行的争斗和残杀原因很可能是偶然的。随后发生的大规模的征战很可能是由于受到刺激而引起的。而且在缺乏信息交流和手段的动物中是很容易发生这种情况的。

动物学家们有着不同的观点，但是有一点意见是统一的，他们一致认为动物之间进行的不流血争斗有着积极的生态学意义。年轻而健康的动物虽然在争斗中败北，却为以后获得幸福准备了条件，而在争斗中以流血殒命的动物也是自然淘汰的一种途径，也就是说残杀的威胁可能有助于形成动物的行为，对于物种遗传是有利的。但是，真正引起动物们争斗的谜底是什么？人类至今不得而知。

动物集体自杀之谜

一个风雨交加的夜晚，印度北部有一个小村镇的一伙村民，正举着火把寻找一头失踪的水牛，忽然发现大群的鸟向他们扑来，跌落在火把周围。它们不再飞回空中，也不愿吃东西，不到两天，全部死去。在这里，每年都有大量的鸟群"自杀"。每当秋季风越大、雨越多的时候，到这里"自杀"的鸟也越多。令人奇怪的是，这一现象只发生在这个丛林中的小村附近，而不发生在其他地方，这其中的原因是什么呢？

其实，一些动物的集体"自杀"现象早已引起了科学家们的研究兴趣。1946 年 10 月 10 日，835 头虎鲸凶猛地冲上了阿根廷马德普拉塔城海滨浴场，全部死亡。1976 年 10 月，在美国的科得角湾沿岸的辽阔的海滩上，有成千上万的乌贼登岸"自杀"。1980 年 6 月 30 日上午，有 58 条巨鲸游上澳大利亚新南威尔士州北部海岸西尔·罗克斯附近的特雷切里海滩死亡。

一些科学家猜测，鲸可能是遇上了凶猛的鲨鱼或受到其他动物的威胁，仓皇逃命而窜上了海滩；也有的学者认为，这可能由于鲸一时贪玩或在浅海边上找吃的，而不慎搁在海滩上，游不回去了。显然，这些理由都比较牵强。

还有科学家认为，鲸"自杀"的地方，大多是在海岸平坦或泥沙冲积成的海滩。这种地方，往往不能很好地将"超声波"反射回去。这就使鲸发出"超声波"后，接收回声发生困难，造成确定方向、浮测目标"失灵"，而发生"盲目行动"，冲上海滩死亡。后来，有两位美国科学家在死鲸的耳朵里发现很多寄生虫，他们据此认为，就是这些寄生虫，影响了鲸的耳朵功能，造成了悲剧。

与鲸相反，陆上动物旅鼠曾多次集体奔入大海"自杀"。在澳大利亚昆士兰地区，曾发生过 13 次规模宏大的旅鼠投海"自杀"事件。这又是什么原因呢？有人认为这是旅鼠为了求生而采取的手段。早在 1 万多年前，它们就有规律地跨越波罗的海和北海到对岸的陆地去另觅乐土，那时海峡尚窄，泅渡到对岸很容易。后来由于地理环境的变化，海水越来越湍急，但是旅鼠却一无所知，仍然一如既往地跳入海中，由于无法抵抗海水的冲击，结果就发生了大规模的旅鼠死亡事件。但是这无法解释旅鼠周期性自杀的现象：难道旅鼠不会从一次又一次的失败中总结教训，另辟新途？

还有人认为这是旅鼠们实行的一种"计划生育"的手段。因为这种旅鼠的繁殖力特别强，过多的旅鼠破坏了居住地的生态平衡，为了缓解这种状况，其中的一些旅鼠就选择了自戕。这样的解说实在是难以令人信服。如果真的是这样的话，那么造物主是不是过于残忍了一些？

动物集体自杀的现象在我国也曾发生过。1975 年的冬季，我国海城地区发生了

1984 年，95 头鲸鱼因不明原因集体冲上美国马萨诸塞州海滩，随后全部丧生。

一次大地震，而在地震发生的前十几天，成批的冬蛇集体自杀。经过了 10 多年的研究，科学家们还是没有弄清楚其中的缘由，只是提出了 3 种解释：

一是地声说。科学家认为在地震发生前地壳深处会发出一种细小的声音，但是人是听不到的，由于蛇的听觉很灵敏，能够听到，以为是大祸临头了，所以爬出了洞。

二是地气说。这种观点是说在岩层的强烈摩擦中，会产生大量的氢气，大量的氢气积聚在蛇洞中，使冬眠的蛇清醒被迫爬出洞。

第三种说法就是地热说。这是目前比较流行的一种说法。因为蛇是冷血动物，体温会随外界温度的变化而变化。在地震前，由于岩石的摩擦产生了大量的热，使地温升高，蛇从冬眠状态醒来，纷纷出洞觅食，结果被冻死。

这三种解释都有一定的道理，但是还是存在一些疑点。蛇是一种反应比较迟钝的动物，上述的变化都发生在地震前很短的时间内，蛇又怎么会在地震发生的十几天前就感觉到呢？

动物界昆虫类的自杀事件似乎不是很多，但是这些低等的动物自杀的原因往往更令人不解。其中，蝎子的自杀就是一例。动物学家研究发现，无论是在自然条件下，还是在实验的条件下，蝎子都是对火畏若神明的。遇到火的时候，就躲在碎石下、树叶下或者土洞中不出来，更为奇怪的是，要是用大火将它们团团围住，它们会弯起尾钩刺向自己的背部，不一会儿就会死亡。对于这种现象，有人认为这是蝎子在长期进化的过程中形成的，是一种遗传的结果。有人对此提出异议，因为根据科学家和生物学家的检测结果，蝎子不是死于自己的蝎毒。还有人说是由于蝎子天生在阴暗潮湿的环境中生活，突然见到光明，为了保护自己，就假装自戕而死。事实究竟如何，还有待于查证。

动物自杀的记录到现在已经 100 多年了，这种现象至今仍是有增无减，科学家们尽管对此现象作了大规模的调查研究，但仍然没有令人信服的权威性的答案。

青蛙大战之谜

战争与和平是人类社会永恒的话题，战争与和平也是动物世界不变的定律。

1970 年 11 月 7 日，马来西亚森吉西普的一处大泥潭里，成千上万只青蛙互相撕咬，声震四方。事后池水中蝌蚪、蛙卵和死蛙的遗尸遍地都是。

1977 年，在中国广州市郊也发生过群蛙大战。春夏久旱，直至 9 月初才下了一场大雨。雨后的第二天，在近郊公路旁的一个水坑里，数百只青蛙叫声大作，有的在水面追赶，有的用前肢打架，也有的十几只抱成一团，相互鏖战。

美国史密逊博物院为揭示青蛙大战等自然奇景的秘密，于 1956 年专门成立了"短暂现象研究中心"。这个研究中心虽然只有 6 名职员，但是分布在 185 个国家、岛屿和地区的 2800 多名科学家却都是该中心的通讯员，至今已经报告了 1000 多宗类似事件。

动物学家调查研究后认为：青蛙的战争是蛙类"群婚"及繁衍后代的一种特殊现象。

一般来说，在中国南方 1 月 ~10 月，在北方 4 月 ~8 月，是青蛙的繁殖季节，这期间，尤其是某个雨后清晨，常会看到成群青蛙聚集在池塘、水田里，雄蛙的外鸣囊像小布袋一样不断地扩大和缩小，这是青蛙在争鸣求偶。这个时候，雄蛙尤显活跃，常游于水面，有时还搂抱其他雄蛙，向对方挑战。

动物学家认为，青蛙的战争是蛙类"群婚"及繁衍后代的一种特殊现象。

蛙类争鸣求偶的现象在风调雨顺的年头比较分散，但若是遇上久旱无雨的年头，蛙类本着寻觅水源的习性，会从各方汇聚到有水的池塘或水田里，可能就会出现成千上万只青蛙大汇聚的奇异景象。有时青蛙还会在"群婚"中死得不明不白，这极有可能是它们的叫声引来了若干蟾蜍，而蟾蜍皮肤会分泌一种毒素，使青蛙中毒而死。

众多青蛙殊死搏斗，难道仅仅只是为了追求心爱的配偶吗？爱情的力量是否太伟大了？目前，科学家们仍在对此大战进行深入探查，希望不久以后就能真相大白。

希腊毒蛇"朝圣"之谜

世界上虔诚的教徒千千万，有谁听过毒蛇也朝圣，且坚定执着之心丝毫不逊于人类呢？

传说在很久以前，希腊有一个美丽的小岛，人们安居乐业，过着自由自在的生活。突然有一天祸从天降，一帮强盗袭击了这个岛，并不怀好意地将年轻漂亮的修女关押起来。圣母显然明白这帮强盗的歹意，为使纯贞的修女们免遭强暴，于是就把她们都变成了毒蛇。眼看着美女变成了毒蛇，强盗们吓得落荒而逃，可是毒蛇却再也不能变回到美貌的女子了。为了报答圣母的恩德，它们每年在希腊人纪念上帝和圣母的日子里，都会不约而同地到这个小岛朝圣。它们从居住地爬出来，一直爬到这个小岛上的两座教堂，最后停靠在教堂的圣像下面，像是受谁指挥似的，在这里盘结 10 多天后，才渐渐离去。这种毒蛇带有剧毒，被它咬了，毒性会扩散全身致死，但它们却似乎颇通人性，世代与小岛居民和平共处，从不伤害这里的居民。岛上的居民也敢触摸它们，或将它们缠绕于身上，据说这样可以驱邪治病，保佑岁岁平安。

然而，让人百思不得其解的是毒蛇朝圣的日子，为什么都选在希腊的重要节日，而它们又是怎么知道纪念上帝和圣母的日子的呢？难道教堂会在这几日发出吸引它们的特殊气味引诱它们前来？更奇怪的是前来朝圣的毒蛇头上，都有一个跟十字架极为相似的标记，难道它们会发出同类能识别的声音，让同类成群结伴来此朝圣？据说这种朝圣现象已持续了100多年，毒蛇也会言传身教，教育自己的后代继续去朝圣吗？

但对于蛇类成群结队聚居到一起还是有据可查的，人们发现在发情期，成千上万的蛇会涌向某一特定的地点互相纠结在一起进行争夺和完成传宗接代的工作，希腊岛上的"毒蛇朝圣"据说也是这种"恋爱盛会"的变体。

大象怎样"埋葬"自己的同伴

葬礼大家都见过，"大象葬礼"恐怕很少有人知道吧！

1978年12月，在调查非洲象的分布时，一位动物学家曾声称他无意中遇到一场大象的葬礼。据他说，在距离密林不到70米的一片草原上，一头雌象被几十头大象围着。那是一头患了重病连站都站不住的老年雌象。过了一会儿，老象蹲了下来，低着头，不停地喘着粗气，偶尔扇动一下耳朵，发出一种低沉的声音。附近的草叶被围在四周的象用鼻子卷成一束，投在雌象的嘴边。可这只雌象已经任何东西都吃不下了，只是艰难地支撑着身体。最后，终于支持不住的雌象倒在地上死了。这时，一阵哀号从周围的象群发出，为首的雄象用自己的象牙掘松地上的泥土，并用鼻子把土块卷起投到死象身上。其他的大象纷纷仿照这只雄象，把石块、泥木、枯草、树枝用鼻子卷成团，投到死象身上。不大一会儿，死象就被完全掩埋了，一个土墩在地面上堆起。为首的雄象用鼻子在土墩上加土，同时用脚踩踏土墩。其他的象也跟着它去做，将那土墩踩成了一座坚固的"坟墓"。最后，只听雄象发出一声洪亮的叫声，听到"命令"的象群马上停止踩踏，开始绕着土墩慢慢地走。就这样一直走到太阳下山，象群才耷拉着头，甩着鼻子，扇着耳朵，恋恋不舍地离开土墩，往密林深处走去。

人们对这场罕见的"大象葬礼"议论纷纷。有的动物学家从生物进化的角度对大象这种神秘的"殡葬"行为进行解释。就像前述动物学家观察的那样，群居的大象可能会对死去的同伴表现出某种怜惜，它们可能掩埋伙伴，或者为其收尸。有时候，大象也许会用长长的鼻子，把象骨和象牙卷起来放到某一个集中的处所去，即它们的"公墓区"。但有的时候，可能因为象牙是大象生命的某种象征物，所以大象会将死去同伴的象牙拿走。但是，一些科学家仍然认为，目前还缺少足够确凿的资料证实大象有真正的"殡葬"行为。所以，人类还是持谨慎态度来看待"大象葬礼"

为好。

布加莱夫斯基兄弟是苏联探险家，他们曾经追寻"大象墓园"这个传说，去非洲的肯尼亚寻找象牙。据说有一天，在一座高高的山顶上，他们看见有许多白花花的动物尸骨堆在对面的山上，一头大象正摇摇摆摆地走到骨堆旁边，哀叫了一声后便倒地而亡了。兄弟俩惊喜万分，确定那里就是大象的墓地，于是立刻向那里奔了过去。但他们却在途中遭到野兽的袭击，又遇到深不可测的沼泽，只好无功而返。

年迈的大象总会离开象群。

既然已经看到了那块神奇的地方，布加莱夫斯基兄弟为什么又会功亏一篑？由于无法确证是否真的有人去过那里，所以人们对有关大象墓园的传说一直持怀疑态度。更多的学者则认为，自从被列入贵重商品的行列后，象牙在非洲的地位就显得日益重要，而且流传的那些有关动物生活习性的神秘说法，也日益变味走样。特别是当猎杀大象的行为被法律禁止后，一些偷猎者为了达到自己不可告人的目的，故意渲染所谓"大象墓园"的传说，以探险、科学考察为幌子，肆意捕杀大象、攫取象牙，事后却声称象牙是自己在"大象墓园"中找到的。

所以，要想更好地了解大象、保护大象，人类亟待进行一次真正意义上的科学考察。

植物血型之谜

我们都知道，人类和动物的血液有不同的类型，科学家们将其称为"血型"，不同的人血型是不相同的，目前已知道的人类血型有4种类型，即A型、B型、AB型和O型。对于血型的区分可以避免在给病人输血的过程中，由于血型的不吻合发生危险。不仅人类的血型不同，动物的血型也是不相同的，这一点已经得到了科学家的证实。然而，令人感到惊奇的是，人们发现植物也有血型。

大家知道，人和一些动物的血液呈现红色是因为里面有红细胞，在红细胞的表面有一种特殊的抗原物质，是它决定了血液的类型（即血型）。植物既没有红色的血液，又没有红细胞，怎么会有血型呢？这个提法立即引起了科学家们的研究兴趣，纷纷要揭开植物血型的秘密。

日本警察研究所的法医山本茂最早提出植物具有血型。他对植物血型的发现源于一起凶杀案，在侦查案件时，他在一点血迹都没有的现场，发现在一个枕头上竟有微弱的AB型反应。为了弄清事实的真相，他对装在枕头里面的荞麦皮进行了血型的鉴定，鉴定的结果却让他大吃一惊：荞麦皮显示出AB血型的特征。山本茂随后又对150种蔬菜、水果以及几百种植物的种子进行了实验检测，结果显示有79种的

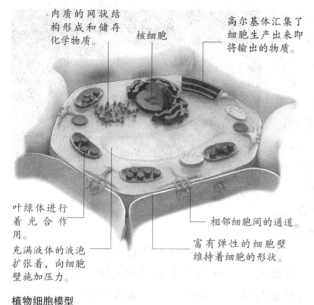

内质的网状结构形成和储存化学物质。

核细胞

高尔基体汇集了细胞生产出来即将输出的物质。

叶绿体进行着光合作用。

充满液体的液泡扩张着，向细胞壁施加压力。

相邻细胞间的通道。

富有弹性的细胞壁维持着细胞的形状。

植物细胞模型

植物有血型反应。在这些植物中，大多数的血型是 O 型，其余为 AB 型、B 型。进行了大量的实验后，山本茂在世界上首次宣称：植物也有血型。他还认为，在植物的血型中，O 型是最基本的类型，B 型和 AB 型是从 O 型发展而来的。

后来，世界上的许多科学家对植物的血型进行了研究。科学家通过研究发现，植物体内有和人类很相似的附在红细胞表面上的血型物质，即血型糖。人体的血型是由血型糖来决定的，O 型血、A 型血、B 型血，分别由岩藻糖、N–乙酰–D–半乳糖、D–半乳糖所决定。

植物体内也有和人类这些血型物质相同的东西，其中在红色果实的植物中数量最多。科学工作者还发现，大多数植物的种子和果实都含有血型物质，并且植物的血型物质在果实成熟和发育过程中，从无到有逐渐增多，到发育成熟后，血型物质便达到最高点。

植物体内血型物质的发现，不仅为植物的分类测定、细胞融合、品种杂交等提供了新思路，还可为案件的侦破提供方便。举例来说，通过对被害者胃里食物的检测，确定食品的类别，可以为侦破案情提供线索。

现在人们已知道，大多数的生物机体内部有血型物质，氨基多糖和蛋白质是决定血型抗原性的基本物质，不同生物的血型物质是不同的。即使是同种生物，血型物质也不相同。这是由于各种氨基多糖的差别很大，结构也不稳定，导致血型物质种类很多。

对于生物界存在血型物质的原因，目前还不十分清楚。但是，科学家对血型物质的作用目前有几种不同的看法。有的科学家认为血型物质起一种信号作用。比如，通过实验发现，生物体内的糖链合成达到一定长度时，在它的顶端就会形成血型物质，然后合成就停止了。有的科学家认为，植物的血型物质，具有贮藏能量的作用；还有科学家认为植物的血型物质的黏性大，似乎担负着保护植物体的任务。

虽然目前还没有全部揭开植物血型之谜，但是一些研究成果已开始在侦破案件中应用。据报道，在日本中部地区的某县发生了一次车祸，肇事司机把一名儿童撞伤后，开车跑掉了。后来警察发现了这辆汽车，对车轮子上的血型进行验证后发现，除了有被撞儿童的 O 型血外，还有 B 型血和 AB 型血。当时警察怀疑，这辆汽车除了撞伤这位儿童外，还撞伤或撞死过其他人，但司机只承认撞伤了那名儿童，不承认还撞过其他人。后来经过科学研究所的验证，原来其余两种血型是植物的血型，这样才使案件得到正确处理。

现在日本已研究出了检验荞麦、胡萝卜等一些植物的抗血清。山本茂等人称，一旦有了已经确定血型的植物的全部抗血清，就能准确地判断植物的种类，这样，利用植物血型侦破案件的时代就将到来。

现在，对植物血型的探索还刚刚开始，植物体内存在血型物质的原因以及血型物质对植物本身有什么意义，还需要科学家们去进一步研究和探索。

"巨菜谷"的蔬菜肥硕之谜

看过叶永烈著的《小灵通漫游未来》的朋友一定对未来世界的农场里的长得有圆桌面那么大的西瓜羡慕不已，但也只是把这当成是一种美好的理想，却从来没有想象过在现实世界中会有这么大的西瓜，因为这不符合植物生长的自然规律。不过正所谓大千世界，无奇不有，美国阿拉斯加州安哥罗东北部的麦坦纳加山谷和苏联濒临太平洋的萨哈林岛（库页岛）这两个神奇的地方就具有这种化腐朽为神奇的能力。据一本科学杂志介绍，那里的蔬菜长得硕大异常：土豆长得像篮球那么大，一个白萝卜重达20多千克，红萝卜有20厘米粗、约35厘米长，卷心菜平均有30千克重，豌豆和大豆能长到2米高，牧草也高得可以没过骑马者的头顶。由于这个地方所有的植物都长得非常高大，所以被人称做"巨菜谷"。

读者一定会问，为什么这里的植物可以长得这么巨大呢？其实这也是科学家迫切想弄清楚的问题。从"巨菜谷"被发现的那天起，科学家们就开始了对这一反常现象的研究。一开始，有人怀疑这不过是一些特殊品种的蔬菜，但经考察研究，却发现并非如此，这些都仅仅是一些普通蔬菜。因为科学家曾做过实验，将外地的蔬菜籽拿到这两个地方，只要经过几代繁衍，也会长得出奇的高大，但是如果把那里的植物移往他处，不出两年就退化成和普通植物一样。这种离奇的现象让科学家们百思而不得其解。

为了解开这个谜团，科学家们做了更为深入细致的研究，也各自提出了不同的解释。有的科学家认为，这是由于这两个地方都处在高纬度地带，夏季日照时间长，所以这里的植物能够吸收到特别充分的阳光照耀，这就刺激了它们的生长激素，导致它们变态性地生长。但是，这种解释是经不起仔细推敲的。因为，还有很多地方和这两个地方处于相同的纬度，但在这些地方却并未发现有如此高大的同类植物。因此，又有科学家提出观点认为，这种奇怪现象是悬殊的日夜温差起作用的结果，骤冷骤热的日夜温差破坏了植物的生长系统，使得它们疯狂生长。但这种解释和前

巨菜谷的蔬菜

究竟是由于品种的原因，土壤的原因还是日照的原因，使得蔬菜能长得如此巨大？这些植物能否像其他蔬菜般令人放心食用？相信这些问题的解决，对于人类的粮食问题的解决一定会有极大的帮助。

一种观点有同样的漏洞，即它也同样无法解释为什么有类似气候条件的其他地方却没有这一奇异现象。

这种现象让我们想起了中国古代晏子的那句名言，"橘生淮南则为橘，生于淮北则为枳"。难道真的是水土的原因吗？于是科学家们的关注点从植物研究转到土壤研究。有科学家提出了这样一个假设，认为这可能是富饶的土质或者土中有什么特别的刺激生长的物质起作用的结果。为了验证这种假设，科学家们对这里的土壤进行了实地化验，但化验的结果却提供不出可用以说明这里土质特殊的资料和数据。

以上几种观点都有自己的理论破绽，所以有些科学家认为起作用的并不是一种原因，而是上述各种条件的综合。其他地方虽然和这两处地方处于同一纬度，但却由于不具备如此巧合的几方面条件，所以生长不出这样高大的蔬菜和植物。这种观点比起前几种观点要完善得多，种种假设都被人们考察的结果无情地否定了，关于这个问题的研究似乎无法再深入下去了，因此一直没有取得什么实质性的进展。

近些年，一些人注意到有一种寄生在植物幼芽上的细菌会分泌一种赤霉素，这种植物激素具有促使植物神速生长的奇效。这个发现给长期被这个问题困扰的科学家带来了一丝曙光。他们据此认为，这两个地方的巨型植物的出现，可能是某种适宜于当地生长的微生物的功劳。于是他们又开始了对这种特殊的微生物的寻找工作。但直到今天，他们仍然没有查清究竟是哪种微生物在起作用。

如果说"巨菜谷"还牵涉到植物种子的话，那么在我国也有一个地方，竟不用播种也能收获油菜籽。这块不种自收的神奇"福地"在湖北兴山县。在兴山县的香溪附近，有一块面积为200平方千米的土地，当地人每年冬天将山坡上的杂草灌木砍倒，到春天用火将草木烧掉，待几场春雨后，地里就会自己长出碧绿的油菜来。到了4月中旬油菜花开季节，只见漫山遍野一片金黄，当地人对这种不种自丰收的现象自然是乐不可支，但对科学家们来说，却未必是什么好事。

据当地老农说，这里方圆20多个村庄，每户人家每年都可收野生油菜籽60多千克，基本上可满足当地人的生活用油。就连1935年那年山洪暴发，坡上的树都被连根拔走了，可第二年春天这里依然到处是野生的油菜。

不少科学家曾到此做过考察，也做过种种解释，但始终没有一种理论能把这里出现的奇迹确切地加以说明。"巨菜谷"的植物为什么会长得如此巨大？"福地"为什么能不种自收、不劳而获呢？这至今仍是无法揭开的谜，这一旷日持久的探索或许还要继续下去。

大树"自杀"之谜

自然界中有很多未解之谜。例如，大量的海豚和鲸曾经集体自杀，究竟是什么原因至今未被世人所知。

据报道，一只印度大象因踩伤一个小孩而跳河自杀。在我国东北的大兴安岭林区，有一种老鼠看到自己偷来的粮食被人挖走，就会爬到树上，找一个三角形的树杈，把脖子伸进去，四肢下垂，"畏罪"自杀。这些动物自杀已经让人惊奇不已，但更令人惊讶的是植物也会自杀！

生长在非洲赤道地区的一种"自焚树"，阳光照射1小时左右，这种大树就会连枝带叶化成一堆灰烬。

在我国天山山脉中部有一种白藓树，一到冬末春初就会第一个破土、开花，而夏天到来时，正当硕果累累的时候，这种树就会自焚身亡。

大树为什么会自焚？原来，白藓树的叶片中有一种叫作"醚"的物质。由于夏季干旱炎热，气温较高，当气温超过燃点时，就会发生自燃现象，从而导致整棵树被焚。

还有一种树更为奇特。在毛里求斯岛上有一种棕榈树，寿命长达100年。当末日来临之时，它会在一天之内散落全部的花朵和树叶，然后干枯而亡。由于这个原因，人们为其取名"自杀树"。这种百年老树为什么要"自杀"呢？人们百思不得其解，还有待科学家们去探究其原因。

食虫植物为什么喜欢"吃"虫

地球上很多地方都分布有食虫植物。食虫植物主要分布在热带和亚热带地区。根据目前的统计数据显示，地球上的食虫植物共有500种左右，其中，在我国境内的约有30种。这些食虫植物"猎手"身上都具有特殊的武器，一是香饵或伪装，用来诱捕昆虫，像气味、花蜜、颜色等；二是各种陷阱；三是具有分泌溶化昆虫的消化液。

捕蝇草是一种珍奇植物。18世纪中叶，科考人员在美洲的森林沼泽地里进行科学考察时发现了这种植物。这种植物有一个美丽的名字——孔雀捕蝇草。其叶子是长形的、厚实的，叶面上长着几根尖尖的绒毛，边缘上还有十几个轮牙。每片叶子中间有一条线，把叶子分成两半，可随时开合，就像开屏的孔雀一样，十分漂亮。

平时，捕蝇草像敞开的蚌壳一样，还有一种香甜的气味散发出来，诱惑那些贪婪而愚蠢的昆虫上钩。捕蝇草的叶子只要一经昆虫触动，就会迅速地折叠起来，边上的轮牙也互相交错咬合，虫子就被关在陷阱里，成了它的食物。它的叶子既是用来捕捉猎物的武器，又是消化器官。陷阱里会分泌出消化液，将昆虫消化掉。这个叶子就像一个"临时胃"，虫子越挣扎，叶子就夹得越紧，分泌的消化液就越多。猎

茅膏草捕捉昆虫过程
茅膏草植物的叶子上覆盖着红色的布满腺体的茸毛，这些茸毛能分泌出透明清澈的黏性液体。昆虫被闪光的小黏液滴吸引着落而被粘住。昆虫的挣扎会刺激叶子上的茸毛向其弯曲紧紧缠绕。当叶子将猎物完全包裹后，叶子就分泌出消化酶，将昆虫溶解消化吸收。

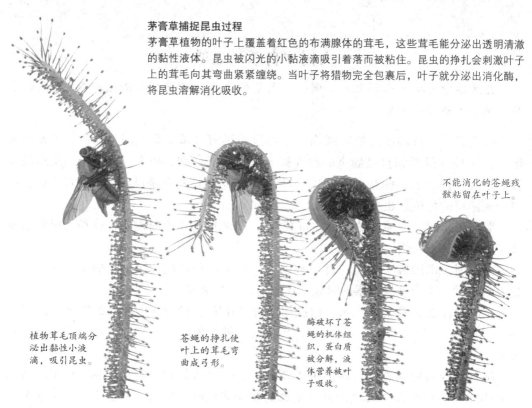

不能消化的苍蝇残骸粘留在叶子上。

植物茸毛顶端分泌出黏性小液滴，吸引昆虫。

苍蝇的挣扎使叶上的茸毛弯曲成弓形。

酶破坏了苍蝇的机体组织，蛋白质被分解，液体营养被叶子吸收。

物很快就被"吃完"了，然后叶子又设下新的陷阱，等待着别的虫子上钩。然而，这个漂亮的猎手一生中只有 3 次打猎的机会，然后就逐渐枯萎，再也不能狩猎。

在沼泽地带或潮湿的草原上生活着一种植物猎手，叫"毛毡苔"。那里繁衍着众多小虫和蚊子，它们都是毛毡苔捕获的对象。

茅膏草是一种淡红色的小草，它的叶子大小就像一枚硬币，上面长着许多既能伸开又能合拢的绒毛。一片叶子上有 200 多根绒毛，它们像一根根纤细的手指。在绒毛的尖上有一颗闪亮的小露珠，这是绒毛分泌出来的黏液，散发出蜜一样的香味。昆虫闻到香味禁不住诱惑，就会迅速飞过来，碰到绒毛时，绒毛上吸引昆虫的黏液就会粘住昆虫。这时候绒毛就像手一样握起来，抓住昆虫，不让它跑掉。接着，绒毛又分泌出可以分解昆虫的蛋白酶。然后，茅膏草的叶细胞就把消化后的养料吸到植物体内。一切结束后，它的绒毛就又伸开了，等待着新的"猎物"，就像刚才什么也没有发生过一样。

最有代表性的食虫植物要属猪笼草。它看上去像普通的百合花或喇叭花，有的还能散发出香味，这些香味像紫罗兰或蜜糖一样吸引着昆虫的到来。它是一种生活在我国海南岛、西双版纳等地的绿色小灌木，这些地方一般有潮湿的山谷。

每片猪笼草叶子尖上，都挂着一个长长的带盖的小瓶子。由于它们很像南方运猪用的笼子，所以被称为"猪笼草"。它身上的瓶子色彩鲜艳，异常美丽，有红的、绿的、玫瑰色的，甚至还镶着紫色的斑点。而且，与别的植物猎手一样，这些瓶子能在瓶口和内壁处分泌出又香又甜的蜜汁。闻到香味，小虫子就会爬过去吃蜜。正在享受之际，小虫子的脚下突然一滑，一头栽进了瓶子里，再也爬不出来了。小瓶子里盛的是酸溜溜的黏液，被黏液粘住的小虫子成了猪笼草的一顿美餐。

不仅陆地上有这种吃虫的植物，水里也有，比如狸藻。狸藻没有根，它漂浮在池塘的静水里。这种水草的叶子伸展开来，就像丝一样，长达 1 米。有很多扁圆形的小口袋长在它的茎上，口袋的口上有个小盖子，盖子都是向里打开的，盖子上长着能"绑"住昆虫的绒毛，口袋里能产出消化液。上千个小口袋长在一棵狸藻上，每个小口袋就像是一个小陷阱。狸藻在水里分布开来，上千个小陷阱形成一个陷阱网。小虫子不小心撞进网里，只要碰到小口袋盖上的绒毛，小口袋盖就会张开，小虫就随着水进入陷阱，小口袋很快合上，把小虫子囚禁起来。这时候，口袋的内壁分泌出消化液杀死小虫子。小口袋很快就会恢复原来的样子，等待下一个猎物的到来。

为什么这些植物要"吃"虫子呢？一些科学家认为，这也许跟它们生存的环境有关。食虫植物一般分布在贫瘠的地方，例如生长在酸性沼泽地、泥炭地上、水里、平原、丘陵或高山上。这些食虫植物居住的地方一般缺少养分和阳光，它们的生存受到威胁，但那里一般有很多昆虫，它们学会了捕食昆虫的本领，这种本领使它们能在当地生存下去。当然，这只是人们的一种猜测，很多问题现在都无法解答。比如，为什么这些植物的感觉非常灵敏？在它们体内又是怎样传递着外界的刺激信息的呢？它们是否有神经系统和大脑呢？这些问题都有待于人们进一步研究。

让人恐惧的惊魂之域

地球有救人之地，必有伤人之地。能发现救人圣泉，又有谁知道杀人毒泉在哪里？

能"报时"的澳大利亚怪石

岩石能报时？听起来近乎天方夜谭，但在澳大利亚中部阿利斯西南的茫茫沙漠中，确实有一块能"报时"的怪石。

屹立在沙漠中的这块怪石高达 348 米，周长约 8000 米，仅其露在地面上的部分就可能有几亿吨重。这块怪石通过每天很有规律地改变颜色来告诉人们时间的流逝：早晨，旭日东升，阳光普照的时候，它为棕色；中午，烈日当空的时候，它为灰蓝色；傍晚，夕阳西沉的时候，它为红色。它是当地居民的"标准时钟"，当地居民根据它一日三次的颜色变化来安排农事以及日常生活。

怪石除了随太阳光强度不同而改变颜色外，还会随着太阳光照射角度的变化而变幻形象：时而像一条巨大的、悠然漫游于大海之中的鲨鱼的背鳍；时而像一艘半浮在海面上乌黑发亮的潜艇；时而像一位穿着青衣、斜卧在洁白软床上的巨人……

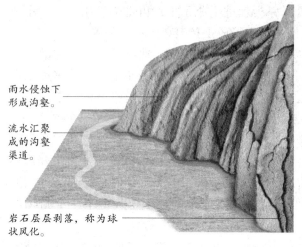

雨水侵蚀下形成沟壑。

流水汇聚成的沟壑渠道。

岩石层层剥落，称为球状风化。

澳大利亚巨石示意图

澳大利亚巨石是物理风化和化学风化共同作用下的产物，一般称为岛山。雨水不断侵蚀岩石的表层，热昼和凉夜则使岩石日复一日经历膨胀和收缩的过程，最终致使岩石表面开裂。

怪石为何具有"报时"的功能？

为了解释怪石"报时"的现象，许多考古学家和地质学家对怪石所处的气候条件、地理环境进行了详细考察，并对怪石的结构成分等进行了深入的研究。一些科学家试图这样解释怪石产生的"怪现象"：怪石之所以会变色是由于怪石处在平坦的沙漠，天空终日无云，空气稀薄，而怪石的表面比较光滑，在这种情况下，怪石表面有镜子的作用，能较强反射太阳光，因而从清晨到傍晚天空中颜色的变化能相应地在怪石上得到呈现。

怪石变幻其形象则是由于太阳光在不同的气候条件下活动而产生反射、折射的数量及角度的不同，这种变化反映到人眼，即成为怪石幻形。

神秘的南极"无雪干谷"

南极是人类最少涉足的大洲，在那里，还有许多现象人们无法解释，"无雪干谷"就是其中最神秘的一个。

总面积达1400万平方千米的南极大陆，大部分被冰雪覆盖，从高空俯瞰，南极大陆是一个中部高四周低、形状极像锅盖的高原。这个被形象地称为冰盖的冰层，平均厚度为2000米，最厚的地方可达4800米。大陆的冰盖与周围海洋中的海冰在冬季连为一体，形成一个总面积超过非洲大陆的白色冰原，这时它的面积要超过3300万平方千米。

在南极洲麦克默多湾的东北部，有三个相连的谷地：维多利亚谷、赖特谷、地拉谷。这段谷地周围是被冰雪覆盖的山岭，但奇怪的是谷地中却异常干燥，既无冰雪，也少有降水，到处都是裸露的岩石和一堆堆海豹等海兽的骨骸，这里便是"无雪干谷"。走进这里的人都感到一种死亡的气息，于是它又被称为"死亡之谷"。

当科学家探测至此，他们对于岩石边的兽骨百思不得其解。最近的海岸离这里也有数十千米，而远一点的海岸则要有上百千米。习惯于在海岸旁边生活的海豹一般情况下不会离开海岸跑这么远，可这些海豹偏偏违背了通常的生活习性来到这里。那么，海豹为什么要远离海岸爬到"无雪干谷"呢？

一些科学家认为，这些海豹来到这里是因为在海岸上迷失了方向。在这个没有冰雪的无雪干谷地区，海豹因为缺少可以饮用的水，力气耗尽而没能爬出谷地，最后干渴而死，变成了一堆堆白骨。

由于存在着鲸类自杀的现象，还有一些科学家认为这些海豹跑到无雪干谷地区就像鲸类一样是自杀。可是并没有充足的理由证明这是海豹自杀，因而有些科学家认为，这些海豹可能是受到了什么惊吓，在什么东西的驱赶下才到了这里。那么海豹在过去的年代里到底是惧怕什么而慌不择路呢？又是一种什么样的东西将它们驱赶到这里呢？这真令人费解。除了神秘的兽骨，无雪干谷还有许多让人无法解释的景观。

新西兰在这个无雪干谷的腹地建立起一座考察站，并根据考察站的名字，把考察站旁边的一个湖取名为"范达湖"。一些日本的科学家在 1960 年实地考察了无雪干谷的范达湖，奇异的水温现象使他们感到惊讶，水温在三四米厚的冰层下是 0℃ 左右，在 15 米~16 米深的地方升到了 7.7℃，到了 40 米以下，水温竟然跟温带地区海水的温度相当，达到了 25℃。科学家们对范达湖这种深度越大水温越高的奇怪现象兴奋不已，纷纷来到这里进行考察。

日本、美国、英国、新西兰等国的考察队从各个角度对这一疑团加以解释，争论不休。其中有两种学说颇为盛行，一种是地热说，一种是太阳辐射说。

坚持地热说的科学家们提出这样的观点：罗斯海与范达湖相距 50 千米，在罗斯海附近有默尔本灿和埃里伯斯两座活火山。前者是一座正处于休眠期的活火山，后者至今仍在喷发。这表明这一带的岩浆活动剧烈，因此会产生很高的地热。在地热的作用下，范达湖就会产生水温上冷下热的现象。

然而有很多证据却表明，在无雪干谷地区并没有任何地热活动。这一观点并不足以解释上述现象。

坚持太阳辐射说的专家们则认为，在长期的太阳照射下，范达湖积蓄了大量的辐射能。当夏天到来时，强烈的阳光透过冰层和湖水，把湖底、湖壁烘暖了。湖底层的咸水吸收、积蓄了大量剩余阳光中的辐射能，而湖面的冰层则是很好的隔离屏

陡峭的冰崖

风和海浪推动浮冰

海豹

南极地区

障，阻止了湖内热量的散发，产生一种温室效应。南极热水湖含有丰富的能有效蓄积太阳能的盐溶液，这就是范达湖的温度上冷下热的原因。

但有许多人并不同意此种说法。他们认为：南极夏季日照时间虽长，但很少有晴天，因此地面能够吸收到太阳的辐射能很少，再说又有90%以上的辐射能被冰面反射。另外，暖水下沉后必然使整个水层的水温升高，而不可能仅仅使底层的水温升高。这样一来，太阳辐射说的理论似乎又站不住脚了。

美国学者威尔逊和日本学者鸟居铁经过多年的研究，提出了新的论点：虽然南极的夏季少晴天，致使地表只能吸收很少的太阳辐射，但是透明的冰层对太阳光有一定的透射率。这样，靠近表层的冰层会或多或少获得太阳辐射的能量。此外，冬季凛冽的大风会将这一地区的积雪层吹得很薄，而每到夏季，裸露的岩石又使地表能够吸收充足的热量。日积月累，湖水表层及冰层下的温度便有所上升，最后到了融化的程度。由于底层盐度较高，密度较大，底层不会上升，结果就使高温的特性保留下来。同时，在冬天时表层水有失热现象，底层水则由于上层水层的保护，失热较少，因而可以保持特别高的水温。据一些科学家的观测记录显示，此说法还是有一定说服力的。

通向大海的四万个台阶

有这样一个神话，爱尔兰巨人麦科尔砌筑了一条路，从他在爱尔兰北部安特里姆郡的家门穿过大西洋，到达他的死敌苏格兰巨人芬哥尔所在的赫布里底群岛。但狡猾的芬哥尔先发制人，在麦科尔还未采取行动前先来到爱尔兰。麦科尔的妻子机智地骗芬哥尔说，熟睡中的麦科尔是她襁褓中的儿子。芬哥尔听了很是害怕，心想襁褓中的儿子已如此巨大，他的父亲一定更加巨大。于是惊慌地逃到海边安全的地方，并把走过的路拆毁，令砌道不能再用。

另一种传说则要平和、浪漫得多。传说，中古爱尔兰塔拉王的武士芬恩·麦库尔爱上了内赫布里底群岛中斯塔法岛上的一位身材高大的美女。为了把这个美人脚不沾水地娶回阿尔斯特，芬恩建造了这条通往斯塔法岛的石路……

今天，在爱尔兰北部海岸的贾恩茨考斯韦角，我们看见的数以万计的多角形桩柱，据说就是巨人麦科尔砌筑的。这些桩柱大部分高6米，拼在一起成蜂巢状，构成一道阶梯，直伸入海。从高空望下去，砌道就像沿着270多千米长的海岸，由人工砌筑出来的道路，往北一直延伸到大西洋。这些屹立在大海之滨已有数千万年之久的岩层，以其井然有序的排列组合及美轮美奂的造型，令无数游人叹为观止。

贾恩茨考斯韦角的桩柱可分作大砌道、中砌道和小砌道三组，人们饶有兴趣地给这些桩柱起了些古怪的名字，如被峭壁隔开的"烟囱顶"和"哈米尔通神座"观景台。

早在17世纪，学者们就开始研究它的起源，"巨人之路"及其周围海岸也很快发展成为一个科学家们频繁光顾的地质学研究场所。撇开神话不谈，关于这条砌道是怎样形成的，就有多种认识。曾有人认为这些桩柱是海水中的矿物沉积所成。

今天，大部分地质学家都认为砌道的形成源自火山活动。约在五千万年前，爱尔兰北部和苏格兰西部的火山活动活跃，从火山口涌出的熔岩冷却后僵化，在新爆发之后，另一层熔岩又覆盖在上面。熔岩覆盖在硬化的玄武岩层土上冷却得很慢，收缩也很均匀。熔岩的化学成分令冷却层的压力平均分布于中心点四周，因而把熔岩拉开，形成规则的六角形。这个过程发生一次后，基本形状就确定下来了，于是便在整层重复形成六角形。冷却过程遍及整片玄武岩，这样就形成一连串的六角形桩柱。在首先冷却的最顶上一层，石头收缩，裂成规

千万年来，浪花不倦地冲刷着岩层，剧烈的海风和多变的气候也不断地对石柱进行侵蚀和雕琢。

则的菱形，当冷却和收缩持续，表面的裂缝向下伸展到整片熔岩，整片玄武岩层就被分裂成直立的桩柱。千万年来，坚硬的玄武岩柱不断被海洋侵蚀，就成了高低不一的模样。石柱的颜色则受到冷却速度的影响，石内的热能渐渐散失后，石头便氧化，颜色由红转褐，再转为灰色，最后成为黑色。不过，地质学家的这种观点还有待进一步考证。

海上坟地——马尾藻海

马尾藻是一种普通的海藻，可是生长在大西洋的马尾藻却与众不同，它们连绵不断地漂满约 450 万平方千米的海区，以至于这个海区被称作马尾藻海。

马尾藻海上的马尾藻直接从海水中摄取养分，并通过分裂成片、再继续以独立生长的方式蔓延开来。厚厚的一层海藻铺在茫茫大海上，一派草原风光。

马尾藻海一年四季风平浪静，海流微弱，各个水层之间的海水几乎不发生混合，所以这里的浅水层的营养物质更新速度极慢，因而靠此为生的浮游生物也是少之又少，只有其他海区的 1/3。这样一来，那些以浮游生物为食的大型鱼类和海兽几乎绝迹，即使有，也同其他海区的外形、颜色不同。

1492 年 9 月 16 日，当哥伦布的探险船队正行驶在一望无际的大西洋上时，忽然，船上的人们看到在前方有一片绵延数千米的绿色"草原"。哥伦布欣喜若狂，以为印度就在眼前。于是，他们开足马力驶向那片"草原"。但当哥伦布一行人驶近草原时，不禁大失所望，原来那"草原"是一望无际的海藻。那片海域即今天的马尾藻海。

马尾藻海又称为萨加索（葡萄牙语"葡萄果"的意思）海，大致在北纬20°~35°、西经35°~70°之间，覆盖大约450万平方千米的水域。

马尾藻海有"海上坟地"和"魔海"之称。这是因为许多经过这里的船只，不小心被海藻缠绕，无法脱身，致使船上的船员因没有食品和淡水，又得不到救助，最后饥渴而死。最先进入这片海域的哥伦布一行就在这里被围困了一个多月，最后在全体船员们的奋力拼搏下才得以死里逃生。在第二次世界大战中，英国奥兹明少校曾亲自去了马尾藻海，海上无风，"绿野"发出令人作呕的奇臭，到处是毁坏了的船骸。到了晚上，海藻像蛇一样爬上船的甲板，将船裹住不放，为了航行，他只好把海藻扫掉，可是海藻反而越来越多，像潮水一样涌上甲板。经过一番搏斗，精疲力尽的他才侥幸得以逃生。

马尾藻海位于大西洋中部，强大的北大西洋环流像一堵旋转的坚固围墙，把马尾藻海从浩瀚的大西洋中隔离出来。因此，由于受海流和风的作用，较轻的海水向海区中部堆积，马尾藻海中部的海平面要比美国大西洋沿岸的海平面平均高出1米。

马尾藻海究竟是怎样形成的呢？如果把大西洋比作一个硕大无比的盆子，北大西洋环流就在这盆中做圆周运动。而马尾藻海则非常平静，所以许多分散的悬浮物都聚集在这里，海上草原就是这样形成的。但是，马尾藻海里的马尾藻究竟是怎么来的，人们还没有找到一个肯定的答案。有的海洋学家认为，这些马尾藻类是从其他海域漂浮过来的。有的则认为，这些马尾藻类原来生长在这一海域的海底，后来在海浪作用下，漂浮出海面。

最令人称奇的是，这里的马尾藻并不是原地不动，而是像长了腿似的时隐时现，漂泊不定。一些经常来往于这一海区的科学家经常会遇到这样的怪事：他们有时会见到一大片绿色的马尾藻，然而过了一段时间，却不见它们的踪影了。在这片既无风浪又无海流的海区，究竟是何种原因使这片海上大草原漂泊不定呢？至今仍是个谜。

沙漠中的"魔鬼城"

"魔鬼城"并不是"魔鬼"的巢穴，而是大自然的鬼斧神工。

这是一个杳无人烟却又热闹非凡的"城市"。当晴空万里、微风吹拂时，人们在城堡漫步，耳边能听到一阵阵从远处飘来的美妙乐曲，仿佛千万只风铃在随风摇动，又宛如千万根琴弦在轻弹。可是旋风一起，飞沙走石，天昏地暗，那美妙的乐曲顿时变成了各种怪叫：像驴叫、马嘶、虎啸……又像是婴儿的啼哭、女人的尖笑；继而又像处在闹市中：叫卖声、吆喝声、吵架声不绝于耳；接着狂风骤起，黑云压顶，鬼哭狼嚎，四处迷离……城堡被笼罩在一片朦朦的昏暗中。

　　这座神奇的"城市"位于新疆维吾尔自治区克拉玛依市乌尔河区东南5千米处，方圆约187平方千米，地面海拔350米左右。独特的雅丹地貌使这片地区被称为"乌尔河风城"，当地人称之为"魔鬼城"。

　　19世纪末至20世纪初，瑞典人斯文·赫定和英国人斯坦因，赴罗布泊地区考察，在撰文中采用了"雅丹"这个词汇。于是，"雅丹"一词就成了世界上地理学和考古学的通用术语。在地质学上，雅丹地貌专指经长期风蚀，由一系列平行的垄脊和沟槽构成的景观。"雅丹"地貌通常发育在干旱地区的湖积平原上，在新疆维吾尔自治区罗布泊东北发育很典型，世界各地的不同荒漠，包括突厥斯坦荒漠和莫哈韦沙漠在内，都有这种地形。究竟是谁建造了这种奇特的地貌，无数奇异的声音又是从哪儿来的呢？

　　据说，在距今约1亿年前的白垩纪，"魔鬼城"是一个巨大的淡水湖泊，后经两次地壳变动，湖泊变为一片广阔的沙漠，遍布着沉积岩和变质岩。千百万年风雨的侵蚀造就了深浅不一的沟沟壑壑，裸露的岩层被风雨雕琢成各种奇异的形态。这里尽是些形状奇异、大小不等的土阜、土丘，土丘又干又硬，有的拔地而起，如柱、如伞；有的匍匐在地，似狮、似虎；有的怪异，像神、像魔鬼；有的肃穆庄重，像城堡、像帐幔……干旱区的湖泊，在形成历史中往往包括反反复复的水进水退，因而发育了上下叠加的泥岩层和沙土层，风和流水带走疏松的沙土层。致密的平台形高地在暴雨的冲刷下其节理或裂隙加宽扩大，加上大风的不断剥蚀，风蚀沟谷和洼地逐渐分开形成孤岛状的平台小山，后者演变为石柱或石墩。巨大的墩台高达12米~20米，侧壁陡立，极难攀登。从侧壁断面上可以清楚地看出沉积的层理；下部是厚厚的灰绿色砂层，最上面是一层淡红色的粉砂黏土层，这是由于碳酸钙胶结得非常坚硬，而形成一个保护层，使土丘顶面非常平坦。每当大风来袭，呜呜的风声在此处如鬼哭狼嚎，让人毛骨悚然。"魔鬼城"一名便由此而来。"魔鬼城"就像一个颓

在古老的传说中，往往把雅丹称作"龙城"。因罗布泊周围发育典型的雅丹地形，似龙象城而得名。置身于这片扑朔迷离、深邃的土台群中，满目皆是神秘、奇特、怪异的"亭台楼阁"，使人浮想联翩。

废了的古城,纵横交错的风蚀沟谷是街道,石柱和石墩是沿街而建的楼群。各种各样的造景地貌琳琅满目,惟妙惟肖,置身魔鬼城定能使你的想象力得到最大限度的发挥。其实这里还真正存在着古城堡建筑、古民房遗址——艾斯克霞尔古城堡:风蚀台上还存有长方形的土夯建筑,高约 5 米,这曾是古丝路的驿站。据当地人推测,此地西面的湖泊干涸之前,这里也有村庄人家,当水源游移湖泊消失后,林木飞鸟在风沙中,部分变为化石,而此地居住的人只得背井离乡,连先祖的遗骨也移走了。

科学家在经过实地考察后,指出"魔鬼城"实际上就是一个"风都城",并没有什么鬼怪在兴风作浪,而是肆虐的风在中间发挥着作用。在气流的作用下,狂风将地面上的沙粒吹起,不断冲击、磨擦着岩石,于是各种软硬不同的岩石在风的作用下便被雕琢成各种各样奇怪的形状。

"魔鬼城"的地层是古生代的沉积岩,多为侏罗系、白垩系的红、黄、灰白及其过渡类型的彩色砂、泥岩,经过漫长岁月的积累,一层又一层相叠而成,厚薄不一,松实结合。又由于这里属于干燥少雨的沙漠气候,经过太阳的烧烤,大地在白天时一片灼热,但晚上气温会骤然下降,冷热变化十分剧烈。在热胀冷缩的作用下,岩石会碎裂成许多裂缝和孔道。沙漠地区的风面对着准噶尔盆地老风口,再加上常年受到从中亚沙漠地区而来的西北风的影响,这些风最大的风力可达 10 级 ~12 级,风力极强。夹带着大量砂粒的狂风扑打在岩石上,长年累月地对那些有软有硬的岩壁进行侵蚀,这样那些岩石也就被雕琢得十分精致而且神奇。

但是,经过实地考察,雕琢"魔鬼城"的伟大工程师绝不止有"风",还有"雨",即流水的侵蚀、切割,是不是"风吹雨打"就足够了呢?

阿苏伊尔幽谷之谜

阿苏伊尔幽谷的深度是个谜,然而谁也不敢去探个究竟。

阿尔及利亚的朱尔朱拉山是一个风景秀丽的游览胜地,山上有漫山遍野的鲜花、灌木,还有独具特色的雪松、橡树和山樱桃等植物,美丽的朱尔朱拉山以其独特的风采和俏丽多姿的山色吸引了一批又一批的游人前来欣赏。朱尔朱拉山有许多古老的岩洞和峡谷,它们的神秘和深邃吸引了众多勇敢的探险者前来探寻,这就是大自然奥秘的魅力。

在朱尔朱拉山的峡谷当中,最著名的一个峡谷叫"阿苏伊尔幽谷",是非洲最深的一个大峡谷。阿苏伊尔幽谷的著名之处在于它的深度,可是它到底有多深,人们从来就没有探查清楚。那谷底到底是什么样,就更没有办法知道了。

为了探测阿苏伊尔幽谷的确切深度,1947 年,阿尔及利亚的一些专家组成了一支联合探险队来到阿苏伊尔幽谷。专家在探险队中挑选了一个身强力壮、又有丰富经验的探险队员第一个去尝试探测。这个探险队员系好保险绳,信心满满地朝着幽谷下边看了一眼,就顺着陡峭的山崖一步一步地滑了下去。谷上的探险队员们紧紧地抓着保险绳,一方面保护着探测者的安全,一方面观察着保险绳上的深度标记。

时间一分一分地过去了，随着探测队员的滑动，保险绳上的标记也在 100 米、300 米、500 米地往下移动着。在探险队员下到幽谷 505 米的时候，忽然觉得身体越来越不舒服，为了安全起见，这个探险队员拉了拉保险绳，让上边的队友把他拉了上来，这次探险活动也随之结束了。人们对阿苏伊尔幽谷的深度还是没有探测清楚。

1982 年，另外一支考察队来到阿苏伊尔幽谷，他们决心超过 505 米的那个深度。第一个队员首先下去了，可是当他下到 810 米深的时候，再也不敢往下走了，只好爬了上来。接着，第二个队员一米一米地滑了下去。800 米、810 米、820 米，只见保险绳又往下滑动了 1 米。探测队员沿着峭壁下到 821 米深度的时候，突然出现了一种莫名其妙的恐惧，连朝谷底深处看一眼的勇气也没有了，只好返回了。

阿苏伊尔幽谷的深度无人知晓，因为阿苏伊尔幽谷真可谓是万丈深渊。历来人们为了探寻阿苏伊尔幽谷的深度，绞尽脑汁，但以现在的科技水平，想要探明阿苏伊尔幽谷的深度似乎还为时过早。

迄今为止，821 米的深度是探测阿苏伊尔幽谷最深的纪录了。至于阿苏伊尔幽谷究竟有多深，那神秘的谷底到底有些什么东西，一直到现在也没能解开这个谜。

然而，人们对阿苏伊尔幽谷深度的谜团还没有解开，山上的一些奇异现象又为朱尔朱拉山蒙上了一层神秘的色彩。

在朱尔朱拉山，每当雨季来临之际，倾盆大雨就会汇集成大水流沿着地面冲出去，可是几十米以后，水流就会奇怪地消失在山谷里面，然后在千米之下的地方再重新流淌出来。这到底是怎么回事呢？

为了解开这个谜团，许多科学家纷纷来到这里考察、研究。一年又一年后，他们提出了各自的见解。阿尔及利亚的一名洞穴专家经多次探索和研究这种奇异的现象后认为，在朱尔朱拉山的深处有一个巨大的水潭，而当雨水沿着峡谷汇集到这个水潭里儿的时候，就会急速地奔流出来。这样，就形成了山下的急流。

不过，许多科学家认为：如果流出几十米远的水都可以流到千米外的那个深水潭，那么整个朱尔朱拉山就是一座千疮百孔的漏斗山了，那样人们应该就能看到许许多多一直通往山底的峡谷，可是实际上并没有峡谷。

各种说法都有其道理，然而只有事实才能给出正确的答案。要想揭开朱尔朱拉山的谜团，只能靠进一步地考察了，希望人们最终找到那个想象中的积水潭，探明阿苏伊尔幽谷的真实面目，揭开朱尔朱拉山神秘的面纱……

骷髅海岸

骷髅海岸遍布骷髅，谁也不知道它究竟吞噬过多少生命。

在古老的纳米布沙漠和大西洋冷水域之间，有一片白色的沙漠，这是世界上最危险而又最荒凉的海岸。因失事而破裂的船只残骸，杂乱无章地散落在海岸上面，所以被称为"骷髅海岸"，也叫"地狱海岸"。

骷髅海岸长约 500 千米，由于备受烈日的煎熬，海岸显得非常荒凉，却又异常美丽。从空中俯瞰，骷髅海岸是一大片褶痕斑驳的白色沙丘，从大西洋向东北延伸到内陆的沙砾平原。大风流动的沙丘，发出隆隆的呼啸声，让人产生一种不寒而栗的感觉。

骷髅海岸是一片充满危险的海域。8 级大风、令人毛骨悚然的雾海和深海里参差不齐的暗礁常常使来往船只遇险失事。传说有许多失事船只的幸存者跌跌撞撞爬上了岸，以为有了一线生机，然而海滩上恶劣的自然环境和恐怖的风沙会慢慢将他们折磨致死。因此，骷髅海岸布满了各种沉船残骸和船员遗骨。1859 年，瑞典生物学家安迪生来到这里，感到一阵恐惧向他袭来，他不禁大喊道："我宁愿死也不要流落在这样的地方！"

1942 年，英国货船"邓尼丁星号"载着 21 位乘客和 85 名船员在库内河以南 40 千米处触礁沉没。经过紧急救援，3 个婴儿以及 42 名男船员乘坐汽艇登上了岸。这次救援是最困难的一次，救生员几乎用了 4 个星期的时间才找到所有遇难者的尸体，以及生还的船员和乘客，并把他们安全地送回文明世界。这次救援共派出了两支陆路探险队，从纳米比亚的温得和克出发，还出动了 3 架本图拉轰炸机和几艘轮船。然而在救援过程中，其中一艘救援船触礁，3 名船员遇难。

1943 年，有人在骷髅海岸沙滩上发现了 12 具无头骸骨横卧在一起，附近还有一具儿童骸骨。在骸骨不远处有一块久经风雨侵蚀的石板，上面有一段话："我正向北走，前往 96 千米处的一条河边。如有人看到这段话，照我说的方向走，神会帮助你。"从石板上所署的日期来看，这段话刻于 1860 年。然而直到现在也没有人知道遇难者是谁，也不知道他们是怎样在海岸遇险的，到底又为什么都掉了头颅。这是一个不解之谜。

夜晚的骷髅海岸更加恐怖，幽灵般的雾掠过骷髅海岸的沙丘，海上的风呼呼地吹着，似乎在向人们讲述着一段段悲惨的故事，也似乎是在为那些惨遭不幸的人们送上挽歌。然而，骷髅海岸的神秘却一直没有解开，谁也不知道它究竟吞噬过多少冤魂。

最大的海底溶洞——巴哈马大蓝洞

也许你见过陆地上的溶洞，但你能想象海底也有溶洞，并且虽然这个洞穴位于水下，但洞中却生机勃勃。这个神奇的海底大溶洞就是巴哈马大蓝洞。

巴哈马群岛位于美国佛罗里达半岛外的罗萨尼拉沙洲与海地岛之间，整个群岛由30个较大的岛、600多个珊瑚岛和2000多个岩礁共同组成，全长1200千米，最宽处达600多千米，其陆地面积约14万平方千米。

群岛中最大的岛屿安德罗斯岛面积有

蓝洞中千姿百态的钟乳石和石笋

4300多平方千米，在岛的南北之间，有一个世界上最大的海底溶洞——巴哈马大蓝洞。巴哈马人称蓝洞为沸腾洞或喷水洞，这是因为有汹涌的潮流在洞口出入的缘故。涨潮时，洞口的水开始围绕着一个漩涡飞速旋动，能把任何东西吸入；落潮时，洞内喷出蘑菇形的水团。一些当地人相信，一种半似鲨鱼半似章鱼的怪物生活在蓝洞内，这种怪物会用长触须把食物拖入海底的巢穴内，吐出不需要的残余物。人们据此来解释水流出入这些洞穴时的猛烈运动。

巴哈马大蓝洞全部洞穴都在水面之下，全长800米，直通大海。各洞窟彼此都有通道连接，各通道左穿右插，又连着小洞窟，像迷宫一样。洞中遍布形态各异的钟乳石和石笋，有的像妖魔鬼怪，有的像飞禽走兽，有的像鲜花树木。这里虽然终年得不到太阳的照晒，但却充满了生机，洞壁上长满了各种各样的海绵，洞里生活着青花鱼等水生动物。

那么，为什么会在水下形成巴哈马大蓝洞呢？

巴哈马群岛原来是一条巨大的石灰岩山脉的一部分，当时地球上遍布冰川，海平面远远低于现在的海平面。后来，石灰岩受到酸性雨水的淋蚀而形成许多坑洼，逐渐成为洞穴。再以后，地下河因气候的日益干燥而消失了，洞穴也随之干燥，于是从石灰岩中析出的硫酸氢盐和钙慢慢形成石笋和钟乳石，没有水的支撑，洞顶开始坍塌，很多洞窟的顶部成了穹形。距今1.5亿年前，冰川因地球气候转暖而开始融化，海平面也逐渐升高到现在的高度，一部分陆地沦为海洋，于是巴哈马群岛上的一些洞穴就变成了水中洞穴，巴哈马大蓝洞因此形成。

由于一般的海底洞穴一旦形成了便常常被淤泥冲积物充塞掩埋，因而极少有海底洞穴存在。而巴哈马大蓝洞则因为附近大河很少，沉积物少，而且水流较急，能将附近的沉积物迅速冲走而得以存留到现在。但巴哈马群岛至今仍在下沉着，那它将来的命运又会如何呢？

吃人的"死神岛"

"死神岛"真的"吃人"，这里是船只的噩梦。

在距北美洲北半部、加拿大东部的哈利法克斯约100千米汹涌澎湃的北大西洋上，有一个不毛孤岛叫赛布尔岛。岛上，草不生长，鸟不歇脚，没有任何动物和植物，光秃秃的，只有坚硬无比的青石头。奇怪的是每当船舶驶近小岛附近，船上的指南针便会突然失灵，整只船就像着了魔似的被小岛吸引过去，使船只触礁沉没，好像有死神在操纵。许多航海家"望岛生畏"，叫它"死神岛"。

据考证，几千年来，由于巨大海浪的猛烈冲蚀，此岛的面积和位置不断发生变化。最早它是由沙质沉积物堆积而成的一座长120千米、宽10千米的沙洲。在最近200多年中，该岛已向东迁移了20千米，长度也减少了将近大半。现在东西长40千米，宽度却不到2000米，外形酷似狭长的月牙。赛布尔岛发现于1898年7月4日，当时法国拉·布尔戈尼号海轮不幸触沙遇难。美国学者别尔得到消息，自认为船员们可能已登上赛布尔岛，便组织了救险队，可在岛上待了几个星期，连一个人影也没有发现。

赛布尔岛位于从欧洲通往美国和加拿大的重要航线附近。几百年来，有很多船舶在此岛附近的海域遇难，从一些国家绘制的海图上可以看出，此岛的四周密布着各种沉船符号，估计先后遇难的船舶不下500艘，其中有古代的帆船，也有现代的轮船，丧生者总计在5000人以上。人们曾亲眼目睹几艘排水量5000吨、长度约120米的轮船，误入浅滩后两个月内便默默地陷没在沙滩中。赛布尔岛因此获得一个绰号——死神岛。在西方广泛流传着有关"死神岛"的许多离奇古怪的神话传说，令人听而生畏。

由于岛上浅沙滩经常移动位置，因此人们偶有机会发现沙滩中航船的残骸。19世纪，一艘美国快速帆船下落不明，直到40年前，那柚木船身才从海底露出。然而3个月后，船体上又堆上了30米高的沙丘。

1963年，岛上灯塔管理员在沙丘上发现了一具人体骨骼、一只靴子上的青铜带扣、一支枪杆和几发子弹，以及12枚1760年铸造的杜布朗金币。此后，又在沙丘中找到厚厚的一叠19世纪中叶的英国纸币，面值为100万英镑。由于航船在赛布尔岛不断罹难，船员们纷纷要求本国政府在岛上建造灯塔，设立救护站，可没有一个国家愿意在这微不足道的孤岛上付出代价。

"死神岛"给船员们带来的巨大灾难，

恐怖的"死神岛"

促使科学家们努力去探索它的奥秘。有的学者认为，由于"死神岛"附近海域常常掀起威力无比的巨浪，能够击沉猝不及防的船舶；有的学者认为，"死神岛"的磁场异于其邻近海面，且变幻无常，这样就会使航行于"死神岛"附近海域的船舶上的导航罗盘等仪器失灵，从而导致船舶失事沉没。

较多学者认为，由于此岛的位置和面积经常迁移变化，岛的附近又布满流沙和浅滩，许多地方水深只有 2 米 ~4 米，加上气候恶劣，风暴常见，船只只要触到四周的流沙浅滩，就会遭到翻沉的厄运。

直到今天，"死神岛"的秘密都没有完全解开。关于"死神岛"之谜，仍需今后深入探索和研究。

诡秘幽灵岛

西方人酷爱航海，而历来航海史上怪事多多。在斯匹次培根群岛以北的地平线上，1707 年英国船长朱利叶斯发现了陆地，但这块陆地始终无法接近，然而值得肯定的是，这块陆地不是光学错觉，于是他便将"陆地"标在海图上。200 年后，乘"叶尔玛克号"破冰船到北极考察的海军上将玛卡洛夫与他的考察队员们再次发现了一片陆地，而且正是朱利叶斯当年所见到的那块陆地。航海家沃尔斯列依在 1925 年经过该地区时，也发现过这个岛屿的轮廓。但科学家们在 1928 年前去考察时，在此地区却没有发现任何岛屿。

一艘意大利船在 1831 年 7 月 10 日途经西西里岛附近时，船长突然发现在东经 12° 42′ 15″、北纬 37° 1′ 30″ 的海面上海水沸腾起来，一股直径大约 200 米、高 20 多米的水柱喷涌而出，水柱刹那间变成了一团 500 多米高的烟柱，并在整个海面上扩散开来。船长及船员们从未见过如此景观，被惊得目瞪口呆。当这只船在 8 天以后返航时，发现一个冒烟的小岛竟出现在眼前。许多红褐色的多孔浮石和大量的死鱼漂浮在四周的海水中，一座小岛在浓烟和沸水中诞生了，而且在随后 10 多天里不断地伸展扩张，周长扩展到 4.8 千米，高度也由原来的 4 米长到了 60 多米。由于这个小岛诞生在突尼斯海峡里，这里航运繁忙，地理位置重要，因此马上引起了各国的注意，大量的科

关于幽灵岛的记载，历史上有很多。爱琴海中就曾先后涌现过 4 个小岛，当时被称为"神岛"。挪威海域的"多尔蒂岛"从 1840 年到 1929 年也曾多次神秘失踪。

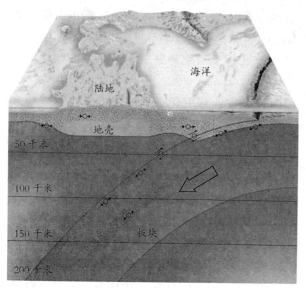

地球内部板块运动示意图
随着地球内部板块运动的变化，海上岛屿便有了出现与消失的可能。

学家前往考察。但奇怪的事情发生了，正当人们忙于绘制海图、测量、命名并多方确定其民用、军事价值时，小岛却突然开始缩小。到9月29日，在小岛生成后一个多月，它已经缩小了87.5%；又过了两个月，海面上已无法再找到小岛的踪迹，该岛已完全消失。

类似的事情也发生在大西洋北部。有一座盛产海豹的小岛，它是100多年前由英国探险家德克尔斯蒂发现的，它也因此被命名为德克尔斯蒂岛。大批的捕捉者来到了这个盛产海豹的岛上，并建立了修船厂和营地，但此岛却在1954年夏季突然失踪了。大量的侦察机、军舰前来寻找均无结果。事隔8个月以后，一艘美国潜水艇在北大西洋巡逻，突然发现一座岛屿出现在航道上，而航海图上却从来没有标识过这样一个岛屿。潜水艇艇长罗克托尔上校经常在这一带海域航行，发现此岛后大为震惊，罗克托尔上校通过潜望镜发现岛上有人居住，有炊烟，于是命令潜水艇靠岸登陆。经过询问岛上的居民才知道，这正是8个月前失踪的德克尔斯蒂岛。

类似的怪事还有很多，科学家们称这种行踪诡秘、忽隐忽现的岛屿为"幽灵岛"。它们不同于那种热带河流上常见的、由于涨水或暴风雨冲走部分河岸或沼泽地而形成的漂浮岛。那么，幽灵岛是怎样形成的呢？这种时隐时现的小岛究竟是从何而来，又因何而去的呢？这成为世界海洋科学家们的热门话题。

法国科学家对这类来去匆匆的"幽灵岛"的成因作了如下解释：由于撒哈拉沙漠之下有巨大的暗河流入大洋，巨量沙土在海底迅速堆积增高，直至升出海面，因此临时的沙岛便这样形成了。然而，暗河水会出现越堵越汹涌的情况，并会冲击沙岛，使之迅速被冲垮，并最终被水流推到大洋的远处。

美国的海洋地质学家京利·高罗尔教授却提出了完全不同的观点。他认为海洋上的"幽灵岛"的基础是花岗岩石，而并非是由泥沙堆积而成。它形成的年代久远，岛上有茂盛的植物和动物群，是汹涌的暗河流冲击不垮的。那么"幽灵岛"为什么会突然消失呢？他认为"幽灵岛"出现的海域是地震频繁活动的地区，海底强烈的海啸和地震使它们葬身海底。高罗尔教授还认为，如果太平洋西北部的海底板块产生强烈的大地震使之大分裂的话，日本本州、九州也会遭到和"幽灵岛"同样的命运，沉没在碧波万顷的大海之中，而且他声称自己并非是在危言耸听。

另有学者认为，这不过是聚集在浅滩和暗礁的积冰，还有人推测这些"幽灵岛"

是由古生代的冰构成，最终被大海所"消灭"。多数地质学家则认为是海底火山喷发的作用形成此类小岛。他们认为，有许多活火山在海洋的底部，当这些火山喷发时，喷出来的熔岩和碎屑物质在海底冷却、堆积、凝固起来，随着喷发物质不断增多，堆积物多得高出海面的时候，新的岛屿便形成了。有的学者认为，小岛的消失是因为火山岩浆在喷出熔岩后，基底与海底基岩的连接不够坚固，在海流的不断冲刷下，新岛屿自根部折断，最后消失了。有的学者认为，可能在海底又发生了一次猛烈的爆炸，使形成不久的岛屿被摧毁。还有学者认为，是火山活动引起地壳在同一地点下沉，使小岛最终陷落。

以上观点虽然各有各的道理，但都不能说明，为什么有些小岛会一而再、再而三地"耍把戏"呢？为什么它们在同一地点突现、消失、再突现、再消失，而与其邻近的海域却没有异常现象发生呢？到底是什么所为呢？这一难以解开的谜团始终困惑着科学家。

踩在"火球"上的冰岛

冰岛意为"冰冻的陆地"，位于格陵兰岛和挪威中间，靠近北极圈，为欧洲第二大岛。

冰岛约有 75% 是海拔 400 米以上的高原，其余为平原低地。被冰雪覆盖的面积约占全国面积的 13%，境内有许多冰川，其中东部的瓦特纳冰川是欧洲最大的冰川。冰岛不但寒冷多雪，还是世界上火山活动最活跃的地区。因此，冰岛又被人们称为"冰与火共存的海岛"。

7 世纪时，爱尔兰僧侣最早抵达冰岛，他们视此为隐修之地，一直到 9 世纪初期。传统上，公元 874 年~930 年被定义为冰岛的"垦殖期"，当时斯堪的纳维亚半岛上的政治动荡，迫使许多北欧人向西流亡。最先来此垦殖的是挪威人，他们于公元 874 年安身于一个有温泉热气的地方，他们给它起名为雷克雅未克，意为"烟笼湾"，就是现在冰岛的首府。

冰岛地形特殊，虽然国名为"冰"岛，岛上却有 200 多座火山，几乎整个国家都建立在火山岩石上，大部分土地不能开垦，是世界温泉最多的国家，所以被称为冰火之国。大自然的伟大力量在冰岛呈现出温柔、粗犷、奇特、怪异、虚幻、甚至残酷、无奈，在这个岛上可以领略到冰川、热泉、间歇泉、活火山、冰帽、苔原、冰原、雪峰、火山岩荒漠及瀑布。冰岛地质与洋底相似，其基岩以玄武岩和火山岩屑为主。大陆的基岩上还有一层花岗岩，但冰岛却基本没有。冰岛目前的岩石，大部分早在 6000 万到 4000 万年前凝固而成。由于冰岛长期有火山活动，化石极为稀少，所以鉴定地质年代差不多只限于利用岩石中所含的放射性同位素。

冰岛的 200 多座火山中，有 30 多座为活火山，史上曾记载的爆发次数就多达 150 多次。冰岛位于大西洋的海沟上，每次海沟扩张，都会引发火山爆发和地震。18 世纪时，频繁的火山爆发毁坏了冰岛 1/4 的土地，让冰岛人多年看不到太阳。近年

在这座遗世独立的岛屿上，拥有冰川、冻原、火山、熔岩沙漠等，极冷的冰与极热的火在这犹如世界尽头的土地上共存共荣，交会出精彩的冰火奇景。

来，科学家通过红外线探测器已找出 5 个地温上升的地区，表示可能有火山爆发的危险。自从 12 世纪以来，冰岛最有名的火山——赫克拉峰每个世纪都约有两次大爆发。

1947 年，赫克拉峰开始了最猛烈的一次爆发，整个地区的天色变为一片昏暗，风把一些火山渣和火山灰吹到冰岛以东 1600 千米外的斯堪的纳维亚半岛。熔岩一股一股地从峰顶的火山口流出，一直流了一年多。熔岩停止流出后，加上新喷出的岩层，赫克拉峰的火山锥加高了 130 多米。第二年春天，火山爆发停止后，深厚的火山气还继续沿山坡流下，凝聚在附近的山谷中，导致牲畜常被熏死。

位于冰岛南端的威斯特曼群岛，大约 1 万年前在火山喷发后，它们才从北大西洋海底升起成为今天的样子。威斯特曼群岛由 16 个小岛组成，其中最大的一个叫海姆依岛，在冰岛语里是"故乡的岛"的意思。海姆依岛碧波环绕，重峦叠嶂，绿草如茵。但海姆依岛上的两座活火山随时有爆发的危险，埋在冰层底下的火山，一旦苏醒，则掀开冰盖，将大量冰块喷发出来，造成奇特的喷冰现象。1973 年火山突然爆发，四处蔓延的岩浆和直冲云霄的火山灰，毁了岛上 1/3 的村落，湮没了数百幢民宅。但面对随时可能爆发的活火山，当地人却并没有表现出恐惧和逃避，他们依然安居乐业，生活得悠闲自在。同时，火山也成为海姆依岛最吸引人的景观之一，游客们来此不仅是为了欣赏当地的美景，还盼望能探寻当地奇特的火山地貌，体会与火山为伴的感受。

为了降低火山喷发的危险，科学家们一直在对冰岛进行密切观测，哪一天火神会发威呢？

百慕大神秘三角区

百慕大三角区位于北大西洋西部，是由 7 个大岛和大约 150 个小岛以及一些礁群组成的群岛。它在科技发达的今天仍然是神秘莫测的海域，在这里先进的仪器都会失灵，而人员一旦遇险则没有生还的可能。这里被称为"魔鬼三角"，是令人恐怖的神秘之所。

在百慕大三角区船只遇险的可怕情况在 500 年前就已经出现了。哥伦布于 1502 年第四次去美洲时，在进入百慕大三角区后，巨大的风暴袭击了他的船队。那种可怕的情景给哥伦布留下了深刻的印象，他把当时的情况告诉了西班牙国王："浪涛翻卷，连续八九天，我两眼见不到太阳和星辰……我这辈子见过各种风暴，可是从来没有遇到过时间这么长、这么狂烈的风暴。"

17世纪，海盗袭击曾一度成为船舶神秘失踪的原因，可是岸上从来没有发现过船员的尸体和船只的残片。到了19世纪，海盗几乎绝迹，可是船舶失踪的事件依然不断发生。

1925年4月18日，日本货船"来福丸号"从波士顿出港。不久，北面出现了低气压，为了进入平静的海区，船员把罗盘刻度向南回转，经过百慕大群岛海域。然而不久，这艘船就下落不明了，船与船员都消失得无影无踪。19000吨的大船——美国海军运输船"赛克鲁普号"同样经历了这样的灾难，它连同309名乘员一起消失在百慕大三角区……

到了现代，大量的飞机在飞经这一海域时，也经常发生仪器失灵、飞机及人员神秘失踪的事件。

1948年1月29日，百慕大机场的控制塔突然收到英国一架从伦敦飞往百慕大三角区的客机的紧急求救。这架飞机请求帮助指明航向，在控制塔做出指示之前，飞机上的26名乘客连同飞机全部消失得无影无踪。

1967年2月2日，美国一架从佛罗里达机场飞向波多黎各的飞机，在空中与机场的联络良好，机组人员预计下午3时到达波多黎各。但后来空中突然没有了电波，飞机再也没能降落。

……

令人百思不得其解的是，救援者在出事现场既没有看到舰船、飞机的残骸，也看不到遇难者的尸体。更神秘的是，一些失踪的船只在许久之后竟重新在此海域出现，可船上却没有一个人影。为了找出百慕大三角区的神秘事件的原因，专家们从不同角度加以探测。

一些人认为百慕大三角区的怪异现象是"虚幻之谜"。美国科学家拉里·库什利用大量可靠的原始资料进行了广泛深入的研究，他说早在16世纪哥伦布探险时期就有记载的这些奇异现象，大多是由于狂浪、飓风、海啸等自然灾害造成的。很多研究百慕大的学者在研究这些空难或海难时没有重视它，甚至有意或无意地删去这些情节，这完全出于猎奇心理，甚至有些人为了吸引别人注意还把发生在其他地方的空难、海难事故说成是在百慕大三角区发生的。最后，拉里·库什呼吁："再也没有比相信百慕大三角区之谜更为糟糕的了。百慕大三角区是最典型的伪科学、超科学、科学幻想和宣传上的胡作非为。"

但更多的人并不否认百慕大的神秘。苏联科学家最早提出海底水文地壳运动说。他们认为，由于百慕大海域的洋流因其极为复杂的海底地貌而纵横交叉、变幻莫测，多个巨大的漩涡流在这里形成，后来美国科学家又进一步证实了这种观点。他们认为，百慕大海域的巨大漩涡在阳光照耀下产生极高的温度，船舰沉没、飞机爆炸就是因此而造成的。

百慕大三角区神秘恐怖的海上巨型漩涡

海面上的海水因海底的强大吸力而形成巨大的漩涡,仿佛被一个无底洞穴在猛烈地抽吸着朝着海底涌去,航行经过这里的船只由于毫无准备,常常会被吸进去,从而消失,所以百慕大海域又称魔鬼海域,是举世闻名的"陷阱海域"。

次声波地磁引力说是第二种主要观点。苏联地球物理学家 B.B.舒列金在 20 世纪 30 年代提出,海浪产生的次声波可以解释百慕大三角区的神秘现象。他认为,在发生地震、风暴、火山爆发等自然灾害的同时,次声波也随之震荡,这种次声波人耳无法听到,但是却具有十分巨大的破坏力。处在振荡频率约为 6 赫的环境中,人便会感觉极度疲劳,随后又出现本能的恐惧和焦躁不安;而处在频率为 7 赫的环境中时,人的心脏和神经系统陷入瘫痪。次声波在百慕大三角这个区域十分活跃,它可能就是导致种种惨剧发生的罪魁祸首。

此外,一些人还把百慕大三角区同"时空隧道"、外星人基地等联系起来,这些无疑又给百慕大三角区蒙上了更加神秘的色彩。

日本龙三角区:幽深的蓝色墓穴

千百年来,在人们的内心深处,始终潜藏着一种对于浩瀚海洋的畏惧。

地球上有一片比百慕大三角区更加令人畏惧的海域——日本龙三角区,这一片深蓝色的海域里潜藏着种种危险,船只在这里神秘沉没,飞机在这里离奇失踪。日本龙三角区到底隐藏着什么样的秘密呢?

日本龙三角区和著名的百慕大三角区有很多相似点:两者几乎处于同一纬度,虽然经度不一样,但它有点像两个对应的点;两地发生的奇异现象非常接近,比如空无一人的船只或是飞机进入了这个地方以后就消失了,甚至很多年以后都没有找到尸体或者残骸等。

龙三角第一次得到恶名是 1989 年查尔斯·伯利兹出版了《龙三角》一书后。而伯利兹正是《百慕大魔鬼三角》的作者。

一般认为,日本龙三角区的边界,北起日本海中部,南至关岛的马里亚纳群岛。发生在龙三角区的神秘失踪以及其他奇怪现象,数量之多,情形之奇,令人震惊。第二次世界大战以来,据说有 1500 多艘船只,数百架军用、商用和民用飞机在这里离奇失踪:

1949 年 4 月 19 日,"黑潮丸 1 号"商船连同 23 名船员失踪。

1952 年 6 月 8 日,"储福丸 5 号"金枪鱼打捞船连同 29 名船员消失。

1955 年 7 月 26 日,美国空军 F3B 喷气飞机与其基地失去了联系,两名机组人员失踪。

1957 年 3 月 12 日，美国空军 KB-50 加油运输机上 8 名机组人员报告失踪。

1963 年 6 月 7 日，"同南丸号"船骸被发现漂浮在海面上。

1980 年 9 月 9 日，"德拜夏尔号"及全体船员失踪。

面对这个神秘地带，科研人员相信，唯一可以解开一切秘密的方法就是找到这些失事飞机和轮船的残骸。然而，没有失事船只留下的准确位置，没有参照物。面对茫茫大海，科研人员可以完成这个艰巨的任务吗？

莫恩·大卫（一名失事船只搜寻专家）和他的小组遭遇了空前艰巨的挑战——揭开"德拜夏尔号"沉船之谜。

1980 年 9 月 8 日，"德拜夏尔号"装载着 15 万吨铁矿石来到了距离日本冲绳海岸约 360 千米的地方。这艘相当于"泰坦尼克号"两倍大的巨轮，船体长度超过 3 个足球场，设计从头到尾堪称完美。它已经在海上航行了 4 年，正是机械状况最为理想的时间。驻足在这艘轮船的甲板上，任何人都会感到非常安全。

但在 9 月 9 日，"德拜夏尔号"及全体船员失踪了。如此一个庞然大物，是怎样在没有留下任何蛛丝马迹的情况下，凭空消失的呢？

大卫在确定沉船地点方面业绩斐然，人们希望他能够找到"德拜夏尔号"的残骸，并给予科学的解释。也许，"德拜夏尔号"可以带领我们找到日本龙三角区众多离奇事件背后的真正原因。

在"德拜夏尔号"巨轮沉没后的十几年中，大多数人都认为残骸是不可能被找到的，一份官方报告认定这是自然的力量，事件也就此终止。然而，"德拜夏尔号"遇难船员的家人绝不希望他们就这样无声无息地走进黑暗，他们需要更合理的解释。

大卫率领的海洋科技探险队向日本龙三角区进发，坚信可以揭开事实的真相。但事实上，他们全部的希望只悬于一条渺茫的线索："德拜夏尔号"失踪的时候，搜救飞机曾经报道说，在它最后出现的不远处发现了油渍。

把它打捞上来不是一件容易的事情，不是打捞本身难，而是要知道沉船具体的位置，定位非常难。因为海底和陆地一样，陆地上有风，海底有暗流、水流、暖流、寒流等情况。这个时候，即使知道这艘船当初在哪个海域沉没了，那么经过几百年之后，很有可能这艘船就不在原来的地方了。

面对这重重困境，探险小组的成员将信心全部寄托于声呐扫描装置。使用这种装置唯一的遗憾是必须争分夺秒。每天的搜索都会花掉成千上万的美元，搜寻小组的全部经费只够在海上维持 8 天。确定了具体的沉船位置之后，还要确定这个沉船非常详细的坐标，甚至包括船头、船尾、船舱的一些准确数据，当时它断裂程度等，这样才能便于打捞。

大卫他们将声呐扫描装置下潜到日本龙三角区凶险的海水之下，然后它开始从骇人的滔天海浪中传送出令人恐惧的图像。可是事情并非一帆风顺，就在大卫他们开始探测不久，声呐扫描装置的绳索断了。这个价值不菲的机器沉入深深的海底。与日本龙三角区的第一轮较量，时间所剩无几。修复工作进行之前，飓风的威胁已

海啸
海啸是由于深海地震引起的巨大的、具有极大破坏性的海浪。

经开始显露，探险小组不得不搁浅修复工作的计划，全力应对即将到来的飓风冲击。

在 1980 年 9 月 9 日上午 10 时 19 分，这艘船的船长报告"德拜夏尔号"的情况：它现在正在同 100 千米 / 时的风速和 9 米高的大浪作斗争。但是船长对此并不担心。他自信地认为，像"德拜夏尔号"这样巨大且设计精良的船，对付这种天气毫无问题。他通过广播告诉人们：他们会迟一些到达港口，但是最多不过几天而已。然而，这艘巨大的"德拜夏尔号"却消失得无影无踪。自信的船长怎么会犯下如此悲剧性的错误呢？难道答案就这样永远地被埋在海浪底下了吗？

毋庸置疑，这里是世界上最接近死亡，最为神秘的海域之一。日本龙三角区已经挫败了一次试图揭开失踪的"德拜夏尔号"之谜的行动。当探险小组现在开始传送海底可疑的岩石图片时，他们丢失了声呐扫描装置。探险小组将发起一项挽救行动——不顾一切地试图取回声呐扫描装置并确认水下的目标。小组准备投放更加现代化的操作工具——水下机器人，这项任务将挑战它的极限。被送入海床以下后，究竟水下机器人的钛金属结构能否承受它所遇到的冲击压力？

维系这个高科技水下作业装置与舰船联系的只是一些细小的电缆，一旦 4000 米的水下发生状况，海面上没有任何人能够解决。就在最后的时间里，水下机器人突然搜寻到了一条线索，那是一堆发光铁矿石，而铁矿石正是当年"德拜夏尔号"沉船时所装载的物资。他们一直所向往的时刻终于来到了。最终，证据还是表明巨轮并非简单的消失，至少在谜团背后有一个我们可能找到的答案。

"德拜夏尔号"的残骸终于在它沉没 14 年之后被找到了。那么，究竟是什么灾祸将它打入海底的呢？探险队的发现帮助了海事专家，使他们能够将遭遇厄运船只的最后瞬间复原起来。

"德拜夏尔号"遇上了台风，无法逃脱，并且飓风所造成的海浪波长与船身长度几乎相等，所以当下降到波谷，船身随即又会被推入下一波巨浪，随后，一波又一波的巨浪完全困住了它。

大型船舶最怕的就是涌浪，就是那种横向滚动的海浪，它可以很高。然后，把船头和船尾同时举起，这样船身就会被托出水面，缺乏支撑的船身很有可能从中间断裂了。剩下的就是时间问题了，一个个货舱开始进水，最后整艘船都处于下沉状态。这时对整艘船而言，已经回天乏术了。船员们没有任何逃生机会，只能无助地祈祷这艘船能够挺过去。但是最多 10 分钟之后，船员们就已经彻底明白这次是在劫难逃。无情的涌浪将"德拜夏尔号"撕成三截，并且在它下沉时将它挤压变形。

恐怖的是，如果遭遇到这些超强风暴中出现的三角形海浪，那么它的威力足以使任何吨位的航海工具死无葬身之地。

虽然"德拜夏尔号"巨轮的沉没原因最终被找到，但是这个理由不能解释所有在这里发生过的怪现象。日本龙三角区究竟还隐藏着什么秘密呢？

神秘莫测的间歇泉

在中国西藏雅鲁藏布江上游的搭各加地，有一种神奇的泉水——间歇泉。间歇泉的泉水涓涓流淌，在一系列短促的停歇和喷发之后，随着一阵震人心魄的巨大响声，高温水汽突然冲出泉口，即刻扩展成直径2米以上、高达20米左右的水柱，柱顶的蒸汽团继续翻滚腾跃，直冲蓝天。它的喷发周期是喷了几分钟、几十分钟之后就自动停止，隔一段时间才再次喷发。

除了中国的间歇泉外，在冰岛首都雷克雅未克附近，还有一眼举世闻名的间歇泉——"盖策"泉。这个泉在间歇时是一个直径20米、被热水灌得满满的圆池，热水缓缓流出。不久，池口清水翻滚暴怒，池下传出类似开锅时的呼噜声，随之有一条水柱冲天而起，在蔚蓝色的天幕上飘洒着滚热的细雨，这条水柱最高竟可达70米。

科学家经过考察指出，适宜的地质构造和充足的地下水源是形成间歇泉最根本的因素，此外，还要有一些特殊的条件：首先，间歇泉必须具有能源，地壳运动比较活跃地区的炽热的岩浆活动是间歇泉的能源，因而它只能位于地表稍浅的地区。其次，要形成间歇性的喷发，还要有一套复杂的供水系统来连接一条深泉水通道。在通道最下部，地下水被炽热的岩浆烤热，但在通道上部，泉水在高压水柱的压力下又不能自由翻滚沸腾。同时，由于通道狭窄，泉水也不能进行随意的上下对流。这样，通道下面的水在不断地加热中积蓄能量，当水道上部水压的压力小于水柱底部的蒸汽压力时，通道中的水被地下高压、高温的热气和热水顶出地表，造成强大的喷发。喷发后，压力减低，水温下降，喷发因而暂停，为下一次新的喷发积蓄能量。

神奇的尼亚加拉瀑布

尼亚加拉大瀑布是驰名世界的大瀑布，坐落在纽约州西北部美加边境处，位于尼亚加拉河的中段。它发源于伊利湖，向北流入安大略湖，仅长58千米，但因为伊利湖与安大略湖地势相差100多米，当河水流经陡峭的断岩带时，便形成了气势磅礴的大瀑布。

尼亚加拉瀑布以山羊岛为界，分为加拿大瀑布和美国瀑布两部分，由三股飞瀑组成。两处瀑布的水源虽来自同一处，可是只有6%的水从美国瀑布流下，其他94%的水是从加拿大瀑布流下。其中，在河东美国一侧的两条瀑布，有着"彩虹瀑"和"月神瀑"的美称，后者因其极为宽广细致，很像一层新娘的婚纱，又称婚纱瀑布，两瀑布中间隔着兰那岛。在河西加拿大一侧的飞瀑最为壮观，形状有如马蹄，

尼亚加拉瀑布

雄奇的尼亚加拉瀑布还是勇敢者挑战自我、表演绝技的场所。1859年，法国走钢丝演员查理·布隆丹从一条长335米，悬于瀑布水流汹涌处上方49米的钢丝上走过。

故称马蹄瀑。马蹄瀑与前两瀑相距约二三百米，但看上去基本是"三位一体"的半弧形。

历史上的尼亚加拉瀑布，曾是美国和加拿大两国争执不休，甚至兵戎相见的必争之地。1812～1814年间，两国曾多次为此发动战争。后来，双方签订了《根特条约》，规定尼亚加拉河为两国所有，以中心线为界。从那时起近200年来，加美两国享有一条和平的边界，双方都在各自的一边设立了尼亚加拉瀑布城。150多年前，拿破仑的弟弟耶洛姆·波拿巴曾携新娘到瀑布度蜜月，开创了到此旅行结婚风俗之先河。据统计，每年来尼亚加拉瀑布旅游的游客约400多万人，其中以情侣、恋人居多。

"尼亚加拉"一词来自印第安语，意即"如雷贯耳"。关于这个瀑布有一则动人的传说：从前，有一位美貌的印第安姑娘被部落的酋长相中。酋长想娶她为妻，但姑娘不愿意，于是，在新婚之夜，她独自划着独木舟沿尼亚加拉河而上。在河水中，姑娘变成了美丽的仙女，后来经常出现在大瀑布的彩虹中。

尼亚加拉瀑布原本是人迹罕至、鲜为人知之地，几千年来，只有当地的印第安人知道这一自然奇观。在他们实际上见到瀑布之前，就听到如同打雷般的声音，因此他们把它称为"Onguiaahra"，意即"巨大的水雷"。据传，欧洲人布鲁勒于1615年领略到尼亚加拉瀑布奇观。1625年，欧洲探险者雷勒门特第一个写下了这条大河与瀑布的名字，称为尼亚加拉。

据说尼亚加拉瀑布已存在约1万年了，它的形成在于不寻常的地质构造。在尼亚加拉峡谷中岩石层是接近水平的，每英里仅下降19英尺～22英尺。岩石的顶层由坚硬的大理石构成，下面则是易被水力侵蚀的松软的地质层。激流能够从瀑布顶部的悬崖边缘笔直地飞泻而下，正是由松软地层上的那层坚硬的大理石地质层所起的作用。更新世时期，巨大的大陆冰川后撤，大理石层暴露出来，被从伊里湖流来的洪流淹没，形成了现今的尼亚加拉大瀑布。通过推算冰川后撤的速度，瀑布至少在7000年前就形成了，最早则有可能是在2.5万年前形成的，但具体形成于何时还有待考证。

"凶宅"里的秘密

读过美国畅销小说《凶宅》的人一定会被其中惊险怪诞、扑朔迷离的情节所深深地吸引。

在国外，The Haunted House（有幽灵出没的屋子）是小说家和影视作品的极好题材，同时也是旅游的一个最好去处。在中国，自古以来，有关"凶宅"的传说也层出不穷，蒲松龄所著的古典名著《聊斋志异》中，有关"凶宅"的描写更是引人入胜、扣人心弦。不仅如此，在现实世界中，还存在着四大"凶宅"的说法，这四大"凶宅"就是：

1.埃及：在埃及一座高大的法老墓附近，有一幢在第一次世界大战时期英国军队修建的兵营。当英国士兵入住3个月后，就接连有人出现身体颤抖、口齿不清、牙齿脱落的症状，一直发展到双目失明，最后全身扭曲一团，在强烈的抽搐中发出悲惨的嘶叫声而痛苦地死去。当地人认为，"凶宅"是因为居住者触犯了地下已安眠几千年的尊贵无比的法老。

2.美国：迈阿密有一处有名的"凶宅"，那是早期白人殖民者用一种黏土以"干打垒"的方法建成的住宅。但是最早的主人很快放弃了这座建筑。因为他们在那里住两个月，就会出现咳嗽、胸痛等症状并逐渐加重，夜里有被一双魔爪拼命压住胸口，几乎窒息而死的感觉。离开这里后，症状会很快消失。

3.印度：在印度也有这样的"凶宅"，并且不止一幢，而是连成一片的住宅群。传说那些人在死去的时候，撕破自己的衣服，抓烂自己的皮肉，含糊不清而又声嘶力竭地呼叫着人们并不认识的某个人的名字。当地人认为死者所指的那个人是一个古老的神灵，而那片地方就是神灵的领地。

4.比利时：以上3座"凶宅"因为年代较为久远而被罩上了一层神秘的面纱。而在比利时的一座著名的凶宅完全是当代文明的产物。这就是建在布鲁塞尔远郊的一幢现代化别墅，主人搬进后不久就出现程度不同的头痛、精神恍惚，女主人甚至出现严重的精神错乱，最终因发疯而跳崖自杀，其他人搬出别墅后精神病状竟不治而愈。

那么，世上真有"凶宅"吗？如果世界上的四大"凶宅"是真的，那又是怎么回事呢？

美国和欧洲一些国家的地质生物学家通过对美国、英国、比利时、印度、埃及等国家的20多座"凶宅"进行实地勘探，得出了以下结论：

1."凶宅"与重金属、放射性元素有关

有些"凶宅"是宅基有重金属矿脉隐藏或附近有排放有毒重金属加工厂的存在所致；还有一些住宅由于地下有一种无色无味的放射性气体"氡"不时向地面放射，同时通过人的呼吸道进入并沉淀在肺组织中，破坏人的肺细胞，从而引起肺癌以及其他呼吸道方面的病症。

印度就曾发现过这样的"凶宅"，凡居住在这类"凶宅"里的人，过不了多久就会得上一种怪病，口齿不清、面部发呆、手脚发抖、双目失明、精神错乱，最后全身扭曲而死。此事在印度全国上下闹得人心惶惶，对此印度政府专门派出一个专家小组进行实地调查，经过认真仔细地分析取证，最终得出这样一个结论：死者是因汞中毒所致。原来这些"凶宅"附近都有一家水银温度计厂，由于环保措施滞后，

全世界各地都有关于"凶宅"的传说。

放任水银溢出渗入地下，严重地污染了地下水源，从而酿成数人死亡的惨剧。

对美国迈阿密的那处"凶宅"勘探化验发现，"凶因"来自造房子的那种灰白色黏土。这种黏土富含肉眼难以发现的硅尘，而人在不知不觉中吸入后就会发生呼吸道反应。埃及那座"凶宅"的成因是因为当年的法老为了使自己的陵墓得到保护，在墓室的内壁涂刷厚厚的蓝色灰层。这种由多种岩石研磨而成的粉末含有汞和钴等可怕的有毒物质，使人死于非命的是他们饮用了取自法老墓地下一口水井里的水，因此遭受了汞中毒和钴的放射性辐射。这种在体内骨骼、脏器、神经细胞沉积的毒素，就是停止饮用这种水也无法彻底清除。

2. "凶宅"与不良的地质因素有关

在不少城市中的工业区内，整个地面上都是密密麻麻如蜘蛛网似的电流穿过，以及局部性的磁力扰动，遍及面很广。如果在这种电流与磁力扰动交叉的地方建造住宅，便会导致对人体损害极大的电磁波辐射到住宅内，造成居住在这里的人们产生精神恍惚、惊慌恐怖、烦躁不安和头疼脑昏以及失眠等症状。

比利时布鲁塞尔远郊的那幢别墅，是因为对面山丘上有一处封闭的军事重地，那里有自"第二次世界大战"期间建立起来，并不断进行技术改造的一个雷达站，雷达站发射功率极强，因三面拥立的石壁阻挡着电磁波的延伸扩散，交叉反射投向别墅，住在里面的人一天24小时几乎要接受48次电磁波的强烈震荡和"射击"。

上述结论似乎是给出了"凶宅"的结论。有关"凶宅"是否真正存在的争论，一直闹得沸沸扬扬、莫衷一是。为什么"凶宅"并没有幽灵的传说，可是一旦有人住进去，就会大难临头，不是得了重病九死一生，就是与"死神"相吻，一命呜呼？

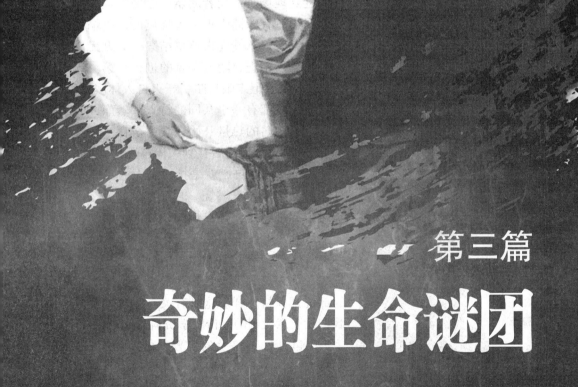

第三篇

奇妙的生命谜团

人体之谜

为什么有的人很正常，有的人却不正常？到底是正常的人不正常，还是不正常的人正常？

人体为什么会产生自燃现象

你听说过汽车自燃，但你知道人体也能自燃吗？

2008 年，泰国发行了一部惊悚悬疑影片《人体自燃》，讲述了这样一个发生在曼谷的故事：莫娜的妈妈在市场开了一家米店，某天夜里，莫娜感到肚疼难忍，此时市场米店起火，当警方接到报警赶到现场时，死者的躯干已被焚烧殆尽，只剩下四肢，场面惨不忍睹。奇怪的是，现场只有床铺中央有火烧痕迹，火焰像是由人体内部爆发而出。但是警方无视诸多疑点，以意外起火草草结案。莫娜无法接受警方的这一侦查结果，于是拜托警探帮她继续调查，随着调查的进行，第二起人体自燃事件也随之发生。莫娜在印度一个宗教仪式上亲眼目睹了妖火自人体腹部喷发而出。随着调查的深入，莫娜慢慢发现这些死者都有一个共同的特点。然而此时，莫娜的腹部开始隐隐作痛，她感觉到有一股不知名的热量开始在腹中孕育……整部影片在惊悚悬疑中落幕，她会是下一个自燃人吗？他们能否找到人体自燃的真相？

人体自燃究竟是什么原因？

其实，人体自燃就是指一个人的身体未与外界火种接触而自动着火燃烧。时至今日，虽然现代科学界和医学界都否定人体自燃的说法。然而，不为科学界所承认，并不代表不存在。

1673 年，有个叫帕里西安的人，躺在草垫床上化为灰烬，只剩下头骨和几根指骨，但草垫床和他躺的部位都保持原样。这是有关人体自燃现象的最早记载，见于意大利的一份医学资料。

1744 年，英格兰的伊普斯威奇城有一位 60 岁的帕特夫人，一天早上她的女儿发现她死在地板上，好像一段被烧光的木头，而她附近的衣物却完好无损。

1949 年，美国新罕布什尔州的一名 53 岁、名叫科特里斯的妇女在家中被烧死了。警方在调查中发现，那具不像人形的恐怖尸体躺在房间的地板上，房间内的物体却没有遭到丝毫破坏，壁炉也未曾使用过，甚至在其他地方也找不到火种。美联社报道说：

"该妇人在燃烧时一定像个火球，但是火焰没有烧着她家里的任何木料。"

如今，类似的历史记载已有 200 多起。

人体自燃的形式多种多样，有些人只是受到轻微的灼伤，另一些则化为灰烬，更令人不可思议的是，受害人所睡的床、所坐的椅子，甚至所穿的衣服，有时竟未被烧毁。还有些人虽然全身烧焦，但一只脚、一条腿或一些指头却依然完好无损。如在法国巴黎，一个嗜好烈酒的妇人在一天晚上睡觉时自燃而死，整个身体只有她的头部和手指头遗留下来，其余部分均烧成灰烬。

人体自燃的可能性有很多，哪种才是真正成因呢？

在这些人体自燃事件中，男女受害人的比例大致相同，年龄从婴儿到 114 岁的老人都有，其中很多是瘦弱者。他们有的是在火源附近自燃，有的却是在驾车或毫无火源的地方行走时莫名其妙地着火自燃。

17 世纪和 18 世纪，人体自燃现象，特别是发生于酒徒身上的事例，一般视为上帝的惩罚。19 世纪，研究人员从非宗教的角度找寻这些难以言说的火灾成因，并提出了更多可能性，包括以下列举的一种或多种的结合：

1. 肠内的气体容易燃烧。
2. 尸体产生易燃气体。
3. 某些元素或混合物一旦暴露于空气中就会自动着火，如人体元素之一的磷。
4. 有些化学品本身并不活跃，但与其他物品混合时会引起爆炸。
5. 人体内所含的大量脂肪是极佳的燃料。
6. 静电产生火花，在某种情况下可能引起人体着火。

然而，越来越多的事实证明，上述各种假设都不是人体产生自燃现象的真正成因。目前，学术界较为公认的一种解释是"灯芯效应"（也称为"蜡烛效应"）。根据这个理论，酒醉或昏睡中的人穿的衣服被火点燃，皮肤被烧脱落，皮下脂肪融化、流出，衣服被液化脂肪浸湿后成了"灯芯"，而体内的脂肪就像是"蜡"，源源不断地提供燃烧的燃料，于是尸体就像蜡烛一样慢慢地燃烧，直到所有的脂肪组织都被烧完。

这个理论虽然可以解释上面所归纳的"人体自燃"的特征，但是一直没有合理的生理学论据足以说明人体如何自燃甚至于化为灰烬。因为如果要把人体的骨骼和组织全部烧毁，只有在温度超过华氏 3000 度的高压火葬场才有此可能。至于烧焦了的尸体上尚存有未损坏的衣物或是一些皮肉完整的残肤，就更令人觉得有些神秘莫测了。

肉眼看不见的"人体辉光"

英国一名医生华尔德·基尔纳早在1911年采用双花青染料涂刷玻璃屏，首次意外发现了环绕在人体周围宽约15毫米的发光边缘。其后不久，苏联科学家西迈杨·柯利尔通过电频电场的照相术把环绕人体的明亮而有色的辉光拍摄了下来。于是，这一有趣的发现受到了全世界众多国家的科学家的广泛关注。

20世纪80年代后，日本、美国等相继使用先进高科技仪器对"人体辉光"进行研究，试图把"人体辉光"之谜公之于众。日本新技术开发事业团采用了具有世界上最高敏感度的、用于检测微弱光的光电子倍增管和显像装置，成功地实现了对"人体辉光"的图像显示，并把这种辉光称为"人体生物光"，他们还把这一科研成果应用到医学研究上去。他们对志愿接受检查的30位病人进行了生物光测试，这些病人既包括1岁婴儿也包括80岁老人。最后的测试结果表明，甲状腺功能衰退者、甲状腺切除者及正常人在夜间睡眠时，在新陈代谢减缓的同时，其生物光强度也会同时减弱。日本医学界认为，检测人体生物光能如实地反映出人体新陈代谢的平衡关系，而且可以通过光的变化来测定病人新陈代谢的异常和人体的节律。

尤其令人惊奇的是，科学家在研究"人体辉光"的照片中发现，照片中的光晕明亮闪光处，恰恰与中国古代针灸图上标出的针灸穴位相吻合，而每一个人又都有一种独特的辉光样式。另外，美国科学家研究指出，辉光在人体内疾病产生前，会呈现出一种模糊图像，好像受到云雾干扰的"日冕"；而人体癌细胞生长时则会出现一种片云状的辉光。苏联研究人员曾对酗酒者进行"人体辉光"追踪拍摄，他们发现饮酒者在刚刚开始端杯时，环绕在手指尖的辉光清晰、明亮。当人喝醉酒之后，指尖光晕会变成苍白色，同时他们还发现光圈无力并且向内闪烁着收缩，变得黯淡异常。他们对吸烟者也做了类似的试验：一天只吸几支烟的人，其辉光基本上保持正常状态；而当吸烟量逐步增大时，"人体辉光"便会呈现出跳动和不调和的光圈；如果是位吸烟上瘾的人，辉光就会脱离与指尖的接触而偏离中心。

现在，对"人体辉光"的研究正在深入地进行过程中。各国专家试验将其应用到医学上，甚至还有人设想把它应用到保健上，如在家庭中设立"辉光档案"，通过电脑监测装置进行"遥控保健咨询"。另外，"人体辉光"会随着大脑活动的变化而发出程度不同的光辉，所以有人据此想把它应用到犯罪学上，譬如在对犯人进行审问时可以发现其是否企图说谎等。

但是，截至目前，"人体辉光"的成因还是个谜。有人认为，这是人体的密码文字；有些科学家则认为，"人体辉光"是自然界一切生命的特别现象，是好像空气一样的复合物；还有人说这是一种由水汽和人体盐分跟高电场相互反应的结果。总之，众说纷纭，莫衷一是。但"人体辉光"确实以其特殊的魅力吸引着众多的科学家为之探索。

奇异的人体发电现象

在如今这个电气化的时代里，人们的生活可以说时时处处都离不开电。于是有人幻想，如果人体自身能发电该多好啊。事实上，世界上确实存在着这样的人，对于身体会发电的人来说，能发电可并不见得是一件好事。

在意大利罗马南方的一个村子里，住着一位名叫斯毕诺的 16 岁的年轻人，他的叔父艾斯拉模·斯毕诺在 1983 年 8 月首先发现了他的奇异之处：每当斯毕诺来到他家时，他家里的电气产品就会发生故障，而且他身边的床还会无缘无故发生自燃，油漆罐也会着火爆炸。

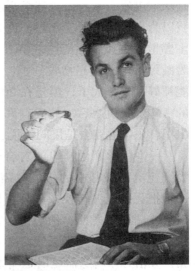

能使灯泡闪亮的人

威廉·布莱恩有一种奇异的功能，他在没有电源的情况下，仅靠摩擦几下自己的身体就可以使灯泡闪亮，而本人与常人无异。

英国的贾姬·普利斯曼夫人是另一个会发电的人。贾姬的丈夫普利斯曼先生是位电气技师。但他的夫人却时时"发电"：一旦她靠近电器，电器制品就会损坏，电视会自己转台、灯泡会爆炸……她已经毁坏了 24 台吸尘器、9 台除草机、12 台吹风机、19 个电饭锅、8 台电炉、5 只手表、3 台洗衣机。

科学家用尽各种办法来研究这个不可思议的人体发电现象。他们从电鳗的健康与发出电能的相关关系得到启发，纽约州立监狱的南萨姆医师用"肉毒菌"让被实验者暂时得病，暂时发电的现象在病人身体上出现了。这时从病人的体内可以检测出大量的静电。不过，病人的身体一旦恢复健康，发电的现象便消失了。

这个实验证明，是人的生理机能的失衡引起了人体的发电现象。

而韦恩·R.柯尔博士认为，从理论上来讲，约 3 立方厘米的人类肌肉细胞可以产生 40 万伏特的电压。他试验利用冥想在肌肉中产生静电，实验取得了成功。

正常情况下，人体是否隐藏着发电的潜能，还有待科学家们的进一步研究。

人体天线之谜

牙齿通常和舌头一起相互合作，担任嚼碎食物的工作，可是你听过一些人的牙齿能收听广播吗？

芝加哥的一名男子说，他小时候掉了一颗牙齿，大约在 1960 年，牙医用金属丝将一个套子拴在他的牙床上。从那以后，他开始明显地听到脑袋里有音乐声，尤其是在户外的时候。他说音乐轻柔而清晰，但他分辨不出是哪个电台。一两年之后，新牙医解下了金属丝套子，音乐也停止了。另一个美国人在 1947 年也曾有过类似的经历，当时她乘火车从家乡克利夫兰去罗得岛上学。她说自己的头部接收到了某个广播电台，并持续了大概 10 分钟，她记得听到的是商业节目，还有一个广播员的声音。她曾有几个牙齿里面填充过银，但她记不清楚是不是在这件事之前填充的。

最有名的例子发生在喜剧女演员露西·鲍尔身上。她说在 1942 年，自己临时用铅填充了几颗牙齿，过了几天，她晚上在加利弗尼亚开车的时候忽然听到了音乐。她写道："我弯下腰去关收音机，但它本来就关着。音乐声越来越大，我才发现声音是从嘴里发出来的。我甚至听出了是哪首曲子。我的牙齿嗡嗡作响，被鼓点敲击着，我以为自己昏头了。我想，这是见什么鬼啦？然后声音开始平息。"第 2 天，她在摄影棚里满腹狐疑地把这件事讲给演员巴斯特·基顿听，基顿笑着告诉她说，那是因为她牙齿里的填充物收到了广播，他有个朋友也遇到过这种事。当然，这个故事可能被好莱坞夸大了，但是在 20 世纪 30 年代和 40 年代，当美国各地安装了功能强大的 AM 发报机之后，的确有许多当地居民说从栅栏的铁丝、浴缸和牙齿填充物上发出了音乐。这完全是民间传说，还是具有科学依据的事实呢？

一些科学家说，只要有合适的条件，人的嘴完全可以像收音机电路一样工作。收音机电路最基本的构成只需要 3 部分：天线，用来接收广播电磁信号；检波器，一种把无线电波转换成人耳可以听到的声音信号的电子元件；转送器，即任何能实现喇叭功能的东西。他们说，在极少数情况下，人的嘴能够达到这种构造。人体具有导电性，可以充当天线。牙齿里的金属填充物和唾液反应，能像半导体一样检验波音频信号。转送器可以是嘴里任何能振动并产生声音的东西，例如松动的填充物。

其他人不认同这种想法，说听起来像无线电波的东西，其实只是一种化学反应，由嘴里的填充物和唾液中酸的奇特作用引起。当然，这只是理想化的情况。

不管怎样，虽然通过牙齿听到音乐的报道偶然还会出现，但此类事件的多发时期已经过去 40 多年了。这是否与收音机的过时或与牙齿填充物类型的变化有关呢？我们也许永远都不会知道。

双胞胎有"心灵感应"之谜

人们都知道双胞胎相貌相似，但他们的心是否也有灵犀，是否真的有"心灵感应"？

美国有一对孪生兄弟，生于俄亥俄州，出生后不久就分别被人收养。40 多年后，两人团聚时，惊奇地发现两人的生活有着惊人的相似：他俩都叫詹姆斯，都受过执法训练，都喜爱机械制图和木工，而且他们各娶过一个名字都叫琳达的妻子，各有一个儿子，并且两个儿子的名字都叫詹姆斯·阿伦。他俩又都离婚，而以后又都娶了个名叫贝蒂的女人。此外，两家宠物狗的名字都叫"玩具"。

这种神奇的相似，经常会发生在双胞胎之间。这是为什么，怎么那么巧，这是不是就是传说中的"心灵感应"呢？双胞胎之间到底有没有"心灵感应"存在呢？

美国明尼苏达大学的研究人员，对 9 对分别在不同环境下抚养大的同卵孪生双胞胎进行了6天的医学测验、心理测验和多次访问。让他们回答有关兴趣、爱好以及判断力等15000个问题，测验结果是令人惊奇的：47岁的奥斯卡和杰克是一对出生在特立尼达岛的双胞胎兄弟。父亲是犹太人，母亲是德国人。出生不久，奥斯卡由母亲带到德国抚养，并且成为一个天主教徒。杰克则由父亲按照犹太人的风俗抚养，住在加勒比海一带。这两兄弟的工作、生活和家庭状况都完全不同，可是当他们阔别40年后第一次见面时，却带着相同的眼镜，穿着同一类型的衣服，留着同样的胡子。在他们接受一组问题测验时，也显示出同样的态度和习惯。

而在双胞胎之间的各种神秘联系中，最让人称奇的莫过于转移疼痛。一方的痛苦，完全不知情的另一方真的可以感同身受吗？

里克和罗恩是异卵双胞胎，即两个卵子同时受精，就产生了两个不同的受精卵。1955年3月，当里克和罗恩在休斯敦即将降生的时候，医生不得不为他们的母亲施行了剖腹产手术，因为她的儿子们看起来似乎并不愿分离，竟把四肢缠绕在了一起。

当这对兄弟稍长大些时，他们同时学会了走路和讲话，并且在学校喜欢着相同的科目。再后来，他们发现，他们能知道彼此心里在想什么。

1995年1月，里克从休斯敦国际机场起飞，前往非洲安哥拉的一家石油公司审核账目。在安哥拉起初的几天都很平静，但5月31日凌晨4时，里克突然被腹部剧烈的疼痛惊醒。

里克说当时剧烈的疼痛导致全身麻痹。4小时过后，疼痛逐渐消失。稍后，医生为里克做了全身检查，但并未发现身体有任何危险迹象。

不过坏消息却在当天夜里降临了。里克的双胞胎哥哥罗恩于前一天夜里被杀。验尸报告和911的电话记录都表明罗恩的死亡时间正是里克夜里因腹部疼痛惊醒的时间。

里克相信他感应到的巨大疼痛，一定和哥哥被杀时感受到的一样，这种刻骨铭心的疼痛让他牢记一生。

全世界双胞胎平均出生率为1：89，双胞胎一般可分为同卵双胞胎和异卵双胞胎两类。同卵双胞胎指两个胎儿由一个受精卵发育而成，这样的双胞胎一定是性别相同，外貌极为相似，在性格爱好方面也非常相近。全球每250个新生儿中就会出现1对同卵双胞胎，即同卵双胞胎的出生率大约为1：125。由于基因的接近和生活环境的相同，同卵双胞胎会呈现出很多的相似之处。在英国的约克郡有这样一对双胞胎，她们的外貌、性格、思维、行为方式和爱好都完全相同。她们总是异口同声地表达感情，而且声调都一样，甚至她们连说话打手势时手所指的方向也是一致的。两人走路的

双胞胎

时候，手和脚的动作也完全相同。

与同卵双胞胎不同，异卵双胞胎是由不同的受精卵发育而成的，他们的相似程度与其他非双生的兄弟姐妹一样，因为他们只拥有50%的相同基因。

一些研究者把"心灵感应"定义为排除借助所有已知的、可能的物质传递方式而出现的心灵信息传递现象。如果说双胞胎的"心灵感应"仅仅是一种巧合，那么这种巧合的几率也太大了。但是到目前为止，还没有科学的证据证明"心灵感应"现象的存在。

神奇的"生物钟"

在世界上，整个生物界好像都在按着同一个时刻表在有规律地运转着，例如夜晚万物入眠，清晨鸡啼鸟鸣。那么人体是否一样也有"生物钟"呢？

当你每天都需要在某一特定时刻内醒来，在开始几天可能必须借助于闹钟之类的提醒，可是，日子一久你就会惊奇地发现，当不再借助闹钟时，你仍然能在大约这个时刻里醒来，中间的误差甚至相差不了几分钟。

这说明，人体内部有一定的生命节律，有一种类似时钟的机构，这种结构不依赖外部条件而自行运转，指挥人体的正常生理活动，这就是人体的生物钟。可是，究竟是什么使人体产生了生命节律，这个控制节律的生物钟在哪里？

有人根据达尔文的进化论提出了进化学说，这种学说认为，人类之所以有生物节律，是因为生存的需要，人类只有在生理上、行为上适应了环境的节律，才能得以生存。人类在长期的进化过程，使得体内有利的基因能够得到遗传，这样，就使后人出现天生的生物节律来，而这种节律又受到周围环境的影响。

另有一些人认为，人体的生物节律是外源性的，也就是说控制生命节律现象的动因，是某些复杂的宇宙信息。人类对广泛的外界信息，如电场变化、地磁变化、月球引力以及光的变化等特别敏感，这些变化的周期性能够引起人体生命节律的周期性。

日本科学家也有了一个新的发现：原来人类的生物钟同时钟并不同步。人类生物钟的周期是24小时18分钟，也就是说人类生物钟每天比时钟慢18分钟。

既然人体生物钟每天会晚18分钟，那么为什么生物钟与时钟这种不同步现象不会累计起来最终打乱人们的生活规律，从而让人醒来得一天比一天晚呢？研究者说，光线会通过影响体内激素水平和体温等多重因素来不断重新设定生物钟，这种解释是否合理呢？还需要科学家进一步探索。

在生物钟的作用下，人体总是在特定的时间作出相应的反应。

梦游者是醒还是睡

我们有时会听到这样一种说法：如果看到一个人在梦游，千万不要去叫醒他，因为如果把他叫醒的话他可能会突然死掉。事实真的如此吗？

有专家认为，梦游症只是各种睡眠紊乱症状中的一种。对于大部分人来说，在梦游过程中所做的都是些平常的举动，例如，起身坐在床上、在房间里走动，或是自己穿衣服、脱衣服等。那么对于少部分人来说呢？

据说，法国有一位名叫雍·阿里奥的梦游症患者，一次梦游竟长达 20 年之久。一天晚上，他熟睡之后突然爬起来，离开妻子和 5 岁的女儿，来到了英国伦敦。他在那里找到了工作，又娶了一个妻子，并生了一个儿子。20 多年后的一个晚上，他急匆匆地返回法国。阿里奥一觉醒来了，他的法国妻子看到了白发苍苍、失踪 20 多年的丈夫，便悲喜交集地问道："亲爱的，你逃到哪里去了？ 20 多年来音讯全无。"可是，阿里奥却伸了伸懒腰，若无其事地说："别开玩笑！昨天晚上我不是睡得好好的吗？"

据统计，有 17% 的孩子有过至少一次梦游经历。其中，在 11 岁和 12 岁的孩子中梦游的人数最多。进入青春期后，梦游的人数开始逐渐下降。在成年人中，发生梦游的人数很少，只有 2.5% 的成人会梦游。

是什么原因造成梦游的呢？目前，有两种观点：

1. 弗洛伊德的精神分析

梦游患者总有一些痛苦的经历，因此他认为梦游是一种潜意识压抑的情绪在适当的时机发作的表现。当本我力量积聚到一定程度时，它们冲破了自我的警戒。面对来势汹涌的本我力量，自我只可逃避不管，有个别的自我还被抓来做助手，因为人的言行都是自我的职责。当本我胡闹了一会儿以后，能量消耗了不少，自我立即把本我赶回了牢笼。为了逃避超我的惩罚，自我隐情不报，结果梦游者醒来以后便会对刚才发生过的事一无所知。上述虽然从逻辑上讲是言之有理的，但是解释得却近乎于天方夜谭。

2. 催眠理论

迈斯麦创立催眠术时，就发现被催眠者往往会出现梦游症状。催眠的原理是在大脑中枢根据言语暗示产生一个兴奋中心，同时抑制其他部位的活动。梦游也是一样。梦游状态很可能就是催眠可导致的最深状态。如果催眠师将被催眠者诱导入梦游状态以后，命令被催眠者做一些日常事务，被催眠者可以像正常状态下那样完成得很好。

伯汉姆鲁做过一个催眠后暗示实验，以证明催眠后暗示可使人体回到与现实一样逼真的幻觉。这个实验是这样进行的：

伯汉姆鲁给一位聪明、敏感，但一点也不歇斯底里的妇女进行催眠，并给了她一个很复杂的催眠后暗示，使她的所有的感官都能参与其中。伯汉姆鲁暗示她在医院的庭院里听到军乐声，士兵们走上楼来进入房间……一个乐师醉醺醺上来说胡话，还想拥抱她，她给了他两记耳光，还呼喊护士与护士长，很快护士赶到轰走了醉汉。这上面的情景都是在催眠中描述给被催眠者听的。结果，她醒来后，生动地感受到了上述的一幕幕场景。她以前从未有过同样的幻觉，现在她怎么也无法摆脱这种幻觉。她左右回顾，问其他病人是否看到了刚才发生的一切。她无法分辨现实与幻觉。当这一切都结束的时候，伯汉姆鲁告诉她："这仅仅是我暗示你的幻觉。"她方才相信刚才的一幕确实是幻觉，但她坚持认为这几乎与现实一样，比梦境要逼真得多。

患者从催眠状态醒来以后，将催眠过程中所发生的一切全忘记了。过了不久，因为受催眠后暗示作用，患者体会到了逼真的幻觉。这个实验提供了说明梦游症的一个模式：正如被催眠者一样，梦游者不过是将预先设计好的剧本进行一次幻觉式的排演。当然，这种解释只是一种近似的比喻。

美国明尼苏达州睡眠障碍研究中心的卡洛斯·申克则表示："在梦游时，人处在一种半梦半醒的状态。"同时几乎不会做梦。那么，梦游所做之事，责任归谁呢？

恐怖的梦中启示

人的梦境，竟成为现实的预言。你相信吗？

梦对任何人来说都不会感到陌生，但是人类对梦的认识自始至终都是很茫然的。

常听到很多人说："昨晚做了恶梦，没有睡好觉。"仿佛有一种不可知的力量在压迫着你，使你无法呼吸畅通。虽然想要摆脱这种梦魇，但无法睁开眼睛，无法动弹。直到人们感觉再也无法忍受时，才会睁开双眼，摆脱困境。

史提芬·拉伯基的眼睛在睡眠中快速抽动时，眼镜便发出柔和的红光，表明梦即将发生。柔光不会惊醒清醒梦实验者，而提醒他在梦中发挥主动角色。

在睡眠实验室的暗淡红光中，一个志愿者昏昏入睡。她的头和脸上贴着电极，用以侦测脑和肌肉活动，为研究者提供与做梦相关现象的记录。

梦魇是可怕的，而睡梦给人的启示往往更恐怖，它就像预言一样，让人感觉不可思议。在美国第16任总统亚伯拉罕·林肯死前两三天，他曾向朋友们讲了一个噩梦，说他在梦中听到许多人的哭泣声，于是便从房间里走出来查看。他看到一个躺着尸体的单架，一群人围在那里哭泣。他问一名士兵："白宫里谁死啦？"士兵回答："总统被暗杀了！"果然，1865年4月4日，林肯被暗杀身亡。

林肯的梦竟然变成了现实的预言，这是"日有所思，夜有所梦"，还是上帝给人的预警。

1893年8月29日，美国《环球》

报社记者萨姆逊工作完毕后，在编辑室的长沙发上睡着了。7个小时后他醒来时，梦中的情景仍历历在目。他立即伏案疾书，把梦中的景象详细地记录下来：克拉卡托火山发生了猛烈的火山喷发，滚滚的熔岩流和泥石流把惊恐的人群冲进大海……萨姆逊写完后，随手又写了"重要"两字，便离开报社。

次日，社长上班时，在萨姆逊办公桌上看见了这张纸，以为是昨夜接收的电讯稿，立即作为紧急消息发向各地。几十家大报在头版刊登了这条新闻。由于新闻失实，引起社会哗然，萨姆逊被解雇了。

然而几天后，克拉卡托火山果真爆发了，萨姆逊的梦境竟成了现实！这是偶然的巧合吗？根据概率计算，这种巧合的可能性极小，完全可以忽略不计。然而，如果不是巧合的话，那又怎么解释呢？

心理学家乌尔曼指出，梦的创造性表现在四个方面：第一，梦能使人构想出新的事物。第二，梦能把分散的表象组成一种新形式。第三，梦能使做梦者联想到事物的实质。第四，梦的创造性使做梦者感觉到一种不自觉的经验反映。

有些梦对现实中的人会提供帮助并拯救生命。在波兰的捷尔那克曾发生一件使人难以置信的事：少女梅娜与青年斯塔尼劳相爱，由于第一次世界大战的爆发，斯塔尼劳当兵离开了他的爱人，从此，梅娜梦魂萦绕，经常梦见斯塔尼劳。战争结束前一个月，梅娜梦见斯塔尼劳身处黑暗之中，四周被巨大的石块阻住，他多次试图推开巨大的石头，但无法做到。起初，这个梦并没有引起梅娜的注意，可是相同的梦此后不断地重复着。

到了第二年夏天，梦有所改变，她看到了山上的城堡，城堡崩塌了一大片，许多巨大的石头堆在倒塌的缺口处，她听到了斯塔尼劳的呼救声，接连几个晚上她都做着相同的梦，并且梦境总是在相同的地方。她把梦讲给母亲和乡邻们听，但人们不重视这件事，因为一个少女的梦对于他们来说是无足轻重的。梦仍然不断地继续着，终于有一天，梅娜不能忍受了，她必须找到梦中的城堡才能使自己的心灵得到安宁，她踏上了寻找去城堡的路，然而，要想在众多的旧城堡中发现在梦中多次看见的那座城堡实非易事。

1920年4月的一天，梅娜来到热富台的一个小村庄外，眼前出现了正在山顶兀立着的城堡，她激动地用手指着城堡高喊："天哪！终于找到了，这就是我在梦中无数次见到过的！"村民们都惊奇地看着这个姑娘。梅娜来到城堡倒塌的地方，好奇的村民尾随在后，她请了几个男人搬开堆着的石块，人们虽然觉得好笑，但仍然帮助了她。

第一天什么也没有发现，两天以后，人们听到石块下面有男人的声音传出，梅娜兴奋极了，这正是斯塔尼劳的声音。原来他在战争期间以此城堡为躲藏地，可是不幸被敌方炮火击中，城墙的石块堵住了他的出路，这样，他靠着城堡中的食物在里面待了两年，直到梅娜来解救他。是什么原因促使梅娜接连不断地做了这样的梦？她是如何知道从未见过的城堡的？而且她又是怎样熟识城堡的每一处的？这些让人感到非常奇妙、难解。

现代科学家对梦进行了深入的研究，揭示了梦具有联想、构思、启发、创造等功能。还有一些科学家对梦的另一种可能来源——传感信息，进行了认真的探索，这种探索可能对一些同时性的梦中启示做出解释，但对于预见性的梦中启示毫无说服力。梦为什么能产生超越时空的预感？至今人们都无法找到合理的解释。

魔力十足的催眠术

人除了清醒和睡眠状态以外，还有一种非常奇特的状态——催眠状态。在催眠状态下，人可以出现许多奇特的现象，例如，可以将一块泥土当巧克力津津有味地吃下去；可以搬动平时无论如何也搬不动的大石块；可以从火堆上走过而不感到疼痛等等。人类在很早以前就发现了这种神奇的现象，但一直无法解释它，因而被人们神化，并被一些祭司和巫师所利用，用以证明神的存在和神所赋予他们的力量。

在大多数人心目中，催眠术仿佛就是"迷魂汤"，是神秘而危险的法术，它能使人完全听任催眠师的摆布，不由自主地做本不愿做之事，包括不道德的和不合法的事；说本不愿说之话，包括羞与人言的和绝对秘密的话。但是催眠术也具有对社会有利的一面，它已经被应用于许多领域。

例如，在医学领域广泛地采用催眠术治愈精神疾病，外科临床治疗上也采用催眠术来进行镇痛，而警方则将催眠术作为进行刑事案件侦查的一种手段。更为神奇的是，有人还采用催眠术来提高外语学习的效果或提高工作的效率。

催眠术为何如此神通广大？它又是怎样产生的？这些着实让人困惑。催眠专家指出：在远古的时代，就有使用催眠术治病或体验宗教境界的说法，埃及的占卜者在3000年前就能使用与现代催眠术相类似的催眠法；古希腊的预言家、祭司以及犹太教、天主教都曾经使用过催眠术。在中世纪的时候催眠术曾经一度衰落，几乎失传。后来，出现了一种新的理论和疗法，被称为"麦斯韦术"。

麦斯韦术可以使病人出现痉挛或叫喊，甚至心醉神迷的状态。麦斯韦术治愈了许多的病人，但是当时的医学界对于麦斯韦术却不认同。法国的皇家科学委员会曾经调查过这种疗法，没有找到可以反驳的证据，于是，麦斯韦术受到了越来越多的欢迎。而且科学委员会在调查中还发现，麦斯韦术不仅真的具有很好的疗效，而且还可以诱发一些特异功能现象。不过科学界对此却反应强烈。他们认为，根本就不存在特异功能的现象，所谓的特异功能说是一种欺骗。这种特异功能现象是欺骗和幻觉的产物。

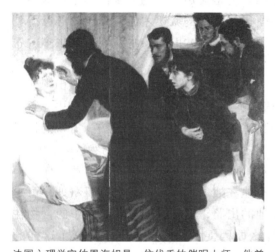

法国心理学家伯恩海姆是一位优秀的催眠大师，他曾用催眠术治疗过许多病例，在当时催眠术是治疗失语症最常用的方法。图为伯恩海姆及其助手正使用催眠方法为病人治病。

一个志愿者正在接受催眠实验，右边的波浪线是她睡眠深浅的程度，上两条线是志愿者睡眠较深的脑部活动，中间两线是睡眠较浅的脑部活动，而下线是志愿者完全被催眠的情形。

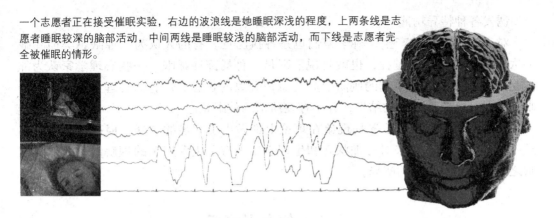

麦斯韦术也因此被认为是一种骗术。

　　后来，英国医生布雷德以真正科学的态度，对麦斯韦术进行了客观的研究。他称麦斯韦术导致的昏睡属神经性睡眠，从此麦斯韦术就被称为催眠术。但是布雷德的结论受到了许多人的攻击。在经历了10多年的争论之后，催眠术才渐渐地被医学界所承认。

　　现代医学认为，催眠状态是人在强烈暗示下进入的一种非常状态。在这种状态下人可以发挥出比平时大许多倍的潜能，甚至产生一些虚幻的感觉。中世纪在欧洲流传一个用"水刀杀人"的故事：有个国王对一个即将被砍头的犯人突发奇想，在下达行刑命令后让刽子手不用刀砍，而是用一只小水壶在犯人的脖子上浇凉水，只见那犯人的头猛的一下垂到胸前就一命呜呼了。原来这个犯人就是在强烈的暗示下产生了虚幻的感觉，将冰凉的水当成了行刑的刀。

　　心理学家经过对催眠现象长达10多年的研究和观察发现，催眠的现象大致有10余种。现在简单介绍几种：

　　昏睡。有些受催眠者在催眠的状态中，精神不振，极度衰弱，反应迟钝。

　　感觉异常。有的受催眠者对催眠者的声音始终过敏，无论催眠状态多深或者是离催眠者多远，始终能听到催眠者的声音，而对其他人的声音则失敏，无论多大的声音都充耳不闻。

　　僵立。有些人在催眠的状态下往往像是雕像一样，四肢及全身僵直。

　　错觉和幻觉。有的受催眠者在催眠的状态下往往会出现错觉和幻觉。如把臭味当作香味，把噪音当作音乐；把陌生人认做旧交，却不认自己的亲人。

　　记忆超常。有的受催眠者可在催眠的状态下背诵以前未记起过的长篇文章，甚至是文章中的一个字母出现几次都能够记得很清晰。

　　意识分离。这种现象的表现是，假如让受催眠者接受疼痛刺激的同时暗示说一点也不疼痛，那么，他就会一方面在记录纸上报告说他疼痛异常，一方面嘴里说一点也不疼。

　　生理变化。这种现象的表现是，如果对催眠者暗示说他在一杯接一杯地喝水，那么他马上就会大量地排尿。

诱发各种特异功能。

对于这些现象的产生，科学家们也是各执己见。有的人认为，催眠是类似睡眠的大脑的广泛抑制的过程，也就是说催眠是一种局部性睡眠。一些心理学家认为催眠是一种人为的通过单调的刺激引起的意识分离的状态。还有的心理学家认为，催眠现象是社会心理变因的结果，并不存在所谓的催眠状态。

上述各种观点，对于催眠现象在理论上都做出了初步的解释，但是这些理论都还不成熟，只有在将来对心理状态和生理学知识有了更深层次的理解时，才能对催眠之谜做出更进一步的解释。

人类为何会得癌症

癌症这个词现在频繁出现在人们的嘴边，可谓谈癌色变。它夺去了无数人的生命，已经成为威胁人类健康的最可怕的"杀手"之一。有资料显示，全世界每年因癌症死亡的人数多达上千万，近年来，儿童患癌率显著增加，这一现象令医学家们大为震惊。癌症如此可怕，不禁令我们疑惑：究竟是什么导致人类得这种致命的绝症呢？

带着这个疑问，科学家们进行长期的研究，现今已经了解和掌握了一定的规律，并取得了一些临床治疗上的进展，但是科学家们并未找到致癌的真正原因，每年仍有大量的人因患癌症而死亡。所以说，要想彻底攻克这个难关并揭开它的秘密，还有相当长的路要走。

科学家们首先把注意力放在了寻找致癌物质上。他们通过研究患肿瘤的动物发现，诱发癌症的主要因素有：一定的化学物质和物理、环境方面的因素。举例来说，在广岛的原子弹大爆炸中因核辐射患血癌的人和长期工作在铀矿的矿工患肺癌的概率均远远高于普通人，而且死亡率也相当高。

然而，科学家们在进一步的研究中发现，日常生活中也不乏患癌症的人，那么日常生活用品中自然也含有致癌物质，到底哪些东西中含有致癌物呢？经过统计发现，诱发癌症的因素还有煤油、润滑油、香烟中的尼古丁、发霉的爆米花和粮食中的黄曲霉素等。

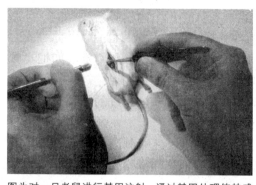

图为对一只老鼠进行基因注射，通过基因处理使其感染癌症，然后进行癌症治疗实验。在癌症还没有被征服前且基因技术的可靠性仍受到质疑时，以其他哺乳动物作为研究对象也是一种不得已的选择。

还有一些科学家提出，癌症还与遗传因素有关，致癌物可能通过基因突变传给后代。根据一部分医学工作者研究的结果，有一种癌症属于"遗传性癌"，它是直接由遗传决定的。进一步的研究之后，医学专家们又发现，那些属于非遗传型的癌症，竟也呈现出明显的遗传倾向。比如，胃癌患者的子女得胃癌的概率比一般人高出4倍；母亲患乳腺癌，女儿的乳腺癌发生率也比一般人要高。很显然，遗传因素对癌症的影响是不容忽视的。相关研究还表明，某些人对癌症具有易感性，主要因为体内某些酶的活性降低，染色体数目异常或畸变。总之，遗传上的缺陷很有可能促发癌症。但遗传因素是怎样促发癌症的，却仍然令医学家们感到费解。

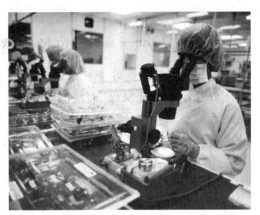

随着科技的不断发展，也许不久以后人类就能研制出彻底治疗癌症的药物。

近年来，有一些医学专家提出，绝大多数癌症与环境因素有关，例如，土壤中镁含量低的地区，胃癌的发病率就相对较高一些；皮肤癌的发病率和饮用水受砷污染的程度密切相关；饮用水中的碘的含量如果过低，甲状腺癌的发病率就会上升等。可见，环境因素对癌症的发生起着不可忽视的影响。

综上所述，我们看到，诱发癌症的因素很多，但是这些致癌因素之间并没有什么共同点，这到底是为什么呢？经过一系列临床研究实验后，医学家们发现，同样的致癌因素，并不一定都能诱发癌症。也就是说，所有的致癌因素可能都不过是外在因素，还有可能存在着内在因素。因此，科学家们又开始了致癌的内在原因的探寻过程，经研究发现，癌组织是由正常组织细胞病变而来，具体来说，人的肌体内都存在着克服致癌因素的抑癌因素，在这种抑癌因素的作用下，细胞才会健康发展。如果抑癌因素的作用减少或消失，正常细胞就会发生基因突变，代谢功能紊乱，细胞也因此无限地分裂、增生。一般来说，正常细胞演变成癌细胞，再引发癌症是一个相当漫长的历程，大约需要 10 多年的时间。同时，科学家们又发现人体基因内存在着癌基因，这是造成正常细胞癌变的关键。其实，人体内不仅存在癌基因，还有抗癌基因。抗癌基因的发现，使人类对癌症的研究有了突飞猛进的进展，是人类最终战胜癌症的前提。科学家们把培养的抗癌基因注入动物身上，取得了初步成功。如果研究能够再深入一步的话，有望在不远的将来把这种方法应用于人类的癌症治疗上。

一部分医学专家在不断研究细胞癌变的过程中还发现，癌细胞的氧含量很低，而蛋白质含量却很高，而且癌细胞的表层组织越深入其裂变能力越差，直至坏死。因此，细胞缺氧可能也是诱发癌症的因素之一。当局部组织受到损坏，并进入窒息状态时，会改变其生存方式，癌细胞由此生成。

关于癌症的成因，可以说是林林总总，莫衷一是，但这些都只是具体细节方面的分歧，大体上来说，都有一定的合理成分在其中。但从根本上讲，人们并没有把癌症的病因彻底弄清楚，仍处于推测假说阶段。面对癌症这个疯狂病魔的肆虐，医学家们在大多数情况下仍然是束手无策，无能为力。但随着科学的进步，经验的累积，研究的深入，相信终有一天，人类会彻底弄清楚癌症的病因，降服这个恶魔。

可怕的整体免疫紊乱

医学界对整体免疫紊乱这种病有许多种叫法：复合化学物质过敏症；自发性环境过敏症；整体过敏综合征；环境过敏症；生态病；整体免疫紊乱综合征；化学免疫缺乏综合征；20世纪病。从每个名字都能看出这种病的原因、病理或症状。但是对这种病的定义和名字难以统一，阻碍了人们对它进行科学的认识。

然而专家们普遍赞同的一点是，这种疾病是近代才出现的。这种广为接受的理论说，第二次世界大战之后，新的化学产品得到了广泛使用，包括杀虫剂、香水、涂料、胶、溶剂、塑料、地毯、香波、清洁剂、药物、肥皂、咖啡因和食品添加剂等，不计其数。这些产品已经融入了日常生活，在我们吃的食物里、穿的衣服上和呼吸的空气中，它们无处不在。许多化学产品的潜在毒性没有得到充分的测试，导致人体产生不良反应。20世纪50年代，美国芝加哥的过敏症医师赛隆·伦道夫就发现了一些人因为环境而生病，此后不到10年，环境污染成为严重的影响健康的因素。70年代，建筑业的发展提高了房屋建造的效率，这使新式建筑中的通风方式发生变化。通风方式的改变和材料中化学物质的挥发导致了我们现在所说的病态建筑综合征，所以在办公室工作的人们经常会产生头痛、恶心和其他不良反应。

复合化学物质过敏症（MCS）的症状与传统的过敏症相似，但是由于不同的人对不同的产品发生反应，所以人们对此病的表现多种多样。MCS的症状包括呼吸困难、偏头痛、皮疹、头晕、恶心、疲乏、失眠、疼痛、注意力不集中和健忘等。女性比男性更容易患上MCS。科学家认为，虽然女性容易患病可能是因为比男性接触更多的化学产品，例如化妆品和清洁剂，但是男性分泌的睾丸激素掩盖了他们初期的症状和身体的预警信号，直到病情严重了才会发现。

希拉·罗素就是一个著名的例子，她是20世纪70年代流行乐组合的歌手，忽然间她对人造纤维、塑料和经过加工的食品产生过敏，导致水肿和呕吐。因为她似乎对身边所有的东西都过敏，所以只能住在英国布里斯托尔一所黑暗的房间里，里面的空气是经过过滤的。但是她的体重还是下降到39.9千克，一度连抬头的力气都没有了。

是什么使人体产生如此强烈的反应？临床生态学家认为，人体长时间暴露在某些化学物质中会导致身体丧失解毒能力。

有一名MCS患者无法去除体内的化学物质，因为这些物质进入他身体的速度比被排出去的速度还快。化学物质储存在人体一些含有脂肪的组织中，例如心脏、肝脏和大脑。人们刚开始对某些物质没有变态反应，但是一旦体内处理毒素的功能受到破坏，就抵挡不住化学物质了。这说明患者的免疫系统失灵了，因此对其他人没有影响的东西却可以对他们造成伤害。一位科学家试图给MCS下定义，他描述说："它是由多种化学物质引起的多种器官的慢性疾病，表现出多种症状，影响到多种感觉。"

让事情变得更加复杂的是，有证据表明，MCS 及其相关的病症不仅仅由化学物质引起，还和病毒、情绪过激、创伤（尤其是儿童时期受到的创伤）、肝脏损伤和代谢紊乱有关。一些专家还确定地说，MCS 的一部分病因是心理方面的，多数患者同时还患有抑郁症或焦虑症。最近，多伦多大学的研究人员发现 MCS 也与恐惧症有关。

虽然 MCS 常常与过敏症联系在一起，但它与过敏症在一个重要的方面表现出很大的差异。研究人员做了一项实验，他们事先掩盖了过敏源的特征，比如溶剂的气味，然后让不知情的 MCS 患者密切接触过敏源，结果一部分患者没有出现症状。作为对比，他们也对花粉或坚果过敏者做了类似的实验，这些过敏者接触过敏源的时候都出现了症状。

由此，多伦多的研究人员意识到 MCS 的病理有认知的成分，并观察到 MCS 的症状和恐惧症相似，所以他们决定研究一下这两种病是否有联系。此前曾有研究显示，恐惧症患者对一种称为缩胆囊肽的化学物质很敏感。缩胆囊肽是在人的内脏和大脑中产生的激素。在内脏中，它有助于消化；在大脑中，它与忧虑和愤怒的情绪有关。它被看作恐惧基因的媒介，意思就是它会使恐惧症患者发病。但是，对于没有恐惧症的人，缩胆囊肽不会引起发病。实际上，用它可以判断出一个人是否患有恐惧症。MCS 和恐惧症有许多相似之处，所以研究人员想看看它们在基因方面有没有联系。

我们每个人都有两种缩胆囊肽的感受器——A 类和 B 类。B 类有 15 种不同的变种，称为等位基因。遗传密码决定了我们携带的是哪种等位基因。在恐惧症患者中，携带 7 号等位基因的人所占比例比正常人高。因此，克伦·宾科勒博士领导的多伦多研究小组对 11 名 MCS 患者进行了测试，并与 11 名正常人进行比较。MCS 患者中有 41% 的人携带 7 号等位基因；而正常人中，这个数字只有 9%。

显然实验的测试对象数量有限，要想给 MCS 在心理方面的因素下定论还需要做大量的工作。但是，宾科勒博士认为她的研究方向是正确的，她有信心找出这个令人烦恼的疾病的病因。"我觉得心理和身体的差别是人为提出的。它们其实是一个整体，不能单独看待。"

奇怪的幻肢

在伤口痊愈后的很长一段时间内，80% 以上的截肢者仍然可以感觉到失去的肢体。这种感觉可能在刚截肢之后出现，也可能几个月甚至几年之后才出现。

1866 年，美国神经学家 S. 韦尔·米切尔经过对内战伤员的观察，第一次将这种感觉称为"幻肢"。

幻肢常常表现为刺痛感，并幻觉到与截肢前的胳膊、手或腿形状类似的肢体。残肢被触摸的时候，截肢者经常感到失去的手臂或腿正在受到压力。他们在走路、坐下或伸展四肢的时候会觉得肢体还在正常运动。刚开始，幻觉中肢体的大小和形状与正常肢体一样，截肢者甚至想伸出幻肢拿东西，或者试图用虚幻的腿站起来。但是，一些体验过这种感觉的人说，幻肢的形状会随着时间的推移而发生变化，感

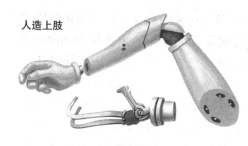

人造上肢

3指人造手

觉越来越模糊，有时完全消失，只剩下半截手脚在半空中摇晃。而另一些人说感到幻肢逐渐缩进残肢里，直到完全缩进去。

许多幻肢感发生在截肢断口处受伤之后。因此，一些生来就缺少肢体和从未有过肢体感的人在断口受伤的时候也可能感觉到幻肢。一名18岁的姑娘就是一例。她生来就没有左前臂，某一天她骑马的时候从马背上摔下来，左臂前端着地。此后她产生了幻觉，感到前臂、手掌和手指都还在。她说这种感觉令人愉快而且没有痛苦，持续了1年之后才消失。

另一个病例是一名15岁的女孩，她因癌症失去一条腿，之后她详细地记录下幻肢的体验。手术刚结束的第1天，她在原来脚趾的地方感到痒和刺痛。第2天，给另一只脚按摩的时候，那种感觉减轻了，幻觉中的脚好像睡着了。每次幻肢的感觉都能持续10分钟。10天之后幻肢感开始减轻，并在1个月之内完全消失。然而有些人的幻肢感能持续好几年。

是什么导致了幻肢？有研究显示，我们对肢体的知觉是"硬连线"到大脑中的。肢体的感觉与大脑网络具有对应关系，人们往往从小就把对肢体的印象记在大脑里，肢体被截掉或者失去功能的时候这种印象还继续存在着。幻觉过一段时间后就会消失，因为患者纠正了对肢体的印象。但是如我们所见，一些生来就缺少肢体或4岁之前就截肢的人仍然会产生幻肢感。因为他们对完整身体的印象没来得及保存在大脑中，所以幻肢感一般只发生在残肢端部受伤的情况下。

伦敦大学学院的科学家最近对这一现象进行了实验，并在实验中对受试者的大脑活动进行监测。受试者把右手藏在桌子下面，一只橡胶假手摆在他们面前，看上去很像是身体的一部分。然后实验者用笔杆同时敲击假手和藏起来的真手，并用核磁共振成像仪器扫描受试者的大脑。仅仅11秒之后，受试者就开始将假手看作是自己的，而且稍后让他们指出右手在哪儿，多数人指向假手而不是真手，这说明大脑已经做出了调整。

科学家们发现，大脑中一个特殊的区域——前运动皮质，能通过视觉、触觉和本体感受（位置感）3种知觉识别身体。但是，当得到的各种信息不一致的时候，大脑更相信视觉信息，因为它是三种知觉中最强的一种。研究主任亨利克·埃森说："此项研究表明，大脑通过比较对外界的不同知觉来分辨自己的身体。可以说，身体本身就是大脑形成的幻想。"

严重的幻肢表现为剧痛、灼痛、痉挛痛或刺痛等。一般认为，幻肢痛由神经末梢受损引起。这些受损神经继续扭曲地再生长，引起残肢异常的神经痛，有时也会改变断肢神经与脊髓神经元的连接方式。

有一种理论说，断肢失去的感觉使大脑的神经活动发生改变，有实验结果证实了这种说法。幻肢痛的治疗方法之一是反复触摸断口皮肤，增强那里的感觉和判断力。

事实证明此法十分有效，这可能是因为触感代替了断肢以前传递到大脑中的感觉。

虽然断肢痛属于物理疾病，但是在 1996 年，加利福尼亚大学的维拉亚诺·罗摩占罗博士利用心理测试进行了一系列的实验。他让断臂的幻肢痛患者把手臂放进一个镜盒，这样他们就能看到残肢在镜子中的映像，看起来就像是截下去的断肢又回来了。然后再把完好的那只手臂放进镜盒，一边运动手臂一边假想那就是断肢，此时疼痛减轻了。10 个受试患者中有 6 个立即感到幻肢在动，少数人感到幻肢变得灵活。有一名患者甚至通过改变大脑对身体的印象而彻底消除了幻肢。

在另一个实验中，患者想象失去的手臂正在随着面前屏幕上的手臂一起运动。这次实验也获得了成功，并改变了治疗幻肢痛的侧重点，即不再注重受损的肢体本身，而是关注产生痛觉的中心——大脑。

幻肢引起了诸多不便和痛苦，但它也有一个好处：由于患者对断肢的感觉增强了，所以他们可以通过幻肢感更快地学会使用假肢。

奇异的人体第六感

2000 多年以前，亚里士多德总结出人类有五种主要感觉：视觉、听觉、味觉、触觉和嗅觉。不过，人们有时候会忘记自己还有一种感觉，它被称作本体感受，字面意思是"对自己的感觉"。这个术语是英国生理学家查尔斯·谢林顿爵士发明的，他称之为"神秘的感觉、第六感"。

本体感受由神经系统产生，目的是保持方位感并控制身体不同部位的运动。知道自己在哪里，知道自己的手臂、腿和身体其他部位的相对位置，这非常重要。正是本体感受使我们闭着眼睛也能摸到鼻子，并能准确无误地给头部抓痒。

大脑每天接收到大量的感觉信息，为了防止负担过重，必须区分出优先次序。它学会了忽略一些预料之中的信号，并用无意识的部分对这些信号作出反应，比如大脑不去理会走路时部分皮肤受到的伸展。只有新的、没有预料到的信息可以到达大脑有意识的部分。我们的每个动作都是由大脑的指令而来。我们决定做某个动作的时候，大脑的运动皮质发出命令，让相关肌肉做出这个动作，不到 60 毫秒，感觉系统就把实际运动情况报告回大脑。大脑不停地接收从身体发来的信号，以便及时发现任何身体位置和动作协调方面的错误。例如，即使我们站着不动，也会一直轻微地左右晃动。如果晃动的幅度太大，本体感受信号就给大脑发出警报，使它立即命令肌肉做出必要的调整。

特殊的本体感受器遍布在身体各处，与前庭系统（在内耳中由液体构成的网络，能察觉头部位置、保持身体平衡）协同工作。例如，从本体感受器发出的反馈信号使大脑计算出需要运动的角度，然后精确地命令肢体移动相应的距离。在关节、肌肉和肌腱中的本体感受器能察觉出细微的位置变化。它们从眼睛、耳朵和其他感觉器官得到新信息并传递给大脑，使身体平衡，动作协调。这样就保证了身体各个部位不会孤立地运动。

多数人都不知道我们有这种"第六感"，但它对人体的运动至关重要。如果没有本体感受，我们就无法行走、托举、伸展肢体或舞蹈。尽管大脑最重视从眼睛反馈来的信息，但视觉信号的处理速度远远低于本体感受信号。所以当舞蹈者对着镜子练习的时候，与其依靠镜子中的形象判断动作，还不如自己来感受身体。

幸运的是，虽然我们有时候失去嗅觉或味觉，但很少失去本体感受。然而一旦失去它，将产生严重后果。全世界至今只发现10个人不能无意识地协调动作，英国南安普敦的伊恩·沃特曼就是其中一例。1971年5月，他割伤了手指并引起感染，很快连手臂也红肿、发炎了。他开始感到忽冷忽热，全身无力，只好停止了屠夫的工作。当他攒足了力气去修剪草坪的时候，发现自己无法控制剪草机，只能任由它乱跑。一个星期之后，他起床的时候摔倒了，被送往医院。当时他不能正常行动，手脚能感知温度和疼痛，却察觉不到触感和压力。

病毒感染损坏了他控制本体感受和触觉的神经，使他从脖子以下失去所有的触觉。控制肌肉运动的神经还完好无损，但是大脑命令肌肉运动的时候接收不到反馈信号，所以他不知道动作是否执行完毕，只能靠眼睛判断四肢的位置。因此他可以做出动作，却没办法控制它们。他瘫痪了，而更糟糕的是，医生不知道病因。一开始医生将他诊断为末梢神经紊乱，说他很快就能康复，但7个月过去了，他还是行动困难。最后医生说他没救了，下半生只能在轮椅中度过。

感觉系统正常的人可以轻松地前后移动手指，但失去本体感受之后，大脑感觉不出手指在做什么，所以正常人轻松的动作却需要患者大量地思考和计划。沃特曼发现，用视觉来弥补缺失的反馈信号是唯一的解决办法。通过观察自己的身体，同时专注地移动相关部位，他终于可以费力地坐起来了。"我先看看腿、胳膊和身体都在哪里，然后一点点地坐起来。第1次自己坐起来的时候我太高兴了，可是一没留神就险些跌下床。"

对我们认为很简单的基本动作，沃特曼却需要花费很多心思，所以他把每天的努力比做跑马拉松。他必须训练自己看出物体的重量和长度。他试图举起一件东西的时候，感觉不出有多重，只有凭眼睛来判断应该用多大力气。他花了整整一年学习站立，并以此为基础学会了行走，成为这种罕见疾病的患者中第一个能够走路的人。通过一步一步地分解每个动作，他还学会了其他动作。

"我先分别练习一些动作，比如抬腿、移动胳膊，然后再同时做，一点点取得进步。熟练掌握这些基本动作之后，就可以在这个基础上学会更多的动作，实际上我能够很安全地到处走动。虽然练习的过程中摔了很多跤，但这是必要的。"

仅凭视觉的缺点是如果忽然没有了光亮，他就会瘫倒在地，直到有了光线才能动弹。

尽管伊恩·沃特曼一直没有恢复本体感受，但他通过几年的练习之后出院，开始了新的生活。他利用视觉训练出了准确估计身体运动速度和方向的独特能力，不仅能走路，还会照顾自己，甚至开车。最后他找到工作并成了家。他成功地克服了看似不可逾越的障碍，除非发生意外状况使他失去平衡，否则见过他的人只是觉得他的动作有一点机械，很少有人怀疑他身体有毛病。但他最近承认说："运动还是要耗费大量的心思，花太多力气。"

伊恩·沃特曼的例子让科学家对本体感受有了更多的了解。沃特曼举起物体的时候对重量的估计相当精确，这使科学家们感到惊讶。一般认为，人们要依靠肌腱和肌肉拉伸程度的反馈信号才能判断出物体的重量和长度。而沃特曼没有这些反馈信号，拿起东西的时候只能用眼睛观察身体对运动的反应。肢体动得越快、越高则说明物体越轻。其实他的眼睛已经锻炼得极为敏锐，能够根据身体反应辨别出不同物体之间 1/10 的重量区别，而闭上眼睛的时候只能分辨出一半的区别。

美国著名舞蹈指导阿妮莎·迪米欧也失去了本体感受，必须努力训练自己再次学会运动。1975 年 5 月的一天，她想签署一项合约的时候忽然发现手不好使了。她此前曾患中风，虽然没有任何疼痛，但右侧身体失去了感觉和控制能力。扫描显示，中风影响到了丘脑，而丘脑是大脑中负责接收、处理并传递感觉信号的区域。她失去了本体感受。

然而，尽管她已将近 70 岁高龄，并经历了一次心脏病和若干次轻微中风，却能鼓起勇气与瘫痪作战。像伊恩·沃特曼一样，她用视觉弥补了失去本体感受带来的不便。虽然她没想到能平安度过最后一次中风，但她又顽强地活了 18 年，甚至重返舞台，在轮椅上指挥舞蹈。1988 年，观众对她长时间起立鼓掌，向她的艺术才能和勇气致敬。

死亡之旅

每个人都会死去，你知道死亡的感觉吗？你知道死亡之旅的"风光"吗？

奇幻的死亡"幻觉"

想一下，人死了会有什么感觉呢？

一个人在临死前的一瞬间会想到什么？脑海里会出现什么图景？又有哪些感受……这些问题似乎无法回答。20 世纪 70 年代中期，美国著名医学家雷蒙德·摩迪采访了数十名死而复生的人，得到了有关濒死经验的大量资料。他根据那些"复活者"体验的惊人相似或相近之处，对人的死亡作了一番描述：

当他奄奄一息时，听到医生宣布死亡的话音，紧接着一阵刺耳的噪音传来，像是铃声叮当在响，或像是飞虫嗡嗡在叫，他觉得自己正在飞快地穿过一条长长的黑暗隧道，忽然发现远处有自己的身影，但不是生前的那个了，只是"躯体"而已。不一会儿，他碰见了已故的亲友——他们的"灵魂"，并给他看全景"录像"，他一生中的重大事件——在眼前闪过。他感到自己走到了尘世与"天国"的边界线上，但认为自己应当回到人间，还未到死亡的时刻。然而，他已沉湎于生命之后的舒

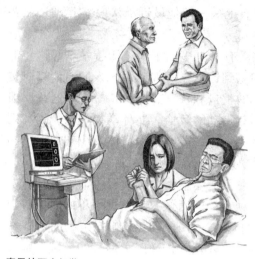

奇异的死亡幻觉

适与安逸，真不愿回来了。不知怎么的，他觉得自己的灵魂又回到了自己的躯体上……

这种死亡体验，与中国广为流传的人死后灵魂离开人的躯壳，到另一个世界与早已死去的亲人团聚的说法，是这样的相似！这是那些"复活者"精心编造的故事吗？不是。大多数科学家认为，死亡体验是一个人在弥留之际的幻觉或幻变，是大脑细胞在人的心跳、呼吸停止后延喘工作的结果。

那么，奇异的幻觉又是怎样产生的呢？许多医学家认为，是人临死前急救药物中的致幻物质引起的，或者是有的人长期用药造成的。药物致幻会使人产生脱离躯体的感觉，仿佛自身与现实世界分离了。当人恢复知觉后，脑海里留下的就是幻觉影像或生动的死亡之梦。然而，有些人临"死"前并未用过任何药物，也无吸毒习惯，同样产生了类似的幻觉。于是，有的科学家又提出，濒死时大脑缺氧，人体处于严重的紧张状态，幻觉现象正是垂死大脑最后工作失常的反映。可是某些濒死现象发生时并不出现生理上的紧张状态。因此，人们又从神经学的角度提出，垂死者的神经系统因发生故障而失常，因而脑海中闪现出异常生动的三维幻象或具有时间扭曲感。

科学家还从心理学和梦幻的角度对死亡体验进行实验研究，如利用实验室对志愿受试者进行合理研究。结果表明，在这种"与世隔绝"的情况下，一个人会产生许多异常的心理现象，因而会出现各种各样的幻觉或梦幻。死而复生者的濒死体验也与此相似，重返人世后他们怀有转世投生感，在个性上与以前判若两人。

科学家从心理学的角度提出：死亡体验是一个人在弥留之际的主观体验，这种体验受到个人死亡心理的左右，因而产生各种各样的幻觉或梦幻。这个观点似乎比较合理。然而，要真正了解人的死亡体验，揭示产生死亡体验的原因，恐怕不是那么容易的，毕竟这是和"死神"打交道的事，有谁敢冒险呢？

恐怖而神奇的地狱之旅

死亡临近的时候是什么感觉？每个人死亡的时候感觉是一样的吗？

活着的人无法说出死亡的感觉，但是有许多濒死经历的人实实在在地经历了死亡。

"我感到自己飞在天花板上，飘飘荡荡，有一个躯体（我的）躺在病床上。我清楚地感受到了他的脉搏和呼吸。"这是一位精神病学专家对他的同行讲述的一次亲历离体体验，我对此确实感到特别吃惊。

人濒死时在对生活历程进行回顾，近半数的人产生意识从自身分离出去的感受，觉得自身形象脱离了自己的躯体，游离到空中。自己的身体被分为两个：一个躺在床上，那只是空壳；而另一个是自己的身形，它比空气还轻，晃晃悠悠飘在空中，感到无比舒适。约 1/3 的人有自身正在通过坑道或隧道样空间的奇特感受，有时还伴有一些奇怪的嘈杂声和被牵拉或被挤压的感觉；还有约 1/4 的人体验到他们"遇见"非真实存在的人或灵魂现象，这种非真实存在的人多为过世的亲人，或者是在世的熟人等，貌似同他们团聚。

著名哲学家和医学博士雷蒙德·穆迪发表了一本名为《生命后的生命》的书，轰动了西方。在这本书中，穆迪把这种现象定名为"濒死体验"。他认为，濒死体验是人在弥留之际因为恐惧死亡而产生的一种现代科学尚未发掘的奇特现象。濒死体验的理论在科学研究史上具有极其重要的现实和深远意义，它向现代科学家们提出了如下的挑战：记忆究竟是什么？意识又究竟是什么？人能够记忆自己诞生的经历吗？人在临死的时候想些什么？人在临床死亡后还会有记忆吗？身躯究竟是什么？为什么细胞不断变化而人的脸庞却能保持原有的形状？人体中的气是什么？现实又是什么？

心理社会学家肯尼斯·赖因格将临床死亡后经过救生法抢救又死而复生的人叙述的这种奇特的濒死体验基本归纳为五大阶段。

第一阶段，安详和轻松。持这种说法的人约占 57%，他们大多数在生理和心理上具有较强的适应力。他们觉得自己在随风慢慢地飘荡，当飘拂到一片黑暗中时，感到极度的平静、安详和轻松。

第二阶段，意识逸出体外。有这种意识的人占 35%，他们大多数觉得自己的意识游离到了半空中。许多人还觉得自己的身体形象脱离了自己的躯体，在远处极其冷漠地观察着医生们在自己躯体周围忙碌着。这种躯体外的身体形象具有呼吸、脉搏等生命特征，而且，这种自身形象有时还会返回躯体。

第三阶段，通过黑洞。持这种说法的人占 23%，他们觉得自己被一股旋风吸到了一个巨大的黑洞口，并且在黑洞里飞速地向前冲去。而且觉得自己的身体被牵拉、挤压，洞里不时发出嘈杂的声响。这时，他们的心情更加平静。

第四阶段，与亲朋好友欢聚。黑洞尽头隐隐约约闪烁着一束光线，当他们接近这束光线时，觉得它给予自己一种纯洁的爱情。亲朋好友们都在洞口迎接自己，他们有的是现实中活着的人，有的早已去世。唯一相同的是他们全都形象高大、绚丽多彩、光环萦绕。这时，自己的一生中的重大经历在眼前一幕一幕地飞逝而过，其中大多数是令人愉快的重要事件。

第五阶段，与宇宙合而为一。持这种说法的人占 10%，他们同那束光线融为一体，刹那间，觉得自己犹如同宇宙融合在一起，同时得到了一种最完美的爱情，并且自以为掌握了整个宇宙的奥秘。

还有一些科学家对有过濒死体验的幸存者进行了调查，发现除了这五大阶段的濒死体验外，还有醒悟感、与世隔绝感、时间停止感、太阳熄灭感等。

索耶发生了不幸的事故，产生了自己的濒死幻象。

从20世纪80年代初期开始，许多科学家们就分别对五大阶段进行认真的研究，他们发现，自杀未遂者的濒死经验总是局限在第一阶段。心理社会学家赖因格则发现，经历过第一阶段至第四阶段的濒死体验者往往能消除了对死亡的恐惧。而经历过第五阶段的濒死体验者会在身体、智能和精神三方面出现巨大的三重变化，他们会犹如重新投胎转世，变成了"超人"。轰动美国的汤姆·索耶事故就是个典型的例子。

汤姆·索耶居住在纽约安大略湖边的罗切斯特。30岁的他身材矮胖，有两个女儿，在与自己家毗邻的工厂里做一名机械修配工。

一天下午，索耶正满身油污地躺在小型载重卡车下修理。突然，千斤顶松脱，3吨重的卡车压在他的腹部上，索耶发出一阵撕心裂肺的惨叫。正在花园里玩耍的女儿奔了过来，只见父亲已经被压扁。然而，索耶的双眼还睁着，神志依旧清醒，他示意女儿快去求救。不一会儿，消防队员赶来了。他们将一只抓斗放在小卡车下的底盘两边，慢慢启动绞盘。当3吨重的卡车从索耶的胸腹部移开时，他失去了知觉，接着呼吸停止。把索耶从卡车底盘下抢救出来的过程持续了10分钟，然而，对于索耶来说，这是极端痛苦的10分钟，因为，他的意识始终是清醒的。事后，索耶对人说："当时，我感到犹如一根滚烫的铁杠在研磨自己的胸廓和腹部，似乎要将这一切磨碎。我犹如在遭受极刑。"

6年过去了，索耶坚强地站立起来，在一次新闻界举行的专题招待会上他描述起自己的濒死经验。当消防队员将他从卡车下抱出来时，索耶已经停止呼吸；与此同时，索耶蓦地感觉到一种从未有过的安宁和轻松。他觉得自己的躯体一分为二，一半在消防队员的手上，不过，那只是个空的躯壳；而另一半是真正的身形，它比空气还要轻，晃晃悠悠地飘落到一张床垫上，他感到无比舒适。

突然，索耶看到了消防队员们拥挤在工厂里，自己的另一躯体正躺在担架上，血从嘴里喷涌而出，满地的油污也变得通红。很快，救护车在街道上急速倒车，一群人手忙脚乱地将担架送上了车。两个女儿在哭天叫地，脸色苍白的邻居拉住了她们。路边挤满了观望的人，他们的神情有震惊、恐惧、悲戚、漠然……起初，索耶觉得自己是在离地面3米左右的距离观看，随即上升到4米、5米、10米、100米……接着，索耶看到载着自己躯体的救护车在高速公路上飞驰而去。

这时，索耶发现眼前的景象消失，自己被推进了一个黑洞中，心绪依旧保持着无限的安宁。渐渐地，某种力量越来越强烈地拖着他向前而去！而且不时被挤压，不时碰到洞壁上。他问自己："我还活着吗？"接着，他又肯定地意识到，自己死了。

突然，前方出现了一丝光线，它先是犹如天际中的一颗星星，瞬间，又变成一轮黎明时的太阳，飞快上升，不一会儿就成了一个巨大的圆球。光芒四射的阳光并不使他感到炫目耀眼；相反，眼望着这轮红日，他感到无与伦比的快乐。他愈是朝金色的阳光接近，对宇宙的认识就愈加深刻。

就在这时，一个似乎被深深埋没的爱情记忆蓦地出现在他的脑海里，并且渐渐地照亮了他的意识域。这是一种美妙的记忆。他醒悟到，这奇特的光线本身就是由爱情组成的，但他没有陶醉在这种爱情中。他觉得自己一生中从未如此的集中和专注，而且，愈是接近光线，这种感觉就愈强烈。忽然，洞口出现了他那已经过世的父母，他们身材高大，浑身放射出彩色光芒，头顶上环绕一束光轮。他们笑吟吟地朝他走来，转眼间，他的脑海里出现了一幕幕重大的生活经历，如生日盛典、初中毕业典礼、订婚仪式、甜蜜的婚礼……

最后，他同光线融合在一起，感觉到了一种无以形容的心醉神迷。他似乎与宇宙合为一体，许多美妙的景色在他的眼前闪过，他清醒地意识到，自己就是这些美景，就是飞逝的森林、高山、河流、天际、银河……宇宙的一切奥秘全部展现在他的面前。

如今，索耶已不再是原来的索耶，他的身体、智能和精神三方面都已经发生了巨大的变化，其中突出的表现是他陡然狂热地迷恋上了物理学，尤其是量子力学。几年后，毫无物理学基础的索耶在大学里获得了物理学士学位。他对记者说："在那次事故发生以后，我在同神秘光线融合的瞬间，就忽然意识到自己已经掌握了物理学的全部知识。在大学里，只不过是将这些知识一段一段地从记忆中追回来。"

濒死体验的五大阶段论给死亡罩上了神秘的色彩，成了千百万人梦寐以求的向往。他们认为，如果能够因此变成超人，自己也就成了万能的上帝。现在，西方科学家们纷纷试图从科学的不同角度对濒死经验进行探索，以图解开濒死经验之谜。然而一切都是茫然。

千年不腐的马王堆古尸

1972年，在中国湖南马王堆古墓中出土了一具女尸，它震惊了世界。为什么呢？原来，尽管历经2000年，但这具女尸外形完整，面色鲜活，发色如真。解剖后，其内脏器官完整无损，血管结构清楚，骨质组织完好，甚至腹内一些食物仍存。为什么这具古尸历经千年不腐呢？

一般来说，古墓中的尸体留至今天，只会出现两种结果：一是腐烂。因为在有空气、水分和细菌的环境里，大量的有机物质会很快腐烂，棺木也会腐朽，最后尸体也难免烂掉。二是形成干尸。这需要极为特殊的气候条件，在特别干燥或没有空气的地方，细菌微生物难以生存，这样，尸体会迅速脱水，成为"干尸"。

马王堆的女尸为何是"湿尸"而不腐烂呢？其原因是：

第一，尸体的防腐处理完善。经化学鉴定，它的棺液沉淀物中含有大量的乙醇、硫化汞和乙酸等物。这证明女尸是经过了汞处理和其他浸泡处理的，硫化汞对于尸

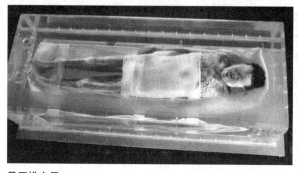

马王堆女尸

体防腐的作用很大。

第二，墓室深。整个墓室建筑在地底16米以下的地方。上面还有高20多米，底径五六十米的大封土堆。既不透气也不透水，更不透光。这就基本隔绝了地表物理和化学的影响。

第三，封闭严。墓室的周壁均用可塑性大、黏性强、密封性好的白膏泥筑成。泥层厚约1米左右。厚为半米的木炭层衬在白膏泥的内面，共5000多千克。墓室筑成后，墓坑再用五花土夯实。这样，地面的大气就与整个墓室完全隔绝了，并能保持18℃左右的相对恒温，光的照射被隔绝，地下水也不能流入墓室。

第四，隔绝了空气。由于密封好，墓室中已接近了真空，具备了缺氧的条件。在这种条件下，厌氧菌开始繁殖。存放在椁室中的丝麻织物、乐器、漆器、木俑、竹简等有机物和陪葬的大量的食物、植物种子、中草药材等，产生了可燃的沼气，从而加大了墓室内的压强。沼气能杀菌。细菌在高压下也无法生存。

第五，棺椁中存有具有防腐和保存尸体作用的棺液。据查，椁外的液体约深40厘米，棺内的液体约深20厘米。但它们都不是人造的防腐液，而是由白膏泥、木炭、木料中的少量水分和水蒸气凝聚而成的。而内棺中的液体是女尸身体内的液体化成的"尸解水"。这种自然形成的棺液防止了尸体腐败，并使得尸体的软组织保持了弹性，肤色如初，栩栩如生。

在重见天日之时，马王堆古尸随同所有出土的文物，散发着迷人的光芒，让人不禁惊叹于造化的神奇。

第四篇

神奇的古文明谜团

神秘消失的繁华

神秘的繁华，还不清楚从哪里来，就消失得无影无踪。

夜郎古国：消失的文明

夜郎古国因"夜郎自大"这一成语而家喻户晓，千百年来无人不知。

夜郎鼎盛时期的疆域包括今天的贵州全省，东到今湖南的新晃，南抵今广西的玉林、南丹，西辖今云南的曲靖、陆良，北有今川南。司马迁在《史记·西南夷列传》说："西南夷君长以什数，夜郎最大。"公元前28至前25年，夜郎最后一个国王"兴"举兵与周边诸侯发生战争，汉朝官员仅派使者去劝说。但夜郎王兴并不买账，还杀了使者，于是汉朝发兵灭了夜郎。

夜郎古国退出历史舞台，由于它的鼎鼎大名，现在许多地方争着说自己是夜郎古国的旧地所在，更使得这一问题迷雾重重。

首先是"贵州说"，认为夜郎国无可置疑的是现在贵州境内。《后汉书》中记录了夜郎国的产生："夜郎者，初有女子浣于月逐水，有三节大竹流入足间，闻其中有号声，剖竹视之，得一男儿，归而养之。"古夜郎民族以竹为图腾，贵州多竹，不少地方还建有"竹王祠"。贵州省会贵阳简称"筑"，也是"竹"演变而来。从考古发掘来看，贵州也有众多证据。新中国成立后，在贵州境内不断有夜郎国文物被发现，考古工作者9次在赫章可乐发掘的200多座夜郎民族墓葬中的出土文物，足以支撑那里曾是古夜郎人居住中心区域之一的论断。

其次是"湖南说"，他们认为，史书中记载的夜郎文化均带有浓厚的楚文化气息，其国都应在楚地，并提出怀化西部属古夜郎发源地，而新晃县就是夜郎古国的核心区域。位于湖南西部边陲的新晃县，曾经就是夜郎县。新晃历史悠久，春秋时期属楚国黔中地，秦代属黔中郡，汉代属夜郎国。唐设夜郎县，五代至北宋初为晃县。清嘉庆二十二年（1817年）设晃州直隶厅。民国二年（1913年）废厅建立晃县。1956年成立新晃侗族自治县。新晃的建制沿革，在诸多方志中均有记载。

持"湖南说"的人认为，他们的观点并不否认，夜郎国也包含有贵州的一部分地方，不过夜郎古国的核心和起源是在湖南湘西，那里现在的民风同样有夜郎古国的影子；还有人认为夜郎古国的中心在四川、在云南。

夜郎古国在哪里？依然是个未解之谜。

三星堆文化之谜

三星堆遗址位于四川省广汉市南兴镇北，这里有一条古河道叫"马牧河"，河道北岸的阶地形似月牙，人们便给它起了个美丽的名字——"月亮湾"，而三星堆则得名于河道南岸的3个大土堆。

三星堆遗址的最初发现，是非常偶然的。1929年2月的一天，家住广汉市太平镇月亮湾的燕氏父子在浇灌农田的过程中，锄头锄到了一块石板，他们满怀惊奇地撬开石板，竟发现了满坑光彩夺目的玉石器。不懂文物的他们却肯定这是宝物，于是燕氏父子便在深夜偷偷将一共300多件玉石器取出，搬回家中。过了一年，燕氏父子见周围并无异常反应，为了牟利，他们便携带这些玉石器到城市的少城路——以前最大的古董市场去卖。据说这些被他们变卖的玉器至今仍下落不明。如此多的罕见之宝涌入市场，一时间，广汉玉器在古董商和古玩家之间炒得沸沸扬扬。大批所谓的"淘金者"纷纷涌向月亮湾，去寻觅宝物。

三星堆遗址能以真面目示人也得益于一个机缘，就在燕氏父子出卖那些玉石器的时候，也带了一些送给当地驻军旅长陶宗凯。此人乃一介武夫，对古董一无所知，但他找到了当时在华西大学地质系任教的葛维汉先生，请他帮助鉴别。葛维汉先生来自美国，对古董有所研究，他看到这些玉石器后，眼前为之一亮，没想到如此精美的玉石器也会出现在西南地区，他初步认定了这些玉器是周代礼器，是稀世珍宝。就在1933年秋，葛维汉先生与同是华西大学教授的林铭钧先生、戴谦和先生等人组成了对三星堆遗址的考古发掘队。考古队在发掘中，发现了许多陶器、石器、玉珠、玉圭等稀世珍宝。1936年，考古队将发掘所获加以整理分析，在《华西边疆学刊》上发表了《汉州初步发掘报告》的文章。在报告中，有关遗址文物被称为"广汉文化"。不幸的是，第一次发掘工作仅仅持续了4年，就被1937年开始的日本侵华战争阻断了。

第二次正式的发掘工作开始于20世纪50年代初期。为配合宝成铁路的建设，考古学家们又一次来到了月亮湾进行考古调查，继续十余年前对遗址的勘探。他们采集了大量石器和陶器标本，根据初步考证，他们确定该遗址可能是西周时期的古遗址。1963年的一次规模较大的发掘，是由四川大学历史系考古学教授冯汉骥带领他的学生进行的。他们来到月亮湾的高地上，极目远眺，顿感这是一个不凡之地。冯先生深有感慨，他认为这里极有可能是古代蜀人的"都城"。后来的考古发掘证明了他的预言是正

戴黄金罩青铜像 三星堆文化

横径16.7厘米，纵径21.4厘米，高48.5厘米，四川省广汉市三星堆出土。由铜头像和金面罩组成。倒八字眉，丹凤眼、蒜头鼻、鼻梁直。阔口，闭唇，长条形耳郭，粗颈。金面罩用金箔制成，大小、造型和铜头像面部特征相同，双眼双眉镂空。古代蜀人将黄金制成面罩作为青铜人头像的面部装饰，更是古代蜀人的杰作。

青铜立人像

确的。

　　1980 年，在全面发掘条件成熟的情况下，由四川省文物管理委员会组织的对三星堆遗址抢救性的发掘全面展开了。这次历时 3 个月的发掘，收获颇丰，不仅出土了不少的陶器、玉器、石器，并且还发现了大量的房屋基址和 4000 多年前的墓葬。这些陶器、石器让人们了解了 4000 多年前古蜀人的文化特点，从而也从它们身上见识到了古蜀文化和古蜀人的生活方式。在这次成功发掘的激励下，考古学家们锲而不舍、继续前进，试图进一步揭开古蜀王国之谜。1986 年 7 月 23 日凌晨 2时 30 分，他们又有了一个重大收获。考古学家以竹签为工具，在谨慎的挑土过程中，发现了一小点在灯光照耀下闪闪发光的黄色物体，他们耐住性子，继续挑土，不一会儿，黄色物体显露的面积越来越大，还显出花纹来。先是一尾雕刻逼真的鱼映入眼帘，接着人们又发现了一只振翅欲飞的小鸟。这弯弯曲曲的黄色物体不断地延伸，竟长达一米多，令人惊奇的是，上面除了刻有鱼、鸟纹外，竟然还刻有一个王者之像。考古人员将这一发掘物称为"金腰带"。意识到此发现非同小可，他们立即向政府请派军警保护现场，局面得以控制后，考古人员才公开了发现古蜀王"金腰带"的消息。一时间舆论哗然，三星堆又一次成为世人关注的焦点。继"金腰带"之后，大量的玉器、象牙、青铜器及金器也被陆续发现，尤其是青铜器中的各式人头像和黄金面罩是中国考古史上的首次发现，具有十分重要的意义。

　　在考古人员不知疲倦的奋战下，一具具神奇的青铜面具，一件件晶莹剔透的玉器，闪闪发光的金鱼、金叶，离开了它们沉睡的泥土，发出了熠熠光辉。尤其是1986 年发现的两座器物坑，是三星堆遗址的代表，它们的发现令世人瞩目。其中一号器物坑位于三星堆土堆南侧 100 米左右，坑是一个口大底小的长方形，坑内大概有 400 多件文物出土；二号器物坑位于祭祀坑东南，相距大概 20 米，是一个坑壁稍微有些倾斜的长方竖穴，从这个坑里出土了 439 件青铜器，131 件玉石器，此外还有骨、象牙等器物。这些 3000 年前的青铜人像雕塑，在中国古代文明史上十分罕见，在东方乃至世界艺术史上都占有十分重要的历史地位。那件大型青铜人像的发掘，填补了美术史上商代大型雕塑的空白，它总体身高将近 3 米，是目前为止发现的几尊最大的青铜铸像之一。人像面部的器官雕刻得栩栩如生，头上还戴着用羽毛装饰的发冠。它手臂的动作好像是在进献贡品，人像身着饰有巨龙、云雷、人面花纹的衣服，看上去十分华丽。无论是从它的面部表情、身体动作，还是衣着来看，都体现了浓厚的宗教色彩。因此，有的专家推断这个青铜大立像可能是一个象征着王者的"司巫"。在二号祭祀坑还出土了 41 件铜人头像，它们的大小、面部比例、神色与真人非常接近，大概也是反映了巫师的形象。

在这两座器物坑中，人们还发现了一种被专家称为有"不死"或"通天地"功能的神树，那就是用青铜器制作的铜树。其中最大的一棵，高近4米，由树座、主杆和三层树枝组成，体态挺拔，装饰十分精美。树下底盘为圆环形，上有一个描绘着云气状花纹的山形树座。高大的树杆一共有3层，一层向外伸出3根枝条，每一根枝条上都站立着一只鸟，枝端挂着一颗桃形的果实，十分精巧。除此之外，更让人称奇的是，在树座下面背朝着树干跪着3个人像，他们的表情十分威严庄重，愈发使神树显得神圣无比。这棵神树是目前世界上发现时代最早、形体最大的一株，据推测，后世兴起的"摇钱树"可能就是在此基础上发展而成的。两座器物坑中除了青铜人像和铜树外，还有玉石器和青铜礼器也是颇为重要的。出土的玉器，其中一部分像斤、斧、凿、刀、锄、舌形器、椭圆形穿孔附饰等，具有浓厚的地方特色，很明显是当地人制造的、蜀人本来就有的玉器；而另一部分像玉璋、玉琮、玉戈、玉瑗等，它们的制造则体现出中原文化的影响。

三星堆遗址重新出现在世人面前，它的社会影响和学术意义是十分重大的。英国《独立报》曾以《中国青铜像无与伦比》为题发表文章，称三星堆青铜像是"古代最杰出的艺术制品"，而这次大量青铜文物的出现，也将使人们对中国金属制造的认识上升到一个新的高度，让我们感受到了一个高度发达的早期蜀王国文明的无穷魅力。从对三星堆遗址的研究来看，商的势力和文化的影响确已达到了成都平原。虽然过去专家们在研究殷墟卜辞时也曾发现有"征蜀""伐蜀""至蜀"的记载，然而遗憾的是，由于人们怀疑商王朝根本无力攻入像四川这样的遥远之地，所以这些记载以前并没有引起人们足够的重视。至于商文化是如何从遥远的中原地区传入四川的，专家们提出种种推测。著名历史学家李学勤先生经过考察三星堆出土的若干青铜器，认为商文化可能是在向南推进的过程中，经由淮河流域，穿过洞庭湖，沿着长江流域逐步发展到四川地区的。

历史渐渐离我们远去，唯有在这些遗迹和遗物中，我们才能探寻到过去的讯息。当然，我们从中所感受到的只是一个早期蜀王国灿烂文明的物质表现，至于它那深厚的文化底蕴和神秘的青铜艺术则需要我们慢慢地去品味、去欣赏。

巴人王朝为何湮没

神秘的巴人早在公元前十几世纪就有可以与中原强大的商王朝相媲美的青铜文明。巴人祖先和黄帝是同一支，还是独立地创造长江文明的源头？曾经极其辉煌的巴国社会生活状态怎么样，最终又为何湮没？对此人们有不同的猜测。

巴人起源于湖北清江下游长阳的武落钟离山。巴人为夺取盐业资源曾与以"盐水神女"为代表的某个母系民族展开争战，并赢得了战争。这是巴人与盐的第一次结合。其后，"巴盐"与"盐巴"在三峡一带上演了一场横贯数千年的大剧。巴人领袖廪君战胜盐水神女后，在清江边（清江古称夷水）建筑夷城，建立了巴王国。这是一个奴隶制国家，是巴人建立的第一个巴国。巴人以虎为图腾，好鬼神，实行祖先

长江三峡

崇拜，廪君则是他们最伟大的祖先。在以后的历史中，巴国的军队参加了周武王伐纣的联盟军，成为前锋部队，戴着百兽面具，跳着"巴渝舞"冲锋陷阵，打败了殷商军队。战后巴人受封子国。这就是《华阳国志》中所称的"巴子""巴子国"。此后，巴国在楚国和秦国两大强国的夹缝中艰难求存，节节退守，终被秦国所灭。

对于巴国的文明，有人说是同黄河文明并列的长江文明的源头。巴人在湖北的生活有个漫长发展过程，独自由原始氏族形成众多部落，再到后来组成5个核心部落——"巴、樊、覃、相、郑"，他们在很长的时间里平等相处、无君臣之分。当各部落不断壮大，终于到了需要一个君主统领联盟的时候，"乃共掷剑于石穴，约能中者，奉以为君。"廪君胜出，成为巴人领袖，由于团结，从此强盛起来。而后在长期的发展中，迁入四川，在险山恶水中，独自产生了高度的物质文明和精神文化。在迄今发现的巴人许多文物上，都有着被专家们称之为"巴蜀图语"的刻画符号，动物的、植物的、人物的、奇特的造像、古怪的印痕，这究竟是发源于巴人原始的艺术灵性，还是大自然神秘莫测的烙印？是装饰品还是占星术？至今仍是一个难以破译的悬念。不过可以肯定这是巴人的精神文化创造。

巴国另一个未解之谜是巴人为何突然失踪，在历史中毫无音讯。十数万巴人神奇失踪之谜，千百年来无数人为之苦苦追寻，试图找出谜底，但都难得其解。

有人说，巴国被秦军灭后，其人口也被全部坑杀，这种说法也许更多是基于秦军的残暴和坑杀赵军40万之说上的猜测。

有人说，巴国人在灭国后，除死伤外都大规模迁移了。最近陕西商洛地区考古专家在探寻商洛900多个神秘洞窟起源时，又有了关于失踪巴人的惊人发现。据了解，商洛发现的神秘洞窟均面山、临水，故每每进洞，须越过湍急的河流。洞内呈长方形，四壁平整，人工开凿痕迹清晰。就目前已知的巴人习性而言，神秘洞窟的本身就与巴人在川生活有着许多相同之处。又发现了船棺葬的残存物，而且还有一些巴人文物相继出土。这些文物与三峡地区出土的巴人文物几乎如出一辙，其器具上的符号也惊人的一致。于是人们产生了一个大胆的猜想：一度失踪的巴人是否像陶渊明《桃花源》所描述的那样，为躲避战乱而隐居起来？神秘洞窟莫非是已经消失了的古代巴人的桃花源？

第三种说法是巴人并没有失踪，没有离开本土，巴人就是现在土家族的祖先。从20世纪90年代中期开始，专家们试图利用DNA遗传技术分析古代巴人和今天土家族的关系，并多次对三峡和清江流域一带的土家族人的血液和悬崖峭壁上的骨骸进行了基因对比实验。持这一观点的人认为：后来史料上之所以不见巴人，是因为巴国不存在了，也就没有人称呼巴人，而他们的后裔依然生活在这片土地上，形成土家族。通过考查，人们发现土家族的生活方式、习俗与遥远的巴人的确很相似。不过这种说法也没有得到公认。

奇异的巴人王朝曾有过血与火的历史，在史书记载上无一不是与战争相关联，这是个伟大的王国，还存在太多的谜无法解开，我们暂时也就无法进一步窥探巴人的奋斗历程。但相信随着研究的不断深入，人们终将解开巴人失踪之谜。

楼兰古城消失之谜

1979年，一支由我国新疆考古研究所组织的楼兰考古队，进驻楼兰，将这座沉睡了数千年的古城唤醒。在这里，人们发掘了古城的建筑遗址，出土了4000年前的楼兰女尸，还有大量的铜器、铁器、石器、饰物和文书等，这让人们充分感受到了往昔楼兰的繁荣景象。

古城遗址东西长335米，总面积10万平方米。城墙与敦煌附近的汉长城相似，采用夯筑法建造。城墙的四面有城门，城内有石砌的渠道。城区以古渠道为中轴线，分为东北和西南两大部分。东北部以佛塔作为标志，西南部以"三间房"为重点，三间房周围散布着一些大小宅院。

佛塔与古印度佛塔相似，外形如同覆钵。在佛塔附近，考古队采集到了许多精美的丝毛织品，西汉及东汉的五铢钱，各色饰珠，来自外国的贝壳、珊瑚等，还发现了木雕坐佛像和饰有莲花的铜长柄香炉等物品。大量的物品表明，这里曾是"丝绸之路"上的贸易中转站，有过繁荣昌盛的历史。

考古人员对楼兰古城中唯一现存的用土垒砌的建筑遗迹——三间房遗迹进行了清理，发现了织锦、丝绢、棉布和小陶灯等物，另外还发现了一件比较完整的汉代文书。从文书的内容上判断，这里曾是一个官署。在三间房西南的宅院遗址里，考古队清理出了骨雕花押、木盘、门斗、木桶、牛骨、木纺轮、羊骨等。呈现在眼前的众多器物，都是楼兰昔日文明和历史沧桑的见证物。

考古学家在通往楼兰的古老通道上还发现了一大批古墓，这些奇特而壮观的古

罗布泊

楼兰女尸

新疆维吾尔自治区若羌县，这具女尸已有3800年的历史，具有白种人特征。身着羊皮衣服和鞋子，头戴装饰着鹅羽的羊毛帽子。对这具有着1.5米高、40岁左右的女性尸体检查表明，她的肺部被沙漠风尘和煤烟侵入。随着气候的变化，环境日益恶劣，这里的人们不得不面对那几百米高的流沙，加之河流枯涸，居民开始迁移，最终楼兰如其他古城一样被风沙所湮没。

墓里存放着几具完好的楼兰女尸。这些女尸脸庞不大，高鼻梁大眼睛，双眼微闭，下颏尖圆，体态安详，几乎个个都是风姿绰约的年轻姑娘。这些姑娘都全身赤裸，以毛织布毯裹住全身，以骨针或木针连缀为扣，双脚穿短筒皮靴。她们的头上戴有素色小毡帽，帽边插着几支色彩斑斓的雉翎，帽缘缀着红色毛线。墓中出土的器物种类很多，有木器、角器、骨器、石器、草编器等，其中木器还有碗、盆、杯和锯齿形刻木。这些女尸是些什么人？为什么她们在这里沉睡千百年保存得如此完好？对于今天的人们来说，这些依然是难解之谜。

考古工作者们面对茫茫的沙漠，不禁发问：是什么原因导致楼兰古国消失的呢？

据说，楼兰古国曾经是塔克拉玛干沙漠罗布泊地区一个富庶繁荣的国家。它是丝绸之路的主要中转站，周围绿树环绕，水流清澈，水土肥美。这里寺院林立，商业发达，还能铸铁，并制造工具和兵器。

根据历史资料记载，汉朝时楼兰国改名为鄯善国，是西域的一个重镇；三国时期归魏国管辖；西晋时期，鄯善王被封为归义侯；公元4世纪时被零丁国所灭，此后鄯善国便消失了。

到了唐代，已经看不见楼兰的踪影，唐代著名诗人王昌龄在《从军行》中写道：
青海长云暗雪山，孤城遥望玉门关。
黄沙百战穿金甲，不破楼兰终不还。

这里的"楼兰"只是西域的象征罢了。元朝时，马可·波罗尽管对楼兰很向往，但却无缘见到。楼兰就这样神秘地消失了，消失得没有一点声息。

千百年来，进入塔克拉玛干沙漠的考古队满怀着希望一次次深入到这个白骨遍地的不毛之地，但每次都一无所获，失望而归。有的甚至一去不复返，永远地留在了荒漠之中。

直到1900年，神秘的楼兰终于重见天日。那是瑞典的一支探险队，他们来到了荒凉的塔克拉玛干罗布泊一带，带路的向导爱尔迪克偶然发现了一处废弃古城的遗址。第二年这个探险队又来到了这里，并从这里发掘出大量的文物，其中包括古钱币、粮食、丝织品、毛笔、陶器、竹简等。考古学家对这些文物进行分析和鉴定，认为这里就是古楼兰。从此，楼兰成了著名的考古圣地。

那么，一个楼兰人世代眷恋的家园，一个异常迷人的绿洲为什么会突然变为一座空城，成了被一片荒沙掩埋的废墟呢？考古学家从发掘的文书中了解到，当时这里的环境不断恶化，生态失衡，水源日益不足，士兵的口粮越来越少。这一切都表明，到了公元4世纪，罗布泊地区的自然环境发生了很大的变化，楼兰人曾和恶劣的自然环境斗争过，但终无回天之力，只好将这个美好的家园放弃。那么，这些楼兰人后来迁居到了什么地方？谁是他们的后代？直到今天这一切仍没有一个确切的说法。

扶桑国：《山海经》谜团

扶桑，亦称"扶木"，生于东方，为十日之居所。《山海经·海外东经》载："汤谷上有扶桑，十日所浴，在黑齿北。居水中，有大木，九日居下枝，一日居上枝。"扶桑与太阳的联系是观测太阳时建立起来的。"九日居下枝，一日居上枝。"是说"十日"（十天干）依次经过，与羲和生十日相合。"一日方至，一日方出"是太阳从东方（汤谷，扶桑）升起，到西方（禺谷，若木）落下，夜在归墟沐浴，太阳虽是同一个但已是又一天。

扶桑国，人们通常想到的是日本，还有"东渡扶桑"之说。不过一直以来都有人认为扶桑不是指日本，中国自古对日本的称呼为"倭国"。如果不是日本，那么扶桑国又是指哪里呢，东渡扶桑又如何解释？

持"日本"说的人认为，扶桑是中国远古传说中一棵与太阳有关的神木。《山海经·海外东经》记："汤谷上有扶桑。十日所浴，在黑齿北，居水中。"其中指明了扶桑的所在地，为黑齿国北。那么古东方历史地理中，是否的确有一个黑齿国？如果有，此国位置在哪里？经考察，在史书中确实有过这么一个地方，周成王时，即有黑齿国人献白鹿、白马。而据考证日本古民俗确有崇奉白鹿、白马的风俗，黑齿国所在地，就在今日的日本列岛上。

明李言恭《日本考》记述，直到明代，日本贵族尚普遍流行染牙成黑齿为贵的风俗。他还记述了染牙方法。所以黑齿国在现在日本之内。

然而，近代广为流行的见解认为扶桑国与墨西哥有关。始倡此说的是法国人金涅，他于1761年提交的一份研究报告中说：根据中国史书，在公元5世纪时，中国已有僧人到达扶桑，而扶桑，他认为就是墨西哥（按金涅所说的中国史书，指《梁书·扶桑传》）。在中国学者中较早响应此说的是章太炎，他在所著《文始》中也认为扶桑即墨西哥。

据说，所谓扶桑木，就是古代墨西哥人所谓"龙舌兰"。在墨西哥北部地区，古代有巨大的野牛，角很长。这同样符合《梁书》的记载。

那么，慧深是怎样到墨西哥去的呢？根据慧深记录的航线，先向东北航行，然后转向正东，最后折向东南到达扶桑国，很明显，他是利用季候风和海洋环流到达了目的地。

如果根据文献描述而言，扶桑国指的是北美墨西哥倒更为可信，其风貌都能得到较好解释，不过慧深是否有能力出海到北美仍然是个疑问，所以扶桑在何地之谜至今仍没有解开。

罗马帝国覆亡之谜

公元410年，哥特人首领阿拉里克率领日耳曼大军攻占了有"永恒之城"之称的罗马城，罗马帝国逐步走向灭亡。但这次事件并不是罗马帝国灭亡的真正原因，那么罗马帝国覆亡的原因何在呢？

在公元410年攻克罗马城以前许久，哥特人就在逐渐沿用罗马人的风俗习惯。同时日耳曼民族雇佣的罗马士兵也日渐增多，他们对罗马当然不是忠于职守。

因此，阿拉里克于公元410年攻克罗马，并非对罗马帝国致命的打击。不过，因为那是罗马帝国800年来第一次被打败，心理上的伤害，很难估量，也许比破坏建筑物更加不能挽回。这个原因使人们更加容易理解为什么阿拉里克攻克永恒之城在历史上一直被看作是罗马帝国灭亡的象征；而汪达尔王盖塞里克于公元454年攻陷罗马时烧杀抢掠更甚的事实，反而不算什么。

最近掌握的证据对解释罗马因何在公元5世纪为哥特人不费吹灰之力一举攻克也许帮助很大。1969年~1976年，在英国南部赛伦塞斯特展开的挖掘工作，在一座公元4世纪末5世纪初的罗马人的墓群里，找到了450具骸骨，多数骨头中的含铅量，是正常人80倍之多，儿童骸骨则更加厉害。这些人可能死于铅中毒，虽然未能证明这一点。

罗马人对他们的优良供水系统引以为傲，通常都以铅管输送饮用水。罗马人用铅杯喝水，用铅锅煮食，甚至用氧化铅代替糖调酒。吃下如此多的铅，一定会全身无力，吃下大量的铅还有另一个恶果，就是丧失生育能力。后期的罗马皇帝经常鼓励夫妻生育更多子女，可能是为预防人口减少，虽然并无精确详细的人口消长数字证实有这种现象。即使吸收微量的铅，对生殖能力也有影响，所以罗马人很可能因为喝了含铅的酒和水而致死及致帝国覆亡。

但这种看法并没有充分的依据，只是根据少量考古资料提出的猜测，这种假设还有待更多资料加以证实。

铅中毒也不可能是罗马城于公元5世纪被攻陷的唯一原因。如果是这样，东罗马帝国为什么能在西罗马被灭亡后，继续存在

用船装酒运往罗马的浮雕
罗马人喜爱纵酒狂欢世所闻名，但他们的溃败真是因为铅中毒引起的吗？

1000 年呢？原因很多：边疆不长，较容易抵御，可避免外族入侵；同时，东罗马帝国国内治安维持较好。但有一件事情也值得人们关注，就是东罗马帝国境内的铅矿较西罗马少得多，所以当地居民只得凑合使用自认为较低劣的瓦锅和陶杯。罗马帝国灭亡的真正原因在哪里？也许还有更多的秘密有待探寻，还有更多的谜团有待解开，人们期待着罗马帝国覆亡的原因早日真相大白。

"女儿国"消失之谜

传说中的"女儿国"或许真的存在，那么它是怎么消失的呢？

《西游记》中女儿国美丽的女王对唐玄奘痴情的爱恋是一个凄美的爱情故事，而那条让人喝了水就能生孩子的子母河更是留给人无数的幻想。"女儿国"究竟是吴承恩全凭天马行空的想象力虚构出来的理想乐园，还是历史上果真有过这样一个"女儿国"呢？

史书中记载的东女国是否就是传说中的"女儿国"呢？

据一些学者考证，"女儿国"在历史上的的确确存在过，而且现在有一些村寨一直将"女儿国"的古老习俗留存至今。经过长期研究和实地考察，专家认为，今天四川甘孜州的丹巴县至道孚县一带就是《旧唐书》中记载的东女国的中心。

据《旧唐书》第 197 卷《南蛮西南蛮传》记载："东女国，西羌之别称，以西海中复有女国，故称东女焉。俗以女为王。东与茂州、党项接，东南与雅州接，界隔罗女蛮及百狼夷。其境东西九日行，南北 22 行。有大小八十余城。"按照《旧唐书》的记载，东女国南北长 22 天的行程，东西长 9 天的行程，如果按照过去一天骑马 40 千米或者步行 20 千米，那么东女国应该南北覆盖 400～800 千米，东西覆盖 180～360 千米。

据史书记载，东女国建筑都是碉楼，女王住在九层的碉楼上，一般老百姓住四五层的碉楼。女王穿的是青布毛领的绸缎长裙，裙摆拖地，贴上金花。东女国最大的特点是重妇女、轻男人，国王和官吏都是女人，男人不能在朝廷做官，只能在外面服兵役。宫中女王的旨意，通过女官传达到外面。东女国设有女王和副女王，在族群内部推举有才能的人担当，女王去世后，由副女王继位。一般家庭中也是以女性为主导，不存在夫妻关系，家庭中以母亲为尊，掌管家庭财产的分配，主导一切家中事务。

《旧唐书》关于东女国的记载是十分详细的，但是到了唐代以后，史书关于东女国的记载几乎就中断了。难道东女国的出现只是昙花一现吗？

唐玄宗时期，唐朝和吐蕃关系较好，吐蕃从雅鲁藏布江东扩到大渡河一带。可是到了唐代中期的时候，唐朝和吐蕃关系变得紧张，打了 100 多年仗，唐朝逐步招降一部分吐蕃统治区的少数民族到内地，当时唐朝把 8 个少数民族部落从岷山峡谷迁移到大渡河边定居，这 8 个部落里面就有东女国的女王所率领的部落。

当时东女国女王到朝廷朝见，被册封为"银青光禄大夫"，虽然是虚衔，但是品级很高，相当于现在的省级官员。后来到了唐晚期，吐蕃势力逐渐强大，多次入侵到大渡河东边，唐朝组织兵力反击，在犬牙交错的战争中，东女国的这些遗留部落，为了自保就采取两面讨好的态度。

后来，唐逐渐衰落直至分裂，吐蕃也渐渐灭亡。吐蕃崩溃后，曾经被他们统治的青藏高原重新回到了原来的部落时代，唐代分裂后，也没有力量统一管理，到了后来的宋元明三代，对于青藏高原地区的统治很薄弱，因此基本没有史料记载，一直到清代才把土司制度健全。而东女国的遗留部落有些由于靠近交通要枢，受到外来文化的影响，女王死后没有保留传统习俗，逐渐演变成父系社会，而有一些部落依旧生活在深山峡谷，保留了母系社会的痕迹。

根据专家考察，历史上的东女国就处在今天川、滇、藏交汇的雅砻江和大渡河的支流大、小金川一带，也是现在有名的女性文化带。而扎坝极有可能是东女国残余部落之一，至今保留着很多东女国母系社会的特点。在扎坝，女性是家庭的中心，掌管财产的分配和其他家庭事务，与东女国"以女为王"相似。

虽然扎坝仍然保留着部分女儿国的传统习俗，但它与《旧唐书》中记载的女儿国还有很多的差异。真正的女儿国究竟走了怎样的一条发展道路，又是怎样突然没有任何记载了呢？这是史学家需要努力探究的一个问题。

古格王国：灿烂文化的消失

古格王国遗址建筑有王宫、寺庙和民居。外围建有城墙，四角设有碉楼。在其寺庙的雕刻造像及壁画中不乏精品。古格王国是在公元9世纪时，由吐蕃王朝末代赞普朗达玛的重孙吉德尼玛衮在王朝崩溃后，率领亲随逃往阿里建立起来的。至17世纪初，古格王国雄踞西藏西部，弘扬佛教，抵御外侮，在西藏吐蕃王朝以后的历史舞台上扮演了重要的角色。曾经有过700年灿烂的文明史的古格王朝，它的消逝至今仍是个谜。

在西藏阿里地区象泉河畔海拔约3700米的高原上有一座被赋予"阿里江南"之美誉的县城札达县。距县城18千米的扎布让区一座高约300米、方圆1平方千米、四面陡峭的山岗上，屹立着一片建筑群。远远望去，高耸入云，气势不凡，这片建筑群就是著名的古格王国遗址。如今的古格受到世人注目，其优美的风景，绚烂的壁画及诸多未解之谜，每天都吸引众多慕名而来的游客。然而就在十几年前，这个璀璨的国度竟未被人所知，独自孤立于历史的寂寞中。传说中的古格王国是个黄金遍地，富足奢华，拥有十余万之众的繁盛王国。其消失的历史离我们并不久远，17世纪中叶突然湮没，为何如此强盛的王国一夜间就消失得无影无踪？十几万人口及他们的后裔都到哪里去了？古格王国究竟是一个怎样的国度呢？

阿里地区是西藏古老文化的发祥地之一。也许你对西藏的吐蕃王朝比较熟悉，象雄部落可是在吐蕃王朝之前就曾经雄踞于此。据史料记载，公元7世纪，象雄王李迷夏娶吐蕃王松赞干布的妹妹为妃，婚后两人不和，这位妹妹于是请求哥哥派来的使者捎信，让哥哥来攻打象雄。不久，松赞干布果真消灭了象雄。

吐蕃王朝末代统治者朗达玛时期国力大衰，又实行政策，削弱教会势力，引起风雨飘摇中的政权更加动荡。公元843年朗达玛被刺杀，内战纷起，4年后平民起义，吐蕃王朝崩溃，时间为公元9世纪。之后先后曾出现大小7个王国，西藏长期处于藩王割据局面。

朗达玛的两个儿子奥松与云丹也为争夺王室相互斗争，奥松之子贝考赞为奴隶起义军所杀，

飞天与狮图
古格王国崇尚佛教，在其遗址内仍保留有大量的佛教殿堂及寺院。这些建筑中大多保存了相当精彩的壁画。壁画广泛吸收各地艺术精华，设色鲜艳，风格浓丽，生动反映了古格人的生活场景及宗教习俗。

贝考赞的儿子吉德尼玛衮见大势已去，回天无力，便带着三个大臣和100多人，投奔阿里，并娶了当地头人的女儿。后来吉德尼玛衮将阿里一分为三，分封给他的3个儿子，古格王国即第三子德祖衮的封地。17世纪中叶，古格王国发生内乱，国王之弟请叶拉达克军队攻打王宫，王朝被推翻。

这段历史头尾非常清楚，也为多数人所认可。不过，几百年间的古格王国的状况却十分神秘。有人说，基于史书记载及现在从遗址中可探寻到的深厚佛教文化，可得知古格王朝是有人口10万之众（史书记载古格曾以十几万人共抗入侵者），实力强大，雄踞一方的王国。王国的建立大概从9世纪开始，到17世纪结束，前后世袭了16个国王。其统治范围最盛时遍及阿里全境。它不仅是吐蕃世系的延续，而且使佛教在吐蕃瓦解后重新找到立足点，并由此逐渐达到全盛，在西藏历史上具有重要意义。

另一种说法是，古格王国并没有如此强大与重要，其仅仅是一个人口万人左右的小小城邦。首先，如果古格如此强大，拥有十几万人，又有成熟、灿烂文化的王国是如何在一夜之间突然、彻底消失的。在其后的几个世纪，人类几乎不知其存在，没有人类活动去破坏它的建筑和街道，修正它的文字和宗教，篡改它的壁画和艺术风格，它甚至保留着遭到毁灭的现场。其次，从现今的遗址来说，统计有房屋遗迹445间，窑洞879孔，各类佛塔28座，这些建筑是不可能容纳太多人的。最后，古格城周边的自然环境现在基本沙漠化，即使在几百年，上千年前，这小片土地，以当时的生产水平是不可能养活这么多人的。因此，估计古格城是一个万人上下的城邦，最后被战争一举毁灭。

最早对这座古城遗址进行考察的是英国人麦克活斯·扬。1912年，他从印度沿象泉河溯水而上，来到这里进行考察。此后便有探险家、旅行者、摄影家和艺术家们源源不断地来探奇访幽。但真正的科学考察是从1985年西藏自治区文管会组织的

古格王国塔寺遗址

西藏自治区阿里地区札达县，佛教在古格王国的社会生活中占据了相当重要的地位，国都及其附近的遗址有大量的佛教寺庙、洞窟遗存。其中的佛教建筑、雕塑、绘画风格相当驳杂，融合了各地的风格与风尚，具有印度、尼泊尔、缅甸、中亚、中国内地的特色，由此显示了其独特的地域风貌。图中是古格王国国都附近的塔寺遗址，与南亚地区的佛塔极其相似。

考察队开始的，这次考察对整个遗址进行了全面的探索。古格王国整座城堡建筑在黄土坡上，地势险峻，王宫、庙宇、碉楼、佛塔、洞穴有序布局，自上而下，依山叠砌，直逼长空，气势恢宏壮观。这些洞穴多为居室，密密麻麻遍布山坡。最上层是王宫，中间是寺庙群，底下是普通居民房屋及奴隶的居住地，体现了王权的至高和宗教的权势。城堡的建筑还充分考虑到了防卫功能，外面路陡山险，又处处加设岗哨。城内山体，修筑了许多暗道，暗道中某些类似窗户的洞，既可以采光又可以用来防御。这些暗道迂回曲折，拾级而上可直达山顶王宫。内外结合，这座古堡可谓固若金汤。

在古格王国遗址中规模较大，保存较好的建筑主要是佛教殿堂。古格王国在建国之始便与佛教结下了不解之缘，其第二位国王意希沃退位出家，并在象泉河南岸修建了阿里最大的寺院——托林寺。在古格遗址的佛殿中现存较完整的主要有坛城殿、白殿、红殿、威德殿、度母殿等。里面发现了大量的壁画、天花彩绘图案、泥塑等佛教艺术品。其中佛殿中的壁画和天花彩绘展示出了古格文化艺术的高度成就。

佛殿壁画取材广泛，最具特色的要数佛传故事了，如释迦降生、天人浴太子、夜半逾城等等。此外，还有不少的佛、护法金刚、高僧等绘画，也有古格王统世系图、庆典图等。古格王统世系图等壁画对研究古格历史及古格建筑的年代具有重要的参考价值。

佛殿中的天花板彩绘也极富特色，绘在梁椽间的天花板上或藻井上，这是古格王国特有的佛教艺术风格。所绘之画丰富多彩，有人物、动物、植物，等等。其手法之精妙，让现代人叹为观止，是我国艺术宝库中的精品之作。

古格王国的王宫遗址集中在山顶。四周都是悬崖峭壁，只有两条陡峭的暗道与外界相通。在边沿处还有土坯筑成的防护墙，碉堡林立，真可谓戒备森严，形成易守难攻之势。

山顶的建筑主要由三大部分组成：以议事厅和国王寝宫为中心的王宫区；以佛殿为中心的一处皇家寺院；储藏着大量盾牌、箭杆、火药筒的军用仓库。在王宫周围，考古学家们还发掘出了十多个洞窟，里面藏有许多武器、生产工具以及藏文典籍等。据专家们推测，这里很可能是国王的库房。

在古格王国遗址中最具争议而又悬而未决的是古格王国的"千尸洞"之谜。该洞位于古格王国遗址北面断崖内。洞口十分狭窄，仅能容一个人弯着腰进出。走进去以后，里边豁然开朗，分主室和南北两个侧室。令人毛骨悚然的是，不论是主室还是侧室都横七竖八堆满了人的遗骸，而且这些遗骸都没有头！更让人不可思议的是，虽然没有头骨，洞中却发现了许多人的发辫和绑扎的发束！有一具蜷曲着的尸体保存得较为完整。尸体外面包裹着一件藏式无领粗布长袍，身子被一根毛绳紧绑着，两只手交叉着置于腹前，由其头发上的松耳石和小铜环等可以看出这是一具女性的尸骸。这些尸骸的头骨都到哪里去了，为什么只有头发而不见头骨呢？

如此众多的无头尸骸是怎么一回事呢？

有的人认为这些人是战争中的俘虏。古格王国是一个好战的王国，很有可能在战争胜利后杀一批俘虏以示庆贺。

有人认为这是一种古格王国特有的宗教仪式。但这只是猜测而已，也没有可信的文献资料证实。

古格王朝是一个怎样的国度，是强大的王国，还是偏处一隅的小城邦？最后那场战争到底是如何毁灭古格的？古格王国的这些无头尸骸是殉葬者吗？如果是，那他们为之殉葬的主人是究竟是谁呢？在这个洞中却没有找到一个棺椁。如果他们并非殉葬者而是死者，那么那具被绳子捆着的女性做何解释？难道这也算他们的丧葬仪俗吗？由于文献资料的缺乏，这个谜至今仍未解开。

是谁灭亡了印加帝国

西班牙人给印加帝国带去的是福音和文明，还是灾难与毁灭？

在欧洲许多国家的眼里，都认为是西班牙"发现"了美洲新大陆，并给当地带去了文明和福音。然而在南美的秘鲁人，却说西班牙人带来的并非文明和福音，而是屠杀、疾病、奴役和毁灭，不但如此，这些西班牙人还摧毁了一个伟大的文明。西班牙人摧毁的伟大文明是什么呢？

在 3000 年前，被誉为"美洲的罗马人"的印加人，创建了印加帝国，建造了世界上最伟大奇迹之一的马丘比丘，建设了全美洲当时最复杂的道路体系，还铸造了无数堪称杰作的黄金器物，并且在 15 世纪征服了整个安第斯山地区。

在没有轮轴运输工具，也没有文字的情况下，印加帝国成功地创造出高度的文明，在短短 100 年的时间里，形成了人类历史上组织最精细复杂的社会之一。然而，随着流星一般地崛起，却继之是以更快的速度衰落，印加帝国留给后人的是太多的历史谜团……

由于印加人崇拜太阳神，发掘了金矿，他们看到黄金发出的光泽与太阳的光辉同样璀璨，因此特别钟爱黄金，千方百计地聚敛黄金。没有想到的是，有关印加帝国遍地黄金的传说引起了殖民者的占有欲望，为其印加帝国带来了不幸的灾难。

今天的瓜达维达湖正是传说中的黄金湖，也是印加人心目中的圣湖。

在印加帝国到了多拿卡巴克王统治时，开始了印加帝国无与伦比的盛世，多拿卡巴克王死后，把印加帝国分为两部分，传于瓦斯卡尔和阿达瓦尔巴两个儿子统治。1532年，兄弟反目，互不相让给战争种下了自取灭亡的祸因。

"他们在太平洋上，乘坐浮水的大房子，掷出快如闪电、声如雷霆的火团，渐渐靠近了。"正如预言所说，猫眼、尖鼻、红发、白皙的皮肤、蓄着胡须的天使回来了，印加人甚至没有抵抗，便献出一座空城逃逸了。其实，他们错了，这一批被误认为神的人是西班牙征服者比萨罗和他率领的180名士兵来到了印加帝国。

比萨罗深知必须擒获印加帝国的国王方可掳获更多的金银财宝，于是比萨罗和同来的西班牙籍神父商量后，邀请阿达瓦尔巴——印加国王前来卡萨玛尔卡镇，接受天使的蒙召。阿达瓦尔巴带着2000名壮士，手无寸铁地诚心接受召见，谁知竟然遭受监禁的命运。

比萨罗囚禁了国王后，便将所有珍宝集中，并冷酷地杀死了国王，以除后患。

贪得无厌的比萨罗在杀死国王后，率兵前往印加首都库斯科，企图搜寻更多的宝藏。然而令人讶异的是，在库斯科城中，无论是宫殿、神庙都空无一物，连称为"太阳的尼姑庵"中百位美女亦不知去向，整个库斯科城成了一个死去的世界。

究竟印加帝国的人们以及财富，何以霎时间消失得无影无踪呢？至今仍令历史学家们费思难解。

有一种说法是印加人自知抵抗不过刀剑锐利的西班牙人，于是用竹筏载满国王的木乃伊和国内所有的金银财宝，经向上天祈祷过后，把这些昂贵的宝物沉到250米深的喀喀湖中。

然而仔细思考，印加人拥有7万骑精锐，难道不敢和180名西班牙人做殊死战，而任由比萨罗横行霸道，私下做大迁移，逃向不为世人知晓的高山中吗？这似乎说不通。

然而，今日许多考古学家在绵延的安第斯山脉中，陆续发掘到许多印加帝国的遗迹，证明印加人确实曾经抛弃辛苦经营的帝国，而在蛮荒的山地中再建王国。

在玛殊比殊，考古学家丙海姆发现了一个洞穴，两边排着雕琢极工整的石块，可能为一陵墓。陵墓上是一座半圆形建筑物，外墙顺着岩石的天然形势建造，契合的巨石间插不进一张纸，墙是用纹理精细的纯白花岗岩方石砌成，匠心独具，颇有艺术价值。在这山上的墓穴中的骨骸，女性占绝大多数，从其中贵重的明器看也表示她们是重要的人物。是否是当年"太阳的尼姑庵"中的美女被送到这里，继续为印加帝国祈祷呢？

　　由于印加人没有用文字记载，使得遗留下来的问题更具神秘性。又有一些学者根据印加人的记录，大胆推测当时印加帝国虽然拥有高度文明，但被突袭而来的恐怖瘟疫横扫全国。然而，就算是发生瘟疫，难道当时的西班牙人具有免疫力吗？遗留下来的谜，疑云重重，仿佛为古代印加帝国的神秘灭亡增添点点色彩。有没有可能在西班牙人一入侵印加帝国，另一位国王瓦斯卡尔率领着数以百万的印加人深入蛮荒的安第斯山中，以无比坚毅的信念与勇气，在整座山上遍筑藏身的栖息之所，于是一座座宏伟的建筑物在隐秘的丛林中再现。当他们养精蓄锐，打算再度恢复当年的印加势力时，一场大瘟疫侵袭，残存的印加人无力重振势力，只得继续逗留在丛林中，埋葬死者，消灭遗迹，为了避免再度引起纷争，他们销毁了高度的文明，企图掩饰当年印加帝国的强盛……

　　众说纷纭，谜团仍然是谜团。

塞外雄关玉门关之谜

　　一提到玉门关，人们便会联想起大漠孤烟、缭绕烽火和离愁哀怨的画面。这在很大程度上是由于唐代诗人王之涣那句"春风不度玉门关"给人们的印象太深刻了。

　　其实，1000多年前，玉门关是一个繁华的边关。那里万里晴空鸿雁高飞，茫茫旷野驼铃急促，商队络绎不绝，旅客川流不息。沿着这条道路，中国把美丽的丝绸，精致的瓷器，特产的茶叶，独到的中草药，率先发明的火药、造纸和印刷术通过这条"丝绸之路"传送到世界各地。同时，中国又从"丝绸之路"上输入了不少有用的东西，例如苜蓿、菠菜、葡萄、石榴、胡麻、胡萝卜、大蒜、无花果等原来没有的作物，渐渐从西域到内地落地生根。汉朝时，从伊犁河流域引进乌孙马，从大宛引进汗血马。从丝绸之路还传来了西域各地的音乐、舞蹈和宗教，使中华文化艺术吸取了新的养料。

　　玉门关地处"丝绸之路"的咽喉要道，控制着河西走廊以西的北线。翻开地图，在甘肃西部边陲地区不难找到"玉门关"。然而，这是现代的玉门关市，它与历史上的玉门关名同实异。现在的玉门关市，是中国大西北的一座石油城。

　　根据古籍记载，玉门关在敦煌西北90千米的地方，人们在这一带的荒漠之中，发现了一个名叫小方盘的土城堡，它曾经被认为是汉代玉门关遗址。登上古堡远眺，它的北面，有北山横亘天际，山前有疏勒河流过。残存的汉长城由北向南，连贯阳关。在这里还发现过写着"玉门都尉"的木简。看起来像是"铁证如山"，小方盘定是玉门关无疑。

　　然而，对这座里面仅有几间土房，大小与北京的四合院相差无几的古堡，今天也有人提出了质疑：难道当年设有重兵守备、通往西域的重要交通孔道，竟是这样的一个小据点？

　　虽然，人们对于汉代玉门关的故址莫衷一是，但是，人们宁愿把这仅存的古堡视为玉门关的遗迹。千百年来，多少人千里迢迢来到这里瞻拜，登上古堡，遥望大漠，追忆祖先的光辉业绩。在古炮台上，人们会思念起汉朝大将李广利挥麾浴血奋战的壮烈场面，可以"听到"唐朝诗人王昌龄"黄沙百战穿金甲，不破楼兰终不还"的豪迈歌声。

庞贝古城是怎样覆灭的

1748年，那不勒斯国王的御前工程师阿勒比尔奉命去勘测一条150年前开凿的引水隧道。他在那不勒斯西北部20多千米的地方开始挖掘。挖到6米多深时，发现了一具手握金币的木乃伊和一些色彩鲜艳的绘画。经历史学家认定，阿勒比尔下挖的地方正好就是已经失踪了1600多年的古罗马名城庞贝。人们在阿勒比尔的率领下，开始对庞贝古城展开发掘工作。当时发掘的目的，主要还在于寻找一些艺术珍品和金银财宝。到了1763年，有一个叫约翰的德国人，凭着自己苦学来的知识，从挖掘出的杂乱零碎的遗迹中，第一次整理出庞贝古城的原样。

从1860年以后，经过100多年系统的大规模发掘，庞贝古城基本上已经重见天日了。发掘的结果表明，庞贝古城是一座背山临海、繁荣热闹的避暑胜地。它位于维苏威火山东南脚下，离罗马241千米，距那不勒斯23千米。庞贝城建在面积约0.63平方千米的五边形台地上，有一堵长3千米的城墙。城墙共有7个城门和14座城塔。城里"井"字形的纵横街道，把全城分成9个地区。街道由石块铺成，在主要的街道上，还有马车留下的车辙。在街道的十字路口上，有带有雕像的石头水槽。水槽和城里的水塔相通，供市民使用。街道两旁有商店、饭馆。墙上还有广告和标语。城南还有一座可容纳1200名观众的大剧院。此外，竞技场、体育场、酒店、赌场、妓院和公共浴室应有尽有。这表明，庞贝古城当时已经成为古罗马帝国达官贵族们的游乐场了。

在重现的庞贝古城里，人们可以清楚地看到，生活突然中断时的情景。餐桌上放着没有吃完的带壳的熟鸡蛋和鱼，面包炉里有烤好的面包，商店前柜上放着硬币，瓶罐中有栗子、橄榄、葡萄、小麦和水果。已经化成化石的蒙难者完好地保留了当时遇难时的表情、姿态和动作：有蹲在地上双手捂住面孔的；有趴在地上不断挣扎的；有头顶枕头仓皇外逃的；还有小女孩抱着母亲的双膝号啕大哭的；乞丐拼命攥住零钱袋；奴隶角斗士死在挣不开的铁链上；看家犬前腿跃起，猫儿钻进柜底……整个庞贝城好像一部电

画家笔下的庞贝末日
公元79年，维苏威火山的喷发悲剧触动了那些19世纪参观过庞贝城的艺术家，图为一幅表现庞贝末日的油画。

影定格在某一瞬间。这些尸骨周围被火山灰泥石浆包得严严实实，形成硬壳。后来，遗骸腐朽，化为乌有，而尸体原型的空壳却保留了下来。考古学家门就地灌注石膏，让死难者保持原状。庞贝古城当年居民约有 3 万人，至今掘出 2000 多具尸骨。

庞贝古城的大部分居民跑到哪里去了？留在古城里的人为何死得这样悲惨？人们在探索着答案。

有人说，庞贝古城毁于维苏威火山爆发。公元 79 年 8 月 24 日

这张画所描绘的景象，是 1799 年时已挖出来的庞贝剧场区。它是由一名去意大利旅行观光的画家所画。

中午，维苏威火山发出了震耳欲聋的巨响。一瞬间，喷出的岩浆直冲云霄。浓浓的黑烟，裹挟着滚烫的火山灰砂，弥漫着令人窒息的硫磺味，铺天盖地地降落在庞贝城。几个小时之内，14 米厚的火山灰就毫不留情地将这座生气勃勃的古城埋没得无影无踪了。

庞贝古城毁于维苏威火山爆发基本上是没什么疑问的，问题的症结在于庞贝古城是否是在一瞬间毁灭的呢？有人提出了异议。维苏威火山的爆发有一个过程，前后经历了八天八夜，古城居民完全可以从容地逃生。火山盖被冲开时，岩浆、碎石、烟灰、水蒸气一起喷上天空，天地顿时漆黑一团。半小时后，喷出物才飘到庞贝城，无孔不入的粉尘和硫磺气体使人窒息。4 小时后，等到飘落到屋顶的火山灰够重时，建筑质量较差的屋顶才塌下来，人们仍可从废墟中爬出来逃命。在第一次的袭击中，几乎无人丧生。48 小时后火山喷出物减少，天空渐渐明朗，逃出城的人以为没事了，纷纷返回，其中尤以回家取财宝的富豪居多。就在这时，第二次大喷发降临了，灼热的气体和烟灰置人于死地，今日所见的遗骸大约都是由这一次袭击所致。

那么庞贝城又是如何在火山爆发中变成"化石城"的呢？

这要归功于"水熔岩"。当年火山灰阵雨足足下了八天八夜，蒸汽遇冷凝成水滴，聚合空气中的灰尘，落下瓢泼大雨。大雨扫荡山顶灰渣，形成滔滔泥流。泥浆流就像水泥一样，干燥后坚如岩石，给积灰的城市盖上了一层硬壳，这就是地质学上所说的"水熔岩"。"水熔岩"将庞贝 3 座城市严严实实地密封起来，阻止了后人的盗窃，为人类保存了 1600 年前最完整的"城市博物馆"。

庞贝灾变中还有一大谜就是那不勒斯为何不曾覆灭？那不勒斯目前有人口 140 万，占那不勒斯湾一带人口的 2/3，为意大利第四大城市。它比庞贝城更靠近维苏威火山，可是它为什么始终未受破坏？从地理方面考虑，那不勒斯地势略高于庞贝三城，维苏威火山爆发时盛行西北风，火山缺口在东北方，火山灰奈何不了那不勒斯。可惜，繁盛一时的庞贝古城就这样瞬间消失了。

神奇的羽蛇城因何得名

在法国布列塔尼半岛上，有一群庞大的石柱群，平列蜿蜒，远远望去犹如长蛇在空中飞舞。其平列总长度达近 10 千米，巨石总数达 4000 块，最重的达到 350 吨，可以称得上是世界上迄今为止已发现的最壮观的石柱群了。

众所周知，布列塔尼半岛突出在大西洋的海面上，而卡纳克石柱群就是在半岛上的卡纳克镇附近。在那里，现在竖立于地的花岗岩巨石有 3000 多块，另外还有近 1000 块残破或者失落了。每块立石一般的高度是 1 米 ~ 5 米，而且石柱以天然大理石作为垫底。具体讲来，它一共包括有 3 个石阵。

第一石阵距离卡纳克镇 500 米左右，石柱成 12 行纵队排列，呈东西方向，蜿蜒在高低起伏的土地上，一直延伸到松林极目的远处，总长度已经达到 4000 米之多，蔚然壮观。石柱行列微微弯曲，石与石间距离长短不一，石面打磨得相当平滑。在石阵的起点处有甬道，甬道的两壁和顶部是由花岗岩石板砌成的，里面很黑很低，必须手持电筒、屈身前进。过了甬道，就进入一个小石室里，石室的四壁雕有图案，相当美观。

大约隔有一个小丘的距离，就是第二石阵。排列成 7 行，在总体长度上超过第一石阵。在石阵的中间有一座古老的磨坊，游人可以登上磨坊顶部，观看两旁绵延不绝的石柱阵容。过了一片稀疏的树林，就会看到第三个石阵。排列成 13 行，可惜长度仅仅有 355 米。不过那里的石柱在排列上，远比前面两阵更为密集。

考古学家试图将石柱与当时的拜蛇教联系到一起。历史上，当地高卢人是十分崇拜蛇神的，因而那些弯弯曲曲的石阵，有可能是模仿蟒蛇蜿蜒爬行的姿势来建造的。又因为那些石柱匍匐于高低起伏的大地上，远远望去，颇有振翅飞动的气势，因此，也就称其为"羽蛇城"。

卡纳克镇上部分伸入大西洋的石柱
布列塔尼半岛上的许多石柱都具有像这些伸入海中的石柱一样的特征。

这么惊人的石阵阵容，18 世纪以前的史书上竟然没有一个字的记载！当今的各种地理图书也极少提及，那么这么神奇的"羽蛇城"，是什么年代建造的，又是如何建造起来的呢？

1764 年，有位考古学家偶然路过这里，见到了石柱群，并做了报道，他认为这是罗马时代的遗物，这才引起了世人的注意。而他的论说也仅仅是依据民间传说而已。公元 3 世纪，罗马军队不断进犯布列塔尼半岛，卡纳克的守护神康奈里大展神威，亲临山巅，玉手一指，将追赶的罗马士兵封死在原地，一个一个地化成了石柱，那罗马的统帅就化成了最大的一块。这位考古学家虽不信这样的神话，但他坚信这是罗马时代的遗物。

当然还有更多的猜测，有认为是庙宇祭坛的，有认为是外星人访问地球石的"登陆台"的，如此等等，莫衷一是。

20世纪60年代，考古学家使用放射性碳测试技术，确定石柱存在于公元前4650～前4300年，距今约6000多年，比英国的斯通亨石环要早得多，可谓人类新石器时代最早的文化遗址之一。

但是，石阵所在地没有石头，须从4000米以外的山岩上开采。古人最先进的搬运工具也就是绳索、滚轴、杠杆、滑车，还有土坡的斜力下滑。他们是如何搬动350吨重的大石柱的呢？是什么鼓动他们狂热地进行这么浩大的工程呢？英国考古学家哈丁翰只能说："卡纳克石柱群比金字塔更神秘，是考古学史上历史最久而又未被人类攻破的秘密。"如果要揭开石柱的秘密，必须先弄清营造石阵的那批古人的来源，继而了解当年的生活情景。留存下来的墓葬，为此提供了可靠的间接物证。

1900～1907年，法国的考古学家勒胡西率领着一支队伍，发掘卡纳克附近的圣米谢尔古墓。该墓的体积是7.5万立方米，出土大量公元前4000年前后的遗物。1979～1984年，另一位考古学家勒霍斯带队发掘卡纳克的格夫尔林尼斯岛上的甬道墓，发现该墓是个可以经营的地下建筑，大理石块砌成的同心圆台如同露天运动场的看台一样，墓壁上还有精美的浮雕图像。他们还在距那里20千米外发现了另一古墓，墓内的石雕也有类似的图案。格夫尔林尼斯岛上的甬道墓，今天已经辟为地下博物馆供游人参观。新石器时代的石雕令人叹为观止。29块墓道墙壁石板中有27块刻有图案，6000年前的无名大师雕刻了许多的同心圆弧、枞树、斧头、蛇、牧羊者手杖等等精美图案，还有类似女神的人像。墓内室顶端的一块巨石上面，刻着一头长角的牛头和其前半身以及一把斧头。

卡纳克人有高超的本领营造这样的"地下宫殿"，就已经充分说明：6000年以前的卡纳克人已经具有相当高的文化素养了，自然也有足够能力来架设简单的"地面柱林"，建造出显示着高度文明的石柱群落来。也就是说神奇的"羽蛇城"实际上正是卡纳克人高度文明的最佳体现。

重现于世的吴哥古城

历史总留下很多遗憾，光阴总毁去太多珍奇。庞贝古城、玛雅文化遗址已让人们感慨不已，吴哥古城更在丛林之中吸引着人们的目光。吴哥古城是柬埔寨的象征，它与埃及金字塔、中国的长城、印度尼西亚的波罗浮屠并称为"东方四大奇观"。12世纪前半叶，吴哥王朝进入全盛时期，信奉婆罗门教的高棉国王苏利耶跋摩二世，为了祭祀"保护之神"毗湿奴，炫耀自己的功绩，而建造了著名的吴哥窟（小吴哥）。

大吴哥位于吴哥窟的北部，是耶跋摩七世统治时期建造的新都。吴哥城规模非

常宏伟壮观，护城河环绕在周围。城内有各式各样非常精美的宝塔寺院和庙宇。在吴哥城中心的是巴扬庙，它和周围象征当时16个省的16座中塔和几十座小塔，构成一组完美整齐的阶梯式塔型建筑群。重现于世的吴哥古迹，具有独特和永久的魅力，这使世人为之倾倒、赞服，同时又使人们产生了无穷的遐想和许多疑问。

疑问之一，是何人建造了美妙绝伦的古城。它的每一块石头都是精雕细琢，遍布浮雕壁画，其技巧之娴熟、精湛，想象力之丰富，使人难以置信，以至于长时间流传着吴哥古迹是天神的创造，不可能出自凡人之手的说法。在垒砌这些建筑时，没有使用黏合剂之类的材料，完全靠石块本身的重量和形状紧密相连，丝丝入扣。时至今日，吴哥古迹的大部分建筑虽历经沧桑，仍岿然不动。吴哥古迹充分向人们展示了柬埔

吴哥巴扬寺神化的国王石像头

寨人民高度的艺术才能和伟大的智慧。

疑问之二，通过对吴哥城的规模进行估计，在这座古城最繁荣的时候，至少近百万居民生活在这儿。可是为什么这样一座繁荣昌盛的都城竟会淹没在茫茫丛林里呢？它的居民为什么都不见了呢？有人猜测，流行瘟疫或霍乱之类的疾病，使他们迅速地在极短时间内全部死去。还有人猜测，可能是外来的敌人攻占这座城市后，将城里的所有居民赶到某一地方做奴隶去了。

疑问之三，在柬埔寨历史上，放弃吴哥是一个具有重要转折意义的事件，它标志着一度强大的吴哥王朝的瓦解。那么，是不是有别的因素呢？中国一些学者认为，这种结局与暹罗人的不断入侵有关，这使得高棉人做出了撤离吴哥的最终决定。自从暹罗人不断强大后，使高棉人蒙受深重的灾难和巨大的损失。日益衰竭的国力使高棉人无法应付暹罗人的挑战，只好采取回避的方法。O.W.沃尔特斯博士也有相似的看法。但是他认为，吴哥王朝的衰弱和抵抗力的丧失，并非完全是暹罗人所造成，而是高棉王族之间内部矛盾斗争发展的后果。这时，暹罗人入侵，从而导致了吴哥王朝放弃古城之举。

15世纪上半叶，吴哥王朝被迫迁都金边，曾经繁华昌盛的吴哥城杂草丛生，逐渐被茂密的热带森林所湮没。由于有关柬埔寨中古时代的史料极其缺乏，重现于世的吴哥古城只能有待后人去探索研究。

神秘的奥尔梅克石像

奥尔梅克文明的历史，可以追溯到公元前2000年，但是在阿斯特克帝国崛起之前的1500年，这个古老的文明就已经消失了。但是仍然留下了很多关于奥尔梅克人

的美丽动人的传说，人们甚至亲切地称呼他们为"橡皮人"——根据传说，他们居住在墨西哥湾沿岸的橡胶生产基地。

传说中的奥尔梅克人的家乡，正是科泽科克斯河注入墨西哥湾的地方。"科泽科克斯"这个地名的意思就是"蛇神出没的地方"。相传远古时代，奎札科特尔和他的门徒就是在这个地方登陆墨西哥的——他们搭乘"船身光亮有如蛇皮一般的"船舶，从地球的另一端渡海而来。也就是在这里，奎札科特尔登上一艘"蛇筏子"扬帆而去，从此离开了中美洲。

就在科泽科克斯西边，从圣地亚哥·图斯特拉镇出发，向西南方向行驶25千米，穿过葱翠的原野，便是崔斯萨波特古城；科泽科克斯的南边和东边则是圣罗伦佐城和拉文达城，在这些地方，无数的典型奥尔梅克人雕刻品相继出土。有些雕刻的是庞大的头颅，重达30吨，其他的是巨型的石碑，上面镌刻着两个相貌完全不同的种族——都不是美洲印第安人——相会的情景。制作这些杰出艺术品的工匠，肯定是属于一个精致的、高度组织化的、繁荣富裕的、科技上相当发达的文明。令研究者们困惑的是，除了艺术品之外，这个文明没有留下任何东西让后人探寻它们的根源和性质，它们的存在又有什么样的代表意义？唯一能够确定的是奥尔梅克人在公元前1500年左右，带着已经得到了充分发展的、高度文明的文化，突然出现在了中美洲这片神奇的土地上。

考古学家挖掘出的巨大人头像中，最大的一尊是在耶稣基督诞生之前不久雕制完成的，也就是公元前100年左右制作的，它重达30多吨，大约高1.8米，圆周5.4米。它们呈现的大多是非洲男子的头部——戴着紧密的头盔，绑着长长的颚带，耳朵穿洞，鼻孔宽阔，鼻梁两旁显露出一道道很深的沟纹，嘴巴肥厚下垂，下巴紧贴着地面，有的两只大眼睛冷冷地睁着，宛如两颗杏仁，有的则是安详地闭着双眼。在那顶古怪的头盔底下，两道浓密的眉毛高高翘起，显出一脸怒气。看上去总会感觉有一种阴郁、深沉的凝重气息。奥尔梅克人留下5座非同一般庞大的雕像，描绘的是面貌具有明显黑人特征的男子。当然，两千年前的美洲并没有非洲黑人，直到白种人征服了美洲之后，黑人才被抓来当奴隶。然而，考古学家发现的人类化石却显示，在最后一个冰河时代，移居美洲的许多种族中，就有非洲黑人。

这一尊尊人头像，都是用整块的巨大玄武岩雕成，竖立在粗糙的石板叠成的基座上。尽管体积十分庞大，雕工却显得十分细致老练，五官的比例均匀完美。

在清除了周围的泥土之后，它立刻呈现出一种令人望而生畏的严肃的气概。和一般的非洲土著的雕刻品不同的是，它所使用的是写实的雕刻方法。五官的线条简洁而且有力度，表现出黑人身上所独有的面貌特征。

显然，奥尔梅克人曾经建立了相当辉煌灿烂的雕刻文明，进行过大规模的工程计划。他们发展了高超的技艺，有能力雕琢和处理巨大的石块（他们遗留下的人头像，有些用一整块巨石雕刻而成，重达20吨以上）。不可思议的是，尽管研究者一再地努力挖掘，却始终没有在墨西哥找到任何的证据和迹象可以证明奥尔梅克文化曾经有过"发展阶段"。这个最擅长雕刻巨大黑人头像的民族，仿佛从石头里蹦出来，突然出现在了墨西哥。有趣的是，这些让考古学家百思不得其解的 5 尊巨大的、显露黑人五官特征的人头雕像，被刻意埋藏在地下，以一种独特的形式排列着。

那么这些巨型的人头像雕刻品，代表什么意思呢？有人推测是奥尔梅克人自己的自画像，有人认为那不是他们制作的，而是出于另一个更加古老的、已经被遗忘的民族之手。

正统学界一贯主张，1492 年之前，美洲一直处于孤立的状况之中，跟西方世界没有接触。思想比较前卫的学者，拒绝接受这种教条式的观念。他们认为，奥尔梅克雕像所描绘的那些深目高鼻、满脸胡须的人物，可能就是古代活跃于地中海的腓尼基人，早在公元前 1000 年之前，他们就已经驾驶船舶，穿过直布罗陀海峡，横越大西洋，抵达美洲。提出这个观点的考古学家进一步指出：奥尔梅克雕像所描绘的那些黑人，具体地讲，是腓尼基人的"奴隶"，他们是在非洲西海岸捕捉到这些黑人，然后千里迢迢地将他们带到了美洲。

然而还有一个问题，纵横四海的腓尼基人，在古代世界的许多地区留下了他们的独有的手工艺品，却没有在发现的奥尔梅克人聚居地留下属于他们的任何东西。事实上，就艺术风格来讲，这些强劲有力的作品似乎并不属于任何已知的文化、传统和艺术类型。不论是在美洲还是在全世界，这些艺术品都没有先例。

奥尔梅克文化究竟从何形成，又是如何衰亡？这是个连历史学家都无法回答的问题，刻在石头上的日历以及历史，就更加难以解释了。总之，奥尔梅克文化隐含着诸多未知数，历史学家和科学家们不知还要经历多少年的不懈的努力，才能够找到它的谜底。

玛雅都市是怎样消失的

大约从公元 1700 年开始，美洲的学者就已经发表了一批介绍中美洲玛雅文化的考察报告，可惜只是浮光掠影，表述得不很详尽。1885 年，年轻的美国探险家桑普逊由印第安人作为向导，在古代玛雅帝国所在的墨西哥尤卡坦半岛丛林中艰辛跋涉，终于发现了奇琴伊察城。后来在他担任尤卡坦领事的 24 年里，他几乎都泡在那里挖宝。1930 年前后，相关部门曾经动用飞机对该遗址进行了多次空中拍摄，并于 1947 年开始在这里进行有组织的大规模的发掘，终于使奇琴伊察城得以重见天日。

奇琴伊察遗址位于今天墨西哥尤卡坦州的中南部，是古代中美洲玛雅文化的三大城市之一。这里属于干旱区域，水源主要是来自石灰岩溶洞的天然井，所以水源在这里备受重视。"奇琴"在玛雅语中的意思就是"井口"，"伊察"意思是"伊察人"，"奇琴伊察"的意思就是"伊察人的井口"。

有的学者认为，早在公元前 1500 年到公元 300 年，玛雅民族就已经占领了这个地区，并且在公元 6 世纪占据了奇琴伊察城。早期的奇琴伊察建筑中有神秘文字大厅、鹿厅、神堂等，公元 10 世纪被异族占领后，又修建了大金字塔、大祭祀冢、武士神庙等。1450 年前后，城市被废弃，玛雅文化随之消失。今天我们所见到的遗址就是后期的建筑。

总体来讲，整个遗址大约占地 6 平方千米，南北长为 3 千米，东西宽为 2 千米，各种建筑物总共有数百座之多。其中，卡斯蒂略金字塔、战士金字塔、球场等处保存得还算完整。至于"圣井"中的宝物早就已经被打捞殆尽了。

卡斯蒂略金字塔是一座巧妙的天文台。它高 24 米，有 9 层，四面对称，底边各个边长为 75 米。四面各有 364 级台阶可以通到塔顶，加上台基共 365 级，恰好与一年的天数相吻合。塔顶是平顶庙宇，三面开门，南面开着窗户。正门的大门两侧，分别立着一座羽蛇像石柱，每年的春分和秋分时节可见到"光影蛇形"之奇景。古代的玛雅人就是在大门前面的广场上载歌载舞，宣告春耕、秋收的开始。

奇琴伊察的一个天文观测台，它位于奇琴伊察遗址的中心（上图）。古老的交易市场（下图）。

在距遗址大约 1.5 千米的地方，有两口直径约为 60 米的水井。井的旁边有一座大理石柱建成的金字塔，塔基边长是 60 米，宽 30 米，顶部的平坛有神庙。在塔庙到另一处神泉之间，有宽 4.5 米、长 60 米的石径连接着。另一处神泉就是玛雅的"神泉"，是"雨神"居住的地方，奇琴伊察的名字就是来自这个神泉。

当年桑普逊在察看这口圣泉时，发掘出一些美洲狮、鹿的残骸，还有玛雅人专用的祭祀香料。当然，也陆续发现了古瓶、矛头、翡翠碗，甚至人的骸骨，还有更多的是金盘、金铃铛、玉石……可以说，桑普逊的探宝活动获得了巨大的成功。此外，他还意外地证实了玛雅人用活人祭雨神的传说。玛雅人崇拜雨神，相信天气的变化、作物的丰歉都是由它来主宰的，所以人们会不定期地给雨神送美女做"新娘"，也就是从全族中挑选出最漂亮的少女，在献祭的当天全族人在神庙面前，把打扮好的少女连同陪嫁的金童玉女，一同投入神泉中，随后投入大量的金银财宝，以便压着他们下沉。

值得注意的是，在奇琴伊察城还有几个球场。最大的一个位于城北，总体面积达到了 22576 平方米。场地的两头有石墙，墙上面镶有石环，以供投篮之用。据民间传说，1200 年前，玛雅人就已经普遍流行着类似现代的篮球赛了。球像排球那样大小，是实心橡胶的，很重，要将球投入墙上的石环中得有很好的体能和技巧。比赛中禁止用手、脚接触球，所以球的命中率极低。胜利者会受到很高的荣誉，甚至可以随意向观众索取财物作为奖赏；失败者却往往丧失一切，也可能会被砍头示众。球场墙壁上就刻有一个球员被斩首、而首级插在看台杆顶的浮雕。这种生死比赛，是何等的激烈和悲惨呀!

众所周知,玛雅文明达到登峰造极的地步,是在 6 世纪~9 世纪的时候,但在 10 世纪后急转直下,乃至湮没消亡。那么,是什么原因造成了他们的灭亡呢?难道是气候的巨变、地震、风灾、瘟疫等自然灾害的流行,令人们无法维持生存,以至于田陌荒芜、人烟稀少?还是由于遭到了内乱、外族的入侵,迫使他们背井离乡而逃往别处?他们后来又去了哪里呢?在人类的文明史上,再也没有出现过关于他们的记录。一个偌大的民族难道就这样不明不白地毁于旦夕之间?

透过以上的种种迹象,有关学者认为,玛雅文明实际上是毁于自己手中,是他们自作自受。他们刀耕火种的生活方式,造成了毁林、水土流失、地力的衰竭。同时人口的急剧增长,特别是从公元前 800 年开始,人口每隔 400 年就翻一番,在公元 900 年已经到 500 万人,远远超出了土地的承载力,所以社会崩溃也是必然的趋势。再者,如前文所述,玛雅人的文明有高度发达的一面,也有落后的一面。他们狂热地崇拜鬼神,用活人祭祀,甚至还从自身的耳朵、舌头、生殖器上钻孔取血,以便献给神灵,结果导致人们体弱多病,一代不如一代,最终使得整个民族灭亡!

复活节岛石雕的创作者是谁

1772 年,一支荷兰舰队在雅可布·罗赫文的率领下前往非洲,在距离智利西海岸 3000 多千米的南太平洋上,他们发现了一个地势险峻的小岛。发现小岛这天恰好是西方的复活节,所以这座小岛就被命名为"复活节岛"。复活节岛面积只有 120 平方千米,人烟稀少,岛上没有树林,在长满青草的山坡上,留有许多火山爆发的痕迹。岛上居民是一些土著人,人口不足 6000。最引人注目的是在小岛靠近岸边的地方,矗立着许多巨大的石雕人像,大的足有 10 米高,小的也高达 5 米。这些巨像双耳下垂,前额低垂,面无表情。此外,岛上还有上百件民用铁器。但是岛上居民甚至可能连最简单的工具都不会使用,按他们的能力是根本无法雕出那么多巨像的。那么这些巨像及岛上的建筑又是什么人留下的呢?有什么作用或象征意义呢?

另外,许多石像的头上原来都有圆形的帽子或头饰。巨像倾倒后,这些头饰滚落在旁。这些头饰是用岛上火山口的红石雕成的,又大又重,它们是怎样戴到巨大的雕像头上的呢?这一切都给这座小岛涂上了一层神秘的色彩,吸引了无数的科学家和探险家前来考察。遗憾的是,直到现在仍然是收效甚微,得到的只是一些说服力不强的猜测。

有人研究了岛上刻有文字的木板后认为,复活节岛原是南太平洋扩大后的一部分,曾经拥有灿烂的文明。大约在一两万年前,一场突然爆发的大地震使得这块古大陆遭到劫难,只有复活节岛幸免于难。岛上的石雕像和石建筑,都是那个时代的遗迹。

挪威的人类文化学家特尔·海尔塔尔认为,岛上的居民来自离此较近的北美洲。为这种说法提供根据的是,岛上有原产南美大陆的甘薯。但是一支法国探险队在对复活节岛进行了全面考察后，却提出了全新的见解。他们认为，岛是外星人访问地球时留下的，这个小岛很可能是外星人的基地。

很多人相信了这种说法，但法国的科学家却不这样认为。他们为了再现当年的景象，用坚硬的石头当"凿子"，用葫芦装水洒在石头上帮助"雕刻"，这样就在岩石上凿出了一个个小坑。经多次重复后还可以在岩石上"雕"出形状来。他们又用木头和绳子模仿了巨像的搬运工程。尽管如此，他们还是得不到令人信服的结论。绳子和棍子也是工具，当时的人会使用吗？在岩石上凿个小坑容易，但要想雕出一座五官俱全、高达10米的石像，用"洒水雕刻"的方法能办到吗？

法国科学家们找到的最有希望的线索，是一些岛上原住居民留下的木制牌，上面刻着一些类似文字的符号。根据这些推测，长耳人就是印第安人，短耳人就是波利尼西亚人。这些石像是为纪念长耳人自己的首领而雕刻的。石像是已故酋长和宗教领袖的象征，是神化死者的偶像，长耳人相信它有超自然的力量足以抵御天灾人祸，保佑海岛风调雨顺，于是激发起部族巨大的创作热情，一代接一代地雕刻下去。洛加文将军登岛时，目睹岛民点燃火把，诚惶诚恐蹲在石像面前，双手合十，不停叩头。于是他最早提出偶像崇拜的看法：石像就是岛民膜拜的神灵。然而所有这一切都没有确凿的证据，难作结论。

欧洲人另有一种说法。公元前4世纪，马其顿帝国曾有一支远征舰队失踪了，实际上就是远航到太平洋，流落并定居于复活节岛上，那些石像都是高鼻子，正是欧洲人的特征。他们认为，有两点事实必须肯定。第一，复活节岛曾经存在过灿烂的文明，人口最多时超过2万人；第二，优越的自然环境、丰饶的物品、众多的人口，支撑了这个文明，又由于滥垦滥伐，人口负荷过大，招致环境恶化，森林砍光，两族为生存而厮杀，导致文明的崩溃。

1914年英国一位女学者指出，石像中的一部分代表神，另一部分是现实人的影

复活节岛上的石雕造型奇特，别具风采。它们屹立在那里，像是俯视着岛上络绎不绝的游人，又像是等待着人们来揭开其神秘面纱。

复活节岛上的土著居民还保持着传统的习俗与装束。

子，如同"照片"。1934年来岛定居的法国神父认为，石像纯粹是为当时岛上的活人竖立的。1962年，法国学者玛泽尔又另提一说，他说石像不是神，也不是活人，而是太空来客搞的名堂。太空人因技术事故迫降于复活节岛上，教土著人基本语言和星空常识，临走前造了这些石像留作纪念。有些专家却认定石像是镇岛的卫士。岛民没有自卫的力量，想用这些"哨兵"威慑，吓退来犯之敌。

即使搞清了石像的用途和创作者，仍然没法解开石像运输到位之谜。远古时人们没有任何机械，单靠人力是怎样搬运几十吨重的石像？又如何把巨像从采石场拽到海边？又如何起重定位？

1986年，挪威学者海尔达尔提出了一种论点，他在捷克工程师巴夫的协助下，组织18名岛民分成两组，一组用绳索使石像倾斜，一组用绳索紧拉石像底部，几个人用木杆撬动，两组用力牵拉，几十吨重的石像竟在沙滩上摇晃移动。用同样的方法，可使石像升到石台之上。依此计算，15个劳动力一天之内就可将150吨重的石像移动200米。躺在采石场的半成品底部棱角尖锐，海边的石像底部平滑而无棱角，正是长途拖拽磨损的见证。

复活节岛的这些谜团何时能够彻底解开，依然是考古学家和历史学家的大课题。

巴比伦"空中花园"的建造之谜

在2500年前，一名希腊经师写下了眩人耳目的七大奇观清单：罗得岛巨像、奥林匹亚宙斯神像、埃及金字塔、法洛斯灯塔、巴比伦空中花园、以弗所阿提密斯神庙以及毛索罗斯王陵墓。这位经师说，七大奇观，"心眼所见，永难磨灭"。这就是所谓世界七大奇观的由来。

巴比伦空中花园是什么时间建造的呢？一般认为，巴比伦空中花园是在幼发拉底河东面，距离伊拉克首都巴格达大约100千米，是在巴比伦最兴盛时期尼布甲尼撒二世时代（公元前604~前562）建造的。

千年古都巴格达曾是阿拉伯鼎盛时期阿拔斯王朝的首都，向来以文学艺术和雕塑绘画著称于世，世界名著《一千零一夜》中许多故事的出处都在巴格达。然而，美丽的巴比伦空中花园究竟在哪里呢？据历史记载，巴比伦是公元前626年迹勒底人建立的新巴比伦王国的遗址，主要由阿什塔门、南宫、仪仗大道、城墙、空中花园、石狮子和亚历山大剧场等建筑组成。遗址一直埋在沙漠中，直到20世纪初才被发现。而汉谟拉比（公元前 1792~ 前 1750）时代的古巴比伦王国遗址，至今还被埋在 18 米深的沙漠。

在遗址宫殿北面外侧不远的一堆矮墙中阿巴斯是一个深深的地下室，散发出一种异样的味道，原来这就是空中花园的所在地，阿拉伯语称其为"悬挂的天堂"。据说，花园建于皇宫广场的中央，是一个四角锥体的建筑，堆起纵横各 400 米，高 15 米的土丘；共有 7 层，每层平台就是一个花园，由拱顶石柱支撑着，台阶并铺上石板、芦草、沥青、硬砖及铅板等材料，眼前只有盛开的鲜花和翠绿的树木，而不见四周的平地；同时泥土的土层也很厚，足以使大树扎根；虽然最上方的平台只有 20 平方米左右，但高度却达 105 米（相当于 30 层楼的建筑物），因此远看就像一座小山丘。

更有历史学家放言道："从壮大与宽广这一点看，空中花园显然远不及尼布甲尼撒二世宫殿，或巴别塔，但是它的美丽、优雅，以及难以抗拒的魅力，都是其他建筑所望尘莫及的。"公元前 1 世纪作家昆特斯·库尔提乌斯这样描述这座空中花园："无数高耸入云的树林给城市带来了荫蔽。这些树有差不多 4 米粗，高达 15 米。从远处看去，让人以为是一片高大巍峨、树木繁盛的山上森林。"

然而这么豪华的"天堂"现在却什么也看不到了，只有一段修复后的低矮墙中残留的一小块原址遗迹，旁边有一口干枯的老井。据说这就是当年空中花园的遗存品，但尼布甲尼撒博物馆的馆长说，经过考证，现在仍不能确认这就是真正的空中花园遗址，因为这里离幼发拉底河 20 多千米，而资料记载空中花园就在河边上。事实上，大半描绘空中花园的人都从未涉足巴比伦，只知东方有座奇妙的花园。而在巴比伦文本记载中，它本身也是一个谜，其中没有一篇提及空中花园。所以真正的空中花园在哪里，至今没人能说得清楚。

至于为什么要建造奇特的巴比伦空中花园，古代世界就有两种不同的说法。

一种说法是，前 1 世纪中叶，西西里岛的希腊历史家狄奥多罗斯在他的 40 卷《历史丛书》中提及，"空中花园"由亚述女王塞米拉米丝供自己玩乐所建。空中花园或许真的曾名噪一时，但塞米拉米丝却实无其人，她只是希腊传说中的亚述女王。

另一种说法是，来自巴比伦祭司、历史家贝罗索斯（前 3 世纪前期）写过一部向希腊人介绍巴比伦历史和文化的著作，曾提及公元前 614 年巴比伦国王去世，新国王尼布甲尼撒即位后，迎娶了北方国米提之女安美依迪丝为妃。而米提是一个山国，山林茂密，花草丛生。米提生长的王妃，骤然来到长年不雨的巴比伦，触目皆是黄土，不觉怀念起故乡美丽的绿丘陵来。她日夜愁眉苦脸，茶不思，饭不想，本来美丽的身影，不久就瘦骨嶙峋了；这可急坏了巴比伦国王。可是，在巴比伦连块石头也难找到。怎么办呢？他请来了许多建筑

汉谟拉比头像

他是公元前第二个千年间在位的伟大的古巴比伦国王，他曾将整个美索不达米亚都置于其统治之下。

师要他们在京城里建造一座大假山。经过几年的营造，也不知耗费了多少奴隶的血汗，一座大山终于造好了。山上还种上了许多奇花异草。这些花木远看好像长在空中，所以叫作"空中花园"。花园里，还建造着富丽堂皇的宫殿，国王和王后得以饱览全城的风光。据说，米提公主从此兴高采烈，思乡病一下子消失得无影无踪。

虽然空中花园已全部为荒漠所吞噬，但同伊甸园一样，空中花园的传说一直吸引了无数人。很长时间以来，许多古代的著作对它是否真的存在过表示疑问。19世纪，德国考古学家罗伯特·科德卫发现了一些证据，他认为可以证明空中花园确实存在过。第一条线索是若干个石拱，它们可以轻易支撑住树林、土壤、岩石以及导水管的巨大重量。接着，他又发现一根轴，从屋顶一直延伸到地面，这可能就是一口井，空中花园的水也就是从这里抽取。进一步的研究表明，屋檐正下方的地面曾用于某种形式的储存。这极可能是一个蓄水库。今天美索不达米亚一带气候干燥、缺少石材，空中花园离幼发拉底河又有一段距离，而花园的花离不开水，那么它是如何解决供水问题的呢？如果真是这样的话，在水泵发明几个世纪前，水又是如何被运到屋顶花园的？

公元前1世纪的历史学家兼作家斯特拉博曾记载："有专门的旋转式螺旋桨把水送到屋顶。这些螺旋桨的功能就是不断地从幼发拉底河抽取水源以喷洒滋润整个花园。"尽管人们一直把这种旋转式螺旋桨视为阿基米德螺旋泵，并且由于它能够较好地输送大量水源，最终引发了全世界农业的革新，然而奇怪的是，古代文卷中没有一处特别提到巴比伦曾使用过这种水泵。可这种水泵却被另一位统治者亚述国王塞纳恰诺波使用过，他的都城设在尼尼微——底格里斯河。

专家们认为，空中花园应该要有完善的输水设备，由奴隶不停地推动着相连的齿轮，把地下水运到最高层的储水池中，再经过人工河流供给植物水分。同时美索不达米亚平原没有太多石块，因此研究员相信花园所用的砖块定是被加入了芦苇、沥青及瓦，狄奥多罗斯甚至指出空中花园所用的石块加入了一层铅板，以防止河水渗入地基。

事实究竟如何呢？还有待于进一步考证。迷人的空中花园，将无尽的谜尽藏腹中。

新巴比伦王国修建过通天塔吗

如今的人们，已能利用航天飞机深入宇宙，更能用望远镜探望宇宙深处的秘密，但人们还是很向往更遥远的天外，希望能达到世界的顶端。这种愿望自古有之。

基督教经典著作《圣经旧约·创世记》第11章曾有这样一段记述：古时候，天下众多的人口，全都说着同一种语言，人们在向东迁移时，走到一处叫示拿的地方，发现那里是肥沃的平原，就定居下来。他们商定在这里用砖和生漆修建一座城和高耸通天的塔，以此传播声名，免得四处流散。这件事惊动了耶和华，他看到城和大塔就要建成，便施法术变乱了人们的口音，使人们的言语各不相同。结果工程不得不停顿下来，人们从此分散到了世界各地，大塔最终没有建成，后人把这座大塔称作巴别，"巴别"就是"变乱"的含义。

如何看待《圣经》中这段记述，史学界众说纷纭，有的人认为《圣经》中这段传说，有所根据，认为《创世记》记载的那座大塔的原型，就是古代两河流域（即示拿）新巴比伦王国时代巴比伦城内的马都克神庙大寺塔。这座大寺塔，被称作埃特曼安基（意为天地之基本住所）。它兴建于新巴比伦国王那波帕拉沙尔（公元前626~前605）在位时，到其子尼布甲尼撒（公元前604~前562）在位时才建成。这一传说也反映了新巴比伦王国时代，巴比伦城内居民众多、语言复杂的情况。公元前5世纪，古希腊历史学家希罗多德在其所著的《历史》一书第1卷181节

巴比伦宝塔式建筑遗迹

中，记载了如下事实："在这个圣域的中央，有一个造得非常坚固、长宽各有一斯塔迪昂（古希腊长度单位，约合185米）的塔，塔上又有第2个塔，第2个塔上又有第3个塔，这样一直到第8个塔。人们必须循着像螺旋线那样地绕过各塔的扶梯走到塔顶的地方去。那里有一座宽大的圣堂。"希罗多德说塔共11层，可能是把塔基的土台或塔顶的庙也计算在内了。公元前331年马其顿亚历山大到巴比伦时，这座大塔已非常破败。为了纪念自己的武功，亚历山大曾有意重建此塔，可是，据估算，光是清除地面废料，就需要动用1万人，费时2个月。由于工程浩大，亚历山大只好放弃了这个打算。

相反，有的学者不同意《圣经》中提到的通天塔就是新巴比伦时代马都克神庙大寺塔的观点，认为在巴比伦城内，早在新巴比伦时代以前就曾有两座著名的神庙，一座叫作萨哥—埃尔（意为"通天云中"），一座叫作米提—犹拉哥（意为"上与天平"），它们很可能就是关于通天塔的传说的素材。但是，有关这两座神庙，没有更多的史料可以提供参考。

尼雅古城为何消亡

20世纪初，在我国西北部塔克拉玛干大沙漠边缘的尼雅地区，英国探险家斯坦因发现了一座古城。这个遗址规模庞大，东西宽约7千米，南北长约26千米，许多城墙、房舍、街道、佛塔的轮廓依然保存得相当完好，其气势磅礴，堪与著名的古罗马庞培城相媲美。更令人惊讶的是，从这里挖掘出了大量珍贵文物，其中还有很多书写了奇怪符号的木简。这些发现立刻使尼雅一夜间轰动了世界，那些奇怪的

符号是文字吗？若是，写的又是什么？为什么在这沙漠之地会有具有高度文明的古城？这座古城是如何从历史上消失的？这些疑问，吸引了众多考古学家前去考察，一步步揭开尼雅城的神秘面纱。

在尼雅考古发掘中发现的奇怪的木简符号，经专家考证确实是文字，名叫佉卢文。这是一种早已消失的文字，起源于公元前4世纪印度西北部，公元前3世纪印度孔雀王朝的阿育王时期就是使用此种文字，全称"佉卢虱底文"。公元2世纪~4世纪曾流行于新疆楼兰、和田一带。随着印度贵霜王朝的灭亡，佉卢文也消失了，至今已经绝迹1600余年，当今世上只有少数专门的研究者能读懂它。佉卢文为何能在异国他乡流行起来至今还没有非常合理的解释。这似乎并不重要，重要的是木简上的佉卢文写的是什么内容呢？

经解读后发现，木简内容也许能够揭示尼雅消亡的原因。其表述的多是各种命令，如"有来自某国人进攻的危险……军队必须上战场，不管还剩有多少士兵……"；"现有人带来关于某国人进攻的重要情报"；"某国人之威胁令人十分担忧，我们将对城内居民进行清查"；"某国人从该处将马抢走"。这些文字字体是弯曲形的，没有标点，字与字之间无间隔，给解读带来了困难。但就从一些零星的只言片语我们可知，尼雅王国受到了某个王国的威胁，而且该国力量异常强大，尼雅几乎无力抵抗，只有忐忑不安地等待着那悲惨的命运。因此尼雅的消失，是不是因为那个令尼雅害怕的王国的致命一击呢？

新疆一带古时又称西域，公元前后有诸多小王国。汉代曾在那里设立政府机构，并派重兵把守。尼雅遗址就是属于当时某个小王国当属无疑，但又是哪个小王国呢？有人认为是史籍中记载的西域众多王国之一的精绝国，其位于昆仑山下，塔克拉玛干大沙漠南缘，地理位置与今天的尼雅遗址十分接近，而且精绝国的消失也是在公元二三世纪，与尼雅王国的消失时间上重合。不过当时的精绝国可不是滚滚黄沙，而是气候宜人、水草丰茂的一片绿洲。公元2世纪~3世纪，中原处于东汉末年和三国两晋的慌乱与纷争中，无暇他顾，致使西域诸多势力强的王国也掀起了兼并弱小王国的战争。木简上的另一种说法是，尼雅被毁是尼雅人自己造成的。从遗址及所发现的文物可看出，当年的古城盛极一时。清澈的尼雅河从城郊缓缓流过，众多水道交织，大小湖泊星罗棋布，周边茂密的林木将遥远的大沙漠隔离，加上位于古丝绸之路上的必经之地，东西方文明在这里交流与碰

尼雅遗址
中国的尼雅文明由于英国人斯坦因的发现而闻名于世。它充分体现了作为东西方文明交会处的地理重要性。它的文明具有中国、波斯、罗马、希腊、印度及中亚各国的综合特点。

撞，自然环境与人类文明成果共同造就了尼雅的辉煌。但尼雅人的活动却不断对这环境造成了破坏，特别是在1700多年前，生产方式粗放，人口的增加破坏了植被，又大肆砍伐树木，致使水源枯竭。塔克拉玛干大沙漠开始对这失去了树木保护的尼雅城施虐，最终把它吞噬。

现在的尼雅遗址，着实令人触目惊心，房屋建筑被厚厚的黄土掩埋，只露一些残垣断壁，到处是破碎的陶器，累累的残骨，干尸也常常暴露在废墟中。发现干尸在当地是习以为常的事，也是尼雅遗址的一大特色。由于干燥的气候，这里的干尸不经过任何处理便可形成。如果当年富庶的尼雅人能看到今天的破败景象，也许他们就会珍惜那片神赐的绿洲。

尼雅的命运令人扼腕叹息，同时又告诫人们：我们只有一个地球，如果不珍惜，即使再辉煌的文明也会成为一片荒凉的废墟。

"大西洲"为何沉没于海底

关于大西洲的传闻是世界历史上最大的谜团，世界各地都流传着这个传闻。据说大西洲是一块神奇的大陆，那里曾经产生过人类文明史上的奇迹，那里生活着智慧超凡的人。他们创造了高度发达的物质和精神文明。千百年来，这一奇特的传闻吸引无数人们探询和追踪它的由来，遗憾的是，迄今为止人们还未发现大西洲的踪迹。

最早对大西洲的故事进行记录的是古希腊著名哲学家柏拉图，他所记述的有关大西洲的传说，是从他表弟柯里西亚那里听来的。而柯里西亚又是从他曾祖父卓彼得斯那里得知的，而卓彼得斯又是听当时雅典人梭伦所说的。梭伦是当时著名政治改革家和诗人，曾用长达10年时间游历埃及、塞浦路斯、小亚细亚等地。他回国后想把在埃及听到的有关大西洲的传闻，编写成叙事诗传给后人，可惜他未来得及完成便去世了，到柏拉图所在的时代，关于大西洲的故事已经广为流传、妇孺皆知。

传说柏拉图为证明其真实性曾经亲自到埃及去做实地考察。他访问了当地许多有名望的僧侣和祭司，但是，也只是听到些传闻罢了，并没有找到他所需要的材料。柏拉图在公元前350年写过两篇对话录《克里斯提阿》和《泰密阿斯》，他在文中这样写道：9000年前在大西洋有座孤岛，名叫亚特兰蒂斯，面积比利比亚还要大。那里土地肥沃，物产富饶，矿藏丰富，人们冶炼、耕作和建筑。那里的道路通畅、运河纵横交错，对外贸易发达。为攫取更多财富，他们凭借强大的船队向外扩张，曾一度征服了包括埃及在内的地中海沿岸大片地区。不幸的是，一场毁灭性的地震和随后的海啸，使得整个岛屿包括都市、寺院、道路运河和全体居民，在顷刻之间沉入海底，消失在滔天的波浪之中……

历史上真的出现过这么一个大西洲吗？

"反对大西洲派"的人认为，亚特兰蒂斯岛根本没有存在过，它仅仅是柏拉图等人诗意般的浪漫幻想。反对者主要从时代和地理位置两方面进行了批判和驳斥。

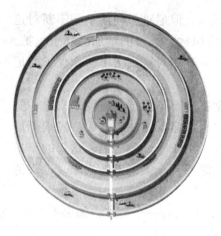

大西洲俯瞰示意图

从空中俯瞰大西洲，可以看出它是一个布局十分整齐的城市，最中央是王室宫殿，其后依次是军队驻地、居民区和城防设施。

首先是在时间上。依据柏拉图所指来推算，大西洲沉没的时间应是距今 11500 年，即公元前 9600 年。就目前所知，最早的耕作出现在公元前 7000 年的伊拉克和公元前 6000~前 5000 年中国原始农业萌芽的河北磁山新石器文化，而最早的农业文明是公元前 4000~前 3000 年地处两河流域的苏美尔文明。同时，时代的矛盾也反映在冶金和建筑上，试想公元前 9600 年，亚特兰蒂斯岛真的有可能出现那样灿烂的文明吗？

其次是在地质学上。业内人士普遍认为，像利比亚这么大面积的古国，在顷刻间沉没大海是极端不可思议的事情。从理论上讲，大陆板块所进行的漂移，因地质构造运动所导致的地势升降，因纬度冰消雪融引起的海平面升降，无一不是相当迟缓的过程，每年平均不超过厘米量级。据称，目前所知陷入地震时地面裂口中的最大物体是 1906 年旧金山大地震时的一头母牛。所以，整个岛屿陷没是不可能的事。

同时，根据大陆漂移说的理论来分析，在很久以前，几乎所有大陆都是一个整体，后来分裂成几大板块陆地，这些板块陆地好像巨大的岛屿漂移在岩石圈的软流圈层上，随时间的推移渐渐分裂开来，形成了现在的地形地貌。假如用一把剪刀把各个大陆板块剪下来，然后拼接在一起，人们会惊奇地发现原来所有的大陆板块都能够对接，而且吻合得很巧妙。这时也就没有大西洲的立足之地了。

这种大陆漂移说和板块构造理论已经被当今地质地理学界所普遍认可和接受了。

但是另一方面，"支持大西洲派"认为，大陆拼接本身是"天衣有缝"的，特别是在大西洋部分拼接得不严密，露出部分缝隙；它的面积尽管没有大西洲大，但那是大西洲向下陷落所导致。

此外，他们还找到了一个地质学上的证据来说明，在亚速尔群岛外围，还发现少量的海豹，但海豹不可能自己游到海洋中心，它们是近海生物。假如没有大西洲，这里又怎么会曾是近海呢？在亚速尔群岛上还发现有大量野兔，它们来自何方呢？14 世纪加那利群岛被人们第一次发现时，当时岛上还没有船只，却有人、牛、山羊和狗，它们又是来自何方呢？美洲印第安人曾经普遍以大象和猛犸象骨为艺术和建筑的主题，而现在美洲仅仅发现过它们的残骸，并没有这些动物。

诸如此类的现象还有很多，只有一个道理能够解释得通，那就是：历史上曾经出现过一座"陆桥"，用来连接着欧洲、美洲和非洲，因此动物们可以在"陆桥"上进行迁移活动。

这座陆桥应该出现于大西洋，但它究竟是不是那个传说中的大西洲呢？目前还不知晓。

不可思议的遗址

来过了，留下了痕迹，更多的是不可思议的谜团。

僰人悬棺为何置于万仞绝壁

在我国四川南部的珙县境内，曾经生活着一支特立独行的少数民族：僰人。从春秋时期到明代万历年间长达 2000 年的时间里，他们一直在这片土地上耕作、生息、繁衍。明朝他们被呼为"都掌族"。然而在明神宗万历元年（1573 年）之后，这个部落从此就神秘地销声匿迹了，除了高悬在离地高达百米的断壁悬崖上的 265 具棺材，他们没有给这个世界留下任何其他的信息。

这些高高在上的"僰人悬棺"总重超过千斤，都是用质地坚硬的整木雕凿而成。其外形主要有船形和长方形两种。有的选择最为险峻的天然或人工凿成崖石安放，棺木还裸露在外面；有的在绝壁上凿孔，插入木梁，把棺木架在上面。悬棺离地面数十米到 100 多米，在山风中凌空俯视地面，令人可望而不可即。这些悬棺已经在高高的空中悬挂了数百年，经历着风风雨雨的剥蚀，至今仍牢牢地迎空而立。悬棺的崖壁上有许多红色彩绘壁画，内容丰富，线条粗犷，构图简练，形象逼真。

现存悬棺最集中的地方是宜宾地区珙县洛表乡的麻塘坝和曹营乡的苏麻湾两处景区。其中麻塘坝亦称僰人沟，距四川省珙县城 60 千米，南北狭长，东西两侧奇峰挺拔，险拔峻峭的岩穴之间现存有悬棺 160 多具，许多棺木半悬山崖，距地面一般高约 25 米~50 米，最高的有 100 多米。

苏麻湾距麻塘坝 10 多千米，在陡峭的石灰岩壁上分布着 48 具悬棺，沿着浩浩荡荡的江水，人们在船上就可以看见这些奇特的悬棺。

僰人为何要把棺木高悬于千仞绝壁之上呢？专家们认为，按古僰人的意思，悬棺入云，

悬棺

四川省珙县。据学者研究，悬棺文化最早起源于吴越地区特别是现在福建、浙江两省交界的地区。之后，由于战乱，这支具有特殊墓葬风格的文化由山路（也有水路）迁入江西，分为两支。一支由江西至湖北，沿长江而上，到达四川。从四川由北到达陕西，由南到达云南（再由云南传入贵州、广西及越南等地）。另一支从江西入湖南，再由湖南进入贵州、广西（也可能成为传入越南的悬棺文化的一支）。

是吸日月之精气。从科学上来说，把棺木放得很高，那是因为高处可以防潮保尸，并可以防止人兽的侵扰。

可是所有放置悬棺的地方，上至峰顶、下距空谷，都有数十米到一二百米，而且到处都是异常陡峭的石壁，没路可走。古人是怎样将这些悬棺放置到悬崖峭壁上的呢？对此众说纷纭，代表性的解释有"栈道论"和"吊装论"，还有"洪水说""隧道说""天外来客说"等等，悬棺因此被蒙上了一层异常神秘的色彩。

"栈道论"认为，悬棺是通过修栈道运到悬崖上的洞穴中的。古僰人可能就像今天造房子搭架子那样沿着悬崖向上搭，当搭到洞穴口时便可将棺一层层递上来，直至送入洞中，或者由山顶搭栈道向下直至洞口。证据是现在只要乘竹筏沿九曲而游还可以在两岸的岩壁缝隙处看到一些残存的木料，这就是安置船棺后为确保它的安全而将栈道拆除的遗物。但是存放船棺的悬崖多是单独成峰的，突兀峭拔，崖壁坚硬，由下而上搭架子能搭到数百米谈何容易，特别是在工程技术还极其落后的古代少数民族地区就更难实现。"吊装论"认为悬索下枢可以解决千斤之物如何挂上悬崖的问题。1973年9月，公安部门曾侦破了一起盗悬棺案。两名盗贼供认，他们买了数百千克粗铁丝制成软梯，上端紧绑在岩顶的大树根部，一人把风，一人顺梯而下至洞穴，再设法在崖壁上开辟一条栈道，随后盗棺而出。有些人因此认为僰人是反其道而行：先找到安葬洞口，在洞口前架设数米长的栈道，棺木在峰顶就地制成，装殓死者后吊坠而下至洞口，再由人推进洞去。但人们至今不能断定古人是用什么机械将悬棺放到洞穴里。因为山顶到洞谷一般均有一二百米，鞭长力微，即使百人在峰顶一起用力绞拉辘轳之类的简单机械来吊升岩底的棺木，吊到洞口时也不能放进穴内。

悬棺隐身在云雾缭绕的峭壁之上，充满了永恒的神秘色彩，它作为文化发展史中的一个奇迹，沉积了往日逝去的回忆。僰人为何悬棺而葬？刀耕火种的年代如何置棺高岸？僰人是怎样消失的？棺上的红色岩画又在讲述什么故事？这些谜还有待今人解答。

金字塔到底是做什么用的

长期以来，人们一直认为大金字塔就是法老胡夫的陵墓。据文件记载，公元820年，曾有人为了寻宝，凿破北侧石壁，沿甬道闯入传说中的"王室"和"后室"，但进去之后却发现，那里不但没有宝藏，也没有法老和王后的遗骸，只有两处空空荡荡的房间，可是封印完整。

艾尔玛曼的发现使世人深感震惊。既然金字塔内没有尸骸，就无法证明它是法老的陵墓。所谓王宫、后室等，也都不过是约定俗成的叫法。这个世界上最大的建筑究竟是做什么用的呢？

有人认为，在古埃及第一、二王朝时，无论王公大臣还是老百姓死后，都被葬入一种用泥砖建成的长方形坟墓，古代埃及人叫它"玛斯塔巴"。后来到第三王朝时期，一位名叫伊姆荷太普的年轻设计师，在给埃及法老佐塞设计坟墓时，发明了一种新的建筑方法。他用山上采下的呈方形的石块来代替泥砖，并不断修改陵墓的设计方案，最终建成一个六级的梯形金字塔，这就是我们今天所看到的金字塔的雏形。

但是，考古学家、心灵学家和秘传研究的学者等并不同意这种见解。一些研究秘传的学者认为，坐落在埃及等地的每一座金字塔都是一个巨大的文化、祭祖和能量聚集的中心：塔里面还存放着许多经书，待在里面可以使人接受宗教的洗礼；集聚在金字塔里的能量强大无比，它可以影响到四周地域的气候变化。

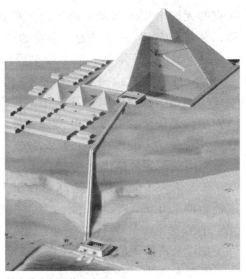

胡夫陵内部结构示意图
胡夫金字塔由大约 230 万石块砌成，外层石块平均每块重 2.5 吨，塔原高 146.5 米，经风化腐蚀，现降至 137 米。整个塔建筑在一块占地约 5.29 万平方米的凸形岩石上。

还有一种说法，古埃及的圣人才子为防范后人破坏他们的创造物，就利用金字塔的能量摧毁了胡夫金字塔周围的一切，使之成为一片茫茫沙漠……

有人认为金字塔是纪念物。据考证，狮身人面巨像是在大约公元前 2500 年古王国时代第四王朝的埃及法老海夫拉统治时期修建的。海夫拉巡视墓碑时，为没有一个体现其法老威仪的标志而不满，一位石匠投其所好，建议利用工地上一块 200 吨重的巨石雕一座象征法老威严与智能的石像，遂有了驰名世界的斯芬克斯狮身人面像。

有人认为，金字塔是灵魂安息之处。古埃及人认为，诸神告诫人们做什么，人们就应该做什么。他们还相信，世界有始无终，万事万物都循环往复。他们的时间观偏重未来，相信无尽的世界正等着他们去享受。古埃及人还认为，人生在世，主要依靠两大因素：一是看得见的人体，二是看不见的灵魂。灵魂"巴"的形状是长着人头、人手的鸟。人死后，"巴"可以自由飞离尸体。但尸体仍是"巴"依存的基础。为此要为亡者举行一系列名目繁多的复杂仪式，使他的各个器官重新发挥作用，使尸体（木乃伊）能够复活，继续在来世生活。

人总是要死的，但是，为什么要花费这样多的劳力，消耗这样多的钱财，为自己建造一个尸体贮存所呢？除了国王们的豪华奢侈外，有没有其他的原因呢？科学家们的研究表明，金字塔的形状，使它贮存着一种奇异的"能"，能使尸体迅速脱水，加速"木乃伊化"，等待有朝一日的"复活"。法国科学家鲍维斯发现，在塔高1/3 的地方，垃圾桶内的小猪、小狗之类的尸体，不仅没有腐烂，反而自行脱水，变成了"木乃伊"。他按照金字塔的尺寸比例，做了一个小型金字塔，也同样取得了防腐保鲜的效果，这种家庭用的小型金字塔曾经在美国畅销，供防腐保鲜和试验之用。

捷克的无线电技师卡尔·德尔巴尔根据鲍维斯的发现，创制了"金字塔"刀片锋利器，并在 1959 年获得了捷克颁发的"专利权"。埃及科学家海利也做了个实验，他把菜豆籽放进金字塔后，同一般菜豆籽相比，出苗要长 4 倍，叶绿素也多 4 倍。

1963 年，俄克拉荷马大学的生物学家们断定：已经死了好几千年的埃及公主梅纳，栩栩如生的躯体上的皮肤细胞，仍具有生命力。所以，有的科学家认为：金字塔的结构是一个较好的微波谐振腔体，微波能量的加热效应可以杀菌，并且使尸体脱水，而在这个腔体中，可以充分发挥微波的作用。可是，4000 年前的法老，怎么知道利用微波呢？这仍然是一个谜。

有人认为，金字塔是地球与外星人联系的方式。美国宇航员最近发现：在一年中特定的某几天，当太阳照在吉萨高地金字塔顶上的条纹大理石板上的时候，反射到空中的亮光在月亮上都能清楚地看到。这难道是与外星人进行通联的方式吗？也许正如埃及古谚语所说"金字塔是光明之顶，是巨大的眼睛"。

还有人认为，金字塔是在法老作古及其继任者登基时，用来演绎远古传说中的法老欧西里斯死后，经由猎户座达到永生而成为某界之王的仪式性建筑。

金字塔留给了人们太多的谜团。至于金字塔究竟是做什么用的，科学家们还在研究中。

雄伟壮观的"太阳门"之谜

前印加时期的蒂亚瓦纳科文化遗址位于安第斯高原上。遗址被一条大道分成两部分，大道一侧是阶层式的阿加巴那金字塔，另一侧是至今仍保存得很完整的卡拉萨萨亚建筑，在卡拉萨萨亚西北角就是美洲古代最卓越的古迹之一——太阳门。

太阳门是由一整块重达百吨以上的巨石雕刻而成的，它高 3.048 米，宽 3.962 米，中间凿开了一个门洞。据说，每年 9 月 21 日黎明时分，第一缕曙光总是会很准确地从门中央射入。这座雄伟壮观的太阳门是怎样建造起来的呢？它又有什么用处呢？

为了弄清太阳门的真实来历，许多国家的学者们做了大量艰苦卓绝的工作，也取得了很多重要的进展。

美国考古学家温德尔·贝内特用层积发掘法，证明太阳门和其他一些建筑是在1000 年正式建成的。这里曾经是一个宗教圣地，朝圣的人们跋山涉水去那里参加仪式，可能在朝拜的同时采运了石料，建造起了神殿，而太阳门就是这座神殿的一部分。

以上观点得到了很多学者的支持，但如果真是这样的话，却有一些事情不好解释。据估计，在当时要把数十吨甚至上百吨重的石块从 5 千米外的采石场拖拽到指定地点，每吨至少要 65 人和几里长的羊皮拖绳，这样就得有一支 2.6 万人左右的队伍，而要解决这支大军的吃住，非得有一个庞大的城市才行，这在当时还没有出现。

著名的玻利维亚考古学家卡洛斯·桑西内斯认为，蒂亚瓦纳科曾经是一个举行宗教仪式的中心场所，而太阳门则是卡拉萨萨亚庭院的大门。门楣的图案反映了宗教仪式的场面。

阿根廷考古学家伊瓦拉·格拉索则认为，太阳门可能是阿加巴那金字塔塔顶上庙堂的一部分，理由是它作为一个凯旋门或庙堂的外大门，显得过于矮小，尤其是中间的过道，高个子如不弯下腰就通不过去。

太阳门

太阳门位于秘鲁的蒂亚瓦纳科城，它是古印加文化最为杰出和典型的代表，它是用一整块巨石雕刻而成的。

美国的历史学家艾·托马斯则认为，这里并不是一个宗教中心，而是一个大商业中心，或者说文化中心。阶梯通向之处是中央市场。

1949 年，苏联的几位学者成功地破译了太阳门上的部分象形文字，发现它是个石头天文历，只不过它不是一年 365 天，而是 290 天，即在一年中的 12 个月里，10 个月 24 天，2 个月 25 天。这样的历法在地球上有什么用呢？于是有人推测蒂亚瓦纳科文明来自外星世界，它是某一时期外星人在地球上建造的一个城市，太阳门是外空之门。又有人根据这里的另一处象形文字，发现太阳门上留有大量天文方面的记载，记录了 2.7 万年前的天象，其中还有地球捕获到卫星的天象，而当初卫星的"一年"是 288 天。由此就可以得出结论，太阳门是当时人用来观察地球卫星用的。然而，这种解释本身就难以让人信服。在 2.7 万年前，最先进的地球人还处于石器时代，他们有这样高深的天文知识和高超的建筑技能吗？

"太阳门"之谜还需要人们进一步探索。

马耳他岛巨石建筑之谜

地中海上的马耳他岛，位于利比亚与西西里岛之间。1902 年，在这里的首府瓦莱塔一条不引人注意的小路上，发生了一件引起世人轰动的大事。有人盖房时在地下发现一处洞穴，后来人们才知道，原来这里埋藏着一座史前建筑。它由上下交错、多层重叠的多层房间组成，里边有一些进出洞口和奇妙的小房间，旁边还有一些大小不等的壁孔。中央大厅耸立着直接由巨大的石料凿成的大圆柱和小支柱，支撑着半圆形屋顶。整个建筑线条清晰，棱角分明，甚至那些粗大的石架也不例外，没有发现用石头镶嵌补漏的地方。天衣无缝的石板上耸立着巨大的独石柱，整个建筑共分 3 层，最深处达 12 米。这些不可思议的史前地下建筑的设计者是谁？在石器时代，他们为什么花费这么大的精力来建造这座巨大的地下建筑？

11 年后，在该岛的塔尔申村，人们又一次发现了巨大的石制建筑。经过考古学

马耳他巨石文化时代的神殿

它位于马耳他的戈佐岛，面向东南，背朝西北，是用硬质的珊瑚石灰岩巨石建成的，神殿外墙的最后部分所用的石材高达6米。

家们挖掘和鉴定，认为这是一座石器时代庙宇的废墟，也是欧洲最大的石器时代遗址。这座约在5000多年前建造的庙宇，占地达8万平方米，整个建筑布局精巧，雄伟壮观，好多个祭坛都刻有精美的螺纹雕刻。

在马耳他岛上的哈加琴姆、穆那德利亚、哈尔萨夫里尼，考古学家们曾几次发现精心设计的巨石建筑遗迹。

哈加琴姆的庙宇用大石块建造，也是最复杂的石器时代遗迹之一。有些"石桌"至今仍未肯定其用途。石桌位于通往神殿门洞内的两侧，神殿里曾发现多尊母神的小石像。

穆那德利亚的庙宇，俯瞰地中海，扇形的底层设计是马耳他岛上巨石建筑的特征，这座庙宇大约建于4500年前，有些石块因峭壁的掩遮，而保存得相当完整。

最令人不可理解的是"蒙娜亚德拉"神庙，这座庙宇又被称为"太阳神"庙。一个名叫保罗·麦克列夫的马耳他绘图员仔细地测量了这座神庙后发现，这座神庙实际上是一座相当精确的太阳钟。根据太阳光线投射在神庙内的祭坛和石柱上的位置，可以准确地显示夏至、冬至等主要节令。而更令人震惊的是，从太阳光线与祭坛的关系推测，可以毫不犹豫地得出结论：这座神庙是公元前10205年建成的，离现在已经整整1.2万年了。

马耳他岛的面积很小，仅246平方千米。但在这样一个小岛上，却发现了30多处巨石神庙的遗址。不少学者的研究表明，这些巨石建筑的建造者们在天文学、数学、历法、建筑学等方面都有极高的造诣。有些研究者甚至推测判断节令的历法标志，而且还可用做观察天体的视向线，甚至能当作一副巨型计算机，准确地预测日食和月食。

石器时代的马耳他岛居民真有这么高的智慧吗？如果真是这样，那么他们是怎样获得这些知识的？为什么他们在其他领域却没有相应的发展？是什么因素激发了他们建造巨石建筑的疯狂热情？而这些知识又为什么莫名其妙地中断了？这一切至今仍没有人能够回答。

克诺罗斯王宫的毁灭

在希腊神话和传说里，记载着这样一个故事：米诺斯国王是诺色斯、克里特和整个爱琴海的国王。有一次他派他的儿子安德罗吉到大陆去参加运动会。不料，安德罗吉遭到了雅典国王的妒忌并被谋害致死。米诺斯震怒之下，发动战争，众神也纷纷降灾荒和瘟疫到雅典，雅典被迫求和，答应定期送童男童女到克里特。而米诺斯国王把他们关禁在迷宫里，或是让恶兽吃掉，或是饥饿而死。为此，雅典人惶惶不安。

这自然是久远的希腊传说了，尽管流传得相当广泛，但一直以来都没能引起人们足够的重视。19世纪70年代，德国著名考古学家谢里曼根据《荷马史诗》提供的线索找到了传说中的特洛伊城，从那时起，考古学家们开始试图寻找一座希腊神话传说里的王宫——克诺罗斯王宫。英国的考古学家阿瑟·伊文斯带考古队来到克里特岛，经过3年的发掘，终于在克里特岛的伊拉克利翁市发现了米诺斯文明中最大最重要的王宫遗址——克诺罗斯王宫。于是，希腊神话中的记述不再是无稽之谈，人们密切关注这一发现。

伊文斯所发现并复原的王宫，位于克里特岛的伊拉克利翁市东南大约8千米远的地方，具体来讲，这里是新王宫。在历史上，克诺罗斯王宫最初始建于大约公元前1900年左右，此后成为米诺斯王国的政治、经济、文化中心，并且逐渐染上某种宗教色彩。在进入文明时代后，它又和王朝法院的崇拜紧密结合起来，宗教圣地的气息变得越来越浓厚，带有神圣庄严的色彩。相应地，米诺斯王权也具有了浓厚的宗教色彩，国王兼任祭司司长的职位，王宫就是最高的祭坛。

伊文斯所发现的新王宫，大约建立在公元前1700~前1500年，是在旧王宫的基础上不断扩建的，它的建筑设计也更加完善。王宫建成后面积为2.2万平方米，即使是最保守的估计，王宫里的厅堂房间总数也至少在1500间以上，更别提梯道交错，廊檐低回了，外人很难搞清楚它究竟是怎样建起的。或许这也是王宫叫作迷宫的缘故吧。

王宫建筑总体上呈长方形，四周没有围墙和望楼。中心是长方形的中央庭院，长60米，宽30米，可以说是所有米诺斯王宫中最大的庭院了。由于王宫是依仗山势而建，地势东高西低，所以从东侧望去楼房高耸，门窗长廊错落有致，仿佛建筑是巧夺天工的杰作。

王宫的中央庭院两边都有楼房，西边的楼房是主要作为国王自己办公、祭祀、贮藏之用的。一层是一系列的神龛、楼梯、神坛还有祭仪大厅，二层则作为办公集会厅、档案馆等。墙外还有10间库房，里面有许多大型的陶瓮、陶罐。祭仪大厅正中放着一把专供国王享用的椅子。所以，大厅还叫"御座宝殿"。东边的楼房却可以称

米诺斯宫殿
米诺斯王及其大臣居住的宫殿，不只是政治权力的中心，它们还主宰全国经济。宫殿里充满了浓厚的宗教气氛，犹如令人敬畏的神庙。

为"生活区",这里包括国王及其后妃的寝宫、接待厅、学校等等。楼层有四五层之多,布局也更加复杂了,主要的有"双斧大厅"。大厅墙上挂着高大的盾牌,也就是在荷马史诗中曾有提及的那个盾牌。当然,所有布置十分豪华,在墙上绘有海豚戏水等自然景色的壁画。另外,王宫的壁画,是很值得一提的,它为研究米诺斯文化与社会生活提供了丰富的资料。

考古学家的研究为克里特岛的历史填补了光辉的一页。大约在公元前 2300~ 前1500 年,克里特王国的文化曾经盛极一时,而其最辉煌的时候,正是米诺斯王朝。米诺斯国王精明强悍,治国有方,使得国家发展到极盛时期。当时的爱琴海诸岛纷纷向他称臣,雅典也被迫纳贡。无疑,这里曾经有着高度灿烂的文明。

然而,颇为令人感到奇怪的是,大约到了公元 1500 年前后,克里特岛上的所有城市,几乎在同一时间全部被毁坏了,克诺罗斯王宫也没有能够幸免,不久,强盛的王国也在地球上销声匿迹了。这是什么原因促成的呢?

1967 年,美国的考古学家揭开了历史的谜团。

原来,在距离克里特岛以北约 70 千米的地方,有一个叫桑托林的火山岛。虽说这座火山的海拔仅仅为 566 米,20 世纪以来的 3 次喷发规模也较小。但是,在岛上60 多米厚的火山下竟然挖出了一座古代的著名商业城市,这使得人们的看法改变了。根据有关研究,这里曾经发生过人类历史上最严重的一次火山喷发。时间就是在公元前 1500 年前后,桑托林火山喷出的火山灰渣达到了 162.5 千米,岛上的城市霎时间被湮没到厚厚的火山灰下。火山喷发十分猛烈,据记载,当时的埃及上空出现了连续 3 天漆黑一片的景象。而且,火山喷发引起的海啸,浪头高达 50 米,滔滔的巨浪很快就冲到克里特岛,淹没了岛上的一切。

就是这样绝无仅有的一次火山大喷发,葬送掉了一个古老的文明社会,克里特王国就这样永远消失在人类的文明史上,渐渐被人们所遗忘了,仅仅留下了神秘莫测的零星传说。

津巴布韦:黑非洲的石头城

在津巴布韦首都哈拉雷以南 200 多千米处,矗立着一座举世闻名的"石头城",津巴布韦人习惯称之为"大津巴布韦",意思就是"大石屋"。这座"石头城"之所以闻名,不仅因为它是非洲著名的古代文化遗址,同时也因为津巴布韦的国名由它而来。

津巴布韦的"大石头城",传说是盛产黄金和宝石的神秘之地,16 世纪初就在葡萄牙水手中口口相传。但直到 1871 年 9 月 5 日,才被德国地质学家卡尔·毛奇在丛林中找到。

卡尔一潜入石头城,就被当地酋长捉住,最后一无所获地逃走了。可是他并不死心,即将到手的珍宝怎么可能轻易放弃?在精心策划之后,卡尔于 1877 年 9 月再次潜入。这次,他成功了。

带着搜刮到的文物回国后，卡尔将石头城的方位标注在地图上，向世界宣告这一"伟大发现"。消息传开，在蜂拥而至的西方殖民者疯狂抢掠中，石头城的珍贵文物被洗劫一空，最终化为废墟。

即使失去了黄金宝石的耀眼光芒，在由木头和泥巴构成传统建筑材料的非洲大陆，如此壮观的石头建筑群也依然散发出一股神秘莫测的气质，吸引着真正的学者想要一探究竟。

经考察，人们发现津巴布韦还有上百座石头城遗址，而卡尔发现的这座位于现在的马斯文戈市东南 24 千米，被当地人称为"大津巴布韦"，是最大的一座石头城遗址。早在铁器时代晚期，这里就有了第一个居民点，并逐渐扩大。公元 11 世纪，马卡兰加王国将这里选作王都，开始营建石头城，后来被莫诺莫塔帕王国取代。

莫诺莫塔帕，意为"矿藏之王"。当时王国内矿产资源丰富，人们大量开采铁、铜、黄金，首都是冶炼业的中心。国王通过控制与东非沿岸的黄金、象牙贸易以及掌握当地锡、铜、皂石、牛以及谷物等贸易，拥有了大量财富和极高的社会地位。公元 15 世纪时，石头城进入鼎盛时期，成为当时重要的世界商业城市。在一个货栈仓库遗址里，人们找到了中国的明代青瓷、波斯釉陶、阿拉伯的玻璃和金器，甚至印度的佛珠。但好景不长，在公元 16 世纪初，也许是由于饥荒或干旱的缘故，大津巴布韦人离开了这里。

经过考古学家们的长期努力，石头城的原貌已经基本呈现出来，一幅鼎盛时期的莫诺莫塔帕王都速写徐徐展开：

城中装饰着高大的立柱，滑石雕刻的立柱顶上，用微红皂石雕成"津巴布韦鸟"。它的学名叫作"红脚茶隼"，年年准时飞来津巴布韦越冬，被这儿的人们视为神鸟。低矮的平民区房舍相当简陋而拥挤。身边来来往往的有被驱赶到郊外梯田耕作、挖掘水渠的奴隶，有手执异国货物招徕生意的商人，有匆匆赶往铁矿坑炼铁的工匠，也有疲惫的王室服务人员，他们就住在这简陋的房舍里。

王室人员的生活则舒适得多。一座椭圆的城中城高踞在稍远的小山上，俯瞰着全城，这就是大围场，是国王的后宫居住的地方。为保护后宫佳丽的安全，它有内外两层城墙。城墙相当坚固，用去的石料足够盖成一座 90 层的摩天大楼。大围场中建起一座高 11 米的圆锥形实心塔，它大概是一个宗教膜拜物，也有人认为这是谷仓。

大津巴布韦遗址远眺

这座遗址是非洲南部最具特色的民族建筑之一。它的发现证明了南部非洲确有较为先进的古代文明。

围场内王室成员的住房、随员的居室、神庙、仓库、厨房等等一应俱全。这些不同用途的房舍都有曲折的石路相连，门和墙上精心装饰着几何形和鸟状的图案，构图粗犷，栩栩如生。

掠过下面山谷中的神庙，大围场的另一面，是山势陡峭的石山。山上屹立着一座与山石浑然一体的城堡，这就是王宫所在。

然而，在大石头城发现之初，许多西方学者都不相信黑非洲能够创造出如此辉煌的文明，他们坚信"落后的非洲"需要优越的殖民势力从外部带来发展动力。因此，有人把它看作腓尼基人建立的城市，还有人宁愿认为它是印度商人或古埃及人的功绩。

直至 20 世纪上半叶，由考古学家格鲁德·卡顿·汤普森领导的发掘工作中，出土了有确切年代可考的手工制品，才无可争辩地证明了这座宏伟的文明遗址的确是非洲文明的产儿，津巴布韦独立后，更是以此作为国名，将废墟作为以往荣耀的见证。当这座古城在接受后人凭吊和追忆的同时，也将狂妄自大和偏见钉在了庄严的石墙上，接受世人的拷问。

印加人的"巨石文化"是怎样创造出来的

1911 年，美国的考古学家海勒姆教授，在秘鲁库斯科以北 120 千米处的高山上，发现了一座被人们遗忘了 300 多年的神秘古城——马丘比丘。

马丘比丘位于海拔 2450 米的群山之巅，据考证，此城建于 15 世纪，是南美洲西部的印加帝国第八代国王帕查库蒂·尤潘基统治时期（1438~1463 或 1471）的历史遗迹。数百年来，历经山洪暴雨和雷击地震的摧残，这座山城中的多数建筑已经倒塌，但仍有 216 间石屋至今仍完好无损。尤其是这座山城中用花岗岩巨石砌成的墙垣，更是巍然屹立。建造这道墙垣的石块，体积大小几乎相等，层层叠加，不施泥灰抹缝，却坚固无比。在简单的金石工具的时代，印加人的石砌技术能达到如此精湛的程度，既让人感到无比惊奇，又让人觉得不可思议。

在印加人留下的遗迹中，最引人注目的特点就是以巨石为材料的建筑艺术，其规模之宏大，技艺之高超，常常显示出超越当时的工艺水平。考古学家和史学家把这些巨石建筑说成巨石文化，该文化中首先应该介绍的是印加帝国的首都库斯科。这座城市的主要建筑全部由精工凿平的巨石砌造，石块之间没有任何黏合剂衔接，但至今却连剃须刀片都插不进去。

在库斯科城四周的山岭上有很多古堡，其中城北的萨克萨瓦曼古堡有三道石墙围护，每一道石墙高 18 米，长 540 米以上。每块巨石长 8 米，宽 4.2 米，厚 3.6 米，体积约 121 立方米，重量达 200 吨。在 500 多年前的美洲，既没有钢铁工具，又没有开山炸药、车轮技术，印加人怎么能开采出如此巨大的石料呢？又怎么能运到目的地呢？这些疑问都让人困惑不解。

许多考古学家和历史学家经过长期研究和考察认为，印加人石砌技术的秘密正在逐步为人们所认识。印加人的叠石建筑艺术，是从以前各个时代的巨石文化传统中继承下来的。在印加帝国鼎盛时期，各地优秀的工匠集中到库斯科，从而为巨石文化的进一步发展创造了前提。在进行大规模的建筑活动中，又总是出动上万人做工，这就使得滚木运石的方法得以实行。

马丘比丘历史圣地
位于秘鲁东南部的库斯科省，距省会库斯科城西北约112千米，是印加帝国都城遗址。

法国著名学者、美洲史专家波尔·里维等人通过考证指出，印加人虽然还不知道怎样冶炼钢铁，但他们却能够利用铜、锡、金、银的不同比例，配制成多种合金，并熟练地掌握了锻造、加工和成型蜡模浇铸等工艺技术。特别是他们使用含锡量不同（3%~14%）的青铜合金，再经过高温锻炼，就可以造出坚硬如铁的斧、凿、钎、锤等破石工具，这样就可以比较轻松地进行巨石开采。

对于印加人加工巨石的方法，秘鲁的专家们获得了一个惊人的发现。他们在对库斯科附近的一个采石坑进行考察时，发现里边有许多植物的枝叶残迹。据当地传说，有一种啄木鸟，常常用嘴衔着一种神奇的植物在岩壁上钻孔筑巢。照此推测，这种植物具有软化石头表面、降低岩石硬度的奇妙功能。印加人掌握了用这种植物软化岩石的方法，然后再利用金石工具，就可以随心所欲地对中长石、玄武岩、闪绿石进行加工，凿成各种形状，刻成各种浮雕。

如果真是这样的话，那么巨石文化的秘密就基本揭开了。可惜的是，以上解释只不过是专家们的推测，还需要加以证实。

令人惊奇的土耳其地下城市

这个世界上有许多神奇而又古老的地方，土耳其的卡帕多基亚就是其中之一。它位于土耳其的格尔里默谷地，有许多奇形怪状的石堡，这一地貌是由火山熔岩硬化后形成的。真正使卡帕多基亚闻名世界的是这里地下城市的发现。

迄今为止，人们在这一地区发现了大约36座地下城市。虽然不是所有的都像卡伊马克彻或代林库尤附近的地下城市那么大，但都称得上是城市。现在人们已经描绘出了这些城市的俯视图。熟悉这一地带的人认为，地下城市的数量肯定比这要多。现在所发现的地下城市相互间都相通，以一系列地道连接在一起。连接卡伊马克彻和代林库尤的地道，足有10千米长。

令人惊奇的是地下城市确确实实存在着，可谁是建造者呢？它们是什么时候建成的？用途又是什么？对此，人们众说纷纭。当然也有人举出具体的史实加以考证。

土耳其地下城市示意图

史实之一是，据记载在基督教早期，这一新生宗教的信徒为了寻找避难之地来到了此地。最早的一批大约在公元2世纪或3世纪，以后一直延续到拜占庭时期。然而考古学家发现他们并不是真正的建造者，因为在他们到来之前地下城市就已存在。

这一带的地基是由凝灰岩构成的，因为附近就是火山群。只要有黑曜岩，即火石，地基就十分容易被凿空，而火山在这一地区十分常见。就这样，也许花了不过一代人的时间，地基就被掏空了。地下城市大多是超过13层的立体建筑。在最底下的一层，人们甚至发现了闪米特时代的器物。

问题是人们修建这些地下城市有什么用途？他们为什么要躲避在地下？一个最有可能的原因是由于对敌人的畏惧。谁会是敌人呢？

首先，假设地面上的敌人拥有军队，在地面上，他们肯定能看到耕种过的土地和没有人烟的房屋。而地下城市里建有厨房，炊烟将通过通气井冒出地面，很容易被敌人发觉。人们都知道要把待在鼠洞般的地下城市里的人们饿死或者封闭通气通道憋死是一件轻而易举的事。所以，人们恐惧的不是地面上的敌人，而是能飞行的敌人。这个猜测是否有道理呢？

当然有。根据闪米特人在他们的圣书《科布拉·纳克斯特》中的记载，我们知道所罗门大帝曾经利用一只飞行器把这一地区搞得鸡犬不宁。不仅他本人，他的儿子，所有服从他的人，也都曾乘坐过飞行器。阿拉伯历史学家阿里·玛斯乌迪曾描述过所罗门的飞行器，并大致介绍了他的部族。当时的人类对于飞行器现象产生恐惧，这是很有可能的。也许他们曾被剥削、奴役过，所以每当警报响起来的时候，人们就纷纷逃进地下城市。当然这种说法也仅仅是一种推测。人们至今仍不知道土耳其地下城市的真正用途，但神秘的地下城市却引起人们更多的关注。

荒原石头标记之谜

在秘鲁首都利马南部，一个叫毕斯柯湾的地方。那里有一个古印加人建造的红色岩壁，高达246米。在岩壁上雕刻着一个巨大的图案，这个图案看上去呈三叉戟或者三足烛台形状，而且，三叉戟的每个股有3.9米宽，也是用含有像花岗岩一样硬的雪白磷光性的石块雕成的，所以，假如没有现在的沙土覆盖，它将会发出耀眼的光芒来。

那么，是什么样的动机使印加人建造这样的石头标记呢？

后来，一些考古学家推测说，在毕斯柯湾的岩壁上的这个石头标记，可能是为了指示船只航行的路标。但是大多数的考古学家不同意这个说法。他们指出，在这个海湾中，即使绘制出这个三叉戟石头标记图案，也不能使所有航行的船只都可以看到它；另外，在那样遥远的古代，是否存在远洋航行这回事本身就是值得怀疑的。假如有些航行的确可能要航标来指路的话，那么古代的印加人为什么不利用两座岛屿呢？况且，这两座岛屿就在三叉戟石头标记的中古延伸线的同一个海平面上，这已经提供了有利的自然条件，不管船只是从哪个方向驶向海湾的，这两个岛屿都是从遥远的地方就可以被看到了。但若是用三叉戟石头标记当航标的话，从南方或者北方来的船员就不可能看到了。而且，最重要的一点是，当初绘制三叉戟石头标记的人，是使它的方向朝着天空的。另外还有值得提的一点，在三叉戟石头标记所在的位置，除了一片沙滩之外，实在是没有任何东西能够可以吸引船员的。

　　基于此，考古学家们认为，这个曾经在古时候光芒闪耀的三叉戟石头标记图案，一定是作为某些会"飞"的人的航空标记而设立的。

　　考古学家们推测，假如三叉戟石头标记是航空标记，那么它的周围应该还有另外的一些东西。果不出所料，20世纪30年代，在距三叉戟石头标记图案160千米外的纳斯卡荒原上，考古学家又发现了许多神秘图案。这些已经发现的图案遍布广泛，在从巴尔帕荒原北部到纳斯卡的南部的大约59.2千米的狭长地带，都有发现。他们主要是一些几何图案、动物雕绘，以及排列得很整齐的石块，这些布局，看上去十分像是一座飞机场的平面图。

　　假如是坐飞机在这个荒原上空飞行，人们就可以发现许多闪闪发光的巨大的线条。这些线条常常绵延达到数千米，时而平行，时而交错，时而又构成巨大的不等边四边形。另外，人们还可以看到一些巨型的动物的轮廓，其中有长长的鳄鱼，有卷尾的猴子……还有一些地球上从未见过的奇禽怪兽。

　　到底是谁制作出的这些图案呢？又为什么要把它们绘制得那么巨大呢？以至于只能从一个极高的高度——比如飞机上面——才可以见得到整个图案的全貌呢？这许多的问题已经引起了考古学家们的浓厚兴趣。

　　据当地传说，在过去的某一时间段里，曾经有一群来历不明的智慧生物，登陆在今天的纳斯卡城郊附近一块无人居住的荒原上，并在那里为他们的宇宙飞船开辟了一座临时机场，还设置了一些可作着陆向导的醒目标记。从那以后，就不断有他们的飞船在那里升降，直到他们完成使命后回去为止。

　　考古学家们对这个近乎神话般的传说没有太多的怀疑，他们还进一步推测说，假如纳斯卡荒原是作为登陆点的话，毕斯柯湾上的三叉戟石头标记就极

岩壁上的条线标记和花纹。人们一直在探讨这些标记到底意味着什么。

有可能是登陆航标，假如真是那样的话，应该在纳斯卡的南边还会有一些航标才对。

果然，后来在距离纳斯卡400千米的玻利维亚共和国英伦道镇的岩石上，人们又发现了许多的航标。在智利的安陶法格斯塔省的山区以及沙漠中，也陆陆续续地发现了这样的航标。在那附近的许多地方，有着呈现三角形、扶梯形、直角形的图形，在同一个平面内的整个区域里，峭壁山还刻画着光芒四射的圆盘以及棋盘形状的椭圆形图案。更令人惊奇的是，在人迹罕至的泰拉帕卡尔沙漠的山坡上，有一幅规模巨大的机器人图案。据估计，这幅机器人图案大约有99米高，总体呈现长方形，形状像棋盘，两腿笔直，脖子纤细，特别是长方形的头颅上面，居然有12根同样长度的天线似的东西竖立着。在从臀部到大腿之间，又像超音速战斗机的粗短翅膀那种的三角鳍连接着身体的两边。这幅图案现在位于距纳斯卡荒原大约有960千米的地方。

到目前为止，考古学家们推测，这些图案可能与"宇宙来客"有关系，而且它们作为古代遗址，是值得进一步研究的。

墨西哥人头石像有何玄机

1938年，11座全部由玄武岩雕刻而成的人头石雕像在墨西哥的原始森林里被发现了。这一发现轰动了国际考古界，来自墨西哥及世界各地的考古学家和历史学家都对这11座人头雕像表现出了巨大的兴趣，纷纷前往墨西哥进行考证、研究。

这11座人头雕像的外貌很奇特，最大的长16米，最短的长6米，最重的有20吨。最奇怪的是，所有的这些雕像都是只有脑袋，没有身躯和四肢。看着这些奇特的雕像，人们不禁要问：古人为什么要雕刻这些只有脑袋的雕像呢？雕刻它们的意图是什么呢？又为什么把这些石脑袋放置在原始森林中呢？更加令人惊奇的就是，其中一颗石脑袋上雕刻了许多奇形怪状的图画式的象形文字，科学家推测这或许就是石像雕刻者留下的线索，告诉后人他们的意图以及石像作用的文字。但是，迄今为止，这条重要的线索还没有被人所识破，这些文字至今仍然没有人能够全部认识。

栩栩如生的女性雕像

这些石像都是威武的军士，雕刻极其精细，细致地刻画出了人物的面部表情，神态逼真，表明了当时的雕刻艺术已经具有相当的水准。这些雕像被考古学家看作是古代美洲雕刻艺术的代表作品，完全代表了那时的艺术水平。

这些石刻人头雕像的作者是谁呢？有的学者认为很有可能是传说中的拉文塔族人，原因在于：根据历史学家的考证，在墨西哥地区流传着这样一个古老的传说：远古时代苍茫的原始丛林中，生活着一个创造了高度文明的部落，即拉文塔族。他们居住的宫殿金碧辉煌，传说他们的许多宏大建筑物都是用巨大的金块砌成的拱门，因此，有理由认为是拉文塔族创造了这些巨石雕像。

但是，有的学者认为，这样的理由太过勉强。第一，根据史书的记载，拉文塔族是1000多年前突然消失得无影无踪的。他们究竟到什么地方去了？他们又是怎么样消失的？他们的失踪之谜已经成为人类历史的一个千古之谜。直到今天，谁也无法说出他们曾经生活过的具体地点以及他们生活的具体情况，怎么可以单凭口头流传的没有事实根据的传说就认定是拉文塔族的雕像呢？第二，雕刻巨型石像的原料是玄武岩，竟然全部是从3000多千米外的地方搬运而来的。因为石像所在的原始森林中是没有这样的玄武岩的。根据科学考察，当时的墨西哥以及整个南美洲都没有车轮，也没有牛、马等畜力运输工具，只靠人力，是用什么办法把重达数十吨的整个的石块运到了遥远的原始森林的？这同样是一件让人觉得匪夷所思的事情。

古人雕刻石像的用意以及用途是什么呢？为什么雕像只有"脑袋"呢？它们的"脸型"又是以谁作为"模特儿"的呢？人们百思不得其解。

尼尼微城的雕塑探秘

尼尼微城建于公元前8世纪末，位于中东的美索不达米亚地区，即今天的摩苏尔地区。这里被考古学家们视为文物的"富矿带"，主要部分是库羊吉克土丘，公元前612年被新巴比伦王国毁灭。它曾是亚述帝国的首都，在当时影响极大且极其兴盛，尤其是在辛赫那里布和亚述巴尼拔王统治时期（公元前7世纪），尼尼微城的宫殿和壁画等巨型浮雕记载了人类神秘而辉煌的过去。它还是《圣经》中所说的先知约拿布道的城市，为人们所传诵多年。

传说公元前883~前627年，在国王辛赫那里布和国王亚述巴尼拔王在位期间，尼尼微开始形成一座真正的城市，并成为美索不达米亚地区的文化中心之一。亚述巴尼拔王当政时，尼尼微成为亚述帝国的首都，从此开始了自己的鼎盛时期。辛赫那里布对战争不感兴趣。他把大部分时间和精力都用在尼尼微的建设方面。他兴建了一座每边长近200米的"盖世无双王宫"。这座王宫包括两座亚述风格的大殿、一幢椭圆形建筑物，以及一个植物园和一座凉亭。王宫里的浮雕长达3000米。辛赫那里布还在他的"盖世无双王宫"的西北，为他的后妃们盖了一座后宫，为皇太子盖了一座东宫。他还拓宽了尼尼微的马路，增加了城市公园，修建了供水网，并且从郊外60千米处的山上引水入城，以保证尼尼微城里的供水。辛赫那里布王的继承者阿萨尔哈东王在位时，仍继续扩建尼尼微，从而使它成为一座像《圣经·约拿书》中所描绘的有12万多居民的大都城。阿萨尔哈东的继承者就是大名鼎鼎的亚述巴尼拔王。他除了大量收藏亚述人的图书——泥板文书外，还兴建了巨大豪华的亚述巴尼拔王宫。

公元前7世纪中叶，亚述帝国渐渐衰落。公元前626年，居住在新巴比伦的迦

尼尼微城的巨型浮雕

勒底人和东边的米底人联合起来进攻亚述。公元前612年，新巴比伦和米底联军攻进了尼尼微。尼尼微在被洗劫一空后，又被放了一把大火，一代名城尼尼微和庞大的亚述帝国一起，就这样从地面上消失了，同时消失的还有那些巨型浮雕。

几千年过去，人们除了从史书上知道曾经有过尼尼微城和其巨型浮雕之外，其他的东西就一无所知了。而美索不达米亚，这个"两河流域间的土地"的地区，众所周知的古代文明之乡，以一种特别的诱惑力，使19世纪的欧美人分外疯狂，尤其是尼尼微城这座非凡的城市和它的巨型浮雕。

尼尼微城的发掘是一个漫长的过程。最早进入这个地方探索的人是一位意大利人，他于1616年进入美索不达米亚，带着许多巴比伦遗迹中的纪念品返回了欧洲，其中包括刻有楔形文字的陶碑。1802年，对古代史和古遗迹充满兴趣的英国外交官利奇也在这里收集了大量的楔形文陶碑，但是他还梦想寻找到消失了的尼尼微城，可惜在库羊吉克的土丘顶发现了一个破碎的陶器和一些刻有楔形文字的陶砖后就因霍乱死了。后来，英国考古学者亨利·罗林逊在波斯小镇比里斯屯发现了一面百余米高的巨大悬崖石刻，上有大量的人物像，用3种楔文语言描述了古波斯国王达林斯准备惩罚造反诸侯的故事，约1200行。与此同时，一个叫波塔的法国人带领了一些人发掘了库羊吉克土丘，但一无所获。随后，在往北几千米外的一个叫喀霍沙巴德的地方，他们可以找到大量的刻文砖，看见了刻有巨大的人和怪兽的墙壁，有的是公牛像，有的是大胡子人像，还有的是带翅膀的狮身人面像。

不久，英国人勒亚德按照《圣经·约拿书》中对尼尼微城址的描述，在这里找到了两个亚述宫殿遗址，发掘出了象牙雕刻，还有楔形文字碑和记载战斗场面的雕塑画板。1847年，勒亚德开始发掘库羊吉克，经过6年的发掘，发现大量的文物，找到了辛赫那里布的王宫和亚述巴尼拔王的部分藏书室。证明这里就是亚述帝国的首都尼尼微。王宫拥有71间房间，至少还有27个入口，每一个都由巨大的牛、狮或者狮身人面石雕卫士守卫，最令人难忘的要算是那些记载着亚述历史和神话的石雕壁画。勒亚德估计，如果把画一幅接一幅地排列起来，几乎有3千米长。而在亚述巴尼拔王的藏书室里，堆满了刻有亚述楔形文字的大大小小的泥板。最大的一块楔形文字泥板长达3米，宽2米多；最小的一块还不到1寸长，只刻着一两行文字。这些泥板就是2500年前亚述人的图书，包揽了古亚述历史、法律、宗教以及文学、天文、医学等方面的知识，是研究当时历史的最宝贵的文献资料。

过了几年，一位伊拉克考古学家拉萨姆，再次来到这里。他在1852年到1854年期间，又在库羊吉克土丘下发现了亚述巴尼拔王的王宫，找到了许多新的楔形文字泥板和浮雕。他在亚述巴尼拔王王宫废墟的墙上，发现了著名的浮雕"皇家狩猎图"。

在新发现的泥板文书上，刻有许多亚述和古巴比伦的神话，其中就有著名的神话史诗《吉尔伽美什》，诗中描述了关于古巴比伦时期，上帝派大雨和洪水来惩罚邪恶有罪的人类时的情景。在那次大灾中，一个名叫尤特纳·比利姆的人造了一只木船，载上家人和许多动物，在洪水中幸存了下来。这个描述跟《圣经》中挪亚方舟的故事，几乎完全一样，而且，用的是第一人称，表明这是一位亲历洪水的幸存者的记叙。还有一块描绘当时亚述的奴隶劳动情景的浮雕，这些奴隶多半是亚述人俘获的战俘，他们带着手链脚镣，有的被铁索相互系在一起，旁边有手执武器的亚述士兵在监督。这些浮雕现在都收藏在大英博物馆。

经过几代探险者、考古学家和学者们的努力，尼尼微城消失了的辉煌又再次被展现在了当今世人眼前，所有的遗迹都远去了，只留下空旷的尼尼微城在岁月的风雨中感受历史的沉重。

非洲原始岩画之谜

在世界文明发源地之一的非洲有许多史前原始岩画。这些岩画精美绝伦，分布极为广泛，约有十多个国家，如阿尔及利亚、埃塞俄比亚、埃及、莫桑比克、肯尼亚等都有这种原始的艺术作品保留下来，而且数量非常多，流传也很广。其中有1.5万幅岩画遗址在塔西里被发现，而在撒哈拉地区有3万幅。

这些岩画有相当复杂的表现形式和手法，还有丰富多彩的内容。粗犷朴实的笔画使用的是水混合台地上的红岩石磨成的粉末冷制而成的颜料，由于颜料中的水分能充分渗入岩壁内，长久接触后发生化学变化，使颜料融进岩壁。因而很多年后，画面依然鲜艳夺目。

科学家们根据这些岩画所反映的内容，推断撒哈拉地区以前并不是沙漠，而是存在着一群生活在旧石器时代和新石器时代的人们，他们的谋生手段是猎取大型水栖动物，也放牧羊群。大量考古资料证实，公元前8000~前2000年，撒哈拉地区并不是沙漠，而是一片布满热带植物的草原，这种草原正适合狩猎。

非洲原始岩画中，有许多神秘的人物形象，有的是手持长矛、圆盾的武士，他们乘坐战车迅猛飞驰，仿佛雄伟的战士；有的场面则是人们射击野鹿和狩猎野牛，他们手持弓箭，个个身材魁梧。科学家们由此得出以下结论：当时战争频繁，甚至成为人们的职业，而在经济中占突出地位的是狩猎。画面上有些人戴着小帽子，身缠腰布；有些没有武器，做出敲击乐器的样子；有些人像是欢迎"天神"的降临，做出贡献物品的样子，仿佛是描述祭神的画面；有些人则像是跳舞，舞姿呼之欲出。其中还有画着巨大的圆脑袋的人像，他们的服饰非常厚重笨拙，除了两只眼睛，脸上什么也没有，而且表情呆滞。人类发明了宇宙飞船以后才明白这些画面的意思，现在的宇航员穿上宇宙服、戴上宇宙帽后，与那些圆头人像有着惊人的相似。

　　究竟是谁创作了非洲原始岩画呢？许多人认为是当地的土著布须曼人创作的。布须曼人的文化中心正是撒哈拉地区，在这个中心地区发现的许多岩画都可以证明这一点。北边的塔西里，东北的西班牙，南边的非洲中部及南部，东边的埃及的岩画都是从这个中心地区传播开来的。

　　而一些欧洲学者则坚持认为外来文化的传播创造了非洲史前岩画，有的干脆说非洲史前岩画是欧洲史前岩画的复制品。他们认为首批欧洲移民尼安德特人在公元前5万年左右来到非洲，大批克罗马依人在4000年后移居非洲，他们是欧洲史前岩画的创造者，是他们把岩画带到了非洲。

　　但不少专家指出，岩画中表现了非洲一些部族的人种特征，例如非洲人一般都有较突出的臀部，这是欧洲史前岩画中不可能有的。非洲岩画究竟是天外来客的随心之作，还是非洲土著布须曼人的智慧结晶，或是欧洲史前岩画的复制品？现在仍然众说纷纭。然而非洲岩画的发现对世界原始文化研究有着重要的意义，它能使我们了解、考察非洲原始部族的生活与社会形态，这一点是毋庸置疑的。

　　而在所有的非洲原始岩画中，撒哈拉大沙漠的壁画尤为壮观。撒哈拉大沙漠位于非洲北部阿特拉斯山脉与苏丹草原以及大西洋与红海沿岸之间，它巨大的面积几乎占据了非洲全部面积的一半。

　　考古学家在沙漠中还发掘出许多的村落遗址，它们都是新石器时代的人类遗址。从发掘出的大量文物来看，撒哈拉在距今4000~10000多年间是一个草木茂盛的绿洲。当时在这里劳动、生息、繁衍的部落和民族，创造了高度发达的文化。磨光石器的广泛流行和陶器的制造是其主要特征。当时的文化已发展到相当高的水平，从壁画中的撒哈拉文字和提斐那文字可以看出这一点。

羚羊与人
大羚羊的形象较为写实，造型准确，姿态优美；而人物形象则采用了夸张手法，图案性较强，富有节奏感。

　　壁画中绘有很多的马匹，还有形象生动、神态逼真的鸵鸟、大象、羚羊、长颈鹿等，甚至有描绘水牛形象的壁画。科学家断言，以塔西利台地为起点，南到基多湖畔，北到突尼斯洼地，构成了撒哈拉地区庞大的西北水路网。台地在多雨期出现了许多积水池，沿着这些积水池，繁殖出各种各样的动植物，撒哈拉文化得到高度发展，昌盛一时。

　　人们同时发现，只有极少数地区才有关于骆驼的壁画，而且这些骆驼形象的壁画都属于非洲岩画的后期作品。

　　大约在公元前400~前300年左右，撒哈拉成为沙漠，骆驼才从西亚来到这里，罗马共和国的疆土扩张时期也在此时。根据壁画内容可以推测当时人们很可能喜欢在战争、狩猎、舞蹈和祭祀前后在岩壁上画画，用画来鼓舞情绪，或者是表达对生活的热爱。这些画生活气息非常浓郁，非洲人民勤劳勇敢、乐观豪迈的民族性格和鲜明的地方特色得到了充分的体现。

正如前文所说，另外一些学者以人种学为研究方向，认定并非是非洲本土的布须曼人绘制了岩画，其中的根据之一是布须曼人对透视法一无所知，而非洲岩画中却充分运用了这一技法。在西班牙东部、北非、撒哈拉、埃

撒哈拉沙漠岩石水彩画，表现的是正在放牧的早期牧人的生活。

及等地区岩画之间的相似之处，一些考古学家推测在遥远年代，有一群人从地中海漂泊到好望角去了，当他们漫游到撒哈拉及东非大平原时，那里是一片充满生机的绿洲，正是他们理想的狩猎区和栖息的家园，而后他们停留在山区高原，在那里创作了许多最早的非洲岩画，他们就成为最早的狩猎者和狩猎艺术家。

然而这些只是他们的主观猜测和臆想，毫无根据可言。至于说岩画不是布须曼人的作品，原因是他们不懂透视法则更显得荒谬。因为即使说后来的布须曼人不懂岩画知识和技巧，也并不代表那些已灭绝的布须曼人不懂。这种知识与技巧只有极少数人才能掌握，而且传授方法非常神秘，所以后来的布须曼人看不懂前人所画的岩画并不足为奇。何况因年深日久，不少岩画已模糊不清，后来者也难以辨认了，以人种学观点为依据是一种种族偏见，缺乏足够的说服力。

还有个别学者认为很难弄清岩画究竟是非洲本土的古老艺术还是外界文化的辐射，而且他们认为任何伟大艺术都是国际性的，没有必要把任何艺术都贴上民族的标签，这种工作是毫无意义的。如同世界其他地区的画廊一样，非洲文化也兼容诸多民族及其原始宗教派别的艺术。尽管这种泛论并不能让所有的人满意，但它提供的认识非洲岩画出处的思路仍有可取之处。

撒哈拉大沙漠的岩画究竟是谁绘制的呢？这至今仍是一个未解之谜，如果能找到答案，将会对人类更全面地认识撒哈拉大沙漠的史前文明和发展历程有不小的帮助。

"巨石阵"到底有什么用处

在英国南部的索尔兹伯里平原上，有一群排列得相当整齐的巨大石块，这便是举世闻名的斯通亨治"巨石阵"。

巨石阵的主体是一根根排成一圈的巨大石柱。每根石柱高约 4 米，宽约 2 米，厚约 1 米，重约 25 吨，其中两根最重的有 50 吨。在不少石柱的顶端，又横架起一些石梁，形成拱门状。巨石阵的主体是由一根根巨大石柱排列成的几个完整的同心

圆。周围由一道深6米多、宽约21米的壕沟勾勒出轮廓。沟是在天然的石灰土里挖出来的,挖出的土方正好作为土岗的材料。紧靠土岗的内侧,56个等距离的坑构成又一个圆圈。由于考古学者奥布里于17世纪首先发现这里,所以这些坑被称为"奥布里坑"。坑用灰土填满,里面还夹杂着人类的骨灰。在这个范围内有两个巨型方石柱一般大小的圆形石阵,并列在一个小村旁边。这些巨石高七八米,平均重量28吨左右,直立的石块上还架着巨石的横梁。砂岩圈的内部是5组砂岩三石塔,排列成马蹄形,也称之为拱门,其中最高的一块重达50吨。这个马蹄形位于整个巨石阵的中心线上,开口正好对着仲夏日出的方向。

据考古学家们分析,那平均重达二十五六吨的青色巨石、砂岩石是从30千米~200千米以外运来的。建造者们首先挖出一道圆形的深沟,并把挖出的碎石沿着沟筑成矮墙,然后在沟内侧挖了56个洞,但这些洞挖好之后又被莫名其妙地填平了。也就是说,奥布里坑就是这一时期所造。公元前约2000年开始的是巨石阵建筑的二期工程,这次最早修筑的是一条两边并行的通道。三期工程大约始于公元前1900年,建成了庞大的巨石圆阵。在其后的500年期间,巨型方石柱的位置被不断调整,二期工程的青石也重新排列,终于形成了欧洲最庞大的巨石结构。可惜的是双重圆阵西面部分始终没有竣工。

据英国考古学家考证,巨型方石阵于公元前2750年开始建造,距今已将近5000年,其建造时间可能比埃及最古老的金字塔还要早。据估算,以当时的生产力水平,建造巨石阵至少需3000万小时的人工,也就是说,至少需1万人连续工作1年。

在发掘中,始终没有发现用轮载工具或是牲畜的痕迹。建造者们是如何从数

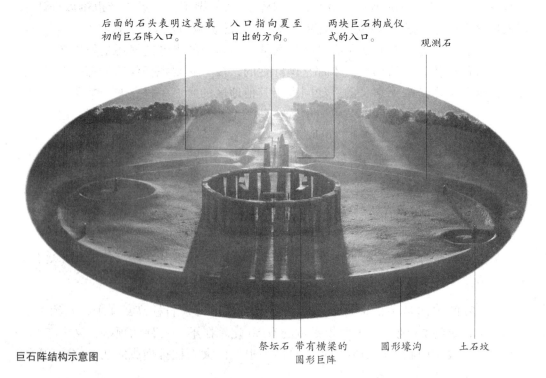

后面的石头表明这是最初的巨石阵入口。　入口指向夏至日出的方向。　两块巨石构成仪式的入口。　观测石

巨石阵结构示意图

祭坛石　带有横梁的圆形巨阵　圆形壕沟　土石坟

十千米甚至数百千米外把巨石运来的？曾有专家组织人用最原始的工具试图把 1 块重约 25 吨的巨石从几十千米外运来，但几经努力，都没有成功。从实际操作技巧看，有些巨型石块单靠滚木和绳索，恐怕得用上千人才能移动起来，所以有理由相信，建造者们绝对不是一个未开化的民族。

有人认为，巨石阵很可能是一个刑场。原因是最近从巨石阵挖掘出了一颗年代久远的人类头骨。现代分析技术认为，这是一具男性骨骸，曾有一把利剑将他的头颅齐刷刷地砍下。考古学家在这颗头颅的下颌下发现了一个细微的缺口，同时在第四颈椎上发现了明显的切痕。由于其墓穴孤独地埋在那里，人们有理由相信，他并非死于一场战争，而是被一柄利剑执行了死刑。在巨石阵及其周围还曾发现数具人类遗骸。1978 年，一具完整的人类骨骼在围绕巨石阵周围的壕沟中被发现，这个男人是被像冰雹一样密集的燧石箭射死的。

流行的说法是，巨石阵有天文观测的功用。早在 18 世纪，就有人发现巨石阵有以下特点：巨石阵的主轴线指向夏至时日出的方位，巨石阵中现在标记为第 93、94 号的两块石头的连线，正好指向冬至时日落的方向。

二十世纪初，英国天文学家洛基尔进一步指出，如果站在巨石阵的中央观察，那么第 93 号石头正好指向立夏（5 月 6 日）和立秋（8 月 8 日）这两天日落的位置，第 91 号石头则正好指向立春（2 月 5 日）和立冬（11 月 8 日）这两天日出的位置。因此，洛基尔认为，早在建造巨石阵的时代，人们就已经把一年分为 8 个节令了，即立春、春分、立夏、夏至、立秋、秋分、立冬、冬至。洛基尔的研究引起了天文学家和考古学家们的浓厚兴趣。他们联想，巨石阵大概是远古时代人们为观测天象而建造的，是一座非常非常古老的“天文台”。

20 世纪 60 年代初，一位名叫纽汉的学者宣称，他找到了指向春分日和秋分日日出方位的标志，并指出 91、92、93、94 号石头构成了一个矩形，矩形的长边正好指向月出的最南端和月落的最北端。后来，英国天文学家霍金斯用电子计算机进行了大量计算，用巨石阵来预报月食。巨石阵里还有 56 个围成圈的坑穴，坑内有许多人的头骨、骨灰、骨针和燧石等。霍金斯认为，古人就是用这些坑穴来预告月食的。

后来天文学家霍伊尔更认为巨石阵能预报日食。果真如此的话，那么石阵的建造者在天文学和数学方面的造诣，将远比希腊人、哥白尼甚至牛顿还高。天文学家迈克·桑德斯则认为，石阵是在已经了解太阳系构造的基础上建造的。

对于把巨石阵称为天文台的说法，有人提出疑问：建造者们为什么不用既轻便又很容易从当地得到的木材和泥土来建造这座天文台，而非要到很远的威尔士山区去运来这些大石块呢？再说，上面提到的那些坑穴中的人类墓葬又和天文学有什么关系呢？所以，不少人坚持认为巨石阵实际上是一种神秘的宗教场所，它和天文台根本沾不上边。

现在，又有人提出一种观点，认为巨石阵既可能是用来祭祀的宗教活动场所，又是墓葬场所，同时也可能还是观测天象的天文场所。这就好像在中国已经发掘出的不少古墓那样，其中也都发现了古代的星图。

究竟是天文台，还是宗教活动场所，或者是二者兼而有之，还在争论之中。巨石阵犹如强劲的磁铁，吸引着人们的目光。也许这是远古祖先有意留给后人的一个巨大谜题。

罗得岛巨人雕像之谜

希腊邮票上的罗得巨像——太阳神赫利俄斯穿着短裤，头戴太阳冠冕，左手按剑于腿上，右手托着火盆在头顶上，双腿叉开立于两座高台上，背后是海港，胯下是出入口航道。那样的巨像该有多大？据说神像高约32米，以450吨青铜铸成，站立的石座高达四五米，巨人的手指头有几人合抱之粗，大腿中空，内部可居住一家人。

罗得巨像建于公元前292~前280年，历时12年完成。公元前408年，罗得国控制爱琴海几个岛屿，向地中海沿岸殖民，引起雅典、斯巴达、马其顿、波斯人的嫉恨与恐慌。公元前305年，波斯的季米特里国入侵罗得岛，全岛居民撤守罗得城。波斯人围困一年未能攻陷，只好撤离该岛。走时匆忙，将攻城装备和大批兵器遗弃于城下。罗得人感谢太阳神的保佑，决定将收集的金属器材熔化铸造一尊赫利俄斯的神像。铸成的巨大铜像立于港口，雄镇海疆。

巨像坠倒的时间确认在公元前225年。在一次大地震中太阳神像坍塌，倒在原地。这就是说，神像立于基座不过55年，这可能是罗得巨像记载不详的原因之一。巨像倒地后，断成几截，后人记载称："底座只剩下巨像的双脚，其他部分全散落地上，露出中间的铁质骨架。"罗得人认为这是"神的意志"，不愿再加修复。后来罗得城从破坏中复苏，繁荣不减当年，要复原巨像毫无问题，然而再也找不到像以前的艺术大师，只好任其自然了。巨像散落后，为何消失得无影无踪？此谜有三解：

第一，公元653年，罗得岛被占，神像被击碎躯体，搬走碎块，运往意大利，变为废铜出售。

第二，铜像可能被人盗走，赃船在海上遇风沉没了。12世纪的编年史，记载了捣毁巨像的细节。记录属于追记，并不全然可信，但排除了就地熔化铸为其他器械或盗运沉海的两种猜测。

第三，难道铜像残骸真的躺在地上达887年之久才被拿走？不大可能。罗得岛从公元前2世纪开始，历经罗马帝国、拜占庭、阿拉伯、土耳其的统治。罗得人视太阳神像为圣物，肯定不会自行捣毁。在罗马帝国时期，恺撒、庞培等帝王、贵族都曾到过罗得城游览，他们对太阳神巨像的精巧与庞大惊叹不已。罗马人不可能当废金属处

罗得岛上的太阳神巨像绘图

理掉，很有可能运回本土收藏起来了。

然而，这仅仅是猜测而已，太阳神巨像的下落就像它的铸成一样，千百年来一直都是个谜。

"斯芬克斯"究竟何时诞生

埃及人很崇拜狮子，他们认为狮子是力量的化身，因此古埃及的法老把狮身人面像放在他们的墓穴外面作为守护神。著名的狮身人面像位于开罗市西的吉萨区，在卡夫拉金字塔的南面，距胡夫金字塔约350米。斯芬克斯狮身人面像是世界上最大的狮身人面像，石像脸长达5米，头戴奈姆斯皇冠，额头上刻着"库伯拉"圣蛇浮雕，下颌雕有象征帝王威严的长须，在阿拉伯文中，它被称为"恐惧之神"，象征着君主的威严与权力。

关于斯芬克斯石像的出现时期在学术界也有很多种说法，至今不能得到统一，于是斯芬克斯的谜依然存在着，不同的只是谜的内容从人换成了石像而已。

斯芬克斯是传说中的恶魔，以关于人的谜语为难题吞食掉了许多人。当俄狄浦斯准确无误地回答出它的问题之后，它羞愧至极，觉得无颜再活在世上，于是跳崖自杀。当时的国王瑞翁为了让人们记住这个罪恶滔天的恶魔，便在斯芬克斯经常出没的地方，即今天狮身人面像所在之地，造了一座石质雕塑，流传保存至今成为文化珍宝。也许只是因为时代久远，于是就有了人们的种种想象和猜测，这些都不能用科学去考证。严谨的考古学界则有确切的研究行动，并一直认为狮身人面像修建于大约公元前2500年，处于古王国时代第4王朝的埃及法老卡夫拉统治时期，下令雕刻石像的就是卡夫拉而不是瑞翁，他要求按照自己的脸型雕刻，把狮身人面这一奇特而浩大的工程作为礼物送给后世的人们。这可能是因为狮身人面像与卡夫拉的容貌比较相近的缘故，所以有此猜想。但是也有反驳者认为，这完全不能证明石像就是卡夫拉自己建造的，因为他完全可以在自己统治的时期将石像进行修改，使之成为自己脸型的样式。

然而科学家们发现，狮身人面像比人们认为的年代可能要更早，甚至早一倍。波士顿大学的地质学家罗伯特·M.肖赫第一次从地震方面切入，对吉萨遗址进行了研究，结果表明，狮身人面像最初雕刻的时间比通常人们认为的要久远，因为这座石像裸露在外面，与周围的石灰石床岩受风化和侵蚀的时间要比人们认为的长得多。另外，狮身人面

传说中吃人的怪物——斯芬克斯

像和其他年代确凿的建筑物侵蚀程度有着显著的差异，这也表明了存在于时代之间的距离。

科学家们利用各种先进的仪器和方法对狮身人面像进行了研究，经过声波穿行速度等科技测试，他们惊奇地发现，狮身人面像的"尾部"是卡夫拉统治时期出现的，要比石像前面的部位和两边部位的壕沟年代晚一半以上的时间。也就是说早在卡夫拉修建狮身人面像之前，狮身人面像的头部就已经存在 1000 年了。这一发现使他们大为振奋，并且深信不疑，地质学家于 1919 年 10 月 22 日在圣地亚哥举行的美国地质学年会上提交了他们的研究报告：狮身人面像的实际修建时间是公元前 7000~前 5000 年。

然而考古学家们完全不能接受这样的研究结论，他们认为这与他们所了解的古埃及的情况完全不相符合。就他们所掌握的考古知识来看，在卡夫拉统治的几千年前，古埃及人根本不可能拥有建造这一巨型建筑物的技术，甚至也完全不可能有这种愿望的产生。狮身人面像的修建技术比已经确定年代的其他建筑物的技术已经先进很多，如果再将它的建造年代提前那将是不可思议的事情。如果承认地质学家的结论，那么几千年前，修建狮身人面像的不应该是古代埃及人，而只可能是另外的一群高级智慧生物，或者也只能是还不能确定到底存在与否的外星人。

宇宙学的研究者根据金字塔建筑群与天文现象的种种巧合神奇之处，以及金字塔内遗存的超前于现代的物品，推测金字塔是外星人在不同时期单独或帮助法老建造的。科学家以先进的仪器探测发现，狮身人面像之下也有类似金字塔内的秘密通道和密室。于是有人猜想斯芬克斯也是出自外星人之手，原本是作为宇航导向的标志，而后又被法老发现并占为已用。

斯芬克斯像雄伟壮观，它表情肃穆，凝视远方。当年土耳其人攻打埃及时，曾以斯芬克斯的鼻子和胡须做靶子打炮，被打掉的鼻子和胡须现存于伦敦的大英博物

狮身人面像

这件头饰象征着法老至高无上的地位。

由石灰石建成的狮身因风沙、日晒等原因，已被严重侵蚀。

对狮身人面像的修复

经过修复的部位

馆内。学术界的争论与猜测使斯芬克斯到现在为止仍扑朔迷离，它凝视远方的眼睛里充满了等待被理解的渴望，但是它到底出自谁手，来自哪个久远的年代，都没有准确的答案。期待研究者找到更能让大家信服的证据，拨开深藏在狮身人面像后面沉重而神秘的历史云雾，见到一个完整的、有着明确历史内涵的狮身人面像。

海底王陵：水下考古之谜

根据民间的传说，在韩国庆尚北道月城郡甘浦海的海底，保存着一座完全按照王的遗嘱而建筑起来的王陵。在朝鲜半岛的历史上，他就是新罗国赫赫有名的第30代文武王，毫无疑问，他的陵墓是这世界上独一无二的海底王陵。据估计，确切的建筑时间可能是在日本的天武时期营建的，但是直到最近，有关这座王陵的具体位置，人们才搞清楚。至于它的出土，也几乎可以说是出于巧合。

1959年，在大王岩海底附近发现了为文武王精心修建的感恩寺遗址，考古学家继续发掘，进而发现了这座海底王陵。

关于这座海底王陵，还有这样的一段故事：当年文武王去世后，埋藏在海底的大岩石中，由于留恋人世的忧患，几乎在每个夜晚都幻化为龙来到感恩寺，以便镇压东海的倭寇的进犯，所以，人们就依据这些来推测说这里就是龙穴遗址。在后来对东海海上的大王岩所进行的实地考察过程中，在1967年发现了凭借着岩礁的低洼地势而营造的陵墓，也就是今天我们见到的大王岩海底陵墓。

在历史上，这位文武王的势力相当强大。他本人精明强悍，富于政治才干，他治理下的新罗国度，经济繁荣，社会安定，人民生活比较富裕，国家也积累了大量的物质财富。所以，有关的考古界业内人士就此推测，他的这座王陵中也应该会存在着数量巨大的珍贵财宝作为随葬品。上述这些推测，无疑早就引起了众多的淘金者和投机家们的浓厚兴趣，他们掀起了海底掘盗寻宝之风，可以说这种行为已经影响到水下考古行动的进展了。

迄今为止，已经在全世界许多海域发现了不计其数的珍贵遗物和遗址。在海洋开发已经高度发展的今天，对这些海底文物不闻不问，采取漠不关心的态度是有害的；况且，在当今众多的水下活动诸如机械化的拖网渔业、水下娱乐业之类的迅速发展，已经使得水下考古遗迹受到相当程度的破坏。在这种情况下，早日认识海洋这一考古新领域的重要性，运用现代化的技术积极发展水下考古学，致力于诸方面的研究，应该是大有作为的。这次海底王陵的发现，就得益于这方面的有益实践，是已经取得的重大成果之一。

毋庸置疑，这项发现填补了韩国历史的一段空白，扩充了该国社会历史方面的文献以及实物方面的资料。但是，在这里还要注意到，这些水下遗迹几乎完全是偶然发现的，即使在发现后也是很容易消失的，因此，就在某种程度上造成了进行彻底的实地考察的难度。比如说，在彻底的实地考察中，应该降低水位高程，或者将考察地的水排干，使要考察的地方露出水面。

在海底王陵中发现的持国天王彩色雕像

此外，18世纪以来，已经有众多的海洋捕捞船和拖网渔船在地中海的各个海域里，打捞出古代遗物的事例。可惜在当时，这些遗物最多也不过是作为古玩来鉴赏，更多的情况是把他们视为破坏渔网的水下障碍物，并加以破坏。进入20世纪60年代，与水下考古相关的一些调查报告及记录相继出版问世，却还没有专门以考古研究为目的而进行的调查报告。但是在海洋学研究工作中也有偶然取得关于水下考古成果的事来。可以说，这次韩国的大王岩海底王陵就是基于这样的机遇而发现的。

目前，这项考古工作仍在继续进行。到时下为止，可以了解到的情况是：文武王火葬之后的骨灰是被装入石棺里，然后石棺又被沉入海底的。在石棺的上面覆盖有巨大的天然石棺盖。据传说，当海水清澈的时候，人们能够看得到整个石棺的全貌。当然，这上面覆盖着的巨石，的确倍加增添了整体上的庄重、肃穆和神秘感。

至于这样做法，究其本源，应该是有着深厚的文化内涵的。在古代的朝鲜半岛，人们普遍相信在大海底存在有水神，就是指龙王，而且还有龙王居住的宫殿，就是龙宫。而且龙宫正是人死后的魂灵应该去的地方，也就是人希望自己可以长生，既在生前拥有享乐生活，还希望可以把它带到死后继续享用，于是，就幻想有座龙宫可以实现这个愿望。相信文武王当年许遗愿的初衷自然也不可避免地要受到这种观念的影响。正是由于他渴望在死后仍然能够享用生前的荣华富贵，因此，他宁可相信灵魂永生，也甘愿沉入海底，并且为此建造起一座海底王陵来。

第五篇

难解的政治谜团

迷雾笼罩的宫廷内外

在权力与利益的角逐中，真有胜利者吗？

"尧舜禅让"是礼让还是篡位

　　尧是远古时期有名的贤德君主，他是三皇五帝中的第四个帝。他不唯亲属是举，大力举荐有才干的舜为自己的继任者，这就是历史传说中有名的"尧舜禅让"。但是现在却有人开始怀疑这种说法的准确性，毕竟这仅仅是远古流传下来的一个传说，到了春秋时期，才有人把它诉诸文字。所以，关于尧舜之间权力交接的真相，就成了一个千古疑案，后世的人们众说纷纭，莫衷一是。争论的同时，这个千古未解之谜也为我们留下了很多美丽的传说。

　　大部分人还是比较认可"举贤"说的，因为这反映了我们中华民族的大公无私、唯才是举的传统美德。传说中，舜姓姚，他的父亲叫瞽叟，他的母亲很早就去世了。后来，他的瞎父亲又娶了一个妻子，舜的后母心胸狭窄，而且心地狠毒。后母生了个儿子，取名叫象。象好吃懒做而且飞扬跋扈，在父母面前，他经常说哥哥舜的坏话。舜的父亲也被他们拉拢到一起，站在他们的战线上。所以，夫妻俩和象常在一块儿商量，如何找机会害死舜，这样，象就一个人继承父母的全部财产。但舜心地善良，并不介意他们的故意刁难。他还是一如既往地孝顺自己的瞎父亲，对后母和弟弟也很好。

舜帝像

中国古代传说中的五帝之一，姓姚，名重华，号有虞氏，史称虞舜。舜是黄帝之孙昌意的七世孙，冀州人，耕于历山，渔于雷泽，建都蒲阪。20岁时被推举为尧的继承人。他能正确处理各族的关系，分别任用大禹、皋陶、契、后稷等人治水作刑，执掌教化、农业等，是后人心中的伟大君主。

　　那时候，尧已经86岁了。他觉得自己年老力衰，于是叫大家推举贤能的"接班人"，大家一致推举很有威望的舜。尧听了人们的推举后，决定先考验考验舜。于是，尧把自己的两个女儿娥皇和女英都嫁给了舜，并且派舜到各地去同人们一起干活。他先派舜来到历山脚下去种地。在舜来之前，那里的农民经常为了争夺土地不时地发生一些冲突。等到舜到了那儿后，农民们在舜的教化和领导下就变得互相谦让，经常你帮我，我帮你，把生产搞得很好。舜又到河滨去烧制陶器。原来那儿的陶工干活粗制滥造，陶器质地粗劣，等到舜一去，陶工们在舜的组织下，认真工作，制作出来的陶器十分精美。总之，舜每到一个地方，人们都愿意跟随着他。那时候，父权制已经确立，人人可以拥有财产。由于舜的才能，舜拥有了许多私有财产。

舜的瞎父亲和弟弟象听说舜有很多财富，又起了坏心。有一次，父亲叫他修补粮仓的屋顶。当舜沿梯子爬上屋顶的时候，他们就在下面放起火来，想借机把舜烧死。舜在屋顶看见起火了，想找梯子时，梯子已经被狠心的父亲和弟弟藏得不知去向。幸好当时舜随身带着两顶遮太阳用的笠帽。他灵机一动，双手平举笠帽，像鸟张开翅膀一样跳下来。舜轻轻地落在地上，一点也没受伤。舜并没有怪罪父亲和弟弟，还是像以前一样尊老爱幼。一计不成，他们又设计了一个陷阱。一天，他们叫舜去掏井。当看到舜跳下井后，象和他的瞎眼父

尧舜时期想象图

舜在汉魏南北朝时期经常被作为儒家和民众歌颂的对象，经常出现在表现另类人世生活的墓葬中。此图是北魏时期贵族墓中石棺的一部分线刻画，描绘了后人想象中的尧舜时代的场景。

亲，就在地面上把一块块石头丢下井去，把井填没了。他们企图把舜活活埋在里面。后来聪明的舜在井边掘了一个孔道，钻了出来。尽管父母兄弟对待自己不好，但舜还是像过去一样和和气气地对待他的父母和弟弟。于是，一家人就开始和和睦睦地在一起生活。

尧听说舜这样宽宏大量后感到很放心。于是在一个风和日丽的黄道吉日，尧在京城南郊举行了重大的禅让仪式。当尧庄严地把代表权力的皇杖交给舜，舜恭敬地接过权杖的一瞬之间，臣民们响起了雷鸣般的欢呼声。这就是一般历史书所说的"尧舜禅让"。因为它以群众推举或领袖授权为基础，所以人们称这种说法为"举贤说"。

还有一种说法是"拥戴说"。据说尧年老的时候，并没有想把皇权交给舜，而且当时尧的儿子丹朱也非常想继承父亲的大权，但碍于当时舜的声望迟迟没有下手。所以在尧死后，为了避免冲突发生，舜就避开丹朱到了南河之南。但那时天下的诸侯不到丹朱那里去朝见，反而跑来朝见舜。如果想打官司，他们不到丹朱那里去，都跑来找舜。人们编出的歌谣不歌颂丹朱，却歌颂舜。所以，经过诸侯和民众的拥戴，舜便接受了大家的好意，接替尧登上了帝位。关于这个典故，荀子和孟子是比较赞同的。荀子认为，舜之所以能登上帝位，那是靠了他自身的道德；孟子也说过，舜登上帝位是靠了上天的赐予和民众的拥护。

关于"尧舜禅让"，有人甚至从根本上进行了否定，他们认为禅让只不过是被儒家神圣和美化了的精神价值取向罢了，实际上舜是篡夺了尧的大权。这就是比较流行的"篡夺说"。史学专家是根据《史记》的记载：舜取得了行政管理大权后，曾经进行了一系列的人事改组。例如，舜启用了被尧长期排除在权力中心之外的"八恺""八元"，历史上称之为"举十六相"，这表明了舜在扶植亲信。而尧信用的浑沌、穷奇等，则被排出了权力中心，这在历史上被称之为"去四凶"，这显然是排除

异己。不过历经这次人事改组之后，尧大势已去，他的悲惨命运也就开始了。《括地书》引用《竹书纪年》说："昔尧德衰，为舜所囚也。"又说："舜囚尧，……使不与父相见。"意思大约是，尧先被舜软禁起来，后来也不准同儿子、亲友见面，以此来逼迫他让位。就连尧的儿子丹朱也被放逐到了丹水。

关于尧舜之间的权力交接，是和平交接，还是被迫让位，从古至今就存在着很多猜测。由于当时没有确切的历史记载，这也成为一个千古未解之谜。

秦始皇陵兵马俑：世界第八大奇迹

秦始皇陵位于陕西省西安市临潼区以东的骊山脚下。据史书记载：秦始皇嬴政从13岁即位时就开始营建陵园，由丞相李斯主持规划设计，大将章邯监工，修筑时间长达38年，工程之浩大、气魄之宏伟，创历代封建统治者奢侈厚葬之先例。皇陵于1974年被发现，这个第一个统一中国的皇帝，殁于公元前210年，葬于陵墓的中心，在他陵墓的周围环绕着那些著名的兵马俑。

坐落在陕西省西安市的秦始皇陵兵马俑博物馆，藏有约8000件真人般大小的巨型陶质兵马，被誉为"世界第八大奇迹"。走进陈列大厅，凭栏向下俯视，一支2200年前的古代大军仿佛迎面而来。他们披坚执锐，军容严整，气势雄壮，势不可挡。刹那间，你会感觉历史距离顿然消失，一种神秘的魔力恍惚把人引入战马嘶鸣、军鼓震天、紧张激烈、鏖战在即的历史氛围。这种古典写实主义艺术的巨大魅力，向世界展示了中国古代文明史上辉煌的一页。而这一历史奇迹的发现，同样具有传奇色彩。

1974年3月29日，陕西省临潼县（现西安市临潼区）晏寨公社（现晏寨乡）西杨村的几位村民在村南一片柿子林中打井抗旱。在井下挖土的村民发现了一个窟窿，挖开窟窿后，看到一个类似瓦罐的东西。继续往下挖，"瓦罐"变成了像一个人的脖腔，之后便是身子、胳膊、腿、铜兵器、砖头等，村民以为挖到了"瓦神爷"。

这里的村民祖辈相传地底深处有"瓦神爷"。它深居地下，行踪诡秘，从不轻易露面，然而谁一旦遇见，便会带来不祥。村里一些迷信的人烧香叩头，祈求"瓦神爷"不要降罪于村民。

其实，早在这次发现以前，秦俑已经多次传递了他们存在的信息。20世纪30年代、40年代和60年代，西杨村附近还出土了4个跪坐俑，只是没有得到足够的重视。

正当村民们对"瓦神爷"不知所措的时候，晏寨公社水保员房树民来到了现场，凭着自己的文物知识，他让村民们立即停止打井并向县文化馆报告了此事。县文化馆王进成馆长接到报告后马上带领文物专干赵康民、丁耀祖骑自行车来到西杨村。虽然他们接触过许多文物，但像这样真人一般大的陶俑却还是第一次碰到。他们隐隐约约觉得，这么高大的陶俑很可能是极有价值的国宝，应该赶紧收集起来！于是，他们向村民们宣传国家文物政策，动员村民们把井下出土的文物拿出来。有关部门迅速组织发掘。秦俑从此逐渐揭开了掩盖它2200多年的面纱。

栩栩如生的兵马俑容貌

根据青铜兵器上的铭文，考古专家找到了答案——俑坑是秦始皇的殉葬坑！为了摸清整个俑坑埋藏的内涵，考古队在坑的西端和中间开了四个试掘方，发现了陶质武士俑。从已发掘的兵马俑的排列密度可以推知坑中大约有陶俑、陶马6000余件，实用青铜兵器数万件。

经过考古队员紧张而又有序的工作，秦兵马俑的神秘面纱终于揭开。原来，这是一个东西长230米，南北宽62米，埋葬陶俑六千余件，总面积达14260平方米的大型兵马俑坑，这就是今天的一号坑。更令人惊叹的是，随着钻探范围的不断延伸，在一号坑的北侧，又发现了二号坑、三号坑，以及未建成的四号坑。

此外，1980年12月，考古工作者又在秦始皇陵西侧20米处一个7米深的坑里，发掘出土了两乘大型彩绘铜车马，按照发现的顺序，被编为一号和二号铜车马。铜车马当时被埋在7米深的坑里，外面用一个木椁装着。出土时因木椁腐朽，土层塌陷，两辆铜车都残破严重。经考古人员精心整理，这一秦代青铜工艺的杰作重新展现在世人面前。

一号铜车马，车马通长225厘米，宽95.5厘米，通高152厘米，总重量1061千克，配件3064个。铜车为双轮，轮径66.4厘米，两轮间距95厘米，单辕。通长183.4厘米，辕前端接衡，衡上置双轭，驾四马，两骖（两旁的马）两服（中间的两匹马），马的高低和身长大体相同，高约106厘米，身长约109厘米，重230千克。舆为横长方形，舆广74厘米，进深48.5厘米。舆中部置"十"字形伞座，座上竖一独立圆形伞盖，通高114厘米，盖径122厘米，伞厚0.2厘米~0.4厘米，伞弓22根。伞柄、伞面的制作精美，伞盖由一块圆形铜板制成，略成拱形。伞柄成竹节状，御官俑立于伞下偏右处，手执四辔，身佩长剑。紧靠轼下挂着一铜质矢匣。矢匣呈长方形盒状，内装铜矢54支。轼前左侧向前突出两个银承弓器，上置青铜弓弩一副。左栏板内侧装一副盾箙。箙内插着一件铜盾牌。盾牌为"出"字形，盾正背四周均彩绘几何纹，中间绘变形龙纹。

二号铜车马，车马通长317厘米，通高106.2厘米，舆广98厘米，进深124厘米，重1241千克。双轮轮径59厘米，两轮间距101.5厘米，单辕。通长246厘米，也比一号车车辕长。辕前结构同一号车，四马大小尺寸和重量约同一号车前的四马。该车由3462个零部件组成，其中青铜制件1742个，金制件737个，银制件983个。

车舆呈"凸"字形，分为前后两室。前室较小，近似方形，宽 36.2 厘米，进深 35 厘米。仅供驭手一人乘坐，后室状如龟甲，前后室均置于篷盖之下。御官身佩长剑，跪坐于车前室，手中握着辔索。

根据两乘车的形制结构和历史文献记载，专家们将一号车定名为高车，或称立车；二号车为坐乘的安车。这种立车在前，安车在后，排成一组，是秦代皇帝制度的缩影。安车舆箱四槽有户窗，两侧为可以上下启闭的支窗。后槽有门户，户扉右侧在车槽上装有拐形门栓。这种有户有窗的车，是一种古老简易的调温车乘，也就是古文献上所说的辒辌车。辒辌车原为皇帝乘舆的高级卧车，自从载始皇尸后，便成为丧车的别称。

铜车马造型逼真、生动。铜马均剪鬃，马鬃上留有单花，额部有双歧形的文髦。头戴金银编缀并与金银泡相连接组装的络头，额下佩穗状璎珞。右骖马额头上有一铜球系穗形璎珞，古称为"霹"，这种皇帝车子特有的标志，在考古史上是首次发现。铜马神态各异，比例准确。八马昂首挺胸，胸前凸起块状胸肌，臀部肥圆，前后腿塑出刚劲有力的筋腱纹。颈部、口角和鼻翼等处有肉裙纹，马蹄上部和小腿部两侧肌肉凹纹明显。就连马腿内侧皮肤角色块，俗称"夜眼"的附蝉也都专门作了描写，呈一椭圆形凸块浮于皮上。马耳竖起，口张大，鼻翼似在扇动。服马举颈昂首前方，骖马略视两侧，给人一种"静中寓动""呼之欲出"的艺术效果。

秦陵出土的铜车马是我国年代最早、驾具最全、级别最高、制作最精的青铜器珍品，也是世界考古发现的最大青铜器。它的出土，为考证秦代冶金技术、车辆结构、工艺造型等提供了极为珍贵的实物资料。

这些兵马俑形成一个坚如磐石的地下军阵，有锋有后，且锋轻后重，陈列密集，十分符合古代兵书中对方阵排列的要求。对于拥有这样一支军队的秦王嬴政来说，"振长策而御宇内，吞二周而亡诸侯"是再自然不过的事情了。

但是，秦始皇为什么要修建这样一个大规模的地下军阵？也许我们可以从那个"事死如事生"的古老传统中找到答案：古代君王为了死后继续生前的享乐，非常注重修建坟墓，秦始皇也不例外。但秦始皇毕竟又是秦始皇，这位一统天下的千古一帝既然相信自己会灵魂不死，肯定也相信那些被他消灭的山东六国贵族同样灵魂不死，担心有朝一日他们会找来报仇，有必要准备一支地下御林军，这大概就是为什么兵马俑坑要设在秦始皇陵东门以外而坑中的兵马俑又面向东方的原因所在吧。

十二金人：下落何方

公元前 221 年，秦将王贲率兵向南攻齐。齐王建昏庸无能，一味听信佞臣，毫无抵抗准备，而佞臣后胜早就接受了秦国的贿赂。所以，秦军一到，齐国立即土崩瓦解，齐王建被俘，齐亡。这样，中国历史结束了长期的分裂割据局面，出现了统一的专制主义中央集权的秦王朝。战国的历史至此告终，中国历史又翻开了新的一页。

消灭六国以后，虽然全国范围内的大规模的军事行动已经结束，但在边境上，秦国军队仍在继续进行着战斗；另外，国内也有一些不稳定因素存在。秦始皇为了巩固第一个统一的封建王朝的政权，除了在原来政权机构的基础上调整和完善统一的中央集权的封建国家机器，建立一套从中央到地方的严密的统治机构和封建官僚制度外，还采取了一系列其他措施，其中有一条就是下令收缴天下兵器，铸成十二铜人，立于咸阳。

据《三辅黄图》载："营朝宫于渭南上林苑中"；"可受十万人。车行酒，骑行炙，千人唱，万人和，销锋镝以为金人十二，立于宫门"。又据史书记载，铜人背后铭刻着李斯篆、蒙恬书："皇帝二十六年初兼天下，改诸侯为郡县，一法律，同度量"等字样。铜人造形之大，制作之精巧考究，为历史上所罕见。

令人感兴趣的是，中国第一位封建皇帝秦始皇为什么要铸造这十二个铜人呢？这主要有以下两种说法：一种说法是有一天，秦始皇梦中遇到天象大变、昏暗无光，且鬼神作怪，遂惊恐不已，在万般无奈之际，有一道人前来指点迷津：制十二金人，方可稳坐天下。秦始皇梦醒后，即下令将全国的兵器收缴集中于咸阳，铸成十二铜人。有的学者指出，秦始皇一生极信方士道人之言，再联系开国不久的担忧心情，此说是可信的。另一种说法是：秦始皇在统一全国后，始终在忧虑和思考着如何长治久安，使江山传之万世的问题。而要坐稳天下、江山永固，首先解决的一个问题就是应该收缴和销毁流散在民间的各种兵器。关于这一点，还流传着这么一个故事：一天，秦始皇在群臣陪同下，观看舞水火流星和各种杂耍，正在兴高采烈之时，忽见一队杀气腾腾、手执刀剑干戈的武士上场表演。秦始皇见了，无疑触动了心病，于是日思夜想，寝食难安。这时候，正逢临洮农民送来一条消息，说是见到了十二个巨人，当地还盛传着一首童谣说："渠去一，显于金，百邪辟，百瑞生。"秦始皇听后，正中下怀，情绪为之一振。于是便假托征兆，借助天意，下令收缴民间所有的兵器，集中于咸阳，铸成了十二个铜人。应该说，秦始皇收兵器造铜人，完全是出于政治上安定的考虑。至于假传天意，只是使之合法化的一种策略，这是不少统治者所惯用的伎俩。

可惜的是，今人已见不到这十二个铜人的踪影了。它们究竟到哪里去了呢？目前，人们主要有以下几种不同的说法：

十二铜人像
秦始皇时期的十二铜人像因为岁月的流逝，已无从寻找。本图中的十二铜人像是后人根据历史记载重塑的。

有人认为，楚霸王项羽在攻克秦都咸阳、火烧咸阳宫殿时，连同这十二个铜人也一起烧毁了。由于此说史无明载，故赞同者甚少。

有的学者指出，这十二个铜人毁于董卓、苻坚之手。东汉末年，董卓率兵攻入长安，便将其中的十个铜人销毁、铸成铜钱，剩下的两个被他迁到长安城清门里。至三国时，魏明帝曹睿下令把这两个铜人运往洛阳。当工匠运到霸城时，由于铜人太重难以搬动而终止了搬运。到了东晋十六国时，后赵的石季龙又把这两个铜人运到邺城。到了前秦的秦王苻坚统一北方后，再从邺城将这两个铜人运回长安销毁。至此，前后经历了约600年，铜人全部都销毁了。

另有一种说法是，这十二个铜人并未被毁掉。由于十二个铜人是秦始皇生前的喜爱之物，所以在秦始皇陵墓营造好后，这十二个铜人和其他精美的物品一起被当作随葬品而葬于陵墓之中。由于一些技术等方面的原因，秦始皇陵墓的发掘工作还不能展开，因而十二铜人的下落问题至今仍是未解之谜。或许到秦始皇陵墓开掘的那一天，这个谜才能解开。

历史上有无徐福东渡日本之事

徐福去过蓬莱仙岛吗？"蓬莱"因秦始皇遣方士徐福率数千名童男童女去寻找长生不老之药而得名。自唐开元年始，它就被命名为"蓬莱乡"，风景秀丽，有"海上仙境"的美称。据说秦始皇十分憧憬得到服后可以成仙的仙草"养神芝"，与天地同寿，与日月齐庚。于是授命徐福东渡为他寻找不老仙药。

《史记·秦始皇本纪》中注明徐福是个读书人，除了读儒书外，同时也阅读了大量关于阴阳五行、修真炼丹等方面的书籍。他交游非常广泛，当时和齐国的侯生、燕国的卢生交情甚好。

然而，历史上对徐福东渡到底到了何方却有争论，有人说去了日本，有人说去了南洋，也有人说到了美洲，更有人说到了海南岛。这当中，呼声最高的是说徐福当年东渡去了日本。

《史记》和《汉书》是中国历史最有权威性的两部史书，这两本史书中都有记载徐福东渡日本，其可信度还是相当高的。此外，五代后周时期义楚和尚所写《义楚六帖》中说："日本亦名倭国，在东海中，秦时，徐福将五百童男，五百童女，止此国也，今人物一如长安，又东北千余里有山，名富士，亦名蓬莱。徐福止此，谓蓬莱，至今子孙皆曰秦民。"证明徐福东渡地是日本。而宋代欧阳修和司马光文集等都有相似的记载，他们也认为徐福东渡到日本，明初，日本和尚空海到南京，向明太祖献诗，还提到了日本的徐福祠。民间传说就更多了：徐福东渡是公元前中国历史上的壮举，秦始皇派徐福三次东渡求仙药，徐福求药不成，却把秦帝国高度发展的造船、航海技术、政治制度、文化艺术、生活方式，还有冶炼、农耕、建筑、医药、文字、货币、宗教、武术、服饰、瓷器和当时世界最先进的科学技术带到了日本，还带了一批谷物种子粮食等，对于开发、发展日本的生产力的影响十分有利，三千人繁衍生息的同时，也传播了中华民族的传统文化。

对此，日本也有大量的史志记载。《富士古文书》上说："徐福一行奉秦始皇之命，到富士山取不老长寿药，因以居也。"《国文通考》有如下记述："今熊野附近有地曰秦住，土人相传为徐福居住之旧地。由此七八里有徐福祠……"颇具说服力的是，当时徐福的东渡出发点千童镇有一项名闻遐迩的民间文艺活动

徐福东渡时登程地点

"信子"，在偌大中国是独此一家，而在日本也有，只是名叫"尸子"；而现在仍保留有徐福墓、徐福祠的日本新宫市，每年都要举行大祭仪式。此外，还有人根据古代中国和日本的海上往来，海船的营造规模和古文物发掘，推测了徐福东渡到日本的路线。

徐福在日本的地位很高，从九州到本州的 20 多处地点，流传着有关徐福的登陆地点、活动遗迹、祠庙和墓葬等传说，同类遗迹往往重复地见于多处地点，并且长期以来成为民间信仰崇拜的对象。尤其日本各地民众，称徐福为"王"，并尊他为"弥生文化的旗手"。日本现有徐福陵墓 5 座，祭祀庙祠 37 座，因徐福登临而得名的蓬莱山有 13 座，各种遗址和出土文物数以百计，各地历代传承和近代成立的徐福纪念组织和研究机构就有 90 多个，祭祀节典和仪式多达 50 多个，以秦和徐为姓氏的有 17 个。在日本的佐贺、新宫、富士吉田这 3 个地方，祭祀徐福不仅是当地民众的重要信仰，而且已发展成重要的文化和旅游产业。参加徐福祭祀和纪念活动的，不仅有工、商、学、军各界著名人士及民众，还有政界官员等。

徐福出海并东渡日本这一伟大历史事件，历来为中日学界所重视。中外文献对徐福航海并东渡日本对中日文化交流的重大贡献，都给予肯定性评价。

但是有些中日学者也对徐福东渡日本提出了疑问：他们认为，秦始皇灭六国后，中国人为了逃避秦始皇的暴政，大量移民日本，但是这其中并不包括徐福及其率领的童男童女们。徐福的故事只不过是民间传说而已，找不到可靠的历史文献来证明。更有人认为，徐福东渡日本的传说，是日本 10 世纪左右的产物，并非最先由中国人提出来的，徐福当时到的只是渤海湾里的岛屿，他在日本的事迹、遗迹、墓地，均属后人虚设；还有学者认为日本新宫市的徐福墓和其他遗迹都是后人伪造的。有的日本学者还做了实地调查，进一步证实了这一点。他们认为，徐福东渡日本的传说是由于汉唐以后，日本和尚常到中国散布徐福的故事，被人不辨真伪地记入书中，直到人们对这样的传说深信不疑。

另外，又有学者认为，徐福东渡是历史事实，但不是去了日本，而是去了美洲。因为徐福东渡的时间与美洲玛雅文明的兴起相吻合，檀香山遗留下带有中国篆书刻字的方形岩石，旧金山附近有刻存中国篆文的古箭等文物出土，这些古代文物当是

徐福这批秦人经过时所遗留的。

迷雾茫茫，徐福东渡究竟是不是去了日本，至今仍然是一个解答不出的谜。

淮阴侯韩信被杀之谜

韩信是中国历史上著名的军事家，是西汉王朝的开国功臣，司马迁《史记·淮阴侯列传》认为韩信对汉朝的贡献，足以与周朝的周、召、太公相比。汉高帝十一年（公元前196年）正月，这位汉初三杰之一的大功臣却被吕后诱杀于长乐宫之中，甚至被夷三族。究竟是什么原因导致韩信的人头落地呢？韩信是谋反被杀，其罪当诛，还是刘邦、吕雉猜忌名将、杀戮功臣呢？

一种意见认为，韩信被杀的真正原因是他蓄意谋反。

《史记》《汉书》中关于韩信死因记载均是谋反。高帝七年（公元前200年），阳夏侯陈豨担任赵相，镇守赵、代地区，当他离开都城赴任之时，曾与韩信密谋陈在边地起兵反汉，韩信从中响应配合。陈至代后，果然招兵买马，积蓄力量，准备谋反。高祖十年七月，刘邦之父太上皇死，召陈入朝，陈托病不往。九月，陈公开宣布反汉，自立为代王，进攻赵、代等地。刘邦闻讯后，要求淮阴侯韩信和梁王彭越一起讨伐陈，可是两个人都推说有病，不肯出兵。汉高祖只好自己亲统大军出征。等到刘邦离都之后，韩信立即按照原先计划准备响应陈。次年春天，韩信布置已定，密谋假传圣旨。韩信的门客向吕后告发此事。吕后与萧何谋划，诈称陈叛乱已平息，命令朝臣入宫庆贺。又担心韩信不往，派遣萧何劝说。韩信一入长乐宫，就被埋伏的武士所擒，斩于钟室之中。

韩信铜像
韩信"连百万之军，战必胜，攻必取"，"明修栈道，暗度陈仓"成为千古美谈，十面埋伏令楚霸王四面楚歌，为刘邦立下了汗马功劳。

很多学者都认为韩信被杀是罪有应得，包括司马迁、班固、司马光以至明清之际的思想家王夫之、清代史学家王鸣盛等人。王夫之在《读通鉴论·汉高帝》中，从韩信鼓吹有功当封、贪功以及破项羽后犹拥有强兵这三点来论证"云梦之俘，未央之斩"是韩信自己造成的恶果。王鸣盛在《十七史商榷·信自立为假王》中，也认为韩信改封为淮阴侯后，"常称病不朝从"，"日怨望，居常快快"。公元前200年，他勾结握有重兵的边将陈，再次阴谋叛乱。公元前197年，陈在代地叛乱，刘邦率兵亲征。韩信托病，并乘机派人与陈约定，他在长安里应外合。正在这时，他的阴谋再次被人告发。于是，萧何与吕后设计捕杀了韩信，消除了分裂的危险。

还有人从整个社会各阶级都迫切需要休养生息的角度出发，认为亡周乱秦兵革之后，韩信从个人恩怨出发制造新的动乱，违背了历史发展的趋势和广大人民的愿望和利益。所以吕后杀韩信直接避免了第二次楚汉战争的动乱，带有历史进步的色彩。这不仅为新建的西汉王朝除掉了一个大祸患，而且在客观上也符合社会发展的要求和人民的愿望。

然而，以上观点却受到了不少的挑战，有学者认为韩信谋反的罪名其实是出于诬陷，他的被杀是一大冤狱。持此派观点的代表人物包括明代散文家归有光、清初诗人冯班等。清代考据学家梁玉绳在《史记志疑·淮阴侯列传》中说："信之死冤矣！前贤皆极辩其无反状，大抵出于告变者之诬词，及吕后与相国（萧何）文致之耳。史公依汉廷狱案叙入传中，而其冤自见。"清人郭嵩焘也认为，信"贵贱生死一取资于人，是乃人臣之定分。非能反者。"意思是说韩信根本不是那种会谋反的人。如此说来，韩信的被杀完全是吕雉猜忌名将，杀戮功臣的阴谋，而韩信则无意背叛刘汉王朝。

韩信死于正想乘隙揽权的吕后之手，这也不是偶然的事。当时身为丞相的萧何，也深受刘邦的猜忌，自身难保。他原是韩信的保荐人，这时候不得不屈于吕后的意旨，诱杀韩信；如果他态度犹豫，就有遭受株连的危险。结果，萧何就因诛韩信功，而从丞相晋升为相国，加封食邑五千户。

韩信究竟是为何而死，这要联系当时的时代背景来考察。公元前206~前202年楚汉战争的过程中，刘邦身边共有7人取得王爵，建立了半独立的王国。这些强大的异姓王的存在，对于汉封建国家的统一政权是严重的威胁。刘邦当初封他们为王，原是不得已的权宜之计。他在做皇帝以后的第六个月，就借口诸王谋反，开始一个一个地收拾他们。对于韩信，刘邦既佩服他那"连百万之军，战必胜、攻必取"的军事才能，自称"不如"，同时又对他这种才能极不放心，一向"畏恶其能"，自然不会放过。从国家要统一的观点来看，汉初如果不剪除异姓王，战祸就不会消除，百姓就不可能休养生息。这一历史背景似乎是韩信冤死一说的有力基础。然而，联系韩信曾经自请封王的史实：在平定三齐之后，韩信在刘邦正被楚军围困在荥阳的危急关头，竟上书刘邦，自请代理齐王。后来，韩信对刘邦没有主动封其为王而深表不满，借故不肯发兵，若说韩信是谋反被杀，罪有应得，也并非无中生有。

总之，对于韩信有无谋反之心，是否参与陈叛乱，目前史学界尚未论定。韩信被杀真相，还需要进一步考究。

武则天无字碑之谜

武则天，中国历史上唯一的女皇帝，人们不满于她争夺皇位时的残忍和血腥，却也无人不感慨这位女皇的英明才干和敢作敢为，同时也赞叹她统治期间政治的清明和经济的继续发展。就是这样一位曾经在历史上叱咤风云、魄力十足的女丈夫，生前轰轰烈烈，在她死后，身后所留的却仅仅是一块无字的石碑，让人们诧异不已。

武则天陵就在今天陕西乾县西北的梁山上。那是一座气势宏伟的皇陵——乾陵，里面埋葬的是唐高宗李治及皇后武则天。在乾陵的东西两侧矗立着的是2块高6米左右的墓碑，西面是"述圣碑"，歌颂着唐高宗的生前业绩，而东面那块属于武则

无字碑 唐
武则天墓前无字碑，在今陕西省扶风县乾陵。

天的墓碑却没有任何文字，这就是举世闻名的无字碑。

武则天为什么没有依照惯例在自己的陵墓前树碑立传、以表彰自己生前的功绩？

关于武则天无字碑"一字不铭"的原因，有人认为是由于武则天认为自己功高不可评说。武则天是一个杰出的女政治家。高宗时她就已经逐渐参与和掌握了政治权力，到她退位，实际掌握最高权力长达50年。在这长达半个世纪的时期里，她采取了一系列的措施来维护和巩固自己的统治。政治上积极扶持新兴地主阶级，敢于破格提拔人才，提拔了很多名臣，如后来唐玄宗时期的姚崇、宋璟等人。此外，她还首创了科举制度中的殿试，对于任用人才起到了积极的作用。经济上，她实施奖励农耕的措施，并且兴修水利，轻徭薄赋，促进了生产力的发展。此外，她还在西域设北庭都护府，巩固了国防，也促进了民族间的交流，使对外关系处于良好的态势中。这样看来，武则天继续了"贞观遗风"，她的各方面的政策都极大地促进了社会的发展，为后来的"开元盛世"奠定了基础。从这个意义上说，武则天的功劳确实是不可湮没的。而自小就智慧过人的武则天，取《论语》中"民无德而名焉"之意，立一块无字碑，表明自己功德无量，是非常有可能的。这正是她力求与众不同的表现。

与此立"无字之碑"以示自己功德无量的说法相反的是，有人认为武则天立无字碑并非是夸耀自己，而是她在晚年时幡然醒悟，自感罪孽深重，无颜立传。

武则天皇位是以无数人的生命为代价的。当她还是一个昭仪的时候，为了争夺权势，她先是依靠王皇后将萧淑妃打入冷宫，接着又亲手掐死了自己的小女儿以陷害王皇后，最终巩固了自己在后宫中的地位。当上皇后以后，她又施展毒辣的政治手腕，培养党羽，消除异己，连当初支持她登上皇后位的长孙无忌也被逼自杀。当上皇帝后，为了维护自己的权力，她任用酷吏，滥施刑罚，将自己的反对势力一一残酷镇压，大批的唐王室臣子死在她的手下。而作为一个女流之辈，她改李唐为武周，在传统观念看来更是大逆不道之举。晚年的武则天从政治舞台上走了下来，回头看自己的一生，她深感自己对不起死去的冤魂，尤其愧对列祖列宗，又有何颜面为自己立碑树传？

折中的说法则是说武则天是一个聪明的人，她很有自知之明，知道时人对自己的看法不一，议论颇多。所以她干脆留下无字碑，所谓"是非功过，留与后人评说"。

又有人说墓碑之所以无字，乃是由于武则天的名分问题。武则天为唐高宗的皇后是毋庸置疑的，因此才将她与唐高宗合葬在一起。但是毕竟武则天在唐高宗死后自己做了皇帝，那么，该对她如何称呼？"皇后"与"皇帝"的双重身份使碑文落笔者处于两难境地。最后只好无奈地留下一片空白。

目前还有两种与上述说法不同的看法。

其一认为，武则天的这块墓碑原本并不存在。因为在封建社会中，女性的地位是微乎其微的，并不值得立碑。虽然武则天后来做了皇帝八面威风，但是她毕竟还是女的。而武则天一介女流，竟然坐上了龙椅，还篡改唐为周，这是正统论者唯恐避讳不及的。既然如此，他们怎么可能为她树碑立传、称颂其功德？无字碑实际上是后来的好事者另加的。

其二，近年来，一些考古学者提出了全新的看法，指出无字碑最初立时是有碑文的。根据武则天的性格来说，她在位时大兴土木、炫耀自己，怎么可能到了晚年马上就转变了心性，默默无闻起来？这显然是不合理的。她原本为自己撰写了碑文，但是从当时的政治形势上看，晚年时候的武则天是被迫让位给李显的，实际上她一直在处心积虑地谋划将皇位传给武氏子孙。加上她曾经害死了那么多唐室的子孙，怎么能让李显对她敬爱起来？因此，武则天死后，李显虽然不能公开宣泄自己对母亲的怨恨，但是也不愿意对母亲歌功颂德。于是，就什么也不说，碑上也就没有字了。持这种看法的学者还进而指出武则天生前为自己准备好的碑文可能被埋葬在乾陵的地宫里了。

武则天究竟为何给后世留下这样一块无字的石碑？或者说究竟是武则天自己情愿不给后世留下评述自己功绩的文字，还是厌恶她的后世不愿意评述她的功绩？一切的功过是非，看来也只能留给后人评说了。

杨贵妃是否真的缢死在马嵬坡

杨贵妃是中国古代有名的绝代佳人，她与唐玄宗的爱情故事家喻户晓。她那传奇的一生，引得无数诗人学者对她产生了浓厚的兴趣。纠缠人们的不仅是她和唐玄宗的爱情，还有另外一个问题：杨贵妃是否真被缢死在马嵬驿？

根据我国历来的典籍记载，杨贵妃是被缢死在马嵬驿的。唐代人李肇在《国史补》里记述说："玄宗幸蜀，至马嵬驿，命高力士缢杨贵妃于佛堂前梨树下。马嵬店媪收得锦靿一只，相传过客每一借玩，必须百钱，前后获利极多，媪因至富。"也就是说杨贵妃死于马嵬驿的一座佛堂梨树下，而且运送尸体的时候，杨贵妃脚上的一只鞋子失落，导致一个老婆婆借此大发其财。此后，无论《旧唐书》还是《新唐书》以及清代人岑建功编纂的《旧唐书逸文》，都采用了这个看法。《资治通鉴》博采众家之说，记载更为详细，说马嵬驿前，三军将士诛杀了杨国忠之后，仍然不肯继续前进。陈玄礼说："国忠谋反，杨贵妃不宜供奉。愿陛下割恩正法。"这个时候连高力士也站在三军将士这一边。唐玄宗没有任何办法，不得已"乃命高力士引杨贵妃于佛堂，缢杀之"。并且，"舆尸置驿庭，召玄礼等人视之"。这才使三军整顿部队行进。可见杨贵妃必死无疑。

杨贵妃像

但是在唐代就有了各种传闻。人们提出疑问：既然杨贵妃被缢死后葬在马嵬驿的内廷里，但是为什么一年后迁葬时，她的尸体却不见了，只看到一个香囊与一只鞋？这说明杨贵妃并未立即死于马嵬驿，而是被"掉包"，以侍女代死，杨贵妃逃亡了。白居易在《长恨歌》里也有描述："马嵬坡下泥土中，不见玉颜空死处。"又说："上穷碧落下黄泉，两处茫茫皆不见。"因此，杨贵妃似乎还没有死。

然而她的最终结局如何呢？

1984年出版的《文化译丛》中，一篇来自日本的《中国传来的故事》文章说，杨贵妃在马嵬驿并没有被缢死，而是在陈玄礼和高力士的帮助下逃出虎口，继而东渡日本。历史小说《杨贵妃》也阐述了这一看法，故事说：马嵬驿事变时，主帅陈玄礼怜惜杨贵妃貌美，不忍心杀她，就和高力士密谋，以侍女代死。用车运杨贵妃尸体的是高力士，查验尸体的是陈玄礼，想要以假乱真当然能够成功了。而逃出来的杨贵妃由陈玄礼的亲信护送飞快南逃，大约在今上海附近扬帆出海，经过海上的漂泊，来到日本的久谷町久津。《中国传来的故事》一文中还说："唐玄宗平定安禄山之乱，回驾长安，因思念杨贵妃，命方士出海搜寻，至久津向杨贵妃呈玄宗佛像两尊。杨贵妃则赠送玉簪以为答礼，命方士带回献给唐玄宗，虽然互通了消息，但杨贵妃未能回到祖国，在日本终其天年。"

20世纪20年代末期，俞平伯在《小说月报》的第二十卷二号上发表的《〈长恨歌〉及〈长恨歌传〉的质疑》一文中指出：杨贵妃并没有死，死于马嵬驿的是另外一个人，大概是用了调包计。杨贵妃逃生后流落到了女道士院。他引用白居易的诗句，认为并没有找到过杨贵妃的尸首，说明她还活在人间，后来流落为女道士。唐代的女道士院就是妓院，也就是说杨贵妃最后沦落为妓女了。这个猜测如果成立，那么对于唐玄宗来说，的确是"此恨绵绵无绝期"。

此外，认为杨贵妃东渡日本的典籍还有日本学者渡边龙策的《杨贵妃复活秘史》。在这本书中，作者详细地记述了杨贵妃东渡日本的经过。他认为，马嵬驿事变中，杨贵妃的侥幸活命，与陈玄礼和高力士无关，而是她起死回生。她的出逃得到唐代舞女谢阿蛮与乐师马仙期的帮助，最后得到日本遣唐史的帮助逃往日本。在东渡前，杨贵妃来到扬州见到了杨国忠长子杨暄之妾徐氏及其幼子。这批幸存者一起逃往了日本。杨贵妃到达日本的时间为公元757年，正值日本的孝谦女帝朝代。杨贵妃抵达日本时，谢阿蛮和马仙期设法把杨贵妃东渡的消息传给唐玄宗。据说后来唐玄宗曾经派人东渡日本去找过杨贵妃，劝她归国。杨贵妃赠玉簪以为礼物，命来人带回献给唐玄宗。杨贵妃终于未能回归大唐而老死于扶桑。

至于杨贵妃在日本的遭遇也是众说纷纭。据说，杨贵妃在日本的宫廷斗争中竟然阴差阳错地当上了日本女皇，即《新唐书》中记载的高野公主。也有传说认为，杨贵妃海上漂泊时得了重病，因此抵达日本不久就病逝了。流传更广的说法是，杨贵妃来到日本后，与杨氏后代取得了联系，他们隐居在民间，繁衍后代，日本现今还有自称为杨贵妃后代的家族。

尽管杨贵妃东渡日本的传说尚可质疑，但是日本的确存在许多有关杨贵妃的遗迹，有关杨贵妃的传说也越来越多，越来越神奇。传说杨贵妃抵达久津后，此地开始出美女了，也有了"杨贵氏"等姓氏了。甚至在 1963 年，日本一个少女在电视上演出，她自我介绍说是中国杨贵妃的后裔，并出示古代文物作证据。

对于这一点的真实性，有人指出，唐代中日交往非常密切，日本遣唐使也往来频繁。杨贵妃及杨家位居高职，杨国忠的儿子还曾经任过鸿胪寺卿（外交官名），和日本遣唐使有交情是很正常的。"安史之乱"后，杨氏家族遭到血洗，日本使节救护其后代也是可能的；杨国忠的后代、杨贵妃本人来到日本，也并非不可能。

那么杨贵妃到底是死于马嵬驿，还是出家做了女道士，或是东渡日本？所谓"上穷碧落下黄泉，两处茫茫皆不见"，这位倾城倾国的绝世美人究竟魂归何处，迄今仍然是个未解之谜。

"烛影斧声"与宋太祖之死

关于宋太祖的死一直是一个不解之谜。司马光的《湘山野录》中记载，开宝九年十月的一天，天气极为寒冷，宋太祖赵匡胤急唤他的弟弟晋王赵光义进入寝宫，宋太祖斥退旁人，只留下他们两人自酌自饮。酒过三巡，已是夜深了，他见晋王赵光义总是躲在后边，极其害怕，自有几分得意。见殿前雪厚几寸，便用玉斧刺雪，还不时对他弟弟说："太容易了，真是太容易了。"当夜赵光义依诏没走，留宿于禁宫。第二天天快亮时，禁宫里传出宋太祖赵匡胤已经死了的消息。赵光义按遗诏，于灵柩前即皇帝位。历史上所谓"烛影斧声"的疑案就指此事。

有人认为"烛影斧声"也许不是疑案，只是晋王赵光义弑兄夺位的借口。宋太祖安排后事是宋朝的国家大事，不可能只召其弟单独入宫，并且赵光义又在喝酒时退避。用玉斧刺雪，这正是赵匡胤与赵光义进行过争斗的状态，晋王一狠心杀死宋太祖。要是不这样写，这段史料也许会被封杀。

不过，关于光义弑兄的原因，史书上另有一种说法。《烬余录》称，赵光义很喜爱已归降的后蜀主孟昶的妃子花蕊夫人费氏。孟昶死后，花蕊夫人被宋太祖赵匡胤纳为自己的妃子，而且特别宠爱。赵匡胤因病卧床，深更半夜

宋太祖像

时赵光义胆大妄为，以为宋太祖已熟睡，便趁机调戏花蕊夫人，可没想到太祖惊醒，要用玉斧砍他，等到皇后、太子赶到之时，赵匡胤已经只剩一口气了。赵光义趁机逃回自己的王府，第二天太祖赵匡胤就升天了。也有人认为，赵光义趁夜黑无人，赵匡胤昏睡不醒的时候调戏他觊觎已久的花蕊夫人，谁知赵匡胤突然醒来发觉了，也许是他盛怒之下欲砍赵光义，可是因为病体虚弱，体力不足，未砍中赵光义。赵光义觉得自己只有死路一条，不管用何种方式都不能取得其兄的原谅与宽恕了，预料到自己将会死得很惨，于是一狠心便杀死了自己的同胞兄弟，然后慌忙逃回府中。宋太祖赵匡胤是病怒交加而死，还是他弟弟杀死，谁也不知其详。不过十分清楚的是，赵匡胤之死与其弟赵光义当夜在皇宫内院的行为有一定的关系。

对于这个疑案，也有一些人为赵光义开脱罪责，司马光的《涑水纪闻》记道："太祖初晏驾，时已四鼓，孝章宋后使内侍都知王继隆召秦王德芳；继隆以太祖传位晋王之志素定，乃不召德芳，径趋开封府召晋王。见医官贾德玄坐于府门……乃告以故，叩门与之俱入见王，且召之。王大惊，犹豫不敢行，曰：'吾当与家人议之。'入久不出。继隆促之曰：'事久，将为他人有。'遂与王雪下步行至宫门，呼而入……俱进至寝殿。宋后闻继隆至，曰：'德芳来耶？'继隆曰：'晋王至矣。'后见王愕然，遽呼官家曰：'吾母子之命，皆托于官家。'王泣曰：'共保富贵，无忧也。'"从这一记载来看，宋太祖赵匡胤过世时，他弟弟赵光义并不知晓，也没在宫中待过，似乎可以洗去"烛影斧声"的嫌疑了。

但是，从赵光义继帝位后，赵匡胤的长子德昭于公元979年被迫自杀，次子德芳又于公元981年无故而死来看，宋太宗赵光义还是摆脱不了"烛影斧声""戕兄夺位"的嫌疑。

建文帝是自焚而死吗

明洪武三十一年即1398年，明太祖朱元璋驾崩。临终前他立下遗诏，把皇位传给皇太孙朱允炆，史称为"建文帝"。第二年，建文帝的四叔燕王朱棣以"清君侧"为由在北平起兵，史称"靖难"。经过3年苦战，朱棣终于攻破南京。正当曹国公李景隆等人打开金川门迎接朱棣进城的时候，后宫忽然起了一场大火，建文帝就在这大火中下落不明，其去向至今仍然是一桩疑案。

被载入正史的是最先传出来的"阖宫自焚说"。

《太宗实录》记载说，朱棣攻破南京城，率领众人抵达金川门。"诸王文武群臣父老人等皆欲出迎，左右悉散，惟内侍数人而已"。看着身边几个内侍，建

南京皇城校尉铜牌　明

洪武十五年，建锦衣卫，设南北镇抚十四司，其编制将军、力士、校尉，专门为皇帝护驾，并巡查缉捕，是为御林军。校尉是御林军的低级军官，负责皇城安全，检验出入皇城人员的证件，若有失察，从重治罪。此铜牌为值夜班的军士佩带。

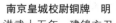

文帝不禁叹息说："我还有什么脸面见他？"遂"阖宫自焚"。朱棣进宫后，到处寻找建文帝，最后在一片灰烬中找到一具面目全非的尸体，有人说这就是建文帝。于是朱棣令人以皇帝的礼仪将其埋葬。夺取皇位这一年，朱棣在给朝鲜国王的诏书中说："高皇帝弃群臣，建文嗣位，权归奸慝，变乱宪章，戕害骨肉，祸几及朕。于是钦承祖训，不得已而起兵，以清敦恶。不期建文为汉奸逼胁，阖宫自焚。"假惺惺地表明，自己不过是想要"清君侧"而已，根本没有想到会导致建文帝的自焚。

首位创"焚死"说的是清代的王鸿绪，他在其所著的《明史稿·史例议》中花了大量篇幅专门论述建文帝必定是焚死之说。此外，清代的学者钱大昕在作《万斯同传》的时候，也采用了这个说法。至于永乐年间的《实录》和清代修编的《明史》，也都是重复这个说法。建文帝自焚而死一说大有盖棺定论之意。

中华门　明
建于明洪武初年，属城堡类建筑，当时叫聚宝门，共有瓮城三道，门四重，内有藏兵洞 27 个，可藏 3000 士兵。

但是，大多数人认为焚死说不可信，他们认为建文帝并没有丧生火海中。这些人从"正史"的字里行间，找到了另外一些蛛丝马迹。其中最能引起人们怀疑的即是《明史》。

《明史·恭闵帝本纪》中关于建文帝死亡的记载如下："都城陷，宫中起火，帝不知所终，燕王遣中使出帝后尸于火中，越八日壬申葬之。"人们以此为发端，提出疑问：既然是"不知所终"，怎么能辨认出那个被烧得面目全非的尸体就是建文帝？而既已发现了帝尸，为何又说是"不知所终"？这种自相矛盾的记载难道不值得人怀疑吗？更有人认为这段话根本就是含混的话语，因为"帝后尸于火中"似乎可以理解成仅仅得到了皇后的尸体。而康熙帝年间补纂《明史本纪》称："棣遣中使出后尸于火，诡言帝尸。"则更为明确地道出当时根本就没有找到建文帝的尸体，不过是"诡言"而已。

于是，另外一种说法就出现了，说在朱棣攻破南京那天，建文帝正欲拔刀自刎，被身边人救下，然后由程济等贴身亲信 22 人带领，从地道或御沟中逃跑了。那么，逃走后的建文帝又匿向何方？有人说他由宫中的主录僧溥洽为他削发，假扮成和尚，藏匿于某处寺院了。当然，也有南逃至海外的种种传闻。

众多说法中流传较为广泛的是出家为僧说。有记载说，建文帝在南京城被攻破后出亡为和尚，晚年还曾经返回京师，去世后埋葬于北京西山。在《明史·程济传》

中写道:"金川门启,济亡去。或曰帝亦为僧出亡,济从之,莫知所终。"在《明朝小史》中的记述则更为生动:"高皇大渐时,封钥一小匣,甚固,密授帝,戒以遇危难始启。及靖难兵入城,启之,乃杨应能度牒也。遂削发披缁,自御沟中逃出。"从此,建文帝以僧人身份四处流浪,直到朱棣死后才回归。建文帝在朱棣死后回归的故事在明代王鏊《震泽纪闻》及其他明代四家记述中有传奇般的记载。据说,这个流浪四方多年的老僧在宫内安然地度过了最后的日月,死后葬在北京西山,未加封号,号称"天下大师"。

记载这段故事的王鏊生于 1450 年,同"老僧"出现的时间相近,后来又做了户部尚书、文渊阁大学士的高官,其说基本可信。

关于建文帝并没有死的消息在社会上的广泛流传,对朱棣来说震动自然很大。他当然知道,自己是冒着"夺嫡"和"篡位"的罪名登上皇位的,正式的皇帝在世或者出逃,对他的帝位是一个极大的威胁。为了安定人心,他一方面不得不煞有其事地发布建文帝已死的诏书,另一方面又不得不根据传闻中的蛛丝马迹苦苦寻觅。关于朱棣寻找建文帝的故事自然有很多。

如《明史·姚广孝传》说,84 岁高龄的姚广孝病危的时候,永乐皇帝亲自到广寿寺看他,姚广孝说:"和尚溥洽关押太久,希望能够放掉他。"溥洽是谁? 就是皇宫里的主录僧,他就是传闻中替建文帝剃头改装,被认为知道建文帝下落的人。这样一个和尚被关押 16 年,可见永乐皇帝对建文帝的下落有多么担心。《明史·胡濙传》则记载了永乐皇帝派遣胡濙暗察建文帝下落一事。永乐二十一年,以寻访仙人张三丰为名、通行天下州郡乡邑遍访建文帝下落的胡濙还朝时,已经就寝的永乐皇帝深夜召见他,直到四更才出。这再次暴露了朱棣的紧张。

还有人说郑和之所以下西洋,其主要目的也是寻找建文帝的下落。《明史·郑和传》记载:"成帝疑惠帝(建文帝)亡海外,欲踪迹之,且欲耀兵异域,示中国富强。"看来,朱棣自己也认为"不知所终"才是建文帝结局的最真实的结论。

随着时间的推移,建文帝的遗迹屡有发现,随之而来的便是新的疑问和谜团。著名历史学家顾颉刚在北大求学期间,居然在颐和园后面的红山上,找到了"前明天下大师之墓"。1928 年的《艺林旬刊》还刊出了"明建文帝衣钵塔"及云南武定狮山佛寺塑造的"明天下大师像"的照片,照片的图注肯定地说:"天下大师者,明建文帝也。"看来,建文帝下落之谜,仍然是史学家及对此有兴趣的读者探究的一个话题。

明"壬寅宫变"之谜

明朝皇帝的寝宫是紫禁城内的乾清宫。除了皇帝和皇后,其余人都不可以在此居住,妃嫔们也只是按次序进御,除非皇帝允许久住,否则当夜就要离开。

嘉靖年间的乾清宫,暖阁设在后面,共 9 间。每间分上下两层,各有楼梯相通。每间设床 3 张,或在上,或在下,共有 27 个床位,皇上可以从中任选一张居住。因而,皇上睡在哪里,谁也不能知道。这种设置使皇上的安全大大加强了。然而,谁又能防备那些守在他身边的宫女呢？她们干出了惊天动地的大事——"壬寅宫变"。

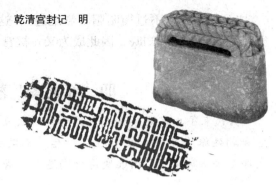

乾清宫封记　明

"壬寅宫变"发生在嘉靖壬寅年（嘉靖二十一年，1542 年）。当时史料记载：嘉靖二十一年十月二十一日凌晨，十几个宫女决定趁嘉靖皇帝朱厚熜熟睡时把他勒死。先是杨玉香把一条粗绳递给苏川药，这条粗绳是用从仪仗上取下来的丝花绳搓成的，川药又将拴绳套递给杨金英。邢翠莲把黄绫抹布递给姚淑皋，姚淑皋蒙住朱厚熜的脸，紧紧地掐住他的脖子。邢翠莲按住他的前胸，王槐香按住他的上身，苏川药和关梅秀分把左右手。刘妙莲、陈菊花分别按着两腿。待杨金英拴上绳套，姚淑皋和关梅秀两人便用力去拉绳套。眼看她们就要得手，绳套却被杨金英拴成了死结，最终才没有将这位万岁爷送上绝路。宫女张金莲见势不好，连忙跑出去报告方皇后。前来解救的方皇后也被姚淑皋打了一拳。王秀兰叫陈菊花吹灭灯，后来又被总牌陈芙蓉点上了，徐秋花、郑金香又把灯扑灭。这时管事的被陈芙蓉叫来了，这些宫女才被捉住。朱厚熜虽没有被勒断气，但由于惊吓过度，昏迷了好久才醒来。

事后，司礼监对她们进行了多次的严刑拷打，对她们逼供，但供招均与杨金英相同。最终司礼监得出："杨金英等同谋弑逆。张金莲、徐秋花等将灯扑灭，都参与其中，一并处罚。"

从司礼监的题本中可知，朱厚熜后来下了道圣旨："这群逆婢，并曹氏、王氏合谋弑于卧所，凶恶悖乱，罪及当死，你们既已打问明白，不分首从，都依律凌迟处死。其族属，如参与其中，逐一查出，着锦衣卫拿送法司，依律处决，没收其财产，收入国库。陈芙蓉虽系逆婢，阻拦免究。钦此钦遵。"刑部等衙门领了皇命，就赶紧去执行了。有个回奏，记录了后来的回执情况："臣等奉了圣旨，随即会同锦衣卫掌卫事、左都督陈寅等，捆绑案犯赴市曹，依律将其一一凌迟处死，尸枭首示众，并将黄花绳黄绫抹布封收官库。然后继续捉拿各犯亲属，到时均依法处决。"圣旨中提到了曹氏、王氏，曹氏、王氏是谁呢？据人考证，她们是宁嫔王氏和端妃曹氏，因此，有人认为是曹氏、王氏指使发动了这场宫廷政变。

司礼监题本中记录了杨金英的口供："本月十九日的东梢间里有王、曹侍长（可能指宁嫔王氏、端妃曹氏），在点灯时分商说：'咱们快下手吧，否则就死在手里了（手字前可能漏一个'他'字，指朱厚熜，或有意避讳）。'"有些人便由此认为主谋是曹氏、王氏。

然而有人则不以为然，认为如果主谋是曹氏和王氏，那么史料上应该记载宁嫔王氏和端妃曹氏的情况，而在以上所述的行刑过程当中，却从未见到过对曹氏和王氏的处置的描述，因此主谋是谁尚不能断定。

"深闺燕闲，不过衔昭阳日影之怨"，这是明末历史家谈迁对此案的看法，但事实究竟如何，无人知晓，因此成为又一桩宫闱之谜。

明"红丸案"幕后主使是谁

明代末年，宫廷接连发生离奇的三大案与神宗、光宗、熹宗祖孙三人密切相关，也和朝廷派系斗争紧紧纠缠在一起。三案成为明末政坛关键，各种势力纷纷介入，案件无法正常审理，因此变得扑朔迷离。著名的"红丸案"便是其中之一。

泰昌元年（1620年）八月二十九日，在乾清宫，明光宗召见辅臣方从哲等13员文武大臣。诸臣向明光宗请安过后，明光宗开始询问册立皇太子之事。方从哲说："应当提前册立皇太子的日期，完成贺礼，皇上也就心安了。"明光宗又让皇长子出来见大家，看着他对大家说："你们日后辅佐他，务必使他成为历史上尧舜那样的圣帝贤君，朕也就心安了。"方从哲等人还想说什么，明光宗却开始问道："寿宫（神祠墓地）修没修好？"辅臣回答说："先帝陵寝已经修好，请皇帝放心吧！"明光宗指着自己说："那就是朕的寿宫吗？"方从哲等人齐声回答："祝皇帝万寿无疆。"明光宗仍然叮咛不止，反反复复，语无伦次，最后让众臣退朝，方从哲留下。

明光宗问方从哲道："有鸿胪寺官（掌礼仪之官）要进药吗？人在哪儿呀？"方从哲回答说："鸿胪寺丞李可灼，说有仙丹妙药，臣下不敢轻信。"明光宗听后，命宫中侍人立即传唤李可灼到御前看病诊脉，等他谈到发病的原因以及医治的方法时，明光宗非常高兴，命令进药，让诸臣出去，并令李可灼和御医们研究如何用药，一直定不下来，辅臣刘一说："我有两乡人同用此丸，一个失效，一个有效，此药并非十全十美。"礼部官员孙如游说："这药有用与否，关系极大，不可以轻举妄动。"没过多久，又有一位老奶妈来到御前，向皇帝问安。明光宗催促众人配药，诸臣又回到御前，李可灼将药物调好，进到明光宗面前，明光宗从前喝汤都喘，服了李可灼的药，就不再气喘了。明光宗反复地称道李可灼忠心可鉴。诸臣在宫门外等候。约一个时辰过后，有宫中内侍急报说："圣上服药后，四肢温暖，想进饮食。"诸臣欢呼雀跃，退出宫外。李可灼和御医们留在宫内。到了傍晚，方从哲放心不下，又到宫门候安，正遇见李可灼出来，急忙打听消息。李可灼回答说："服了红丸药，皇上感觉舒畅，又怕药力过劲，想要再给服一丸，如果效果好的话，圣体就能康复了。"诸医官认为不宜吃得太急。但明光宗催促进药非常急迫，众人难违圣命。众臣即问服药后的效果如何？李可灼说："圣躬服后，和前一粒感觉一样安稳舒适。"方从哲等人，才放心离开。谁曾想次日早晨，宫中紧急传出圣旨，召集群臣速进宫。一时间，各位大臣等慌忙起床，顾不上洗脸漱口，匆匆地穿上衣服，急奔宫内。但

明光宗像

是当群臣将要跑入宫中时，就听传来一片悲哀哭号之声，明光宗于早晨归天了。这是大明泰昌元年（1620年）九月初一。

对于这突如其来的变故，满朝舆论哗然，在感到惊愕的同时，人们联想到新皇帝登基一个月来的遭遇，不约而同地都把疑点转到了郑贵妃身上。郑贵妃给明光宗献美女，指使崔文升进药，大家有目共睹，但李可灼是否受她指使，却没有实据。本来，明光宗当时已病入膏肓，难以治愈，但因为吃了江湖怪药，事情就变得不简单了。最后，此案不但追查到郑贵妃，而且方从哲也被迫辞职，李可灼被充军，崔文升被贬放南京。但究竟幕后有主使吗？到底是谁？现在也不得而知。

孝庄太后下嫁之谜

孝庄太后本名博尔济吉特·布木布泰，蒙古科尔沁部贝勒之女。这位13岁就嫁给清太祖皇太极、被封为庄妃的美貌女子，曾先后辅佐了皇太极、清世祖顺治和清圣祖康熙这三朝君王，又主持了清军入关、定都和灭明这三件大事以及两次皇位的变更。可以说，孝庄太后对清朝初年的政权建立、巩固和政治的清明所起的作用是不可估量的。

凡是这样具有动人美貌和超人胆识的女子往往会留下令后人津津乐道的话题，孝庄太后当然也不例外。自从清朝顺治初年以后300年间，孝庄太后下嫁多尔衮的传说，于民间广为流传。

清初政治史上孝庄太后第一次真正亮相是在1642年。当时正是清军与明军争战之时。明王朝蓟辽总督洪承畴在松山战败被俘，押送到了盛京。洪承畴气宇轩昂，对高官厚禄、金钱美女都嗤之以鼻，绝食等死。在洪承畴绝食的第四天，一个汉家儿女打扮的美貌小女子来到洪承畴的居室与之攀谈，最后竟然使这样一位一心求死的大将对清朝俯首称臣！据说，施行这一美人计的小女子，就是庄妃。

崇德八年（1644年），皇太极暴死于寝宫。由于皇太极生前未指定皇储，造成了多股势力角逐皇位的局面。这个时候，庄妃纵横捭阖，联络了当时的济尔哈郎、多尔衮等多方力量，把她6岁的儿子福临推上了皇位，即历史上的顺治皇帝。多尔衮是当时的摄政王之一，庄妃则被尊为皇太后。传说，庄妃为了确保福临即位，早就同多尔衮有了苟且之事，多尔衮也常常出入皇宫内院，毫不避嫌。多尔衮摄政以后独揽朝政，大有以朝廷自居之势，又再次构成了对幼帝的威胁。在这种局势下，传说孝庄太后为了保全幼子的皇位，"纡尊降贵"，下嫁多尔衮。顺治五年（一说六年）的二月初八，在庄妃寿辰之日，两人举行了婚礼。

庄妃下嫁之事，既不见于后人编撰的正史，当日之"实录"诏敕也没有关于此事的记载，因此有人对它的真实性表示怀疑。20世纪30年代，明清史专家孟森撰写的《太后下嫁史实考》一文中，对太后下嫁之事力辩其妄，同时根据《朝鲜实录》的有关资料推断，庄妃既没有下嫁多尔衮，与之也没有任何的暧昧关系。

但是，很多学者都认为太后下嫁确实是存在的。

孝庄太后像

孝庄太后（1613~1687），明天启五年（1625年）嫁与清太宗皇太极，明崇祯十一年（1638年）生皇九子福临，即清世祖顺治帝。康熙二十六年（1687年）去世，享年75岁。

首先，太后下嫁具有可能性。《清史稿》记载说，顺治五年（1648年），多尔衮逼死皇太极长子肃亲王豪格后，娶了豪格的妻子为己妻。既然多尔衮可以纳侄媳为妻，那么娶兄嫂就更不足为怪了。因此皇太极去世后，其后妃转嫁皇太极之弟多尔衮，是无可非议的。再根据当时宫廷斗争的形势和孝庄太后善于应变、精于手段的特点，太后下嫁是顺理成章的。

还有一些旁证材料显示了太后下嫁确有其事。在蒋良骐的《东华录》中，记载有顺治八年宣布的多尔衮罪状，其中就有多尔衮"自称皇父摄政王，又亲到皇宫内院，以为太宗文皇帝之位原系夺立，以扶制皇上"等语，其"鸠占鹊巢"之行迹，已经分明显现出太后下嫁的痕迹。此外，多尔衮同时代的张煌言在《建夷宫词》中写了"上寿觞为合卺尊，慈宁宫里烂盈门。春宫昨进新仪注，大礼躬逢太后婚"的诗句。还有"掖庭又说册阏氏，妙选嫣闺足母仪。椒寝梦回云雨散，错将虾子作龙儿"等也极尽挖苦讽刺之能事。《清史稿》还记载："叔父摄政王治安天下，大有勋劳，宜加殊礼，以崇公德，尊为皇父摄政王。"而《朝鲜仁祖实录》中则记载说："臣问于清国来使，则答曰，今则去'太上'者，朝贺之事与皇帝一体云……似是已为太上矣。"何为"太上"？显然是太后的丈夫。可见，在朝鲜国眼中，多尔衮已经是太后的丈夫了。另外，多尔衮死后被破例追封为成宗义皇帝，也可以看出多尔衮已经取得顺治帝父亲、皇太后丈夫的地位。

康熙二十六年（1687年）的十二月，已经成为太皇太后的庄妃病重，她临终前对康熙帝说："太宗奉安久，不可为我轻动。况我心恋汝父子，当于孝陵近地安厝，我心始无憾。"人们认为，庄妃之所以不愿意与皇太极同穴合葬，其原因就在于她既然已经下嫁给多尔衮，那么再与前夫合葬是怕给后人留下笑柄。考证清史，清东陵所有别葬诸后，都是在风水墙内，唯有孝庄太后葬在风水墙外；孝庄太后死后，亦以当时有叛乱为借口而未按惯例全国举哀。此外，孝庄太后之浮厝在康熙时拆迁到"暂安殿"内一停就是近40年；直至雍正朝下葬时，雍正又不亲临祭祀。通过这些可以看出，孝庄太后的子孙后代，也都以她"下嫁"一事为憾。

也有人对此提出反驳，例如认为"亲到皇宫内院"虽可理解为秽乱宫廷，但是秽乱的对象却并不是确指庄妃。庄妃所以不与皇太极合葬，是因为皇太极身边早已经有孝瑞文皇后合葬在先。《朝鲜仁祖实录》的记载出自远道敌国、邻国的诬传和讹传，没有任何的凭据，也是不足信的。至于说多尔衮娶妻，实际上他所娶的是豪格的妻子博尔济吉锦氏，于庄妃的姓氏博尔济吉特氏读音相近，才会导致不知道内情的人以讹传讹，附会到庄妃的名下。

究竟孝庄太后是否为了政治目的下嫁给多尔衮，史料中的蛛丝马迹还不足以做出定论，这位精于手段的美貌妃子，她的婚姻也就成了一个难以解开的谜。

顺治帝出家之谜

在清朝第二位皇帝顺治帝短短的一生中，一共娶了19个妻妾，但是最讨他欢心的，只有董鄂妃一人。在顺治帝眼里，董鄂妃就是他的心。虽然两人不曾有过任何誓言，但是，那种难舍难分的感情的确能感天地、泣鬼神。顺治十七年八月十七日，皇贵妃董鄂氏因病去世，顺治帝痛不欲生。为哀悼董鄂妃，他5天不理朝政。没过多久，他又亲自给礼部下了一道圣旨，特意采用追封的方法，给董鄂妃加封谥号：孝献庄和至德宣仁温惠端敬皇后。至于追加皇后应举行怎样的大礼，他命礼部要认真、详细、迅速商讨并递交他审议。顺治帝最后是否出家了？如果出家，又是为何？

蔡东藩在《清史演义》里写道："顺治帝经此惨事，亦看破世情，遂于次年正月，脱离尘世，只留重诏一张，传出宫中。"此外，还有《清稗类钞》《清代野史大观》等书中均有关于顺治帝因董鄂妃去世而削发出家的故事。

顺治帝的离家出走，令清宫上下惊慌失措。他们为了不引起世人的非议，只得向外宣布：顺治皇帝驾崩。但是，这种谎言也瞒不了多久。很快，堂堂的大清皇帝为了一个女人而削发为僧的事就在民间广为流传了。

顺治帝一向好佛，宫中奉有木降、玉琳二禅师，印章有"尘隐道人""痴道人"等称号。他曾对木降说："愿老和尚勿以天子视朕，当如门弟子旋庵相待。"他早有削发为僧的念头。临宣布他去世前几天，他还叫最宠信的内监吴良辅去悯忠寺削发为僧，因此一些人认为顺治帝出家之因是与孝惠皇后不合，所以宠爱的董鄂妃一死，他就以此为借口皈依了净土。据说清圣祖康熙帝亲政后，曾经以进香为借口，多次到五台山看望顺治帝，希望顺治帝能回到宫中，但是顺治帝不为所动。康熙帝有诗哀悼："又到清凉境，岩卷复垂。芳心愧自省，瘦骨久鸣悲。膏语随芳节，寒霜惜大时。文殊色相在，唯愿鬼神知。"语气十分悲怆。又传说在康熙帝年间，两宫西狩，经过晋北，地方上无法准备供御器具，却在五台山上找到了内廷器物，这似乎又是一个顺治帝出家的证据。但民国时，明清史专家孟森的《世祖出家事考实》举出

顺治帝像

《东华录》等史书的记载，认为清世祖死于痘疹，没有出家。所以顺治帝出家与否，仍然是一个谜。

雍正帝嗣位之谜

清康熙帝驾崩以后，第四皇子胤禛在激烈的皇位争夺中登上了皇帝的宝座，这就是历史上有名的雍正帝。雍正帝究竟如何嗣位至今仍是一个谜，是按遗诏之言登位还是篡位？

史书中记载，康熙六十一年（1722年）十一月冬至（初九）前，胤禛奉命代祀南郊。当时，康熙帝患病住在畅春园疗养，"静摄"政权。胤禛请求侍奉左右，但康熙帝认为祭天是件大事，命他应在斋所虔诚斋戒，不得离开。到了十一月十三日，康熙帝的病情突然恶化，这时才不得不破例把胤禛召到畅春园来。而未到之前，康熙帝命胤祉、胤祐（七阿哥）、胤禩、胤禟、胤䄉（十阿哥）、胤祹（十二阿哥）、胤祥和理藩院尚书隆科多至御榻前，向他们宣布："皇四子胤禛人品极好，令人敬重，与朕很相似，因此他肯定能够继承大统。"此时，恒亲王胤祺因冬至奉命在东陵行祭奠，胤禄（十六阿哥）、胤礼（十七阿哥）、胤䄔（十五阿哥）、胤祎（二十阿哥）等小皇子都在寝宫外候旨。当胤禛来到康熙帝面前时，康熙帝还能够说话，告诉胤禛他的病情日益恶化的原因，但是到了夜里戌时，康熙帝就归天了。隆科多即向雍正帝宣布"遗诏"。胤禛听后昏扑于地，痛不欲生，而胤祉等其他兄弟则向胤禛叩头，并劝他节哀顺变，因此雍正帝就履行新皇帝的职权，主持康熙帝的丧葬之事。雍正帝曾特别强调：当日情形，"朕之诸兄弟及宫人内侍与内廷行走之大小臣工所共知共见者"。

从上面的情况来看，雍正帝的即位是在父皇康熙帝寿终正寝后才开始的，是属于正常并且合乎法理的。对此，清代官书众口一词，都是同一个口径。后世有人根据雍正帝在品格、才干、年龄和气质上的众多特点以及雍正帝本人在皇宫中深藏不

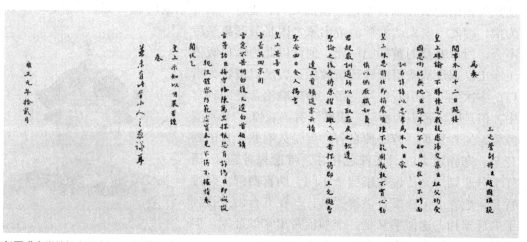

赵国瑛奏胤禛扬言回京折　清

露、暗自修炼多年的特征，康熙帝对雍正帝的认识和父子感情基础以及当时诸子争储互斗的背景，还有康熙帝在死之前留下遗诏的在场人物、地点、时间以及情节等来综合分析，认为雍正帝根据皇父"仓促之间一言而定大计"，是合法即位的，可信的。

但是民间传说中，雍正帝即位却是非法的，是篡位夺权。

早在雍正帝在世时，社会上就盛传康熙帝要将皇位传给胤祯，并称在他患病的最后几日，曾经下旨要召胤祯回到京城，但是胤祯的死党隆科多却隐瞒了谕旨，致使康熙帝去世当日，胤祯不能赶到。隆科多于是假传圣旨，拥立胤禛为皇帝。此所谓"矫诏篡立说"的由来。另外有一种说法是，康熙帝原来就有了手书，要把皇位传给十四阿哥胤祯，是胤禛把"十"改成了"于"字，于是遗旨明明传位于胤祯，却变成了传位于胤禛，此所谓"盗改遗诏说"的来源。那么，是谁来盗改了这个遗诏呢？有的说是雍正帝本人改的；有的说康熙帝把遗诏写在隆科多的掌心，而隆科多将"十"字抹去了；也有的说是由一些雍正帝府中所收养的武林高手所改写的；又有的说是雍正帝的亲生父亲卫某参与改的……

还有人认为，康熙帝原本要在胤祯和胤禛两人中选立皇储，而最终胤禛被选中，胤祯被任命为抚远大将军，确实说明康熙帝选择皇太子时他是候选人之一。而胤禛在康熙帝四十八年晋封为亲王，在皇子中的地位日益提高，先后 22 次参与祭祀活动，次数比其他皇子都多。此外，康熙帝对胤禛之子弘历宠爱有加，称赞其母是"有福之人"。由此可见，雍正帝是后来居上的皇太子候选人。也有人认为，临终时康熙帝本想让胤祯继承皇位，但他远在边疆，若将他召回再宣布诏书，在空位阶段必定会引发皇位纠纷，无奈之下只好传位于雍正帝。

总而言之，雍正帝继承皇位有着种种让人难以理解的疑点。这些问题使一些清史专家耗费了很多的精力，直到现在也没有能够得到很好的解释。可以说，在没有获得新的可靠材料之前，雍正帝的即位是否合法，仍然是个谜。这不仅仅是因为雍正帝在继承皇位上有很多令人费解的问题，而且他即位后的很多言行，尤其是与大肆诛戮、贬斥功臣、兄弟、文人等事连在一起，更令人感到扑朔迷离。

古罗马政治家苏拉隐退之谜

追逐权力是大多数人的梦想，可是真的有人自愿放弃权力吗？

谁不想拥有最高的权力而获得至高无上的荣誉？谁不想居万人之上，君临天下？然而，在古罗马就有这样一个与众不同的人，他急流勇退，放弃了权力。这个人就是古代罗马著名的政治家、军事家苏拉，他在通过奋斗夺得最高权力以后，却又自愿放弃，归隐海滨，成为一介平民。苏拉的突然引退，一直是千百年来人们感兴趣的话题。

公元前 138 年，苏拉出生于古罗马的一个破落贵族家庭，他自幼喜爱文艺，善于交际，拥有远大的志向，可是一直怀才不遇。30 岁之后，他的人生时来运转，经济状况大为好转。后来，他投身军队，参加战争。由于勇敢善战，又富有谋略，立下了赫赫战功，成为民族英雄。

在 50 岁的时候，苏拉在元老院的支持下当选为执政官，后又经过与马略的两次斗争，终于建立了他的独裁统治。苏拉的权力欲很强，为了终身掌握国家的最高权力，他不惜践踏民主传统，强奸民意，威慑元老院，最后终于取得终身独裁官职位，集军政财权于一身，达到了人生的顶峰。苏拉为了确保自己的终身独裁统治，进行了种种"宪政改革"。他取消了民众大会的否决权，削减了保民官的权限，把自己的大量亲信安插在元老院。

可是，令人不解的事情发生了。苏拉在取得终身独裁统治权的第三年，突然宣布辞职，放弃了一切权力，最后竟以一个普通公民的身份回到他的一座海滨别墅隐居，从此与世无争，成为一个谜一样的人。他曾经为争夺最高权力赴汤蹈火，甚至不惜以道德的堕落、国家的灾难和人民的生命为代价，而现在，正当他的权势如日中天的时候，他却自愿放弃了这种最高权力，这是为什么呢？

关于引退的原因，苏拉本人没有说，他只是静静地隐居在了海滨。据说，当他决定放弃最高权力的时候，曾在广场上发表过一次演说。他在演说中提出，如果有人质问他的话，他愿意说明辞职的原因。可是，在那种情况下，绝不会有人敢冒着生命的危险去质问他。苏拉辞职以后，一个青年曾当面辱骂他，苏拉竟然默默忍受了这个青年的辱骂，但他说过这样一句话："这个青年将使以后任何一个掌握这个权力的人都不会放弃它了。"

由于苏拉本人并没有说明引退的原因，人们纷纷猜测。有人说他在三年独裁统治后还政于民是明智之举；有人说他是由于改革遇到阻力，成功无望而急流勇退；有人说是他在满足权力欲望后厌倦战争、厌倦权力、厌倦罗马而向往田园生活，才归隐海滨的；更有人认为是他患了严重的皮肤病，无法亲理朝政而无可奈何地放弃了政权。种种原因只是人们的猜测，真正答案只有苏拉自己清楚。他既然放弃了权力，就不想再做任何解释了。

苏拉从一个权倾一时的最高权力者到默默无闻的平民，从钩心斗角的宫廷到与世无争的海滨，这究竟是一种什么样的人生转变呢？这其中的滋味只有他自己才能体会了。

皇帝提比略为何选择隐居生活

在许多人的眼中，皇帝是一国之尊，荣华富贵，权势显赫。为了它，古往今来，多少英雄豪杰争夺不休，成功的人被称为千古风流人物，失败者也付出了毁身灭家的代价。而罗马皇帝提比略则在大权在握的时候离开繁华的都城罗马，避居乡野，过着流放般的生活。这位行为怪异的皇帝，引起了后人的极大兴趣。

公元 26 年仲夏的一天，天刚蒙蒙亮，一支十来人组成的小队伍匆匆忙忙地离开了罗马城，走在人群最中央的便是如日中天的皇帝提比略。当时的占星术士说，从提比略离开罗马时行星相互的位置来看，他是绝不可能再回来，还有人宣称他不仅不会回来，而且不久就会死在外面。除了第二个预言的时间不太准之外，这两个预言都神奇地应验了。谁也没有想到皇帝的这次出行竟真的会成为和罗马城的永别！

宝石浮雕
奥古斯都坐在一位象征着罗马的女神身旁，正在接受花环加冕。与此同时，提比略从胜利女神维多利亚驾驶的战车上下来。

提比略生于公元前42年，是罗马帝国的创建者屋大维（即奥古斯都）的养子。他9岁丧父，母亲改嫁屋大维，他也开始生活在皇帝的身边，15岁时就曾跟随屋大维到高卢视察前哨阵地，22岁时初次指挥战役，夺回了多年前罗马军团失去的几面旗帜，从此开始声名大振。他不仅以常打胜仗出名，更是以体恤士兵著称，因而得到了人们的爱戴。

提比略登上皇帝的宝座也并非一帆风顺，屋大维最先选中的是大将阿格里巴，但阿格里巴不幸死在战场上；然后屋大维把提比略收为养子，但实际上平日里最器重的却是提比略的弟弟德鲁苏斯，可德鲁苏斯又不幸少年夭折。为了达到能成为帝国领导者的愿望，提比略被迫与已经怀孕的妻子离婚，娶了屋大维寡居在家的女儿朱莉亚为妻。朱莉亚嫁给提比略的时候，还带来了和死去的前夫所生的两个儿子，日后他俩也成了提比略的有力的竞争对手。屋大维在他的两个外孙渐渐长大的时候，就开始慢慢疏远提比略，把所有的希望都寄托在外孙盖恩斯和卢西乌斯身上。提比略一气之下离开罗马城。公元2年和公元4年，屋大维钟爱的两个外孙相继死去，德意志和高卢等地又发生了叛乱，屋大维紧急召回了提比略，并立即派他去镇压叛乱。提比略经过5年的艰苦战争，终于平定了叛乱。当他当上罗马皇帝时，已经是一个55岁的老人了。

离开罗马的皇帝并没有像占卜师预言的那样很快死去，也许是他命不该绝。有一次他们在一个山洞吃饭，洞口的岩石突然塌陷下来了，压死了一些仆人，近卫军长官谢雅努斯不顾个人的安危，全身跪伏在提比略的身上，使他幸免于难。但11年后，他还是死在了那个地方。

在隐居期间，提比略数次变换居住地点，有时在米塞努姆海角的一个山洞里暂住，但待的时间最长的还是卡普里岛。当时位于坎巴尼亚海岸的这些地方多是罪犯的流放地，因此也有人认为提比略是"自我流放"。这些地方的地理位置优越，交通非常方便，风景如画，气候宜人。卡普里岛这个地方还有一个最大的好处，它只有一条路通向陆地，靠海的三面全是悬崖峭壁，这样外人就很难接近，幽静而安全。虽然身居乡野，提比略还是能通过书信遥控国家的政治生活。

据说在隐居期间，提比略曾经有两次想返回罗马。一次是公元32年，他的船驶到了靠近人工湖的花园，在台伯河沿岸设置了警卫以防止人们接近他，但他最终还

提比略殿遗址
从图中残存的石柱和破损的地面依然可以看出罗马帝国昔日的辉煌。

是没有登陆。另一次是公元33年，他沿着阿庇安大道走到第七个里程碑（离罗马城不到6.4千米），但他只是在遥望了罗马的城墙后便返回了。除此之外，他还时常独自漫步在罗马城郊，多次站在台伯河边长久地凝望着自己的都城，流露出恋恋不舍的神情。作为堂堂帝国皇帝，他本来随时都可以跨入自己的都城。虽然罗马近在咫尺，但却好像有一条看不见、不可逾越的鸿沟阻挡了他的脚步，他为什么要视罗马城为不可接近的洪水猛兽呢？

提比略长期离群索居，引来了历史学家不同的猜测。有人认为，提比略这样做，是为了遮掩自己的"庐山真面目"，制造一种神秘感，躲在暗处发号施令，既隐蔽又主动，对维护他的统治非常有利。

古罗马历史学家塔西佗认为皇帝归隐原因有二：一是近卫军长官塞亚努阴谋篡位；二是提比略曾以恐怖政策闻名，隐居生活多少可以消弭个人恩怨。另一个历史学家苏托尼乌斯则认为，提比略是因为儿子们的死亡受到打击，心灰意冷才隐居的。

提比略在位23年，因性格怪诞、行为诡异而使得后人对他评价不高。但现代的一些历史学家还是公正地指出：一些人可能由于政见关系，夸大和渲染了他的"怪异"和"残暴"，事实上他统治时期的罗马虽然比不上奥古斯都时代，但也算国泰民安；他个人崇尚节俭，与当时罗马盛行的以挥霍浪费为主的流行风气格格不入；他从不轻易对外用兵，罗马得到几十年和平发展；他还注重发展手工业和贸易，使国库积累丰厚，这些都是不能否认的。至于他为什么会隐居，只有期待未来考古发现来解决这个历史悬案了。

伊凡雷帝杀死了亲儿子吗

伊凡雷帝是俄国历史上第一位沙皇，他3岁就继承了莫斯科和全俄罗斯大公位，人称伊凡四世。他性情凶残又生性多疑，独断专行且手段残酷，因而得名"雷帝"。这与伊凡四世幼年的生活环境有着重要的关系，他17岁亲理朝政以前可以说是生活在一片黑暗中，先是他的母亲倒行逆施且不明原因地暴亡，然后是贵族们为了争权夺利而每天火拼厮杀，没有人顾及年幼的小沙皇的教育。从这种尔虞我诈的环境中成长起来的伊凡四世，过早地目睹了宫廷生活的黑暗和丑恶，在他的性格中埋下了暴戾多疑的种子。俗语说：虎毒不食子，伊凡雷帝却被怀疑亲手杀死了自己的儿子。

俄国著名画家列宾创作过一幅名为《伊凡雷帝杀子》的油画：在灰暗压抑气氛笼罩下的画面上，奄奄一息的皇太子伊凡无力地靠在父亲的胸前，伊凡雷帝惊恐地搂着儿子，他用一只苍老的、血管突出的手抱着伊凡的身体，另一只手紧紧按住儿子流血的伤口，试图挽回儿子的生命。但死神已经快要降临了，儿子的身体软绵绵地支撑在地毯上，用一双绝望却宽恕的眼睛看着衰老的父亲。而伊凡雷帝的双眼中充满着悔恨，两人的眼神形成了强烈的对比，整幅画有着一种摄人心魄的艺术魅力。

人们为什么会怀疑伊凡雷帝呢？主要是伊凡雷帝的性格非常残忍，在他还是个孩子时，就经常把捉住的小鸟一刀一刀地杀死，或是站在高高的墙上，将手中的小狗摔死，从而发泄心中的不满。而在他13岁的时候，就放出豢养的恶狗，将执掌朝政的皇叔伊斯基活活咬死。而当他刚登上皇位后，为了加强皇权，就在全国范围内实行恐怖政策，惩罚反对皇权的大贵族，也不可避免地杀害了许多无辜的平民，用尖桩刑、炮烙、活挖人心、抽筋剖腹等酷刑处死了数万人，得到了"雷帝"的称呼，意思就是"恐怖的伊凡沙皇"。

他的暴政和独裁不仅使遭到镇压的大贵族们心怀怨恨，也引起了广大人民的强烈反对，就连沙皇身边的人，也有"伴君如伴虎"的危机感。本来，伊凡雷帝的这种暴戾性格在他娶了年轻美貌、温柔善良的皇后之后有所改变，她能理解他，开始以自己的爱温暖着沙皇那颗受伤的心灵，总是像天使一样地抚慰着他。可是，保佑他的天使没有永远伴随他，1560年，他亲眼看着心爱的女人被疾病夺去了生命。失去了皇后之后，童年时期形成的性格又激发出来了。到了晚年，孤独的伊凡雷帝性情更加乖戾、喜怒无常，他总是疑神疑鬼，觉得有人要害他。但是，对于他的长子、未来的皇位继承人伊凡，他还是宠爱有加的，经常让他跟随自己左右。可以说，除了这个儿子，他已经不再相信任何人了。可是这位皇太子却死在伊凡雷帝的前面，上演了一出"白发人送黑发人"的悲剧。

伊凡太子的死因有着不同的说法，最普遍的一种是：从1581年起，伊凡雷帝开始怀疑太子有夺取皇位的嫌疑，多疑的性格使这种想法日益强烈，父子关系也因为他的提防而紧张起来。有一天，伊凡雷帝看见伊凡的妻子叶莲娜只穿了一件薄裙在皇宫中走来走去，违反了当时俄国妇女至少要穿三件衣裙的惯例。伊凡雷帝勃然大怒，动手打了儿媳，使已经怀孕

伊凡雷帝杀子　俄国　列宾　1855年
伊凡雷帝的惊恐与其子的无奈绝望形成鲜明对照，伊凡雷帝真的误杀了儿子吗？

的叶莲娜因惊吓而流产。伊凡听到这个消息后，对伊凡雷帝大吼大叫，伊凡雷帝也很生气，一边大骂着"你这个可耻的叛徒"，一边举起手中的铁头权杖向儿子刺去。晚年的伊凡雷帝手里常常拿着一根铁头杖，这是一根顶端包有铁锥尖、柄上刻有花纹的长木杖。伊凡四世一旦发怒，就会随时用这个铁尖木杖向对方刺去，所以宫内的人只要听到木杖敲击地面的声音，就会吓得赶紧躲起来。可是没想到当时伊凡雷帝的铁杖正好刺中了儿子伊凡的太阳穴，然后就是列宾笔下《伊凡雷帝杀子》悲剧场面，最后伊凡因伤势过重而死去了。

俄罗斯历史学家斯克伦尼·尼科夫却不同意这种说法，他认为，当时伊凡父子虽然发生了激烈的争吵，但父亲只不过在儿子身上用权杖敲了几下，并没有造成致命的伤害。太子伊凡原先就有病，再加上丧子和恨父，心情极度悲伤，以致癫痫病发作，后来又引起并发症死去了。因为伊凡雷帝在争吵前几天的信中曾谈道："儿子伊凡病倒了，今天他仍在病中。"所以，伊凡的死主要是病死，而不是伊凡雷帝失手杀死了他。

各国历史上宫廷内部血雨腥风，像这样的父子相残、兄弟反目的事情层出不穷。伊凡雷帝有没有杀死自己的亲儿子，只有让历史来慢慢寻找真实答案了。

伊丽莎白女王为何终身不嫁

伊丽莎白一世是英国都铎王朝最后一位杰出的女王，在她统治期间（1558~1603），英国国力达到了最鼎盛的阶段。她确立了英国的国教制度，国内政治稳定，经济发展；对外方面英国取得了海上霸权，在东方不断扩张势力。女王在内政外交上创造了无数的辉煌，而个人婚姻方面却始终"独善其身"，成为人们百思不得其解的谜题。

伊丽莎白是英国国王亨利八世的女儿，1533年9月7日出生在泰晤士河畔的格林威治宫。她的母亲安妮·博琳原来是亨利八世的宫女，这桩婚姻也没有得到天主教会的承认，而亨利和博琳结婚才三个月，她便来到了人世。因此，伊丽莎白被认为是私生女。根据天主教规，她不能成为天主教徒，这决定了伊丽莎白日后向新教靠拢。在她2岁的时候，妈妈因没有生下男孩，被亨利八世以不忠的借口下令处死。年幼的伊丽莎白从小便饱尝失去母亲的凄凉，忧郁的种子在她的心灵扎下了根。但是她很聪明，而且接受了良好的教育，学习也十分刻苦，博览群书，通晓意大利、法兰西和西班牙等国语言，还能翻译难度很大的法文诗。

1553年，伊丽莎白的异母姐姐玛丽登上英国王位，她就是玛丽一世。她是一个狂热的天主教徒，对于亨利八世的宗教改革极为不满，一上台就致力于恢复天主教地位，残酷镇压新教教徒，人称"血腥的玛丽"。本来就仇视妹妹的玛丽，更是以伊丽莎白涉嫌卷入新教运动，毫不留情地将她关进伦敦塔囚禁起来，伊丽莎白开始了终日生活在死神阴影下的岁月。1558年，玛丽女王的死改变了她的命运，因为玛丽没有子女，伊丽莎白当晚就在英格兰新兴资产阶级、新贵族和新教徒的拥戴下登上英王宝座。

伊丽莎白登基时只有25岁，她身材细挑，娴雅多姿，漂亮的鹅蛋脸上嵌着一双水汪汪的大眼睛。她喜欢打扮，也很会打扮自己，白皙的皮肤，配上闪亮的珠宝，时髦的衣饰，优雅的谈吐，是当之无愧的美女，再加上头顶上的王冠，吸引着欧洲大陆不少王公贵胄争相拜倒在她的脚下，用尽心机，以求成为她的丈夫。因为关系到以后英国王位的继承和国家的稳定，伊丽莎白女王的婚事曾被提上英国的政治日程，议会里的大臣们纷纷要求女王早日结婚。可是，伊丽莎白就像一盏蜡烛，任凭群蛾飞扑而不为所动。

16岁时的伊丽莎白

作为王室中的女孩，她可能未曾想过日后会成为英国的一代女王，也可能未曾想过会终生未嫁。

最先向伊丽莎白求婚的是她的姐夫、西班牙国王腓力二世，他早就对伊丽莎白青睐有加，在她被囚期间给予过特别的关照。但西班牙是一个顽固的天主教国家，玛丽女王和腓力二世的结合带给英国的危害，人们记忆犹存。初登王位的伊丽莎白由于私生女的身份，英格兰女王的合法地位一直得不到承认，西班牙在当时的国际社会中有着举足轻重的地位。她不动声色地利用起腓力二世来，对他的求婚态度暧昧，当她的地位合法化后，便以宗教信仰不同明确拒绝了腓力二世。后来，伊丽莎白又经常以自己的婚姻为筹码，周旋于欧洲各大国之间，为英国谋求利益。

1578年，仍待字闺中的伊丽莎白差点就结婚了。当时，法国国王亨利二世的四弟、年仅23岁的安休公爵到英国做客，年龄相差近一倍的两人一见钟情，手拉手地在御花园里嬉笑调情，甚至当众拥抱。据说伊丽莎白还答应了安休公爵的求婚，但后来似乎是考虑到英、法、西班牙之间复杂的国际关系，在将要举行婚礼的前几天，女王突然变卦。她郑重宣布解除婚约，并表示会一辈子独身。同时她向国民发表了一番这样的谈话："我无须再选佳婿结婚，因为我在举行加冕典礼时，已将结婚戒指戴与我国臣民的手指上，意即我与全体臣民为伴，将我的生命与贞节献于英国。"感动的英国人民也常用"贞洁女王"的美名来称呼伊丽莎白。

美貌多情的伊丽莎白女王为什么终身不结婚，后人有过种种猜测：女王的父亲亨利八世三次杀妻、六娶皇后，使伊丽莎白从小就蒙上了一层心理阴影，不信任男人和家庭，患上了"婚姻恐惧症"；女王的政敌则宣称她根本没有正常的生理功能，是一个阴阳人，因为宫中曾传出女王的月经少得可怜；而另一些持相反意见的人则说女王有过私生子；还有人认为，从古至今各国王室成员的婚姻，无不烙上深深的政治烙印，只是国家政治、国际关系的附属物，包含了太多的阴谋与利益关系，聪明的女王宁愿选择独身也不愿终生生活在龌龊的交易中。

总之，女王在位 45 年，大臣们为了她的不嫁之谜可以说是绞尽了脑汁，但都未能解开这个死结，随着女王的逝世，更难有解开之日了。

真假难辨的《彼得大帝遗嘱》

彼得大帝如果泉下有知，能否跟后代讲明他遗嘱的真实情况呢？

彼得一世（1672~1725），俄国历史上最伟大的沙皇，马克思曾称他"雄才大略"。他在俄国历史上被尊称为"大帝"。在他执政时期（1689~1725），大力倡导改革，积极仿效西欧，使在经济、文化和军事等方面非常落后的俄国，取得了突飞猛进的发展，为俄国建立了无数的丰功伟绩。

彼得大帝于 1725 年去世，几乎从他去世之日开始，欧洲一直谣传他曾经立下了一份长篇的遗嘱，也指示他的继承者和子孙们继续他的未竟事业，特别指明了俄国在未来的数个世纪里，在对外关系和军事用兵方面应该注意的问题。

1836 年，法国人德奥出版了一本回忆录。这本回忆录的问世在当时引起了一阵骚动，而引起骚动的原因则是书中所披露的一份所谓的《彼得大帝统治欧洲的计划》，也就是后来轰动世界的《彼得大帝遗嘱》。计划大致是这样的：1. 使俄国长期保持战争状；2. 罗致人才；3. 参与欧洲事务；4. 瓜分波兰；5. 征服瑞典；6. 王室联姻；7. 与英国结盟通商；8. 沿黑海、波罗的海分别向南北扩张；9. 挺进君士坦丁堡与印度；10. 对奥地利行使某种保护；11. 挑动奥地利与欧洲各大国作战；12. 全面统治希腊；13. 利用法、奥中的一个制服另一个；14. 征服日耳曼和法国。

德奥为什么能拿到《彼得大帝遗嘱》呢？原来他是俄国色情女沙皇伊丽莎白最宠爱的男人，因此在俄国的宫廷内部享有相当大的特权。他不仅可以随意进出皇宫，还可以任意翻阅历代沙皇的机密档案。据德奥在回忆录中记述：有一年夏天，他在圣彼得堡沙皇别宫内的档案文件中，意外地发现了《彼得大帝统治欧洲的计划》。据说，这份计划书是彼得临终时当作遗嘱而留下的。德奥欣喜若狂，马上一字不漏地抄录了一份。1757 年，德奥将该抄录件呈献给法王路易十五。这份文件极具价值，然而路易十五却没有把它公之于世，不知原因何在。后来《德奥回忆录》的出版，才使它为世人所瞩目。

可是这份遗嘱究竟真的是彼得大帝的临终旨意，还是德奥杜撰出来的呢？当事人已经去世，答案也无从知晓。

一般认为，所谓的《彼得大帝遗嘱》只是杜撰出来的。据史料记载，1724 年冬，彼得大帝在巡视完芬兰湾后，得了急性肺炎，一病不起。第二年的 1 月 7 日下午，彼得大帝预感自己将不久于人世，就想留下遗嘱传位，可仅仅提笔写了"将一切传位"这几个字，他便昏迷过去，于次日凌晨与世长辞。既然他都来不及指定新的皇位继承人，又怎么可能写下这么长的一份有条不紊的文件呢？

在俄国的有关历史记载中，也从未提到过彼得大帝留有任何遗嘱。在德奥披露"彼得大帝统治欧洲的计划"后，俄国的历史学家遍寻历代沙皇的档案，始终未能找到原件。

　　另据记载，在德奥将《彼得大帝统治欧洲的计划》呈献给路易十五的40年后，一个流亡法国的波兰将军也曾向大革命时期的法国政府提交一份名为《俄罗斯扩张计划概要》的文件，而文件的内容与德奥呈献给路易十五的完全相同。这是偶然的巧合，还是另有蹊跷？也许谜底又是永远无法揭开的。

华盛顿为什么拒绝竞选第三任总统

　　在美国历史上，乔治·华盛顿绝对是一位重量级人物，作为美国的开国元勋，是他领导美国人民进行了艰苦的独立战争，从而彻底摆脱了英国殖民者的统治，使美国走上了自由之路。而且在战后，他组建了第一个合众国政府，确立了国家信誉，为美国的国家形态奠定了基本的结构形式。同时，他还很注重国家经济发展，促进了海上贸易的繁荣，制定了影响深远的土地政策。这一切，足以使他终生受到美国人的爱戴。

　　在他第二次担任总统任期即将结束时，很多人准备再次推举他继续担任美国总统，并且当时的宪法上对总统连任也没有任何限制。可是，华盛顿毅然谢绝竞选第三任总统，并在1796年9月发表了著名的《告别词》，说服国会，让他卸任回家养老。

　　对于华盛顿这一出人意料举动的真实原因，许多历史学家已经进行了长期的探讨和研究，但是一直没有一个定论。而华盛顿本人不管是在当时，还是在回到家乡后，都没有公开表示过他拒绝连任的真实原因。尽管如此，历史学家们还是根据华盛顿的生平经历进行了大胆的猜测，以探究华盛顿拒任的原委。

　　有些历史学家认为，华盛顿主要是担心自己会卷入激烈的党派斗争中去，因而

华盛顿在国会会议上

华盛顿像

华盛顿是北美独立战争的组织者、领导者，后来被美国人一致推举为第一任总统，素有美国"国父"之称。

不想继续从政。当时美国历史上第一次出现了激烈的党派斗争，华盛顿本人也觉察到了选民中间日益增长的党派情绪，因此在其告别演说中，语重心长地呼吁团结，反对党派斗争，反对其他分裂势力。不幸的是，在党派斗争中他虽然一直保持中立，但在第二任总统后期，他失去了非党派的立场，成了一个联邦党人。在这种形势下，他中断自己的从政生涯是一个开明政治家的最好选择。

另一些历史学家认为，舆论的攻击对华盛顿作出拒绝连任第三任总统的决定产生了主要影响。英国一位历史学家说："由于想要空闲，由于感到体力衰退和受到反对派的谩骂而气馁，华盛顿拒绝接受要他担任第三任总统的要求。"

美国许多历史和政治学家看法也大致相同。随着党派斗争的加剧，舆论界的斗争也愈演愈烈。在两派报刊互相攻击的同时，华盛顿在他第二任总统期间，也受到反对派无情的攻击。这种攻击如此激烈，以致弄得他焦头烂额，十分难受。他被指责为"伪君子""恺撒"，说他藐视公众。当他提出不连任第三任总统时，许多杂志在其头版头条中还把他的举动称为"恶毒的谎言"。费城的《曙光报》在华盛顿告退的次日宣称："这一天应成为合众国的纪念日……因为，原是我国一切灾难根源的那个人，今天已降到与他同胞们的平等地位。"

华盛顿在1797年3月2日的日记中写道："我现在把自己比作要寻找一个休息之处，并正在屈身倚伏其上的疲惫旅客。但是，人们听任你安安静静地这样工作，这未免太过分了，不是某些人能够忍受得了的。"

其实，上面两种意见是有着密切关系的，但究竟是哪一种在华盛顿的思想深处占主导地位，并产生了决定性影响，人们无法知道。除此之外，还有没有更深一步的原因促使华盛顿不想再继续担任总统，比如说华盛顿本人是否对权力的欲望开始淡薄，或者是身体的原因，现在也还是一个正在进行讨论的问题。

不管怎么样，华盛顿不顾公众的压力，坚决拒绝连任第三任国家总统，从而创立了美国总统两任传统的举动，是有深远影响的。在当时，美国宪法还没有对总统连任做出规定。华盛顿创立的这一传统一直延续到1940年富兰克林·罗斯福当选第三任总统为止。1947年国会鉴于总统权力不断扩大和有可能形成终身制的趋势，才制定了第二十二条宪法修正案，即"任何人不得任总统之职两届以上"，该修正案于1951年正式批准实行，从而又恢复了华盛顿创立的传统。

在退休不到3年后的一天，华盛顿由于偶感风寒，最后病情转重，可能是当时医疗技术的低下和医生的误诊，最后不治身亡。这位美国的国父虽然去世了，但他为美国留下的许多精神财富却永远留在了世世代代人民的心中。当他拒绝竞选第三任总统时，他是否会想到他的这一行为给美国政治带来的巨大影响呢？

也许这个历史之谜并不需要我们想方设法地去解开，记住华盛顿的名字就够了。

监狱里来了个"铁面人"

法国大作家雨果曾经写过一部小说《铁面人》，小说讲述了一个带着铁面罩的囚犯，被国王流放到一个孤岛上，"铁面人"经过种种努力，终于逃出了孤岛，重获自由。

有意思的是法国另一位大作家大仲马也写了一个类似的故事《布拉热洛公爵》，后来被英国人改编成电影《铁面人》，引起了极大的轰动。影片中，神秘的"铁面人"就是法国国王路易十四自己，在残酷的宫廷斗争中，他被权臣用一个长相酷似的人给"掉包"了，从此过着暗无天日的"铁面生涯"。

这些有趣的故事并非全部是作家们的虚构，而是根据法国历史上一件著名的悬案改编成的，不同的是历史上的"铁面人"被关押至死，而且到现在还没有人知道他是谁。

巴士底狱的"铁面人"为何会引起后人的注意，始作俑者是法国伟大启蒙思想家伏尔泰。他在其名著《路易十四时代》中提出"这个囚犯无疑是个重要人物"，但接着却说"他被押送到圣玛格丽特岛时，欧洲并没有什么重要人物失踪"，让世人觉得匪夷所思。

伏尔泰是这样记述的：

1661年，圣玛格丽特岛上的一座城堡迎来了一位特殊的客人。那是一个身材修长、举止高雅的年轻人，他的头上不知被谁罩上了一个特制的铁皮面罩，无论是在他被秘密押送途中，还是在囚禁期间都被严令禁止摘下来。这个面罩在下颌部装有钢制弹簧，即使是吃饭或喝水也没有妨碍，不用摘下来。因此，从来没有人见过他的真面目。

在圣玛格丽特岛上关押了一段时间之后，这位"铁面人"又被秘密地押送到了巴士底狱，那里是当时法国最令人害怕的关押政治犯的监狱。在巴士底狱中，这位囚犯受到了特殊的优待：住处弄得很舒适，饭菜按他的口味专门做，衣着精美，他有时还可以弹奏吉他，除此还有专门的医生定期为他检查身体。狱卒们很喜欢和他聊天，他举止高雅，谈吐也很风趣，但对自己的身份却一直守口如瓶。1703年，这个在监狱中度过了大半生的囚犯结束了他神秘的一生，当晚便被葬在了圣保罗教区。随着他的死去，原本神秘的身世似乎更加神秘了。

伏尔泰的记载到此为止，留给后人更大的猜测空间。据说在18世纪，法国国王路易十五、路易十六都曾下令调查过"铁面人"，但最后都不了了之。传闻中路易十四曾明确表示：要确保"铁面人"的秘密。从而使这个"铁面人"更加引起了后人们的好奇。这是为什么呢？

路易十四像
根据法国大作家大仲马的作品《布拉热洛公爵》改编的电影《铁面人》中，法王路易十四居然就是神秘的"铁面人"。

这个囚犯到底是谁？其真实姓名是什么？为什么会被关进巴士底狱？又为什么会被路易十四特别关照要优待？这些问题成了近3个世纪以来一直困扰欧洲历史学家的一个难解之谜。对于这些问题，人们形成了众多不同的说法。

有人认为，这个戴面罩的囚犯是当时法国国王路易十四的长兄，他为人忠厚老实，凶险狡诈的弟弟以阴谋的手段夺走了本该属于他的法国国王的王位，自己登上了国王的宝座。为了不让世人知道他的存在，路易十四对亲哥哥判处了终身监禁，用铁面罩掩盖他的真实面目，让他一辈子待在监狱里。反驳这种说法的人认为，皇室的权势之争向来万分残酷，以凶残著称的路易十四既然能夺取王位，为什么不用毒药和秘密处死的方式来彻底解决问题，这在当时并不稀奇，反而大发善心地让"祸根"活在世上，还给予种种优待，这太不合常情了。

在法国大革命后流传很广而且后来影响深远的一种看法是：这个人是路易十四的生父多热。根据史料记载，路易十三和王后安娜不合，并长期分居，经过担任首相的红衣大主教黎塞留从中调和，才重归于好。但有人猜测当时王后已经与贵族多热有了孩子，才会离开情夫多热而重新投入路易十三的怀抱。路易十三和安娜王后和好后不久，就生下了路易十四，所以长久以来，人们一直怀疑路易十三和路易十四的父子关系。据说多热为掩人耳目被迫远走他乡，路易十四登基后，多热悄悄返回，向路易十四说出了事情真相。但路易十四害怕丑闻暴露，又不好对生身父亲下毒手，只好把他罩上铁面罩，送到监狱度过余生，给予最好的照顾，算是对生父的孝顺。法国社科院院士潘约里在其1965年出版的《铁面罩》一书中就支持这种说法。

19世纪末，一位叫安娜·维格曼的人提出了一种新的看法，这位戴铁面罩的是英国国王查理一世。当查理一世被送上断头台前，他的忠实追随者买通了刽子手，顶替国王死了。为了不被人发现这个秘密，查理一世只好终身隐居在巴士底狱中。安娜的观点的依据只有一个，就是查理一世和这名囚犯都很喜欢头披薄被头。

路易十四时代的国务秘书马基欧里也被列入怀疑对象之中，在割让意大利领土卡扎里给法国的秘密活动中，马基欧里起到了关键的作用，在路易十四那儿得到应得的奖赏之后，马基欧里却又把这个秘密出卖给了西班牙。恼怒的路易十四对他的背叛大为光火，将他关进了监狱，并给他戴上了铁面罩。

在人们费尽心机地猜测这位"铁面人"的身份而毫无进展的时候，有的人干脆认为：这个人根本是一个无足轻重的角色，喜欢愚弄人、制造"悬念"的路易十四根本是要故意弄出这种效应，让后世的历史学家绞尽脑汁去猜测。这种说法一出，立刻被很多学者驳为无稽之谈。

但不可否认的是，"铁面人"之所以成为一个令人费解之谜，关键是因为路易十四答应为"铁面人"保密，因此，所有关于"铁面人"的资料，在17世纪就被有意识地进行毁坏和掩盖，留下来的材料不仅凌乱不堪，还互相矛盾，漏洞百出。1970年，法国有个记者阿列兹就这一谜案出版了一部《铁面罩》，在大量的旁征博引之后，他也不禁感叹："这实在是个难解之谜！"

格瓦拉为何从古巴出走

切·格瓦拉是现代南美洲历史上的传奇人物，一位人们心目中的游击英雄。他原名叫埃尔内斯托·格瓦拉，由于他说话时总爱把"切"（Che）这个感叹词挂在嘴边，人们就给他起了个绰号"切·格瓦拉"。在20世纪60年代，他曾领导玻利维亚游击队和政府军顽强对抗，这个绰号也随之传遍了南美大地和全世界，他的真名反倒没有几个人知道了。

格瓦拉的一生可以说是洋溢着激情与无畏的一生，他那始终充满神秘色彩的不平凡经历，实在是让人感叹不已。

格瓦拉1928年出生在阿根廷罗萨里奥的一个中产阶级家庭，1953年他从布宜诺斯艾利斯国立大学医学系毕业后，本来可以舒舒服服地当一名医生，过上安逸富足的生活。但是，他却立下走遍南美大地、为人民解除病痛的理想。然而，在此后的行医途中，给他留下深刻印象的不仅仅是人们肉体上的病痛，而是那些蛮横、腐败的官吏对广大人民的残酷剥削和压迫。他的思想开始发生了很大的变化，就在这个时候，他在墨西哥和因反对国内独裁政府而流亡海外的卡斯特罗相遇，从此，他在卡斯特罗的影响下，彻底改变了自己的人生道路。他加入了古巴流亡革命者小组，为古巴人民推翻独裁、赢得自由而浴血奋战。

1959年古巴革命胜利后，格瓦拉因为赫赫战功成为古巴人民心目中的英雄，被政府宣布为古巴公民，他全身心地投入到建设一个新古巴的事业中去。他先后担任过古巴土地改革委员会工业部主任、国家银行行长和工业部部长等职务，还多次代表古巴政府访问亚非拉各国，出席各种国际会议。由于他强烈地谴责帝国主义和新殖民主义政策，在全世界发展中国家中享有很高的声望。

然而，就在1965年4月，格瓦拉竟从古巴政坛上神秘地消失了。人们对他的出走迷惑不解，议论纷纷：格瓦拉到哪里去了？是死了还是到什么地方执行秘密使命去了？抑或是与卡斯特罗发生矛盾而被关进监狱或者软禁到什么地方去了？

几个月后，人们才知道，格瓦拉去了非洲刚果边境的密林中，从事武装活动去了。他为什么要放弃稳定的生活，离开古巴去继续从事艰难危险的工作？学者们对他的出走原因进行了长期的探讨，提出了各种不同的看法。

1964年12月格瓦拉出席联合国大会，一身劳动制服在西装革履的与会者中格外显眼。

格瓦拉在古巴的经济建设和思想建设路线上和其他领导人存在着严重的分歧，有些领导人主张不要过度集中，应该给国营企业一定的自主权；对于职工要兼顾物质利益。而格瓦拉则强烈主张实行严格的中央集权路线，对职工用道德的力量来对抗物质刺激，要缔造"社会主义的新人"。卡斯特罗虽然一直避免参加这方面的争论，迫不得已表态时就一会儿赞成精神鼓励，一会儿赞成物质刺激，但是在格瓦拉出走以后，他在一次砍蔗工人大会上说："如果希望告诉那些以砍蔗为生的广大工人群众说，不管挣多挣少，这是他们的义务，他们应付出最大的努力，这种想法是荒谬的，是唯心主义的。"实际上，想法的不同使格瓦拉感到在古巴日渐被孤立，他只好选择了离开。

格瓦拉在古巴新政府里担任工业部部长，但是他主管的工业改革却以失败告终。32岁的他虽然提出了一系列计划，但是古巴工业长期受到帝国主义的影响，很难独立，再加上近邻美国对它的封锁，原材料和能源极度缺乏。并且格瓦拉和他的同伴都缺乏管理经验，又不采取物质刺激的原则，使古巴工业发展一直处于落后的状态，对于这种情况，格瓦拉一筹莫展，便产生了愤怒和失望的情绪。

在这种情况下，格瓦拉更加坚定他从前的理想，要帮助整个拉美国家摆脱帝国主义的压迫，获得自由和解放。他在临走之前给母亲留下了一封告别信："我相信武装斗争是各族人民争取解放的唯一途径，而且我是始终不渝地坚持这一信念的。许多人会称我是冒险家，只不过是另一种类型的，是一个为宣扬真理而不惜捐躯的冒险家，也许结局就是这样。我并不寻找这样的结局，但是，这是势所难免的。如果是这样的话，我在此最后一次拥抱您。"

当然，事实是不是这样，至今也没有找到可靠证据。有人提出，在格瓦拉出走前，曾同卡斯特罗发生过一次激烈的争吵，但是他们为什么而吵起来，这件事对格瓦拉的影响如何都不得而知，对于这件事，卡斯特罗是三缄其口，从不露出一点儿口风。

格瓦拉出走后，先是去了非洲，但是由于语言和其他原因，他后来又回到了南美，带领一只游击队神出鬼没地出现在玻利维亚东南部的崇山峻岭中。1967年10月，他率领的游击队与政府军展开了激战，最后寡不敌众，战败被俘，壮烈牺牲，死时只有39岁，临走时给母亲的信中的话竟一语成谶。

牺牲后的格瓦拉连遗骨也不知所向，直到1995年，才有人披露了事情的真相。拉美国家的一些考古学家、人类学家和法医立即自发地组成了一支挖掘小组，在所说的地点挖了150多个洞穴，却一无所获。两年后，才终于在荒野草莽中，找到了这位浪漫英雄的遗骨。

中外名人离奇之死

凡人之死，一了百了。名人虽死，不得安生。

西施香魂归何处

绝代佳人西施，春秋时期越国人，是我国历史上著名的四大美女之一，据说有闭月羞花之容，沉鱼落雁之貌。然而她为历史所记载的不仅仅是她的美貌，更是她在吴越争霸中所充当的重要角色，以及她最后的归宿。

根据史料记载，西施与越国大夫范蠡在若耶溪边相遇。西施仰慕范蠡言谈举止的不凡，范蠡也倾倒在西施绝美的姿色之中，两人一见钟情，相许终生。这段绝美的邂逅和爱情被后人写成小说和戏曲，尤其是明代戏曲家梁辰鱼笔下的《浣纱记》，可谓美丽绝伦。但是不久，战争开始了。吴王夫差为了给自己当初在吴越战争中被越国刺伤致死的父亲报仇，带兵攻打越国，而且大败越国，几乎使越国亡国。越国被迫成为吴国的臣属国，越王勾践和一些大臣到吴国做吴王的奴仆。勾践忍辱负重，过了3年奴隶般的耻辱生活，范蠡也跟随勾践夫妇为夫差服役3年才得归国。勾践回到越国后，励精图治，休养生息，时刻为报仇做准备。但是报仇不仅仅需要自己的强大，还需要对方的削弱。为了达到这个目的，勾践采取了范蠡的"美人计"。范蠡设计献出了自己心爱的西施给吴王，来祸乱吴国的政治。

西施来到吴国后，因其绝世的美丽很快使夫差沉湎于女色之中，渐渐放松了对越国的警惕。从此以后，他听信小人的奸佞之言，对伍子胥等贤良忠臣则百般厌恶乃至将他们赐死。伍子胥死后，吴王身边更加缺少了忠臣的劝谏，国力日下。同时，他又大兴土木，耗费国力民力，又发动了很多进攻中原的战争。可以说，吴国这些自取灭亡的行为，都是越国献西施这个美人计所预期的结果。越国不成功就是不正常了。彼竭我盈，果然，越国终于灭掉了吴国，夫差自杀谢先祖为天下所笑。这个时候，西施到哪里去了呢？

广泛流传在百姓中间的是一种较为圆满的结局，说越国灭掉吴国后，范蠡深知勾践这个人只能共患难却不能同甘甜，因此，尽管他忍辱负重三年返越，又为政治、为君主牺牲了自己最爱的女子，可以说是越国最后胜利的最大功臣，但是他选择了功成身退。于是吴国灭亡后，他接走了西施，与之泛舟江上，隐居江湖。一段时间以后，他们定居在陶地，范蠡改名为陶朱公，从此经商致富，并凭借自己的聪明才智成为大富人，地位不下公卿。司马迁在《史记·货殖列传》以及《越世家》中都盛赞了范蠡的智慧。这样西施也就从昔日的屈辱生活中走了出来，与范蠡度过了富足安宁的一生。这个结局反映了人们对这个美丽无辜的女子的同情，人们不忍心

西施浣纱图　清　任颐

在她付出了自己的青春后遭遇更大的不幸。明代梁辰鱼的《浣纱记》用的就是这个皆大欢喜的结局。

而与此相反的结局则是残忍的，带有对统治阶级忘恩负义的丑恶嘴脸的谴责和抨击。这种说法认为西施在战争之后被沉江淹死。《墨子·亲士》篇中曾经提到说西施被沉于江水中，因为西施实在是太美丽了。墨子的记载因在时间上接近事情发生的时间而颇具可信性，可惜记载得实在太简单。后来，又有史料说，吴国灭亡之后，越王将西施装入了皮袋中沉江致死。唐诗和宋词中也有"肠断吴王宫外水，浊泥犹得葬西施"以及"蛾眉宛转，竟殒鲛绡，香骨委尘泥"等说法，都反映了西施的悲惨结局。这种说法尽管残酷，但是也有可能性。范蠡早就说过勾践"长颈鸟喙，可与共患难，不可与共乐"；勾践灭掉吴国后杀死当初帮助他振作奋起、治理国家立下卓越功勋的文种不就是证明吗？西施一个出身微贱的女流，被派去吴国施行美人计，这原本就是隐情，如果被别国知道勾践是靠一个女子这样一种不光明正大的手段来取得吴越战争的胜利，一定会轻视勾践。勾践怎么能让别国这样看他？他惧怕西施回国后会泄漏这段隐情，所以就杀掉西施灭口。大概只有这样，才能将"美人计"这一段隐瞒，才能显示他这个霸主的丰功伟绩吧。否则，被人说成是靠女流争天下，岂不为后世笑？对西施这种归宿的推测，反映了百姓对统治者卑劣行径的痛恨，是有一定的历史依据的。

第三种说法是西施自杀身亡。西施原本是一个善良淳厚的浣纱女，并深深地爱上了范蠡。然而为了越国的政治大局，她不得不告别爱人来到吴国，与另外一个男子在一起。原本已经是一种屈辱，而吴王夫差又非常宠爱她，对她言听计从，让善良的她更加内疚。吴国被灭、夫差自杀更加重了她的负罪感。她回国后，面对为越人敬仰、身洁志廉的爱人范蠡，觉得自己玷污了范蠡的名声。西施的心中该是怎样的凄楚！何况越国以美人计灭他国，原不是光明正大，西施何尝不知道越王必定不可能给她好的归宿，国人一定也不能认可她。所谓"物是人非事事休"！在这样的重重矛盾中，西施只能选择自杀，用自己的死来成全范蠡的名声，用自己的死来成全国家的名声，也用自己的死来给自己的忠义做一个了断。

毫无疑问，认为西施和范蠡最后泛舟湖上浪迹天涯的说法更多的是出自人们对于西施和范蠡这两个人物的喜爱，而后两种想法中西施无疑都是政治斗争的牺牲品。善良的美人西施，为了国家，被迫牺牲自己的幸福和名节，而国家成功了，君主扬名后，她所留给后世的就仅仅是一缕香魂的飘散，留给后世的是其归宿的无限的谜，更有后世对其凄美一生的惋惜和哀叹。

蒙古皇帝蒙哥死因难明

众所周知，蒙古铁骑曾经横扫欧亚许多地方，蒙哥大汗更是蒙古杰出的军事首领。他的军队以剽悍著称，攻破许多城池，然而在向"倚天拔地，雄峙一方，三面临江，开势陡绝"的合州（今重庆市合川区）钓鱼城进攻时，受到了重创，所谓的"上帝之鞭"折于城下。

南宋宝六年（1258年）二月，蒙古大汗蒙哥（元宪宗）亲率御营亲兵10万，分三路进攻四川，连克南宋许多州县，兵临钓鱼城下。蒙哥由于入川以来连连获胜，根本不把钓鱼城放在眼里，并狂妄宣称："不出一月，我将踏平钓鱼城。"可是，从1259年2月起，蒙哥亲自指挥蒙古军数次进攻，损兵折将，连总帅先锋汪德臣也毙命于钓鱼城下。7月，蒙哥这位横扫欧亚无敌手、使欧洲人闻之丧胆的"上帝之鞭"也折于城下。钓鱼城也因之而被各国史学家称为"东方的麦加城""上帝折鞭处"。但由于史料对蒙哥死因记载不明，因而，蒙哥的死因，引起了史学家的诸多猜测，至今仍缺乏有足够说服力的观点，流传的主要有以下几说：

一是被宋军射死的。南宋著名诗人刘克庄在《蜀捷》诗里说："吠南初谓予堪侮，折北俄闻彼不支。挞览果歼强弩下，男章有入槛车时。"叙利亚阿部耳法剌底编著的《世界史节本》，翦伯赞主编的《中国史纲要》，张传玺、李培浩编著的《中国通史讲授纲要》对蒙哥之死都持飞矢射死的观点。现存于重庆市合川区钓鱼城旧址钓鱼山忠义祠内，明正德十二年（1517年）合州所立的《新建二公祠堂记》石碑碑文也说蒙哥是"中飞矢而死"。

二是因进攻连连受挫，最后忧虑而死。南宋人黄震编著的《古今纪要逸编》认为蒙哥因为屡攻合州钓鱼城不克，且多次被合州知州王坚挫败于钓鱼城下，败辱之至，以致愤死军中。

三是溺水死亡。口授而成的《海屯纪年》说蒙哥是在进攻宋军时，乘坐的战船被宋军潜水者凿穿船底，落水而死。

四是生病医治无效而死。波斯政治家和文学家剌施特哀丁编著的《史集》中说，蒙哥好饮酒，时天气炎热，蒙哥军中流行痢疾，蒙哥亦染疾而死。清人毕沅在《续资治通鉴》也持这种说法。

五是为炮风震伤而死。清代《古

蒙古军作战图　元

今图书集成》中的《钓鱼城记》一文中说蒙哥是在架设望楼窥视钓鱼城时，遭到城内宋军的炮石轰击，蒙哥为"炮风所震，因成疾。班师至愁军山，病甚……次过金剑山温汤峡（今四川重庆北碚北温泉）而殁"。1484年，明朝四川巡按谢士元在《游钓鱼山诗序》里也说蒙哥是遭"炮风致疾"而死。民国时张森楷先生主持编修的《合川县志》也有相同记载，并说蒙哥中炮风的地方就是今钓鱼城嘉陵江对岸的东山（现称炮台山）。1980年出版的西南师范学院历史系编写的《钓鱼城史实考察》一书采纳了《钓鱼城记》的观点，还说合州知州王坚在蒙哥中炮风之后，又命人把从钓鱼城天池里捞起来的30多斤重的大鱼和几百个面饼送到蒙哥营中，并附书一封，告诉蒙哥把鱼煎了和面饼吃，并说城里粮食和水都很充足，蒙哥再有10年也攻不破钓鱼城。重伤中的蒙哥见到物和信，又羞又气，退兵温汤峡而亡。

六是炮石所伤致死。刘译华、冯尔康编著的《中国古代史》及邱树森著的《元朝史话》均采纳此种观点，认为蒙哥在率军攻城时，被宋军所发炮石击中，因伤势过重而死。

综上所述，蒙哥究竟为何而死于钓鱼城下，尚未有定论。"上帝之鞭"究竟如何断折，有待进一步考证。

唐代诗人李白死亡之谜

集诗仙、酒仙于一身的唐代诗人李白是杰出的浪漫主义诗人，关于他的死，后人有多种说法。概括起来，一种说法认为他是死于疾病；另一种说法则带有浓厚的浪漫色彩，那就是认为他死于"揽月落水"，即溺水说。

李阳冰为李白诗集写的《草堂集序》说李白是病死的，以后的碑碣著述多沿用此说。范传正的《墓铭》中即有"至今尚疑其醉在千日，宁审乎寿终百年"的文字。李白嗜酒成性，特别到了晚年，"狂饮"更是他生活中的一个重要组成部分，所以醉而致疾极有可能。晚唐诗人皮日休作《李翰林诗》（《七爱诗》之一），其中有"竟遭腐胁疾，醉魄归八极"的说法，明白地指出李白因醉得疾。郭沫若考证说，61岁的李白曾游金陵，往来于宣城、历阳二郡间。李光弼东镇临淮，李白曾决定从军，到了金陵发病，只得半途而返，此时李白处于"腐胁疾"之初期，估计当为脓胸症。郭沫若又说，李白62岁在当涂养病，脓胸症慢性化，胸壁开始穿孔，成为"腐胁疾"，十一月卒于当涂。

《旧唐书》上则说，李白因为饮酒过度，引发疾病，而死于宣城。这种说法也有一定的道理，纵观李白一生，坎坷流离，经历曲折。爱酒、爱月、恃才而狂、傲视权贵。他才气冲天，却命运多舛。晚年穷极悲苦却又不甘寂寞，常感慨自己的一生。他胸怀大鹏之志，却只能听任命运之神的安排，发"中天摧兮力不济"的不堪、"白发三千丈"的幽怨，没奈何，只得呼酒买醉。可惜"举杯消愁愁更愁"，大量的酒精已经使他的肌体受到侵蚀损害，但他仍贪杯，直至病入膏肓而不可救药。推断其死因，人们认为他族叔李阳冰的话应该是可信的。

李白"溺死"说也有一定的依据，五代王定保《唐摭言》说："李白着宫锦袍，游采石江中，傲然自得，旁若无人，因醉入水中捉月而死。"宋代洪迈《容斋随笔》中记载类似，不过在前面加了"世俗言"三字。"世俗言"的意思是这是民间的一种出于美好的想象而产生的传说。值得一提的是，这种带有浪漫色彩的民间传说的出现，是在李白去世不久，而不是在王定保或洪迈的记述之时就已广为流传了。到了元代，王伯成编《李太白流夜郎》杂剧，其中有李白落水的说法。虽然艺术无法与现实等同，但其出处也有一定的真实性。

粉彩李白醉酒图花盆　清

对于李白诗歌的爱好者来说，他们更愿意相信李白是"揽月落水"而死。因为他有许多诗是写月的，他把月亮看成是高尚皎洁的象征。所以人们愿意接受他的死与月亮有关之说。但李白究竟是因"揽月落水"而死，还是发病而死，只有诗人自己知道了。

郑成功猝死之谜

郑成功收复台湾，为中国统一作出了巨大的贡献。然而38岁时，他却暴病身亡。是谋杀？还是病故？

郑成功（1624~1662），福建南安人。明隆武帝曾赐姓朱，号成功。因此后人也多称其为"国姓爷"。郑成功是伟大的民族英雄，1662年初，他将荷兰侵略者赶出了中国台湾，他的驱荷复台的立场和功绩，维护国家主权和领土完整，不仅是中国人民崇拜的民族英雄，而且是全世界人民共同崇敬的历史名人，堪称"国际英雄"。

然而郑成功收复台湾不久，却突然暴病而亡，年仅38岁。关于郑成功的死，有这样的说法：郑成功在收复台湾的同时，也接到凶信，说他父亲郑芝龙被家奴伊大器告发，伊大器称郑芝龙和郑成功之间不时有书信往来，图谋不轨。清朝廷震怒，将郑芝龙全家处死。郑成功听到消息后，捶胸顿足，望北恸哭。不久郑成功又得知，叛将黄梧在自己家乡挖了郑氏祖坟，郑成功更是捶胸拍案，整天悲恸欲绝。

然而，后来又发生了一件让郑成功震怒的事。郑成功的部下唐显悦告发郑成功的儿子郑经与乳母通奸，郑成功顿时气塞胸膛，立刻派人到厦门，欲斩郑经与其所生婴儿及乳母陈氏，但留守厦门的众将不执行命令。郑成功天天登高眺望澎湖方向有船来否，因而患上风寒，到了第八天，突然发狂地喊叫道："吾有何面目见先帝于地下也？"既而用两手抓面而逝。

对于郑成功之死的记载，同时代人如李光地、林时对、夏琳等人的笔记都很简单，一般是说"伤风寒""感冒风寒"，《台湾通志》上也说郑成功是死于感冒风寒。但一个正值壮年的人怎会轻易地被"风寒"夺去生命？

根据郑成功临终前的异常情况和当时郑氏集团内部斗争的背景，有人认为郑成功是被人投毒杀死的，这一说法目前最引人注目。此说主要的依据有：

第一，郑成功死前的情状与中毒后毒性发作的症状极似。另外，夏琳《闽海纪要》中记载郑成功临终前都督洪秉诚调药以进，成功将药投之于地，然后成功"顿足扶膺，大呼而殂"。郑成功大概察觉出有人谋害自己，但为时已晚。

第二，一个重大疑点是马信神秘地死去。马信是清降将，后来成为郑成功的亲信，郑成功去世当天，由他荐一医师投药一帖，夜里郑成功死去，他本人也突然无病而卒。照李光地的说法，马信在郑成功去世的第二天就死去，江日升《台湾外纪》中记载，其死期距郑成功去世仅仅5天。因此马信可能直接参与谋害郑成功的活动，但后来又被人杀害以灭口。

假若郑成功是被人毒死，那么作案者是谁呢？当然，清政府有重大的嫌疑，同时，还有人认为是郑成功兄弟辈的郑泰、郑鸣骏、郑袭等人，特别是郑泰。生性暴烈的郑成功，用法严峻，郑氏部下，包括他的长辈亲族因过被处以极刑者很多，众将人心惶惶，其中很多人在清廷高官厚禄诱惑下叛逃，郑氏集团内部关系极其紧张。郑泰对郑成功早存异心，对郑成功出兵收复台湾曾极力反对。郑成功去世后，郑泰等人伪造郑成功的遗命讨伐郑经，并抬出有野心但无才干的郑袭来承兄续统。最后，他们的阴谋被郑经挫败，郑泰入狱而死，郑鸣骏等率部众携亲眷投降清朝。据此分析，策划谋害郑成功的有可能就是郑泰等人。

郑成功死后，郑经先是忙于对付郑泰的叛乱，后又追讨郑泰存在日本的巨款，他本人又因通奸险些被郑成功杀死，对郑成功之死也许心存侥幸，因此郑成功的死因在当时没有被深究。海天茫茫，一代民族英雄的死因需要更多的史料发现来证实了，这也可能是一个永远都解不开的谜了。

雍正帝暴死之谜

雍正帝于雍正十三年（1735年）八月二十三日清晨突然暴死在圆明园离宫中。官方记载说他是忽然发病身亡。作为第一手资料的《起居注册》中这样记载："八月二十一日，上不豫，仍办事如常。二十二日，上不豫。子宝亲王、和亲王终日守在身旁。戌时（午后七时至九时）皇上病情加重，急忙在寝宫发布遗诏给诸王、内大臣及大学士。龙驭上宾于二十三日子时（夜十一时至翌日一时）。由大学士宣读朱笔谕旨，着宝亲王继传。"而民间却流传着雍正帝遇刺身亡的故事。

《满清外史》《清宫遗闻》《清宫十三朝》等记载说吕留良的孙女吕四娘刺杀了皇帝。吕留良文字狱于雍正帝六年发生。雍正十年十二月，留良、葆中父子被处死。其亲人也被严加处置，另一子毅中斩决，孙辈发配极边为奴。传说四娘以宫女身份混入皇宫侍奉皇上，伺机行刺。还有传说四娘在吕案发生后逃亡外地，练就一身功夫潜入宫内，以飞剑砍去雍正帝脑袋。还有人传说除四娘外，还有一位名为鱼娘的女子做帮手。

但有人认为这种行刺之说纯属谣言。首先，吕案发生后，其家人皆受罚，无漏网之鱼。其次，四娘根本不可能混进宫。虽然曾经也有过罪犯眷属特别是 15 岁以下女子，没收入宫为奴，像株连在吕案中的严鸿逵、黄补，其妻妾子妇即服侍于功臣家，然而吕氏的孙辈在宁古塔已成为奴隶。犯大罪的人犯多是这样下场，所以四娘不可能混入宫内。

吕留良画像

野史记载，吕留良的孙女吕四娘，为给祖父报仇，刺杀了雍正帝。

还有，皇帝实际上一年之中 2/3 的时间都驻跸在圆明园这个离宫。紫禁城内明令整肃，与有"亭台园林之胜"称号的圆明园根本不可比较。因此，他"自新正郊礼毕移居园宫，冬至大祀前始还大内"，"盖视大内为举行典礼之所，事毕即行，无所留恋也"。园内内阁及各部院等机构规模之宏大与大内不相上下。雍正二年起，圆明园便设护军营，一个女子根本不能轻易地进入寝宫，刺杀皇帝。

又有人认为雍正帝既不是遇刺身亡，也不是寿终正寝，他可能是服丹药中毒而亡。这是从宫中档案等资料中推出的结论。雍正帝生前在宫中曾蓄养了一些僧道异能之士，他死后第三天，也就是八月二十五日，嗣主乾隆忽然下了驱逐炼丹道士出宫的谕旨。

新君刚登基，尚有众多事务待理，而紧急驱逐数名道士，这种做法确有奇怪之处。乾隆说其父视僧道如俳优，未听一言，未服一药，这显然在为父亲辩解，否则又怎会突下逐客令？他又说这几个道士早就该受驱逐，但为何雍正帝容忍他们在宫中？乾隆如果为的是崇正道、黜异端，就应该加以排斥，然而他却沾沾自喜地称："朕崇敬佛法……仰蒙皇考嘉奖，许以当金法会中契超无上者，朕为第一。"而且，他还善待超盛、元日两僧，让他们来京瞻仰梓宫。

驱逐道士的同日，乾隆另降一道谕旨谕令内监、宫女，告诫他们不许妄行传说国事，"恐皇太后闻之心烦"，"凡外间闲话，无故向内廷传说者，即为背法之人"，"定行正法"。此事也值得注意，"中毒身亡论"认为此事必与雍正帝横死有关，否则为何皇太后听见外间闲话会心烦。

雍正帝的死因变得扑朔迷离。

慈安太后死因之谜

在清朝的历史上，作为两宫皇太后之一的东太后慈安太后是与西太后慈禧太后一样举足轻重的人物，然而光绪七年三月初十日（1881 年 4 月 8 日），一向健康无病的慈安太后在 12 小时内竟突然发病至暴卒，实在出人意料。从此，慈安太后之死成为清宫的一件疑案。

慈安太后，姓钮祜禄，谥孝贞显皇后，为满洲镶黄旗人，出生于道光十七年七月十二日（1837 年 8 月 12 日），其父穆扬阿，曾任广西右江道。咸丰为皇子时，钮祜禄氏就已经是他的侧福晋。由于咸丰的嫡福晋（萨克达氏，后上尊号孝德显皇后）

慈安太后之玺及玺文

于咸丰即位前已经去世，钮祜禄氏遂于咸丰二年二月（1852年3月）被封为贞嫔，五月晋贞贵妃，十月又册立为皇后。1861年11月咸丰帝死后，她被尊为母后皇太后，上尊号慈安太后，与慈禧太后共同"垂帘听政"，众人称她为"东太后"或"老佛爷"，与西太后慈禧太后相对应。

慈安太后与慈禧太后形成鲜明的对比，她是位德高望重的好皇后，因此众人痛惜其暴崩，并对其死产生了怀疑。东太后小西太后2岁，"体气素称强健"（孔孝恩、丁琪著《光绪传》），而当时西太后正病卧在床。所以听到噩耗，很多朝臣都以为是"西边出事"了，等得知结果后惊诧不已。许多官员提出怀疑，尤其是左宗棠，立即大喊有鬼。翁同龢的《翁文恭公日记》中记载说："则昨日（初十日）五方皆在，晨方天麻、胆星，按云类风痫甚重。午刻一按无药，云兴脑混乱，牙紧。未刻两方虽可灌，究不妥云云；则已有遗尿情形，痰壅气闭如旧。酉刻一方天脉将脱，药不能下，戌刻仙逝云云……呜呼奇哉！"仅12小时便由发病至死，岂不"奇哉"？

据说，慈安太后在暴卒的当天还曾经视朝。而当时大学士左宗棠、尚书王文韶、协办大学士李鸿藻等觐见慈安太后，都见慈安太后面无病状，仅是两颊微红，犹如醉色，没有什么特别之处。午后，军机诸臣退，内廷忽传孝贞太后驾崩，命枢府诸人速进议，诸大臣惊诧不已。因为以往帝后生病，总是在军机检视之下传御医用药。而此次忽然传太后驾崩之消息，确实非常奇怪。诸臣入至慈安太后宫，见慈禧太后坐矮椅，目视慈安太后小殓，十分镇静地说："东太后素来健康，怎会突然死去？"语时微泣，诸臣皆顿首慰藉，均不敢问其症状。最后草草办完了丧事。

根据慈禧太后以上的表现，人们便认为是慈禧太后毒死了慈安太后，而且，传说咸丰帝留给慈安太后一封密诏，要她必要时处死慈禧太后，慈安太后在慈禧太后的哄骗下焚毁了密诏，把自己对抗慈禧太后的一件最大的武器也毁了，慈禧太后便毒死了她。

对慈安太后暴卒的具体原因至今还存在着争议，除中毒之说外，还有自杀、自然死亡等说。自杀说来自《清稗类钞》，书中说："或曰：孝钦实证以贿卖嘱托，干预朝政，语颇激。孝贞不能容，又以木讷不能与之辩。大恚，吞鼻烟壶自尽。"《清朝野史大观》里又用"或曰慈禧太后命太医以不对症之药致死亡"来说明慈安太后为用"错药致死"。

不管是"毒死一说"还是"自杀"或"错药致死"说，都有一个共同点，即慈禧太后害死了慈安太后。不过也有学者认为慈安太后为"自然死亡"，徐彻的《慈禧太后大传》则倾向于"病死"说。首先，作者认为慈安太后不善理政，例如召见臣子时说的话分量不足，只会询问其身体状况、行程远近等，所以她根本不会妨碍慈禧太后在政治上的权力，慈禧太后也没必要害死她。

徐彻提出了《翁文恭公日记》中的关于慈安太后发病的两则记载作为证据。一则是慈安太后 26 岁时曾经患了"有类肝厥"疾病长达 24 天，甚至达到"不能言语"之程度。另一则是同治八年（1869 年）十二月初四日，慈安太后"旧疾发作，厥逆半时许"。"厥症"主要表现为突然昏迷、不省人事、四肢厥冷，轻者昏厥时间较短，重者则会一厥不醒甚至死亡。

但这也只是徐彻的一家之言，至于慈安太后暴卒的真正原因，只能是作为清宫的疑案成了人们茶余饭后的话题。

古埃及图坦卡蒙法老是死于谋杀吗

古埃及以其灿烂的文明和神秘的传说吸引了无数历史学家和考古学者。在开罗南 700 多千米的尼罗河西岸，埋葬着 30 多个法老，学者们称之为"帝王之谷"。

1922 年，考古工作者在"帝王之谷"内发现了距今 3000 多年前十八王朝的法老图坦卡蒙的陵墓。

图坦卡蒙是著名的阿蒙普特四世（即埃赫那呑）王后尼费尔提提的女婿。这位君主政绩平平，没有什么大作为。他大约于公元前 1361 年登基，当时年仅 10 岁，娶了一个 12 岁的少女。19 岁时他便死去了（也有人认为他死时 18 岁）。这些就是史料传说对他生平的全部介绍。图坦卡蒙的陵墓是迄今为止所发现的最完整、最有价值的古代埃及法老的陵墓。

1972 年和 1976 年图坦卡蒙墓中出土的部分珍贵文物先后在伦敦、华盛顿展出，吸引了成千上万的欧美观众，再次轰动了整个世界。图坦卡蒙之死又一次成为人们津津乐道的话题。

古老、神秘的图坦卡蒙之墓发掘成功后，人们终于见到基本上完整的法老墓葬，也第一次看到了法老的葬制。

整座墓由前室、墓室、耳室、库室组成。除墓室外，所有的地方都放满了家具、器皿、箱匣等各类器物，其中包括墓主人的宝库。墓中的每件器物，都以金银珠玉装饰而成。在墓室中还发现了两尊真人大小的乌木镀金雕像，据学者们认为是图坦卡蒙的形象。这两尊雕像生动逼真、栩栩如生，充分反映了古代艺术家们高超的技术和丰富的想象力。在 8 年的挖掘过程中，考古人员在墓中发现了 2000 多件文物，墓中奇珍异宝非常丰富。

图坦卡蒙的木乃伊被密封在重重的棺椁之中，在棺材外面的 4 层是涂金的木椁。最里面的是黄金打制成的棺椁。当揭开裹在木乃伊脸部的最后一层亚麻时，人们突然发现图坦卡蒙的脸上靠近左耳垂的地方有一处致命的创伤，创伤是怎么造成的？凶手是谁？这一切都成了谜。

图坦卡蒙法老的黄金面具

我们结合一些文献史料的记载和刚出土的壁画文物可以大体得知：由于图坦卡蒙登基时年纪非常小，只得同老臣阿伊共掌大权。他在19岁时突然死去。在他死后，他的年轻皇后请求赫梯王派一王子与她完婚。可是赫梯王子在来埃及途中被人杀害。接下来，老臣阿伊继承了王位。

可是，我们从这些零散的资料与传说中无法揭开图坦卡蒙猝死之谜，谜底在哪里？也许仍长眠于尼罗河充满神奇色彩的土地下。我们只有期待更多的出土资料来揭开这个谜底，也许会由此发现更多不为人知的谜团，从而为世人留下更多的悬念和无限的遐想。

苏格拉底：死因成谜

公元前399年，苏格拉底在监狱中谈笑自若地接过当局赐予的一碗毒酒一饮而尽，彼时他已逾古稀之年。这件事发生在雅典这样一个标榜自由和民主的城邦里，显得不同寻常，因为当时人们思想极为活跃，而且苏格拉底仅仅是一个终生以讨论哲学为唯一乐趣的清谈者，他是触犯了哪条律令而遭此惨剧呢？

苏格拉底被指控的罪名是不敬神灵和毒害青年。按照雅典的法律，每个雅典公民都有权利对危害雅典城邦的行为和个人提出公诉，于是当三个雅典公民以此罪名指控苏格拉底之后，一个由501名雅典公民组成的陪审团旋即成立，最终以281票赞成和220票反对的结果，宣判苏格拉底有罪，并判处其死刑。

但是无论是当时或后世的学者，都认为凭这两条"莫须有"的罪名不足以判处苏格拉底极刑，这其中一定隐藏着更深刻的原因。但是这深层次的原因是什么，人们却各执一端，莫衷一是。柏拉图等苏格拉底的追随者坚持认为，因为苏氏在和同伴们的讨论中毫不留情地揭露了雅典社会名流的腐朽，从而得罪了许多人，他们于是罗织罪名进行报复。

也有人认为苏格拉底之死是因为政治报复。当时民主政治在雅典已经屡屡受挫，公元前411年，受西西里远征失败的影响，雅典民主制首次被推翻，被一个由400人组成的寡头政府取代，尽管不久之后寡头政府就被推翻了，但是民主政治已经受到极大挑战。公元前404年，持续了几十年的伯罗奔尼撒战争结束，雅典终于为斯巴达所击败，在斯巴达的操纵下，一个由30人所组成的独裁政府上台，雅典民主政治再次被颠覆。这两次事件极大触动了雅典公民。而在这两次颠覆活动中，一向

苏格拉底之死

法国著名画家大卫的这幅画描绘的是苏格拉底即将喝毒药赴死。他手指着天，神态安详。也许认为那里才是他的自由天堂。

反对民主政治的雅典贵族们起了中流砥柱的作用，其中有很多人是苏格拉底的学生（例如独裁统治者克里底亚曾经是苏格拉底最亲密的学生之一）。事实上，苏格拉底的思想从根本上便是与雅典民主政治背道而驰的。苏氏认为，统治一个社会的不应该是少数人，也不应该是多数人，而应该是"有智识的人"，基于此，他不同意现存的所有政治制度，当然也包括雅典民主制。在雅典由于公民有言论的自由，所以刚开始苏格拉底的思想还能得到容忍，然而到了公元前5世纪末，雅典民主制开始摇摇欲坠，民主派由于恐惧失去从意识形态上同苏氏抗衡的信心，从而采取了从肉体上加以消灭的残暴方式，苏格拉底成为这一悲剧的牺牲品。

但是这也只是后人的推测。事实上苏格拉底完全可以摆脱死刑。雅典法庭的审判程序是这样的：在原告和被告各自陈述了自己的理由之后，由陪审团投票表决被告是否有罪，如果被裁定为有罪，再由被告和原告分别提出一种刑罚，然后由陪审团折中提出一种比较合适的刑罚。因此在苏格拉底被判有罪后，他的弟子们劝他提出一项较重的刑罚以博取陪审团的同情，但是苏格拉底近乎儿戏地在法庭上提出：由政府将他当作有益者供养起来，并提供免费餐。在判决之后，他的弟子们安排他逃走，也被苏格拉底拒绝了。他微笑着选择了死亡。这是为什么呢？不能不说是一个谜。

根据一些史料，我们知道即便是在克里底亚统治期间，苏格拉底也保持了自己伟岸的人格。首先他拒绝服从非法的命令，列奥是个富有的公民，为躲避暴政而逃回家乡，克里底亚要苏氏带领四人将他抓回，但是苏格拉底拂袖而去。其次，他极力谴责暴行，当克里底亚四处疯狂杀人时，苏格拉底对青年们说："一个牛倌，弄得牲口又瘦又渴，却不准人说他是个坏牛倌，使我感到奇怪；一个政治家搞得公民堕落，人口减少，却不以为耻，不认为自己是个坏的政治家，更使我感到奇怪。"由此管中窥豹，也不难明白"败坏青年"的罪名无论如何也落不到苏格拉底身上。

对于苏格拉底究竟因为什么被判处死刑，今天仍然不得而知，但是人们知道苏格拉底作为一个伟大的哲学家，大有为真理、为理想、为思想而献身的从容。他在服毒前含笑送走了妻儿，让他的弟子不要哭泣，最后的遗言是对一个叫克里托的弟子说的："我还欠阿斯克里皮乌斯一只鸡，不要忘了还他。"

早逝的征服者：亚历山大大帝猝死之谜

公元前356年，在希腊北部的马其顿王宫，一名王子呱呱坠地了。他，就是后来的亚历山大大帝（公元前356~前323），古代世界最著名的征服者。这名天资聪慧的王子，深得国王腓力二世的喜爱。当他长到13岁时，父王就聘请了当时世界最著名的哲学家亚里士多德给他当老师，希望其受到良好的教育。亚历山大从小就具备勇敢、倔强而自负的个性。据说，有一次，当目睹儿子年纪轻轻就驯服了一匹成人都束手无策的烈马后，腓力二世曾意味深长地对儿子说："我的孩子，我这个王国对你已经不够大了，你去开辟新的王国吧！"

昙花一现的帝国

后来的事实证明，腓力二世的确是一位具有远见卓识的国王。实际上，当时的马其顿王国，经过腓力二世的锐意改革，已成为希腊地区一个举足轻重的国家，尤其是其军队的战斗力不可小视。公元前337年，经过几次规模不大的战争，希腊大部分地区都已归入马其顿的势力范围。随后，这个新兴的王国就跃跃欲试，跨越赫勒斯旁海峡，向古老的、庞大的波斯帝国发动攻击了。

公元前336年，一切准备就绪，在准备出兵之前，腓力二世为一位女儿举行了盛大的婚宴。然而，就在宴会上，突然窜出一位青年，手持匕首刺杀了国王。腓力二世死后，马其顿马上陷入了一片混乱。但是，继承王位的亚历山大，凭借其勇敢、才智和抱负，迅速稳定了局势，而此时他刚满20岁。两年后，与父亲一样怀有勃勃野心的亚历山大，再次把注意力转向了东方的波斯。当时的波斯统治着从地中海一直蔓延到印度的广阔领土，并多次入侵希腊，如赫赫有名的马拉松战役就发生在其间。那时，虽然波斯帝国的鼎盛时期已成为过去，但仍是当时地球上最庞大、富强的帝国。

公元前334年，经过一番准备后，亚历山大发动了对波斯帝国的进攻。尽管手中仅有3.5万人的部队，但亚历山大凭借其杰出的军事天才和训练有素的士兵，获得了一个又一个的胜利。据说在临行前，他把自己的所有地产收入、奴隶和畜群都分赠给人。一位大将迷惑地问他："请问陛下，您把财产分光，给自己留下什么？""希望。"亚历山大说，"我把希望留给自己，它将给我无穷的财富！"将士们被亚历山大的雄心所激励，他们决心随他到东方去掠夺更多的财富。

经过短短几年的征服，亚历山大先后打败了波斯，逼死了该国国王大流士三世；占领了埃及，在那里被奉为法老；进入阿富汗乃至印度。在印度，由于气候炎热，士兵们水土不服，加上连年征战，十分疲惫，拒绝再向东前进，才使亚历山大的征服行动暂告一段落。返回波斯后，亚历山大开始对其闪电般建立起来的横跨欧、亚、非三大洲的庞大帝国进行整顿。毕竟是亚里士多德的学生，这位军事天才并不只会打仗，文化修养也很高，行政管理能力很强。在他的努力下，希腊文化和中亚文化很好地融合在一起，从而开启了长达300年的希腊化时代。据历史记载，亚历山大

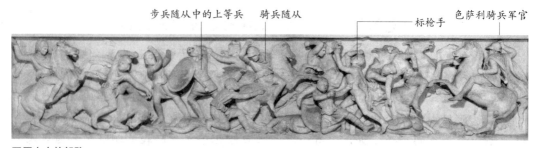

亚历山大的部队
亚历山大的部队主要由马其顿人组成，此外还包括希腊城邦、小亚细亚王国的结盟军队。这支混杂的军队不仅靠纪律、训练及组织，而且靠亚历山大激起的献身精神团结在一起。此图向人们展示的是亚历山大军队与大流士军队交战的情景。

后来还试图继续开展征服活动，在其计划中，甚至包括了阿拉伯、不列颠等地区。但是，这一切都终未发生。因为在公元前323年6月，身在巴比伦的亚历山大突然死去，年仅33岁。据说，他最喜欢的书是荷马史诗《伊利亚特》，他一心想成为史诗中阿喀琉斯那样的神话英雄，创造辉煌的伟绩。可是，神话英雄阿喀琉斯却也是短命而死。

接下来，在同样短暂的时间里，这个庞大的帝国就如同其创立者本人一样猝然死亡了。由于死时非常年轻，亚历山大生前没有指定接班人，结果在他死后不久，帝国内部就展开了一场场夺权斗争。在这些夺权斗争中，包括亚历山大的母亲、妻子和孩子在内都惨遭杀身之祸。而在他的几位得力部下各自分割地盘、自立王国之后，盛极一时的亚历山大帝国也宣告结束了。尽管亚历山大帝国只存在了13年就崩溃了，但该帝国的存在，客观上却促进了东西方经济和文化的交流，以至于直到今天，仍有许多以亚历山大命名的著名城市。

神秘而复杂的人格

至今，亚历山大这个名字仍响彻世界，说他是西方有史以来最伟大的领袖人物之一，一点都不过分。同时，亚历山大在其短暂的一生里，留给后人太多的疑问，尤其是关于他的英年早逝，几千年来一直是人们所热烈关注和探讨的话题，并产生了观点各异的说法。在探究亚历山大的死因时，人们又不得不首先为其极为复杂的人格而迷惑。

毋庸置疑，这位像流星一样划过历史天空的伟人，引来了后世无数惊叹的目光。法国著名作家蒙田在其随笔《论盖世英雄》中评价亚历山大是与荷马并列的英雄人物，他感慨道："亚历山大大帝，他很早就开始他的事业，用那么少的手段完成那么辉煌的理想；当他还是一名少年，已在追随他在全世界作战的名将中间树立了威信；命运对他的特殊眷顾，使他完成了许多偶然的，有的我甚至要说是轻举妄动的功勋。"的确，当他只有33岁时，已在广阔的大地上所向无敌，以致人们无法想象，他若有常人的寿命，还会做出什么来。那些褒扬他的评论者认为他一身集中了众多的美德：正义、节制、豁达、守信、笃爱，几乎是无可挑剔。亚历山大在世界历史上的影响无疑是巨大的，据说，在他逝世后很多年中，人们普遍笃信：他颁发的奖章会给佩戴的人带来幸福。在将他与古代另一位伟大的征服者恺撒进行对比时，大多数人认为他要远胜于后者。

然而，所谓人无完人，这位一代英才也有许多人格上的缺陷。这些缺陷，就如同互相矛盾的水火一样交织在他的身上，令人大惑不解，也招致人们的非议。

对许多人而言，亚历山大是令人敬爱的，因为他对被打败的敌人也能经常给予宽容和爱护。在对波斯的战争中，大流士三世是被自己手下的一名总督贝苏斯杀死的。但贝苏斯去向亚历山大投降并请求宽恕时，性格爽直的亚历山大由于向来痛恨搞阴谋诡计、反复无常的小人，非但没有收留这个背叛者，反而下令处死了他，但是他却娶了贝苏斯之女罗克珊为王后，不久又娶了大流士三世之女斯塔提拉。但有

亚历山大与赫费斯特翁一同出席宴会

时他却没有这种宽容，尤其是对那些被征服的平民百姓。当他攻打底比斯、腓尼基等城市时，曾因为遇到过顽强抵抗而下令屠城，将大批居民卖为奴隶；当占领波斯后，曾将大量战俘屠杀；当进军印度时，曾背信弃义地处决许多投降者；甚至在占领科赛时，曾残暴地杀戮许多儿童。在对待部下和朋友时，他通常慷慨而宽厚，但有时却又凶暴残忍，自私自利。有一次，因酒后发生争执，他竟亲手杀死了他的亲密朋友、救命恩人克雷图斯，而在酒醒后又表现得极度悔恨。

还有，亚历山大对待文化艺术的方式也让人很不解。作为亚里士多德的学生，他智慧非凡，并且尊重文化界人士。据说，他非常尊敬亚里士多德，为其创造了良好的工作环境，在行军中，他常把沿途的各种见闻写信告诉他的老师。有一次，当碰到敢于瞧不起自己的希腊哲学家戴俄泽尼时，他居然没有发怒，而是羡慕地说："假使我不是亚历山大的话，我就想做戴俄泽尼。"但同样是这个人，却犯下一些毁灭人类文化成果的罪行，其中之一就是焚毁了壮丽的波斯王宫。

波斯王宫位于今伊朗法尔斯省首府东北60千米处，是国王大流士在位时期于公元前6世纪至公元前5世纪建造的。据记载，这座王宫规模宏大，有许多精美的雕像和高大的石柱，还有很多珍贵的壁画和黄金、象牙装饰物，可谓当时世界上的艺术宝库。公元前330年，亚历山大打败大流士三世后，素来珍爱文化艺术的他，竟然在占领波斯王宫后，下令将其焚毁，使这一宏伟壮丽的建筑化为灰烬。一些历史学家认为，亚历山大之所以焚毁波斯王宫，是为了取悦一位名叫泰绮思的妓女。古罗马著名的历史学家普鲁塔克在其名著《希腊罗马名人传》中，曾对这一事件进行了详细的描述。据说，亚历山大在一次庆功宴上喝得酩酊大醉，而坐在他身边的雅典名妓泰绮思对他开玩笑地说，愿不愿意放一把火把波斯王宫烧掉？亚历山大一时冲动，真的就放起火来了，一时之间整个宫殿都陷于一片火海之中，当将士们匆忙赶来时，只见烂醉的亚历山大正不停地放火取乐，因此谁也不敢阻止。尽管当亚历山大清醒之后，对自己的鲁莽行为非常后悔，但波斯王宫的被焚却是无可挽回的。

还有一件趣闻值得关注，那就是亚历山大与其密友赫费斯特翁之间暧昧的关系，这导致很多人甚至认为他是一个同性恋者。尽管亚历山大娶了两位王后，其中一位还为他生下了王子，但大多数人认为他和好友赫费斯特翁的关系暧昧，而这一切并不是空穴来风。据记载，亚历山大是一位外貌非常出众的人，他眉清目秀而气宇轩昂，是个十足的美男子。赫费斯特翁是马其顿贵族，从小就在王宫中生活，深得腓力二世的喜爱，并成为了亚历山大儿时最亲密的好友，乃至后来成为他传说中的爱人。实际上赫费斯特翁在军事和外交方面也很有才干，并跟随亚历山大赢得了许多战役的胜利。亚历山大迎娶王后时，正是赫费斯特翁充当男傧相，而他本人后来也迎娶了一位波斯公主。但在公元前324年，赫费斯特翁因病去世，亚历山大似乎受到了严重的打击，从此竟郁郁寡欢，不到一年的时间就因病身亡。

作为历史上最富有戏剧性的人物，后世许多人往往将亚历山大同拿破仑、希特勒进行比较，因为他们都有军事才能、强烈的征服欲和复杂的人格。但客观地说，亚历山大的影响要比其他两个人更加深远。

父子猝死之谜

亚历山大留给后世最大的谜团，就是他的猝死，因为他到底死于何种原因一直是人们希望解答的悬案。巧合的是，亚历山大的父亲腓力二世，同样属于猝死，而且其被刺杀的背后同样有众多疑点。在探讨亚历山大父子二人的猝死时，有一个人是非提不可的，她就是亚历山大的母亲奥林匹亚斯。

奥林匹亚斯本是伊庇鲁王国的年轻公主，在嫁给腓力二世时只有14岁，从现存硬币上的图案来看，她曾是一个非常美丽的女人。然而在历史学家的描述中，这个女人带有浓重的巫婆色彩，还被描绘成性情乖张的妖女，迷信一些原始邪教，甚至把蛇带到他们夫妻的卧房里。奥林匹亚斯的种种怪癖，很快就使腓力二世对她丧失了兴趣，日渐充满了厌恶之情，并转而另觅新欢。而受到冷落的奥林匹亚斯除了对儿子倾注更大的心血外，更加沉溺于那些邪恶的巫术。

公元前336年，正当腓力二世准备集结希腊各城邦的力量向波斯进军时，却在为女儿举行的婚宴上遇刺身亡。这年夏天，腓力二世在王国的旧都皮拉为即将嫁给伊庇鲁斯国王的女儿举行盛大的结婚典礼。婚礼场面热闹而奢华。腓力二世当天身穿节日的白袍，喜气洋洋，没有佩带武器，在一群喜庆的宾客簇拥下，走进礼堂。正当腓力二世通过礼堂入口时，突然，一名卫兵打扮的人猛冲出来，拔出短剑直往腓力二世胸前刺去，腓力二世未及躲闪，转瞬间就倒在血泊之中。凶手早已备好马匹，打算事成后立即逃跑，不料马脚被野藤绊住，他从马鞍上摔了下来，当场被人击毙。经查证，凶手名叫鲍舍尼亚斯，是一个年轻的贵族。尽管当时马其顿宣称刺客是波斯人所派，其意图很明显是为了阻止远征波斯战争的进行，但大多数人认为，谋划刺杀腓力二世的是马其顿贵族，因为腓力二世的政治改革损害了他们的利益。不过，从一开始，就有人暗地里怀疑是腓力二世的妻子策划了这起阴谋，而亚历山大很可能也参与其中！据有的学者分析，由于当时腓力二世已对其妻奥林匹亚斯极度疏远，而且人们都风传他将娶另一位美女为新的王后，而这无疑也会大大威胁身为王子的亚历山大的继承权。

古希腊史学家普鲁塔克也怀疑刺杀阴谋一事与亚历山大有关，他认为：刺杀腓力二世的罪行最主要应该归咎于奥林匹亚斯，正是她指使刺客采取行动，同时应直接受到怀疑的还有亚历山大本人；而亚历山大即位后，马上宣布这件谋杀案完全是出自波斯的国际阴谋，是为了阻止马其顿的东征而使出的手段，但这种冠冕堂皇的解释实际是为了掩饰其真正的动机。在丈夫死后，奥林匹亚斯在国家政治生活中常常扮演重要角色。在亚历山大离开马其顿王国去东征期间，曾任命安提帕特治理国家，然而野心勃勃的奥林匹亚斯每每从中作梗。不过当亚历山大死后，安提帕特的儿子卡山德却成了摄政王。公元前316年，卡山德宣判奥林匹亚斯死罪，并不准她以基督教仪式入葬。

至于亚历山大的猝死，历史上一直有多种说法，至今仍没有绝对使人信服的结论，尽管当时的历史学家曾对他最后的一段日子做了详细的记录。著名历史学家阿利安记录道：（公元前323年）5月29日他因发烧睡在浴室中。翌日沐浴后进入寝宫，与米迪厄斯整日玩骰子。晚间沐浴，献祭神明，进餐，整夜烧未退。5月31日依例再沐浴、献祭，躺于浴室中之际，听尼尔朱斯讲述航行大海探险经历取乐。6月1日烧得越发厉害，他整夜难安，次日整日高烧。他命人将床移至大浴池旁，躺在床上与诸将领讨论军中空缺及如何挑选补足。6月4日病况更为恶化，须由人抬至户外进行献祭。之后他命高级将领在宫廷院内待命，命亲兵指挥官夜宿寝宫外。6月5日他被移至幼发拉底河对岸的王宫中，略睡一下，但高烧不退。当将领们进到宫中，他已不能言语，直到6月6日均是如此……

根据历史记载，亚历山大在临死前曾一直过量饮酒，发病期间有高烧不退症状。古罗马历史学家阿利安在其著作中，对此有详尽的记载。他写道：自从其密友赫费斯特翁死后，在最后的一段日子里，什么都不能制止亚历山大贪恋杯中物，连王后临盆也不顾，反而喝得更凶，以麻痹自己；那年5月他又为尼尔朱斯举办盛大的饮宴，在连喝两天后开始感觉发烧，而且烧得越来越严重，他口渴，又喝更多酒解渴，结果昏迷不醒，最终引发肝功能衰竭而死去。

一些正统的史书认为他是在征服期间不幸感染上了恶性疟疾，由此发烧多日而死的。也有人认为，他是因过量饮酒而导致身体虚弱得病而死的。不过在最近，有一些研究者从医学的角度提出了新的观点。美国弗吉尼亚州卫生健康部的流行病学家约翰·马尔和科罗拉多州立大学的传染病专家查尔斯·卡利谢尔通过研究宣称：亚历山大是感染了一种名为"西尼罗河"的病毒而死亡的，他们声称这是在通过对历史的分析以及先进的测试后得出的结论。他们还认为，这种"西尼罗河"病毒很容

亚历山大病后在床上休息，众将官悲不自禁。

易以鸟类或者其他动物作为宿体，通过蚊子传播进而感染人类，而历史著作的记载在很大程度上也与其推理吻合。这两位医生为此引证了历史学家普鲁塔克的记载："当亚历山大三世到达巴比伦一处断壁残垣时，发现空中盘旋着许多乌鸦，它们互相叼啄，一些死乌鸦从空中摔落下来，掉在亚历山大身边。"根据这一细节，他们分析这些乌鸦很可能就是感染了"西尼罗河"病毒，然后将病毒传染给亚历山大。此外，二人还将亚历山大的呼吸道感染、肝功能紊乱以及皮疹的症状输入到一种诊断程序，程序测试结果显示，亚历山大感染"西尼罗河"病毒的概率是100%，这验证了他们观点的正确性。不过，对于这种推断，同样有一些医学家表示怀疑。美国罗得岛大学的流行病学家托马斯·马思虽也赞同这是一项值得关注的研究，但是对上述结论却表示异议，其理由在于：易受"西尼罗河"病毒感染的人群一般是老人或者是免疫力低的人，而亚历山大当时只有33岁，且年轻健壮，因此他感染此病毒的概率会很小。

不过，无论是在当时还是后世，人们最关注的是，亚历山大到底是否被人投毒，因为许多人根本就不相信他是因病而死。虽然当时包括历史学家普鲁塔克在内的传记作者，基本上无人怀疑亚历山大是遭人下毒而死。但在亚历山大死亡5年后，国内突然有传言说他是中毒而死，而其母后奥林匹亚斯也曾因此处死许多人，并命人把亚历山大的斟酒官艾欧拉斯的骨灰散入风中，理由就是怀疑他下毒。甚至有一些历史学家认为，策划毒死亚历山大的，正是其老师亚里士多德，而毒药也完全是由他提供的。多年以来，希腊人一直对马其顿的统治心怀怨恨，对亚历山大本人也深恶痛绝。当下毒者是艾欧拉斯的说法传到雅典时，民主派们一片欢呼，雄辩家狄摩西尼提议大家表决向艾欧拉斯致谢。

还有的研究者认为，亚历山大极有可能是死于慢性番木鳖碱中毒，而聪明的下毒之人正是亚里士多德，因为亚里士多德的弟子兼友人植物学家锡奥夫拉斯特斯曾提及此物的用途及剂量，并说"掩盖其苦味之上策，即使用于纯酒中"，相信这不会完全是巧合。不过对这一段历史了解最清楚的普鲁塔克也没有明确告诉人们真相，他只写道："初时亚历山大对亚里士多德评价极高，敬爱他超过其父，但最后几年渐渐对他产生怀疑。他从未实际害及他，但其友谊已丧失原有之热情与爱，显见两人已渐行疏远。"除了亚里士多德，一些亚历山大的部下也有谋杀的嫌疑。因为随着军事上的极度成功和威望的不断增长，亚历山大当时已变得具有东方专制君王的诸多做派，而这是向来有希腊民主传统的多数人所无法容忍的。结果，很有可能，亚历山大许多昔日的好友和亲信，在目睹他染上东方化的奢靡作风、动辄杀人的暴怒，甚至竟敢自封为神以后，觉得他已变成暴君，为所欲为而喜怒无常，从而终于走出了这一步。正如亚历山大的老师亚里士多德自己说过的："无人可自由地忍受如此统治。"

更离奇的是，在亚历山大死亡600年后，他被葬在埃及亚历山大城的尸骸竟突然失踪，这又在后世引起了轩然大波。该事件发生后，考古界就一直将寻找亚历山大的尸骸列为最值得关注的课题之一。不久前，一位名为安德鲁·楚格的英国考古专家公布了他的重大发现：亚历山大的尸骸就埋在位于意大利威尼斯的圣·马可墓中，他主张应掘出墓中的遗骸进行尸检。此言一出，随即招来众多非议，因为圣·马可是天主教的圣徒。

作为研究亚历山大的专家，楚格曾出版过多本相关著作。他坚信在4世纪的基督教混乱之中，有人将亚历山大的尸骸伪装成圣·马可的尸骸而秘密埋在当时的亚历山大城，随后遗骸又被辗转运至威尼斯。他进一步论证道："据记载，亚历山大大帝和圣·马可的遗骸都是用亚麻裹住，经过干尸化处理。亚历山大的尸骸遗失不久就出现了圣·马可的坟墓，而且都是在亚历山大城的中心广场附近，地理位置几乎相同。很有可能是教会中的高层神职人员，甚至有可能是大主教亲自下决定把亚历山大的尸骸伪装成圣·马可的遗体。几个世纪后，威尼斯商人将尸骸偷出并运至威尼斯。"

目前学术界对楚格的观点存有很大分歧，牛津大学的专家罗宾·福克斯认为这是无稽之谈。但是剑桥大学的希腊历史教授保尔·卡勒吉则对这一观点持积极态度。甚至有人提出："如果能将尸骸挖出并进行DNA测试，再和亚历山大的父亲的尸骸进行对比，问题就可以水落石出了。"相信这一系列谜案，绝不会在短期之内得到彻底解答。

独裁者的悲剧：恺撒之死

公元前100年7月13日，罗马著名的尤利乌斯家族诞生了一名男婴，他就是罗马历史上最伟大的人物之一，政治家、军事家尤利乌斯·恺撒。

公元前1世纪时的罗马，正面临一个转型时期，虽然它的国力强盛，但同时也出现了许多社会问题。一方面是由于在对外征服中屡屡获胜，大量的奴隶和财富源源不断地流入罗马，从而滋生了一批腐朽的贵族元老。另一方面，国内的阶级矛盾日趋激烈。下层人民不断起来反抗罗马贵族的统治，著名的斯巴达克起义就使得罗马元气大伤。此前的几百年，罗马实行的一直是共和体制，但这时却越来越走向集权和独裁。

伟大的征服者

在恺撒出生的那个年代，罗马就先后出现了马略、苏拉等统治者。正是这一特殊的历史背景，造就了恺撒的成就。恺撒的家世可谓相当显赫，他在父系亲属和母系亲属都出身纯粹的贵族家庭。赫赫有名的马略还是他的姑父，而他外祖父也曾担任过执政官，并在早年给予了恺撒强有力的支持。为此，在登上罗马最高权力宝座后，恺撒还努力为自己创造了一个神圣的家谱，声称自己是罗马神话英雄伊尼阿斯的后裔。

在早年，恺撒接受了良好的教育，学习辩论、哲学、法律以及军事等。经过严格训练，他能讲一口流利的希腊语，而且对希腊历史产生了浓厚的兴趣，并对希腊古代伟大的征服者亚历山大大帝充满了崇敬和羡慕之情，发誓长大后要做亚历山大式的人物，成为"罗马第一人"。

公元前82年，恺撒通过在海外活动开始了他的政治生涯，并迅速显示出了非凡的军事和外交才能。公元前75年，他曾在旅途中被海盗劫持，最后以50塔兰特的赎金获释。而他获

恺撒手托着地球，这预示了他的雄心。

释之后做的第一件事就是组织一支舰队，然后捕获所有劫持他的海盗，并把他们全部钉上十字架。30岁时，恺撒通过选举当选为财务官，并获得元老院议员的资格。此后，他又曾在西班牙负责财政事务。就是在西班牙期间，发生了改变他命运的一件事。有一天，恺撒在神庙中看到了亚历山大大帝的塑像，联想到亚历山大在30岁时已征服世界，而自己却依然无所作为，于是抱负宏大的他主动辞职离开了西班牙。再次回到罗马后，恺撒先后担任了市政官、祭司长、大法官以及西班牙总督等显赫的职务，从而一步步登上权力的顶峰。

公元前60年，通过一系列政治手腕，恺撒、庞培和克拉苏（庞培是军事实力派，克拉苏则是罗马第一富豪）缔结了政治联盟，这就是罗马历史上著名的"前三头同盟"。三人结盟后，恺撒的势力大增。但为了获取能与另二人相抗衡的资本，恺撒于公元前58年发动了对高卢地区（相当于今天的法国）的战争，在长期的高卢战争中积蓄了实力。其间，恺撒率军征服了外高卢，并占领了不列颠岛北部800多个城市。当他回到罗马城时，率领着部下风光无限地通过凯旋门，身后则是抬着缴获的2800顶金冠的士兵，罗马城万人空巷，民众纷纷去欢迎他。随着大量战利品和奴隶源源不断地送到罗马，恺撒的声望几乎达到了顶峰。公元前53年，克拉苏在亚洲战场上阵亡，于是恺撒与庞培之间的对抗也日趋激烈。公元前49年，恺撒与庞培之间的内战终于爆发了。结果，恺撒的军队势如破竹，庞培仓皇逃往希腊，不久又逃往埃及，最终在那里被杀。内战结束后，恺撒被选为终身独裁官，而且还拥有统帅、大教长和"祖国之父"等尊号，集各种大权尊荣于一身，成为名副其实的军事独裁者。后来，西方的一些帝王便纷纷以"恺撒"自称，如俄国的"沙皇"就由此而来。

在西方历史上，恺撒是与亚历山大和汉尼拔齐名的伟大军事家和征服者。他在军事战术上的主要贡献，就是善于选择主要突击方向，巧妙地分割敌军，将其各个击破；在战斗队形中通常留有强大的预备队作为重要组成部分，用来加强部队在主要方向上的突击力量，这是一项伟大的创举。另外，由于他决定采用的历法成为现在大多数国家通用的公历的前身，并且把7月以自己的名字命名为JULY，他成为家喻户晓的人物。更难得的是，恺撒还是一位杰出的作家。他一生勤于著述，流传到

后世的著作有《高卢战记》《内战记》等，都是他自己亲身经历的战争回忆录，文笔清晰简朴，行文巧妙。

"祖国之父"的结局

打败庞培，赢得罗马内战后，恺撒被罗马公民大会和元老院授予了终身荣誉头衔——"祖国之父"。恺撒顺理成章地把军、政、司法和宗教大权都掌握在手中，建立起个人的独裁而开明的统治。首先，他对已经非常腐败的共和制度进行了改革，在元老院增补了300名成员，而这些成员多数来自被元老贵族轻视的商业和一般职业阶层，他们宣誓绝不反对恺撒的任何命令。另外，恺撒还慷慨地授予自由奴隶的子女和高卢人以公民权，给受迫害的犹太教徒以宗教信仰的自由，还将许多居民移居到法国、西班牙、希腊等地。他采取种种措施制止了税收官的投机活动，保证了货币的稳定和流通等。总之，独裁的恺撒却给人民带来了一个公平、仁慈、开明的社会，将罗马塑造成一个强大的中央集权帝国，使罗马成为古代最鼎盛的帝国之一。正是因为如此，很多历史学家称他是才干卓绝、仁慈大度的君主，一位出类拔萃的政治家。

然而就结局而言，恺撒又是一个悲剧人物，而其根源之一就在于他的自负。事业上的巨大成功，使踌躇满志的恺撒认为，几百年的罗马共和政体已经名存实亡了，他甚至对亲信说："共和国，这是一句空话，现在已经没有内容了！"恺撒的军事独裁，引起了一部分以共和派自居的罗马元老贵族的严重不满，而有些原来支持他的人也因他的自负而感到失望。于是，有一部分人，包括守旧集团、对改革失望者和宿敌残余逐渐结合起来，为了共同的目的，组织起一个阴谋集团，以保卫"共和"之名密谋采取恐怖袭击。据说当时恺撒已察觉一些危险的迹象并听到暗杀传言，但他却不顾那些善意的警告，未做防范，甚至曾在回答死亡的问题时戏称："突如其来的死是最好的死法。"

公元前44年3月15日，阴谋集团的成员身藏匕首，邀请恺撒来元老院议事，只待恺撒一到，突然行刺。虽然有人已事先警告他这天有人要暗杀他，恺撒却没带卫队，只身一人来到元老院开会。在他从容地坐上黄金宝座后，一个刺客假装恳求他办事，抓住他的紫袍，其实是行动的暗号，随后所有阴谋者一拥而上，刀剑像雨点般落在他的身上。起初，恺撒还极力反抗，但当他看到最为信任的布鲁图也举刀向他刺来时，便放弃了抵抗，最终身中23刀，死在元老院大厅庞培的雕像旁边，时年56岁。恺撒死后，罗马元老院按照法令将其列入众神行列，尊称为"神圣的尤利乌斯"，并决定封闭他被刺杀的那个大厅，同时决定将3月15日定为"弑父日"，元老院永远不得在这天集会。

2000年来，在西欧，3月15日这一天一直被视为不祥的日子。不过，恺撒虽然死了，但罗马国家体制变化的历史走向却已不可逆转。不久，他的继承人屋大维建成了真正的帝国，使罗马进入了空前的繁荣。历史也似乎证明，以帝制替代共和制，的确是无法阻挡的趋势，而恺撒只是顺应了这一历史潮流而已。

恺撒与布鲁图

据记载，恺撒在临死前所说的最后一句话是："还有你，我的孩子？"这句话是针对刺杀者之一布鲁图而说的。长期以来，关于恺撒与布鲁图之间的神秘关系，有着太多的说法，至今没有绝对准确的结论。

布鲁图（公元前 85～前 42 年），也是古罗马一位杰出的政治家。他是罗马显贵家族的后裔，而他的母亲塞尔维利娅年轻时曾是恺撒的情妇。一些历史学家认为，尽管恺撒有许多情妇，但他最爱的却是布鲁图的母亲塞尔维利娅。早在公元前 59 年，在恺撒出任第一任执政官期间，曾买了价值 600 万塞斯退尔的珍珠送给塞尔维利娅，可见他们当时的感情绝非一般。事实上，恺撒年轻时确与塞尔维利娅疯狂相爱，而布鲁图就恰好出生于那个时候。因此，恺撒私下里一直认为布鲁图是自己的儿子，许多罗马人也相信这样的传言。

可惜的是，布鲁图本人却一直憎恨这种说法。公元前 77 年，布鲁图的父亲被庞培暗杀，布鲁图被叔父收养。成年后，他靠发放高利贷迅速地成为显贵，并进入了元老院，开始在政治上崭露头角。不过，在政治上，他属于保守共和派，从而与恺撒站在对立面。因此，在公元前 49 年爆发的庞培与恺撒的罗马内战中，尽管与庞培有着杀父的不共戴天之仇，布鲁图却加入了前者的阵营。不久，在希腊战场上，庞培大败。可能的确是出于慈父之情，恺撒对反对他的布鲁图非常仁慈。他命令部下，在战争中不得伤害布鲁图。最终，布鲁图写信向恺撒请求原谅，而恺撒也慷慨地既往不咎，将他召入了自己的阵营。据说，恺撒当时把一柄长剑和一把犀利的匕首交到布鲁图手中说："孩子，这些是作为军人不可缺少的，留在身边用吧。"但是，他做梦也不会想到这武器有一天却用在了他的身上。

归顺恺撒后，布鲁图的仕途可谓一帆风顺。由于他机智过人，富有管理国家的才干，所以得到了恺撒的宠爱和信任。恺撒在征服高卢，建立独裁统治制度之后，把总督大权交给了布鲁图，还使其担任城市法官等显要职务。正像古罗马著名历史学家普鲁塔克所说："恺撒不但深爱塞尔维利娅而且也爱布鲁图，虽然他不过是私生子。"恺撒一直把布鲁图当作最亲密的朋友，甚至在遗嘱中将他作为第二顺序继承人。

然而，政治立场上的冲突最终导致布鲁图再次站到了恺撒的对立面。面对恺撒在罗马的独裁统治，一直以共和传统维护者自居的布鲁图开始发生了动摇。的确，恺撒的一系列政治举措给罗马共和制造成了巨大的威胁。他对元老院熟视无睹，任意处置贵族高官，这些都招来了保守派的憎恨。公元前 44 年 3 月，恺撒开始全力准备对小亚细亚地区的帕提亚人的战争。当时许多罗马人都深信一种预言：只有国王才能打败帕提亚人。于是社会上流言四起，认为恺撒将真的要在罗马称王。

还有一段有趣的插曲，在某种程度上加深了共和保守派对恺撒的憎恨，也进一步将他推向了死亡的边缘，这就是恺撒与埃及艳后克里奥帕特拉的关系。

据记载，当初恺撒与庞培发生内战时，曾追杀后者到托勒密王朝统治下的埃及。当时，该王朝内部正陷入争夺王权的混乱之中。争斗的双方都希望获得恺撒的支持，以巩固自己的权力。有一天傍晚,恺撒驻地的卫兵通报,说埃及国王要将一件珍贵的礼品送给他。随后一名埃及仆人扛着一条毛毯进来,结果里边躺着一位绝代佳人,她,就是后世闻名的埃及艳后克里奥帕特拉。很快,两人陷入了热恋当中。恺撒在埃及逗留了相当一段时间,并在这里迎来了儿子恺撒·里昂的诞生。在平定了小亚细亚的庞培余部之后,恺撒带领着克里奥帕特拉和他们的儿子回到了罗马。据说,当恺撒班师凯旋,全罗马都沉浸在狂欢之中。游行队伍抬着2800多个金冠进入城市,威风凛凛的恺撒高坐在战车上接受人民的欢呼致敬;在恺撒身后是规模庞大的步兵、骑兵和壮观的战斗表演;晚上还表演了非洲人与400头雄狮的搏斗,以及亚洲和希腊的舞蹈。

但是,在欢迎他们的同时,本来就对恺撒的威望惴惴不安的元老们,对于一同前来的克里奥帕特拉及其儿子,表现出了高度警觉。他们怀疑恺撒会照搬埃及的东方传统,自立为罗马国王,并让他那并非罗马公民、在罗马没有继承权的埃及儿子接管王位。并且,他们担心热恋中的恺撒很可能把克里奥帕特拉看得比罗马的统治还重要。

于是,一些与恺撒水火不容的人开始秘密联合起来,并成功地将布鲁图拉拢过来。面对有称王企图的恺撒,布鲁图表示了坚决的立场:"为国家自由而死,是我们刻不容缓的职责!"事实证明,布鲁图对恺撒可谓是恨之入骨。在他心中,恺撒就是暴君的代表,而除暴安良是他的"天命",刺杀恺撒天经地义。而且,布鲁图从来不把自己看作是恺撒儿子。另一方面,当时整个罗马城有许多人动员布鲁图行动起来,别再犹豫。他们还不断提及他的先祖,以此来鼓动他,因为他是第一任执政官布鲁图的后裔,而母系则起源于另一个高贵的塞尔维留斯家族。

虽然后来意大利的著名政治理论家马基雅维利曾说过一句经典的话:"如果布鲁图装成一个傻瓜,他就会成为恺撒。"不错,只要布鲁图能够与恺撒站在一起,他迟早会得到一切的。然而,布鲁图却选择了与反对派一起策划推翻恺撒的阴谋。

公元前44年3月15日这一天,当谋杀者们将刀剑刺向恺撒时,恺撒起先还奋力抵抗,并一面喊叫一面挣扎。可是,当他看到布鲁图手里的匕首时,几乎不敢相信自己的眼睛,然后绝望地喊道:"还有你,我的孩子?"于是用外袍蒙上了头,心甘情愿地死于乱刃之下。因此,很多后世的历史学家认为,即使恺撒在临死之时,仍认为布鲁图就是自己的孩子,而他也绝对想不到布鲁图会参与谋杀自己。

表现恺撒被刺死的绘画

恺撒死后，其部下宣读了他生前立下的遗嘱。在这遗嘱中，恺撒指定自己姐姐的孙子屋大维为自己的继承人，给其 3/4 的财产，并指定屋大维为自己的家庭成员，同时将自己的名字传给他；为自己可能出世的孩子指定了监护人，具有讽刺意味的是，其中几个竟是参与阴谋的凶手；此外，他还把台伯河的花园留给人民公用，并赠予每个公民 300 塞斯退尔。值得一提的是，当中还指定了布鲁图为第二顺序继承人。

2000 年来，对于布鲁图的这一行为，众说纷纭。有的人认为，他是大义灭亲、勇于反抗暴政的英雄，在戏剧大师莎士比亚的名作《尤利乌斯·恺撒》中，就称他是 "一个最高贵的罗马人"。然而，有些人却将他列入了叛徒和背信弃义者的名单，文艺复兴时代的诗人但丁，在《神曲》中就将他视为一个邪恶的出卖者，在地狱里受到无情鞭笞。但布鲁图始终认为自己的行为是天经地义的伟大之举，正像他曾说过的 "我爱恺撒，但更爱罗马"。恺撒死时年已 56 岁，而这时的布鲁图才 40 岁，只要稍有耐心，深受恺撒器重的布鲁图很有可能获得罗马的最高权力，他这么做确实非同寻常。但是，不同的立场决定了对他的评说将不会停止争议。

杀死恺撒之后，布鲁图等人立即宣布，这是 "自由面对暴政的一次胜利"，但是大多数罗马人并不接受布鲁图等人的说法。事实是，恺撒的突然遇刺，使拥有百万人口的罗马城很快陷入了骚乱，帝国处于动荡分裂的危险边缘。恺撒最好的朋友、军事副统领安东尼果断地采取行动，很快平息了骚乱。在恺撒的葬礼上，安东尼将象征权力威望的斗篷，高高举过朋友的脸庞，发誓要为他报仇雪恨。布鲁图等人逃亡希腊，在那里筹集资金、征募士兵、组建军队，但他们根本就不是恺撒派的对手。最后，布鲁图战败自杀，还有一种说法称他是见到恺撒的鬼魂后惭愧而自尽的。其他人也难逃惩罚，阴谋刺杀恺撒的人中，几乎没有谁在他死后活过 3 年的。所有人都被判有罪，并以不同方式死于非命，其中有些就是用刺杀恺撒的同一把匕首自杀的。

埃及艳后的神秘之死

生活在公元前 69~ 前 30 年的埃及女王克里奥帕特拉七世是托勒密王朝最后一个国王。她以惊人的美貌与智慧闻名于世。罗马帝国两位最伟大的人物恺撒与安东尼都曾经疯狂地爱上过她，而她不到 40 岁便自杀而香消玉殒，不仅令人感叹不已，也让她传奇的经历中又多了一抹神秘色彩，成为一个千百年来让人猜不透的谜。

克里奥帕特拉七世生于公元前 69 年，是埃及国王托勒密十二世和克里奥帕特拉五世的女儿，从小生长于宫廷，身上有马其顿人的血统，聪明伶俐，貌美如花。公元前 51 年，国王托勒密十二世去世，克里奥帕特拉按照遗诏和当时的法律规定，嫁给了比她小 6 岁的异母弟弟，当时她也只有 21 岁，夫妻二人一起掌管朝政。公元前 48 年，她在与其弟夺权的宫廷斗争中失败，被其弟驱逐，被迫离开了亚历山大城。但她雄心不死，一心想回埃及跟弟弟争夺王位，不断在埃及与叙利亚边界一带招兵

在大多数人心目中，克里奥帕特拉美艳绝伦，艺术家根据自己的想象描绘出这位风华绝代的埃及女王。

买马。

当时，罗马国家元首恺撒为了追击自己的政敌庞培，率兵来到埃及，以自己尊贵的身份和重兵在握的权势调停埃及王位之争。在这种情势中，克里奥帕特拉的一个拥护者向她提出了一个巧妙的计谋。他让士兵化装成商人，把包在地毯里赤裸的女王抬到恺撒居住的行馆。恺撒以为是行囊，而出现在他面前的竟是一位风姿绰约的美女。她身段曼妙无双，神情妩媚可人，容貌艳丽娇美。恺撒立刻为她的美貌而倾心，而女王也为恺撒的气度着迷。二人离奇的相会和一见钟情的经历，为后世留下了一段香艳的故事，也成为国际政治联姻的佳话。

当然，克里奥帕特拉夜闯军营的"壮举"自然也得到了满意的回报。恺撒率领大军帮助克里奥帕特拉七世反戈一击，击败了她的弟弟成为埃及女王。后来女王与恺撒有了一个儿子，取名托勒密·恺撒。

公元前 47 年 9 月，恺撒平定小亚细亚的战乱，也消除了庞培余党的叛乱回到罗马，女王克里奥帕特拉的美丽倩影时时在他脑海中萦绕，难忍相思之苦的恺撒邀请克里奥帕特拉七世来罗马。恺撒亲自去迎接她进城，整个罗马的上层社会都为之轰动，能够亲眼看到女王非凡的风采令很多罗马贵族感到极为荣幸。大学者西塞罗身为名重一时的高士，也来到艳后面前表达自己的仰慕之情。但令人遗憾的是，公元前 44 年 3 月 15 日，恺撒被刺身亡，克里奥帕特拉黯然地离开了罗马。

恺撒死后，安东尼称雄罗马。公元前 43 年他与屋大维、李必达结成后三头政治联盟，一起将刺杀恺撒的共和派贵族打败，成功后的安东尼出治东部省行省。

也许是历史的巧妙安排，当在东方殖民地巡视时，安东尼在小亚细亚的塔尔索马城见到了女王克里奥帕特拉七世。克里奥帕特拉明白安东尼当时的权势地位，刻意讨好这位刚雄霸罗马的统治者。很快，甜蜜的爱情让安东尼忘记了自己到东方的使命，他乘坐克里奥帕特拉七世的游艇和她一起到了女王的国度。他们在埃及亚历山大的王宫如胶似漆，恩爱无比，共同度过了 5 年的美好时光。在这期间，安东尼也曾回过一次罗马。因为政治上的需要，他只得背叛爱情。为了缓和与政敌屋大维的冲突，安东尼娶了屋大维的姐姐。但他仍思念着埃及女王，找了借口离开他不爱的妻子，回到东方与克里奥帕特拉结为正式夫妻，并举行了盛大的婚礼。

安东尼宣布把罗马帝国在东方的大片殖民地送给埃及女王，只是为了得到她的欢心。这种行为显然损害了罗马的国家利益，让罗马人大为不满，而且他抛弃妻子的举动也不合罗马的婚姻习俗，舆论开始谴责他。屋大维抓到机会，说服罗马元老院和公民大会取消了安东尼的罗马执政官职务以及他的一切权力。

公元前 31 年，安东尼组织自己的军队，在阿克提乌姆海角与屋大维大战。双方相持不下，正在双方拼死战斗的时候，克里奥帕特拉却突然将自己旗下的舰队撤出了作战队伍。而安东尼身为全军的主帅，见到女王率舰离开，竟然忍心丢下忠心跟随自己浴血奋战的 10 万将士，乘一只小船跟随女王而去，大军溃败，安东尼从此便留在埃及。屋大维率兵攻打埃及，埃及军队叛变，安东尼大败。安东尼见大势已去，没有翻身的可能，便除去自己身上的披甲，拔出佩剑，结束了自己的生命，时年仅 52 岁。

屋大维生擒了克里奥帕特拉，这时一向自负于自己美貌的她也存在一丝幻想，希望屋大维也会迷恋于自己的美色，但屋大维并没有如她所愿。罗马执政者决定将克里奥帕特拉作为战利品带到罗马游街示众，她得到这个消息后，向屋大维提出一个要求，要为去世的安东尼祭奠。随后她留下一份遗书，更衣沐浴后享用了最后的晚餐。克里奥帕特拉进入自己的卧室，黯然神伤，平静地躺在一张金床上，从此再也没有醒来。

遗书中，女王恳求能够让她与安东尼合葬，词情恳切，哀婉感人。她的自杀令屋大维感到十分失望，而她的举动又令屋大维有些神伤，于是同意了她的请求，将女王的遗体与安东尼合葬在一起。

埃及艳后的自杀给古今中外史学家留下了一个至今也无法解开的谜。

传统的观点认为女王早有准备，她事先安排一位农民把一条名叫"阿斯普"的小毒蛇放入一只篮子，再装满无花果，然后将篮子带进墓堡，故意让毒蛇咬伤自己的手臂，中蛇毒昏迷致死。另一种说法是，女王早就把蛇喂养在花瓶里，自杀时，她用自己头上的金簪刺伤毒蛇的身体，毒蛇负痛发怒报复，缠住她的手臂咬伤她，令她中毒而死。

还有人认为，女王并非被毒蛇咬伤致死，而是用一只空心锥子刺入了自己的头部亡命。但女王尸体上找不到刺伤和咬伤的痕迹，而且在墓堡中也没有发现任何有毒的小蛇。

无论是"毒蛇论"还是"毒药论"，或是"锥子论"，都带给后人以无尽的谜思。

拿破仑死因之谜

三位随从的神秘死亡、验尸报告的有意疏忽和 19 年后尸体的完好无损，为拿破仑的死亡之谜蒙上了一层神秘面纱。

曾经不可一世的法国皇帝拿破仑在他亲手建立的法兰西第一帝国垮台后，被英国人囚禁在南大西洋孤岛圣赫勒拿岛上，度过了生命中的最后 6 年光阴。1821 年 5 月 5 日 17 时 49 分，这位曾叱咤欧洲大陆的风云人物与世长辞。当时的尸检结果是死于胃癌。拿破仑的家族有癌症史，且在被解剖时他的胃已溃烂，于是人们在相当长的时间内相信了这个权威性的结果。

拿破仑入棺　油画

拿破仑死于胃癌之说之所以备受争议，是因为其中存在太多的疑点，似乎有种种迹象表明他是被神秘谋杀的。1819年，拿破仑最忠实的随从，从小与拿破仑相识，同样来自科西嘉的塞普里亚尼突然生病并死亡，在此之前还有另外两个仆人也是这样神秘地死亡。拿破仑因此"预感"到自己将是这一连串阴谋事件的最终目标。拿破仑因此在遗嘱中特别吩咐，一定要对他的身体进行最详细的检查。在经历了一个月极其痛苦的折磨后，拿破仑于1821年5月5日逝世。

1982年，一个瑞典牙医宣布拿破仑是被慢性砒霜毒死的，几乎震惊了世界。这位拿破仑的崇拜者进行了20多年的研究，包括关于拿破仑的论文和医疗记载。曾随拿破仑一起流放圣赫勒拿岛的仆人马尔尚在其日记中写道，拿破仑去世前"经常失眠，腿部肿胀无力，掉头发，偶尔抽搐，总是觉得口渴"。这名牙医发现拿破仑患病期间的症状完全符合慢性砷中毒的结果。而且他还找到了拿破仑生前赠送友人的几缕头发，那里面的砷含量也是远远高于正常人。这更加坚定了他的信心。

拿破仑如果真的是砷中毒而死，那么这背后的黑手是谁呢？有人怀疑是英国政府，但对于英国人来说，当时的拿破仑不具有潜在威胁。那他对谁才具有威慑性呢？有人认为是他的侄子路易·波拿巴，当时的法国皇帝。但是谁能证明他侄子曾经派人去下毒害死自己的伯父呢？这都只是猜测。

很明显，那个谋杀犯应该在拿破仑被流放的整个时期都在圣赫勒拿岛。拿破仑战败被囚禁在圣赫勒拿岛之后，从头至尾陪伴拿破仑的只有蒙托隆和第一仆人马尔尚两个。人们从蒙托隆第五代子女家中发现蒙托隆写给妻子阿尔比娜的信件、私人日记、回忆文章和许多草稿等。在书信中人们发现了蒙托隆下毒的"确凿证据"。

蒙托隆出身贵族，因对拿破仑献媚而被封为将军。当时，蒙托隆欠下大笔债务，为了使自己得到资金接济，他很有可能觊觎拿破仑的钱财，希望凭借自己对拿破仑的一片赤诚和殷勤伺候，能得到拿破仑巨大遗产的一大部分。事实上，拿破仑在遗嘱中已经答应给他200万法郎金币的遗产。但蒙托隆的胃口比这要大得多，因而对拿破仑产生不满。在当时，蒙托隆伯爵是唯一有机会下毒的人。如果是通过饭菜下毒，那么岛上其他人也不能幸免，肯定是通过酒下毒。岛上有一个拿破仑私人专有的地下酒窖，而只有蒙托隆伯爵才能进入酒窖。

也有一些历史学家认为，蒙托隆与波旁王朝皇帝路易十八世的弟弟、后来的法国皇帝查理十世关系密切，是法国保皇党和英国的"走狗"，而这两派力量均希望能

"尽早除掉拿破仑"，以防他再次回到法国"闹革命"。有人称，在法国国王路易十八的兄弟阿图瓦公爵指使下，蒙托隆多次阴谋杀害拿破仑。这位公爵作为王室继承人，担心拿破仑复出推翻君主政体，因此非常热衷组织和资助暗杀拿破仑的行动。

自此，很多人相信拿破仑是被人下毒害死的。然而最近又有专家坚定地认为拿破仑最后是因胃癌去世。于是，一些专家指出，弄清拿破仑死因的最好方法就是能"开棺验尸"，并对其遗体进行"DNA测试"，但这对许多法国人来说，是件"完全不能接受的事情"。一些拿破仑亲属则认为，"有关拿破仑的死因并不重要，因为他还有许多更重要的问题需要进行研究。"

拿破仑死后19年，也就是1840年，在跟随他一起流亡的几个随从的监督下，拿破仑的坟墓被重新挖开，尸体最终被一直放置在巴黎的荣军医院教堂。现在，那里已经成为一个神殿和旅游胜地。虽然人们对拿破仑的死因仍争论不休，但法国人提起这位曾经叱咤风云的皇帝，仍感到十分自豪，因此他的墓碑前每天都围满了参观者。

朝鲜国王李熙暴死之谜

朝鲜的"三·一"起义因其国王的暴死而起，至于国王暴死的原因，仍是一个疑案。

1919年1月22日，朝鲜第26代国王李熙突然暴死，直接导致了震惊世界的朝鲜"三·一"起义。然而，李熙为什么会猝然死去却成了一个疑案。

李熙生于1852年，是大院君李昰应的第二个儿子，12岁即位，号高宗。李熙在孩童时代可谓享尽了一代帝王的荣华富贵生活，然而当他亲掌政权时，朝廷内部展开了争权夺利的斗争，国力日衰，而雪上加霜的是，日、俄帝国主义乘虚而入，占领了朝鲜。从此，李熙过上了悲惨的生活，饱尝了受人欺侮的岁月。

1894年6月21日，日本驻朝鲜公使无视皇帝尊严，公然带兵冲进王宫抢劫财物，将李家王朝500多年来聚积的珍宝抢夺一空。面对日本强盗，李熙吓得脸无人色，浑身发抖，却又无可奈何。1895年10月，在日本公使和汉城日军守卫队长的策划下，日军包围了王宫，并向王宫卫队开火。40多名日本暴徒带刀闯进宫内，王后、大臣、宫女都惨遭杀害。

更为嚣张的是，日本公使还强迫高宗下"断发令"，强制朝鲜人改变传统习俗，禁止留发。在暴力威逼之下，李熙只好和儿子一起带头剪发。受尽侮辱的皇帝感到日本人实在是欺人过甚，于是想依靠俄国人来重振威风。然而俄国人却趁机在朝鲜作威作福，并唆使朝奸在1898年9月12日皇帝祝寿之日，在寿茶中放毒药加害国王，还好高宗躲过一劫。

在走投无路的困境下，为了维护国家的独立，挽救皇帝尊严，李熙于1907年派遣使臣前往海牙向参加第二届"万国和平会议"的代表要求保护朝鲜独立，废除日本强迫朝鲜签订的保护条约，但此事不仅未成，反为日本所嫉恨。

1907年，日本帝国主义便迫使李熙退位，并把他幽禁在德寿宫内，将其子李坧扶上台做傀儡国王，此时的朝鲜政府已名存实亡。1910年，日本公开抛出了《日韩合并条约》，正式将朝鲜吞并。

此后，李熙父子作为日本天皇统治下的特殊臣民，被囚禁在旧王宫里，终日过着寂寞怨恨的亡国生活。1917年，当李熙听说他的第四个儿子同日本姑娘芳子结婚时，顿时悲愤交加，从此一直卧床不起。1919年1月22日，李熙猝然死去，终年67岁。

对于李熙的死，朝鲜民众议论纷纷，从王宫中传出，李熙是被毒死的。说日本人指使朝奸韩相鹤把毒药放到李熙食用的醋中，李熙吃过此醋后，不久毒性发作，次日凌晨3时即死去。死后两眼赤色，全身有红斑且有腐烂，不像病亡。而日本殖民当局为了遮人耳目，便发出公告，说李熙皇帝因脑出血而死去，但又没公布详细的病情报告。

朝鲜的人民一直把李熙看成是国家的代表、臣民崇拜的偶像，猝死之事引起了朝鲜民众的愤慨，各地民众都披麻戴孝来到首都吊丧，整整7天7夜吊唁的人络绎不绝，把国王的葬礼变成了一次反日民族大起义。3月1日，广大民众唱着《祖国光复》歌，纷纷涌进汉城塔洞公园，宣读《独立宣言》，散发《宣言书》，并以祭奠为名，在汉城举行了一场声势浩大的游行示威。虽然日本军队挥舞着刀棍向赤手空拳的群众扑去，但游行队伍丝毫没有畏惧，还是浩浩荡荡地向日本侵略者冲去。

这股反日斗争烽火迅速燃遍了朝鲜的三千里江山。李熙的暴死成了朝鲜"三·一"人民大起义的导火线。但是，李熙究竟是病死的，还是被毒死的？至今仍是一个悬案。

音乐大师贝多芬猝死之谜

天才似乎总要受到更多的磨难，世界音乐史上最伟大的音乐家贝多芬便是这样。他一生与病痛为伴，饱受折磨，尤其是耳朵失聪，几乎断送了他的音乐前程。由此他的精神支柱坍塌了，甚至曾一度绝望得企图自杀。终于，这颗音乐巨星于1827年3月26日下午5时30分陨落，给世人留下无限遗憾。

关于贝多芬的死因，人们大都认为：这位作曲家的死是由严重酗酒而引起肝病所致，他在55岁时被发现患有严重肝病。但是英国尤维尔区医院风湿科顾问医师帕尔福曼对这种看法提出了异议。他认为折磨这位作曲家的许多病痛是一种少见的风湿病引起的，这种少见风湿病会使身体的每个器官发炎，并逐渐侵袭全身。贝多芬禁不住要自杀主要是因为这种病痛非常剧烈。最后，贝多芬被这种风湿病折磨致死。他还认为，如果用现代的类固醇给他治疗，给他做肝脏移植手术，贝多芬可以多活许多年，足以让他完成"丢失"的第十首交响曲。

法国著名作家阿尔方斯·卡尔是贝多芬的同时代人，他的《在椴树下》一书为贝多芬之死的原因和具体情况提供了新的线索，并详细介绍了自己的观点。他写道：

作曲家死前不久的一天，他的侄子来信说自己在维也纳被牵连进一桩麻烦的事件中，只有伯父出面才可以帮他脱离困境。贝多芬接到信后立即徒步上路，夜宿于一家农舍。到了夜里，贝多芬感到浑身发烧，疼痛难忍。他辗转反侧，难以入睡，于是爬起身，赤着双脚到田野里徜徉。由于时间待得太长，夜寒侵骨，回来时他已冷得发抖。主人从维也纳请来一位医生为其诊治。最后医生确诊为肺积水，生命危在旦夕。得知贝多芬病重的消息后，德国著名钢琴演奏家和作曲家胡梅尔来看他，但贝多芬已无法与其交谈，他仅用饱含感激的目光凝视着他。胡梅尔通过听音筒向他表示他的悲伤之情。贝多芬以听音筒依稀听见几句大声

贝多芬像

的喊叫之后，顿觉畅然，他两眼熠熠生辉，对老朋友说："胡梅尔，我果真是个天才吗？"说完后，他张大嘴，两眼直勾勾地瞪着胡梅尔，溘然长逝。

另外，还有一些研究专家试图从贝多芬的家庭关系上来揭开作曲家的死亡之谜。中国学者赵鑫珊在《贝多芬之魂》一书中认为：贝多芬的侄子卡尔长期的烦扰，大大损害了贝多芬的健康，给他的精神带来了莫大的痛苦，导致他过早地离开了人世。他的侄子在别人面前称呼贝多芬"老傻瓜"，而且只要人家看到他同这个"老傻瓜"在一起，他就觉得丢脸。只要贝多芬对他稍加严格，言语过重，这个无赖就会用自杀来威胁。尽管如此，贝多芬对他慈父般的爱还是有增无减，并且一再容忍他。1826年12月1日，卡尔不听贝多芬之劝，硬要去军队服役，贝多芬只好陪他上路。就是在旅途上贝多芬得了严重风寒，从此一病不起。他回到维也纳时，完全是个去日无多的老人。可是伯父卧床不起的消息传到卡尔那儿后，他竟无动于衷，依然自娱自乐。严重的肺炎过后，接着便是肝硬化，最后引起水肿。有的学者非常明确地说：实际上，贝多芬是被侄儿气死或逼死的。

贝多芬真的是死于酗酒所致的肝病吗？亦有人说他的耳聋和他在爱情上的失意使得他的身心遭受极大的创伤，由此而抑郁成疾。有关贝多芬的死因我们现在去探究似已无必要，我们对他更多的只是崇敬和景仰罢了。

凡·高开枪自杀是精神失常了吗

现代印象派绘画艺术的杰出代表——凡·高，具有非凡的绘画才能，他的绘画作品在他死后才被世人视为珍品，他也由此享誉全球。然而他生前命运多舛，贫困、疾病、饥饿以及天才的不得意使得凡·高的境遇十分凄惨。在1890年6月29日他开枪自杀，因伤重不治而亡，年仅36岁。

近年来，随着对凡·高所代表的印象派绘画艺术欣赏和理解的人的增多，有关

凡·高的代表作《向日葵》

凡·高生平的研究也得到越来越多的关注和重视。这位艺术家的死成了人们关注的焦点。他选择以自杀的方式离开这个世界究竟是出于什么原因呢？有一点似乎非常明显——那是他的精神失去控制后，在失常情况下所采取的非理智行为。可是，凡·高精神失常的原因又是什么呢？对这个问题的探讨早已在文化界、艺术界乃至化学界、医学界的专家和学者们中激烈地展开了。

从不同的角度出发，学者们提出了许多不同的观点。

这些观点一般分为两大类。第一类是由医学界、化学界的专家所持的自然原因观点。他们从凡·高的生前嗜好、日常活动和生理疾病着眼，作出了不尽相同的解释。一些人认为：凡·高的精神系统被他的一些不良生活习惯严重地损害了，这直接导致他因失去控制而自杀。

他们指出凡·高生前非常喜欢喝艾酒，而艾酒内含有对动物神经组织极为有害的物质岩柏酮，饮艾酒成了他的癖好，这严重伤害了他的神经系统。有大量的证据表明，凡·高体内含有相当惊人的高浓度的岩柏酮。他去世后一年，他的棺椁就被种植在他坟墓上的一棵喜欢岩柏酮的小树的树根紧紧包裹起来，后来为他移坟的人被迫连此树一起移走。也有人认为，凡·高有癫痫症，为了治疗而长期使用对神经系统有麻痹作用的药物洋地黄，最终因这种药物的中毒而导致神经损坏。

第二类观点认为，社会原因造成凡·高的精神失常。一种说法是：凡·高精神崩溃而自杀是因为对心理疾病和自身生理感到恐惧和羞愧。直至最后，持这种观点的人在大量研究历史资料后指出：凡·高死前不但患有严重的青光眼，而且还患有梅毒症。他自己也清楚，他不久将失去对画家来说最珍贵的视力，而且，他也有很强的"恋母情结"。这给他很大的精神压力，终使他不堪重负而崩溃。

也有很多的艺术、文学界人士是从思想方面找寻原因的。他们认为，凡·高的一生虽然短暂，但历经了太多的磨难。他干过9种职业，四处颠沛流离，饱尝了生活的艰辛和世道的不公。他渴望去拯救那些劳苦大众，可现实总是粉碎他的理想。这就足以使他对生活不再抱有希望。作为艺术家，绘画是他的生命。而且，他有极高的天分，极强的创造力。他从事绘画不过7年，就创作了大量水平极高的作品。可是在那个时代，世人并不理解和认识他所代表的艺术风格，因此他的作品一点销路也没有。在他生前，只有一两幅画被售出，以至于他不得不依靠弟弟的不断资助来维持生活。他本来已经脆弱的神经被这些无情的现实极大地撞击着，终于不堪重负，所以他才选择用自杀的方式逃避这个没有给他带来什么温暖和快乐的世界。

也许，单纯从某个角度来分析凡·高精神失常的原因都有失偏颇，如果能综合而全面地分析凡·高，可能会得出对凡·高死因的最好的解释。不管如何，这位画家总算在死后能安息了。

希特勒生死之谜

1945 年 4 月 30 日，战败的纳粹元首希特勒与情妇爱娃·布劳恩在柏林总理府的一间地下室中双双自杀身亡。然而就在纳粹帝国的最后一段日子，希特勒并不甘心就此失败，他曾经秘密策划了一个大胆的"格陵兰逃亡行动"。

一名参与当年逃亡计划的前德军研究人员向媒体披露了纳粹"格陵兰逃亡计划"的一些鲜为人知的内幕。厄内斯特·科尼格曾是二战时期德国先进水上飞机的研究人员和驾驶员，他之所以对纳粹元首试图在二战末期通过水上飞机出逃格陵兰的计划了如指掌，是因为他曾亲自参与纳粹大型水上飞机的研究和制造。在一些英国朋友的劝说下，科尼格终于把这个本打算保留到自己死去的秘密大逃亡计划公之于众。

1945 年 4 月初，科尼格接获命令，要求他们准备两架 BV-222 水上飞机，并做好长途飞行的准备，据说乘坐飞机的将是元首和其他 30 多名纳粹高官。随后，特拉沃明德市的港口码头源源不断地有大量雪地设备包括雪橇、帐篷和食品等都被送来。

事后，科尼格才知道这次帮助纳粹高官出逃的计划被称作"格陵兰行动"，包括希特勒以及德国空军元帅戈林，纳粹党卫军首脑希姆莱，德国海军总司令、希特勒的继承人卡尔·邓尼茨上将等纳粹高级官员都将乘坐飞机撤退到北极的格陵兰岛。

"格陵兰行动"计划出发点定在德国基尔市的一个港口，逃亡的纳粹高官将在那里乘水上飞机飞往丹麦格陵兰岛。但事情并不像事先想象的那么顺利，在二战的最后几周，柏林被苏军重重围困，希特勒的私人秘书和副手马丁·波曼则在试图逃离柏林时死于非命。由于根本无法脱身，于是希特勒决定自己不参加"格陵兰逃亡行动"，留在柏林。

1945 年 4 月 22 日，歇斯底里的希特勒宣称自己将随第三帝国一起而亡，德国已经输掉了这场战争，他还告诉残余的纳粹高级官员各自逃生。不久，当希特勒自杀的消息传出后，最后一架已经装备好的 BV-222 水上飞机在特拉沃明德市被研究人员炸毁，至此逃亡计划彻底失败。

到了 1945 年 5 月 4 日，苏联侦察员

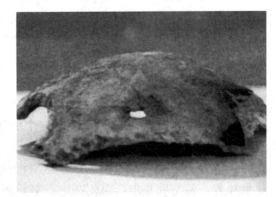

希特勒有弹孔的头骨
这似乎可以证明希特勒的确自杀了，然而其他种种有根有据的传闻又该如何解释呢？

战争末期的希特勒
1945 年初，几乎绝望的希特勒离开了位于东普鲁士拉斯坦堡的司令部。

在帝国总理府花园的一个弹坑里发现了两具焦尸，推测为希特勒和爱娃。然而，斯大林并不认为希特勒已经死了，说他只是隐匿起来了。但是，多方证据显示，希特勒的确是消失了。

直至 1956 年，德国行政民事法庭的审判官们在听了 48 名证人的证词后认定：1889 年出生的阿道夫·希特勒已不在人世。但是，在开庭的时候许多重要证人都没有出庭，很多极其重要的文件也没有举证，而当初给希特勒做过假牙的牙医和他的助手这两个极其关键的证人也都在事后翻了供，称并不能确定焦尸身上的假牙一定是希特勒的。

有关假牙的认定，在 1945 年时，苏联军官把希特勒的颅骨给牙医看，他说自己认得给希特勒做过的那几颗假牙。但是，到了 1972 年他却推翻了这个说法。说并不能肯定那一定就是希特勒的颅骨；他的助手也发表了同样的言论。两个关键证人的翻供彻底否定了先前的结论，因为，当初苏联尸检专家鉴定的依据恰恰就是他俩的证言。

此外，希特勒开枪自尽时在沙发上留下的血迹经过鉴定证明并不是血，只是色泽相像的液体。就连被认为是希特勒的那具焦尸上的血型也和希特勒本人的血型不符。当时还有一个流行的说法：1945 年 4 月 30 日，希特勒在对太阳穴开枪前曾服毒，但在尸体鉴定时，并未发现服毒痕迹，焦尸的大脑内也未发现弹痕。

种种迹象表明，希特勒根本不是自杀死在地下室，那具烧焦的尸体根本就是替身。

既然希特勒没有自杀，为什么爱娃却服毒了？看来是为了让这幕戏演得更逼真些。希特勒的副官京舍的证言说他曾下令让警卫离开通向希特勒套间的房舍。希特勒在隔壁换了装，改变了外貌，不该知道这一秘密的人，事先都已经被清理出地堡。

众所周知，4 月 30 日午夜，4 万多人逃出帝国总理府防空洞，夹在人群中希特勒很容易就能混出去。那时候，柏林和德国其他地方到处是无家可归的人，希特勒也可以不费吹灰之力就消失在人流中。

希特勒警卫队成员凯尔瑙在事后供称，5 月 1 日他见到过希特勒。此外，外国报刊战后也立即出现了有关希特勒撤到阿根廷（或巴拉圭、西班牙、爱尔兰）的报道，只是并没有确凿的证据罢了。还有一个更加关键的证据出现在丹麦的北海海滨，一只密封的玻璃瓶里面装着一名德国潜艇水兵的信，信中说潜艇撞上了沉船，破了个大洞，部分艇员逃生，希特勒就在这艘潜艇上，但他在艇尾紧闭的舱内，无法脱身。这意味着，希特勒并未自杀死在地下室，而是死在沉没的潜艇中。

如今，帝国总理府花园内发现的尸首也已无法重新鉴别了，因为 1970 年，在苏联克格勃主席安德罗波夫的命令下，那些尸体已经被挖出并彻底焚毁，骨灰随后抛入河中，焚毁的全过程保存着完整的记录。

希特勒死在地下室还是潜水艇？是和情人一起自杀还是逃亡途中遇难？也许谁都没有百分之百的证据，二战历史中有关希特勒末日这段记载远远没有画上句号。希特勒的生命结束得极其阴暗，落得死无葬身之地的下场。这也许是一切独裁者应有的结局。

戈林自杀之谜

1945 年 11 月 20 日，纽伦堡国际军事法庭开始对戈林进行审判。法庭在对戈林的死刑判决书中说："戈林是第二次世界大战的策划者之一，是仅次于希特勒的人物，他集所有被告的罪恶活动于一身。"在 20 世纪爆发的两次世界大战，给世界造成了无尽的灾难；而这两次罪恶的大战都是由德国挑起的。在法西斯纳粹德国，紧紧追随希特勒并助纣为虐，成为嚣张一时的乱世枭雄，这位一人之下、万人之上的显赫人物就是纳粹德国帝国元帅——赫尔曼·戈林。

1946 年 10 月 15 日夜，就在即将被处以绞刑的 75 分钟之前，戈林竟然神奇般地在严密看守的死牢中服毒自杀，逃避了正义的处决。

有关赫尔曼·戈林自杀的具体细节，已消失在历史的迷雾中。随着柏林资料中心有关戈林自杀时未公布的调查委员会的绝密报告、现场证人的证词、医疗报告、戈林自杀留言的原文等绝密档案的逐步公开，戈林自杀之谜再次浮现在人们视线之中。

戈林在整个关押期间一直把氰化钾胶囊放置于牢房是不可信的。根据采访看守人和对监狱记录的检查，牢房和衣物是经常搜查的。约翰·韦斯特少尉在 1946 年 10 月 14 日，即戈林死的前一天，就搜查了戈林的牢房和他的私人物品。因此，装氰化钾的胶囊起先是随戈林的行李进入监狱的这一点应该是毫无疑问的。因为，行李间是唯一没有被彻底搜查过的角落，并且调查人员在戈林自杀后也确实在他的遗物里找到了另一个氰化钾胶囊。

尽管监狱记录显示戈林并未请求去行李间取东西，但是他曾经送给惠利斯中尉一份礼物以及送给他的律师奥托·斯塔马尔的蓝色公文包恰恰证明他行李中的物品曾经不止一次地被取走，而取走这些物品的人不是像惠利斯这样握有行李间钥匙的监狱军官，就是戈林自己在未按来访要求登记的规定情况下获准进入行李间拿到自己行李中的物品的。

这种推测在本·E.斯韦林根写的《赫尔曼·戈林自杀之谜》一书中得到了肯定。该书是迄今为止对该问题最透彻的研究，这位作者的结论

婚礼上的戈林
手持鲜花者是戈林的新婚妻子埃米·戈林。

是，戈林曾提出条件让一位监狱工作人员——最大的可能性是惠利斯——为他从行李间取出物品或行李。在临死前的几个小时，戈林取出了隐藏的胶囊，做好了服毒的准备。另一种可能就是，他本人被获准进入行李间，而且最有可能批准其进入行李间的人还是惠利斯。

戈林的妻子埃米·戈林在随后有关她丈夫是如何得到胶囊的言论，帮助不大，而且不能令人信服。她说 1946 年 10 月 7 日她最后一次探视戈林，那时候她曾问丈夫还有没有胶囊，戈林说没有。从那以后她便再也没有见过戈林，也没再跟他说过话。然而，戈林自杀后，她却立刻公开发言，"此事一定是一位美国朋友所为"。这其中难免让人怀疑藏有什么不可告人的秘密。直到 28 年后，她又对德美起诉团的一位成员提起，当年确实是一位未留名的朋友把毒药递给了她丈夫。又过了不久，埃米·戈林的女儿埃达也出面表示有人曾经帮助过她父亲。到了 1991 年，更传出消息说戈林的侄子克劳斯·里格尔承认，是惠利斯中尉把毒药给了戈林。所有的言论都有可能是真的，但又全都无法证实。

戈林的女儿或戈林的侄子在戈林死时还不到 10 岁，因此他们对所发生的一切作出的表态没有多大的可信度。而那些戈林当年的并仍能活着讲述的狱友们——斯佩尔、弗里奇、弗鲁克——为什么在他们后来撰写的纽伦堡经历的著述中却无一例外地略去了这部分具有轰动效应的、也是作为畅销书最重要的卖点的东西呢？

还有一个疑点就是，戈林为什么在其自杀留言上注明日期为 1946 年 10 月 14 日至今仍是个谜。这日期不可能是正确的。戈林若将这些吐露他打算自杀的留言保存在他身边达 5 天之久，未免太粗心大意了。在其中的两封信中，他提到他向盟国管制委员会的申诉被拒，而这一消息直到 10 月 13 日他才听说。显然，留言中的日期与自杀前几天内曾经发生的事情在时间上发生了矛盾。

近年来，对戈林自杀之谜又有了一连串新的解释：毒药是藏在他的陶土制的烟斗里的，在处决他那天夜里把它剖开，将毒药藏在肚脐里。还有一些更离奇的说法。那个吞下了毒药的人，却永远把他的秘密带进了坟墓，要找到不容争辩的事实真相的一切努力都将是白费工夫。

第六篇

骇人的军事谜团

战火弥漫的天空

和平是人类一直都在追求的梦想，然而战争如同影子般伴随其左右，又像悬在人类头顶的达摩克斯之剑，让人类在和平中如履薄冰。

李自成兵败后的生死之谜

明崇祯元年（1628年）七月至十七年（1644年）三月，李自成、张献忠等部农民军从小到大，从分散到集中，从游击流动作战到运动流动作战，南征北战，不断壮大，几十万大军所向披靡，终于推翻了政治腐败、经济崩溃、摇摇欲坠的明王朝。后因负责镇守山海关的明将吴三桂与清军勾结引其入关，李自成不得不领兵退出北京，转战河南、陕西、湖北等地，最后不知所终。

后人对于李自成死于何地、何年，以及怎样死的，早有结论但又一直有争议。围绕这一问题，形成了两种对立的观点：一种观点认为李自成兵败后在湖北通山遇害，简称为"通山遇害"说；另一种观点认为李自成率领大军顺利转移至湖南，后来禅隐石门夹山寺，秘密指挥大顺军联明抗清20年，简称为夹山"禅隐"说。

清硕英亲王阿济格的奏疏是清政府关于李自成死于顺治二年的最早记载，也是清军前线最高指挥官的战报，其来源于农民军中被俘或投降的将士的口供，是可信的史料之一。阿济格奏疏称"贼兵力穷，窜入九宫山"，李自成"为村民所困，不能脱，遂自缢死"。

南明总督湖广、川、贵、广东、广西五省军务兵部尚书何腾蛟的奏疏中也有关于李自成在九宫山被杀于乱刃之下的奏报，其内容来源于原农民军将领刘体仁、郝摇旗、袁宗第、蔺养臣、王进才、牛有勇等的"众口同辞"，而且还有目击李自成"被乡兵杀死马下"的刘伴当。

从南明与清政府两个敌对政权几乎同时发布的消息看，排除了它们互通消息的

李自成雕像

可能。顺治三年五月，清摄政王多尔衮亲自审批的一份文件用更明确的语言指出："加以英王谋勇兼济，立剪渠魁，李自成授首于兴国（当时通山县隶属兴国州）八公山，无噍类矣。"这一珍贵档案说明，清政府确信李自成已死。

著名学者王夫之在他所著的《永历实录》中有两处记载李自成

之死。在卷七中写道："李自成渡江，如无人之境，由蒲圻走死九宫山。"在卷十三又写道："五月，自成至九宫山，食绝，自率轻骑野掠，为土人所杀。"

李自成行宫遗址

以上所列材料仅仅是一些具有代表性的资料，它们在细节上很不一致，如有自杀、他杀之说，死的地点有九宫山、八公山、罗公山，死的时间有顺治二年四月底、五月、秋九月，顺治三年，顺治五年等。从清初 30 年的文字记载来看，尽管说法不一，但李自成兵败遇害却是一致的。

另有一说是说李自成在夹山寺隐居。

乾隆十五年（1750 年）《澧州志林》中说夹山灵泉禅院（俗称夹山寺）旁有石塔，"塔面大书'奉天玉和尚'；前立一碑，乃其徒野拂所撰，文载'和尚不知何氏子'"，于是产生了一个很大的疑问："夫'奉天'岂和尚所称？"走遍全寺，发现该寺藏有奉天玉画像，比照《明史·流贼传》中描绘的李自成状貌，认为两者相同，于是形成了李自成"禅隐"夹山寺的说法。《书李自成传后》一文收入在《澧州志林》卷二十三《艺文志·辩》中，此文成为夹山"禅隐"说的主要依据。

"禅隐"说的一个重要根据是，"奉天"不能为和尚所称。其把地名"奉天"当成法号，有人联想到李自成曾自称"奉天倡义大元帅"，于是石门夹山寺的奉天和尚便被当然地认为是李自成。

另外，夹山寺里所藏奉天玉和尚的遗像"高颧深颔，鸱目曷鼻，状貌狰狞，与《明史》所载相同"，故有人断言"其为自成无疑"。在《明史·流贼传》中对李自成的声音状貌描写是："高颧深颔，鸱目曷鼻，声如豺。"这是古籍中对敌人的公式化、一般化的描绘，然而，《明史》编撰者无一人见过李自成的状貌，或听过李自成的声音，怎么看见了夹山寺所藏奉天玉和尚的遗像，就能辨认出是李自成呢？

除去文史资料中的记载，夹山寺的《康熙碑》《道光碑》上都载有奉天玉和尚是顺治壬辰年（顺治九年）到夹山灵泉寺的，而李自成是顺治二年五月在历史上消失的，可见这个奉天玉和尚与李自成无关。

另外，"禅隐"说者据以立论的有力证据是奉天玉和尚墓，然而，墓却没有得到好好保护，相反，因为未按国家公布的文物法规科学地发掘、清理和鉴定，破坏了奉天玉墓原貌，改建成"闯王陵"，使原有文物失去了它应有的价值。因而，李自成隐居于夹山寺一说，也不能成为定论。

无论是通山九宫山"遇害"说，还是石门夹山寺"禅隐"说，各自都有尚未解决的难点，都需要进行更深入的研究。

施琅是叛徒还是忠臣

施琅（1621～1696年），字尊侯，号琢公，福建晋江人。他曾是郑成功最为得力的将领。不过后来，战功卓著的施琅不小心触怒了郑成功，结果父子3人都被扣押起来。施琅用计得以逃脱，但他父亲和弟弟却惨遭杀害。1652年，施琅投降清廷，立志打败郑成功，收回台湾，以报家仇。人们常常有这样的疑问：施琅背叛了明朝难道不是叛徒吗？他收复了台湾推进了统一中国的步伐怎么不是爱国的功臣呢？

有学者认为，要评价明清之际历史人物施琅，首先不能站在明朝的立场上，更不能充当明朝的遗老遗少，要客观地认识到清朝是中国历史上的一个重要王朝，满族是中华民族的一个重要成员。在此前提下，对施琅作出评价，就会比较客观，比较接近事实。

施琅青年时个性极强，常常与脾性相同的郑成功发生冲突。顺治八年（1651年），施琅因反对郑氏"舍水就陆"的战略方针和强征百姓粮饷的做法，与郑氏产生了尖锐的分歧。次年四月，施琅捕杀了手下一名改投郑成功的清兵曾德，然而曾德原在郑氏军中地位较高，虽一度隶属于施琅部下，无论犯法与否，也无论施琅是否已经解除兵权，施琅都无权擅自将他处斩。于是，郑成功盛怒之下便将施琅及其父施大宣、其弟施显投入牢中。施琅被捕后竟然奇迹般地逃到大陆，藏在副将苏茂家中，并请人从中调停。但郑成功非但不接受调解，反而派人前去刺杀施琅。行刺失败后，郑成功一怒之下于七月间把施大宣、施显处斩，将施琅逼上了投清之路。

施琅降清后任福建水师提督。他之所以力主收复台湾，目的是为了祖国的统一，认识到只有使"四海归一"，才能使"边民无患"。后来，他几经周折，拼力说服清廷不可放弃台湾，最终使清廷下决心在台湾设府建制。施琅为实现收复台湾的理想进行了不懈的努力，他的爱国思想和行动可以从如下三方面加以评价。

施琅水师指挥台
施琅被康熙帝任命为福建水师提督后，便积极整顿水师，演练军队。这是他当年操练水师的指挥台，位于福建东山县九仙山下。

第一，清朝平定三藩之乱以后，郑氏政权已无恢复明室的可能，只想保住在台湾割据的局面。他们在与清朝的谈判中，多次要求"不剃发，执朝鲜事例"，"称臣纳贡"，"世守台湾"，"照琉球、高丽等外国例，称臣进贡"。他们的这种设想，从主观上看未必是要分裂中国，但客观效果则不堪设想。如果清朝同意郑氏政权的要求，台湾这块自古以来的中国领土，就会在那时从祖国分割出去。而那时的康熙帝正好采纳的是大学士明珠的意见，决定先招抚，招抚不成，再用武力。于是，在遣使与郑氏代表谈判中，作出了很大让步，即郑氏归顺清朝以后，可以在台湾居住，"保境息民"，但郑氏必须成为清朝臣民，台湾必须成为中国领土的一部分。对于这样的让步郑氏政权依然没有同意。不久，郑经病死，郑氏内部彼此争权，政局动荡。这时力主乘胜收复台湾的福建总督姚启圣认为，征台的时机已到，就向康熙帝再次奏请进取台湾，并推荐施琅任福建水师提督。此奏很快得到康熙帝的同意。

从以上史实不难看出，清朝用施琅征台，已不是民族战争的继续，更不是什么明清两个帝国之间的对抗（那时的明朝早已不存在，就连南明诸政权也早已相继结束），而是清朝要么收复台湾，要么允许台湾从中国领土上分割出去。

众所周知，清代奠定了现代中国疆域的基础，使统一的多民族国家得到进一步巩固和发展。施琅正是完成清初统一大业的重要历史人物之一，他在中国历史上的重要作用不言而喻。

第二，清军攻下澎湖以后，有人向施琅进言："公与郑氏三世仇，今郑氏釜中鱼、笼中鸟也，何不急扑灭之以雪前冤？"施琅却说："吾此行上为国、下为民耳。若其衔璧来归，当即赦之，毋苦我父老子弟幸矣！何私之有与？"他还向郑氏手下的人声明："断不报仇！当日杀吾父兄者已死，与他人不相干。不特台湾人不杀，即郑家肯降，吾亦不杀。今日之事，君事也，吾敢报私怨乎？"施琅的胸怀可见一斑。

第三，收回台湾后，清廷内部发生了一场针对台湾的弃留之争。许多大臣对台湾的历史、地理缺乏认识，竟然认为台湾地域狭小，得到了不会增加领土面积，失去了也不会有太大损失，就连康熙皇帝也这么认为。

众大臣中只有少数人主张守而不弃，其中包括施琅。在台湾弃留之争中，施琅挺身而出，力排众议，坚决反对放弃台湾，并奏请朝廷设官兵镇守。为此，他还专门给康熙帝写了《恭陈台湾弃留疏》，反复陈述台湾的战略地位的重要性，指出台湾是关系到江浙、福建等地的要害所在，如果弃而不守，必将酿成大祸。更可贵的是他高瞻远瞩地指出，如果放弃台湾不守，无论是荷兰人还是叛徒，随时可能乘隙而入，而台湾如果再次被外国侵略者所侵占，那时恐怕后悔都来不及了。在施琅等人的力争下，康熙帝很快改变了原来的主张，决定对台湾设官治理。

在施琅的故乡福建省晋江市施琅纪念馆中，有这样一副对联："平台千古，复台千古；郑氏一人，施氏一人。"这是对郑成功和施琅功绩客观、完美的写照。至于施琅究竟是叛徒还是忠臣自有后人评说。

李秀成投降书是真是假

"忠王"李秀成，太平天国后期重要的领导人之一，也是太平天国人物评价上争议最大的人物之一。当太平天国的京城被清军攻破后，他不幸被湘军俘虏。被俘后的李秀成一改往日之英勇，竟然在曾国藩的囚笼里写下了长达五六万字的《亲供》，即后人所说的《李秀成自述》。这篇《自述》使李秀成成了一个晚节不保的叛徒，给

李秀成像

自己之前十余年无所畏惧的征战历程抹了很大的污点。但是很多学者对李秀成投降书的真伪问题提出了质疑：李秀成真的是叛徒吗？李秀成的投降书是真的吗？

李秀成投降书的原稿在后世一直不为外界所知。当时李秀成被害后，曾国藩命人将他的《自述》删改、誊抄了一份上报军机处，这份誊抄的文本后来由九如堂刊刻，即所谓的"九如堂本"。当曾国藩的刻本问世后，人们对其真实性提出了种种怀疑。

有人从根本上否认了这个投降书的真实性。如英国人吟唎的《太平天国革命亲历记》一文说："1852年，在太平军占领南京以前，清朝官方即已捏造一篇他们名为《天德供状》的文件，伪托是叛军领袖的供状，谎称他们俘获了这个领袖。《忠王自述》很可能也是同样靠不住的。这篇文件或为某个著名的俘虏所伪造（他可能因此而得赦免），或为两江总督曾国藩的狡猾幕僚所伪造。"吟唎认为李秀成投降书根本就是别人伪造的，甚至李秀成被俘虏一事也可能是伪造的。

1944年，广西通志馆的吕集义来到湖南湘乡曾国藩的老家，在百般请求下终于在曾家的藏书楼中阅读到了"投降书"的原稿，抄补了5000多字，还拍摄了14幅照片，之后根据这些文字和原来"九如堂本"的2.7万多字出版了《忠王李秀成自述原稿校补本》。罗尔纲先生根据吕氏的校补本和照片进行研究，写出了《忠王李秀成自传原稿笺证》。该书以笔迹、语汇、用词、语气、内容等方面的鉴定作为依据，指出曾国藩后人出示的李秀成《自述》的确是忠王的亲笔。例如，罗尔纲先生一字一句、一笔一画地拿"原稿"和庞际云收藏的李秀成亲笔答词28字真迹对照，还征求了笔迹鉴定专家的意见，最后断定"原稿"是真品。从内容看，"原稿"十分清楚地描述了从金田起义到天京陷落14年间的每个过程和细节，这是曾国藩难以捏造的。此外，罗尔纲还指出，"原稿"的称谓大都遵循太平天国的制度，这也不是旁人能够清楚知道的，曾国藩等人也不可能做到自然地遵守。而"原稿"中大量李秀成家乡的方言，更是曾国藩等人无法伪造的。

罗尔纲的这一观点曾一度成为定论，但是，随着曾氏后人所存的"原稿"的出版，更多人看到了李秀成《自述》的全貌，在20世纪80年代前后，学术界再次掀起了一场论战。如荣孟源曾经两次撰文断定这份"原稿"并不是李秀成的真迹，而是"曾国藩修改后重抄的冒牌货"。他的理由主要包括以下几点：

首先，根据其他史料记载，李秀成的自述一共写了9天，每一天若干页。按照常理，全文应该有8个间隔，但是今天所见的《李秀成自述》"原稿"的影印本文字相连，每天都写到最后一页纸的最后一行字，看不出每天的间隔。何况，既然是每天各交一些，真迹就应该是散页或分装成9本，但是今本却是一本装订好的本子。由此可以推测，所谓的"原稿"显然是曾国藩派人将李秀成每天所写的真迹汇抄在一起的。

其次，根据很多材料的记载，李秀成当时写了5万多字，然而今天的"原稿"影印本却只有36000多字，那少了的1万多字到哪里去了呢？显然应该是被曾国藩撕毁了。既然是被撕毁，那么"原稿"的内容就应该上下不相衔接。可是在影印本中，每页都标有页码，整齐清楚，并且前后内容完全相连，人为的痕迹十分明显，显然是删节后的抄本。

第三，从写作的形式等方面看也有问题。太平天国有严格的书写规定，而"原稿"的影印本中出现的"上帝""天王"等词多数并不抬头；一些字该避讳的时候不避讳，不该避讳的时候却避讳了，如凡"清"字均不讳，而不该讳的"青"却写成了"菁"等。这些显然都是违背太平天国的避讳制度的。何况，这在"原稿"中出现的次数很多，不能看成是简单的笔误。

针对荣孟源的意见，也有人表示反对。陈旭麓认为，我们不可能设想当时的李秀成好像后来的作家一样，有一个每天分节写出的章节安排。至于书写形式，李秀成作为一个成年人早就已经形成了通行的书写习惯，尽管他熟悉太平天国的书写格式，但因疏忽犯讳，并不奇怪。说曾国藩作假也不合情理，他若要作假应该是在上报军机处和刊刻的时候就完成，何必造个假东西当作宝贝传之后代？曾氏后人又何必要将这个显然会招来众议的假东西公之于世？而钱远熔认为这个"原稿"不仅是李秀成的真迹，还是完整无缺的。曾国藩只对它进行了删改，并没有撕毁或是偷换。对钱远熔"完整无缺"的观点，罗尔纲先生虽然不同意，认为"原稿"确实有被曾国藩撕毁的地方，但他仍然坚持"原稿"并不是冒牌货，是李秀成的真迹。

不仅国内学术界对《李秀成自述》的真伪争论不已，国际上也有很多人予以关注。1978年国际友人路易·艾黎即对此发表了自己的看法："如果像曾国藩这样一个肆无忌惮的卖国贼官吏竟然会不去充分利用被俘的李秀成来进一步达到自己的目的，这是绝对不可思议的。他可以先鼓励李写下他本人的历史，然后再通过他的专家在同样的纸张，以同样的文风，添加上有害于太平天国事业的东西。之后，在显示他本人宽宏大量的同时，对全部东西加以剪裁。"又说："由于自首书是经过篡改的，所以，曾国藩对它的完整性显得异常的神经过敏。他曾命令其家属不得给他人看这份自首书。我曾亲自在上海听见过他的孙子说过这件事。"

李秀成生前在战场上英勇善战，对后期的太平天国的政治、经济、

李鸿章克复苏州
同治二年(1863年)10月19日，李鸿章亲督大军进攻苏州。20日，娄葑等各门俱被攻下，李秀成带万余人突围，谭绍光拼命死守。23日，太平军叛徒汪有为刺死谭绍光，苏州城破。

军事都产生了重大的影响。被后世争论了半个世纪之久的《李秀成自述》的真伪，也许是论断他功过的最好证据吧。世人希望这个谜能赶快解开。

谁埋葬了北洋水师

众所周知，慈禧太后挪用海军经费造船舫，致使邓世昌的炮弹打不响，北洋水师就此销声匿迹。似乎事情很简单明了，没有任何疑问。可是，《军人生来为战胜》的作者金一南却发出了质问的声音：史实证明，无论是经费还是硬件装备，北洋水师一点不比日本的联合舰队差，为什么却打了败仗，彻底消失了呢？

以往的说法往往把矛头指向动用了海军经费的慈禧太后和清政府，但是有学者对此进行了仔细的考察，作出了如下结论：北洋水师从1861年筹建到1888年成军27年间，清政府一共投入海军经费1亿两白银，年平均300万两。日本政府从1868~1894年26年间共向海军拨款9亿日元，折合成白银才6000万两，每年合计白银230万两，日本政府的总投入只是同期清政府投入的60%！

就硬件装备方面，北洋舰队的装甲数量和质量都超过了日本联合舰队。铁甲舰方面，北洋水师与联合舰队的数量比是6∶1，中国遥遥领先；非铁甲舰方面8∶9，日本略胜一筹。定远号、镇远号的护甲厚14寸，即使是经远号、来远号的护甲厚也达9.5寸。日本方面，即使威力最大的"三井号"舰，也缺乏北洋舰队这样较大规模的装甲防护。而北洋舰队的定远、镇远两艘铁甲舰综合了英国"英伟勒息白号"和德国"萨克森号"铁甲舰的长处设计而成，各装30厘米大炮4门，装甲厚度达14寸，堪称当时亚洲最令人生畏的铁甲堡式铁甲军舰，在世界也处于领先水平。就火炮而言，无论大口径火炮，还是小口径火炮，北洋舰队均占优势。200毫米以上大口径的火炮，北洋舰队与联合舰队的比例是26∶11，中国遥遥领先；小口径火炮方面，北洋舰队与联合舰队的比例是92∶50。只有中口径火炮方面，日本稍稍领先，中日比例是141∶209。就平均船速说，日舰每小时比中国舰快1.44海里，优势也不是很大。清政府正是基于这种力量对比，才毅然对日宣战。

然而就是在这样的前提条件下，庞大的北洋舰队全军覆没，日本联合舰队却一艘未沉。巨额军饷堆砌起来的一流的海军不经一战，原因何在？到底是谁埋葬了北洋舰队？

随着满族中央政权的衰弱，汉族官僚李鸿章等人纷纷崛起。清政府没落的专制体制，由此而产生的腐败政治，

"济远号"后主炮　清

进而在军队中形成了不良风气：置民族国家利益于不顾，曲意奉承，一味迎合，追逐个人利益。久而久之，国家民族和军队的事情就蜕变成为个人获取利益的幌子。以李鸿章为首的洋务派兴局厂、练新军，轰轰烈烈，在相当一部分清朝权贵们看来，北洋水师就是李鸿章的个人资本。李鸿章兵权益盛，御敌不足，挟重有余，不可不防。因此，朝臣们为了削弱李鸿章，不惜削弱北洋海军。限制北洋海军就是限制李鸿章，打击北洋海军就是打击李鸿章。总理海军事务大臣、醇亲王奕譞欲以海军换取光绪帝的早日亲政，会办海军事务大臣李鸿章则欲借海军重新获得一片政治庇荫。1888 年北洋水师成军以后，军费投资就越来越少。海军只是他们各自政治角逐中的筹码，谁还真正为海军的发展考虑？

北洋舰队旗舰"镇远号"

　　此外，多种资料证明，北洋水师 1888 年成军以后，军风被各种习气严重毒化。当时的《北洋海军章程》有规定，总兵以下各官，皆终年住船，不建衙，不建公馆。提督丁汝昌则在海军公所所在地刘公岛盖铺屋，出租给各将领居住，夜间住岸者，一船有半。而作为高级统帅的李鸿章，也对这种视军纪章程为儿戏的举动睁一只眼闭一只眼。直到对日宣战前一日他才急电丁汝昌，官兵夜晚住船，不准回家。有备才能无患，而这样的军队如何打仗？

　　另外，在清朝兵部所定《处分则例》中明确规定，官员宿娼者革职。可一旦北洋封冻，海军遂淫赌于香港和上海。甚至在北洋舰队最为艰难的威海之战后期，来远、威远被日军鱼雷艇夜袭击沉的那夜，来远号管带邱宝仁、威远号管带林颖启还登岸逐声妓未归。

　　官员带头，规章制度形同虚设。这样，严明的表面掩盖着的是一盘散沙，全然没有集体凝聚力和战斗力。

　　等到临战迎敌的时候，北洋舰队首先布阵就陷入混乱。刘步蟾摆的是"一字雁行阵"，而丁汝昌的命令却是各舰分段纵列，摆成掎角鱼贯之阵。等到实际战斗时的队形却又变成了"单行两翼雁行阵"。阵形乱变不说，即使如此勉强的阵形，待日舰绕至背后时，也没坚持住，各舰都是各自为战。

　　战争一开始，敌人尚在有效射距外清兵就慌忙开炮，定远舰刘步蟾指挥首先发炮，非但未击中目标，反而震塌前部搭于主炮上的飞桥，丁汝昌和英员泰莱皆从桥上摔下受了重伤。这一炮就先让北洋舰队失去了总指挥！命运攸关的 4 个小时的海战从始至终几乎没有统一指挥！刘步蟾、林泰曾二位总兵，竟然无一人挺身而出替代丁汝昌指挥。

除去以上这些原因，有组织、携船艇的大规模遁逃和部分人员不告而别，致使人员减少士气大减也是战争失败的原因。面对这样一个全军崩溃的局面，万般无奈的丁汝昌"乃令诸将候令，同时沉船，诸将不应，汝昌复议命诸舰突围出，亦不奉命。军士露刃挟汝昌，汝昌入舱仰药死"。

官兵"恐取怒日人"而不肯沉船，使镇远、济远、平远等10艘舰船为日海军俘获，显赫一时的北洋舰队就此全军覆灭。

"如大树然，虫蛀入根，观其外特一小孔耳，岂知腹已半腐"。到底是谁埋葬了北洋水师恐怕真的不能简单地归结到某一个原因或某一个人的身上。

西班牙"无敌舰队"覆灭之谜

顾名思义，"无敌舰队"就是天下无敌。然而，西班牙的"无敌舰队"却上演了一出"以多负少"的悲剧，"天下无敌"变成了"人尽可欺"。

为了争夺海上霸权，西班牙和英国于1588年8月在英吉利海峡进行了一场举世瞩目、激烈壮观的大海战。这次海战，西班牙实力强大，武器先进，战船威力巨大，且兵力达3万余人，号称"最幸运的无敌舰队"。而当时英国军队规模不大，整个舰队的作战人员也只有9000人。两军相比，众寡悬殊，西班牙明显占据绝对优势。但是，出人意料的是这场海战的结局以西班牙惨遭毁灭性的失败而告终，"无敌舰队"几乎全军覆没。从此以后西班牙急剧衰落，"海上霸主"的地位被英国取而代之。

为什么强大的"无敌舰队"竟然在寡弱对手面前不堪一击，一战而负呢？学术界大致有3种意见。

一是基础说。西班牙的强盛，只是表面上的、暂时的虚假繁荣。西班牙国王腓力二世加强专制统治，搜刮民财，连年征战，专横残忍，挥霍无度，激起了广大人民的愤恨，国内危机四伏。这次战争根本是不得民心的。

二是指挥失当说。另有学者认为，"无敌舰队"的惨败是由于西班牙国王用人不当造成的。1588年4月25日，腓力二世在里斯本大教堂举行授旗仪式，任命大贵族西顿尼亚公爵为舰队总司令，率领舰队远征。西顿尼亚出身于名门望族，在贵族中有较高威望，深得国王信赖，所以被任命为舰队统帅。但是他本来是一名陆将，根本不懂海战，对指挥庞大的舰队在海上作战毫无经验，而且晕船。对这项任命他始料不及，根本没有任何思想准备和信心指挥这场战争。他也曾要求腓力二世另请高明，但未被获准。试想，这样的将领指挥海战，焉有不败之理？

三是天灾说。这种说法认为"无敌舰队"遇上了天灾，而不是人祸。它首先遇到的对手，是非常可怕而又无法战胜的大西洋的狂风巨浪，这是进军时机选择不当造成的。在"无敌舰队"起航不久即遇到大西洋风暴的袭击，许多船只被毁坏，淡水从仓促制成的木桶中漏出，食物大量腐烂变质，水手们疲惫不堪，大多数步兵也因为晕船而失去战斗力。"无敌舰队"还没有与英国交战先折兵，战斗力受到大大削弱。不得已，西顿尼亚带着这样一支失去战斗力的舰队与英军开战，从而导致厄运的发生。回国时，在苏格兰北部海域，再次遇到大风暴，一些舰船又被海浪吞噬或触礁沉没。至此，"无敌舰队"几乎全军覆没。

虽然"不以成败论英雄"，但胜者为王，败者为寇。看来，"无敌舰队"覆亡的原因值得所有的军事家深思。

拿破仑为什么会兵败滑铁卢

1815年春，被放逐到厄尔巴岛的拿破仑回到巴黎，东山再起，很快重新控制了整个法国政权。得到这一消息后，欧洲各国君主如临大敌，立即组织了第七次反法同盟，希望能在最短的时间内将他绞杀。拿破仑也迅速组织部队抵抗，根据制定的正确的战略部署，要在俄奥大军到达之前解决战斗，以迅雷不及掩耳之势先将英普联军各个歼灭。可是这一次战争局势并没有朝着"战神"部署的方向发展。

受命占领布鲁塞尔重要阵地以牵制英军的内伊元帅迟缓犹豫，使这一行动未能如期完成。后来在双方激烈争夺时，拿破仑又命令内伊属下戴尔隆军团由弗拉斯内向普军侧后方开进，和主力部队一起对普军实行夹击，但戴尔隆对命令理解不清，错误地向法军后方的弗勒台开来，使这决定性的一击延误了近两个小时。而当戴尔隆重新赶回普军后方时，又被不明战局的内伊元帅严令调开，这时英军已在戴尔隆的大炮射程之内，戴尔隆机械地执行了内伊的命令，使法军在临胜之际功亏一篑，英军逃脱了被全歼的命运。

另外，在滑铁卢会战的前一天，拿破仑指挥军队追击英军时，就在两军快要相接时突然下起了瓢泼大雨，这就给英军更多的喘息机会。

滑铁卢大战是世界战争史上令人瞩目的一页，也是拿破仑戎马生涯中的最后一战。然而，这一战却以拿破仑的失败而告终。滑铁卢战役的进程既惊心动魄，又富有戏剧色彩，许多微妙因素影响了战局，使法军的锐势急转直下，失去了几乎到手的胜利。

6月18日中午，随着三声炮响，滑铁卢之战的帷幕骤然拉开，排山倒海的法国骑兵呼啸而上，但防守的英军顽强抵抗，以猛烈的火力压住了法国骑兵的锐势。战斗进入了胶着状态，整个下午的激战没有片刻停歇，处于浴血苦战之中的双方都失去了完全控制局势的力量。黄昏到了，拿破仑亲自率领自己的近卫军向英军阵地冲

这幅画表现了1815年6月18日进行的滑铁卢战役中晚8时许的紧张情景。

去，但是就在这个时刻，英国的援军到了，而拿破仑一直相信在英援军到来之前会前来救援的格鲁希元帅的部队却始终未到。形势急转直下，英军趁势变守为攻，对法国军队发起了总攻。

列成方阵的法国近卫军一面拼死抵抗，一面缓慢后撤，拿破仑也只好下车骑马而走。他脸色惨白，泪流满颊，在暗淡的星光中跑过了一个个尸横遍野、怪影幢幢的战场。他试图收拾残军，无奈力不从心，战场上躺着 2.5 万名死去的和受伤的法国人，法国几乎损失了全部的炮队，而几十万奥国生力军正逼近法国边境，还有几十万俄国军队不久也将到来——所有这一切都使拿破仑陷入完全绝望的境地。他不得不宣布退位，从此开始通向死亡的流亡生活。

法国滑铁卢战役失败的原因引起了史学家和军事评论家的极大兴趣。

有人认为，是格鲁希元帅的迟迟不到毁灭了整个法国军队，因为当时拿破仑的军队有 7.2 万人，英军也有 7 万人，双方势均力敌，谁的援军先到，谁将占据优势。有人认为是天气原因在这场战争中占据了很重要的因素，导致了拿破仑的失败。可是也有人把原因追溯到更早一些时候，他们认为，如果一切都按拿破仑最初的正确战略进行，本来早就可以结束战斗了，滑铁卢的决战也不会发生。第七次反法同盟也会像头几次一样，被拿破仑打得落花流水，一败涂地。

人们还常常把原因归结为拿破仑用兵失误，主要是当时在他身边缺少能攻善战、和他配合默契的将领：达乌被围困在汉堡，缪拉没能够及时从那不勒斯赶回来，马塞纳正在西班牙征战。拿破仑虽然培养了一批将才，但在关键时刻却不能为自己所用，这无疑是一场悲剧。

最后，听一听拿破仑自己的解释吧。他说："这是命中注定的，因为，就算有了这一切原因，那场战斗本来也是该我赢的。"

也许，是这些微妙的因素综合在一起发生作用，使战无不胜的拿破仑再一次遭遇了失败的命运。人们不遗余力地对其中具有决定性影响的因素进行探讨，但是谁也不能说服谁，只好作为一桩疑案继续讨论下去了。

古罗马失踪军团惊现甘肃

甘肃省永昌县城南 10 千米处的者来寨村，中国西汉元帝时期曾在这里设置骊靬城，用来安置古罗马帝国降人。人们也许会问，古代中国从未和罗马帝国交战，罗马降人从何而来？这是一件历史悬案，为揭开世界上这一桩重大历史悬案，史学家们为此而苦苦探索近 2000 年。

公元前 53 年发生的一场惨烈的古代战争是这一历史悬案的发源之处，当时正是中国西汉甘露元年。罗马帝国当时的执政官名叫克拉苏，他纠集了 7 个军团，大约 4.5 万人的兵力，发动了对安息（今伊朗）的侵略战争。然而，让不可一世的罗马军队没想到的是，在一个叫作卡尔莱的地方，他们出人意料地遭到安息军队的围歼，首领克拉苏竟然被俘斩首。最后，其第一军团首领、克拉苏的长子普布利乌斯，率领 6000 余众拼死突围。

事情过去 30 多年后，公元前 20 年，古罗马帝国和安息签约言和。此后，很自然地罗马帝国要求安息遣返 33 年前在卡尔莱战役中被俘虏的军人，并希望寻找当年突围出去的普布利乌斯的下落。可是，普布利乌斯及其所率突围残部，已在安息消失得无影无踪。这一疑团一直困惑着罗马乃至全世界的历史学家。罗马溃军到底去了什么地方？

20 世纪 40 年代，一位名叫德效谦的英国著名汉学家对这一课题做过大量工作，引起了人们的注意。德效谦于 1947 年撰写《古代中国之骊靬城》一文。该文开宗明义：中国古代称罗马帝国为"骊靬"，后又改称"大秦"，《后汉书·大秦传》就是以"大秦国一名骊靬"这句话起首的。文章接着指出中国古代以外国国名命名的城，当时只有新疆的库车和温宿，它们都是袭用移民的旧称。"骊靬"城的出现应该也与有外国侨民有一定关系。作者进而引用了不少史料进行说明，公元前 20 年是有记载以来骊靬城最早出现在中国西汉的版图上，这一时间点正好与罗马帝国向安息要求遣返战俘的时间相统一。如果说这是历史的巧合似乎不大可能。这一发现指向了一个猜测：在卡尔莱战役中突围的罗马远征军，正当其故国寻觅他们的时候，他们却早已鬼使神差地到了中国，并在祁连山下落脚了。

克拉苏头像
正是他率兵镇压了斯巴达克起义军。

根据那篇文章提供的历史线索，中外学者又查阅了大量相关史书，终于从班固所著《汉书·陈汤传》中获得重要启示。据此书记载，西汉西域都护甘延寿和副校尉陈汤，带领 4 万多名将士讨伐郅支单于，战于郅支城（今哈萨克斯坦江布尔城）时，在这里见到了一支奇特的军队，那时正好是公元前 36 年。"土城外有重木城"拱卫，其"步兵百余人，夹门鱼鳞阵，讲习用兵"。而书中描绘的这种构筑"重木城"防御工事和用圆形盾牌连成鱼鳞形状的防御阵式，正是古罗马军队最典型的阵式。由此，史学家们推断，这支奇特的军队，很可能就是卡尔莱战役中突围失踪 17 年的罗马军队的残部。

《汉书》上说，陈汤率领的汉军攻克"重木城"，以"生虏百四十五人，降虏千余人"而告胜。西汉王朝军队在这次郅支战役中大捷。依据这一重要史料，学者们逐渐拨开了历史迷雾，理清了那支古罗马军队残部的踪迹，即普布利乌斯率领的逃亡大军，在安息军队围追、封锁而回国无路的情况下，辗转安息高原，寻找东进的机会，终于在防御松懈的安息东部防线，撕开一道口子，逃奔到中亚，后又投奔郅支，最后被陈汤收降，带回了中国。汉元帝为此下诏将他们安置在番禾县南的照面山下（今永昌县），并置县骊靬。直到公元 592 年，鉴于骊靬人已和汉族人融合，隋文帝下诏将骊靬县并入番禾县。至此，骊靬建县共 612 年。中国的骊靬人就这样在历史的风雨沧桑中悄然消失。

至此，公元前 53 年，罗马帝国大军入侵伊朗，遭伊朗军队围歼，6000 余罗马军队突围，逃至现今的哈萨克斯坦，后为西汉陈汤收降，带回中国，安置在永昌县。这一完整的历史链条已经摆在了人们面前。那么历史的真相是否像历史学家们拼凑出的一样呢？随着更多翔实史料的逐渐发掘，相信这一谜团还会有更新的结论呈现。

偷袭珍珠港内幕

珍珠港事件是美国在第二次世界大战中遭受的最大损失，也使美国蒙受了前所未有的羞辱。但美国真的事先对日本的偷袭计划一无所知吗？还是美国为了战局的发展有意"促成"了这一事件的发生？对此人们众说纷纭，莫衷一是。

至今仍有许多人坚持认为，美国事先的确不知道日本将偷袭珍珠港，至少美国总统罗斯福未见过这样的信息。美国历史学家布拉特泽尔和鲁特在其《珍珠港·微型照片和J.埃德加·胡佛》一文中写道，包括参与策划袭击的舰长源田实在内的日本舰队官员都断言，发自驶向夏威夷群岛的日本航空母舰的无线电报并未使罗斯福事先得知即将发生袭击。他们强调，在整个航行期间，无线电始终保持静默。在珍珠港事件爆发前，美国联邦调查局通过德、英双重间谍达科斯·波波夫的工作，确实截获了一份有关日本侦察珍珠港的微型照片调查表。调查表中涉及瓦胡岛的军事基地和机场以及珍珠港防务等特殊问题的部分占了1/3的内容。然而多方调查核实证明，除联邦调查局前局长埃德加·胡佛和他的助手之外，美国总统及官员们均未见过这份调查表。

1941年9月3日，白宫总统秘书、陆军准将埃德温·M.沃森接到了胡佛的一封信，但信中强调的是微型照片已被联邦调查局成功侦破，希望借此得到罗斯福的赏识，而没有对调查表中信息的实质进行细致分析，更没有就可能发生的袭击提醒白宫要警惕。

偷袭珍珠港

更重要的是，胡佛对波波夫的调查表进行了选编。选编后的调查表只有原来内容的1/4，而这1/4的内容中竟没有涉及夏威夷的材料，当时胡佛送给总统的只是调查表中无关紧要的部分。从联邦调查局以及海德公园罗斯福图书馆馆藏文献中也可证实这一点。同时陆军和海军情报机关也没有得到波波夫的调查表。如果调查表被联邦调查局提供给其他情报机关，某种传送的记录必然会留下来，但是国家档案馆旧的陆军和海军分馆、海军部的海军历史中心和国家档案馆现代军事分馆在回答布拉特泽尔和鲁特的询问时，声称关于波波夫警告的记录没有留下任何痕迹，有关调查表的记录也没有被发现。在海军历史中心和国家档案馆的军事档案部，也未找到 9 月 3 日的信以及被胡佛选编的调查表。

罗斯福于珍珠港事件翌日宣布对日作战。

胡佛为什么不把调查表的全文送交给罗斯福及其他情报机关？布拉特泽尔和鲁特认为是胡佛为了控制情报而把这场赌注式的斗争进行下去。胡佛在讨好总统的同时，也想将自己的对手即其他美国国内外情报机关击败。更重要的是，胡佛是一个缺乏判断力的人。虽然调查表中所提出的一系列问题的目的性是十分明显的，但这个双重间谍的调查表并未使胡佛判断出德国对夏威夷及其防务有非同寻常的兴趣，也没有断定日本是其导源处。所以胡佛既没有把调查表原文向总统或陆军和海军情报机关提供，也没有将原文中反复要了解有关珍珠港的资料的实质向有关部门汇报，而这样一份极其重要的调查表在历史的紧要关头竟然被纯粹按日常事务处理了。

但是，随着战后军事解密工作的进展，越来越多的人倾向于认为美国事先知道了日本的偷袭计划，出于某种军事目的并未有所反应。

类似的看法在日本也存在。原日本外务次长西春彦引用荷兰驻华盛顿武官拉涅弗特上校的证词认为，12 月 2 日在华盛顿海军情报部，一名士官指着墙上的地图对上校说："日本机动部队正从这里东进。"两艘航空母舰被标在日本与夏威夷中间的一点上。震惊至极的上校在当天的日记中写道："美国海军情报部开会，日本两艘航空母舰的位置被他们标在了地图上。航空母舰以日本为出发点，向东延伸着它的路线。"总统没有对夏威夷发出警报，而造成日本海军进攻珍珠港，用"不忘珍珠港"来作为动员美国人民投入战争的原动力。甚至参加偷袭珍珠港的日本军官源田实也在其《袭击珍珠港》一文中说："关于美方得知日军偷袭问题的时间，据我所知，事前美国政府领导人已得到了情报，至少在袭击珍珠港的 11 个小时之前，罗斯福总统已将我方的动向了如指掌。他没有通知前方的原因只能用他的深谋远虑来解释。"

在《罗斯福总统与 1941 年战争的来临》一书中，美国修正派代表 C.A. 比尔德写道：1941 年 1 月 27 日，在向国务卿赫尔送达的一封电报中，美国驻日本大使说："根据秘鲁的日本公使告诉我们大使馆工作人员的一份口讯可知，他了解到一项秘密的计划正在日本军部内拟订，即如果与美国发生事端，日本就会对美国太平洋的海军基地珍珠港实施全力攻击。"这就是说罗斯福有意对日本进攻珍珠港的事实不加重视。在《丑事：珍珠港事件和它的后果》一书中，美国著名新闻记者兼作家约翰·

托兰断言罗斯福从各种原始资料，包括从驶向夏威夷群岛的日本航空母舰所发出的无线电报中，肯定侦听到了袭击即将发生。

诺曼底登陆之谜

诺曼底登陆是第二次世界大战的一个重要转折点，它胜利地开辟了欧洲第二次世界大战战场，加速了德军的失败。

诺曼底登陆战役发生在 1944 年 6 月 6 日早 6 时 30 分，是第二次世界大战中盟军在欧洲西线战场发起的一场大规模攻势。诺曼底登陆战是第二次世界大战中规模、影响都很大的一次战役，它直接决定了第二次世界大战的结局，对盟军来说，这本来是一次十足的军事冒险，然而，冒险成功了。

自 1941 年德国入侵苏联后，苏联红军便一直单独地在广大的欧洲大陆上与德军作战，斯大林就向丘吉尔提出在欧洲开辟第二战场对纳粹德国实施战略夹击的要求。

1943 年 5 月，英美华盛顿会议决定于 1944 年 5 月在欧洲大陆实施登陆，开辟第二战场。盟军立即开始制订登陆计划，首先确定登陆地点，根据历次登陆作战的经验教训，登陆地点要具备以下三个条件：一、要在从英国机场起飞的战斗机半径内；二、航渡距离要尽可能短；三、附近要有大港口。几经权衡比较，盟军选择了诺曼底。

诺曼底虽然距离英国较远，但诺曼底登陆也有许多对盟军有利的条件。当时德国潜水艇已经基本被肃清；盟军空军已经赢得了制空权；由于法国抵抗组织的破坏，法国北部已经成为"无铁路区"。另外，德国对盟军可能从什么地方登陆，琢磨不清。英国成功的对德国实施了疑兵之计，他们集结了一支假的"舰队"，同时还发出大量电讯，造成盟军司令部在肯特的假象。此外，美国著名将领巴顿也引人注目地出现在肯特，让德国情报认为，他已经受命指挥装甲部队进行主攻。

盟军统帅部还通过电台不断地给加莱方向假设的地下组织发布命令，提出策应盟军登陆的种种要求。德国人善于勤奋地搜集资料，并有一种卡片索引式的思维，盟军制造的假情报无一遗漏地被他们记录在案。终于，德军西线司令部小心翼翼地上了钩，德国最高统帅部判断盟军最有可能选择狭窄的多佛尔海峡登陆，而诺曼底行动只是佯攻。这就导致了德军在西线的大部分兵力、兵器被浪费在加莱地区，而在诺曼底则因兵力单薄无法抵御盟军的登陆。而战后缴获的文件表明，希特勒倒

1935 年 5 月，"诺曼底号"完成了海上试航。

还没有完全上钩，出于外人无法理喻的直觉，他反复叫嚷，要注意诺曼底！

1944 年 6 月 5 日夜晚，英吉利海峡狂风呼啸，波浪滔滔。一支由英国、美国、加拿大海军组成的强大舰队从英格兰南海岸起航出海了。这支舰队包括 143 艘英国和加拿大战舰、46 艘美军战舰、11 艘其他盟军海军战舰。为舰队打头阵的，是数百架英国皇家空军重型轰炸机。2.3 万名伞兵，滑航和运载的突击部队，紧随舰队的 5000 艘其他各种船只装载着 17.6 万人的进攻部队、20000 多辆军车。这支联合舰队将决定纳粹德国的命运，它预计在 48 小时内渡过英吉利海峡，登上法国诺曼底海岸。

6 月 6 日，联军在诺曼底海岸登陆，完全出乎德军的意外，对德军指挥和行动造成了极大混乱。德军未能及时向装甲预备队下达向登陆场开进的命令，预备队开进时又受到联军空军阻挠，丧失了有利时机，组织不起来强有力的反击。至 6 月 12 日，诺曼底德军认为已无力夺回被占领的海滩阵地，恢复原态势时，就全面转入防御，限制联军扩大登陆场，以等待更多的预备队反突击。

诺曼底登陆的胜利，宣告了盟军在欧洲大陆第二战场的开辟，意味着纳粹德国陷入两面作战，减轻了苏军的压力，协同苏军有利的攻克柏林，迫使法西斯德国提前无条件投降后，以便美军把主力投入太平洋对日全力作战，加快了第二次世界大战的结束。

无孔不入的暗杀

政治的非常规手段，最卑鄙的是暗杀，最直接的也是暗杀。

林肯被刺背后的隐秘

亚伯拉罕·林肯是 19 世纪中期美国北方资产阶级民主派的代表人物，也是美国历史上的第十六任总统。他在任职期间提出了废奴主张，并领导美国人民取得了南北战争的伟大胜利。

1860 年 11 月，林肯成功当选为美国第十六任总统。南方诸州不满这一结果，在其上台后的 3 个月中，先后有 11 个州退出联邦，组成新美国政府，选举出总统和副总统，并制定了新宪法。奴隶主分裂了联邦，开始公开叛乱。

美国国内形势十分危急，内战一触即发，北方政权岌岌可危，宣誓就职后的林肯面临着严峻的考验。1863 年 4 月 12 日，萨姆特要塞一声炮响，南北战争拉开帷幕。

战争进行了一年，但战场上的情形却几乎没有进展，也没有解决黑奴问题，原因是林肯政府一直认为，战争只是为了维护宪法和联邦的统一。当时的林肯综合各方面的意见，做事非常谨慎，认为立刻废除黑奴制不妥。人民与资产阶级左派对他

枪手从背后给了总统致命一击。

的做法感到不满，并不支持他。

1864 年元旦，林肯签署了"联邦成立以来美国历史上最重要的文件"——《解放奴隶宣言》。此举赢得了全国人民与资产阶级左派的支持，并因此扭转了战争局势。

1865 年 4 月，美国内战终以北方的胜利而告终。林肯开始忙于战后的重建工作，他希望总统任期结束后，能回家乡去开一个律师事务所，但他的愿望没有能够实现。

1865 年 4 月 14 日晚，林肯邀请格兰特将军及夫人去福特剧院观看歌剧《我们美国的表兄弟》。在去陆军部的路途中，林肯忽然有一种不祥的预感，他停下车犹豫起来，觉得自己是不是应该取消去剧院的计划，但很快便放弃了这个念头。为了自身的安全考虑，他亲自要求作战部长斯特顿派一个名为埃克特的陆军上校来做自己的保卫，但斯特顿通知总统，埃克特早已在当晚安排了任务，后来只得委派一名叫布莱恩的军官来做总统当晚的警卫官。

演出十分精彩，剧情慢慢发展到高潮，有人悄悄走进了总统的包厢。不久传出一声枪响，子弹击中了总统的后脑，总统应声倒下再也没有醒来。4 月 15 日清晨 7 点 22 分，是一个令人伤感的时刻，虽然医生全力抢救，但仍是回天无术，林肯总统命赴黄泉。

枪击林肯后，慌乱中的凶手急于逃跑，不慎碰伤了自己的脚，警察沿着血迹找到凶手，凶手因拒捕被前来围捕的警察开枪击毙。

刺杀总统的真凶究竟是什么人？他怎么能在有警卫的情况下溜进包厢？人们希望对这些问题能有所了解，可直接犯罪嫌疑人已被击毙，只好通过其他途径来了解事实。

一番调查之后，事情终于初现端倪。凶手是一位名叫约翰·威尔克斯的职业演员，据说在内战爆发初期，他是站在北方这边的，但后来不知为什么却突然支持南方政权。他曾不止一次地对人说有朝一日一定要杀死林肯，这样不但一下子除去了这个新执政者，而且会使自己出名。他刺杀总统的原因真的如此简单吗？当然这只是官方的调查结果，官员是这样向民众解释的。但很多人都不相信这种说法，他们认为刺杀总统一案一定是一个阴谋，有不可告人的玄妙内情。

林肯在去剧院之前曾有过不祥的预感，而且还对作战部长点名要求埃克特陆军上校担任自己的警卫，作战部长说埃克特上校当晚要执行别的任务而改派他人。事实上，埃克特那晚根本就没有执行什么任务，他在家里待了一晚上，作战部长为什么要说谎？后来派去顶替埃克特的布莱恩，一向行为不轨，认识他的人都对他没什么好印象，但林肯夫人却亲自点名要他保卫林肯，其中是不是藏着什么玄机？至于对凶手的追捕，抓活口也不是不可能的，可最终却把唯一的直接参与者击毙了，是谁开枪打死他的？又是谁下命令要把凶手杀死的呢？更令人奇怪的是，在后来的凶手缉拿报告中，人们惊奇地发现上面居然写着：凶手系自杀身亡。

一般认为林肯遇刺的原因是他的举措对南方不利，激怒了南方叛党，而且他在南北战争中，成功领导北方打败南方，取得了反对南方分裂运动的胜利。南方叛乱分子对他恨之入骨，欲除之而后快。

1861 年 3 月 4 日，林肯准备到华盛顿宣誓就任美国第十六任总统。当他从家乡前往华盛顿时，美国南方特务便计划在路上刺杀他。林肯事先得到风声，从另外一条路来到了华盛顿，避免了这次暗杀。林肯就任后，南方叛党开始进行更为频繁的谋杀计划，一心想将林肯置于死地。

他们甚至在报纸上刊登了一则广告："我愿意前往华盛顿击毙林肯和西华德，只要联邦政府出资 100 元作为我的酬劳。有意者请函信箱 119 号。"由于经常发生恐吓事件，林肯周围的人非常担心他的安全问题，他们经常提醒林肯要小心。面对这一切，林肯表现得镇定自若，他用了两个大纸袋把恐怖分子寄来的恐吓信都装在里面，并在纸袋外面写了"暗杀"两个大字。虽然他表现得满不在乎，但早已有心理准备。

林肯是一个政治家，在那场关系到国家生死存亡的南北战争中，是他领导美国人民取得胜利的，他给黑奴带来了崭新的生活，却在和平时期的子弹下丧生。

1926 年，林肯的儿子罗伯特·托德·林肯离开人世，他去世之前，把父亲的一些私人文件付之一炬。他告诉朋友，他要把那些文件毁掉的原因是这些文件里有内阁成员犯有叛国罪的证据。现在人们已无法得知他所说的情况是否属实。如果是真的，罗伯特为什么要将这些证据焚毁呢？为什么不向世人公开呢？这成为林肯之死的谜中之谜。

沙皇彼得三世死于叶卡捷琳娜之手吗

雄才大略的彼得大帝 1725 年驾崩后，俄国就陷入了长期动荡中。1762 年，沙皇彼得三世的王后叶卡捷琳娜发动宫廷政变，推翻了他的统治。7 月，彼得三世在狱中突然死去。彼得三世因何而死？他的死与叶卡捷琳娜是否有关呢？

彼得从小生活在德国，他非常崇拜普鲁士军事制度与德国文化，却对自己的祖国毫无兴趣。他甚至认为俄国是个令他厌烦的国家，他不愿意治理这种国家。1761 年，伊丽莎白女王逝世，彼得继位。由于国内政局长期动荡，人们都希望彼得三世可以整顿一下国家。然而刚刚上台的彼得三世却经常以自己的喜好对俄国现行制度和法令乱加改动。他推动的一些政策损害了教会与贵族的利益，令他们十分不满，尤其是在对外政策上，彼得三世的所作所为让政界和军界非常反感。

叶卡捷琳娜原名索菲亚·奥古斯特，出生于德国什末青一个贫穷的家庭。当她知道自己成了彼得未婚妻后非常激动，她当即和母亲一起，不远万里来到俄国首府

彼得三世像

彼得堡。为了做个称职的皇后，她努力学习俄语，还改信了东正教，不久她就能用标准的俄语虔诚地朗诵东正教的誓言，在场的大主教和教徒们听后十分感动，并流下泪来。1745年8月，彼得正式娶叶卡捷琳娜为妻。但是婚后，叶卡捷琳娜才发现彼得是个好色之徒，他甚至把情妇领到家中。而同时伊丽莎白也对她这个异邦女子有所怀疑，并派人监视她，年轻的叶卡捷琳娜暗暗地记着这些仇恨，并未作过多的反抗。她一面刻苦读书学习如何治国，一面在政界和军队中扶植拉拢亲信，并将情夫们都安排到重要部门，以为她夺权做准备。

1762年6月24日，彼得三世离开彼得堡去奥拉宁堡发动对丹麦的进攻，叶卡捷琳娜被留在彼得堡。7月9日凌晨5时，叶卡捷琳娜发动政变，控制了首都局势，成为女皇。彼得三世要求与女皇平分政权，但遭到了断然拒绝。他只好宣布退位，最后的条件就是女皇能归还他的情人、小提琴和一只猴子，以便他能度过后半生。7月18日，叶卡捷琳娜在枢密院正式登基，史称叶卡捷琳娜二世。就在叶卡捷琳娜就任皇位的同一天，彼得三世暴死在了狱中。

俄国古老的封建宫廷中始终存在着阴险欺诈与不择手段的争斗，专制独裁与宫廷政变经常一起发生，彼得三世正是这种独裁政治的牺牲品。但彼得三世因何而死？一种说法称他是被人毒死的，当时法国外交部档案记载：一些人按照俄国风俗吻彼得三世的遗体以示告别，这些人的嘴唇后来却奇怪地肿了起来。还有一种说法称彼得三世是在酒后与人打骂被人失手打死的。第三种说法则是为除后患，女皇派人勒死了彼得三世。彼得三世的真正死因是什么？叶卡捷琳娜又在其中做了什么手脚呢？这一切都不得而知了。

女盲人为何刺杀列宁

在政治生活中，不要小瞧任何人，任何弱小者，都可能给你致命一击。

苏联经典影片《列宁在1918》中，有一组经典的镜头，女特务芬妮·卡普兰趁列宁去米赫利松工厂演讲之际，举起手枪，向列宁射出罪恶的子弹，列宁中弹倒下。也许有些人认为电影只是虚构的而已，事实上，芬妮·卡普兰确实刺杀过列宁，而且她竟然还是个盲人。事情究竟是怎么回事呢？

1918年8月30日，列宁在做完演讲后离开位于莫斯科大谢尔普霍夫卡大街的米海利松工厂。他穿过人群，走向自己的汽车，工人和水兵簇拥着领袖，高声叫喊着，大家都沉浸在喜悦之中。

突然，响起一阵枪声，列宁倒下了。愤怒的人们冲上前，将一个女人打倒在地——这个女人就是芬妮·卡普兰。卡普兰也因谋杀列宁而很快被处决。

然而，俄《共青团真理报》报道称，当时的情形并非这样。当晚 11 时左右，列宁来到大街上，夜色已经很深，周围一片嘈杂声。因此，枪响的时候根本没人听见。列宁倒下后片刻，人们开始四处逃散，只有一个人保持了冷静——苏维埃步兵师政治委员助理巴图林。巴图林发现不远处的一棵树下独自站着一个妇女，只见她一只手拿着个破皮包，另一只手攥着把雨伞。巴图林走了过去，搜了搜她的身，这个女人没有反抗。他在这个女人身上没有找到任何可疑的东西，但他最后还是问了句："您为什么向列宁同志开枪？"这个女人没有否认，准确地说，她是没有任何表示。这个女人就是芬妮·卡普兰。

医生诊断后发现，子弹击中列宁的颈部，所幸没有生命危险，"子弹若是偏离 1 毫米，列宁肯定就没命了"。

然而，档案资料显示，开枪的卡普兰几乎是个瞎子。正是这一点让许多历史学家对案件的真相产生了怀疑。

1890 年，卡普兰出生在乌克兰沃伦省一个犹太人家庭。俄国 1905 年革命后，卡普兰开始接近无政府主义者。1906 年，16 岁的卡普兰第一次参加恐怖活动。那次，她策划组织对基辅行政长官的暗杀失败后被捕，基辅当局军事法庭本来判处她死刑，但鉴于她实施的恐怖活动并未成功，又将死刑改判终生苦役。俄罗斯解禁的历史资料披露说，卡普兰当时几乎完全失明，之后一直没有恢复。

在监狱里，卡普兰结识了著名的右翼社会革命党活动家玛利亚·斯别里多诺瓦，她的思想开始从无政府主义转向社会革命党人的观点。1917 年俄国二月革命后，她被大赦出狱。十月革命后，她被迫转移到乌克兰的哈里科夫市，在那里接受了眼科手术治疗。

在莫斯科米海利松工厂原址的列宁纪念馆里，完好地保存着苏维埃契卡（苏维埃安全谍报机构）人员对卡普兰的审讯材料和照片。照片显示，卡普兰是在一辆公共汽车旁朝列宁开枪的，当时她的位置距离列宁非常近。侦查人员认为，即使杀手是一个高度近视的人，这么近的距离开枪也不可能不命中目标。侦查结果是，卡普兰开了 4 枪，其中两枪击中列宁。档案中还有对卡普兰的同党诺维科夫的审讯记录：诺维科夫当天负责在列宁讲演的车间门口阻挡人群，掩护卡普兰向列宁开枪。

俄罗斯学者尤里雅·史卡列娃在其研究著作中证实说，卡普兰在被捕后 3 天遭枪决。行刑的现场就在克里姆林宫内，当时开来一辆轻型卡车，

列宁（1870~1924），政治家、思想家、无产阶级革命导师。

执行的枪声被卡车马达的轰鸣声掩盖了。卡普兰死后，她的尸体没有被掩埋，而是被塞进一个铁桶里浇上汽油焚烧了。另一篇俄罗斯学者写的历史研究文章称，卡普兰在最开始的审讯中就承认，向列宁开枪的凶手就是她。卡普兰强调，开枪的决定完全是她自己做出的，没有任何党派具体指使。

尽管事件已过去100余年，但是否是几乎失明的芬妮·卡普兰向列宁开的枪，为什么开枪，用的什么枪，俄罗斯学术界至今仍争论不休。

巴顿将军之死

车祸之中侥幸逃生，却在医院的抢救已脱离危险之时，遭遇死神。

美国陆军四星上将乔治·巴顿号称"铁胆将军"。粗鲁、野蛮是他在战争中留给后人的印象，潘兴元帅甚至把他叫作"美军中的匪徒"。就是这样一位军人，却死于战后的一次车祸，并给后人留下了一个不解之谜。

1945年6月，巴顿最后一次回家，尽管他被美国民众当成英雄来欢迎，他却对家人说，这是他们最后一次见他了——"我的气数尽了。我不知道将会怎么发生，但我是一定会死在那边的。"巴顿说这番话时，欧洲战争已经结束。就在当年的12月9日，巴顿将军在去养雉场打猎的路上发生了车祸。

这真是一场特别可怕的事故。但是最令人吃惊的是，除巴顿将军外，另外两人没有受到任何伤，而且巴顿将军的脊柱严重错位，头骨也受了重伤。

令人高兴的是，巴顿将军经过医生精心救治后，情况有了很大好转。很快，他的一条胳膊变得有力，一条腿也有了一些较微弱的知觉。在巴顿将军受伤住院一周后，医生们认为他已经脱离危险，至少是性命无忧了，但是能恢复到何种程度他们仍然无法预知。然而就在12月20日下午，血栓突然没有预兆地发生了。巴顿将军的情况急转直下，这令医生们束手无策。12月21日5时55分，巴顿将军停止了呼吸。巴顿将军去世了，但是人们没有忘记他。人们感到导致他遇难的车祸非常可疑。

首先，当时轿车里共有3人，其他两人皆毫发无损，为何偏偏只有巴顿将军遇难呢？其次，肇事司机居然能够在案发后溜掉，这点尤其让人感到不可思议，而且宪兵们对现场进行的例行调查特别草率，甚至都没有留下任何官方记录。有人指出，宪兵队长巴巴思中尉曾经写下一份调查报告，但是后来不见了。据此，有人认为巴顿将军之死带有一定的政治背景，跟他与艾森豪威尔将军的矛盾有关。

巴顿曾指挥美国第3集团军，在诺曼底登陆后攻占了法国的大片土地，但盟军最高指挥官艾森豪威尔制止了他在苏军之前进入柏林的雄心。巴顿认为，艾森豪威尔1944年秋天错误地阻止他关闭"法莱斯缺口"，这使数十万德军逃出了包围圈，德军随后发动了阿登战役，数千美军在战役中丧生。为了安抚斯大林，第3集团军在抵达德国边境时被令停止前进，未能在苏联人之前夺取柏林或布拉格。美国军事历史学家罗格特·威尔科斯称："巴顿当时正准备辞去军队的职务，他想与俄国人开战，政府认为他疯了。他还知道可能毁掉许多人前程的战争机密。如果巴顿活着说出他想说的一切，我不认为艾森豪威尔将能成功竞选总统。我认为，如果上法庭的话，我有足够的证据让陪审团提出起诉，但不一定能得到有罪判决。"巴顿历史学会主席查尔斯－普罗旺斯称："有许多人因为巴顿的死而欢呼雀跃，他当时正准备说出许多足以毁掉他们前程的事情。"

巴顿将军到底是因何而死？他的死是否与艾森豪威尔总统有关？美国著名电视节目主持人约翰·巴彻勒的观点最具代表性，"虽然不能确信他是被暗杀，但也不能肯定他不是被暗杀的。"

马丁·路德·金遇害是一场阴谋吗

1968 年 4 月 4 日傍晚，美国南方基督教领导会议主席、诺贝尔和平奖获得者、美国黑人民权运动领袖马丁·路德·金博士在美国田纳西州孟菲斯市的洛兰停车场旅馆 306 房间用过晚餐，走出房间来到阳台上，看到前来接他去参加晚间集会的车已经停在院子里了。他向司机打了个招呼，告诉他自己马上就可以动身了。正在这时，随着一声震耳的巨响，一颗罪恶的子弹飞来击中了金博士，马丁·路德·金应声倒在了血泊中，就再也没有醒来。

刺杀事件在全美产生了极大的震动，金的继任者沉痛地表示："金的被杀是人类历史上最黑暗的一页。"金的被杀激怒了成千上万的美国黑人，痛失自己种族领袖的黑人们失去了理智，在 4 月 4 日晚，美国 20 多个大城市同时爆发了规模空前的黑人示威活动。一周后，黑人骚乱扩大到 168 座城市。为了平息黑人的情绪，美国联邦调查局的侦探们忙得不可开交，到处搜捕罪犯的踪影。

通过调查发现，凶手是从洛兰停车场旅馆对面的一家出租公寓的房间内开枪的，旅馆登记簿上显示当天入住的是一位名叫约翰·威拉德的男子，案发以后这个人就了无踪影了。不久，警方在距离公寓不远的大街上捡到一个包，里面除了装有一架望远镜、一台收音机、两个空啤酒罐和一些零星物外，还有一支口径 30.06 毫米的"雷明顿"牌步枪。根据指纹分析，很快查清凶手是一个名叫詹姆斯·厄尔·雷的惯犯，曾以偷窃、抢劫等罪名被捕，最后的一次是因持枪抢劫被判处 20 年监禁，后来从监狱中逃出。当时雷已经逃到了国外，在国际刑警的协助下，美国联邦调查人员费了一番周折，终于在英国将雷正式逮捕归案。

1969 年 3 月 7 日，孟菲斯法庭开庭审理了马丁·路德·金被暗杀一案，在法庭上，雷对所犯罪行供认不讳，审讯进行得异常顺利，最后法庭作出判决，

图为马丁·路德·金在 1963 年 8 月华盛顿的一次示威集会上发表演讲《我有一个梦想》。

马丁·路德·金被刺现场

凶手已经被抓到，但事实似乎并没有那么简单，真正的凶手或幕后指挥者又是谁呢？

判处詹姆斯·厄尔·雷监禁99年。表面上看来，这桩震惊世界的谋杀案就这样了结了。可审判刚刚一结束，雷似乎就后悔了，他坚持自己是无罪的，并要求重新审理此案。实际上在此之前，人们就在雷身上发现了许多疑点。

詹姆斯·厄尔·雷为什么要谋杀金博士？他只是一个令人啼笑皆非的三流窃贼，第一次偷打字机时把自己的存折丢在作案现场；逃避警方追捕时，虽然躲到了电梯间里，却又忘记关上电梯门；抢劫杂货店后驾车逃跑时，又因为急转弯而被甩出车外；两次越狱都被当场抓获……但是就是这样一个笨蛋，后来却莫名其妙地越狱成功，并到处旅游，过上了挥金如土的富裕生活。人们不禁要问：他的钱是从哪里来的？越狱后的雷为什么会突然变成了一个老道的杀手，逃离旅馆时带走了所有物品？虽然在后来他把它们扔到了大街上有些不太高明。而在离现场不远发现的步枪，联邦调查局只能证实杀害金的子弹是从这种型号的枪中射出去的，是否就是杀害金的那一支，却没有足够的证据。此案的疑点那样多，雷为什么会在法庭上一口承认是自己杀了金？

根据金遇刺前后的事态发展，甚至有人认为美国联邦调查局也卷入了这个案件。早在20世纪50年代，联邦调查局就开始注意马丁·路德·金的一举一动了。后来他们认为金是一个受了共产主义影响的危险分子，还在1964年制定了专门的"消灭金小组"计划。当马丁·路德·金获得诺贝尔和平奖之后，据说当时的联邦调查局长胡佛还派人送去一封恐吓信，要他在拿到奖金之前"自毙以谢国人"。虽然人们都知道联邦调查局对金的政治活动采取过许多卑劣手法，但谁也拿不出确凿的证据来证明联邦调查局参与了这场谋杀。

而雷从判刑后就一再为自己喊冤，对法庭做出的"凶手是单独作案，不存在任何密谋"的判决不服，认为自己是被卷入了一起杀害金的阴谋当中了。可是当特别委员会被迫重新开始调查时，雷又说不出这起阴谋是怎么回事，也无法指认出阴谋的其他参与者。

看似简单的马丁·路德·金遇刺案其实并不那么简单，几十年的光阴一晃而过，仍然无法破解。糊涂笨贼詹姆斯·厄尔·雷成了刺杀案的凶手，尽管他从来没有供认自己的动机，但却为这件事在铁窗中度过了自己的漫漫余生。

肯尼迪遇刺悬案

"不要问你们的国家能为你们做些什么，而要问你们能为自己的国家做些什么。"约翰·肯尼迪的这句名言让这位美国最年轻的总统深得美国人民的拥护与爱戴。然而他尚未完成对美国民众的承诺就不幸遇刺身亡，而且他的死因一直众说纷纭，现在还未形成统一的结论。

悲剧发生在 1963 年 11 月 22 日，当时肯尼迪正在美国南部得克萨斯州达拉斯城进行政务视察。12 点 30 分，总统车队缓缓地通过达拉斯的得克萨斯州教科书仓库大楼时，突然几声枪响划破了寂静的长空。枪响过后，总统在人们的惊叫声中倒卧在血泊之中，与此同时，凶手奥斯瓦尔德被当场抓获。

由于事情发生得太突然，国会决定由副总统约翰逊继任总统。约翰逊上任后，立即成立了一个七人调查委员会，由最高法院大法官沃伦领导。经多方取证和严格调查之后，该调查委员会于 1964 年 9 月发布了该案件的调查报告，报告指出刺杀行动是奥斯瓦尔德一人所为，与其他部门与集团一概无关。一时间，舆论哗然，结论难以让人信服，案情仍是谜团重重。案件最大的疑问在于枪响的数量。当时官方公布的消息是 3 声枪响，包括穿透肯尼迪总统的身体，同时又射中康纳利州长的那一枪。但是法医 D.B. 托马斯经过审慎研究，在《英国法庭科学周刊》杂志发表了一份震惊世界的研究报告。这份报告仔细分析了当日的现场录音带，并指出当时射向总统车队的子弹是 4 发。其研究所采用的录音带是当时总统车队中达拉斯警方的汽车上的麦克风所录的现场录音，因而资料来源绝对真实可靠。而官方当时认为是 3 声的原因是这 4 声枪响中只有其中 3 声枪响听起来比较清楚，剩余的那声枪响则被国家研究委员会说成了"听起来像枪声的噪音"。最为关键的是，得到官方认可的 3 声枪响都与肯尼迪中弹的时间有明显的间隔，反而是那声"像枪声的噪音"与总统中弹的时间吻合。而这个声音的来源地也不同于其他 3 声，经回声分析，专家认为射击地点应当位于公园山丘。对现场照片进行研究后不难发现，这发子弹是从前面射来的。众议院特别暗杀委员会主席罗伯特·布莱基在接受《华盛顿邮报》采访时也承认自己认可和接受托马斯的这一分析结果。

1990 年召开的一个记者招待会披露出了一些鲜为人知的内幕事件。记者招待会是一个名为珍尼佛·怀特的妇女召开的，她声称自己的丈夫罗克斯曾是一名杀手，与奥斯瓦尔德和鲁比同时受命于美国中央情报局。珍尼佛曾经亲耳听到他们商量刺杀现任总统的计划。肯尼迪遇刺后第四年，罗克斯被中央情报局出卖，接着就死于一场令人匪夷所思的爆炸事件。到了 1982 年，珍尼佛的儿子李奇·怀特无意间在家中发现了父亲珍藏的私人日记，日记中对 1963 年的事件进行了详细的记录。美国联邦调查局得知此消息后派人取走了该本日记，至今尚未归还。

刺杀事件发生后的 20 年内，涉及该案的重要证人都接二连三地丢掉了性命，死亡人数已近 200 人。而该案的真相却始终未浮出水面。很多人注意到了这样一件事实，那就是得克萨斯州法律规定死于当地的人，尸体必须在当地解剖，但是肯尼迪的尸体却被直接送到了位于贝塞斯德的美国海军医疗中心，并且总统的遗体是在其家属尚未知晓的情况下进行秘密解剖的。于是有人断言当时运到贝塞斯德的青铜棺内并无尸体，这一切只是为了掩人耳目。

肯尼迪遇刺时抢拍的一组惊险镜头

整个事件充满了神秘气息，然而这只是肯尼迪家族半个世纪以来悲剧的开始，约翰·肯尼迪的弟弟罗伯特·肯尼迪在总统竞选时也遭人枪杀。对此有一种说法是因为有人担心一旦罗伯特·肯尼迪进入白宫，便会下令调查哥哥被害事件的整个内幕。肯尼迪家族的其他成员也由于各种各样奇怪的原因死于非命，或是终身瘫痪，或是失去了一切政治资本。这个家族悲剧还延续到了下一代人，肯尼迪的儿子小约翰·肯尼迪尽管遵循母亲杰奎琳的教诲低调生活，远离政治，却也未能摆脱不明不白的死亡结局。刺杀肯尼迪总统的凶手究竟是谁?

众所周知，保护美国大财团、大企业家的利益一向是国家制定政策的行为准则。肯尼迪总统是个有进取心的年轻总统，"旧的时代已经结束，旧的行为和旧的思维方式已不再适用"是他竞选总统的著名言论。肯尼迪当选后，便以改变保守的政治机器为己任，这使他与美国主要经济部门大亨们的矛盾日益激化。到了凶案发生的前一年，这些大亨们已无法容忍，可肯尼迪当时的威信很高，大亨们担心他连任下一届总统会继续影响他们的权益。另一方面，肯尼迪与中央情报局在古巴军界问题上也有很大的分歧，中情局的人极有可能也想拔去这个眼中钉。

也有人认为此事件最为关键的是以胡佛为首的联邦调查局。胡佛历经几代总统，权高位重，手中掌握了很多政客的把柄，在美国政界几乎可以一手遮天。肯尼迪不肯向他妥协，积极限制胡佛的权力，两人势如水火。据说在肯尼迪遇刺之前，撤换胡佛之职已提上了工作日程。于是，大财团、中情局、胡佛三者联手策划此次谋杀事件也是在意料之中的。

1993 年，古巴首都哈瓦那放映了一部纪录片名为《ZR——来复枪》。该片的拍摄资料严格遵循史实，参照了古巴和美国电影档案馆资料及古巴保安官员和美国中央情报局探员的访问材料，最终披露出该刺杀事件只是一项政治阴谋的一部分。目前，还未调查清楚策划该事件的人，但古巴方面认为，刺杀总统的凶手是芝加哥的一名黑帮分子和两名古巴流亡分子。

耐人寻味的是，约翰逊在委托特别委员会调查此事后又将调查结果封存起来，对外宣称要在 2038 年，与此事有关的人员全部谢世之后，才能公布。这是为了保护什么人还是在遮掩内幕，人们不得而知。如今，民间有关肯尼迪遇刺案的各种调查仍在继续，但扑朔迷离的结果一直让人们争论不休，也许真要等到 2038 年谜团才能揭开。

谍影憧憧

无间道的生活，让你的身边充满幽灵。

"金唇"：隐藏在美国国徽中的秘密

最危险的地方往往也是最安全的地方，最贵重的礼物往往暗藏着最玄妙的杀机。

从 1945 年开始，克格勃窃听美国驻苏联大使馆的一项代号为"自白"的间谍行动一直持续了 8 年。这项成功的窃听行动既是苏联特工引以为荣的惊世之举，也是世界间谍史上屈指可数的经典之作。

1933 年 11 月 16 日，苏联与美国正式建立外交关系。从这一天起，克格勃特工便从未停止过对美国驻苏使馆的监听与监视。

1938 年，为了更详细具体地了解美国使馆的内情，克格勃开始向美国使馆放飞"燕子"。那些克格勃的职业"燕子"们装扮成国家芭蕾舞剧院演员，凭着沉鱼落雁的美貌轻而易举地飞进了美国外交官的卧房。与此同时，那些负责守卫使馆大楼的苏联女兵也不断向热情潇洒的美国男士抛送秋波。

不久"燕子"们就探明，美国使馆大楼顶层是其"要害"所在，会议室、武官处、密报室及大使办公室都设在这层楼上。

1943 年，德黑兰会议结束后，斯大林责令当时苏联克格勃领导人贝利亚，要不惜一切代价、动用一切手段对美国大使阿维列拉·卡里曼的办公室进行窃听。贝利亚与其手下高参开始绞尽脑汁，设计窃听使馆心脏部位的行动方案。

1943 年 12 月 17 日，贝利亚向斯大林报告说，针对美国使馆专门设计的窃听设备已顺利通过检验，其性能"无与伦比"，功效"令人称奇"。

这种特制"窃听器"被命名为"金唇"，将其安放到美国大使办公室的行动被命名为"金唇行动"。

"金唇"窃听器在当时的确代表了世界顶级水平，它不需要电池，也不需要外来电流，从而使当时的反窃听设备不可能捕捉到任何信号。"金唇"可以接收到 300 米以内大耗电量振荡器所发出的微波脉冲，其工作寿命可以无限延长。从外表上看，这种窃听器就像一个带尾巴的蝌蚪。

苏联特工机关将微波振荡器及蓄电池安装在美国使馆对面居民楼的顶层，并将那里的居民全部换成克格勃工作人员。家家户户的阳台上经常挂着"家庭主妇们"的劳动成果，每逢星期天，克格勃的女中士们都要在阳台上抖落和晾晒地毯及被褥，她们非常自然地将灰尘一样的"蝌蚪"撒到美使馆大院内。

克格勃第一总局徽章

但是将"金唇"安放到大使办公室却并非易事。为此，克格勃特工人员费尽了心机。他们曾精心在美国使馆内设计了一起火灾，但是那些扮成消防队员的特工人员却始终没机会进入卡里曼大使的办公室。

几经周折后，克格勃的高参们最终想出将窃听器放在礼品中送给美国大使这一妙计。于是，20多种木制及皮制的贵重工艺品送进了克格勃高官的会议室，经过精心筛选，黑色檀木制成的斯基泰盾牌、两米长的猛玛象牙、瑞典国王送给尼古拉二世的象牙电话机及用象腿骨制成的一米高纸篓被确定为"金唇"载体。

贝利亚特地请来窃听器研究权威、苏联科学院院士贝尔格和伊奥费对选定的礼品进行最后检验。两位专家检测后一致认为，这些礼品无法胜任运载"金唇"的使命，最佳选择是根据"金唇"的特殊性能制作相应礼品。贝利亚接受了两位专家的意见，并指示礼品制作与窃听器安装工作要同步进行。

1945年2月，世界三大政治巨头斯大林、罗斯福和丘吉尔在雅尔塔会面。克格勃认为这是实施"金唇"行动的绝好时机，关键问题是如何将美国大使卡里曼从莫斯科引到克里米亚。

苏联特工制订出一整套诱引方案。2月9日，苏联宣布在黑海之滨举行"阿尔台克全苏少先队健身营"开营典礼，并以苏联少先队员的名义向罗斯福总统及丘吉尔首相发出敬请光临的邀请。

少先队员们在请柬中用尽动听的词句，诚挚感谢两位政治家在战争期间对苏联人民的帮助。克格勃预想，宣扬"平等与博爱"的美国人绝对不会拒绝孩子们的邀请，但是百忙之中的美国总统和英国首相又不可能应邀而来，委派其他官员前来参加孩子们的活动也并不合适，最合适完成这一使命的非两国驻苏大使莫属。

果然不出苏联特工所料，美国大使卡里曼与他的英国同行如期从莫斯科赶到黑海之滨出席开营典礼。

乐队奏响了美国国歌，苏联少先队员用英语合唱美国国歌，开营典礼进入了高潮。卡里曼大使完全沉浸在孩子们纯真稚嫩的歌声中，应有的戒备与警惕早已被欢歌笑语所淹没，恰恰在这一时刻，4名苏联少先队员抬着一枚精美绝伦的巨大木制美国国徽走到卡里曼大使面前。斯大林私人翻译瓦列里·勃列日科夫马上向贵宾们翻译这枚国徽的做工及用料是如何讲究：这枚美国国徽是由名贵的紫檀木、黄杨木、红杉木、柔美棕、波斯帕罗梯木、红木及黑木拼装而成。苏联工匠高超精湛的制作工艺使这位见多识广的美国外交官情不自禁地发出惊叹："天哪！我简直不敢相信自己的眼睛。我把它放哪儿最合适呢？"勃列日科夫不失时机地低声对卡里曼说："就把它挂在您的办公室，英国人肯定会嫉妒得发疯。"

自1945年2月，从这枚内藏苏联克格勃"金唇"窃听器的美国国徽被悬挂在卡里曼办公室的那一刻起，克格勃窃听美国大使的代号为"自白"的行动便开始启动。这一行动共持续了8年。8年间，"金唇"送走了4任美国大使。最令人惊奇的是，每一位新大使到任后从墨水瓶到地板块全部更换一新，就是从未动过这枚美国国徽。它无与伦比的艺术美感赢得了4位美国大使的钟爱，甚至大使办公室的窗帘及家具色调也相应做了些改变，以与这枚国徽相匹配。

美国中情局在发现"金唇"窃听器后，始终没有勇气公开他们的"耻辱"。直到1960年5月，苏联击落由巴乌埃尔森驾驶的美国U-2高空侦察机后，华盛顿才公开"金唇"的秘密。当时美国驻联合国代表卡勃特曾将那枚国徽及"金唇"窃听器拿到安理会常任理事国的会议上做了一番展览。

事实上，美国特工和英国特工曾多次试图制作同样的窃听器，但却都是枉费心机，"金唇"的秘密技术无法破译。时至今日，克格勃的"金唇"仍旧陈列在美国中情局的博物馆内。

土语编织"无敌密码"

少就是多。被遗忘的、被忽略的往往却是最能置人于死地的。

著名导演吴宇森导演的影片《风语者》描述了这样一个故事：第二次世界大战期间的太平洋战场上，日军总能用各种方法破译美军的密电码，这令美军在战场上吃尽了苦头。为了改变这种局面，1942年，几百名印第安纳瓦霍族人被征召入伍，因为他们的语言没有外族人能够听懂，所以美军将他们训练成了专门的译电员，人称"风语者"。作为美国海军的秘密武器，每个"风语者"都肩负着美军的至高机密，因此，他们也受到了特别的"照顾"，每个纳瓦霍译电员都由一名海军士兵贴身保护，一方面，确保其人身安全，另一方面，如果译电员即将被日军俘获，保护者必须杀死他以保证密码不外泄。

正如丘吉尔所说，密码员就是"下了金蛋却从不叫唤的鹅"。第二次世界大战中，英国倾全国之力，破译了德国的"谜语机"密码，为战胜纳粹德国做出重要贡献；美国则破译了日军密码，由此发动空袭，击毁日本大将山本五十六的座机。

美国总统布什在国会山上举行隆重仪式，为一些已经沉默了半个多世纪的印第安"特殊密码员"颁发了美国政府最高勋章——国会金质奖章。当年，正是他们编制出不可破译的"无敌密码"，为盟军最终胜利立下了汗马功劳。

对这迟到了半个世纪的表彰，布什也不胜感慨。他说："他们勇敢工作，出色地完成了自己的任务……他们对国家的贡献值得所有美国人尊敬和感谢。"

在表彰仪式上，4名白发苍苍的印第安老战士更是激动异常。当年，正是包括他们在内的29名印第安纳瓦霍族人，编制出了这套"无敌密码"。现在，其中25人已离开人世。

一名叫布朗的密码员激动地说："让我们永远不要忘记历史。"纳瓦霍语密码员协会的主席萨姆·比利森也接受了奖章。他表示，他对此悲喜交加，但不觉得苦涩，因为"土地是我们的母亲，而保卫母亲是做人之本"。

用纳瓦霍语编制军事密码，是一个叫菲利普·约翰逊的白人出的主意。约翰逊的父亲是传教士，曾到过纳瓦霍部落，能说一口流利的纳瓦霍语，而在当时，纳瓦霍语对部落外的人来说，无异于"鸟语"。极具军事头脑的约翰逊认为，如果用纳瓦霍语编制军事密码，将非常可靠而且无法破译。因为这种语言口口相传，没有文字，其语法、声调、音节都非常复杂，没有经过专门的长期训练，根本不可能弄懂它的意思。另外，根据当时的资料记载，通晓这一语言的非纳瓦霍族人全球不过 30 人，其中没有一个是日本人。

1942 年年初，约翰逊向美国太平洋舰队上将克莱登·沃格尔提出了这个建议。约翰逊说，根据他的实验，用纳瓦霍语编制的密码可以在 20 秒内将 3 行英文信息传递出去，而同样的信息用机器密码却需要 30 分钟。

沃格尔接受了约翰逊的建议。1942 年 5 月，第一批 29 名纳瓦霍族人被征召入伍，并被安排在加利福尼亚一处海滨编制密码。他们根据纳瓦霍语共创建了有 500 个常用军事术语的词汇表。由于纳瓦霍语没有描述现代军事设备的词语，因此他们经常使用比喻说法和拟声词。

在太平洋战争期间，美国海军陆战队共征召了 420 名纳瓦霍族人充当密码通讯员。这些纳瓦霍族人参加了美军在太平洋地区发动的每一场战役。他们用密码下达战斗命令，通报战情。

攻占硫磺岛是美军在太平洋战争中打的一场经典战役，美军把旗帜插上硫磺岛的照片，成为美国在第二次世界大战中浴血奋战的象征。硫磺岛战役结束后，负责联络的霍华德·康纳上校曾感慨地说："如果不是因为纳瓦霍族人，美国海军将永远攻占不了硫磺岛。"当时，康纳手下共有 6 名纳瓦霍密码员，在战斗开始的前两天，他们通宵工作，没有一刻休息。整个战斗中，他们共收发了 800 多条消息，没有出现任何差错。

除了纳瓦霍语外，美军在第二次世界大战中还曾使用另一种印第安语——科曼切语作为密码。纳瓦霍语主要在太平洋战场使用；而科曼切语则在欧洲战场大显身手。查尔斯·希比蒂是目前唯一在世的科曼切语密码员，现已 78 岁，居住在出生地俄克拉荷马。他仍然清楚地记得当初参战的经历。

老人回忆说："我是 1941 年 1 月入伍的，当时不满 20 岁，还是个孩子。我是看到当地报纸上的广告后参军的。广告说，'征召年轻的科曼切人。要求未婚、无家庭拖累、会说本族语。'他们在语言方面要求极为严格。如果你说得不流利，他们就不要你。"

应征入伍后，希比蒂和其他 12 人随即被送至佐治亚州本宁堡接受基本军事训练，学习无线电发报技术。但直到当年夏天，他们方才明白工作的真正性质。8 月，他们被召集到了阅兵场。一名叫休·福斯特的中尉告诉他们："对信号链来说，你们的土语非常重要。它从未用文字书写。除了你们没有人说这种语言，也没有人听得懂。这意味着，它是无法破译的，是绝妙的密码。美国陆军需要你们去执行一项特殊的任务。需要你们成为密码通讯员。"

美军根据科曼切语创建出包括 250 个军事术语的词汇表。在这个词汇表里，轰炸机成了科曼切语中的"怀孕的鸟"，自动化武器由于发出时断时续的声音而被称为"缝纫机"。一天，福斯特与这些印第安人见面时带来了一张照片："我们需要给这个人起一个代号。"这些印第安人看了看照片，那是一个黑发、留着卓别林式的胡子、表情严肃的德国男子。希比蒂想起了他看过的欧洲新闻短片，于是说："'疯了'怎么样？或者'疯狂'？"后来就确定使用"疯狂的白人"来称呼这个元首，而此人就是希特勒。

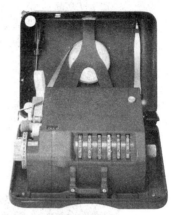

换字器 M-209 密码机

1944 年 1 月，希比蒂在入伍近 3 年后被派往英国，旋即参加了诺曼底登陆战役。当他登上犹他滩时，听到指挥官在向他喊话："酋长，我需要你发报。通知总部我们成功登陆了。重复一遍——登陆成功，现正准备占领敌方阵地。"

顶着炮弹掀起的沙子和海水，希比蒂掏出他的无线电发报机，迅速用科曼切语发出了这条信息。这似乎只是历史上一个微不足道的瞬间，但美国陆军竟在近半个世纪的时间里，一直拒绝公开承认这个事实：科曼切密码通讯员希比蒂发出了第一条登陆诺曼底的信息。

犹他滩上，炮弹和曳光弹不断在头顶上爆炸。一阵静电干扰之后，无线发报机重新开始工作："信息收到。守住滩头阵地，弄清敌人方位。增援部队很快抵达。完毕。"希比蒂迅速将电文从科曼切语译成英语，并报告给他的指挥官。

继在诺曼底滩头大显神通之后，希比蒂又被派往法国，目睹了盟军在巴黎的军事行动。

对于这种密码，纳粹德国的情报部门也绞尽了脑汁，甚至他们在确认这是一种语言之后，也始终未能找到破译的方法。

但同纳瓦霍语密码员一样，科曼切语密码员没有因为作战勇敢或为国服役而在战时或战后获得表彰。相反，五角大楼命令他们严格保守秘密。当时的五角大楼出于冷战的考虑，认为这些密码员可能再派上其他重要用场，因而不宜暴露。直到世界迈入新的世纪，密码技术的进步使得这些密码显得多余，这些密码员才终于获得了迟到的荣誉，但他们当中的大多数都已经默默无闻地离开了人世。

"007"原型是谁

1974 年，被喻为英国历史上最成功的间谍达斯科·波波夫的传奇经历被编成自传。此后，以波波夫为蓝本创作的詹姆士·邦德（007）系列电影也获得了极大的成功，据说，波波夫真实的间谍生活比起电影中的 007 来一点也不逊色。

1912 年，英国间谍达斯科·波波夫出生在一个富裕的南斯拉夫家庭。波波夫生

《黄金眼》中的詹姆士·邦德

性风流，算得上名副其实的花花公子。尽管艳史不绝，每到一处总要结识美女留情，但波波夫却是一名天生特务，能操流利的意大利语、法语、英语和少许德语，是一名不折不扣的语言天才，他随即成为南斯拉夫特务网络的中心人物。

1940年2月，波波夫在家中接到好友约翰尼从柏林来的电报，约翰尼是波波夫1936年在德国弗赖堡大学结识的挚友，他们约好2月8日在贝尔格莱德塞尔维亚大饭店见面。而波波夫所不知道的是当时约翰尼已受雇成为纳粹间谍，这次来就是看准了波波夫在英国交游广阔，招揽他做间谍募集情报对抗盟军的。

关于当时的情况，在英国公共档案办公室新近解封的一批军情五处的机密情报档案中有比较详细的记载。1940年，波波夫不甘为德军所利用，于是主动请缨，马上找到了英国驻巴尔干国家的商务参赞斯德雷克，要求英国方面提供一些情报，以帮助他打入德国情报网。几天以后，伦敦批准了这个计划。波波夫依靠自己导演的双簧戏，成功打入德国间谍层，从此开始了他双重间谍的生涯。

档案还记载了波波夫制造隐形墨水的配方，显示他爱用酒杯混合隐形墨水。此外，他的档案还包括大量载有日期的文件、隐形墨水明信片、印上"已拆开"或"检查"邮戳的邮件，及他寄给女友的信件。

1941年7月，波波夫被派到美国去发展一个谍报小组。他的德国上司对他说："日本可能要同美国开战，我们也不能坐视。"此时，波波夫已经觉察到日本要偷袭珍珠港的种种迹象。

在征得英国情报当局的同意后，波波夫以南斯拉夫新闻部驻美国特派员的身份飞往纽约，在完成德国情报机构交给的任务后，他向美国联邦调查局通告了日本入侵美国的消息。经过英国情报机构与美国的斡旋，美国联邦调查局局长埃德加·胡佛召见了波波夫。

但胡佛似乎对他并不感兴趣，并因为波波夫生性风流，终日与法国电影明星纠缠在一起，而彻底把搜集情报的任务抛到脑后而大为恼火。虽然英国军情五处已通知联邦调查局，波波夫在为英国工作，但联邦调查局却对此存疑。

波波夫对胡佛说："我到美国，是为了帮助你们备战而来。我曾以各种方式给你们带来了严重的警告，确切地提醒你们，在什么地点、什么时间、什么人以什么方式将向你们国家发动进攻。"但胡佛根本不相信，波波夫扫兴而去。5个月后，日本偷袭珍珠港。

这次糟糕的会见使波波夫十分失望，情绪异常低落地离开了。

1942年11月，波波夫再一次踏上了英国的土地。盟军对德国发出一些假的警告，并对德连续实施了"斯塔基行动"和"马基雅维里计划"，为的就是迷惑德国人。在"斯塔基行动"中，他们向德国情报机关提供假情报，说英国在加来港地区正准备发动一次大规模的两栖登陆，并把德国轰炸机群引诱到英国皇家空军的阵地，使德军处于易受攻击的境地。

波波夫

在"马基雅维里计划"中，波波夫把伪造的文件和书信放到一个英国军官的遗体上，然后让这具遗体随海浪冲到西班牙海岸。遗体上的文件中有关于向希腊进攻的绝密卷宗，让德军"意外"地发现这具遗体和情报。同时，波波夫又在向德国人的报告中说，有许多英美军人应召在苏格兰接受跳伞训练，以及英国方面对最近的一起飞机失事事件顾忌重重等消息。柏林当局立即向撒丁岛增派部队，潜水艇也奉命开往克里特。结果，西西里的防御力量削弱了，使巴顿将军轻而易举地冲进巴勒莫城。

1944年5月上旬，随着情报的增多，双重间谍的工作量很大：他们认真编造和研究信息，使它们与盟军的战略计划相吻合，并取信于敌。然而，要想使如此众多的情报不出现纰漏简直不可能，果然，后来一些细节性错误引起了德国情报部门的注意。

1944年5月中旬的一个深夜，英国军情六处的人急匆匆地赶来告诉波波夫，让他乘敌人还未发觉，赶快回葡萄牙里斯本通知其他人员转移，然后潜逃到比利时。

波波夫于是星夜兼程地赶到里斯本，开始营救和组织逃亡工作。然而一切都为时太晚，那些正在工作的谍报人员都没能逃脱纳粹的魔爪，他本人也险些被纳粹抓获。

1944年6月6日盟军登陆法国前夕，波波夫曾协助盟军瞒骗德国，令德军从盟军登陆的地点诺曼底转移到别的地方，居功至伟。

波波夫参与了二战期间许多重大情报活动。他对从事间谍工作的人的评价是：这是一群神秘的人，他们无孔不入，无处不在。胜利了不可宣扬，失败了不能解释。我的武器就是谎言和欺骗，我自己还卷入了一些违背正常社会准则的行为，包括谋杀。但我并没有觉得内心不安，因为这只是战斗对我的考验。

英国在战后两年确认波波夫的功绩，在1947年向他颁授OBE勋章（即英帝国官佐勋章）。

波波夫有句名言："要使自己在风险丛生中幸存下来，最好还是不要太认真对待生活为好。"有关波波夫的各种版本的传奇故事始终在人们中间流传，007的出现更为了解真实的波波夫设置了重重障碍。

间谍川岛芳子死因之谜

间谍之事，真真假假，假假真真，谁能分得清呢？

1948年3月25日的黎明，在河北第一监狱广场的西南角上，随着一声枪响，一个女囚像散了架似的栽倒在地上，立即断了气。这个被处决的女犯人就是川岛芳子。

然而川岛芳子真的被击毙了吗？

川岛芳子，本姓爱新觉罗，名显玗，中国清末皇族肃亲王善耆的第14个女儿。6岁时给日本人川岛浪速做养女并随其养母赴日本。

1927年，川岛芳子由日本关东军参谋长斋藤弥平太与炸死张作霖的主谋河本大作参谋做媒，在旅顺与蒙古东都督巴布扎布二子甘珠儿扎布结婚。但她对丈夫不感兴趣，婚后第二年便主动为丈夫找了一个代替自己的女人，她本人溜到东京去了，后又偷偷跑回上海，过着放荡的生活。不久结识了日本陆军特务机关田中隆吉少佐。从此，川岛芳子便开始了其出卖中国的特务活动。以后又勾引上了日军华北军司令多田骏大将，当上了拥有3000人马的"安国司令"。这个女间谍变化无常，时而男装丽人，时而全副武装，前呼后拥，俨然威风凛凛的司令；时而穿着华丽无比、满身珠宝，肩上蹲着一只小猴的贵妇人；时而成了舞厅里的伴舞女郎；时而又摇身一变，成了国民党要人的私人秘书兼情人。

日本投降之后，几名手持短枪的国民党政府宪兵，在北京的一条胡同的住所逮捕了川岛芳子。1947年秋的一天，在北平紫禁城外司法部大街法院公审川岛芳子，根据国际间谍处罚条令第四条第一款，于1947年10月22日宣判川岛芳子死刑，但未及时执行。一直拖延到1948年3月25日早晨6时40分，才在第一监狱西南角的场地上秘密枪决。

在行刑前她给养父和典狱长等人写了遗书，并曾要求穿黑上衣，白绸裤，但未得到准许。在行刑前本已通知各报记者莅场采访，但执行死刑时，只允许美籍美联社记者一人参观，全体中国新闻记者均被拒之门外。

事后在第一监狱后门的自强路停放一女尸，监狱方面在7时30分，才引导记者参观此尸。尸体头朝南、脚朝北，身着灰色囚衣，内穿红色毛衣、蓝色毛裤，子弹是从后脑射入，从鼻梁射出，头发散乱，满脸血污，面目无法辨认。后来尸体由住在北京东单观音寺胡同20号的日本济宗妙必寺古川大行长老、日善后联络班广赖和川岛芳子堂姐金幼贞领尸火化处理。

但是，对川岛芳子的枪决真相却是传说纷纷。传闻最多的是一位名叫刘风玲的女犯做了川岛芳子死刑的替身，其代价是10根金条。这件事的经过是这样：囚犯刘风玲在监狱里得了重病，医生诊断没有治好的希望。监狱官员便找了刘风玲的妈妈，说要其女儿为某个身份很高的人做枪决的替身，如答应可换来10根金条，若不答应，母女二人性命难保，其母亲就边哭边答应了。但当时只领了4根金条为定钱，剩余6根待执行死刑后去取。当母亲按约定的日期领金条时，就再也没有回来。女囚刘风玲的妹妹刘风贞便向当局要母亲，并向报界公开揭露了此事的始末。

1972年，日本一位研究川岛芳子的专家、东京

无线电收发报机
川岛芳子曾用它将大量情报给了日本人。

大学渡边龙策教授就川岛芳子之死也提出了一系列质疑：为什么最为关键的行刑场面搞得如此神秘？无视惯例，把新闻记者都赶出了现场？为什么将被处决者的脸部弄得那么多血污和泥土，以致难于辨认人的面目？为什么单单选择看不清人的面孔的时间行刑？渡边龙策教授还提及：川岛芳子的哥哥金宪立说川岛芳子已到了蒙古，后来北去苏联；还有人说川岛芳子已去了美国。但证据都不充分。所以川岛芳子之死仍是一个疑团。

世界上身价最高的间谍

　　5000名战俘交换一名间谍，这名间谍的价值简直是无法估量，他是谁呢？

　　1968年，埃及与以色列之间的战争结束后，以色列开始同埃及就交换战俘的问题谈判，以色列情报机构长官梅厄·阿米特坚持要将一名间谍列入战俘交换之列。但是以色列政界却不愿意公开承认这名间谍。直到阿米特以辞职相威胁，最终，以色列政府表示，以释放包括9名埃及将军在内的5000名埃及战俘换回这名间谍。这名间谍是谁呢，竟有如此高的身价？

　　沃尔夫冈·洛茨是继伊利·科恩之后以色列情报机构摩萨德又一位著名的间谍。他幼年生活在德国，后移居巴勒斯坦，第二次世界大战爆发后曾加入德国军队，1962年被阿穆恩（以色列军事情报局）派往埃及。

　　洛茨以一名德国旅游者和育马人的身份，踏上了埃及的国土。他仅用了6个多月的时间，便结识了当地社会的精英人士。他尤其注意与埃及军官建立友谊，陪他们一起喝酒、打牌，在吃喝玩乐中得到了不少有价值的情报。

　　在法国旅游期间，洛茨在火车上结识了一位德裔美国女子，名叫瓦尔特劳德，两人一见钟情，仅仅两周时间便双双坠入情网。洛茨带着漂亮的妻子回到埃及后，每天早晨总是站在一个5米高的塔楼上，手持高倍望远镜观察驯马，但他真正注意的并不是他的马。他只要把手中的望远镜稍稍向右移动一下，便可将军事基地内的一切活动尽收眼底。

　　洛茨夫妇的朋友极其广泛，除了骑士俱乐部的尤瑟福将军及年轻军官们之外，还有军事后勤专家阿卜杜勒·萨拉姆将军、军事反间谍局的福阿德·奥斯曼将军和穆赫辛·赛义德上校，乃至埃及共和国的副总统侯赛因·沙菲。他们都把洛茨视作值得信任的前纳粹军官，因此往往在不经意间吐露出许多宝贵的情报来。

　　一次宴会畅饮之后，洛茨恰好坐在阿卜杜勒·萨拉姆将军身边。这位将军负责陆海空三军的调动和弹药运输，因此，听他的谈话极为重要。"近来忙吗？好久没见了。"洛茨客气地问候道。"喔，是的，非常忙。我们的一个步兵旅从此地调到了运河地区，所以我就得去苏伊士几趟。""阿卜杜勒，有件事只有你能帮我。如果要打仗的话，请事先告诉我一声，这样我好买下足够的威士忌藏在这儿呀。""哦，你不用太着急，还得再等一段时间。足够的武器和弹药可以帮我们占领整个中东，但是光靠这个不行。军队的现状眼下十分糟糕。""什么？不会吧。"洛茨假装不解地说。"当然，我们的精锐部队只是少部分。我们的士兵还缺乏训练，士气也不怎么高。""不过，据我所知，你们有外国顾问帮忙，而且军队在苏伊士战争中也积累了实战经验。""的确如此，世界上最好的军事专家在为我们工作。但5分钟后，我们的人就开始指挥起他们了，自以为是的埃及人总是这样！而且，军队之间没有配合，或是完全失去了指挥，或是发出的命令相互矛盾。现在，我们所追求的是数量而不是军队的质量。如果继续这样下去，我们就要付出更大的代价。""依你看，战争会在什么时候开始？"洛茨问道。"下星期或下个月肯定不会打，但肯定是要打的。"阿卜杜勒将军笑着说。当晚，洛茨从马靴里取出了微型发报机，在卫生间里向特拉维夫总部发回了搜集到的重要情报。就这样，洛茨在推杯把盏之中轻而易举地搜集到一些重要情报，并将它们源源不断地发回到阿穆恩总部。

1965年春天，洛茨夫妇和瓦尔特劳德的父母在一次出游之后，一家人驱车返回开罗，刚到家门口，便被6名大汉用手铐铐走了。随后，埃及安全机关检察长萨米尔·哈桑亲自审问了洛茨。

原来，洛茨也和在叙利亚的间谍伊利·科恩一样，是被测出发报位置而暴露的。埃及安全机关甚至录下了3年来洛茨收发的全部电讯号。事已至此，洛茨只得承认一切，说自己是德国人，只是图谋金钱才替以色列搜集情报。埃及人对此深信不疑，因为他们早已掌握了洛茨是前纳粹军官的铁证。此外，洛茨还咬定所有活动都是他一人进行的，被捕12天后，埃及安全机关安排洛茨夫妇接受电视台的采访，洛茨想这正是一个告诉以色列情报机关这里到底发生了什么的好机会。

在采访中，洛茨承认自己当了间谍，是个见财如命的德国人。采访最后，记者问他是否想对德国的亲人说点什么时，他趁机说道："如果以色列今后还派间谍来的话，它应当去找自己的公民，而不要再收买德国人或者其他外国人了。"埃及当局显然并没有意识到，以色列军方已经明白了洛茨的意思：我的假德国人身份还没有暴露，请设法据此采取营救。1965年7月27日，埃及法庭对洛茨夫妇进行了公开审判，洛茨被判终身苦役。

1967年6月5日，第三次中东战争爆发。从监狱中可以听见以色列飞机在监狱附近投下炸弹的爆炸声，洛茨分析他们攻击的目标很可能是由自己提供情报的赫勒军工厂的位置，为此他心中暗暗高兴。1968年2月3日，洛茨被叫到监狱副官办公室，监狱副官通告了释放洛茨的决定。当时，洛茨听到自己获释并没有之前想象的那么兴奋，反而内心出奇的平静。在开罗机场，洛茨等待回国的班机。突然，领事神秘地告诉洛茨，在他被释

洛茨曾多次站在这里瞭望，刺探情报。

放的背后有过一场特殊的较量。战争结束后，以色列开始同埃及就交换战俘的问题进行谈判，以色列情报机构长官梅厄·阿米特坚持要将洛茨列入战俘交换之列。自从科恩被叙利亚人绞死之后，阿米特就一直对没能营救这位"间谍王子"而感到自责和沮丧。但是以色列政界却不愿意公开承认洛茨是本国间谍。直到阿米特以辞职相威胁，最终才使洛茨得以逃出囹圄。最终，以色列政府表示，埃及释放在押的洛茨和瓦尔特劳德夫妇，以色列就可以释放包括 9 名埃及将军在内的 5000 名埃及战俘。洛茨听后大吃一惊，几乎不敢相信自己竟有如此之高的身价。

以色列国防部长摩西·达扬被视为"六日战争"胜利之"父"。

以这样大的代价换取两个人的性命，的确价值不菲，洛茨可能是身价最高的间谍了吧？

柏林墙下有耳

无间道，间谍无处不在，说话小心，隔墙有耳。

柏林墙是东西方冷战的见证，一幕幕历史话剧在这里上演，有的惊心动魄，有的变幻莫测，柏林墙因此成了杀人边界，成了东西方明争暗斗的战场。

在这场你死我活的较量中，间谍战扮演着至关重要的角色。美国媒体披露，柏林墙下就是个神秘的间谍战场，中情局有一条对付苏联的窃听隧道，凭着这条隧道，中情局打赢了不少间谍战。如今，柏林墙已经不复存在了，这条窃听隧道已被废弃或仍然活跃，还是个不解之谜。

当时的美国中央情报局局长是希伦科特，此人足智多谋，是一位间谍老手，他认为柏林是东西方的结合点，是一个从事间谍活动最理想的所在地。那时候，窃听是最普遍也是最行之有效的间谍活动之一，希伦科特自然不会漠视窃听的作用。在经过深思熟虑后，希伦科特脑海里形成了一项注定将载入间谍史的庞大计划——对苏联展开大规模陆上窃听。

希伦科特自称视金钱如粪土，但他却把这项窃听工程命名为"黄金"，因为优质的情报比黄金还有价值。希伦科特把数名间谍专家召集到中情局总部召开了一次秘密会议，专家们指出，对苏联进行情报战，柏林的确是一个理想的地方，但苏联对美国的间谍活动十分敏感，稍有风吹草动，苏联人就会给予出其不意的还击。中情局在这方面曾吃过不少苦头，所以，这项耗资巨大的窃听计划必须从长计议，周密计议，力保万无一失。

专家们发现，苏联军事设施有地下通讯电缆通往民主德国和东欧各国，中情局完全可以在这方面做文章。希伦科特在认真地听取了专家们的意见后一不做，二不休，决定迅速在苏军通讯电缆附近秘密挖掘隧道，沿线窃听。

　　然而，希伦科特很快就发现，面对强大的克格勃，要顺利实施这一窃听计划难度相当大，如果计划不周，甚至有前功尽弃的危险。久经间谍战的希伦科特此时把眼光投向了英伦：要说间谍战，英国人似乎天生就是间谍料，历史上竟然出了那么多的间谍天才，他们干得比美国人还要出色。

　　况且，英国得益于工业革命，间谍窃听技术已经走在了世界前面，面对强手苏联，不把英国人拉进来显然是不明智的做法。于是，希伦科特亲笔写就密信一封，寄往英国间谍机构军情五处，明确无误地要求英国人参加这项针对苏联的窃听行动。

　　英国间谍出手不凡，他们以令人吃惊的速度查出苏联与民主德国及东欧驻军的通讯是以东柏林为中心。英国间谍提出的具体实施计划同样让希伦科特怦然心动：如果从西柏林建窃听隧道穿过勃兰登堡门，再向东或西伸延进入东柏林，截听苏联军事通讯将易如反掌，而且隐秘性极高。

　　勃兰登堡门位于东柏林，是柏林唯一保留下来的城门，也是柏林的凯旋门，1791年建成。1961年8月，苏联领导人赫鲁晓夫在冷战危机中下令筑起柏林墙，由勃兰登堡门至汉柏海佛一段是最能刺痛柏林人的冷酷之墙。但苏联和民主德国领袖们被英美蒙在鼓里，他们一直得意于柏林墙这一杰作，却不知道，墙下有耳——早在柏林墙建成之前，美国人便开始实施窃听隧道计划，他们在地下5米开挖，直指苏联的地下通讯电缆。后来的柏林墙反而成了间谍活动的掩体。

　　这条秘密隧道以西柏林南面一处美军设施为起点，伸延至东柏林，主段长500多米，里面布满了电子窃听器，能清楚地截听到苏军的电话和密码信息。窃听隧道的建设就此大功告成。西方情报人员事后透露，苏联人所发现的仅是隧道的其中一段，尚有隐秘支线一直未被发现，继续长期运作。

　　1990年10月3日德国统一后，这些中情局地下设施便成了一个谜，虽然美国现在主要靠间谍卫星窃听全球情报，但陆地秘密设施绝非毫无作为。

第七篇

惊险的考古谜团

指引黄泉路的神奇宝藏

宝藏从来都是埋于地下，沉于海底。冥冥中注定了黄泉路的诱惑。

大禹九鼎之谜

鼎的重量不可问，是因为其原本就不存在，还是真的因为它是国家权力的象征？

大禹即位后，一举平定了三苗，为显示权威，维护夏朝和诸侯国的统属关系，大禹发出号令：命天下各州的首领务必前来涂山会盟宣誓。在会上，大禹对诸侯说："此次盛会标志着天下太平，华夏团结。今后如有图谋不轨者，天下共诛之！"后来，为纪念这次盛会，大禹决定将各方进献的青铜铸成代表九州的九尊鼎。九鼎既然为国家社稷之象征，就应被各国极端珍视，可是大禹九鼎的失踪却非常神秘。这是怎么回事呢？

关于九鼎的内容，《山海经补注·序》中有相关描述："收九牧之金，以铸鼎。鼎象物，则取远方之图，山之奇，水之奇，草之奇，木之奇，禽之奇，兽之奇，说其形，别其性，分其类，其神其殊汇，骇视警听者，或见或闻，或恒有，或时有，或不必有，皆一一画焉。"《山海经新校正·序》中则记载了九鼎上面的文字："按其文，有国名，有山川，有神灵奇怪之所际，是鼎所图也。"由此可见，九鼎之上不仅有山川河岳、草木鸟兽的图，还有关于各种物象的文字介绍，简直可以称得上是古代的地图。

夏朝被商朝灭亡，九鼎就迁到了商朝的都城亳邑。商朝为周所灭，九鼎就迁到了周朝的镐京。及至成王迁都洛邑，九鼎又随之被安置在洛邑，谓之定鼎。这时候，九鼎已经成为"天命"之所在，代表着王权的至高无上、国家的繁荣统一，即所谓"鼎在国在，鼎失国亡"。公元前606年，春秋五霸之一的楚庄王势力日益强大，一次，他兴兵攻击陆浑之戎，逼近洛邑郊外，威胁周朝，周定王无奈之下，为他举行慰劳欢迎之礼，庄王就曾"问鼎小大轻重"，表明了他有灭周的野心。

秦始皇统一六国后，也一直在寻找九鼎。公元前219年，秦始皇在泰山完成祭天大典后，曾专程来到彭城泗水之滨，派人打捞周鼎，但毫无结果。《史记·秦始皇本纪》中载："过彭城，斋戒祷词，欲出周鼎泗水，使千人没水求之，弗得。"北魏郦道元的《水经注·泗水》则这样记载："九鼎沦没泗渊，秦始皇时，而鼎见于斯水，始皇自以德和三代，大喜，使千人没水求之，弗得，所谓'鼎伏'也。亦云系而行之，未出，龙齿啮断其系。故语曰：'称乐太早，鼎绝系。'"这个故事在汉代民间广为流传，还被制成了很多画像石、画像砖。目前，已经发现的"泗水捞鼎"的画像有数十幅，画面大同小异，基本为一条上有拱形桥的河，桥上正有车马行人通过。

桥的左右两侧各站一排人正在用力拉绳，绳子系在柱子上，中间一人负责绳子的方向。绳子的另一端分别拴在铜鼎的两个耳上，铜鼎刚刚被拉出水面，这时，从水里跃出一条蛟龙将绳子咬断，铜鼎又落入水里。这就是《水经注·泗水》中描述的故事梗概，也是关于九鼎的最后记载，从此以后，九鼎从史籍中消失，其下落也成为千古之谜。

到了清代，历史学家王先谦对九鼎的去向进行了长期的研究，提出了新的观点。他在《汉书补注·郊祀志》中认为：东周王室逐渐衰落，而各个实力雄厚的诸侯国却虎视眈眈，力图统一中国，取代周的地位。因此，象征王权和"天命所归"的九鼎，自然成为各诸侯争相夺取的稀世国宝。而此时周王室已经入不敷出，为解决财政困难，也为避免诸侯国兵刃相向，前来问鼎，于是将九鼎销毁铸成铜钱，对外则诡称九鼎已不知去向，这种说法虽有一定道理，但却没有历史记载和实物的证实，不足为信。

由于大禹九鼎下落不明，且在北魏以后历史全无记载，也有人开始怀疑大禹制鼎的真实性。

但是史籍中有多处关于九鼎的记载。《墨子·耕柱》曰："昔日夏后开（启）使蜚廉折金于山川，而陶铸之于昆吾……九鼎既成，迁于三国。"《左传》中也谈到九鼎铸造的情况：夏朝初年，朝廷划天下为九州，州设州牧。夏令九州牧贡献青铜，铸造九鼎。造鼎之前，曾先派人将全国各州的名胜之地和代表性的奇异之物画成图册，造鼎时即把这些画仿刻于九鼎之上，以一鼎象征一州。九鼎即为九州，分别为冀州、兖州、青州、徐州、扬州、荆州、豫州、梁州和雍州。各州以自然的山河为界。其中豫州鼎为中央大鼎，象征豫州作为中央枢纽的地位。九鼎集中到夏王朝都城阳城，反映了全国的统一和王权的高度集中，表明夏王大禹成了九州之主。

关于大禹九鼎的争论很多，大家各执一词。九鼎究竟存在与否？如果存在，其又在何处呢？

越王剑之谜

越王剑的出土，让许多人想起了勾践卧薪尝胆的故事，可是越王剑如同勾践一样，也充满了许多谜团。

1965 年冬天，在湖北省荆州市附近的望山楚墓群中，出土了一把锋利无比的宝剑。上面用鸟篆铭文刻了 8 个字，"越王勾践，自作用剑"。专家通过对剑身 8 个鸟篆铭文的解读，证明此剑就是传说中的越王剑。

公元前 496 年，吴王夫差为报父仇，攻打越国大获全胜，使越王勾践成为阶下囚，被吴王扣押了 3 年。越王勾践在忍受了 3 年的屈辱生活后回到越国，在大臣范蠡、文种的辅佐下，卧薪尝胆、励志图强，用艰苦的生

越王勾践剑　春秋
剑身铭有："越王勾践，自作用剑。"

活磨炼自己的意志。经过十年努力、十年自强，终于使越国由弱转强。公元前 473 年，越王勾践率精兵灭亡了吴国，迫使吴王夫差自杀，并进而成就了越国霸业。从此，越王勾践卧薪尝胆的故事，就在中国历史上代代相传，脍炙人口，延续至今。

越王剑出土的时候，置于棺内人骨架的左侧，并插入涂黑漆的木鞘内。剑长55.6 厘米，宽 5 厘米，剑形挺拔、庄重，制作精良考究，保存完好如新。剑身上面满饰黑色菱形暗纹，剑格的一面由绿松石组成美丽的图案，另一面则镶嵌着蓝色琉璃，整个装饰显得华贵、典雅。靠近剑格处有两行鸟篆铭文，铭文为"越王勾践，自作用剑"。剑柄以丝缠绕，剑出鞘时寒光凛凛，耀人眼目，剑刃薄而锋利。既然是越王勾践用过的剑，那么它为什么出土于地处长江中游的楚国墓葬中呢？它为何没有留存在越国故地？

有人认为，这柄珍贵的青铜剑是在楚国灭亡越国的战争中被楚军缴获，然后作为战利品而流入楚国贵族手中。楚国贵族死后则把它作为陪葬品伴随身边。还有人认为，这把剑是越女嫁给楚国时的陪嫁品。因为历史上记载，越王勾践的女儿是楚昭王的宠姬。

根据同墓出土的大批竹简得知，该墓入葬的年代为楚威王或楚怀王前期，所以说越王剑是因赠送而自越传入楚地，是很有可能的。目前考古发现传世的越王剑，虽然有些是赠送而传入楚地，但也有些必然是楚灭越时的战利品而流入楚国的。这把越王勾践亲自用过的剑到底是友好时赠送的礼品，还是战争时缴获的战利品，确实是历史上的一个谜。

我国古代的青铜器，主要为铜与锡的合金，成书于战国时期的《周礼·考工记》中就有"四分其金（铜），而锡居一，谓之戈戟之齐；三分其金而锡居一，谓之大刃之齐"的记载。据科学分析，越王剑使用了合理的含锡成分，保持了剑的强度和延伸性。而且越王剑因剑的各个部位的作用不同，铜和锡的比例也不一样。剑脊含铜较多，能使剑韧性好，不容易折断；而刃部含锡高，硬度大，使剑非常锋利。但不同成分的配比在同一剑上又是怎样铸成的呢？专家们考证后认为是采用了复合金属工艺，即两次浇铸使之复合成一体。这种复合金属工艺，世界上其他国家是到近代才开始使用的。两千多年以前的越国人是如何掌握和使用这种技术的，对我们来说是一个谜。

越王剑最让人吃惊的地方在于它被深埋地下两千多年，出土的时候竟然没有生锈，且依然锋利无比，闪烁着炫目的青光，寒气逼人！这是如何做到的呢？根据现代科学测定，剑的表面大部分地方含有不同程度的硫。硫化铜可以防锈，因此，有的专家认为当时人们已掌握了运用硫化铜进行表面防锈处理的先进工艺，即是这柄剑之所以千年不锈的根本原因。但另一种看法认为，越王剑千年不锈的真正原因在于特殊的密封条件，并且浸泡于酸、碱适度的中性水中。各种说法都有道理，但越王剑千年不锈确是一个难解之谜。

不管怎么说，越王剑都是我们古代劳动人民智慧的结晶，反映了古代人民铸剑技术的高超。越王剑以其诸多的谜团，被誉为"天下第一剑"。

秦始皇传国玉玺下落追踪

　　玉玺是国家权力的象征，其自身也具有无比珍贵的价值。随着朝代的更迭，玉玺也经历了风风雨雨。秦始皇统一中国之后，为了显示其至高无上的权威而令玉工孙寿为其刻制了一枚国玺。国玺是以闻名天下的和氏璧刻成，玺方四寸，其上盘曲巨龙，李斯手书的"受命于天，既寿永昌"八个形如"龙凤鸟鱼"之状的篆字镌刻其上。

　　在秦朝末期，刘邦进入咸阳，子婴在举行了投降仪式后将传国玉玺献给了刘邦。到了西汉末年，王莽篡权，他命其弟王舜进宫向其姑母孝元太后逼索传国玉玺。太后一怒之下将玉玺掷到地上，撞破了一角。王莽用纯金把撞去的一角补上。王莽失败后，传国玉玺落入东汉开国皇帝刘秀之手。东汉末年，十常侍作乱。汉少帝夜出北宫，却把传国玉玺丢失了。后来孙坚攻入长沙，在城南甄官井捞出一宫女尸体，从其项下锦囊中的一个金锁锁着的小匣子内发现了玉玺。孙坚死后，袁术拘捕了孙坚妻子而夺得玉玺。袁术兵败身亡后，传国玉玺落入曹操之手。西晋统一后，司马炎得到了玉玺。西晋灭亡之后，玉玺流落到北方十六国。后来，有人将传国玉玺献给了东晋皇帝。东晋灭亡后，玉玺被刘裕得到，开始在南朝宋、齐、梁、陈中流传。隋文帝灭陈后，获得传国玉玺。隋末，隋炀帝被宇文化及杀死，玉玺落入宇文化及手中。宇文化及兵败后，窦建德得到玉玺。窦建德兵败后，唐高祖李渊又得到玉玺。从此以后，玉玺在唐传了370年。最后，玉玺被后梁皇帝朱温获得。梁之后，玉玺归后唐。公元963年，石敬瑭勾结契丹耶律德光攻打洛阳。后唐废帝李从珂见失败已成定局，便带着玉玺登玄武楼自焚了。传国玉玺从此便没了踪影。

　　随着时间的推移，一度失踪的玉玺据说又重现人间，并被元顺帝的后人博硕克图汗得到。元太祖成吉思汗的嫡系后裔林丹汗得知了这一消息，他认为这玺应属于他，便用武力把它从博硕克图汗手中夺了过来。后来玉玺又被皇太极用武力夺去。皇太极得到之后，才发现玺上刻的是"制诰之宝"，并非秦始皇的传国玉玺。但皇太极为了宣扬"天命所归"，对外仍称获得了传国玉玺，于是改"金"为"清"，建立了大清国。后来清朝统一了天下，就将这颗假传国玉玺当成了清朝传国的宝物了。

　　除此之外，还传说北宋时咸阳的一位农民耕地时发现一方玉印，上面刻着"受命于天，既寿永昌"八个字。当时的宰相蔡京得知这一消息后，进行考证。最后他宣称这就是秦始皇的传国玉玺。此事曾轰动一时。到后来这块玉玺被一位曾在美国侨居多年的国民党军官得到了。"文化大革命"期间，这位军官要在澳门出售这块

后人仿造的传国玉玺及印文

玉玺，香港的一位爱国人士得知这一消息后，表示愿收购这块玉玺捐赠给祖国。但经专家鉴证后发现玉玺是赝品。此后也有一些关于玉玺下落的传说，但真实性都值得怀疑。

唯一能肯定的是，秦始皇的传国玉玺肯定尚在人间。因为据专家介绍，用来雕制传国玉玺的和氏璧是玉石中的"柱长石"，能耐1300℃的高温，所以一般火焚化不了它。由此说来，说不定哪一天这方传国玉玺会真的重现人间。到那时，关于玉玺下落的谜团就会解开了。

失窃的楼兰宝藏

位于新疆罗布泊附近的楼兰曾经是西域丝绸路上的绿色明珠和佛教文化的鼎盛之邦。据《史记·大宛列传》记载，楼兰是西域的一个小国，建在盐泽边上，有城郭，但"兵弱易击"。楼兰在汉昭帝时改国名为鄯善，并请求朝廷驻军伊循城。楼兰自此成为中央政府控制西域的战略支点。东汉时楼兰在丝绸之路上依然占据着重要位置，东汉朝廷大力开发楼兰，并在当地大规模屯田。以后几百年直到魏晋，楼兰一直是内地通往西域的重要交通枢纽。再后来，由于时势与环境的变迁，它逐渐退出了历史舞台，并最终淹没于岁月和自然的风尘之中。19世纪末，西方探险家们的到来打乱了这里静谧的时空，在被撩开神秘面纱的同时也受到了不应有的玷污。

楼兰古城的平面大体上是一个长方形。若以复原的城墙计算，面积达10余万平方米。它的东城墙长约333.5米，南城墙长约329米，西城墙和北墙均长约327米。北城墙和南城墙因顺东北风势，所以保存得较为完整，而东城墙和西城墙因受东北风的强烈侵蚀，已所剩无几。

在新疆探险史上，英籍匈牙利人奥利尔·斯坦因的名声、影响、地位与斯文·赫定大致持平。1906年，斯坦因在楼兰古城中发掘了一处近100平方米的废墟，在这里发现了少量的文简牍和大量汉文简牍以及铜、陶、木器、漆器、丝、毛织品等。

根据汉文简牍可以得知，城中西南的大院落为长史衙署遗址，其附近为长史衙署的附属建筑。建筑形式既具有内地建筑的特点，也保持了当地的建筑风格。城内

楼兰古城遗址

渠道以东的一组房屋建筑，规模宏伟，是客馆和高级官吏的邸宅。南城似乎为军事驻地。散布在城内的其他建筑，可能是当地土著与汉族的寄居区。

简牍上面所记载的日期表明这个神秘之城被废弃的时间大约在公元 3 世纪~4世纪。

在 1907 年对楼兰的第二次考察中，斯坦因发现了"从未报道过、完全出乎意料"的楼兰壁画。当来到一座大佛寺里，在长方形的基座走廊上，他发现了一个穹顶的圆形建筑，在这里意外地看见了美丽的壁画——"带翼天使"的头像。斯坦因断言："壁画的整体构思和对眼睛等的表现，纯粹是西方式的。残存的带有卢文题记的祷文绸带说明，这里的寺院废弃于公元 3 世纪~4 世纪。这一点是毫无疑问的。""带翼天使"的发现令他激动不已："这真是伟大的发现！我们在这里找到了世界上最高的安琪儿。她们大概在 2000 年前就飞到中国来了。"楼兰壁画是新疆境内最古老的壁画之一，在这里发现的"带翼天使"可以说是古罗马艺术向东方传播的最远点。

仅斯坦因一人从楼兰古国盗走的珍贵文物就是无法统计的，这些文物是无价的精神财富，它们凝结着一个消亡文明曾经创造的灿烂文化成果，也是现代人研究古楼兰消亡原因以及再现其原貌的重要依据。然而，这些文物被盗后却再也未曾露面。

太平天国窖藏珠宝

在江苏省南京市，有一处举世闻名的古代建筑遗址，这就是太平天国天王府旧址。虽然这里的大部分建筑都遭到了破坏，但每天仍有许多人前来参观。100 多年前的那段血雨腥风的历史虽然早已过去，留给人们的思考却还没有结束，其中让许多学者特别关心而又百思不得其解的问题是：太平天国的窖藏珠宝埋于何处？

1853 年太平天国攻占南京，在此建都，并改南京为天京。当时盛传洪秀全和天国的新贵在这里聚敛了大量的财宝。1864 年 7 月天京陷落，湘军从天京的各个城门蜂拥而入，对整座天京城进行了三天三夜的搜查，其中天王府被曾国荃和萧孚泗率先洗劫，府衙甚至民宅内的一切财物，连同几万名女俘，被一并掠去。但是，历来"洪逆之富，金银如海，百货充盈"的传闻，使他们远不以此为满足，他们认为一定还有更多的财宝被藏在某个未知的地方。

据说曾国荃抓到李秀成后，一直逼问他天京窖藏珠宝的下落。没过多久曾国藩也从安庆赶到南京，兄弟二人软硬兼施，希望能从李秀成处获知宝藏的所在。李秀成被较晚处死，这可能也是原因之一。李秀成虽然最后投向曾氏兄弟，但关于太平天国天京的窖金一事，终因诸多原因而被搁置。

然而太平天国在天京藏有窖金却确有其事。虽然湘军纪律严明，规定"凡发掘贼馆窖金者，报官充公，违者治罪"，但天京被攻破后，仍有少量窖金被兵丁发现后私吞。据《能静居士日记》卷十二记载："另有其余死者寥寥，大半为兵勇扛抬什物出城。或引各勇挖窖，得后即行纵放。"上元人孙文川的《淞沪随笔》手抄本里也有

"城中四伪王府以及地窖，均已搜掘净尽"的记载，但他说的可能是斗筲金银，而关于大宗窖金的下落则鲜有著述提及，给后人留下一个疑团。

据一些当时流传的文本记载，南京从前有个叫蒋园的富丽堂皇的大花园，园主姓蒋，绰号"蒋驴子"。据说他本来只是一个靠毛驴贩运货物的商贩，因为一次偶然的机会，得到太平天国忠王李秀成的赏识，得了个"驴马车三行总管"的官衔。天京被围后，"宫中顷有急信至，诸王妃等亦聚金银数千箱令载，为了埋藏其物"。《红羊佚闻·蒋驴子轶事》的记载则说"有金银数千箱，命驴往，埋于石头山某所"。蒋氏后来成为近代金陵巨富就是凭此起家的。但这显然也只是传说，蒋园并不是靠太平天国的金银建成的。

20世纪初，关于这件事情的传闻很多，而且各执一词，此事即成为疑案。民国初年，据一些南京士绅报告，"洪氏有宝藏在某处，彼亲与埋藏"，一些辛亥元勋"皆以旦夕可以财为期"，多人由此起了贪心，雇人掘宝，结果却一无所获。

相传南京解放时，有人听信传闻放干了蒋园中的湖水，但仍丝毫不见洪秀全窖金的踪影。传说翼王石达开在部队被困大渡河时，曾将大批宝物窖藏；阶王谭体元10万将士大败于广东嘉州（梅州）城南铜鼓嶂、大田等地时，也曾将一批宝物深埋地下，这些都引起了后人对天京窖藏的极大兴趣。

那么，太平天国窖藏的珠宝到底在哪里呢？

一种可能是如曾国藩向皇帝所奏报的，确实没有窖金；另一种可能是确有窖金，但被湘军掠夺殆尽。据《能静居士日记》记载，萧孚泗"在伪天王府取出金银物资，即纵火烧屋以灭迹"。曾国藩兄弟的收获当然也不少，当时的《上海新报》对此曾有报道说，"宫保曾中堂之太夫人，于三月初间由金陵回籍，护送船只约二百数十号"，窖金或许就包括在这些搜刮之物中。如若天京窖金的数量真如传闻所说之巨，它是不可能被湘军全部挖走的，因此极有可能还有更多的窖金因埋藏巧妙至今没有被人发现。

慈禧太后的随葬品

1835年11月29日，也就是清道光十五年十月十日，镶蓝旗里出生一个女婴，她就是对中国历史产生重大影响的叶赫那拉——后来的慈禧太后。

1851年咸丰皇帝诏选秀女，第二年那拉氏被选入宫，封为兰贵人。1854年又被封为懿嫔，两年后她为咸丰帝生下了皇长子载淳，从而晋封为懿妃。1857年，她的地位再次得到提升，被封为懿贵妃，从此她在宫中的地位仅次于咸丰帝的皇后钮祜禄氏。由于得到咸丰帝的宠幸，慈禧太后开始干预朝廷政事。咸丰皇帝死后，她夺得太后的权位，与钮祜禄氏平起平坐。这也标志着继唐代武则天成为中国古代历史上唯一的女皇之后，又有一位女性开始操纵中国的命运。

当时清王朝的统治已处于风雨飘摇之中，民族矛盾、阶级矛盾、统治阶级内部矛盾日益尖锐。慈禧太后一面在外国势力和国内的统治阶级之间周旋，一面充分享受着"皇太后"的优裕生活，奢侈腐朽、唯利是图。不仅如此，她还两次大兴土木，为自己修建了豪华的陵墓——菩陀峪定东陵。

她死后，陪葬的奇珍异宝不计其数。据大太监李莲英等所著《爱月轩笔记》记载：慈禧太后入棺前，棺底先铺上1层珍珠和3层金丝串珠绣花锦褥，棺头放满翠碧透、筋络自然天成的翠玉荷叶，棺尾则是一朵粉红色碧金大莲花。慈禧太后头戴珍珠串成的凤冠，身着通贯金线串珠彩绣袍褂。衾被上有用珍珠制成的一朵硕大的牡丹花，手上戴的手镯则由钻石镶嵌的一大朵菊花和六朵小梅花连贯而成。

慈禧陵的地宫，孙殿英当年盗墓的入口

尸身旁放置有白玉、翡翠、红宝石、金雕佛像各27尊。脚下左右两边各放翡翠西瓜一个、翡翠白菜2棵、翡翠丝瓜2个，还有宝石制成的枣、杏、桃、李200多枚。她的尸身右侧放置一株玉雕红珊瑚树，上绕一颗青根绿叶红果的玉蟠桃，树顶处则是一只翠鸟。

尸身左侧放着1枝玉石莲花和3节白玉石藕，藕上有天然生成的灰色"泥污"，藕节上长着绿色的荷叶，上面开着粉红色莲花。棺内还有玉石十八罗汉、玉石骏马等700多种珍宝。为填补空隙，棺内还倒入了红、蓝宝石2200多块和4升珍珠。慈禧太后口中含有一颗巨大的夜明珠，当它被分成两块时，透明无光，合拢成为一个圆珠后，则能射出一道绿色寒光，在晚上的亮度可使人在百步之内看清慈禧太后的头发。由此可见，慈禧太后不仅生前穷奢极欲，死后也要躺在成堆的金银珠宝之中。

从1879年慈禧太后墓完工到地宫最后封闭，共用时30余年，其间还陆续向地宫内放置了各种金玉祭品、珍奇瑰宝1000余种。据估计，慈禧太后的随葬品约值白银上亿两。然而稀世珍宝给她带来的并不是永恒的安宁，而是横尸荒冢之祸。

1928年7月，大军阀孙殿英盗掘了慈禧太后的陵墓，制造了震惊中外的盗陵窃宝案。

1928年夏，孙殿英率军驻扎在蓟县马仲桥，此地与清东陵仅一山之隔。这个军阀头子早就听说这两座清朝鼎盛时期的陵墓中藏有许多无价之宝。

7月，东北军一名土匪出身的团长马福田开枪打死奉军军官，趁队伍调防之机拉出一支人马，直奔东陵旁的马兰峪，准备挖坟盗宝。孙殿英得知这一消息后，马上以"剿匪"的名义，派第8师师长谭温江带兵连夜出击，赶走马福田，并以检查武器、搜索敌人为名直奔陵区。他们四处张贴告示，说部队要在东陵搞军事演习，然后在陵区内安营扎寨，设置了许多岗哨。各项准备工作完成之后，一场震惊中外的所谓的"军事演习"就开始了。

谭温江率领两个旅的士兵开进了菩陀峪定东陵的宫门。隆恩殿、东西配殿的64根金龙盘玉柱，不幸成为最先遭劫的艺术珍品。

匪兵们从一个建陵老人口中得知地宫入口的位置后进入了古洞门，然后在15米长的青砖券尽头的"金刚墙"地面处，炸开一个洞口进入地宫。闯过地宫最后一道堂券——"金券"，券顶及四壁均为汉白玉石，室内正中摆放着"宝床"，它是一个汉白玉座，慈禧太后的棺椁就摆放在宝床上面。

匪兵们小心翼翼地把五面斗形的棺盖撬开，棺内放射出一片奇光异彩，慈禧太后如熟睡一般，只是脸一见空气就变黑了。棺内除慈禧太后的尸体外，全部都是奇珍异宝。匪徒们为了取宝方便，把慈禧太后的尸体扔到棺外。

掀翻棺椁后，匪兵们发现底下有一眼井。传说这是一口神秘的"不竭不溢"的"金眼古井"，建陵时即取中了这口井的风水"穴位"，慈禧太后亲手将她手腕上戴的珍珠手串投入井中点"穴"。但她万万没有想到，自己费尽心机建造的藏满奇珍异宝的地下宫殿，却变成了大军阀孙殿英的宝库。

盗宝事件发生后，中外震惊。孙殿英为了不惹出祸患，将其中的精品分别孝敬给国民党的要员。他将慈禧太后墓中的翡翠西瓜送给了宋子文，慈禧太后口含的夜明珠送给了宋美龄，朝鞋上的宝石送给了孔祥熙，连蒋介石也得到了许多好处。尽管清朝贵族的遗老遗少们要求严惩首犯孙殿英，但因他手握重兵，南京当局并不想得罪他。这场轰动一时的盗陵窃宝案只能不了了之，而落入孙殿英手中的那部分财宝也自此下落不明。

特洛伊宝藏

读过《荷马史诗》的人一定会为故事中映射出来的远古希腊文明的光芒所深深打动，而始终环绕故事中心的特洛伊古城也必定给你留下了深刻的印象，然而特洛伊城在经历了10年的战争后最终毁灭。

19世纪中叶，德国人海因里希·谢里曼历经辛苦之后终于找到了位于安纳托利亚西北角、濒临达达尼尔海峡入海口的希萨尔利克山的特洛伊古城。在这片古文明遗址中，海因里希·谢里曼发掘出一个装满了奇珍异宝的赤铜容器，里面有金戒指、金发夹和金制酒杯、花瓶等近万件珍宝。其中一件玲珑奇巧的纯金头饰最令人叫绝，它是用金箔将1.6万件小金板缀连而成，可谓巧夺天工。他的重大发现在全世界掀起了轩然大波。

根据史料记载，在特洛伊战争发生500多年之后，一切从头开始的古希腊人，曾经在他们认定的特洛伊城原址上重建了一座新的城市，名为"伊利昂"。公元前480年，为了同希腊人作战，波斯国王曾经到这里为智慧女神雅典娜举行过百牲大祭。公元前330年，另一位帝王亚历山大远征波斯之前，也曾在这里拜祈过女神雅典娜。但是到了公元初年，罗马执政官尤利乌斯·恺撒来这里凭吊他的祖先埃涅阿斯的出生地时，这里却已经全然没有了往日的繁荣，而是被满目荒芜所取代。直至罗马时代，一座新城才又在这里崛起，但它在经历了几百年的繁华后，又毁于地震。从此，特洛伊逐渐从人们的记忆中淡去了。后来，人们甚至怀疑这个城市是否在地球上存在过。

荷马雕像

当年谢里曼的发现也是让人半信半疑，如今一个多世纪过去了，通过考古工作者的艰苦挖掘，特洛伊城已将它的全貌展现于世人面前。人们在 30 米深的地下发掘出了各个不同时期的特洛伊古城遗址，分属 9 个不同的历史时期。这充分证明特洛伊文化是真实的，而且历史悠久。在这里，公元 400 年左右罗马帝国时代的古城遗址仍在向人们展示着当年雅典娜神庙的雄伟气势。

科学鉴定证明，公元前 1300~ 前 900 年的特洛伊古城遗址是被彻底烧毁的，这有力地证明了《荷马史诗》对历史的描述是真实无误的。人们在这里可以看到厚达 5 米的残败石墙，里面还发现了大量的彩陶和其他生活用品，它们大多绘有简单的几何图形，造型朴素。数百年来，人们对埋藏于特洛伊之下的宝藏一直将信将疑，虽然谢里曼发现的金面具、金盒、金盘、金制的儿童葬衣以及上万件金制首饰，都证实了宝藏的存在，但人们心中产生的新的疑问是：1890 年以后的发现比谢里曼在 19 世纪 70 年代挖掘的遗址离地面要近得多，这表明在建立时间上《荷马史诗》的特洛伊城比谢里曼发现珠宝的小城有几个世纪之差，照此推理，这些珠宝不可能属于普里阿摩斯或《伊利亚特》中的任何人的。同时，这也说明谢里曼由于急于到达小山的底部无意中挖通了《荷马史诗》时代的特洛伊。那么谢里曼发现的黄金制品是不是传说中的特洛伊宝藏呢？或者说，这里还有没有埋藏其他的宝藏呢？

从这里出土的大量不同形式的古代文献里，人们还可以发现更多关于古代文明的秘密信息，但至今仍未能破译特洛伊文字。想解开特洛伊传说中的宝藏之谜还有很长的路要走。

挪威乌瑟贝格：北欧海盗船葬

维京人生活在 1000 多年前的北欧，今天的挪威、丹麦和瑞典。当时欧洲人更多将之称为 Northman，直译为北方人，即北方来客。维京是他们的自称，在北欧的语言中，这个词语包含着两重意思：首先是旅行，然后是掠夺。他们远航的足迹遍及整个欧洲，南临红海，西到北美，东至巴格达。当他们第一次在当地百姓面前出现，就是以海盗的身份抢劫掠夺。

公元 793 年 6 月，维京人驾驶着 3 艘长船抵达英国海岸。

维京人的长船

自罗马帝国灭亡以来，维京人的长船是造船史的一次重要进展。早在公元 8 世纪晚期，这种造型轻巧、漂亮的船只就运载着维京战士在地中海和西欧四处劫掠，或运送他们穿越大西洋，远至北美海岸。像所有维京人的工艺品一样，长船有很强的实用性。这种船形状狭小，吃水很浅，使它可以在水上飞快行驶。维京人有时会将死去的长者安葬在船上，一些这样的船葬已经被发掘出来，它们提供了有关这种船只的重要信息。一个著名的例子是 1880 年在挪威科克斯塔德发现的长船，这艘船长 23 米，每边可以坐 16 名划桨手。

这些冷漠而充满敌意的北欧人攻击了林第斯法恩修道院。在那里，他们杀死无辜的僧侣，挖开祭坛并将这座神圣教堂里的所有珍宝洗劫一空。

这次劫掠标示着持续近 300 年的维京时代的来临。

维京人来自瑞典、挪威和丹麦，最初都属于斯堪的纳维亚民族。"维京"这个名称来自北欧的古词"维克"，意思是"港湾"，9 世纪时，斯堪的纳维亚人赋予它新的含义——"远征"。从 8 世纪开始，维京人四处征战。这些北欧海盗驾着行动敏捷的长船，溯河流扬帆疾驶而上，深入欧洲内陆大肆烧杀劫掠。

在欧洲大量的史籍中，维京人都被描述为贪财、肮脏、沉溺酒色、杀戮成性的野蛮人。那么关于维京人生活的其他部分呢？他们的社会组织、宗教信仰、家居生活和风俗习惯又是怎样的呢？由于维京人绝大多数都是文盲，最生动的维京人社会也就一直被湮没在黑暗中。

位于挪威乌瑟贝格、世界上已发现的最丰富的维京人船葬墓为我们了解维京人的生活提供了更多的线索。

1903 年 8 月，一个名叫克那特·罗姆的乌瑟贝格农民拜访了奥斯陆大学教授加伯利尔·古斯塔夫森。罗姆在自家农场发现了一个古墓，在挖掘过程中，他竟然发现了一条大船。两天后，加伯利尔赶到那个农场进行调查。他确信这个古墓是一处维京时代的大型船葬，决定开始发掘。

由于当时挪威并没有制定保护类似公共发现的有效法律，在谁的土地上发现的，就归谁所有。因此，开始发掘前，加伯利尔和土地所有者罗姆进行了谈判，希望他能够将发现物品上交给国家，再由国家给予一定补偿。谈判进行得并不顺利，几乎使得发掘计划流产。后来在一位慷慨的德国人帮助下，加伯利尔才终于取得了土地所有者的同意。

次年夏天的 6 月 13 日，发掘队开始破土。发掘持续到 10 月 5 日，直到船的最后一块碎片被发掘出来。

人们打开坟墓后发现，船的保存情况意外地好。近乎完整的大船用缆绳系在一块岩石上，船首是优美的天鹅颈形，上面装饰着的精美刻花清晰可见。船上覆盖了一层厚厚的石头，石块上还有一个泥炭堆，这个保护层阻隔了空气，使船不会被腐蚀。但麻烦的是，船身在石块重压下已经碎掉了。为了保护木材和雕刻不会因为干燥而破碎，考古队员们迅速用湿苔藓和麻布把船头裹上。

接下来人们发现，这座墓也没有逃过盗墓贼的洗劫。船头已经被破坏，盗墓贼用斧头在墓里开出一条路，拿走了所有他们认为值钱的东西。

尽管如此，这座墓葬中的随葬品仍是至今所发现的维京墓葬中最丰富的，有许多发现令人眼睛为之一亮：一辆精雕细刻的四轮手推车、三副雪橇、一副马鞍、银箱、斧子、织布机、帐篷和七张带床上用品的床。由于墓穴几乎是密封的，木制品、布和皮革保存得很好。

在船中央的墓室里，人们发现了两具妇女的遗骸，已经被盗墓贼动过了。年长的那位大约 50 岁 ~60 岁，年轻的大约 20 岁 ~30 岁。对骸骨的严密检查显示，年长的妇人患有风湿病，这与他们在甲板上发现的鞋子特征相吻合。

由于随葬品异常丰富，人们相信这是一座王室船葬墓。通过对木材的树轮年代学分析，葬礼至少可以追溯到公元 834 年，有人据此推测，这位年长的妇女很可能就是死于 9 世纪中叶的著名女王阿萨。

1904 年秋，发掘工作基本完成，但是船和大量物品的保存和复原又花费了 21 年。

船首先被涂上保护层，那时最先进的处理方法，就是在浓缩的明矾溶液中煮沸材料。不幸的是，由于这种处理方法，许多物件现在都极易碎裂。工作人员把每片木材都用蒸汽仔细熨烫到最初的形状。耐心地将成千上万块碎片重新组装起来后发现，这艘船既不是货船，也不是战舰，而是一艘造型和装饰都极尽炫耀的皇家游艇。船长 21.58 米，最宽处为 5.1 米。船很浅，船舷到龙骨仅深 1.58 米。每一边各有 15 个桨孔，所有的桨都放在外面，有 30 名 ~33 名船员。

维京人为什么要将船作为墓室呢？

这是因为，船对他们而言，不仅仅是扩张的工具，更类似一种价值观念的象征。他们相信一个人死后，他的灵魂会向冥府漂去。因此，王族和富裕的贵族们死后被葬入船中，满载着死者的灵魂和随葬物品，开始在另一个世界的航行。

克里姆林宫地下室有没有伊凡雷帝的书库

伊凡雷帝是俄国第一任沙皇，有关他的各种传说众多，其中在俄罗斯便流传着他在克里姆林宫的地下室藏有大量珍贵的书籍和重要文件的说法。但是令人遗憾的是，亲眼见过的人却很少。从 16 世纪开始就有很多人对这一传闻进行探索，但是都是无功而返，时至今日，所谓的伊凡雷帝"书库"仍是一个谜。

1533 年，年幼的伊凡四世即位。1547 年 1 月，大主教马卡里在克里姆林宫乌斯宾大教堂为其举行了隆重的加冕仪式，伊凡正式加冕成为俄国第一个沙皇（意即皇帝）。

根据有关弗恩修道院的修道士马克西姆·克里柯的传说，伊凡雷帝收藏了大量的书籍，这很有可能是真实的。这主要是根据这些藏书是一大批非常宝贵的古代抄本，数量非常多，足以抵得上一个图书馆。那么，这批书籍究竟藏在克里姆林宫的什么地方呢？

在 16 世纪，一本名为《里波利亚年代记》的书对此事有如下记载："德国神父魏特迈曾见过伊凡雷帝的藏书。它占据了克里姆林宫地下室的 2 个房间……"

但是，在当时的其他文献或记录中，都没有提起伊凡雷帝"书库"的事。这是因为藏书已散失了，还是因为它本来就不存在呢？

19 世纪，一个德国人为了弄清楚藏书的来龙去脉，还特意来到莫斯科。他查遍了古代记录中所有关于这方面的材料，也没有找到所需的线索。但是他确信伊凡雷帝的书库还沉睡在某个不为人知的地方。

在 19 世纪末期，俄国著名历史学家扎贝林，曾听某官员说看到过一本很奇怪的书，上面记的全是以前的事。其中有这样一件事：

在 1724 年，彼得大帝决定迁都彼得堡，把莫斯科作为陪都。同年 12 月，一个在教会工作的名叫奥希波夫的人，来到彼得堡，向财务管理部门提交了一份报告。在报告上谈到了莫斯科的克里姆林宫的地下有 2 个秘密的房间，房间的铁门上贴了封条，还加了大锁。有关方面对此报告进行研究后决定，立即开始了对克里姆林宫地下室的调查。但是不久之后，彼得堡传来指示命令马上停止调查。1733 年，奥希波夫再次提出要求，希望能对克里姆林宫地下室进行发掘。但是，结果如何呢？公文保管处所保存下来的报告中写道："尽管全力以赴，但没有发现秘密场所。"苏联科学院的院士索伯列夫斯基认为，虽然奥希波夫没有成功，但是这并不能说明伊凡雷帝书库就不存在。而且他深信，这个谜总有一天会解开的。

所罗门财宝何处寻

大约在公元前 11 世纪的时候，犹太人部落首领大卫攻占了耶路撒冷，统一了以色列和犹太，建立了以色列－犹太王国，耶路撒冷成为国家的首都和宗教中心。大卫死后，他的儿子所罗门即位。所罗门是古代以智慧闻名的帝王，史料上记载了一个这样的故事：大约在公元前 965 年的一个晚上，年幼的以色列新继位的国王所罗门做了一个奇怪的梦，梦见上帝耶和华慈祥地对所罗门说："你需要什么，尽管对我说出来，我会满足你的要求。"所罗门说："耶和华，我的神啊！如今你使我继承王位，但是我的年纪太小了，根本不知道怎样管理国家，请您赐给我智慧，让我可以明辨是非。"耶和华对他说："我答应你的要求，赐给你聪明智慧，甚至在你以前没有像你的，在你以后也没有像你的；你所没有要求的我也赐给你，就是富足、尊荣，使你在世的日子，列王中没有一个能与你相比。"传说中的所罗门就这样成了以色列历史上空前绝后的一代国王，以智慧和财富著称于世。

实际上，由于所罗门的非凡智慧和才能在当时得到了四方的尊敬与朝拜，邻国每年都会派遣使臣来进贡金银财宝和名贵香料；同时，在所罗门统治期间，以色列的手工业、商业特别是对外贸易都达到了鼎盛时期。当时的所罗门王可谓是富甲天下，这一时期也由此被人们称为"黄金时代"。根据《圣经》记载，所罗门王在公元前 10 世纪的时候，花了 7 年的时间修建了一座雄伟的犹太教圣殿——耶和华神庙，它结构严谨、造型美观，教徒们都去那里朝觐和献祭敬神。在神殿中央有一块长 18 米、宽 2 米的"亚伯拉罕圣岩"，下面修建了地下室和秘密隧道，据说下面存放着所罗门王数不胜数的金银珠宝，这就是历史上举世闻名的"所罗门财宝"。

示巴女王朝见所罗门王　英国　爱德华·约翰·波依特

该图取材于《列王记上》，位于阿拉伯半岛西南部的示巴女王听说所罗门王将以色列建成地中海东岸最富强王国的传奇性故事，不以为然，就率领骆驼队，带了许多香料、宝石和黄金访问耶路撒冷，亲眼见到以色列的富强，领略了所罗门的睿智，对所罗门佩服得五体投地。

然而在后来，犹太王国开始衰落，公元前 586 年，新巴比伦国王尼布甲尼撒二世攻陷了耶路撒冷，他也垂涎传说中的"所罗门财宝"，命令手下在"亚伯拉罕圣岩"的地下室和秘密隧道中大肆寻找。可惜地下室和隧道曲折幽深，结构复杂得就像一个迷宫一样，最后只能空手而后。但恼怒的巴比伦军队在撤出时，也放了一把火，将整个神庙付之一炬。

两千多年来，直到现在，人们从未怀疑过"所罗门财宝"的真实性，寻找"所罗门财宝"的活动也一直没有停止过，但它们究竟在什么地方？

对此人们做出了各种各样的猜测：有些人认为，在巴比伦人入侵耶路撒冷城之前，这些宝藏就已经被转移到别处去了；有的人认为这些财宝根本就没有藏在神庙里，而是藏在其他地方；但也有人认为，财宝肯定还在结构复杂的地下迷宫的某个角落沉睡。

在众多的猜测中，对后世影响最大的说法是，财宝从一开始就被聪明的所罗门王藏在海外。因为在所罗门王统治时期，他常常派船只出海远航，而且每次回来的时候总是金银满舱。由此人们得出了一个结论，在茫茫大海中，必定有一处宝岛是所罗门王储藏财宝的地方，而那些满载而归的金银珠宝就是从那个小岛上运回来的。

一些相信这一说法的人，纷纷出海去寻找这个传说中藏有财宝的小岛。1568 年，西班牙航海家门德纳率领一支考察队来到了太平洋上的一个小海岛，见到当地的土著居民个个都佩戴着金光闪闪的黄金首饰时，欣喜若狂，以为自己找到了传说中"所罗门财宝"的藏宝地，于是就给当地取名为"所罗门群岛"，并在岛上展开了大面积的搜索，结果还是一无所获。

自此以后，这些人所未知的岛屿首次以"所罗门群岛"的名称出现在人们眼前，许多人也纷纷慕名前来此地寻宝。所罗门群岛是由 6 个大岛和 900 多个小岛组成，它们都有着相似的地貌：多山，河流交错，岛上覆盖着 90% 的热带雨林，并且散布在 60 万平方千米的海面上，所以寻起宝来困难重重。

可也正是因为所罗门群岛是一个由许多小岛组成的地方，在一处没有找到宝藏并不意味着这里就真的没有宝藏。所以几百年来，前来寻宝的人还是络绎不绝，只是所有的人最后都得到了相同的结果，两手空空地离开了。

看来，要不是这些寻宝者的运气太差了，就是在所罗门群岛上根本就没有所谓的"所罗门财宝"。

《尼伯龙根之歌》所记载的宝藏

《尼伯龙根之歌》全诗分为《西格弗里德之死》和《克琳希尔德的复仇》两部分。传说尼伯龙根宝藏由巨龙看守。尼德兰王子西格弗里德凭借英勇和机智杀死了巨龙，以龙血沐身，成了力大无穷的勇士，并占有了尼伯龙根族的宝物。可是，微风吹来的一片叶子掉在他肩上，不仅没有沐浴到龙血，而且成为他的死穴。

听说勃艮第国王贡特的妹妹克琳希尔德十分美貌，西格弗里德就前往求婚。国王贡特要求西格弗里德帮助他打败撒克逊人，娶到冰岛女王，西格弗里德答允了。他利用自己的隐身帽冒充贡特国王，战胜了好战的冰岛女王布琳希尔德，使她嫁与国王贡特为妻。他也如愿以偿得以与克琳希尔德成婚。一次，姑嫂发生争执，布琳希尔德方知是西格弗里德，而不是丈夫战胜了自己，感到受了侮辱，就暗中唆使贡特的侍臣哈根趁西格弗里德打猎去泉边喝水时暗算了他。

西格弗里德死后，他的妻子克琳希尔德把尼伯龙根宝藏转移到沃尔姆斯，诗中这样描述："十二驾马车装载了数不清的宝物 / 整整四天驶向山上 / 每个人驾驶九个小时 / 这些东西和宝石黄金没什么两样 / 即使用全部土地和它交换 / 也不会降低它的价值 / 哈根想得到它真的不是没有原因。"可惜，这批宝藏终究还是被哈根抢走了。史诗说哈根"把它放在洞里，沉没在莱茵河里。"丈夫被杀，宝藏被夺，克琳希尔德自然发誓要复仇。

此诗为英雄史诗，自然是传说的成分多，但也有很多史实在内。勃艮第人，后来也被称为尼伯龙根人，原是生活在斯堪的纳维亚半岛的一支部族。大约在公元前200 年左右，他们逐渐迁移到今天美茵茨以南的莱茵地区。公元 435 ~ 437 年，勃艮第人和匈奴人发生激烈的战斗，战争以勃艮第人的惨败而告终，几乎导致这个民族的毁灭。幸存者被赶到今天瑞士的日内瓦地区和法国东南部山区。在那里，勃艮第人又繁衍起来。与此相关的另一件事是，453 年，匈奴国王与一个日耳曼少女希尔狄克结婚，于新婚之夜死去。史学家认为，希尔狄克是为了复仇而嫁给匈奴王的。史诗把两件史实联系在一起，加上远古的传说，经过 700 多年的

金冠　匈奴
该王冠由黄金打制而成，图案多是不规则的几何形，上面镶有珍贵的宝石，属于匈奴贵族。在匈奴人与勃艮第的交往中，有大批的匈奴王冠以及各种宝物传到莱茵河地区，即勃艮第人手中。

流传，以及无数行吟诗人的传唱、加工、润色，才成为定本。

16世纪后，关于勃艮第人的命运就无从知晓了。想一想，那已经到了宗教改革时期，沧桑巨变。工业革命后科技的飞速发展，使得传统社会迅速地进入现代社会。或许，他们的后裔已成为某个普通的银行职员或货车司机，行走在今日柏林或汉堡熙熙攘攘的街头。不过，关于那笔宝藏却一直以来吸引着众多爱幻想的人的心。尤其是，时不时传来的发现宝藏的消息更证实了尼伯龙根宝藏并非子虚乌有的传说，它或许就藏在东欧的某个山洞里，或埋在莱茵河厚厚的泥沙之下。

按照时间顺序说，最早让人联想到尼伯龙根宝藏的是1837年两名罗马尼亚采石工偶然发现的宝藏。他们在两块大石之间的薄薄的泥土下面，发现了一堆金子，由很大的由纯金打造的圆盘覆盖着。再挖下去，数不清的金杯、金壶、精美的纯金发夹、别针、扣环等物露出地表，所有的东西都镶嵌着大大的宝石，璀璨夺目。最后，他们整整挖出了重达75千克的宝贝，这是迄今为止所找到的中古欧洲民族大迁徙大动荡时期的最大一笔宝藏。两个采石工目不识丁，不能断定这些东西是真金还是黄铜，是否值钱。他们将所有的东西给了石匠维鲁斯，因他见多识广，经常往来于首都布加勒斯特。石匠得到的报酬是4000个皮阿斯特（约500马克）和一些男人上衣、女人头巾等生活用品。对于他们来说，这已是很大一笔财富了。他们心满意足。

不过，世上没有不透风的墙，终于有人告发了他们，国王的弟弟亲自带队来逼问维鲁斯，他不得已把人们带到邻近的一条小河旁，指出埋宝藏的地点。但人们只找到一小部分财宝，维鲁斯声称其他部分肯定是河水涨潮时把它们冲走了。

虽然有的已经严重损坏，但专门委员会还是抢救出了12件文物，经过艰苦的修补后，它们重放光辉，耀花了参加1867年巴黎世界博览会人们的眼睛，成为当时的头号新闻。随后，它们回到布加勒斯特博物馆，恭候世人的瞻仰与赞美。

太精美的东西是否常常会命运坎坷呢？就如同人长得太美，也会天妒红颜一样，这批宝藏也是命途多舛，劫运连连。博物馆的工作人员没有把这些昂贵的陈列品当回事，保安更是漫不经心。于是，1875年11月，一个风雨交加的夜晚，它们被一个"人穷志短"的大学生偷走了，他的如意算盘是卖掉它们，从此摆脱贫穷。接着和现在演电影一样，警察们紧急出动，全城搜捕。终于在一个珠宝商那里逮个正着，坩埚上正放着准备熔化的珠宝。好险！晚来一步，这些珍贵的文物就会被炼成一块毫无想象力的金块了。顺藤摸瓜，警察顺利找到了那个偷窃的大学生，其他宝物他还没来得及脱手。人们在他的钢琴里找到了剩下的宝藏。接着的灾难是一场大火，最后关头虽被抢救出来，但被损坏的部分，金匠们花了一年的时间仍然无法让它们恢复原初的美丽。然后，就是战争了。第一次世界大战的时候，为了不落入德国人之手，宝藏被转移至雅西。然而，1916年，它们却又被俄国人抢走。40年后，1956年，这批历尽劫难与沧桑的宝藏才重新回到布加勒斯特。

另一次让人们记起尼伯龙根宝藏的发现是所谓的"瓜拉萨宝藏"。1858年，一对农民夫妇十分偶然地在西班牙瓜拉萨残余的旧城墙下发现了一批宝藏，其中最珍贵的是9个用纯金做成的有无数珍珠和宝石装饰的还愿王冠。最大的一顶上刻有"国王瑞斯委兹保佑"字样，那是公元 650～672 年在位的西哥特国王。这批宝藏被走私到法国。但西班牙人自认是西哥特人的正宗后裔，他们坚决要求法国政府归还宝藏，为此长期争吵，无法了断。后来，在瓜拉萨，西班牙人还发掘出另外两顶精美的还愿王冠，一顶属于国王斯维提拉，一顶属于修道院院长特奥多修斯。还有一个用纯金制成的十字架，是大主教特提乌斯的遗物。

所有这些就是尼伯龙根宝藏吗？它们已经全部被发掘出来了吗？还是，它们只是另外一些古老传说中日耳曼首领的财宝？时间到了 20 世纪 70 年代，话说有个和谢里曼一样的业余考古爱好者，美茵茨的前市长、工程学博士汉斯·雅各彼，准备向他的前辈学习，手捧《尼伯龙根之歌》，开始寻梦。雅各彼博士的忠实助手是他的儿子——建筑师汉斯·耶尔格。他们所在的美茵茨位于当年勃艮第人的首府沃尔姆斯以北 50 千米处。可以说，正是当年尼伯龙根宝藏所引起的爱情、仇恨与嫉妒的故事发生的地方。雅各彼博士认为史诗始终围绕着宝藏展开，因此，宝藏肯定是实有其事的，并不是中世纪的僧侣和行吟诗人们向壁虚构。日耳曼部落通常在受到危险的时候把国王的宝藏埋藏起来或扔进河里。因此史诗里所说的哈根把它放进洞里，沉没在莱茵河里，是民族的固有习俗。雅各彼博士相信以前发掘的那些宝藏都是其他日耳曼部落东哥特人和西哥特人首领的宝藏，真正的尼伯龙根之宝应该还在莱茵河底。并且，为了掩人耳目，按照常理推断，应该在河水最深且最不易发觉的地方。为此，他做了周密的准备，弄清莱茵河河床几百年来的变化。莱茵河平均只有几米深，但在离沃尔姆斯 15 千米远的格尔默尔斯海姆处，莱茵河转了个几乎 180 度的大弯，河水也特别深。水流十分强大，且河床上满是冲蚀而成的洞穴。因此，雅各彼博士打算从那里入手。配备了现代化的科学仪器，诸如探测器、雷达、潜水镜等设备，雅各彼博士充满信心，世人也翘首以待。毕竟，世界充满奇迹。

惊人的印加宝藏

曾经生活在南美大陆上的印加人早在新大陆被哥伦布发现之前，就已经创造了属于自己的辉煌文明。印加帝国在印第安人的传说中，就是一个金子的王国。由于那里盛产黄金，所以人们在建筑宫殿时会用大量的黄金作为装饰，比如首都库斯科的太阳神庙和黄金花园就闪耀着金灿灿的光芒。

最初到南美大陆掠夺黄金的是西班牙人弗朗西斯科·皮扎罗。1533 年，皮扎罗率领 180 名骁勇善战的西班牙士兵穿越危险重重的安第斯山脉，到达了印加北部重镇卡沙马尔卡，从未见过这些奇异白人的印加人以为是天使降临人间。为了打败印加人，皮扎罗精心策划了一场战斗，180 名西班牙人以少胜多，打败了 4 万多人的印加军队。被杀的印第安人有 5000 人之多，而西班牙人几乎没有伤亡，他们还抓获了阿塔瓦尔帕国王。战斗结束后，皮扎罗不但派人前往印加军营搜刮了价值 8 万比索的黄金，而且还以国王阿塔瓦尔帕为要挟向印加人勒索巨额赎金，最终 13265 磅黄金、26000 磅白银被送到西班牙殖民者的手中。尽管得到了巨额宝藏，皮扎罗却背信弃义地依然要将国王阿塔瓦尔帕这位最后的印加太阳王子杀掉。当阿塔瓦尔帕走上绞架之时，他面对印加人世代崇拜的太阳之神和浩渺神秘的亚马孙丛林，痛切地诅咒这些可恨的刽子手。这些双手沾满了罪恶与血腥的强盗最终都受到了诅咒，他们在掠夺了印加人的大量金银之后，终因分赃不均而引发了激烈内讧，几乎所有的头目，包括皮扎罗、他的4个兄弟及伙伴都被杀死或囚禁。那批巨额的印加财宝也因此下落不明，不知所终。

有关印加人宝藏的传说还远不止这些。1576年，西班牙商人古特尼茨就发现了"小鱼宝藏"。他在一位印第安部落首领的带领下，通过一条崎岖的地道进入了秘鲁印加国王的墓穴，发现了大量令人眼花缭乱的金银珠宝。这个宝藏之所以叫作"小鱼宝藏"，是因为其中有许多眼睛由翡翠打制、全身由黄金制成的小鱼。传说在发现"小鱼宝藏"的地方另一侧还有埋藏着"大鱼宝藏"的陵墓。几个世纪以来，为了找到"大鱼宝藏"，寻宝者前赴后继，寻遍了附近所有的陵墓，结果一无所获。现在秘鲁政府为确保宝藏不落入他人之手，公开宣布在政府不允许的情况下，任何人不得擅自开掘、破坏陵墓。

还有一处印加宝藏，即传说中的印加"黄金湖"，也格外令人瞩目。据传印加王的加冕仪式就在湖畔举行。周身涂满金粉、耀眼夺目的新国王，代表着太阳之子的光辉。他在湖水中将金粉洗去，臣民们纷纷把自己最珍贵的宝石、黄金献于国王的脚前。新国王把所有的这些都投入湖中，作为奉献给太阳的礼品。如此世代积累，黄金湖中就积存了大量金银珠宝。自从16世纪西班牙征服印加帝国后，对黄金湖的寻找和打捞行为就从未中断。最后人们确定传说中的黄金湖就是今天哥伦比亚的瓜达维达湖。1545年，一支西班牙探险队在该湖中捞起了几百件黄金制品，更加证实了黄金湖的传说，更多的寻宝者纷纷被吸引到这里。1911年，一家英国公司妄图抽干湖水获得宝藏，花费了巨大的人力、财力，结果却没有找到他们想要的巨额财宝。为了保护湖中的宝藏，1974年，哥伦比亚政府下令禁止在湖中打捞任何物品，并派军队加以保护。黄金湖的传说从而也更加神秘了。

与"黄金湖"宝藏对应的是"黄金城"的传说，这是一个更让寻宝者向往的地方。皮扎罗在得知这一传说后，为探寻其源头严刑拷打了一些印加贵族。一位贵族承受不了重刑，吐露了黄金的所在——位于亚马孙密林中的一位印第安酋长帕蒂统治的玛诺阿国，那里产有堆积如山的金银，但这个地方只有国王和巫师知道，其他人无从知晓。西班牙人立即组织了一支探险队开赴那个既不

传说中的黄金城图绘

知道方位、又不知道道路的神秘地区。面积达280万平方千米的亚马孙原始森林是如此广袤无垠、遮天蔽日，在这里每前进一步都意味着向死神的靠近。因此无数的探险队不是狼狈逃回，就是下落不明，损失极其惨重。

直到17世纪时，有6个葡萄牙人带领一群印第安人和黑人闯入了亚马孙丛林。辗转数年，突然有一天他们透过密林发现了一座壮观辉煌的古城遗址和一片大草原，古城中间有一座手指北边高山的石像。几位幸存者将探险经过写成报告，并放置在巴西里约热内卢图书馆里。后来有人依据报告的记载来到遗址，但只找到了小部分的宝藏。

传说中的印加宝藏并不止于此，有人统计过，印加人黄金的数量相当于当时世界其他地方黄金数量的总和。但面对危险丛生的亚马孙密林，更多的冒险家只能"望林兴叹"。或许死去的印加王的灵魂附着在这些珠宝上，它们牢牢看守着这些藏在密林深处的宝藏，世人永远不会找到。

可可岛宝藏

可可岛位于中美洲哥斯达黎加太平洋沿岸以南600千米的海面上，面积只有24平方千米，风景秀丽，是人人向往的旅游胜地。关于可可岛，有一个十分诱人的传说——岛上埋藏着大量的金银珠宝，事实上，这才是该岛闻名遐迩的根本原因。

有关岛上神秘财宝的传说很多，说法虽不一致，但大同小异。

从1535年西班牙殖民头子弗朗西斯科·皮扎罗占领秘鲁开始，利马一直被作为南美西班牙殖民地总督的驻地，这种情况一直持续到1821年。当年，殖民军在南美肆无忌惮地残杀印第安人，大量掠夺当地的金银财宝，并将其聚集在利马，然后定期用船只装运至西班牙。当时有人说利马连大路都是由"金银铺砌而成"，这当然有夸张的成分，但说利马富甲南美却一点不假。当科克伦勋爵在海上击溃了西班牙人的三桅战舰"埃斯梅拉达号"和其他几艘战舰后，圣马丁将军也很快兵临利马城下。趁西班牙人大乱之际，以威廉·汤普森为首的英国海盗洗劫了秘鲁太平洋港口城市卡亚俄，并且先于圣马丁的船队，带着劫掠的大批金银珠宝逃离卡亚俄港。据史料记载，这批宝物价值连城，共计24大箱，其中包括大量金币、金杯、一尊圣母玛利亚金像以及其他数不胜数的金银首饰和宝石。

金挂件　南美洲

该挂件发现于一海盗墓地，疑是当年欧洲殖民者从南美掠夺的黄金制品，在运回欧洲途中而遭遇海盗们的攻击，从而流失。图中人物是一南美巫师形象：二目紧闭，似是在施法。

汤普森船长在"玛丽·迪尔号"满载着乘客和贵重物品起航后，改变了主意，他没有将船开往西班牙港口城市加的斯，而是径直往北驶去。他在船员们的协助下，把船上的乘客统统杀死并残酷地扔进了大海，从此"玛丽·迪尔号"成了一艘名副其实的海盗船。经过一番考虑后，汤普森决定往可可岛进发。汤普森的考虑不是没有根据的，因为几个世纪以来，可可岛与世隔绝，其优越的地理位置使他能够轻易地摆脱任何海上监控和追踪，这对南美洲海盗们来说是颇有吸引力的。汤普森小心翼翼地将船上的主要财宝埋藏在可可岛，然后将"玛丽·迪尔号"帆船毁掉，与船员们分乘小艇去了中美洲。

也许是为了摆脱良心上的谴责，汤普森在临死前，决定向一个人透露可可岛上的藏宝秘密，他选中了自己的好友基廷，并将一份平面图和关于藏宝位置的资料交给了他。

基廷曾3次登上可可岛，带回的财宝价值5亿多法郎，但他始终没能找到"玛丽·迪尔号"船上的主要财宝。后来，基廷又向好友尼科拉·菲茨杰拉德海军下士说了可可岛的秘密。这位海军下士很穷，甚至没有足够的钱购买一条船，所以他一直没能去可可岛。菲茨杰拉德临死前，又将藏宝情况告诉了曾经救过自己性命的柯曾·豪上尉。由于种种原因，柯曾·豪上尉也没能去成可可岛。有关可可岛上藏宝的资料就这样一次又一次地不断传递，一份菲茨杰拉德根据基廷提供的情况写成的资料，至今保存在澳大利亚悉尼的"海员和旅游者俱乐部"里。

1927年，法国托尼·曼格尔船长复制了这份资料，并于1927~1929年两次去可可岛上寻找宝藏。汤普森是在1820年用一个八分仪埋藏这笔财宝的，因为它有很大偏差，这种八分仪在1820年藏宝之后就被回收不再使用了。根据1820~1823年的航海仪表资料，托尼校正了汤普森的某些数据，并确信汤普森的财宝就埋在希望海湾和石磨岛附近的海岛。托尼·曼格尔找到一个洞穴，它只有在落潮时将近一个小时的时间里可以进入。他独自一人进入，但洞穴水流很急，当他竭力在水下清理洞外杂物时，洞口的水越来越多，差一点将他淹死。经过一番挣扎，最终回到岸上，他把这个看成是"对藏宝寻找者的诅咒"，从此以后再也不敢去那里冒险了。

随着时间的推移，有关可可岛藏宝的资料也越积越多，虽然他们都自称是可靠的。

曾有无数寻宝人满怀希望去可可岛探宝，结果却总是空手而归。几经折腾，原来风光旖旎的小岛已被折磨得满目疮痍，生态环境也遭到了严重的破坏。

最近，为保护岛上的植物资源，哥斯达黎加政府从长远利益出发，决定禁止人们到可可岛上探宝。同时政府也相应地提高了旅游者在可可岛上应交纳的税金和船只的停泊费，前一项由原来的1.2美元增加到15美元，后一项则由每天15美元增至100美元不等。这些措施虽然能大大限制旅游者的活动，却不能阻挡人们对可可岛宝藏的向往。

拿破仑的战利品

1812年6月，拿破仑在粉碎第五次反法同盟的进攻后，毅然决定进军俄国，以清除欧洲大陆上的最后一个顽敌。同年9月14日，拿破仑率军占领了莫斯科。莫斯科当时几乎已是一座空城：近20万居民大部分随俄军撤走，剩下的人数还不到1

万。当天晚上，城内几处建筑起火，火势蔓延开来，整整烧了 6 天 6 夜。

拿破仑以战养战的策略，在俄国人坚壁清野战术的打击下，完全发挥不了作用。法军将战线拉得很长，这使得他们运送粮食和弹药的运输队常遭俄军袭击，无法保证军需物质的供应，而俄皇亚历山大一世又不接受和谈。严寒和饥饿威胁着法军，拿破仑不得不在 5 天之后放弃刚刚占领的莫斯科，向西南方向缓慢后撤。法军在撤退途中不断受到俄国农民游击队和正规军的狙击，而且还有暴风雪的袭击。危急关头法军的辎重队伍丢下 25 辆装满战利品的马车，而这批战利品的去处便成了令人费解的谜。

"11 月 1 日，拿破仑继续痛苦地退却。在禁卫军的护卫下，他踏上了通向斯摩棱斯克的道路。由于担心途中会遭到俄军的堵截，皇帝决定尽快后撤。"作家瓦·斯戈特所著的《法国皇帝拿破仑·波拿巴的生涯》中对这段历史有这样的描写，"拿破仑感到目前的处境非常危险，他深知在莫斯科所掠夺的古代武器、大炮、克里姆林宫中的珍贵物品、伊凡大帝纪念塔上的大十字架、教堂的装饰品以及绘画和雕像等已无法带走，但他又不能容忍让俄国人继续拥有这些宝物，于是命令手下将这些东西沉入萨姆廖玻的湖里。"

他的作品引起了人们的注意，苏联学者尤·勃可莫罗夫觉得这部书可能有助于寻找拿破仑掠夺的宝藏。勃可莫罗夫认为瓦·斯戈特是一位注重史实的作家，他完成和出版这本书的时间在 1831 ~ 1832 年间，与拿破仑远征莫斯科仅隔 20 年，比较可信。那些曾参加了这次远征的人所写的手记或回忆录应该对此有所涉及，于是他决定要查阅一下与拿破仑同时代的人所留下的记录。

阿伦·德·哥朗格尔是拿破仑最信任的两名亲信之一，他曾和另外一个人一起与拿破仑乘雪橇向西疾驰，这件事发生在法军败退之时。勃可莫罗夫在哥朗格尔的回忆录中见到如下一段话："11 月 1 日，拿破仑从比亚吉玛退走。第二天，我们来到了萨姆廖玻。11 月 3 日到达斯拉普柯布。在这里，我们遇到大雪的侵袭……"

哥朗格尔提及拿破仑曾在萨姆廖玻，斯戈特说拿破仑把战利品沉入了萨姆廖玻的湖里。两者提供的地点和日期是完全相符的。勃可莫罗夫向苏联科学院地理研究所的专家咨询了相关情况，对方在回信中说："在比亚吉玛西南 29 千米的沼泽地有条叫萨姆廖夫卡的河，

尽管拿破仑在法兰西战役一开始取得了一些胜利，但他却在阿列斯度过了一段艰难岁月，这个 1814 年 1 月至 3 月的时段令他真正意识到了大厦将倾的危势，他的元帅及士兵们已今非昔比了，甚至他的元帅们亦劝他退位。随着拿破仑自身处境的变动，他多年来搜罗来的各国奇珍异宝也变得扑朔迷离起来。

那块沼泽地的名字也叫萨姆廖夫卡。"

那么 100 多年来，有人对这块沼泽进行过探索吗？勃可莫罗夫虽然查阅了许多资料，但收获甚微。斯摩棱斯克地方政府内政管理局记录保存室提供的一点线索：

1835 年有人根据斯摩棱斯克地区长官的命令率领工兵部队对这个湖进行勘查。他们测量湖水深度时发现，在离水面 5 米左右的地方，有一堆像岩石般的堆积物，铅锥碰上去，似乎发出一种金属的声音。尼古拉一世拨款 4000 卢布，用来建立围堰，把水抽干。但后来发现那也只是一堆岩石而已，搜寻就此中止。随后勃可莫罗夫的探索因故中断，拿破仑的战利品到底隐身何处愈发迷离。

纳粹匿藏宝藏

1945 年 3 月底，第三帝国危在旦夕，纳粹元首希特勒进行着最后的挣扎，为了有朝一日能东山再起，他命令其副手马丁·鲍曼负责设计一个转移柏林庞大的黄金储备和价值连城的艺术珍宝的方案。

马丁·鲍曼接到希特勒的指示后，经过周密部署，最终决定把这些财宝分批运送出来，一批运往色林吉亚丛林地区，另一批运往巴伐利亚南部。一方面，分批运送可以减少人们的注意，如被发现也可减少损失；另一方面，南部的这两个地方相对比较安全，背靠阿尔卑斯山，完全可以在柏林失守后作为负隅顽抗的据点。

让马丁·鲍曼始料不及的是，巴顿将军的装甲部队行动神速，运宝队刚到色林吉亚，盟军就跟了进来。希特勒匆忙下达了一项"就地隐蔽和疏散"的指令，于是这批财宝被仓促地隐藏在色林吉亚南部马克斯村附近的凯塞罗盐矿中。

1945 年 4 月，赫伯特·埃纳斯特少将率领隶属巴顿第 3 军团第 7 军的第 90 师装甲部队开到了色林吉亚，挖宝行动迅速展开。他们在那里找到了 550 只装有 22 亿德国马克的布袋，然后又在离地面 600 米的矿洞中找到一批艺术珍品和许多罕见的古代制服，寻找纳粹宝藏的序幕就此拉开了。

4 月 8 日，他们又在一个 45 米长、22.5 米宽的地窖里找到了大约 7000 只口袋，口袋里面装满了金锭和金币。除此之外还有大捆的纸币以及金银假牙、表匣、眼镜架、结婚戒指和一串串珍珠项链等。很明显，这些都是从战败国以及集中营的被害者那儿劫掠来的，其中黄金约有 250 吨，艺术珍品 400 吨，几乎欧洲所有纸币币种在地窖中都能找到。

运往色林吉亚的这批德国财宝已经找到，那么另一批财宝又在巴伐利亚南部的何处呢？

美军的情报人员从德国间谍那儿得知，用飞机押运的珠宝埋在了得克森附近的山脚下，同时运送财宝的代号为"杜哈"的专列和 5 辆卡车在到达巴伐利亚时也被盟军顺利截获。然而是否还有其他的黄金被运走了呢？

据说，1945 年 4 月 13 日这天，一架满载珠宝的飞机在党卫军将军斯潘卫的押运下飞往德国南方，同时载着 52 亿德国马克和黄金的两辆列车也随之驶离柏林，其代

盟军在检查西柏林地堡中的残留物，寻找希特勒宝物的蛛丝马迹。

号为"杜哈"和"鹰"。除此之外，还有5辆装满珠宝的大卡车也离开了柏林，其目的地是距慕尼黑西南50千米柏莱森堡的一个矿井。

盟军马上开始着手寻找那批代号为"鹰"的专列所运走的黄金。不久在密顿华特村附近爱因西特尔山上的一个山洞里，盟军发现了一处数量为1吨左右的纳粹金库，被证实是"鹰"专列上运送的那批财物。可令人百思不得其解的是，其数量为何如此之少。其他的大批财宝都到什么地方去了呢？有三种可能：一是分批藏起来；二是被人在路上抢走一部分；三是有人已发现了一些并取走。

经过一番调查，最终确认为第二种情况，即一大部分被别人抢走了。

失踪的黄金就此不知去向。多年来人们对它的下落发表了许多看法：

有人说，这批黄金很可能是德国人勾结美国军队，经过一番密谋后抢掠走的。他们甚至指出，这个集团在1945年6月7日从爱因西特尔山洞中搬走的金锭多达728块。

五角大楼的发言人对这种说法提出批评，一再说这是无稽之谈。不管美国军方怎样为自己辩解，他们都无法否认曾组织过300多人员专门调查此案的事实。而且爱因西特尔山洞的黄金失窃一事也被记载在美军第3军团的档案中，白纸黑字，无可否认，就连军队内部的一些官员也存有"不排除其中一部分落到非官方手里的可能性"的看法。

同时，另外一些人更执着地搜集着材料，从而较为详细地提供了这批黄金的下落：

1945年6月初，有两个自称为"德国平民"的神秘人物向第3军团驻密顿华特地区的指挥官麦肯齐少校透露了纳粹黄金藏匿的地点。麦肯齐听到这一消息，迅速与上尉博格开着一辆卡车前往藏匿地点。这两个"德国平民"所报告的事情属实，他们确实找到了黄金，并尽可能多地将这些黄金搬上车，途中，博格上尉将司机枪杀。两天后，有人发现他们分别化名尼尔和哈普曼躲藏在瑞士一个名叫维兹瑙的地方。也有人说，1946年5月博格又逃往南美，在那儿的一个大农场里过着神仙般的隐居生活。

黄金真是被麦肯齐与博格掠走的吗？由于没有更确凿的证据证实这一点，黄金失踪案恐怕仍然是美国陆军部卷宗上一宗无法破解的悬案。

消失的隆美尔财宝

1943 年 3 月 8 日清晨，在地中海之滨的哈马迈特城的一幢漂亮别墅里，几位军官围坐在宽敞、明亮的起居室里，但是却没有一个人有心情享受这难得的清晨美景。坐在正中间的正是纳粹德国的悍将之一，人称"沙漠之狐"的隆美尔元帅，他一扫昔日的威风，神情无比沮丧，他周围的 6 名亲信军官和一名年轻士兵也好不到哪里去，一个个像斗败了的公鸡，垂头丧气地坐着。

原来，隆美尔率领的非洲军团近来损失惨重，还被蒙哥马利将军统帅的英军沙漠部队团团围住。3 天前，输急了眼的隆美尔集结他仅剩的 140 辆坦克，孤注一掷地向同盟国军队发起进攻，企图扭转不利局面，重新掌握战场上的主动权。结果不仅没获得期望的胜利，反而因此陷入了更加被动的处境。眼看战争失败的命运已无可挽回，隆美尔开始同手下商量如何处理陆续从各地掠夺来的一大批财宝。

在更早一些时候，隆美尔就多次考虑过要把这批财宝经突尼斯城走海路运到意大利南部去。可是战场上的形势瞬息万变，隆美尔的计划还没来得及实施，英军就已经完全取得了对这一地区的海、空控制权，德国舰艇再也没有办法横越地中海了。隆美尔急得像热锅上的蚂蚁，害怕这批财宝落到对头们的手中。因此，一大清早就召集心腹们开会讨论怎样妥善处理这批宝贝。

仔细研究过后，以狡猾著称的隆美尔决定采取声东击西的策略，把这批财宝藏到他认为最安全的地方去，那就是突尼斯西南杜兹附近的沙漠里。杜兹是撒哈拉大沙漠边缘的一个小镇，沙漠上的小小绿洲，在它周围，是无数个形状相似、大小不一的沙丘。即使狂风劲吹，黄沙漫卷，也很难改变这些沙丘的模样。如果把财宝埋在那许许多多沙丘之间的某个地方，人们是很难找到的。

当天晚上，隆美尔先派出一支高速快艇舰队，装上他从博物馆和阿拉伯酋长的宫殿里抢来的几十箱艺术珍品，准备穿过地中海运到意大利去。一直密切监视隆美尔一举一动的英国情报机关立即行动起来，派出大量的轰炸机和军舰到海上搜索这些满载着财宝的运输队。

与此同时，隆美尔立即派出一支大约有 15 辆 ~20 辆军车组成的车队，每辆车上都装满了金币和奇珍异宝，由隆美尔最信任的军官汉斯·奈德曼上校负责押送，借着黑暗的掩护，消失在无边的夜色中了。车队沿着土路以最快的速度向沙漠中驶去，按照原定计划，这批财宝在杜兹镇卸下，再由一支骆驼队运到沙丘间的一个安全地点埋藏起来。

但是，从此这支车队就失去了消息，焦急的隆美尔还没等到战争结束就被希特勒赐死了。后来就再也没有一个人知道这批财宝究竟被埋在哪一个沙丘的下面。

30 多年后，当时充当随军摄影师的海因里希·苏特作为这件事的当事人之一，向人们回忆了这个故事。他说，在车队出发几周以后，英国的无线广播电台称英军在杜兹附近沙漠边缘与一支装备精良的德军小分队相遇，经过长达一天的战斗，英

军全歼了这支小分队，德军士兵无一生还。据估计，这支小分队是被派到一个边远地点执行任务后回去与所属部队会合的。苏特认为，这支被全歼的小分队就是去藏宝的人员，他们在返回杜兹的途中遭到伏击，全部战死。因此，隆美尔的这批财宝到底藏在哪儿就成了一个难解的谜。

可是上述整个故事都只是苏特的一家之言，以此很难判定故事的真实性。隆美尔的财宝真的被埋在沙漠里了吗？

又过了很多年，一个名叫肯·克里皮恩的美国人对这个故事产生了浓厚的兴趣，为了核实苏特故事的真实性，克里皮恩借着到突尼斯度假的机会，特地到哈马迈特城和杜兹镇进行了为期约一个月的实地考察。面对克里皮恩的询问，杜兹镇的许多老年居民都不知道当年的

战败后的隆美尔究竟将财宝藏在何处，随着他的自杀，恐怕没有人知道真相了。

车队和骆驼队的事，但是有一个名叫尤素福的70多岁的老人说，当年他在骆驼市场做生意，曾亲手把5匹骆驼卖给了一批外国人。老人之所以能清楚地记得这件事，不仅是因为这些人一口气买了六七十匹骆驼，出的价钱要比平常的高，还因为这是他第一次看见金黄色头发的人，他们都穿着军装，可是他不知道这些人离开市场后朝哪个方向走了。另一位名叫赛伊迪的老人则记得大约在那个时间有一些卡车开进了他们的村庄，后来那些人就不知道去哪儿了，过了几个星期，一批英国士兵来到他们村开走了那些车。

克里皮恩的考察结果看起来很有价值，但他也是在苏特的故事基础上进行推测的，整个故事还是存在着不少的疑点。如果隆美尔的财宝真的被运往沙漠藏起来了，那么那支庞大的运宝骆驼队到哪儿去了，是否真的无人生还，那批财宝是否真的还在沙漠的某个地方无人发现，恐怕只有一望无际的撒哈拉大沙漠才知道全部的真相。

马科斯找到山下奉文宝藏了吗

第二次世界大战进行到了尾声的时候，各个纳粹国家眼看败局已定，纷纷将自己在战争中掠夺来的大量财宝开始转移。日本法西斯侵略军的大将、号称"马来亚虎"的山下奉文也急急忙忙把自己在东南亚搜刮来的财宝秘密藏了起来，据说这批大部分为金块、总重量约6000吨的财宝被藏在菲律宾吕宋岛的某个山洞里。对于习惯以克来衡量黄金的普通民众来说，6000吨的黄金实在是一个难以想象的天文数字。即使到了现在，在一些发展中国家的国库里，恐怕也很难找到这样大的一批巨额财富。

　　二战中日本战败，山下奉文作为战犯被处死，那批巨额财宝也就留在了菲律宾。战后，菲律宾的掘金热是一浪高过一浪，结果都是一无所获。其中最狂热的要数当时菲律宾前总统马科斯了，他曾下令在全国172个地方同时展开掘金寻宝的行动，不同的是，当时没有人知道他到底找到了什么。

　　1986年，新上台的菲律宾总统科拉松·阿基诺下令调查和追回马科斯的财产，1991年7月31日，主管追查工作的菲律宾"廉政公署"公布了他们掌握的马科斯的部分财产总数。据查，马科斯在瑞士银行存有多达5325吨的黄金，在香港的银行里有5个秘密账户，存款总额至少有四五亿美元，很可能高达10亿美元以上。

　　马科斯为什么会拥有如此巨额的财产？1992年2月，马科斯遗孀伊梅尔达·马科斯对外宣称她的丈夫之所以拥有这样多的财产，是因为他找到了"山下奉文宝藏"。有些人不相信马科斯夫人的说法，认为她实际上是为马科斯当菲律宾总统时的贪污劫掠行为辩护。事实上，作为世界八大黄金产地之一的菲律宾，其所开采的黄金一大部分都落入了马科斯的私人腰包。而两个美国人的经历似乎可以证明马科斯财产确实有一部分是来自"山下奉文宝藏"。

　　其中一位名叫洛克萨斯，他对外宣称山下奉文的财宝最早是由他发现的，可惜后来被马科斯抢走了。原来，1970年，在菲律宾经商的洛克萨斯有一次偶然去日本旅行，从而结识了一位早年曾追随过山下奉文的退役日本军官，后来他从这个人手里买了一张藏宝图。当他回到菲律宾后，按照藏宝图上标示的路线，来到一座荒山的山洞里。他很快就发现一尊高71厘米的金佛，扭开可以开合的佛头，只见金佛肚子里藏满了钻石和珠宝。大喜过望的洛克萨斯正准备继续向里走，洞顶上的石头突然开始松动，他只好抱起金佛跑出山洞，刚一离开，整个洞口就崩塌了。这个故事听起来很像天方夜谭，但是洛克萨斯发现的宝藏如何落到马科斯手里呢？主要是洛克萨斯让友人们参观了他找到的金佛，得到消息的马科斯立即派了一队士兵查抄了他的家，拿走了金佛。他向法庭提起诉讼，要求归还他的金佛，法庭受理了此案，经过裁决马科斯应该将金佛还给他，可是最后洛克萨斯拿到手的却是一尊仿制的铜佛。有苦难言的洛克萨斯求告无门，只得忍气吞声。

　　人们推测，马科斯从洛克萨斯手中夺走了藏宝图，出动重型机械，挖开坍塌的山洞，从而获得了大量藏金。因此，山下奉文宝藏转移到了马科斯名下，并被他秘密转移重新埋藏起来。马科斯本人对关于他获得山下奉文宝藏的传说态度含糊，既不承认，也从没有明确否认过。至于真相如何，随着马科斯的去世，事情就变得死无对证。

　　虽然对山下奉文宝藏的存在与否人们意见相左，但是有80多个寻宝团体，包括菲律宾政府在内都曾在各地发掘宝藏，而且这股"寻宝热"至今仍未降温。不知道是那些人的运气太坏，还是宝藏根本就是子虚乌有的事，到现在也没有一个人得到所谓的宝藏，山下奉文宝藏仍是一个被迷雾笼罩着的巨大诱惑。

遍布玄机的千古陵寝

生前豪华奢侈，升天之后，也梦想着人世间的荣华富贵。空惹来，赌命盗墓人。

黄帝陵：中华初祖

黄帝是我国原始社会末期一位伟大的部落联盟首领。黄帝姓公孙，因长于姬水，又姓姬。曾居于轩辕之丘（今河南新郑市轩辕丘），取名轩辕。祖籍有熊氏，乃号有熊。又因崇尚土德，而土又呈黄色，故称黄帝。司马迁所著《史记》记载："生而神灵，弱而能言，幼而徇齐，长而敦敏，成而聪明。"黄帝15岁就被拥戴当上部落领袖，37岁成为中原部落联盟的首领。轩辕黄帝一生历经52战，降服炎帝，诛杀蚩尤，结束了远古战争。由于轩辕黄帝为中华民族创造了丰富灿烂的文化，后世都尊称轩辕黄帝为"文明之祖""人文初祖"。黄帝死后，人们选择了"桥山之巅"，将他深深埋进黄土里，希望"黄帝灵魂升天，精神永远常在"。这就是今天海内外中华儿女拜谒的中华第一陵——黄帝陵。

不管黄帝众多传说的真伪，但黄帝陵却自古以来就有，黄帝陵在哪里呢？

第一种说法是黄帝陵位于陕西北部今黄陵县境内的桥山之巅。据《史记·五帝本纪》载："黄帝崩，葬桥山。"自秦统一六国后，历朝历代每岁祭奠黄帝陵持续不断，因此黄陵县境内的黄帝陵有很多各代的遗迹。陵冢在桥山之巅。桥山有沮水环绕，群山环抱，古柏参天，有大路可通山顶直至陵前。山顶立一石碑，名为下马石，上有"文武百官到此下马"字样。古代凡祭陵者，均须在此下马，步行至陵前，陵前有一祭亭，亭中立一高大石碑，上有郭沫若题"黄帝陵"三个大字。祭亭后面又有一块石碑，上书"桥山龙驭"四字。黄帝陵冢在山顶平台的中央，陵冢高3.6米，周长48米。四周古柏成林，幽静深邃。历代政府对保护黄陵古柏都很重视，宋、元、明、清都有保护黄陵的指示或通令。据《黄陵县志》记载，桥山柏林约4平方千米，共6.3万余株。历朝历代政府为了表示尊祖，宣扬礼制，都会去祭祀黄帝，又因为此处陕西黄陵最早由秦始皇祭奠过，于是后来者都到此祭祀。不过很多人并不认同这就是黄陵所在地。

第二种说法是黄陵应在今河北省涿鹿县的桥山。

根据《魏土记》的记载："下洛城东南四十里有桥山，山下有温泉，泉上有祭堂。雕檐华宇被于浦上。"《史记·五帝本纪》载："黄帝与蚩尤战于涿鹿之野"；北魏著名地理学家郦道元所著《水经注·谨水篇》载"黄帝与蚩尤战于涿鹿之野，留其民于涿鹿之阿"，也有记载此处为"桥山"的介绍。涿鹿县的桥山，在今河北省涿鹿城东南20千米，它以山顶上天然形成的一座拱石桥而得名，海拔981米。在桥山附近的一道山梁上，还有一个巨大的四方石桌，传说是祭祀黄帝时在此摆设祭品的。石桌右侧有一峭壁，壁面平整，像一块巨大的石碑，上面布满与象形文字一样的图案。传说这是古人刻石记事而留下来的遗迹。我国古代有许多帝王到桥山举行祭祀活动。

黄帝陵冢

陕西省黄陵县城北桥山，西汉司马迁《史记》载：黄帝崩，葬桥山。故而历代帝王大都来此祭祖谒陵。陵内有刻着"黄帝陵"三个大字的祭亭。整个陵墓高 3.6 米，周围 48 米。桥山下的黄帝庙大殿正中上有"人文初祖"巨匾，内有 14 株古柏，其中一株称为"轩辕柏"，据说是黄帝亲手种植的。

第三种说法是黄帝陵在北京平谷区。明《顺天府志》卷一上记载："（北京）平谷区东北十五里，传为轩辕黄帝陵，有轩辕庙。"黄帝当时曾在北京附近河北涿鹿一带建都，死后又葬在这里。唐代陈子昂的诗说："北登蓟丘望，求古轩辕台。应龙已不见，牧马空黄埃……"李白亦有"燕山雪花大如席，片片吹落轩辕台"的诗句。南宋爱国诗人文天祥诗曰："我瞻涿鹿郡，古来战蚩尤，轩辕此立极，玉帛朝诸侯。"北京市文物研究所与平谷区文化文物局组织中国社科院、历史博物馆、北京历史研究所等单位的专家学者，到平谷区山东庄村实地考察这个村西的轩辕陵，并确认这座轩辕陵即是中华民族始祖黄帝之陵。不过认为这个陵和陕西桥山的黄陵一样，是黄帝的衣冠冢。

据说全国共有黄帝陵 7 处，甘肃、河南、山东、河北等地都有黄帝陵，哪一个是真的黄帝陵呢，轩辕黄帝陵到底在何处？这同黄帝的其他传说一样还没有答案。

安阳殷墟：华夏考古圣地

有人称安阳殷墟为中华考古第一都，殷墟见证了商代晚期灿烂的文化。它的发掘创造了历史上多项"中国之最"和"世界之最"。如果你看完下面的文字，也会感慨：实不为过！

殷墟为都 254 年，是中国历史最早也是长期稳定的都城。3000 多年前，洹水边的殷都亲身经历着各朝的兴衰，目睹着历代帝王的起落。作为中国历史上有文献可考的古代都城遗址，它以宏大的规模、众多的人口和丰富的文化当之无愧地位居早期都城建设水平之首位。

说到殷墟，如果不提甲骨文，就如舍本逐末。甲骨文是中国发现最古老的较成熟的文字。在当时，帝王用它来占卜和记事。到现在为止，甲骨文出土达约 15 万片，为学者们研究中国汉字起源和商代的历史提供了宝贵无比的财富。古籍里的"殷踞洹上"也正是因为甲骨文被破解后，才为世人所晓。

后母戊大方鼎是世界上出土的青铜器之冠，通高 133 厘米，重 875 公斤。它那雄伟的气魄实为世间罕见。就因珍贵至极，后母戊大方鼎也是历尽了沧桑颠簸。它

河南安阳出土的殷墟卜辞中记录了大量商代天文历法的情况。这件卜骨所记的日食资料，早于巴比伦时代的可靠的日食记录。

曾是侵华日军穷追不舍的对象，也曾是蒋介石庆祝寿辰的寿礼。进过马槽，也经过权贵之手，但最后后母戊大方鼎终于在中国历史博物馆获得了自己安稳的一席之地。

商代国王武丁之妻——妇好的墓也值得一提。这里安葬着中国古代第一位文武双全的女将军，她曾带兵攻打过西部的羌方、北部的土方、南部的八方和东部的夷方。因其功勋卓著，武丁对她宠爱有加，在其死后给予她很高的待遇。妇好的墓规模虽不大，但却是目前发现的商代王室墓中唯一一座没有被盗掘的，墓中出土的1928件形制精美的随葬品，也让世界为之震惊！

如果说以上所举已为大家耳熟能详，那么，现在我们要说明的是，殷墟作为中华考古的圣地，其"宝藏"远不止这些。

在安阳小屯村的西北部有一块高地，南临洹水，被当地村民称为"鬼集"。据说此地经常有鬼魂出没。然而，这处入夜后便无人敢走之地，却是10余座商代王陵和大量祭祀坑所在地。

商代王陵规模宏大，装饰华丽，有如帝王生前宫殿。随葬品丰富，人牲、器物数量惊人。就让我们以上面提到的商王之妻妇好的墓为例，便可见一斑。妇好之墓在所发现的商代大墓中是规模较小的一座，但是墓中出土了1928件随葬品，其中包括青铜礼器200余件，青铜兵器130余件，玉器755件。不仅随葬品的数量多，那些物品的精美程度更让世人瞠目！

另外，同是在小屯村，其东北部洹水岸发掘出了大量的夯土基址、墓葬和窖穴，这是商王的宫廷建筑，商王以殷为都达254年，其宫廷建筑庞大而宏伟。整个遗址发现有50座基址，其中有的为商人寝宫和接待方国首领、飨宴群臣的地方，有的为宗庙所在地，还有祭坛和供人居住的房屋。

然而，令人遗憾的是，由于武庚叛乱，殷墟毁于战火，昔日繁荣一时的帝都现在仅存一方夯土，但也正是这些夯土和这条浩浩的洹水向现在的人们诉说着昔日帝王之家的威严与气魄。

目前，殷墟考古工作仍在进行。谁都不可以否认的是，一个世纪以来在殷墟的发掘和发现，不仅使殷墟成为中国近现代考古学的摇篮，而且为湮没了3300年的殷商文化提供了一种独有的、科学的历史见证。

殷墟的发现也是中国文化史上的重要里程碑，它以雄辩的事实证明了司马迁《史记·殷本纪》中记载的真实性与可靠性，确定了商朝历史为信史，扫清了人们对三代历史的疑古之风，增强了人们认识三代直至以前历史的信心，殷墟的发现，被列为20世纪中国100项重大考古发现之首。

河南省的北部有一条蜿蜒流淌的东西走向的河，这条河称作洹水，它流经河南的安阳市。此河在19世纪末20世纪初鲜为人知，直到1908年考古学者找到震骇世界的甲骨文的出土地点，即安阳小屯，并确认它就是史书上所记载的殷墟时，洹水安阳殷墟才作为华夏考古圣地而声名鹊起。

曾国国君墓为何建在随国

随州市（即原随县）地处湖北省中北部，居长江之北，汉水以东，是江汉平原与中原之间的丘陵带。历山，传说中为炎帝神农的家乡，即位于随州市，这里至今遗留下了许多关于神农氏活动的踪迹，如神农洞、炎帝神农碑等。殷商时，随州市是王朝的南土，这在殷墟甲骨卜辞上有清楚的记载。在西周时代，随州市成为周天子所封同姓诸侯的领地。

1977 年，中国人民解放军某部为扩建营地，在距随州市市区西北约 3 千米处名为擂鼓墩的丘陵地带实施修建工程。因红砂岩坚硬，阻碍施工，施工人员就用炸药把红砂岩炸得粉碎，然后用推土机推平，结果，发现了褐色的软土，再往下则推出了青灰色的石板。施工人员立即停止施工，迅速向上级做了汇报。

经多方支持，考古发掘工作于 1978 年 5 月上旬正式开始。首先是清理填土，接着是清理填土下的石板。石板向下是褐土与青灰泥相间的夯层，再往下是竹网、丝帛、篾席，木椁也随着发掘工作的深入展现在世人面前。在木椁四周与坑壁的空隙里，填有大量木炭。考古人员和民工一铲铲地挖出木炭，共清理木炭 31360 千克，至此，墓室的椁板全部暴露出来。发掘人员连续作战，至 5 月 30 日，淤泥清理基本完毕，发掘出的大批文物令世人为之一振。

历史上，曾国为楚国附庸国，公元前 433 年，楚惠王专门为曾国君主曾侯乙制造了礼乐器铜钟。

此次挖掘的地下寝宫的墓坑方向正南，墓口东西长约 21 米，南北宽 17 米左右，总面积为 220 平方米。坑内置有木椁，高 3 米左右，分为北、中、东、西四室，且均为长方形。其中中室面积最大，长约 9.75 米，主要放置整架的宗庙编钟、编磬和其他多种乐器，并有大量的青铜礼器。编钟靠近西壁和中室南部，其他随葬品的摆放井然有序，这充分反映了墓主人饮酒作乐的生活场景。

东室长 9 米左右，为墓主的"寝宫"，放置着墓主的特大型双层套棺和 8 具陪葬棺，以及 11 具葬宠物的狗棺。经鉴定墓中人骨得知，墓主人为男性，45 岁左右；陪葬的均为女性，年龄在 13 岁~25 岁，尤以 20 岁左右居多。这些应是曾侯乙生前的妻姜嫔妃。各室中面积最小的是北室，南北长为 4.25 米，主要放置大量的兵器、车马器、皮甲胄，有 2 件高 1.3 米、重 300 千克的大铜缶用以盛酒，并有 240 多支竹简，简文记载的是用于葬仪的车马兵器，有自制的，也有赠送的。西室与中室并列，长 8.65 米，主要放置了13 具均为女性的陪葬棺，除了极少一些玩具与服饰外，再无其他葬品。

6 月底，发掘工作基本完成，出土文物共有 7000 多件之多，如此众多的文物，令人叹为观止。其中乐器 1.2 万件，包括编钟 64 件；礼器、宴器 140 件，而兵器最多，共 4500 件，由此可见楚国当时强大的武力。如此众多的随葬品充分说明了墓主人曾侯乙的地位。

曾侯乙墓出土的青铜器器种数量之多、器型之大、铸造之精、纹饰之美、保存之完整，在历代出土的青铜器群中独占鳌头。这批青铜器的材料主要为铜、锡、铅合金体，铜占80%左右。出土的这些青铜器体积较大，重量较重，有5件超过了100千克，另有两件大尊缶是迄今发现的东周时期最大最重的酒器。令人吃惊的是，铸镶法首次发现于曾侯乙墓的青铜器上。在出土的这些青铜器中有一件造型精巧、结构复杂的尊盘。尊是一种盛酒器，盘则是一种盛水器，出土时，尊盘浑然一体，寓变化于整齐之中，达到了玲珑剔透的艺术效果。

曾侯乙墓出土的数量众多的青铜礼器和乐器在当时引起了轰动。这些编钟及其他古乐器的出土，是中外音乐史上的一大奇观。乐器或由青铜构件和木石构件混合组成，或由木竹制成，共125件（套）。其中的编钟，是目前中国出土乐器中规模最大、质量最佳、完整性最好、音律协奏性最高的顶尖精品。

曾侯乙墓共出土了5012件漆器，使用漆器的范围远远超过中原。曾侯乙墓出土的漆器彩绘和雕刻以鸟兽形纹、几何纹和龙形图案为主，大多是木制用品。这些用品包括衣箱、食盒、餐具、梳妆用品等，其中以5件衣箱和一件鸳鸯形盒的彩绘最为出色，透雕或浮雕以4件盖豆和1件禁器见长。春秋战国时期金银器极少，曾侯乙墓出土的一件金制酒器，方唇直口，浅腹平底矮足，双环耳名"盏"的酒器，是迄今出土的先秦金器中最大最重的一件，约2150克。

考古人员从墓主人尸骨周围清理出500多件玉饰品。曾侯乙墓出土的玉缨是一件16节的龙凤玉挂。整件玉挂集透、平、阴雕等玉雕技艺于一身，共刻有大大小小的37条龙、7只凤及10条蛇，皆栩栩如生，玲珑剔透，实为古代玉雕之精品。

曾侯乙墓的发掘，带给了人们一个个谜团，如战国时期的曾国在我国古代历史上只是一个名不见经传的小国，为什么这个小国的国君墓能具有如此规模呢？如在周代，礼器的使用权是泾渭分明的，其使用具有严格的限制，不同等级的人只能使用与自己身份和地位相符的礼器。曾侯的级别算是很低的，按当时规矩只能用"七鼎"，而曾侯乙墓出土的礼器却完全不管这些，规格极高，几乎达到天子的规格了。

除礼器外，曾侯乙墓出土的乐器也同样规格极高，这使不少学者怀疑墓主曾经是周天子执掌礼乐的"大乐"，只是目前为止还没发现充分证据可以支撑这种观点，更何况如果曾侯乙真是周的"大乐"，为何史书典籍中没有他的一点踪迹？不过，大多数学者不认同这种观点，他们认为这种现象不足为奇，因为众所周知，春秋战国时期正是"礼崩乐坏"的时代，周天子的地位已江河日下，越位现象也屡见不鲜。

除了这个问题有争议以外，人们争论得最激烈的还是这个墓为何会在随州市出现。因为曾侯乙是曾国国君，而湖北随州市在当时则属于随国，堂堂一国之君，怎么会在别国建自己的墓地呢？有学者认为，当时战国时代的随国其实就是曾国。确实，这种一国两名的现象在我国古代并不鲜见。如魏又称为梁、晋又称为唐、韩又称为郑等等。石泉先生的《古代曾国——随国地望初探》就详细论述了这一观点。他指出："随国和曾国都是姬姓国，都是西周分封于江汉的诸姬姓国之一。就两国的地望来看，也是一致的。从宋代出土的曾国青铜器，到曾侯乙墓，都分布在随枣走廊一带，而且都是从南阳盆地迁入随枣走廊的。"这个说法，也是有一定说服力的。

但是也有的学者不同意此种观点，他们认为，在西周时期，曾就已经与随并存了，这在文献中是有明确记载的，说随国就是曾国显然是不合理的。

究竟哪种说法接近事实呢？也许只有躺在墓葬里的曾侯乙最清楚！

如何解释秦始皇陵墓之谜

秦始皇陵墓位于西安市临潼区城东，背靠骊山，面临渭水。据《史记》记载：秦始皇13岁即位（公元前247年）就开始建造自己的陵园，直到死时（公元前210年）建成，历时37年。为造秦陵，当时征发了所谓的"罪人"有72万之多。秦始皇陵墓规模宏大，气势雄伟，经勘察，面积达57平方千米，分内外两城，内城周长2.5千米，外城周长6千米，呈南北长方形。秦陵的布局，东侧1500米处是大型兵马俑坑，西侧是车马陪葬坑及大批刑徒墓地，西北角有面积相当大的秦代石料加工场，南面还有一道长达1500米防止洪水冲毁陵墓的人工堤渠。据《史记》记载，陵墓内挖地极深，用铜液浇灌加固，上面放置棺椁；墓中建有宫殿及文武百官的位次，还有大量的珠宝玉器等；为防盗墓，里面设有弩机暗器，地底下又灌注水银，造型似江河、大海，以机械转动川流不息；又用鱼油膏做成蜡烛，点燃长明，久不熄灭。

秦始皇陵墓至今还未完全发掘。科学家利用高科技手段对秦始皇陵墓进行了多次探测，也由此引出了一系列谜团：秦始皇陵墓的封土取自何处？史料中记载的"旁行三百丈"究竟是什么意思？秦陵司马道究竟是南北走向还是东西走向？是谁点燃了秦宫火？

秦始皇陵封土堆呈覆斗形，高76米，长和宽各约350米，如此大规模的封土堆在国内堪称之最。体积如此庞大的封土取于何处，历来人们说法不一。在临潼地区长期流传着一种说法，认为封土堆的土是从咸阳运来的，因经过烧炒，所以秦陵上寸草不生。关于秦始皇陵的封土来源，史书中也多有记载。《史记·秦始皇本纪》中说，"复土骊山"。《正义》注释道："谓出土为陵，即成，还复其土，故言复土"。意思是说把原来从墓穴中挖出来的土，再回填到墓上去。《水经·渭水注》记载："始皇造陵取土，其地深，水积成池，谓之鱼池。池在秦始皇陵东北五里，周围四里。"今天在秦始皇陵封土东北2.5千米的鱼池村与吴西村之间，确实有这处地势低洼、形状不规则的大水池，有人曾估算鱼池总面积达百万平方米。于是郦道元"取土于鱼池"的说法也得到了不少考古专家的认可。究竟秦始皇陵的封土取自何处，还要通过大量的勘测、体积还原计算和对比才能最后定论。

《汉旧仪》一书中有一段关于修建秦陵地宫的介绍：公元前210年，丞相李斯向秦始皇报告，称其带了72万人修筑骊山陵墓，已经挖得很深了，好像到

秦始皇陵出土的二号彩绘铜车马

了地底一样。秦始皇听后，下令"再旁行三百丈乃至"。"旁行三百丈"一说让秦陵地宫的位置更是显得扑朔迷离。近些年来，科技人员运用遥感和物探的方法对秦始皇陵进行了多次探测，证实了地宫就在封土堆下，距离地平面35米深，东西长170米，南北宽145米，主体和墓室均呈矩形。秦始皇陵的地宫虽然被定位，但史料记载"旁行三百丈"究竟何意？有专家认为："旁行三百丈"是地宫初挖点比原来计划向北移了700米。因为在封土堆南约700米处出现了重力异常的现象，按地质理论说明该异常区与周围土质存有差异。所以有人推断，秦始皇陵地宫最初挖掘点可能位于这个异常区，因土中含有大量砾石，修陵人无法挖掘，只好向北移到了目前封土堆的位置。也有专家认为：秦始皇陵封土堆南部紧挨骊山，由于山间冲积扇的原因，山下的地层中分布着厚层的砾石，修陵人从地宫向南挖巡游通道时，遇到了大砾石，最后不得不顺着砾石层改向挖掘，即所谓的"旁行三百丈"。

古时候，帝王在世时专用的道路叫"御道"，而死后特意为其专修的道路就叫"神道"，也叫司马道。司马道一般也是帝王陵墓的中轴线，具有重要的考古意义。可是秦始皇陵司马道究竟是南北走向还是东西走向，考古学家和地质专家说法不一。袁仲一、王学理等众多秦陵考古专家都一致认为，秦陵的司马道为东西走向，即陵园面向东。但也有专家认为"陵园南高北低，背依骊山，俯视渭河，南北高差达85米，陵园面向北是再合适不过了。同时，其他国君大多将封土堆安置在回字形陵园的中部，而秦始皇陵的封土堆却位于内城南半部，从对称角度讲，司马道东西走向说不通"。司马道为南北走向的观点最早是由地质学家孙嘉春先生提出来的，并得到了不少人的赞同。

另外，火烧秦陵仅仅是一种燎祭方式还是项羽所为？这一历史悬疑至今也没有结论。项羽是否火烧秦陵？在对秦始皇陵的发掘过程中，考古专家发现了陵区有大面积的火烧土分布，同样考古专家在对秦陵陪葬坑的挖掘中也发现了大量火烧土和残余焦木。有人认为这正验证了历史上项羽火烧阿房宫的记载。但也有人提出，如果是项羽火烧了秦陵，那么陪葬坑里的珍宝为什么没有被运走？珍禽异兽坑虽然遭到了火烧，但坑内却完好保存着精美的铜鹤、铜鹅、铜鸭子等，这让人不可思议。于是有专家认为"火烧陵墓很可能是当时的一种祭祀方式，即所谓的燎祭"。

关于秦始皇陵众多谜团的种种说法，只是人们根据已有材料的推断。我们期待着秦始皇陵墓的进一步考古发掘，也期待着考古专家们早日为我们揭开这些谜团。

乾陵之谜

这座中国乃至世界上独一无二的两朝帝王、一对夫妻皇帝合葬陵给后人们留下许多千古难解之谜。

乾陵位于陕西乾县城北的梁山上，距古城西安约80千米。由于乾陵恰好位于唐长安城的西北方向，在八卦中，西北方位属于"乾"卦，故称"乾陵"。乾陵是我国唐朝第三代皇帝唐高宗李治与大周女皇武则天的合葬墓，是我国唯一的一座两个皇帝的合葬陵寝，也是目前所知唯一没有被盗掘过的唐代帝王陵墓，被誉为"唐陵之冠"。

公元 683 年 12 月，唐高宗李治病逝。武则天命吏部尚书韦待价为山陵使，按照"依山为陵"的葬制，在梁山山腰上开始修建地宫。工程艰巨浩大，7 个月后，主要工程竣工，唐高宗入葬乾陵。乾陵营建时正值盛唐时期，国力雄厚，所以陵园的规模宏大，建筑富丽雄伟。705 年冬，武则天驾崩，也埋葬在乾陵中。

雕琢如此精细的石碑竟无一字，功过是非留给后人评说。

武则天与乾陵使秦川大地出现了一个神奇的巧合：圆锥形的梁山主峰之南有两个稍矮、左右对峙的乳峰，地貌恰如一位巨大的女性躯体，正像女皇帝武则天静静地仰卧在那里，默默诉讼着那段遥远的故事。

在乾陵前并立着两块巨大的石碑，西侧的一块叫"述圣碑"，这是武则天为高宗歌功颂德而立的碑，她亲自撰写了 5000 余字的碑文。东侧是武则天的无字碑。自秦汉以来，帝王将相无不希望死后能树碑立传，中国历史上唯一一个女皇帝的石碑却没有刻一个字，这是为什么呢？

目前有三种说法：一种说法认为武则天立"无字碑"是用以夸耀自己，表示功高德大非文字所能表达；另一种说法是认为武则天立"无字碑"是因为自知罪孽重大，感到还是不写碑文为好；第三种说法则认为武则天是一个有自知之明的人，立"无字碑"是聪明之举，功过是非让后人去评论。

还有少数人认为，武则天觉得死后与唐高宗合葬，称呼自己是皇帝还是皇后，都难落笔，因为不管这种想法是出于其骄傲抑或谦虚，武则天曾君临天下则是不可回避的事实，权衡之后，还是以无字碑更为恰当。总之，武则天立此"无字碑"，可给后人出了一道难题，至今人们还是猜不出这位女皇的真正用心。

在乾陵陵园朱雀门外的东西两侧，分布着 61 尊石人像，大小和真人差不多，人们在习惯上称其为"藩像""宾王像"。这些石像大约建成于武则天去世前后。石像背后刻有文字，文字记录表明，他们是少数民族首领，或者外国使臣，他们都为唐朝的统一与和平外交做出了贡献。

令人不解的是，这些石像都没有头。经过仔细观察，发现这些身首异处的石像有被砸掉头的痕迹。乾陵所在的陕西乾县，在历史上是"丝绸之路"的要塞，也是兵家必争之地。千百年来，这里发生过的战争不计其数。61 尊石人的头颅很有可能就是在连年战争中被破坏的。

据当地老百姓的说法，八国联军侵华时，见唐乾陵前立有外国使臣，感到有辱洋人的脸面，所以把石人的头砍掉了。但据历史学家考证，八国联军侵华时根本没有到达此处。因此，这种说法纯属民间传说，不能成立。

另一种说法认为是明朝，当地流行瘟疫，病死百姓不计其数。百姓认为瘟疫来源可能是这些石人在作祟，所以将石像都砸掉了头。这种说法虽有一定的可信性，但缺乏直接证据。

据有关人士分析，61 尊石人像断首当在宋、元、明三朝，宋朝人游师雄曾考察藩臣石人像并留下文字记录，可见那时石人像还完好，明朝人李梦阳在一首诗中记载了石人像断首折肢，由此断定石人像被毁的时间范围应当无误。在辽、金、元三朝，统治者可能感到同族首领侍立于陵前有辱本族颜面，因而把石人像砸毁。可是，如果石人像真是毁于辽、金、元三代统治者之手，那为什么只砸掉了头，而不是毁掉全部石人像呢？关于 61 尊石人像头颅的下落之谜，还有待于进一步研究。

乾陵里面究竟有些什么呢？没有记载。按照古代帝王丧葬的惯例，可以这样估算，唐高宗应把当时国家财政收入用掉 1/3，20 多年后，武则天又花费了国家财政收入的 1/3。如果从来未盗，埋在陵内的金银财宝将堆积如山。还有人以重量推测陵中的文物，说至少要有 500 吨。

根据考古工作者对乾陵主峰以下，垂直地宫的局部探测，以及对乾陵附近的陪葬墓的发掘，专家们推测乾陵墓室的结构，是由墓道、过洞、天井、前后通道、左右宫殿组成。左边躺着唐高宗，右边躺着武则天。

在前后通道的两侧，又各有四间石洞，洞里装满了盛唐时的珍宝。在通向金刚墙的近百米过道两旁，摆满了各种金银祭器。而最让世人感兴趣的就是那件顶尖级国宝——《兰亭序》。史书记载，李世民在遗诏里说要将《兰亭序》放在其头下。也就是说，这件宝贝应该在昭陵，而不在乾陵。可是，五代耀州刺史温韬把昭陵盗了，但在他写的出土宝物清单上，却并没有《兰亭序》，那么《兰亭序》很有可能就藏在乾陵里面。乾陵一带的民间传闻中，早就有《兰亭序》陪葬武则天一说。

然而这一切，只能等到乾陵发掘的那一天才能知道。乾陵的谜还有很多很多，作为历史上唯一的女皇帝，武则天在生前死后都给人们留下了很多谜团。

明十三陵碑文之谜

明王朝自朱元璋创立后，历经几百年，其间有辉煌也有没落，资本主义的萌芽就是从明王朝开始的，在中国历史上，它占有举足轻重的地位。明王朝为历史留下许多不解之谜，其中十三陵的无字碑，便给后人留下许多想象的空间，这里面蕴藏着何种奥秘呢？

在这十三陵中，只有明成祖朱棣的石碑上有碑文，这块长陵石碑，正面刻有"大明长陵神功神儒碑"字样，下面刻有朱棣儿子明仁宗亲自题写、为其父歌功颂德的 3000 余字的碑文。既然十三陵中的第一陵有碑文，其余十二陵为什么不刻上碑文呢？

顾炎武在访问十三陵之后，写出的《昌平山水记》中这样说：传说嗣皇帝谒陵时，问过随从大臣："皇考圣德碑为什么无字？"大臣回答说："皇帝功高德厚，文字无法形容。"而《帝陵图说》给出了另外一种解释，《帝陵图说》写道，明太祖朱元璋曾说："皇陵碑记，都是大臣们的粉饰之文，不能教育后世子孙。"他这一批评，使翰林院的学士们，再不敢为皇帝写碑文了。后来，写碑文的任务，便落在嗣皇帝的肩上。所以孝陵（太祖）碑文是成祖朱棣亲撰，而长陵（成祖）的碑文，是明仁宗朱高炽御撰。

但明仁宗以后各碑的碑文，为何嗣皇帝不写了呢？依照这种说法，长、献、景、裕、茂、泰、康七陵门前，并没有碑亭和碑。到了嘉靖时才建，嘉靖十五年（1536年）建成，当时礼部尚书严嵩，曾请明世宗撰写七陵碑文，可是嘉靖帝迷恋酒色，又一心想"成仙"，哪有心思写那么多的碑文，因此就空了下来。

明世宗以外的各皇帝，看到祖碑上无字，自己也就不便只为上一代皇帝写碑文，但如果都写的话，也没有太多的精力。因此，一代一代的皇帝传下来，就出现了这些无字碑。实际上，自明朝中期以后，皇帝多好嬉戏，懒于动笔，而最主要的原因是，如不加以粉饰，他们所谓的"功德"已不能直言了，因而这些皇帝干脆不写了。

还有人认为，这些皇帝的做法是效仿武则天。因为武则天是一个聪明的人，"无字碑"建立，功过是非让后人去评论，这是最好的办法。这些皇帝们知道自己有可以肯定的地方，但同时肯定也有应该否定的地方。他们知道对自己的一生人们会有各种各样的评价，碑文写得好坏都是难事，因此才决定立"无字碑"，功过是非由后世评说。

不管这些说法怎样，到现在，这些无字碑还在十三陵中，同它们身后的皇帝一起，真正是做到了"功过是非由后世评说"。

图坦卡蒙陵墓：神秘的"帝王谷"

在开罗以南700千米，与卢克索等现代化城市隔河相望的一大片沙漠地带就是古代埃及都城底比斯的所在地。帝王谷就坐落于离底比斯遗址不远处的一片荒无人烟的石灰岩峡谷中。在那断崖底下，就是古代埃及新王国时期（公元前1570~前1090）安葬法老的地点。几个世纪以来，法老们就在尼罗河西岸的这些峭壁上开凿墓室，用来安放他们显贵的遗体，同时这里还建有许多巨大的柱廊和神庙。

位于尼罗河中部的底比斯，是4000多年前古埃及中王朝和新王朝的国都。

古埃及人相信死亡即是在另一个世界的新生，因此法老们的葬礼也极尽奢华之能事。他们在底比斯西面绵延的崇山峻岭之中建造了豪华的安息之所。陵墓修造得极其隐蔽，墓成之日，所有的建造者都被杀死，防止陵墓的位置泄漏出去。从第十八王朝首位法老毕班·埃尔穆鲁克在此为自己建造第一座奢华的隐蔽陵墓开始，历经500多年，这里形成了一片连绵不绝的王室墓葬群，被称为"帝王谷"。

然而，价值连城的随葬品是对盗墓贼最有诱惑的邀请，底比斯一带的帝王陵墓没有一座免于被盗。1900年，一位

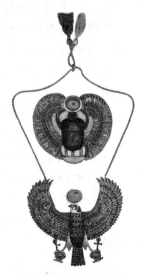

图坦卡蒙墓出土的精美胸饰
图中的金项圈，坠有一枚用黄金和景泰蓝制作的秃鹫，其两爪中的"T"形十字章象征着生命，中间是一枚镶有绿松石和玛瑙的圣甲虫，读成"凯波"，表示图坦卡蒙王的第一个名字的一部分"内布凯波鲁莱"。

英国考古学家在泽尔王妻子墓室的洞中发现了这位王后的一条手臂,包裹依旧完整的手臂上面,还戴着一只贵重的紫水晶和绿松石的臂镯。显然,盗墓贼正在王后木乃伊搜寻陪葬品时出现意外,仓促中把这条刚刚肢解下来的手臂藏在了洞中。

对于考古学家们而言,"帝王谷"神秘的王陵也是极富吸引力的。1914年,英国考古学家卡特和卡纳冯伯爵也来到了底比斯"帝王谷"。在卡特和卡纳冯之前100年,拉美西斯一世、西索斯一世、厄耶和门图海克佩什的陵墓就已经被发掘过了。帝王谷中的砂子似乎都已被人一粒粒地翻转过,筛净了,谷里遍地是大堆的挖出的碎石,碎石间敞开着陵墓的入口。

在签署批准卡纳冯伯爵开发帝王谷的文件时,埃及文物管理局局长马斯皮罗坦率地说,他认为这块墓区业已挖掘干净,现在再去调查研究纯属浪费时间。事实上,直至1922年11月以前,卡特和卡纳冯的发掘进程的确毫无进展。

1922年11月4日,工人在拉美西斯二世墓旁挖出了一个浅浅的台阶。当夜幕降临时,一条凿在岩石上的16级台阶,将人们引向一道刻有古代王室守墓神印记的灰泥门槛,门上的象形文字写着"图坦卡蒙"的名字。

这是一个法老的陵墓!

在强光电灯照耀之下,人们看到包金战车,一人高的法老雕像,饰有巨大镀金狮子和怪兽的卧榻,盛满食物的箱子,里面装着早已变质的煎鹅、鸭子、火腿、面包等。在一些镶嵌黄金和象牙的木箱中,存有大量金银器和首饰,包括金指环、项圈、宝石、手镯和象征权力的金权杖:简直就像一座奢华的东方古董店。

看得出盗墓贼曾经闯入这里,但他们显然被守墓卫士发现了,只得顺手将赃物放下。卡特甚至看得见他们留在尘土中的脚印。

然而,这里却没有卡特最想找的东西——法老的木乃伊。

1923年2月7日,密室的门被打开。在场的人都被眼前的景象惊呆了。

一个硕大无比的棺椁几乎占满了整个房间,其长5.18米,宽3.35米,高2.74米。棺椁全部用黄金覆盖,四面镶着鲜艳的蓝釉饰板,上面有各种宗教象征图形,旨在保护死者。在黄金外棺四周,女神伊西斯和塞尔凯特伸出她们的手臂,面带热情和祈求的神态,护卫着法老的遗体。

棺内的安放形式宛如俄罗斯套娃——三个装饰着大量浮雕的黄金棺材一个套一个,最里面的是一口雕刻精美的黄石英岩棺,棺的下端有一尊张开双臂和双翅托住棺脚的女神。

当人们小心翼翼地用绞车吊起石棺盖时,惊讶地发现,里面又是三个套着的人形金棺,纯金制成的耀眼内棺上写着法老的名言:"我看见了昨天;我知道明天。"

躺在棺内的图坦卡蒙戴着一副很大的黄金面具,这副面具和他本人的相貌一模一样,看上去这位法老是一位英俊而有教养的青年,表情显得既悲伤又静穆。法老的木乃伊由薄薄的布裹缠着,浑身布满了项圈、护身符、戒指、金银手镯以及各种宝石。其中还有一把当时极为罕见的铁剑。

埃及法老图坦卡蒙陵墓的发现,使人们了解到古埃及新王国时代法老殡葬的真实情况，是 20 世纪最伟大的考古成就，也是考古史上一个重要里程碑。它结束了长久以来那种散漫、盲目的猎奇式工作方式，使考古工作真正进入了严格的科学研究时代。

梦断沃基纳：腓力二世诉说皇室恩怨

马其顿虽不属于传统的希腊城邦，但与希腊城邦间有着千丝万缕的联系，腓力二世早年就曾在希腊的底比斯城邦为质。腓力回国之后，经过 20 多年的励精图治，打造了一个强大的马其顿王国。他使马其顿由一个内乱不止的小国崛起为希腊城邦的首领，并在军事、经济等方面累积了巨大的潜力，已经为其子亚历山大的大征服准备好了充分条件。但腓力二世的陵墓究竟在哪里，却一直是个谜。

沃基纳位于萨洛尼卡城西南 64 千米，是希腊北部一座小镇。

1855 年，法国考古学家利昂·胡泽依在当地旅行时，偶然发现了一大片古代王宫遗址，经过考古发掘，人们发现沃基纳实际上是马其顿人首都埃盖的所在地，关于早期马其顿历史的研究序幕由此展开。

提起马其顿，人们自然会联想到马其顿国王亚历山大的非凡成就。亚历山大被认为是古代世界最伟大的征服者，短短 13 年时间，就建立起一个横跨三块大陆的大帝国，其富有传奇性的一生更是成为人们津津乐道的话题。

然而亚历山大实际上只是一个继承者，帝国的真正奠基者则是其父腓力二世。

在腓力 15 岁时，马其顿只是希腊北部一个贫瘠落后的小邦。作为幼子，他被送到底比斯作为人质。生活的磨难将他磨炼成为一位能力卓越、目光远大之人。

回到马其顿后，18 岁的腓力经过一番艰苦征战，平息了内乱，在公元前 359 年登上王位。登基后，他进行了一系列的军事、财政改革，使马其顿一跃而成为军事强国。

公元前 338 年，他亲率大军与希腊盟军进行决战，大获全胜，整个希腊都匍匐在他脚下。紧接着，他把目光投向了波斯。然而，招兵买马正在紧锣密鼓进行时，意外发生了：

公元前 336 年，马其顿公主克列奥帕特拉与伊庇鲁斯国王在埃盖举行了盛大的婚礼。婚礼宴会后，人们都来到王宫附近的圆形大剧场，准备参加黎明前举行的祭神活动。当 46 岁的国王在儿子和女婿陪同下，从剧场东道走入时，支持西马其顿独立的贵族青年鲍萨尼亚斯突然冲上去，拔出短剑刺入腓力二世的心脏。

从此，这位一心致力于开疆拓土的君主再也无法踏上他国的土地，只能抱憾长眠于地

长方形金棺

安德罗尼科斯在期望中打开当中那具朴素的大理石棺后却只发现一只骨灰瓮，所以当他看到这口赤金棺时几乎惊讶得喘不过气来。金棺上面雕有马其顿皇室的标志：一颗光芒四射的大星星，还刻有玫瑰花饰物和其他花卉图案。

下了。

令人遗憾的是，有关这位伟大帝国建构者的历史却一直得不到证实。

直到 1972 年 8 月，希腊考古学家马诺里斯·安德罗尼科斯在沃基纳的重大考古发现，才使长期湮没在传说中的马其顿早期历史终于回到尘世。

在沃基纳有一座高约 14 米、直径 110 米的大土墩，蒿草遍布，瓦砾掺杂，传说是国王的葬身之处。这座"伟大的古墓"，引起了马诺里斯的注意。

但是，这个土墩在古代就已经被盗墓贼光顾过了，随葬品及其他古代文物几乎完全丧失，只剩下一幅状况尚可的壁画。墓室的主人是谁？没有留下任何可循的线索。

事情不久发生了戏剧性的转折，在这座墓的附近，人们很快又发现了另外一座造型优美的拱顶墓。墓门是多立克柱式门廊，上方横楣上还留着猎狮图壁画的残迹，这是马其顿王室酷爱的休闲活动。陵墓大门出人意料地没有被触动过的痕迹，也就是说，这很可能是一座完整的古墓。

古代盗墓贼惯用的伎俩此时派上了用场，考古学家们移走拱顶的拱心石，进入了陵墓内部。

借着手电筒微弱的光线，安德罗尼科斯发现，这是一间面积为 4.46 平方米的房间，房间一端放着白色大理石棺。由于石棺前装饰着象牙和玻璃的豪华睡榻已经腐烂，大量的随葬品散落下来，包括一个黄金和象牙镶嵌的精美盾牌、刻有雅典女神和 8 个狮头浮雕的盔甲、金箔包裹的护胫、鞋履以及各种金银器皿。

然而最重要的发现物之一则是石棺内的物品。那是一只长方形的纯金箱子，长 40 厘米，宽 33.5 厘米。箱内盛着一具火化后的骨骸，用紫色锦缎包裹着，上面还覆盖着一顶橡树枝式的纯金王冠。箱子的四足呈狮爪形，四壁装饰着玫瑰花、棕榈叶和藤蔓等图案，玫瑰花瓣内镶满了宝石，黄金的光泽和宝石交相辉映，显得异常华美。

最吸引人的是箱盖上刻着的一颗光芒四射的星星，这是马其顿王室的特有徽记。纯金王冠以及大量的王室日常用品，都证实了死者的国王身份。这陵墓肯定是一位马其顿国王的，但到底是谁的呢？

墓中绘于公元前 4 世纪中叶的壁画和一对假腿卫兵的青铜像，给了马诺里斯·安德罗尼科斯灵感：据记载，腓力二世曾在战斗中因伤致瘸。

体质人类学家对遗骨的测定肯定了他的猜测，墓主是年约 40 岁的男性，一只眼睛上有明显伤痕。据记载，腓力二世在攻打梅素恩城的战斗中右颊中箭，被迫挖掉了右眼。

此外，由于亚历山大必须立即赶往陪都皮拉平息国内异己力量，腓力二世是匆忙下葬的；对墓室的研究发现，墓室内壁仅涂抹两层灰膏，表面粗糙，显然是在仓促之中施工的结果。考古遗址发现的一切都与传说和记载相吻合，至此，安德罗尼科斯终于可以郑重宣布，沃基纳的墓主正是传说中的腓力二世！

第八篇

奇谲的文化艺术谜团

宗教的神秘钥匙

宗教给人以寄托，也带来了上帝、佛祖、诸神的秘密。

莫高窟：藏经洞之谜

敦煌莫高窟位于今甘肃敦煌东南鸣沙山的断崖上，又称千佛洞。从南北朝到元朝历朝历代开凿不绝，其中，隋唐时开凿最盛。今存洞窟492座，仅唐代就有300多个。佛窟中有精美的壁画、彩塑和佛像，其人物形象栩栩如生，极具艺术魅力，是研究隋唐时期美术、书法、音乐、舞蹈、建筑的珍贵史料。

敦煌莫高窟的发展历程

敦煌坐落在甘肃河西走廊的西端、党河的绿洲上，是中国西部的一座边陲小城。汉武帝元狩二年（公元前121年），汉朝在那里设置了武威、酒泉二郡，酒泉郡下辖敦煌地区。10年后的汉武帝元鼎六年（公元前111年），汉朝又在此增设了张掖、敦煌二郡，这就是所谓的"河西四郡"。

前秦建元二年（公元366年）对敦煌来说是一个具有特殊意义的年代。据史志记载，敦煌的第一个石窟就开凿在这一年，其建造者是一个名叫乐僔的和尚。乐僔和尚师徒四人来到敦煌城东南的三危山下时，看见了三危山上的奇景：夕阳照耀下，山峰发出灿灿金光，在乐僔的幻觉中，仿佛有千万个佛在金光中显现。虔诚的乐僔在三危山下顶礼膜拜，并立志要建造佛窟。他四处化缘，请来了一批工匠，在这沙漠的绿洲上开始了建造石窟的工程。

隋唐时期，敦煌莫高窟进入了全盛时代。隋王朝虽然在中国历史上的统治时间只有38年，但保留到现在的佛窟却有110个之多。在莫高窟现存的492个洞窟中，有一半以上建于唐代。安史之乱后，吐蕃乘机侵占河西走廊地区，统治敦煌长达70年。吐蕃也是一个信仰佛教的民族，莫高窟不仅没有因为统治者的改换而遭破坏，还增添了许多具有吐蕃风情的新窟。公元9世纪中叶，唐朝收复了河西走廊的东部。公元858年，敦煌世族张议潮领导河西走廊西部的人民起义，推翻了吐蕃贵族的统治，收复了敦煌及其附近地区，并遣使向唐报捷。不久，唐宣宗任命张议潮为归义军节度使，统领河西十一州之地。唐朝灭亡后，中国进入了五代时期。后唐同光元年（公元923年），后唐政府任命曹义金担任归义军节度使。中原地区虽然动荡不安、军阀割据，但河西走廊地区在曹氏家族的治理下，却呈现出一片繁荣昌盛的景象，莫高窟的佛洞也在持续地开凿着。

后来，党项族建立的西夏控制了河西走廊一带，这个政权统治敦煌达200年之久，这一时期仅留下了为数不多的小规模石窟。1227年，西夏被蒙古灭掉，蒙古族也是崇奉佛教的民族。在这一时期，元朝统治者在莫高窟又开凿了一些洞窟。1524年，明朝政府封闭了肃州（今甘肃省酒泉市肃州区）西面的嘉峪关，敦煌和内地完全隔绝，莫高窟就在中原文明的发展中被遗落了。

敦煌的艺术

在1000余年的历史中，莫高窟的石窟在10多个朝代的众多统治者手中不断修缮、添新，也不断倾塌、毁损。总体来说，经历了以下几个阶段。

（1）初期。十六国时期是敦煌莫高窟石窟艺术的诞生期。公元366年，前凉的乐僔和尚在鸣沙山崖面上揭开了莫高窟艺术的第一页。这一时期的石窟内容以弥勒菩萨、禅定佛、说法佛为主要遗像。它们沉思俯视，垂悯下界，很具有时代特征。北魏时期是石窟艺术的大发展时期。公元439年，北魏灭北凉，统一河西地区，并设置敦煌镇。这一时期的主要窟型是有人字坡顶和中心塔柱的"塔庙"（或叫"支提"）窟，壁画内容除本生故事外，多以千佛为主要题材。西魏灭亡之后，北周统治敦煌20余年，其统治者宇文氏尊经重儒，宇文邕还曾经念佛，这使得敦煌的石窟艺术得到了很大的发展。现存北周时期的洞窟内容丰富，描写细腻，人物渲染艺术手法多样，在技巧上充满探索精神，为丰富石窟艺术的表达能力提供了许多有益的探索。

（2）鼎盛期。隋朝的两个皇帝隋文帝、隋炀帝都十分信佛，把佛教尊为国教。隋文帝杨坚还诏令全国凡破坏佛像者均以"恶逆论"，从而增加了石窟造像的威严，也使佛教迅速传播开来。唐贞观十六年（公元642年），翟思远一家修造的今编第220窟建成，这是莫高窟艺术的一个里程碑。武则天时期，由于她笃信佛教，从上到下为佛教与石窟艺术的发展奠定了良好的社会基础，许多方面都超过了前代。从神龙元年（公元705年）到建中二年（公元781年）是盛唐时期，也是唐朝由盛转衰的时期。为了维持西北地区的安定，唐朝大大加强了河西的保卫力量，仅玉门、安西、敦煌三地就屯兵1.45万人。当时的将军、都护、军使出兵西域，都带着许多文士、诗人、歌童、舞女、医人、星相术士、画匠、织工等各类随军服务人员。于是，内地的新画风、新技法在莫高窟有了直接的体现。莫高窟的中唐时期称为吐蕃时代。吐蕃时代壁画塑像在精致细腻方面是盛唐艺术的发展，笔墨精湛，线描造型的准确、生动都应是唐代艺术向深度发展所取得的成就。晚唐开凿的莫高窟石窟现存60个，在形式上和内容上较吐蕃时代有一些差异。首先，出现了大幅的《劳度叉斗圣变》，这是沙州民众推翻吐蕃统治的喜悦心情的直接反映。其次，《维摩诘经变》中吐蕃赞普的形象从壁画中消失。第三，经变中以汉族世家豪族的夫人子女代替了蕃装人物，给人耳目

敦煌莫高窟

一新的感觉。

（3）衰落期。五代时期莫高窟的艺术风格是晚唐的继续。五代的壁画比较粗犷，特别重视笔、墨、色彩的结合效果，所谓"焦墨其中略施微染"的画法被广泛应用。西夏在莫高窟的早期做法是改修前代洞窟，其画风受甘州和西州回鹘画风影响较大，壁画上的人物造型和装饰纹样，与伯孜克里克石窟的壁画十分相像。元朝统治者也笃信佛教，当时全国比较流行萨迦派的金刚乘。因此，莫高窟现存的元朝石窟几乎都属于风格迥异的金刚乘藏密画派。明朝推翻元朝的统治后，封闭了甘肃酒泉西面的嘉峪关，繁荣近1200年的敦煌莫高窟艺术宣告结束。

敦煌莫高窟是我国古代佛教文化的集大成者，是一座举世无双的佛学宝库。按其艺术形式可将敦煌莫高窟艺术分为彩塑壁画和佛教典籍两大部分。莫高窟前后历时1000多年，保留下来的彩塑多达2400多尊，皆出自历代能工巧匠之手，风格多样，千姿百态，所以它不失为我国最大、最系统、最为珍贵的一份雕塑遗产。

发现藏经洞

莫高窟最早的彩塑是十六国时期塑造的，其表现题材比较简单，人物形象带有一些印度人的味道，塑造手法也存在石雕的痕迹，没有充分发挥泥塑特有的自由伸展的性能。隋朝时候，彩塑的形式开始有了明显变化。佛与菩萨由北魏以来的"秀骨清像"变得雍容厚重。唐朝是莫高窟彩塑的极盛时代，艺术家们充分发挥他们的艺术天赋，创造出了丰富多彩、风格迥异的艺术造型，并使塑像更接近写实，使佛与菩萨"世俗化"，并最终成功地打破了"神"与"人"的界限，使莫高窟艺术更接近生活。

莫高窟壁画的总面积达4.5万平方米。它所反映的范围虽然没有包罗佛教所有的经典内容，但几乎涉及了佛教经典的各部类宗派历史。莫高窟的壁画内容按其性质大体上可分为经变、说法图、民族传统神话题材、供养人像、图案装饰等5大类，其中内容最多的是经变。经变就是佛经故事画，画这种壁画的目的就是向人们灌输佛教思想。它们描绘的内容都是庄严简洁、没有污浊烦恼的西方极乐世界。壁画构

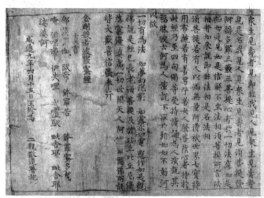

金刚波罗蜜经　唐

甘肃省敦煌市莫高窟藏经洞出土。1900年发现于敦煌藏经洞的雕版印刷品《金刚波罗蜜经》，为卷轴装，刻印精良，印品完整，并有"咸通九年（公元868年）四月十五日王玠为二亲敬造普施"字样，为雕版印刷术成熟之作。

图一般都很严谨，描写细腻。说法图是供养们供养礼拜的形象。北魏晚期的说法图，场面宏大，人物众多。中间的佛庄严神圣，两侧的菩萨却生动活泼、绰约多姿。他们有的交头接耳、窃窃私语，有的手舞足蹈、翩翩而起，有的虔诚献花，有的挽臂游戏，已冲淡了庄严气氛，增添了浓厚的人间情趣。隋朝时，壁画内容发生了很大变化，说法图已减少，单身菩萨增多。这时期把菩萨画得都很美，几乎不再受西域影响，他们着俗装，衣饰华丽，不受固定仪型束缚，和现实世界中的人物很接近。唐朝时说法图已经退到一些次要的、不引人注意的地方，但这一时期的壁画达到了最高水平。供养人像也叫宗教"功德像"，是当时造窟人或参与造窟的人的肖像。佛教传入我国之后，人们又把希望寄托于佛的世界。装饰图案主要绘于藻井，还有的画在龛楣、椽间和主体画的边上，它没有什么太大的意义，主要是起装饰作用。这时期的各式图案明显受西域的影响，有劲健和美妍之风，尤其是莲瓣式的龛楣，组织得更为精巧富丽。

现在敦煌被关注不是因为其悠久的历史，也不是因为辉煌的过去，而是因为莫高窟艺术宝库的发现，因为莫高窟藏经洞的发现。

一个世纪前的中国，正处在日渐衰弱的清朝末年，偌大一个莫高窟艺术宝库由一个云游而来的道士看管起来。这个道士就是那个一提起便让人切齿的"王道士"。

王圆箓，原是湖北麻城的农民，因麻城连年旱荒，生活无着，他便逃到肃州（今甘肃酒泉），做了一名边防军卒。退伍后无事可做，就当了道士。王道士云游到莫高窟后，就在今天的第143号窟居住下来。因王圆箓能诵道经，且说汉语，因此，当地人大都请他礼忏，他的生活状况得到了明显改善。

王道士有了些钱后，为积功德，聘请人改造佛窟。1900年5月26日，王圆箓早早起来，他要清扫莫高窟北端七佛殿下第16号石窟甬道中的积沙。他把这个7米长的甬道内的积沙清除掉后，甬道两壁露出了宋代人画的菩萨像，虽然画工并不精细，但保存得相当完好。王圆箓漫不经心地观瞧着墙上的壁画。这时，甬道的北壁忽然产生了一声巨响，墙上裂出一道缝隙。他吃了一惊，赶紧凑上前去，用旱烟管在裂了缝的墙壁上敲了几下。

结果让王圆箓吃惊不已，墙壁竟然是空的！王圆箓心里一阵激动，料想其中必藏有宝物。王道士轻描淡写地打发走了雇佣的人，耐着性子等到晚上，便悄悄地去打开了这道伪装的窟壁，找到了用泥封着的洞口。

王圆箓打开了这个洞口，一扇紧闭的小门出现了。他打开小门，里面是一个黝黑的高约160厘米，宽约270厘米，略带长方形的复室，室中堆满了数不清的经卷、文书、绣画、法器等等。王道士感到不知所措，他取出几份经卷，一路小跑来到县衙，送给县长汪宗翰。汪宗翰见多识广，知道这些古物的价值，便仗势向王道士索要了一批画像和写本。甘肃学台叶宗炽通过汪宗翰，也得到了不少藏经洞的藏品，其中有宋乾德六年（公元968年）的水月观音像。他建议藩台衙门把这批文物运到省城来保存。昏聩的清政府觉得花高昂的路费运送这些"废纸"根本不值得，便没有采纳这项建议，只是发出了一纸命令，让王圆箓封起藏经洞，从此就不再过问了。

宝藏重现后的风波

1900 年 5 月 26 日，道士王圆箓的发现使荒凉的敦煌再次成为世人瞩目的焦点，许多"学者"慕名而来。

盗取莫高窟宝藏的始作俑者是俄国的勃奥鲁列夫。1905 年，当他听说敦煌石室发现古代经卷写本，便于当年 10 月到了敦煌，以少量的俄国商品作交换，从王圆箓手中骗去一大批珍贵的文书经卷。勃奥鲁列夫将卷带回国后，对此秘而不宣，直到 1963 年世人才知道这一情况。

继勃奥鲁列夫之后来到敦煌的是斯坦因。他对于中国文化并没有什么认识，然而凭着冒险家追寻宝藏的本能，一听到这个消息便匆忙赶到中国，带着一个姓蒋的助手直奔敦煌，想办法结识王道士。

斯坦因想用金钱从王圆箓手中收买经卷，王道士看着斯坦因手中白花花的银子，虽然十分眼馋，但还不足以消除他对神灵及官衙的畏惧，斯坦因想用金钱收买的计划落空了。斯坦因常常光顾王圆箓住的洞窟，千方百计讨好王圆箓，想弄到宝物。一天，他忽然对王道士住处的壁画发生了兴趣，感到自己似乎找到了攻关的钥匙。原来，王道士住进这个佛窟后，剥去了原来的壁画，请人在上面重新画上唐僧西天取经的故事。斯坦因便决定由此突破。其实，斯坦因对玄奘事迹知道得并不多，他多方查找资料。经过准备之后，便和王道士谈起唐僧及其西游来。他装出一副对玄奘无比崇敬的神情，而且还说自己循着玄奘的足迹，历尽千难万险，从印度穿越峻岭大漠才来到了敦煌。他说得天花乱坠，让王圆箓对他无比崇拜。

深夜，王圆箓终于再次打开了密室的门，拿出一些经卷写本给这位"司大人"看。第二天，王道士又答应了斯坦因的请求，把他引进了密室。斯坦因首次获准进入藏经洞密室，初睹其中所藏丰富文物，简直目瞪口呆。他看见那小小密室里的物品，虽然不是井井有条，却是前所未见的经文卷帙。暗淡的油灯照明下，密密麻麻，一包包的手抄本堆在那里，几乎有 3 米高，后来经过测量，知道这密室容积近 14 立方米，几乎满是手抄本和书卷，密室内只留下仅能容两人站立的空间。

从那以后，王圆箓对这位洋大人放松了警惕，任由他进出密室，为所欲为。看到时机成熟，斯坦因告诉王圆箓说有成捆藏品要暂时拿出来作学术研究，而这样做绝非渎圣，因为抄本、书卷让诚心向道的人鉴赏等同宣扬佛法，功德无量。斯坦因还不断捐一点钱资助重修寺院，而且从来不提购买经卷的事，让贪心的王圆箓十分欢喜。斯坦因一边讨好王圆箓，一边利用中国助手屡次乘夜窃取大捆的珍贵文物背到营房。最后，这个以寻宝有功而被英国皇室封为爵士的家伙，共弄到 24 箱稀世奇珍，共计 3000 多卷经籍，另外 5 箱装着满满的绢帛以及 200 多幅经书。

斯坦因盗宝成功的消息，极大地刺激了其他帝国主义者的贪欲，他们争相派"考察队"前往敦煌。

1908 年，法国汉学家伯希和也来到了莫高窟，他凭着对中国文化的研究，在斯坦因没有挑走的经卷中挑走了更珍贵的 6000 多卷写本和一些画卷，装满了 10 辆大车，几经辗转运到巴黎。他还给带不走的塑像和壁画拍了照片，印出了 6 大本，名为《敦煌千佛洞壁画集》，又把洞窟编了号码。他还拿着极少的一部分汉文写本来到北京炫耀，他的行为引起了爱国学者的极大愤慨。1909年，北京学部才正式发布文告，并拨款到甘肃，命令敦煌县令陈泽把千佛洞所剩的古写本全部运到北京。然而这批宝贵的文化遗产在启运来京的途中被各地官吏层层盗窃，又因此受到很大损失。这批文物全部运到北京后只剩下8697卷了，经整理后保存在京师图书馆。1911年10月，日本人吉川小一郎和橘瑞超率领大谷光瑞探险队也赶到敦煌，从王道士手中骗得古写本经卷四五百卷和两尊精美的唐代塑像。

1914年，斯坦因又来到中国，用500两银子从他的"旧友"王圆箓手中"买"走了600多卷古写本经卷。至此，他共骗得织绣品150多方，绘画500多幅，还有图书、经卷、印本、写本共6500多卷，成为敦煌艺术宝藏的第一盗匪。同年，俄国人鄂登堡也来到敦煌，盗走了不少文物和塑像，还剥去了一些壁画。

1924年，美国人华尔纳匆匆来到敦煌，他用事先准备好的特殊化学胶布剥离盗走26方唐朝洞窟中的壁画，还窃取了几尊唐代塑像，这些东西现在收藏在美国哈佛大学的福格艺术博物馆和波士顿博物馆。

帝国主义分子掠夺的敦煌莫高窟文物数量十分惊人，仅北魏到北宋的古写本就有两万多卷。内容包括佛经、道经、摩尼经、诗赋词曲、小说、方志、信札、户籍、账簿、借贷契约、历书、医书等。除此之外，还有绘画、织绣等工艺美术品1000多件，其中有一件唐咸通九年（公元868年）的一卷刻本经卷，卷头有一幅"佛说法图"，是世界上最古老的一件雕版印刷品，也是被盗文物中最珍贵的一种。

敦煌莫高窟的文物被劫掠后，莫高窟也随之名扬世界，国内外学者们从各种专门学科的角度，对以敦煌为研究对象的学术领域进行深入的研究，形成了独特的"敦煌学"。

谁封藏了藏经洞

敦煌藏经洞经卷的发现，对人们研究历史、文化、佛教等都产生了深远的影响。当然，如同许多其他宝藏被发现一样，围绕敦煌经卷的谜团也随之而来——如此丰富的经卷是被谁封藏起来的？封藏这批经卷又是出于何种目的？这些问题从所藏经卷被发现到现在，一直悬而未解。有人认为敦煌各寺院把没有用途的书卷集中在一个洞窟中，形成了藏经洞，这种说法被称为"废弃说"。

主张"废弃说"的代表学者是盗取敦煌文物的第一大盗匪——斯坦因。日本学者藤枝晃也主张"废弃说"，他认为废弃的原因是随着中国印刷术的发明，印刷的佛经取代了卷轴装的佛经；图书馆的重新布置导致了原来的卷轴佛典遭到废弃，时间是在1002年以后不久。

有人对此提出了不同意见，认为洞中的经卷是因为躲避战乱而有目的地藏起来的。主张"避难说"的代表人是另一

菩萨像 唐
甘肃省敦煌市莫高窟第328窟，美国波士顿美术馆藏。这是1924年美国人华尔纳盗走的敦煌莫高窟第328窟的菩萨像，现藏于美国。

位盗取敦煌文物的名流——法国汉学家伯希和。伯希和认为唐代发生了"安史之乱"以后，驻扎在敦煌的军队被调入内地平定叛乱，吐蕃人乘机占领了敦煌，这一时期史书上称为吐蕃占领时期。1068年党项在敦煌建立了西夏政权的统治。藏经洞中的藏品却没有西夏文书，而且藏品的堆放也没有一定的顺序和分类，所以伯希和认为在第一次党项攻打敦煌时，为避免兵灾，当时僧人匆忙将这些东西堆入洞中，封了起来。中国有的学者也主张"避难说"，但他们认为经卷的收藏并不是发生在党项攻打敦煌的时候。有些中国学者认为北宋绍圣年间（1094~1097），黑汗王朝向北宋提出攻打西夏的请求，得到了北宋王朝的回应。当地僧人为了防止佛教典籍在战火中毁灭，主动采取了保护措施，将经典汇集一处，藏入洞中，并在外面画上壁画，进行了精心伪装。

究竟藏经洞中的经书是谁藏的，什么时候藏的，还是被抛弃的，至今还没得到完满的解答，仍是个未解之谜。

乐山大佛：建筑的奇迹

乐山大佛坐落在乐山市峨眉山东麓的栖鸾峰，依凌云山的山路开山凿成，面对岷江、大渡河和青衣江的汇流处，造型庄严，虽经千年风霜，至今仍安坐于滔滔岷江之畔。又名凌云大佛。乐山大佛是世界现存最大的一尊摩崖石像，有"山是一尊佛，佛是一座山"的称誉。乐山大佛雕刻细致，线条流畅，身躯比例匀称，气势恢宏，体现了盛唐文化的宏大气派。

关于乐山大佛的开凿，历史上还有一段传奇佳话。乐山大佛古称"弥勒大像""嘉定大佛"，开凿于唐玄宗开元初年（公元713年）。当时，岷江、大渡河、青衣江三江于此汇合，水流直冲凌云山脚，势不可挡，洪水季节水势更猛，过往船只常触壁粉碎。凌云寺名僧海通见此甚为不安，于是生发修造大佛之念，一使石块坠江减缓水势，二借佛力镇水。海通募集20年，筹得一笔款项，当时有一地方官前来索贿，海通怒斥："目可自剜，佛财难得！"遂"自抉其目，捧盘致之"。海通去世后，剑南川西节度使韦皋，征集工匠，继续开凿，朝廷也诏赐盐麻税款予以资助，前后历时90年，大佛终告完成。可就是这座享誉世界的大佛，历来仍有许多争论。乐山大佛的高度究竟是多少？

乐山大佛又是如何保存得这么完好呢？

有千年之久的乐山大佛的规模在各类书籍上多有记载，人们比较统一的意见是，大佛头长14.7米，头宽10米，眼睛长3.3米，鼻子有5.53米长，肩宽24米，耳长7米，耳内可并立二人，脚背宽8.5米，可坐百余人，但关于大佛的高度说法不一。宋代的《佛祖统纪》《方舆胜览》，明清的《四川通志》《乐山县志》等书中，都记载乐山大佛高"三百六十尺"，也就是相当于现在的110米左右。新中国成立后，科研部门采用吊绳和近景测量的方法对大佛进行了多次测量，确认乐山大佛高71米。《中国大百科全书》《中国名胜词典》《中国名山大川词典》等字典书籍上也明确写有乐山大佛的通高为 71 米。但 1990 年由上海辞书出版社出版发行的《中国地名词典》却把乐山大佛的高度定义为 58.7 米，而且这一观点也同样有很多权威专家认同。

乐山大佛
又称凌云大佛，其姿态端庄安详，是中国也是世界最高大的一尊石刻大佛。大佛依凌云山的山路凿成，面对岷江、大渡河和青衣江的汇流处，虽经千年风霜，至今仍安坐于滔滔江河之畔。

　　为什么同一座静止不动的石佛，它的高度会有两个差距如此大的数据呢？据有关专家介绍，这两种观点的主要分歧是定义乐山大佛"通高"的不同。文物界在测查文物时，将文物整体的最高点和最低点之间的差称为"通高"。中国的佛像底部多有莲花座，测量时通常将佛像和底部与之相连的莲花座看作一个整体，佛像的高度也就是从莲花座底端到佛像的顶端的长度。

　　就乐山大佛来说，人们对它的莲花座的看法不一致。有人认为大佛脚下有两层莲花座，一层是大佛的足踏，而在足踏下面还有一层更大的莲花座。因此他们认为大佛的通高应该以最底层的莲花座为起点进行测量，也就是大佛高 71 米。与此同时，还有人认为大佛脚下只有一层莲花座，因为与乐山大佛类似的隋唐时期建造的弥勒佛像都只有一层莲花足踏，乐山大佛没有道理在足踏下再加一层莲花座。也有人认为，所谓莲花足踏下一层更大的莲花座，实际上是莲花足踏下的一层石基，只不过建造者为了美观庄严在石基的边缘上刻了一些莲花图案。因此这层石基不能计算在大佛的高度之内，所以持这种观点的人把大佛的通高从莲花足踏开始算起，也就是 58.7 米。究竟乐山大佛最底下一层是莲花座，还只是一层石基，人们争论不休，至今未有定论。

　　那么，乐山大佛历经千年又是如何保存得如此完好呢？近些年来，通过专家们对乐山大佛的考察研究，不断揭开大佛的一些秘密。专家们认为乐山大佛具有一套设计巧妙、隐而不见的排水系统，对保护大佛起到了重要的作用。在大佛头部共 18 层螺髻中，第 4 层、第 9 层和第 18 层各有一条横向排水沟，分别用石灰垒砌修饰而成，远望看不出。衣领和衣纹皱褶也有排水沟，正胸右向左侧也有水沟，它与右臂后侧水沟相连。两耳背后靠山崖处，有洞穴左右相通；胸部背侧两端各有一洞，但互未凿通，孔壁湿润，底部积水，洞口不断有水渗出，因而大佛胸部约有 2 米宽的浸水带。这些水沟和洞穴，组成了科学的排水、隔湿和通风系统，防止了大佛的侵蚀性风化。也有专家指出，大佛的雕刻结构对大佛的保存起到了至关重要的作用。人们观赏这尊世界第一大佛，往往只看到依山凿就的外表，看到它双手抚膝正襟危坐的姿势，而对它的部位结构则看不真切。其实，细究他的形体结构，是很有趣味的。乐山大佛屹立千年仍然风采依旧，究竟是什么原因使他如此"坚强"，人们仍在争论探索。

千古佛灯

庐山天池佛灯，被世界著名气象学家竺可桢列为庐山三大疑案之一，至今仍无确切的解释。

在庐山，有一种奇特的自然现象——佛灯，千百年来，闪烁变幻的佛灯、神灯作为一种罕见的自然奇观，使这座风景名山更为遐迩闻名，吸引了无数人前往览胜探秘。由于佛灯是极不容易见到的，因而更增添了它的神秘色彩。

庐山天池西侧的文殊台，是观看日落拜望皓月的最佳之处。然而在农历十五日前后，当月朗星明，碧空如洗之夜，山下黑漆漆的幽谷间，会倏然涌现荧荧亮光。亮光时大时小，时聚时散，忽明忽灭，忽左忽右，或近或远，好像一盏盏灯笼游动在天池山林周围，又像是萤火虫在山间闪烁。"灯"的颜色是白色或青色，有的时候微带绿色。僧道们都说这是过路的神佛手提灯笼穿行在天地之间。这就是闻名遐迩又充满神话色彩的庐山文殊台佛灯。

千百年来，历代文人雅士和游人为拜识佛灯而不远千里来到庐山。传说晋代大书法家王羲之为了膜拜文殊台的佛灯，舍却江州太守之职，上庐山结庐守候佛灯的出现，可住在庐山的数年里，一次也没见到佛灯。他抚额长叹，自认与佛无缘，失望地离开了庐山。从此，他也就放弃了皈依佛门的念头。

一千多年前的南宋时，诗人周必大游庐山在天池寺住宿，当夜在山上看到半山腰间忽明忽暗，飘忽不定地出现了许多如繁星闪烁的火光。宋代朱熹也曾带几个学生来文殊台拜观佛灯。朱熹见"光景明灭，顷刻异状，诸生或疑其妄，予谓僧言则妄，光不可诬，岂地气之盛然耶"？

1930年天池寺住持高慧，在大雷雨过后也见到了佛灯：似乎有数百支巨大的电光，由岩底直往上升，通明的电光照在室内地下可以捡到针和芥菜籽。

从古至今，人们对佛灯现象有种种解释。范成大（青城行记）："夜有灯出四山，以千百数，谓之圣灯。圣灯所至，多有说者，不能坚决。或云古人所藏丹药之光，或谓草木之灵者有光，或又以谓龙神山鬼所作，其深信者，则以为仙圣之所设化也。"清代蒋超亲眼看到过佛灯之奇，在《佛灯谜》中说："若佛灯一事，或云是古木叶也，或云是千岁积雪精莹凝结也。"

1961年秋，著名气象学家竺可桢在游庐山时，曾将佛灯作为庐山大自然的三大谜题之一，向庐山有关研究所提出来，希望科学工作者能予以研究。

佛光奇观

于是，许多人纷纷予以解释，原因也是五花八门：有人说是九江城灯火折射而致；有人说是空中星光反射到山谷云雾上而发的亮光；有人认为佛灯即民间听说的"鬼火"，系山中千百年来死去的动物骨骼中所含的磷质，或含磷地层释放出来的磷质，在空气中自燃所造成的；还有人说是石门涧瀑布飞溅的水花洒在山谷的云雾中，增加了云雾的湿度，云雾中含的水分增多、密度扩大，在月亮和星光的辉映下产生的反射，因而呈现闪烁的亮光。这许多解释都缺乏使人信服的科学依据。

还有一位当过海军航空兵的人提出一种新的解释：他认为佛灯是"天上的星星反射在云上的一种现象"。夜间无月亮时，驾驶飞机在云上飞行，这时的云层就像一面镜子，从上向下看，不易看到云影，只看到云反射的无数星星。飞行员在这种情况下易产生"倒飞错觉"，就是感到天地不分。他联想到在月黑星灿的夜晚，若有云层飘浮在庐山天池文殊台下，天上的星星反射在云上，就有可能出现佛灯现象了。由于半空中的云层高低不一，飘移不定，所以它反射的荧荧星光也不是固定的。也许在这个角度反射这一片，在那个角度就反射另外一片，从而造成闪烁离合、变化无穷的现象。然而，为什么在其他山区就不能见到这种云反射星光的现象呢？而且就是在庐山上，也只有特定地点才能一窥佛灯、神灯的风采，可见这种说法尚不足以定论。

由于众多解释都无法完全使人信服，加之佛灯不常出现，就是居住在山上几十年的人，也难得看见一次，因而佛灯之谜至今悬而未决。

峨眉山佛光之谜

很多人见过峨眉山佛光，实际上它并不是真正的佛光，只是一种自然现象。

有"天下秀"之称的峨眉山，千百年来一直蒙着一层神秘的面纱，举世闻名的日出、云海、佛光和圣灯四大奇观更为其增添了神秘色彩和灵异之感。在其他地方极为罕见，但却在峨眉山主峰金顶一带经常出现，一年中平均会出现60多次，多的时候一年甚至出现80多次，因此人们又把它称之为"峨眉宝光"。

金顶海拔3077米，与相邻的千佛顶、万佛顶三峰并峙，犹如笔架一般。三峰东临悬崖，峭壁高达2000多米，这种得天独厚的地势形成了峨眉山特有的"海底云"。在天气晴朗的日子里，当游客站在峨眉山金顶背向太阳而立，而前下方又弥漫着云雾时，有时会在前下方的天幕上，看到一个外红内紫的彩光环，中间显现出观者的身影，且人动影随，人去环空。即使两人拥抱在一起，每个人也只能看到各自的身影，令人惊异。这就是四川峨眉山神奇的"佛光"现象。

佛光因色调、形状、大小的不同，有各种不同名称的光，如有水光、辟支光、童子光、金桥、清现、反现、大现、小现等。佛光，佛家说是普贤菩萨向凡夫俗子显露真容，随缘应化，故又称"光相"。据载，峨眉山佛光每月均有出现，夏天初冬出现的次数最多，最多时全年可达100次左右。

千百年来，"峨眉佛光"驰名古今中外，佛教的渲染使其更富有传奇色彩和神秘

云层之上的峨眉山

感，吸引着无数的好奇者。许多人都试图对神秘的"佛光"做出科学解释。

历史上，峨眉山佛光很早就有记载。相传东汉永平年间，有位采药蒲公为一只仙鹿所引，登上金顶后，惊奇地发现了佛光。后经印度宝掌和尚指引，认识到佛光就是"普贤祥瑞"。蒲公于是在金顶建造了普光殿（也称光相寺）供奉菩萨，从此开创了峨眉山佛教的历史。佛家认为，要与佛有缘的人，才能看到此光，因为佛光是从佛的眉宇间放射出的救世之光，吉祥之光。清代康熙皇帝还特地题写"玉毫光"三字，赐予佛光常现的金顶华藏寺。千百年来，无数虔诚的善男信女登上金顶，在目睹了神奇的佛光后，无不惊奇为"菩萨显灵"。

那么，"佛光"是不是真的菩萨显灵呢？

气象专家介绍，其实佛光是峨眉山特殊的地理环境造成的，日光在传播过程中，经过障碍物的边缘或空隙间产生的展衍现象，即衍射作用而形成的。原来在峨眉山的"海底云"中，空气湿度很大，这为太阳光线提供了充裕的"游戏场所"。在云层之上，当太阳金灿灿地散发出万道金光时，云雾水滴中的空隙便会发生光的衍射作用，从而产生内紫外红的彩色光环，色带排列正好与虹相反，佛光的相往往不像彩虹那样清晰分明，而是像水彩画那样湿润地融合在一起。

为什么只能看到自己的身影呢？主要原因是：虽然云层中的水滴和冰晶点很多，但人们各自所见的光环，只是各自眼睛所视为顶点的那个光锥面的水滴或冰晶点作用的结果。就如同各自对照着一面小圆镜，自然照见的也就是各自的身影了。如果观者与太阳和光环恰好在同一直线上，就可以看见人影映于光环之内，人行影亦行，人舞影亦舞，仿佛是在仙境之中了。

峨眉山佛光其实是大自然的杰作，并不是菩萨显灵。大自然的许多秘密不是不可解释，只是尚未被认识清楚，这是我们都应该知道的道理。

悬空寺之谜

悬空寺位于山西省浑源县，距大同市65千米，是国内仅存的佛、道、儒三教合一的独特寺庙，属于国家重点文物保护单位。悬空寺始建于1400多年前的北魏王朝后期，北魏王朝将道家的道坛从平城（今大同）南移到此，古代工匠根据道家"不闻鸡鸣犬吠之声"的要求建成了悬空寺。悬空寺距地面高约50米，悬空寺建造的位置山势陡峻，两边是直立100多米、如同斧劈刀削一般的悬崖，而悬空寺就建在这悬崖上，它给人的感觉像是粘贴在悬崖上似的，从远处抬头望上去，看见的是层层叠叠的殿阁，只有数十根像筷子似的木柱子把它撑住。而悬空寺顶端那大片的赭黄色岩石，好像微微向前倾斜，马上就要塌下来似的。于是有不少人用建在绝壁上的"危楼"来描述悬空寺，那么这座绝壁上的危楼又是怎么建造的呢？它又为什么要建造在悬崖绝壁上呢？又是什么原因使它历经千年仍旧保存得如此完好呢？

近些年来，专家们对悬空寺进行了多次实地考察，提出了许多新观点。

有专家认为悬空寺之所以能够建在悬崖上，主要是由"铁扁担"把楼阁横空架起。专家们介绍说，从三官殿后面的石窟侧身探头向外仰望，会发现凌空的栈道只有数条立木和横木支撑着。这些横木又叫作"铁扁担"，是用当地的特产铁杉木加工成为方形的木梁，深深插进岩石里去的。据说，木梁用桐油浸过，所以不怕被白蚁咬，还有防腐作用。这正是古代修筑栈道的方法，悬空寺就是用类似修筑栈道的方法修建的，把阁楼的底座铺设在许多"铁扁担"上。与此同时，也有专家指出悬空寺之所以能够悬空，除了借助"铁扁担"之力以外，立木（即柱子）也立下了汗马功劳。这些立木，每一根的落点都经过精心计算，以保证能把整座悬空寺支撑起来。据说，有的木柱起承重作用；有的是用来平衡楼阁的高低；有的要有一定重量加在上面，才能够发挥它的支撑作用，如果空无一物，它就无所借力而"身不由己"了。还有专家认为悬空寺全寺 40 间殿阁，表面看上去支撑它们的是十几根碗口粗的木柱，其实有的木柱根本不受力，所以有人用"悬空寺，半天高，三根马尾空中吊"来形容悬空寺。而真正的重心撑在坚硬岩石里，利用力学原理半插飞梁为基。也就是在山崖上先开凿好窟窿，将粗大的飞梁插到这些窟窿里，这插到山里的一大半支撑着楼体，露在外面的一小半便是楼阁的"基石"。这样，看上去像是空中楼阁平地而起，实际上楼阁的重心在山体。悬空寺到底是怎样建造的，专家们各持己见，争论不休。

那么悬空寺又为什么要建造在悬崖绝壁上呢？又是如何保存得如此完好呢？人们也是说法不一。有人说以前这里暴雨成灾，只好把寺建在悬崖上，悬空寺处于深山峡谷的一个小盆地内，全身悬挂于石崖中间，石崖顶峰突出部分好像是一把伞，使古寺免受雨水冲刷。山下的洪水泛滥时，也免于被淹。也有人说以前这里是南去五台、北往大同的交通要道，悬空寺建在这里，可以方便来往的信徒进香。而且浑河河水从寺前山脚下流过，当时常常暴雨成灾，河水泛滥，人们以为有金龙作祟，便想到建浮屠来镇压，于是就在这百丈悬崖上悬空修建了寺院。另外，也有人指出这里的山势好像一口挂起来的锅一样，中间凹了进去，而悬空寺恰好就建在锅底。这种有利的位置，不仅使得塞外凛冽的大风不能吹袭悬空寺，而且寺院前面的山峰又起了遮挡烈日的作用；据说，在夏天的时候，悬空寺每天只有 3 个小时的日照时间，这也正是悬空寺为什么能够历经千年风吹日晒，仍然牢牢地紧贴在峭壁上的重要原因之一。近些年有专家指出，悬空寺之所以历经千年而保存得如此完好，除上述原因外，也归功于它奇特的建造。悬空寺除一进寺门有一条长不及 10 米，宽不到 3 米的长方寺院可容数十人外，其余楼台殿阁尽由狭窄廊道和悬梯相连，游人只能

悬空寺

鱼贯缓行，不会造成拥挤现象，这就大大减轻了游人对廊道和悬梯的压力。另外也有专家认为悬空寺还有一个与众不同的特点，就是"三教合一"。在寺院北端的最高层，有座三教殿，我国佛、道、儒三大教派的释迦牟尼佛、老子、孔子端坐一殿。自古以来，各教派为赢得百姓崇信，各执己见，争论不休，故天下寺殿多是分立，而悬空寺却将三教融入一殿，实为罕见。而悬空寺内佛、道、儒三教兼有，历代朝野臣民对其都倍加爱护，这也是其完好无损的一个重要原因。

远望悬空寺，其凌空欲飞，似雏燕展翅；近观，如雕似刻，镶嵌在万仞峭壁。"飞阁丹崖上，白云几度封。蜃楼疑海上，鸟道滑云中"。古代诗人用这样优美的诗句赞美悬空寺，并非夸张。唐朝大诗人李白游完悬空寺，大笔一挥，写下"壮观"二字。明代旅行家徐霞客当年游历到此，惊叹悬空寺为"天下巨观"。悬空寺以其独特的建筑风格和文化内涵吸引着古往今来的游人，那一个个至今尚未被世人解答的谜也给悬空寺增加了几分神秘。

婆罗浮屠：千佛之地

婆罗浮屠大塔作为佛教建筑，在建筑风格上借鉴了印度建筑和雕刻的手法，但是，它在"构思的宏伟和手法的精巧方面"，已经"远远超过了我们所知道的印度本土的任何同类建筑"。婆罗浮屠大塔体现了古代印度尼西亚人民的智慧和艺术创造力，反映了早在10世纪以前，印度尼西亚的建筑和雕刻艺术已经很先进。

印度尼西亚是世界上岛屿最多的国家，在历史上，它的各个海岛长期处于分散状态。印度教和佛教盛行，其中婆罗浮屠大塔就是印度尼西亚现存的最重要的早期佛教建筑物，也是该国最负盛名的旅游胜地。

佛教本来是发源于印度，它是怎么传入了印度尼西亚并建造了婆罗浮屠大塔的呢？公元前3世纪，孔雀王朝的阿育王统治时期，重视弘扬佛法。印度通过海路与东南亚互相往来。在阿育王的支持下，佛教传入东南亚。

但印度尼西亚群岛由于距离印度遥远，佛教和印度教是直至1世纪才传入的。因为印度教契合了印度尼西亚原始社会的精灵崇拜，所以比佛教更为盛行。到5世纪，佛教才逐步发展起来。8世纪，盛极一时，统治者调集了当地居民兴建了婆罗浮屠大塔。

婆罗浮屠大塔位于印度尼西亚爪哇中部日惹城西北40千米处，是最奇异的佛教塔庙之一。它于公元800年前后由夏连特拉王朝的佛教统治者兴建，用于保存王公及王室家属骸骨。由于战乱它很快被遗忘，直到 1814 年才重新被发现。在 20 世纪印尼政府对婆罗浮屠进行了两次大规模的修缮。

婆罗浮屠的梵文意思是"山丘上的佛寺"，它竖立在茂密的丛林树中，像一个巨大的花式冰蛋糕。大约用了 200 万块石头，砌成上圆下方的弧形，在整体上构成一个立体的曼陀罗形状。它通高 31.5 米，由塔基、五层围廊和三层圆台上的中心佛塔三部分构成。分别代表着"色界""欲界""无色界"三个境界。婆罗浮屠呈金字塔形，可拾级而上。它有一个正方形的塔基，由 5 层带边的墙的平台组成，并装饰着数以千计的反映佛陀生活的雕刻。方形平台上是 4 层圆形平台，上面竖立着 72 座钟形佛塔或佛龛，每座佛塔内有一尊佛像，在顶部有一座主佛塔。

登婆罗浮屠的时候，佛教徒必须按特定的路线——从东面进入，按顺时针方向绕行。走向庙顶象征着一个人逐步达到完美的精神境界。在代表色界的塔基的基部，有 160 幅浮雕，这些浮雕将佛典《大业分别经》的内容和世俗人物以及花草鸟虫结合起来，表现了富有人间气息和当地风情的大千世界；在代表欲界的五层围廊上，有总长达 3200 多米的精美浮雕，组成一幅无与伦比的美术长卷。浮雕的内容，主要是《本生经》上的故事，实际上曲折生动地表现了当时印度尼西亚社会以及居民的物质生活和精神生活。

在印度尼西亚的古代巨石文化中，角锥立石是祖先灵魂的象征，把角锥形状的小塔围筑在主佛塔的周围，并把它们置于无欲界之中，这就既突出了当时大力弘扬的佛教的主导地位，又使得佛教与印度尼西亚居民原来的原始祖先崇拜的信仰达到了和谐统一。

阿蒙神庙：太阳神的居所

太阳神阿蒙崇拜发展到公元前 1735 年的法老阿蒙霍捷普四世，经历了一次重大的变革。他屏除祭司，以阿吞（即有形的太阳）代替阿蒙神，并为自己改名为埃赫那吞，意即"我是阿吞满意的"。但他这种改革还是失败了，古埃及人信仰的还是阿蒙神。

阿蒙神是埃及新王国时期人们所崇拜的级别最高的神灵。他是太阳神。在此之前，埃及人信奉的是荷鲁斯，即鹰神。然后是拉，据说拉坐着天牛拽拉的神车在宇宙中穿行。由于天牛乏力了，拉神就让他的父亲扛天牛肚腹，帮助天牛行进。拉头戴太阳圆盘状的头饰。到后来，他的天牛车成了船。拉每天驾着他的太阳舟，从东向西，到达地下，然后同恶魔决斗，通过十二道关隘。

赫里奥坡里斯作为古埃及的第三大城市，是太阳神崇拜的中心地区，人称太阳城。那里也盛行一种"太阳祭"。太阳神崇拜在结合了孟菲斯和摩罗里斯诸神信仰的同时，在太阳神拉的基础上形成太阳神阿蒙。阿蒙神形成的时间是在埃及中王国时期，在新王国时最为鼎盛。赫尔摩坡里斯的太阳学说，认为海洋是努恩神，是诸神的创造者，他创造了永生黑暗之神，最后才创造了阿蒙神。古埃及人崇拜水和太阳，它体现了富庶的尼罗河谷地和温煦的阳光都是埃及人的生命源泉。阿蒙神又称为阿蒙拉神。

埃及著名的阿蒙神神庙是公元前16世纪建造的，位于底比斯北郊的卡纳克。它由阿蒙拉神庙、阿蒙拉的妻子穆脱女神庙以及阿蒙拉神的女儿孔司月神庙组成，三足鼎立，成为一个规模可与金字塔相媲美的建筑群落。这里有雕满象形文字和饰有莲花柱头的共计134根圆柱擎起的大厅，还有方尖碑、祭坛、工艺作坊、图书馆等配套设施，珍藏着1700件青铜像和800件石雕像，诸多文物荟萃于此，成为埃及文化的宝库。

与卡纳克神庙相距不到一公里的卢克索神庙，历史比卡纳克神庙更久。它于公元前1392年动工，整个工程用了140年，但目前存留的只是残迹。圆柱耸天矗立，依然体现着当初的结构。它也是阿蒙、穆脱、孔司诸庙组成的结构谨严的神圣建筑。

阿迪密斯神庙建造之谜

充满神话色彩和宗教气氛的阿迪密斯神庙坐落在希腊的埃菲索斯喀斯特河口的平原上，被希腊人称为"希腊的神奇"和"上帝的居所"。

阿迪密斯是古希腊的一位女神。直到公元4世纪末期，当地的埃菲索斯人仍然是她忠实的崇拜者，在神庙的圣窗上有她的塑像。塑像的技法是粗糙的，僵硬而呆板，在塑像的身上刻满了各种图画，有公牛、狮子、鹿，还有带翅膀的怪兽，其中有狮身人面的形状和半人半鸟的图像。学者认为这座神庙是古希腊精妙的艺术和东方精神的完美结合，是全世界共同拥有的一个来自神的馈赠。

目前，人们只是通过发掘出来的残存物来推测神庙的架构。从神庙出土的钱币上可以看到庙的支柱是经过雕琢的圆形基座，这在其他庙宇建筑里是常见的，并不能说明它的特色。在钱币上，还可以看到平台的外延，距离很长，人们想象神庙一定是一个极大的、向外扩展的造型，以象征神的无限包容。尽管柱子的确切数目和它们各自的位置还存在疑问，但这种做法在萨莫斯神庙里已经存在。一些保存较好的钱币向我们呈示了神庙的屋顶结构和山墙的设计。它的中央并没有顶，而是10根圆柱。考古学家又发现了内殿区内有排水沟的迹象，证明了这座神庙是露天的。但有的专家从黏土制的屋顶砖和喷水头的方面出发，坚决说神庙的屋顶是存在的。

神庙真正神秘的是来自阿迪密斯的魅力。在发掘现场，最壮观的是成堆的塑像，是由金子、象牙或黏土制成的小型塑像。我们无法想象在古罗马和古希腊中女神的神秘力量有多大，神庙的非凡构造应属于那些具有重大作用的人，这是不是表明在古希腊女性依然像原始社会那样具有绝对的位置？

现在，人们依然崇拜着这位来自远古的女神。来自各地的香客和旅游者为重建庙宇做出了不可磨灭的贡献，工匠出售他们的塑像和一些精巧的制作品，变换各种能够增加魅力的形状。阿迪密斯以她的精神使神庙得以圣化，神庙也使女神的精神发挥到了相当的水平。

在古希腊，庙宇有双重功能，它一方面是宗教场所，另一方面是战争和瘟疫的避难所。传说在 6 世纪，一个妙龄少女遭受残忍的暴君毕达哥拉斯的追捕，逃往神庙，在绝望中悬梁自尽。后来，波斯王耶克萨斯被希腊人打败，无路可走，为了保存自己的后代，将他的孩子送往阿迪密斯神庙。这座庙宇曾经承受了希腊和罗马人民的风风雨雨，它是历史的见证，是多难的人们的庇护所。今天，它的建筑已经被毁灭了，人们甚至都无法去恢复和想象出它的历史风貌，但它依然吸引了众多的朝拜者。阿迪密斯的多乳塑像和相似的塑像在今天还存在。考古学家和地质家一直没有停止对神庙的发掘和测量，从各种发现的古文物中探索神庙的遗留，重新绘出神庙的原样，是考古学家最大的愿望，因为阿迪密斯神庙是古希腊人表达灵魂的方式。但神庙的建筑结构和女神的身份及力量并不清晰，这个建筑来自远古，也带来了难以解开的古老的谜。

文苑奇葩迷魂香

文苑本无谜，猜的人多了，谜也就越来越重了，最后谁也找不到答案的钥匙。

《山海经》到底是什么书

《山海经》是我国第一部描绘山川与物产、风俗与民情的大部头地理著作，还是我国古代第一部神话传说的大汇编，有着巨大的文化价值与历史价值。全书共18篇，分为《山经》和《海经》两个部分。然而，对于这样一部体系庞大的"怪"书的性质归类，却是各有各的看法。

有一种比较有影响力的观点认为，《山海经》是一部巫术之书，即祭祀的礼书和方士之书，是古人行施巫术的参考书。鲁迅在《中国小说史略》中称："《山海经》……盖古之巫书也"。他的观点对中国学者产生了重大的影响，绝大多数人都持此种观点。班固把《山海经》置于"术数略"的"形法家"，是"大举九州之势"而求其"贵贱吉凶"，类似后世讲究"风水"的迷信之书。这是对《山海经》性质的最早的说明。后司马迁认为它荒诞不经，难登大雅之堂，认为《山海经》中虽然记载了方位、山川、异域，但那是因为祭祀神灵的需要，如《海外西经》记载的"登

青藤老人卧看《山海经》图　清　任颐
青藤老人即明代大书法家、画家、文学家徐渭，这位智者同时也是伟大的叛逆者。他背对着读者，正卧看《山海经》。

《山海经》书影
《山海经》是中国古代神话宝库中的经典，记载的著名神话有"精卫填海""刑天争帝""夸父追日""西王母""天有十日""月有十二"等，对后世文学产生了深远影响。

葆山，群巫所从上下也"。此外，《海经》中所记载的海外殊方异域、神人居住的地方、怪物的藏身之处，都是秦汉间鼓吹神仙之术的方士的奇谈。由于诸多对巫术和祭祀的记载，《山海经》被归类为语怪、巫术书。

茅盾从神话学角度把《山海经》归为一部杂乱无章的神话总集，专记古怪荒诞的神话故事。这一看法很具有普遍性。《山海经》所收的神话故事源自上古历史传说，以及各地诸侯国的报表文书和采自民间的神话故事。如我们周知的"女娲补天"就来自于《大荒西经》，还有《大荒北经》中的夸父追日，《北山经》中的精卫填海、后羿射日、共工怒触不周山、大禹治水、黄帝擒蚩尤等这些神话传说都来自《山海经》中的记载。

此外，还有不少学者认为《山海经》是一部自然地理和人文地理专著，是"第一部有价值的地理书"，具有极高的军事价值和政治价值，它详细地记载了境内山川地貌的距离和里数，还记录了各个地区的山脉、河流，以及草木、鸟兽、矿藏等，还有关于各地的特产和风情的记载。

近世的许多学者，也都认为它是一部既有科学内容、又杂有巫术迷信成分的地理志。既是历史地理学家又精通古代神话和宗教的顾颉刚颇赞同此观点，或许是为了在巫书与地理志之间寻求一种平衡与融合。很长一段时间内，《山海经》是地理书似乎成了定论。但是后来也有人认为，虽然《山海经》记述了山川、异域，但是它并不是以讲述地理为目的，不能够把它误认为是一部实用的地理书。

还有一种观点，认为《山海经》是根据图画记述的。在晋代，陶渊明有诗曰："泛览周王传，流观山海图，俯仰终宇宙，不乐复何如？"《山海经》中有些文字，如"叔均方耕""长臂人两手各操一鱼"，确实是根据图片来述说的。根据我国古代很早就有的关于山川地图的记载，可以推测出《山海经》成书时有一种绘载山川道里、神人异物的图画，也就是说最早的《山海经图》是图文并茂的，上面既有图形图画，多为一幅幅线描的怪兽人神插图，也有文字，还有大量图画式的文字。

《山海经》是实用的自然地理和人文地理专著，还是杂乱古怪的神话？是奇士编撰的小说，还是巫术和方士之书？它成书于什么时代，作者又是谁？谜底仍未解开，还有待于新的发现和进一步探讨。

圆明园珍宝的灭顶之灾

万园之园，沧桑罹难。珍宝几多，流落海外，踪迹难寻。

"你可以去想象一个你无法用语言描绘的、仙境般的建筑，那就是圆明园。这梦幻奇景是用大理石、汉白玉、青铜和瓷器建成，雪松木作梁，以宝石点缀，用丝绸覆盖；祭台、闺房、城堡分布其中，诸神众鬼就位于内；彩釉熠熠，金碧生辉；在颇具诗人气质的能工巧匠创造出天方夜谭般的仙境之后，再加上花园、水池及水雾弥漫的喷泉、悠闲信步的天鹅、白鹇和孔雀。一言以蔽之：这是一个以宫殿、庙宇形式表现出来的充满人类神奇幻想的、夺目耀眼的宝洞，这就是圆明园……"

"埃及有金字塔，罗马有竞技场，巴黎有巴黎圣母院，东方有圆明园。尽管有人不曾见过它，但都梦想着它，这是一个震撼人心、尚不被外人熟知的杰作，就像在黄昏中，从欧洲文明的地平线上看到的遥远的亚洲文明的情影"。

"在地球上某个地方，曾经有一个世界奇迹，它的名字叫圆明园，它汇集了一个民族，几乎是超人类的想象力所创作的全部成果……这个奇迹现已不复存在，一天，两个强盗走进了圆明园，两个胜利者一起彻底毁灭了圆明园……这两个强盗，分别叫作法兰西和英格兰。"

这里引法国著名作家雨果的几段话，因为我们无法再用更美的文字来描述圆明园给人的震撼。或许这样的文字也不够，可是，已经没有机会去考证了，面对圆明园的一片废墟，我们心里只回荡着两个词：凄凉、悲壮。有谁可以再现 700 多年前初建成的圆明园，让我们体会一下那种让人透不过气的美丽与辉煌呢？

圆明园的"圆"取周全之意，指个人的品德完美无缺，如同日月普照、恩泽万物，代表君王治世治国的最高境界。"明"指明达、明智，意为君王的品德修养和聪明才智都超乎常人，达到了完美无缺的最高境界。圆明园的建设工程历经百余年，它聚集了无数能工巧匠的聪明才智、寓江南水乡之明秀于北国山川之雄奇，使南北园林艺术交相辉映，号称万园之园。圆明园内最大的一处欧式园林景观为"海晏堂"。"海晏"一词取意"河清海晏，国泰民安"，用以比喻天下太平，有歌颂世界和平的吉祥含义。海晏堂中的精华就是"十二生肖水力钟"，由十二生肖铜雕组成，每到一个时辰，十二生肖即依次轮流喷水，到中午十二时则十二生肖一起喷水，颇有趣味。这座喷水池是西方传教士的创意，十二生肖雕像则有明显的中国特色，可谓中西合璧的杰作。

就是这样一座如梦似幻的天堂般的宫殿，在 1860 年完全被毁灭。1860 年 8 月 1日，英法联军在天津北塘登陆；第二天，大清咸丰皇帝就逃到了避暑山庄，大清帝国对侵略者毫不设防；8 月 21 日，占领大沽口炮台；9 月 21 日，英法联军分三路对八里桥守军发起进攻；10 月 6 日，占领圆明园，一场史无前例的浩劫开始了。近两万名联军士兵在圆明园中横行整整两天，拿走了圆明园中能拿走的一切珍宝，拿不走的便被毁掉了。以绅士风度和优雅著称的英法两国人在这个时候已经完全丧失了源自骨子里的高贵，他们用自己的行为向整个世界展示了本性中的无耻与贪婪，最先见证这一转变的就是圆明园。

10 月 8 日清晨，英法联军带着大量引火材料，包围了圆明园。他们砍伐花木，砸碎游船，把它们堆放在各个楼堂殿阁内点起火来。圆明园陷入一片火海，什么繁华绝世，什么美轮美奂，什么人间天堂，此刻都被无情的大火吞噬。这一天的北京城里到处弥漫着松柏木燃烧的焦灼气味。万园之园从此在世界上消失了，十二生肖兽首也不知流落何处。

一个半世纪以来，中国人从未停止过寻找圆明园遗珍的脚步。但是，圆明园到底有多少珍宝谁也不知道，圆明园珍宝究竟流失何处也是一个谜，寻找工作极为艰难。直到 2000 年 4 月，中国香港突然传来消息称：佳士得拍卖行将于 4 月 30 日在中国香港举行"春季圆明园宫廷艺术精品专场拍卖会"，公开拍卖乾隆御制猴首铜像和牛首铜像等圆明园遗珍。苏富比拍卖行也将于 5 月 2 日在中国香港拍卖原属圆明园的乾隆御制虎首铜像。这三件铜像都是当年圆明园海晏堂前十二生肖水力钟的构件，是确凿无疑的圆明园遗珍。

得到消息的中国保利集团果断决策，绝不能让国宝再度流失。于是，保利集团指派所属保利艺术博物馆参与竞投，当天，拍卖现场气氛十分紧张。佳士得不顾民意，坚持拍卖两件圆明园国宝铜像的行为，激起了中国香港市民的极大愤慨。因此，一批中国香港市民挥舞着上书"停止拍卖贼赃，立即归还国宝"等标语的纸牌，在拍卖会场前大声抗议，现场一时颇为混乱，拍卖会被迫延迟了半个小时。最后，不得不将会场封锁。中国香港民众的爱国热情更加坚定了保利集团志在必得的决心。拍卖会上，保利集团代表易苏昊与神秘竞标人斗智斗勇，最终以 3300 万港币的价格拍得两件国宝。竞拍成功后的易苏昊面对记者追问会如何处理这两件艺术品时，只说了一句话："它们属于全体中国人民。"

两天后，铜虎首的竞拍过程同样惊心动魄，中国香港爱国市民的呼声越来越强烈，虽然走廊中增加了很多全副武装的警察，但仍有不少人试图冲进会场，并不断在外面高呼抗议口号，还有很多市民提交了抗议信。拍卖场里的易苏昊却显得很平静，似乎胸有成竹，最后，保利集团还是以 1544 万元港币竞拍成功，购回了圆明园铜虎首。

2003 年 9 月，中国澳门著名实业家何鸿燊又以 600 多万元巨款携回圆明园铜猪首，并将其捐赠给保利艺术博物馆。2007 年 8 月初，何鸿燊先生又慷慨出资，花费6910 万港币从香港苏富比公司购回马首铜像并捐献给国家。至此，圆明园牛首、虎首、猴首、猪首、马首铜像终于重逢。但回归的每尊铜兽首都有了不同程度的损伤，铜像上留有英法联军很多锯齿状的枪托凿痕，这是侵略军留下的罪恶印记。

有相关人员指出：中国政府一贯主张通过法律和外交手段，追索非法流失海外的中国文物。同时，欢迎和鼓励通过捐赠的方式促成流失海外文物的回归。而且联合国教科文组织也曾在 1955 年提出过一个现代国际法原则，即任何因战争原因而被抢劫或丢失的文物都应该归还，没有任何时间限制（一是不论战争何时发生，二是可以在任何时候提出归还要求）。这也是佳士得和苏富比公然拍卖时为什么会受到民众抗议的原因。铜兽首本来就是中国的文物，理应无偿归还中国。可是，由于文物屡屡转手，拍卖者已经不是最初的持有者了，这就打了法律的擦边球。

雅典娜女神：诞生之谜

在希腊神话传说中，智慧女神雅典娜集其父母的智慧于一身，她的出生成为后代许多专家学者们研究的对象。

雅典娜是天神宙斯和智慧女神墨提斯的女儿。临产前墨提斯对宙斯说，将要出生的孩子一定会比宙斯更强壮、更聪明。宙斯唯恐降生后的孩子会危及他在奥林匹斯山的统治地位，于是他就将墨提斯吞到肚子里去了。不料，宙斯突然感到头痛欲裂，急忙让火神赫菲斯托斯用斧子劈他的脑袋，这时满身铠甲的雅典娜就从宙斯脑袋里呼叫着蹦了出来。这就是她那不寻常的诞生。

那么，雅典娜为什么不是脱胎于母腹，而是由父亲产出呢？她为什么偏偏从脑袋里蹦出来呢？

当然，对于神话，人们没必要探究其真实性，而应关注它的社会背景。长期以来，许多学者对此做了深入探讨，并从各种不同角度提出了不同的看法，归纳起来主要有以下三种：

有人认为，这段传说只是想说明雅典娜是宙斯的化身。在希腊早期神话中化身法是常用的造神手法。这种方法可使彼此孤立的神之间产生一种类似于人类的血缘关系，从而构成一定的体系，增强了神话的故事性和神秘色彩。

但是，更多的人则认为，这个传说反映了早期人类一定的历史状况。他们认为这段传说实际上反映了人类父权制开始取代母权制的情况。而且，雅典娜就曾经说过："我不是母亲所生的人。我，一个处女，是从我父亲宙斯的头里跳出来的。因此，我拥护父亲和儿子的权力，而反对母亲的权力。"这意味着女人已经依附于男子，母权制已被父权制所取代。这种说法看来论证比较严密，但也是有漏洞的。这种观点如果要成立，还必须解决如下两个问题：第一，据传说宙斯的妻子是宙斯的同胞姐姐，他们在洪水灾难中死里逃生，并结为夫妻。从这里可明显看出族内婚的痕迹，如果说父权观念在人类族内婚阶段就已出现那是绝对不可能的。第二，希腊父权制取代母权制是在英雄时代，这早已成定论。从神话描写中可看出雅典娜出生距英雄时代还有相当长的一段时间，是否能说这一过程自雅典娜诞生时已经开始，尚待探讨。

还有一种观点认为，这段传说应该与雅典娜在希腊神话传说中的地位和作用有关。雅典娜在希腊神话中是聪明过人的智慧女神，所以把她说成是智慧女神和天神宙斯的女儿。为了让雅典娜没有对手，神话的创作者又煞费苦心地让宙斯把这位老智慧女神吞进肚子里，于是聪明的母亲"隐居"了。这样一来，会更显示出其女儿过人的智慧。当然，这种推论

雅典娜女神头像
她头戴羽盔，身披缠着蛇的斗篷。这是战神的形象。

虽然圆满地解释了这段传说中令人费解的情节，但没有涉及复杂的社会背景，是否正确也很难说。

上述三种观点各有道理，但都不能成为定论。之所以如此，可能有这样一些原因：第一，早期神话产生于非理性的、原始的心理状态。第二，神话本身具有两重性。其一是历史的、现实的，它是有其历史现实基础的；其二是虚幻的，即非历史的部分。两者交织在一起，因而神话中的历史与宗教、想象与现实的界限总是模糊的。

米洛的维纳斯断臂之谜

古希腊神话传说中，有一个女神叫阿佛洛狄忒，专管"美"和"爱"。到了古罗马时代，罗马人将她称为维纳斯。没有人见过这位女神，但是关于她的雕像却留下很多。其中最有名的就是一尊断臂的维纳斯雕像。

1820 年 4 月的一天，农民伊沃高斯带着他的儿子在爱琴海中的米洛岛上耕地。当他们正打算铲除一些矮灌木时，突然一个大洞穴出现在他们面前。他们走进这座山洞，发现了一座非常优美的半裸的女性大理石雕像，这就是"断臂维纳斯"神像。

断臂的维纳斯

法国驻希腊代理领事路易·布莱斯特很快得知了这个消息，他立即向法国公使利比耶尔侯爵做了报告。侯爵以高昂的价格从伊沃高斯手中买下了这座雕像，价格高达 2.5 万法郎，又把它装上法国军舰，偷偷运往法国。现在这座雕像就陈列在法国巴黎著名的卢浮宫美术馆里，成为卢浮宫的镇馆珍品之一。

从那以后世上就广为流传着有关断臂维纳斯的故事，人们不仅惊叹于维纳斯之美，也对她充满了疑问和困惑。她是谁？她的制作者又是谁？臂断之前她又是怎样的姿态呢？

这尊在米洛岛上发现的雕像是维纳斯公认的形象，被命名为"米洛的维纳斯"。有些人认为她的这个名字过于"外国化"，因此将它命名为"米洛的阿佛洛狄忒"。又因为这座石像的脸型很像公元前 10 世纪古希腊著名雕像家普拉克西德雷斯的作品"克尼德斯的维纳斯"的头部，所以这件作品又被叫作"克尼德斯的阿佛洛狄忒"。正因为这两件作品如此相似，很多人断言她的创作者就是普拉克西德雷斯。但是也有相当一部分人认为这么优美的作品的作者应该是公元前 5 世纪古希腊更伟大的雕像家菲狄亚斯或菲狄亚斯的学生，因为作品的风格和这个时代相似。时至今日，比较公认的看法是认为这是一件晚至公元前 1 世纪希腊化时期的作品；还有一种看法认为这只是一件复制品，是仿制公元前 4 世纪某件原作而雕塑出来的，而原件已经消失了……总之众说纷纭，莫衷一是。

现在人们又对另一个问题产生了兴趣：她断了的两只胳膊原来是什么姿势？是拿着金苹果？是扶着战神的盾？还是拉着裹在下身的披布……近年来的考据家则较一致地认为，她的一只手正伸向站在她面前的"爱的使者"丘比特。虽然不少人曾依照各自的推测补塑了她的双臂，但总觉得很别扭，不自然，还不如就让她缺两只胳膊，让人们用自己的想象去补全它，从此她就以"断臂美神"而闻名遐迩了。

虽然这是个半裸的女性雕像，而且优美、健康、充满活力，可是给人的印象并不柔媚和肉感。她的身姿转折有致，显得大方甚至"雄伟"；她的表情里有一种坦荡而又自尊的神态，显得很沉静。她无须故意取悦或挑逗别人，因为她不是别人的奴隶；她也毫无装腔作势、盛气凌人之感，因为她也不想高踞他人之上。在她的面前，人们感到的是亲切、喜悦以及对于完美的人和生命自由的向往。

自普拉克西德雷斯以来，艺术家们为了歌颂这位女神的美丽与温柔，塑造了各种姿态的裸女造型，而最成功的就是这尊雕像。她体现了菲狄亚斯的简洁，普拉克西德雷斯的温情，也具有留西波斯的优美的人体比例。她的面庞呈椭圆形，鼻梁垂直，额头很窄，下巴丰满，洋溢着女性典雅与温柔的气息。虽然衣裙遮住了她的下肢，但人体动态结构准确自然，艺术家的不凡技艺尽在其中。

然而，现在可能还是她的断臂让人们最感兴趣：美人的手臂在何处呢？

人们曾经在发现石像的同一座洞穴里找到过一些断臂与手的残碎石片，但这些究竟是不是这座雕像的手与臂的残片呢？目前还没有一致的看法。

"断臂"使这座雕像显得很神秘，却更增添了她的残缺美。人们为了解开断臂之谜，还发挥着无尽的想象力，但这个谜也许永远都不会有答案。

亚历山大灯塔之谜

亚历山大灯塔为许多航船指明了方向，但它却沉入了茫茫大海中，无影无踪。

公元前 236 年，古希腊最为显赫的风云人物亚历山大在 20 岁时继承了王位，成为马其顿国王。他率领希腊联军，在埃及尼罗河口建造了"亚历山大城"，命大将托勒密驻守于此。亚历山大去世后，托勒密在埃及称王，把亚历山大城定为首都。公元前 280 年，托勒密在法罗斯岛上建造了亚历山大灯塔。

关于这座灯塔，历史上有过记录。公元前 2 世纪，腓尼基旅行家昂蒂帕特将其列为古代世界七大奇迹之一。1165 年，阿拉伯史学家伊本·谢赫访问亚历山大，写成了《艾列夫巴》一书，较为详尽地描述了灯塔。

灯塔的塔身是由上、中、下三个部分组成的。下层塔身底部呈方形，塔身随着上升逐渐收缩，高约 71 米，上面四个角各安置一尊海神波塞冬的儿子口吹海螺号角的铸像，以此来表示风向方位。中层呈八角形，高约 34 米。上层呈圆柱形，高约 9 米，上层塔身之上是一圆形塔顶，其中一个巨大的火炬不分昼夜地冒着火焰。塔顶之上铸着一尊高约 7 米的海神波塞冬青铜立像。灯塔高度约为 135 米，在距离它 60

千米外的海面上就能看到它的巨大躯体。聪明的设计师还采用反光的原理，用镜子把灯光反射到更远的海面上，使夜航船只在很远的地方就能够找到开往亚历山大港的航向。1500 年来，亚历山大灯塔一直在暗夜中为水手们指引进港的路线。

14 世纪，亚历山大城发生了一场罕见的大地震，摇晃的大地以巨大的力量摧毁了这座古代世界的建筑奇迹，为古代航海事业做出非凡贡献的亚历山大灯塔从此销声匿迹。1472 年，统治埃及的马穆鲁克王朝为了抵御外来入侵，在灯塔的原址修造了一座军事要塞，命名为马穆鲁克要塞。

一段时间以来，由于一直没有关于灯塔的实质的东西出现，以至于人们怀疑，历史典籍中所描绘的高耸入云的亚历山大灯塔也许只是个美丽的传说。

1994 年，在法罗斯灯塔旧址附近修筑防波堤时，意外地发现古代石料船之类的东西。一场令世人瞩目的海底考古开始了。

考察队在亚历山大灯塔旧址周围发现了大量的古代文物，很多都是托勒密王朝二世时期制作的。经过长时间水下搜索，考察队终于找到了亚历山大灯塔塔身。经测量，灯塔边长大约 36 米。在灯塔的每个侧面，都有大量的精美巨型雕像作为装饰。不难想象，当初亚历山大灯塔是何等壮观。

令人困惑的是，打捞出来的文物中竟然有古埃及的方尖塔。它是太阳神的象征，也是法老时代的遗物。该方尖塔的头部是花岗岩制成，在塔的下面还用象形文字刻有赛帝一世的名号和它统治的第十九王朝守护神的形象。据推测，此文物应有 3000 多年的历史。此外，他们还发现在不少文物上都刻有大量的象形文字和法老时代的符号。

失落已久的亚历山大灯塔终于重见天日，长期以来人们对灯塔是否存在的疑虑被彻底打消了。但为什么在亚历山大灯塔周围发现了公元前 3000 年前古埃及时代的遗物？灯塔本身到底是在什么时候建造的呢？

有人认为，灯塔本身是出自 3000 多年前法老时代的古埃及人之手。也有人认为，灯塔是托勒密王朝所建，这些古埃及时代的雕像和石材只是亚历山大大帝征服埃及后从古埃及神庙征调来的。亚历山大灯塔究竟是在什么时候，由什么人建造的，至今尚无定论。

她为谁而笑

神秘的蒙娜丽莎，神秘的微笑，她是谁？她因何微笑？她为谁微笑？

500 多年来，人们一直对《蒙娜丽莎》神秘的微笑莫衷一是。不同的观者或在不同的时间去看，感受似乎都不同。有时觉得她笑得舒畅温柔，有时又显得严肃，有时像是略含哀伤，有时甚至显出讥嘲和揶揄。在一幅画中，光线的变化不能像在雕塑中产生那样大的差别。但在蒙娜丽莎的脸上，微暗的阴影时隐时现，为她的双眼与唇部披上了一层面纱。因此，才会有这令人捉摸不定的"神秘的微笑"。

几百年来，"微笑"的新解层出不穷。

美国马里兰州的约瑟夫·鲍考夫斯基博士认为：蒙娜丽莎压根儿就没笑，她的面部表情很典型地说明她想掩饰自己没长门牙。

法国里昂的脑外科专家让·雅克·孔代特博士认为：蒙娜丽莎刚得过一场中风，她半个脸的肌肉是松弛的，脸歪着所以才显得微笑。

英国医生肯尼思·基友博士相信蒙娜丽莎怀孕了。他的根据是：她的脸上流露出满意的表情，皮肤鲜嫩，双手交叉着放在腹部。

性学专家推测：蒙娜丽莎刚刚经历了性高潮，所以才表现出令世人倾倒的微笑。

而关于蒙娜丽莎的原型也有不少说法：

1. 佐贡多夫人说

在关于蒙娜丽莎原型的讨论中，最多的一种说法认为其原型是佛罗伦萨富商弗朗西斯科·德·佐贡多的妻子。

蒙娜·丽莎　达·芬奇　意大利

按照这种说法，达·芬奇应佐贡多的请求，用 4 年的时间为这位名叫丽莎·迪·格拉尔弟尼的贵妇绘制了这幅画像。格拉尔弟尼生于 1479 年，在达·芬奇绘制这幅画时，她刚刚 24 岁，传言中她还是一位名叫莫迪西的绅士的情妇。

2. 斯福尔扎说

据《泰晤士报》报道，德国艺术史学家泽斯特在研究多年之后宣称，《蒙娜丽莎》的原型其实就是意大利的传奇女子斯福尔扎。

斯福尔扎在成为克雷迪的模特时刚刚 25 岁，她是米兰公爵的私生女，在文艺复兴时期的意大利极富传奇色彩，有"悍妇"之称。1462 年，15 岁的她嫁给了教皇西克思图斯四世的侄儿，聘礼是弗利和伊莫拉两座城市。她的第一任丈夫、情人与第二任丈夫先后被杀。1500 年，斯福尔扎的家族在与博尔吉亚家族的争斗中失败，在城破后被囚禁一年。被释放 8 年后，斯福尔扎去世，享年 46 岁。

3. 妓女说

那不勒斯的卡罗·维斯教授认为，画中的蒙娜丽莎不是良家女子，而是那不勒斯的一名高级妓女，达·芬奇捕捉到了一名职业诱惑者的微笑。或许这种说法有其可信之处，因为达·芬奇在佛罗伦萨期间的确是各种风月场合的常客。

4. 达·芬奇自画像说

贝尔实验室的莉莲·施瓦茨有一天忽发奇想，在电脑上将《蒙娜丽莎》与达·芬奇的自画像相重叠，发现二者的眼睛、发际线与鼻子等轮廓竟然能够完全重合。施瓦茨最终得出结论，《蒙娜丽莎》就是达·芬奇的自画像。至于达·芬奇为什么要把自己画成一个永恒的女性形象，一种解释是因为他要用这种方式隐晦地挑战以基督教为代表的西方男性霸权话语。蒙娜丽莎是一个雌雄合体，这是达·芬奇心目中人性最理想的结合方式，男人和女人平等地融合在一起。从字源上来看，古埃及的生殖男神叫 Amon，生殖女神叫 Lisa，稍微玩一点变体的游戏，合在一起的话，就变成了 Mona Lisa。

神秘的蒙娜丽莎，神秘的微笑。你究竟是谁？你究竟是在向谁微笑呢？

安徒生是王子吗

如果你到丹麦首都哥本哈根旅游，一定会注意到一个美丽的雕像——《海的女儿》，并且导游一定会向你讲述一个与此相关的童话故事：一个万籁俱寂的夜晚，月亮温柔地注视着大海，在海面上缓缓浮出一个人身鱼尾的少女，她是海底的公主，要去和人间的恋人——英俊的王子长相厮守。可是她的鱼尾却阻碍着她的美梦。海巫婆告诉她："有一种药物，可以化鱼尾为双腿，但是你必须放弃你300年的生命。"她毫不犹豫地把药喝了下去……当她醒来时，慈祥的阳光抚摸着她漂亮的眼睫毛，英俊的王子正抱着她，对着她微笑……当你还在回味这个美丽的故事时，导游往往又会打断你的畅想，很得意地告诉你："这是我国伟大的童话作家安徒生写的童话。"

一般，安徒生传记是这样叙述他的生平的：1805年4月2日出生于丹麦富恩岛上一个鞋匠之家，一家人都挤在一间低矮破旧的平房里。由于一家人的生活重负都压在收入不高的父亲身上，致使其操劳过度，在安徒生11岁时就早早离开了人世。此后家境更为贫困，母亲不得已而改嫁，于是安徒生开始了一生的漂泊。他做过各式各样的学徒，经常梦想着长大后能做一个演员，可以在舞台上成为威严的国王、英俊潇洒的王子。到14岁时，他到丹麦皇家剧院做临时演员，可是因为失声，他的演员之梦破灭了。之后尝试给剧团写剧本，可是每次都被退回，幸亏一个导演看中他的才华，动了伯乐惜才之心，就资助他读完大学。这样安徒生不断进行学习与积累，奠定了文学创作的基础。因为感慨于自己童年的不幸，他就决定给全世界的孩子写故事，以让所有的孩子有一个梦一般美丽的童年。1835年，安徒生出版了第一本童话集，反响非常好，于是他一发而不可收，以后每年圣诞节，他都新出一本童话集，作为给孩子们的新年礼物。在40年的创作生涯里，他写了160多篇童话，这些童话，今天成为流行全世界的文学经典。

最近，有人对安徒生的身世提出了怀疑，认为他实际上是一个"落难王子"。这场争论越来越热闹，以至于1990年在安徒生的家乡欧登塞大学举办了数百名学者

安徒生和丑小鸭雕像
《丑小鸭》的故事充满隐喻色彩，是否暗示了安徒生真实的高贵身份？

参加的研讨会，专门讨论安徒生的身世。历史学家廷斯·约根森在他的著作《安徒生——一个真正的童话》中，认为安徒生是丹麦皇室的私生子。他的生母是王储克利斯蒂安的情妇。安徒生出生后，为了遮丑，就被送给一个鞋匠收养。这中间安徒生其实一直受到皇室的照顾，不然一个平民少年，怎么可能出入皇家剧院呢？所谓安徒生吃苦的事情，纯粹是皇室故意编造，为的是掩人耳目罢了。另外有人从安徒生童话中寻找证据，发现许多童话都与王子和皇室有关，并且在安徒生童话中还有这样一个故事：一个鞋匠与一个洗衣妇结婚，生下了一个相貌不雅的儿子，却不能自己抚养，这个孩子四处流浪，无意中得到贵人相助，结果发了财，成为社会名流。可是最后丑儿知道了自己发财的原因：原来自己是国王的私生子。这个童话中，丑儿显然是安徒生自己的写照，因为他的"父亲"是一个鞋匠，"母亲"是一个洗衣妇，并且最后安徒生也功成名就。那么这个故事的后半部分是不是也是作家的真实经历呢？专家们做了这样的猜测：安徒生后来获知了自己的身份，也得知自己的成功原来也是别人的刻意帮助，非常烦闷，又不能把这件事公布出去，就只能将之编成童话。

为了搞清楚安徒生的真实身份，丹麦政府也提供了大力支持。在政府许可下，丹麦历史学家塔格·卡尔斯泰德查阅了克利斯蒂安的档案，结果发现，这位风流的国王确实有一个普通的民女情妇。档案中有这样的材料：国王得知自己有了私生子后，曾经派人送钱给他们母子，并且为他的私生子安排了工作。但是资料说得很不详细，历史学家没关于找到有安徒生母子的明确材料。

莎士比亚是否真有其人

莎士比亚是世界文学史上最为重要的作家，在国际上甚至有人专门研究莎士比亚并形成了一门学问即"莎学"。但是，有人提出莎士比亚只是一个化名而已，他并不是真实存在的，这是怎么回事呢？

早在几个世纪以前，就有人提出了疑问，因为莎士比亚是世界著名的伟大剧作家，他有很多作品为后人所传颂，但其生平不为人知之处仍有很多，况且他个人也没留下这类的文字。有关莎翁身世的材料极少，这就给莎士比亚蒙上了一层神秘的面纱。即使是在莎士比亚的女婿霍尔医生所写的日记中，也难以寻到其岳父是杰出剧作家的一点说明。让人感到奇怪的是，当时没有人明确地指出哪些作品是莎士比亚创作的，也没有人对莎士比亚的去世表现出关注之情，因为没有一个人根据当时的习俗为他的去世写过表达缅怀之情的哀诗。因此，就是像拜伦和狄更斯这样的大作家也对莎士比亚曾写过的那些杰作表示怀疑，狄更斯就曾经表示一定要揭开"莎士比亚真伪之谜"。

现在我们所知道的关于莎士比亚的生平只限于以下这些。莎士比亚是欧洲文艺复兴时期最杰出的戏剧家和伟大的诗人，他出生于英国埃文河畔斯特拉特福镇一个普通的商人家庭中。年仅21岁时，他就告别了父母，到外面去寻找生活的门路。他曾做过剧场的杂役，后来又靠个人学习成长为一名演员，并逐渐成了一名剧作家。莎士比亚一生中创作了154首十四行诗和2首长诗、37部戏剧，可以说是著作颇丰。除了他生前自己发表的两首长诗以外，莎氏的其他作品都是别人在他死后搜集整理成书的。

首先明确表示出怀疑的是美国作家德丽雅·佩肯，他指出："英国著名哲学家弗朗西斯·培根才是莎剧的真正作者。"他还列举出了自己的理由。第一，莎士比亚生活于英国伊丽莎白王朝宗教、政治以及整个社会大动荡的时代，上流社会认为写剧演戏有伤风化，是一件可耻的事，但在牛津大学和剑桥大学的知识分子中，仍有不少学者在悄悄地排戏。可能是迫于社会的压力，为之撰写剧本的人就虚拟出了一个"莎士比亚"的笔名。在当时的知识分子中，培根才华超群，阅历丰富，理所当然是剧作者。

其二，莎剧内容博大精深，气势恢宏，涉及天文地理，异域风情，宫闱之事，而演员莎士比亚出身于一个普通的市民家庭，从来没上过大学。因此，莎士比亚不可能写出这样的剧本，说它出自才华横溢的培根之手才能说得通。

其三，将莎剧剧本（尤其是初版作品）和培根的笔记进行对比，可以发现二者有惊人的相似之处，这可以看作"莎剧系培根所著"的线索。

而美国的文艺批评家卡尔文·霍夫曼于1955年提出了一个轰动一时的莎士比亚"新候选人"，他认为与莎氏同时代的杰出剧作家克利斯托弗·马洛才是莎剧的真正作者。霍夫曼认为1593年马洛假称自己受到迫害，离开英伦三岛，只身逃到欧洲大陆。他在以后的生活中以威廉·莎士比亚的笔名，不断地将他创作的一些戏剧作品寄回祖国，从而不断地在英国发表并搬上舞台。他的根据是与演员莎士比亚同样年龄的马洛是一个才华超群、阅历丰富的作家，毕业于剑桥大学，著名戏剧《汤姆兰大帝》就是他的作品。这位剧作家的作品其文体、情节以及作品中塑造的人物和莎剧极其相像，据此卡尔文·霍夫曼断定这些剧本为马洛一人所创作。

还有学者认为，莎士比亚是伊丽莎白女王借用的名字，这个观点让人十分吃惊。莎士比亚第一本戏剧集是潘勃鲁克伯爵夫人出版的，而她正好又是伊丽莎白女王的亲信密友和遗嘱执行者。那些学者们认为女王知识渊博，智力超群，对人们的情感具有极高的洞察力，是完全能够写出那样的杰作的。莎士比亚戏剧中不少主角的处境与女王都出奇的相像。女王能言善辩，词汇丰富，据统计反映，莎剧中的词汇也非常丰富，多达21000多个。女王在1603年去世以后，以莎士比亚为名发表的作品数量大为减少，在质量上也大打折扣，这些很有可能是女王早期的不成熟之作，而在她死后由别人收集出版的。

然而，和彻底驳倒各种各样的怀疑论者一样，要完全推翻莎士比亚的著作权也是极为困难的。到现在，绝大多数人仍坚持莎剧为莎翁创作的说法。

莎士比亚的作品是16~17世纪英国社会现实的深刻反映。莎氏博采欧洲文艺复兴时期的众家之长，大大丰富了自己的新文化思想，从而创作出了能够代表文艺复兴时期文学成就的作品。莎剧情节动人，语言优美，人物个性鲜明，给人们留下了深刻印象。由于其作品反映的是当时英国封建制度解体和资本主义兴起时的各种社会力量冲突的现实，因而其作品有"时代的灵魂"之称。众所周知，莎剧以其四大悲剧而著名，即《李尔王》《麦克白》《奥赛罗》和《哈姆雷特》，这也是奠定莎剧在世界文坛上崇高地位的力作。

正因为如此，莎士比亚不仅仅是一个名字，更成为一个时代的化身，他代表了那个时代。因此，许多人不再去关心莎士比亚真伪的问题，但随着新技术不断运用于历史研究中，相信这个谜题一定会被揭开。

牛顿晚年为何会精神失常

伊萨克·牛顿（1642~1727）是英国近代著名物理学家、天文学家、近代力学奠基人。一提起他，人们很自然地会想起苹果落地的故事：1665年，牛顿在家乡林肯郡的一个乡村疗养。有一天，他坐在一棵苹果树下读书，突然一只熟透了的苹果从树上掉了下来，引起了牛顿新的思考：苹果为什么会垂直落到地上？这个问题最终促成了一个伟大的原理——万有引力定律的产生。可以说牛顿的一生是充满智慧和创造的一生，而就是这样一位充满智慧的伟人，却在50岁~51岁时突然精神失常，对于其中的原因，当时及此后250多年的时间里，众多的科学家都试图找出一种合理的解释，但还没有最终达成共识。有人认为这主要是由于劳累、用脑过度所致；有人则认为是外界强烈的刺激，引起了他精神的暂时"短路"，还有人提出是汞中毒的结果。

其中认为牛顿是由于劳累和用脑过度而导致精神失常的观点得到大多数人的支持。关于牛顿专心工作的故事，就连小学生也可以随口说出一件来：牛顿请朋友吃饭，他却一直在实验室工作得忘了时间，饿极了的朋友只好先吃了一只鸡，骨头堆放在盘子里。过了好久，牛顿才出来，看到盘中的鸡骨头，"恍然大悟"地说："原来我已经吃过饭了。"就又回到实验室工作去了。

1687年，45岁的牛顿发表了《自然哲学的数学原理》，这是他一生最为重要的著作，该书以牛顿三大运动定律和万有引力为基础，建立了完美的力学理论体系。为做好这项工作，牛顿夜以继日地在实验室专心研究。他很少在夜间两三点钟前睡觉，有时一直要工作到清晨五六点钟。

《自然哲学的数学原理》问世后，他

牛顿的办公桌
桌上摆满了光学和数学仪器，牛顿以他天才的智慧使人类的科学研究登上一个新的高度。可能是由于用脑过度的缘故，他患上了精神病。

又立即转入了光学的研究。如此高强度的工作使他不到 30 岁就已经须发皆白了，长期的用脑过度，极端紧张的工作，造成了科学家植物性神经功能紊乱，最终使他患上了精神失常的疾病。

还有人认为牛顿精神失常是受外界环境的强烈刺激所致。牛顿 18 岁便进入剑桥大学学习，很快就在科学界崭露头角，以自己的才华得到了很多前辈的赏识，在科学的道路上可谓一帆风顺。

但 1677 年，他的恩师巴罗和一向爱护他的皇家学会干事巴格相继去世，这令他极度悲伤，曾使他的研究工作一度停止。在 1689 年，他被选为英国国会议员。来到灯红酒绿的伦敦后，他已不可能像从前那样再待在安静的实验室里，各种上流社会的交际应酬使得他的经济捉襟见肘，但多方努力都无法摆脱困境，最后，他闷闷不乐地回到了剑桥大学。

1691~1692 年，又有两件重大的事情对他的精神产生了极为不利的影响。一件是他母亲的去世，在此后相当长的一段时间内，他都一直精神不振。另外一件是他著作的手稿被烧毁。在他办完母亲的丧事回到剑桥大学后不久的一天早晨，当他从教堂做完祈祷回来，竟发现燃尽的蜡烛已将他书桌上摆放的有关光学和化学的手稿及其他一些论文都化为灰烬了。《光学》是他一生中仅次于《自然哲学的数学原理》的最重要的一部著作，《化学》也是他花费近 20 年时间辛勤研究的结晶，堪称一部科学巨著。对此，牛顿懊悔不已。他不得不重新整理《光学》手稿，至于《化学》他却再没有精力去做了。

还有一种较新的看法是，牛顿精神失常是由于汞中毒所致。有两位专门研究牛顿生平的学者，对牛顿遗留下来的四缕头发通过现代中子活化、中子衍射等先进手段来综合分析。发现牛顿头发中所含的有毒微量元素的浓度是正常人的好几倍，尤其是汞的含量更是高得可怕。许多学者由此断定：牛顿长期待在实验室里，经常接触有毒的金属蒸气，特别是汞，从而导致中毒精神失常。但这种说法也遭到很多人的质疑，因为牛顿一生中，只有 50 岁 ~51 岁期间精神失常过，其余都处于正常状态，而且我们也无法断定这四缕头发就是他患病期间的，就头发来推断他精神失常的原因太没有说服力了。其次，人头发的微量元素受外界影响很大，这四缕头发历经 250 多年，很难保证没有受到外界因素的干扰。现在医学上判定汞中毒的临床表现，如手指颤抖、牙齿脱落、四肢无力等症状，牛顿都不曾有过，所以汞中毒的说法很难令人信服。

时至今日，对于牛顿晚年精神失常的原因，仍然没有找到一个合理的解释。

第九篇

致命的灾难谜团

天崩地裂，祸从天降

说是天祸，有多少是人灾？

通古斯大爆炸

通古斯大爆炸相当于 1000 颗原子弹的威力，如果在人类生活的密集区爆炸，会是什么结果呢？

俗话说，天有不测风云。1908 年 6 月 30 日，在俄国西伯利亚森林的通古斯河畔，突然爆发出一声巨响，巨大的蘑菇云腾空而起，天空出现了强烈的白光，气温瞬间灼热烤人，其破坏力后来估计相当于 1000 颗原子弹爆炸的威力，周围 2000 平方千米被夷为平地，8000 万棵树毁于一旦。据当地游牧民族埃文基族人回忆，爆炸形成的冲击波将房子和动物掀向空中。

在伊尔库茨克，距离大爆炸 1500 千米外的地方，地震传感器对这次事件的记录被认为是一次大地震。纵然是一天后，火球依旧照亮着周围地区，伦敦人甚至能在夜空下看报纸。究竟是什么原因引起所谓的通古斯爆炸事件呢？

几年后，侥幸逃脱灾难的谢苗诺夫回忆说："那天早上，天空北部突然裂成了两半，林区上边的整个北部天空都被火焰覆盖了。从北面刮来一股热风，火烧火燎地灼人，衬衫烫得快要着火了。同时，天上'砰'的一声巨响，我被摔出 6 米多远，顿时失去了知觉。后来，天空明亮起来，又有一股炽热的风从北边刮来……"

大爆炸产生了极大震动，欧美地震仪都记录到它的震动，地磁仪也受到明显干扰。爆炸的当量相当于 1000 万吨 TNT 炸药，它使爆炸中心地区有 6 万株大树倒下，1500 只驯鹿被击死。

1927 年，苏联科学院派出探险队赴通古斯地区考察。最初，当地人都不愿做向导，因为他们认为这是恶魔造成的灾难，是为了惩罚人类。

库利克教授认为，这是陨石造成的。但他在调查过程中未发现陨石坑，也未发现一片碎陨石块。尽管他一直坚持己见，但是没有证据。

1958 年，苏联又派出考察队赴通古斯调查，调查结果仍难下定论，其中有代表性的说法是：

1. 核爆炸说

这是科幻作家卡尔萨夫提出的，他认为是火星人驾核动力飞船进入大气层失事造成的。

2. 激光通讯说

这是科幻作家阿尔特夫提出的。1883 年，印度尼西亚一次火山爆发发出了强电磁信号，处在天鹅座 61 号星的"人"经过 11 年收到信号，就马上与地球人联系，他们的激光信号太强，对于他们来说是抽上一条线的伤痕，但对于我们却是一场灾难。

通古斯大爆炸的惊人场面

3. 黑洞说

这是美国科学家杰克逊和瑞安于 1973 年提出的。一粒像石榴籽大小的黑洞穿过地球，在进入大气层时，由于它的速度高、质量大，造成了巨大的冲击波。

4. 反物质说

加拿大辛哈博士于 1974 年提出了反物质陨石与地球的物质湮灭而引起爆炸的说法。

5. 彗星说

多数科学家倾向于此。彗星核以极高速度闯入大气层而造成爆炸。有些科学家甚至认为是恩克彗星碎片闯入大气层。

6. 小行星说

这是美国的三位科学家于 1992 年提出的。

这么多的解释没有一种能自圆其说。这次爆炸至今已 100 多年了，仍是一个难解之谜。

史前是否爆发过核大战

人类的文明可能被自己所毁灭，而不是被天灾所灭。

第二次世界大战期间，美国在日本广岛和长崎投掷了两颗原子弹，让人们见识到了原子弹的威力。长期以来，人们一直认为这是人类历史上的第一次核战争，然而事实真的如此吗？

据印度古史诗《摩诃婆罗多》记载，在古印度，居住在恒河上游的科拉瓦人和潘达瓦人，费里希尼人和安哈卡人曾经发生过两次战争，战争的残酷程度史所罕见。

第一次战争中："英勇的阿特瓦坦，稳坐在维马纳内，发射了阿格尼亚武器，它喷火，但无烟，威力无穷：刹那间，潘达瓦人上空黑了下来，接着狂风大作，乌云翻滚，沙石不断从空中打来。太阳似乎在空中摇曳，这种武器发出可怕的灼热，使地动山摇，大片的地段内，动物倒毙，河水沸腾，鱼虾等全部烫死，该武器爆发时声如雷鸣，敌兵被烧死，如同焚焦的树干。"

第二次战争更让人毛骨悚然："古尔卡乘着快速的维马纳；向敌方三个城市发射了一枚火箭。其亮度犹如万个太阳，烟火柱翻滚着升入天空，壮观无比。"而对于战场上的悲惨景象，《摩诃婆罗多》的描写让人更觉心惊胆战，"……尸体被烧得无可辨认，毛发、指甲尽皆脱落、陶瓷器碎裂、盘旋的鸟儿在空中被毒死、食物受染中

考古学家正在努力揭开史前核爆炸的谜团。

毒……"

看到此惨状，现代人会立刻联想到原子弹爆炸后产生的威力。因而，不少学者正在探索，人类早期历史上是否爆发过核大战？著名物理学家弗里德里克·索迪坚持认为："我相信人类曾经有过多次文明，人类很早已熟悉了原子能，但由于误用，他们遭到了毁灭。"弗里德里克的观点当然仍有不少人不能赞同，但是令人感兴趣的是近年来，一些可以佐证弗里德里克观点的证据屡屡发现。考古学家在发生史前战争的战场恒河上游发现了众多已成焦土的废墟。这些废墟由大块大块的岩石黏合在一起，表面凹凸不平，物理常识告诉人们，要使岩石熔化，所需温度最低为 1890℃，森林大火或火山爆发的热量，远远达不到这个温度，只有原子弹爆炸所释放的热量才能达到。

在德肯原始森林中，人们还发现了更多的焦化废墟。废墟城墙被晶化，光滑如同玻璃，不仅建筑物表面晶化，连建筑物内的石制家具表层也被玻璃化了。苏联学者戈尔波夫斯基在恒河上游惊人地发现了一具人体残骸，尸体内的放射性比常态高出 50 倍。

人们还发现，古印度人在时间上使用两种奇怪的概念——"卡尔帕"和"卡希达"。"卡尔帕"相当于 42.32 亿年，"卡希达"相当于一亿分之三秒。

核物理学家明白，在自然界里，要用亿年或百亿之几秒的时间来量度的，只有放射性同位素的分解率。例如铀 238 的一半寿命为 45.1 亿年，而 K 介子的半寿命只有百万分之一秒，这与"卡尔帕""卡希达"的概念较为相近。

是不是可以从这个古印度人使用的时间概念上来推测，古印度人已经拥有了量度核物质和次核物质的技术呢？如果真是这样，那么，他们很有可能已经掌握制造核武器的技术，生产出原子弹来。

类似核战争的废墟，不仅在印度被发现，在巴比伦、撒哈拉沙漠和蒙古的戈壁滩上都被人发现有史前核战的废墟，废墟中的"玻璃石"与今天核试验场合中的"玻璃石"十分相像。

《摩诃婆罗多》这部古印度史诗，据考证，成书约在公元前 1500 年，书中所记载的史实则比成书时间还要早 2000 年，它所记载的事件至少距离今天 5000 多年。那么在距离 5000 多年前的史前究竟是否爆发过核大战，尽管已有不少学者从文献记载或考古发掘上做了许多推测，但至今仍然是个谜。

维苏威火山的阴影

维苏威火山喷发的规律似乎已经被人们掌握了，但是人类如何将危害降到最低呢？

维苏威火山在历史上多次喷发，最为著名的一次是公元 79 年的大规模喷发，灼热的火山碎屑流毁灭了当时极为繁华的拥有约两万人口的庞贝古城，其他几个有名的海滨城市如赫库兰尼姆、斯塔比亚等也遭到严重破坏。维苏威火山的喷发确实太可怕了。

更可怕的是，科学家推测，随着时间推移，维苏威火山再次"发威"的可能性越来越大，假如现在维苏威火山发生大规模的喷发，将会毁掉整个那不勒斯，将有数百万人丧生。

据美联社报道，由美国和意大利专家组成的考察小组详细考察了距离维苏威火山 15 千米处的史前村庄"诺拉"的遗迹。毁灭"诺拉"的维苏威火山喷发发生在 3780 年前的青铜时代，被称为"艾维连奴喷发"，其威力至少是公元 79 年毁掉庞贝古城那次的两倍。

当时维苏威火山所喷发的大量火山灰随着西风，落在火山东北部方圆数千平方千米的地区里，在接下来的 200 年间，这一带都因此而成为死气沉沉的不毛之地。曾经有人在火山爆发结束后试图重建家园，但是都以失败告终。

在史前村庄"诺拉"的遗迹中，考古学家发现了几只狗的头盖骨和 9 只怀孕的山羊的尸骸，在村庄的东部，科学家还发现了一名男性与一名女性的遗骸，据推测，两人很可能是在逃跑时窒息而死。在维苏威火山周围，科学家还发现了数千个人类和动物的脚印，深深地嵌在当时潮湿的火山灰里，行走方向是背对着火山。这证明当时有许多人逃难。

维苏威火山大约在 2.5 万年前形成，每隔 2000 年就会有一次大规模的喷发，不时还会有许多小规模的喷发。在庞贝古城被毁后，维苏威火山曾经陆续喷发过 30 多次，最后一次喷发发生在 1944 年，但规模不算大。科学家指出，目前距离庞贝古城被毁的那次喷发已将近 2000 年，"随着时间的推移，其大规模喷发的概率越来越大"。

计算机模型的计算结果显示，如果维苏威火山再次大喷发，火山周围 13 千米的区域都将受灾，而那不勒斯距离维苏威火山只有 10 千米。虽然那不勒斯已有应对小规模喷发的应急计划，但是科学家认为这不足以应付大喷发。如果发生像"艾维连奴"那次规模的喷发，整个那不勒斯将被摧毁，超过 300 万的人生命岌岌可危。

面对维苏威火山喷发，难道人类真的一点办法都没有了吗？

智利大海啸

海洋与陆地原本已经分开，一旦海洋非要登陆，那么后果将不堪设想。

在智利流传着这样一个故事：上帝创造着世界，当他造完了世界后，手中还剩下最后一块宝贵的泥巴，舍不得丢弃，便随手将这块泥巴从南到北抹在了南美洲的西部，于是形成了南北长 4270 千米、东西宽 90 千米~435 千米、地形窄长的智利。或许，就因为它是"最后一块泥巴"的缘故，这里的地壳总不那么宁静。

根据现代板块结构学说的观点，智利是太平洋板块与南美洲板块互相碰撞的俯冲地带，处于环太平洋火山活动带上。特殊的地质结构，使它位于极不稳定的地表之上，自古以来，火山不断喷发，地震接二连三，海啸频频发生。

1960 年 5 月，厄运又笼罩了这个多灾多难的国家。

从 5 月 21 日凌晨开始，在智利的蒙特港附近海底，突然发生了世界地震史上罕见的强烈地震。震级之高、持续时间之长、波及面积之广均属罕见，在前后一个月中，共先后发生不同震级的地震 225 次。震级在 7 级以上的竟有 10 次之多，其中 8 级的有 3 次。

蒙特港是智利的一个重要港口，设施完备、先进，具有较强的吞吐能力。但在这场地震的淫威下，所有房屋设施都被震塌，许多人被埋进碎石瓦砾中。地震之初，蒙特港像一片完整的树叶在狂风中簌簌抖动，现在却已肢残体碎、气息奄奄。此时，这里的生命似乎已经死寂，只听见大地颤动时发出的深沉喘息。

距蒙特港北 500 千米之外，是智利的康塞普西翁城。在这次地震的袭击下，建筑物和房屋有的被震裂、震歪，有的则被震塌，剩下了一片片断墙残壁。一场大自然的恶作剧，使得康塞普西翁城面目全非：七零八落的混凝土梁柱、冰冷冰冷的机器残骸、东倒西歪的电线杆子、悬在空中的门窗断木……

遭到地震袭击的太平洋沿岸的城市、乡村，更是一派凄惨景象。在先前的地震中未被伤害的人们，这时跌跌撞撞地从地上爬起来，拼命地将自己的亲人、朋友从倒塌物下救起。然而，此刻人们好像被大地拽住了一样，每前进一步都十分困难，除了哭喊之外已别无他法。无奈自己也是泥菩萨过河，只得眼睁睁地看着他们淹没在乱砖碎石之中。

此时，大地一直在剧烈地摇晃，港口、码头、城镇、乡村都化为废墟，许多人来不及睁开眼睛，不容喊一声"救命"，便被埋于楼底毙命。晚上更是凄凉，周围漆黑一片，没有被压死的人也不知自己要爬向何处。因大地颤抖，无法站立，只得趴在地上，谁也没有余力去拯救别人，到处都是伤员的呼叫声和喊声……

强烈的地震刚刚过去，废墟之旁顿时乱作一团。那些逃过劫难的人们又跑了回来，悲哀地在断墙瓦砾中寻找自己的亲人，希望他们重返人间。原先躲到码头和海边的人们终于躲过一劫，但更为惨烈的悲剧却在等着他们。

大震之后，海水忽然迅速退落，露出了从来没有见过天日的海底，那些鱼、虾、蟹、贝等海洋动物，在海滩上拼命地挣扎着。此时，一些有经验的人们知道大祸即将临头，于是纷纷逃向山顶，或登上搁浅着的大船，以躲避即将发生的新的劫难。

疯狂的海啸

大约过了 15 分钟后，海水又骤然而涨。顿时，波涛汹涌澎湃，奔腾着、翻卷着，滚滚而来。浪涛高达 8 米 ~9 米，最高达 25 米。呼啸着的巨浪，以摧枯拉朽之势，越过海岸线，越过田野，迅猛地袭击着智利和太平洋东岸的城市和乡村。那些留在广场、港口、码头和海边的人们顿时被汹涌而至的巨浪吞噬；沿岸的城镇、港口、码头、乡村即刻化为波涛汹涌的海洋；海边的船只、港口和码头的建筑物均被巨浪击得粉碎……

随即，巨浪又迅速退去。所过之处，凡是能够带动的东西，都被潮水席卷而走。海滩上一片狼藉，留下了许多还未被海涛带走的滞留物。浅滩中，漂浮着不少人畜尸体，门窗残木，船舶遗骸；滩涂上，滞留着许多房屋的木头、床板，以及成包成捆的商品和尸骸。

海潮如此一涨一落，反复震荡，持续了几个小时。太平洋东岸的城市，刚被地震摧毁变成了废墟，此时又频遭海浪的冲刷。那些掩埋于碎石瓦砾之中还没有死亡的人们，却被汹涌而来的海水淹死。在几艘大船上，有数千人在此避难，但随着大船被巨浪击碎或击沉，他们被浪涛全部吞没，无一人幸免。太平洋沿岸，以蒙特港为中心，南北 800 千米，几乎被洗劫一空。

在这次大海啸的灾变中，除智利首当其冲之外，还波及相当广泛的地区。太平洋东西两岸，如美国、日本、俄罗斯、中国、菲律宾等许多国家，都受到了不同程度的影响，有的损失也十分惨重。

这次地震，是世界上震级最高、最强烈的地震，震级高达 8.9 级，烈度为 11 度，影响范围在 800 千米长的椭圆内。大震过后，接踵引发了大海啸。海啸波以每小时几百千米的速度横扫了太平洋沿岸，把智利的康塞普西翁、塔尔卡瓦诺、奇廉等城市摧毁殆尽，造成 200 多万人无家可归。

地震、海啸给人类带来的灾难是十分巨大的。目前，人类对地震、海啸、火山等突变只能通过预测、观察来预防或减少它们所造成的损失，但还不能控制它们的发生。

神户地震

地震的毁灭性是彻底的，经历了地震的神户需要很久才能恢复元气。

1995 年 1 月 17 日 5 时 46 分，位于日本兵库县南部的淡路岛（在从神户到淡路岛的六甲断层带上），发生了里氏 7.2 级的地震。这是自 1923 年来在日本城市发生的最为严重的一次地震。

神户大地震造成全市断水、断电、断煤气，还造成了蔓延不止的火灾。地震破坏最为严重的就是交通，日本列岛南北高速公路和铁路运输大动脉被切断，阪神高速公路神户段也遭受了严重的破坏，高速路桥下的巨大的钢筋混凝土桥墩都被扭断，神户人引以为傲的无人驾驶电车的专用道也被毁坏，修复工程十分艰巨。地震几乎使这个日本第六大都市完全失去了城市的机能，灾后需进行大规模的重建才能使这座美丽的港城恢复生机。

神户地处日本重要的工业区，是重要的经济中心，该工业区对日本来说十分重要。在地震发生后，神户停水断电，交通瘫痪，神户很多中小企业房屋倒塌，还影响到了周边其他工业区和一些港口。神户经济的瘫痪对日本的整个经济都有很大的拖累，这些对连续 3 年不景气的日本经济无疑是雪上加霜。

据灾后统计资料反映，全震灾区共死亡 5400 余人（其中 4000 余人系被砸死和窒息致死，占死亡人数的 90% 以上），约 2.7 万人受伤，近 30 万人无家可归。地震

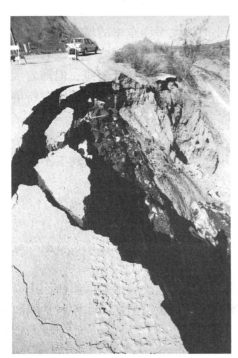

毁坏了大约 10.8 万幢建筑物，水、电、煤气、公路、铁路和港湾也都遭到严重破坏。据日本官方公布，这次地震造成的经济损失约 1000 亿美元。总损失达国民生产总值的 1%~1.5%。这次地震死伤人员多、建筑物破坏多和经济损失大，是日本关东大地震之后 72 年来最严重的一次，也是日本战后 50 年来所遭遇的最大一场灾难。

地震过后，据专家分析，主要有以下因素造成了这场灾害：

1. 该地震的性质所致。神户地震为直下型地震，这种类型的地震能量积累慢、周期长，就目前的条件基本无法预测。同时，地震的震动方式特殊，垂直、水平均有振幅，烈度强，对城市的破坏性极大，而且神户与震中距离近。

2. 地理环境因素和基础设施较脆弱。神户的房屋大都建设在山坡、斜坡和人工填海造地

地震时，岩石会沿着地壳的断层移动。图为地震中部分塌陷的公路。

上，经过强震，地基发生形变。且房屋大都是 20 世纪 80 年代以前的建筑，很容易倒塌。神户抗震设防较差，使交通设施及生命线工程大量被毁坏，并引起了火灾等次生灾害。

3. 震后救灾工作十分困难。震后，神户通讯不畅，道路阻塞，人们陷入巨大的恐慌中，客观上给救灾工作带来了极大的困难，使救灾无法按预定设想组织展开。同时，震后救灾工作也反映出日本政府对震灾情况估计不足，准备不到位，行动迟缓。在实际救援中，出现了救灾指挥体系不协调、救灾物资供应混乱和火灾无法及时扑救等情况。

神户地震发生后，神户地区修改了防灾计划并积极研究防灾对策，在此后的暴雨、台风和火山喷发等自然灾害中神户均经受了考验。震灾教训在应付后来的灾害时应被有效利用，这是每个人从那次震灾中学到的最宝贵的东西。

"白色死神"降临秘鲁

雪花飘飘，带给人的是美好的回忆；然而突如其来的雪崩，却与死神相伴。

秘鲁位于南美洲西部，是一个多山的国家，山地面积占全国面积的一半，著名的安第斯山脉的瓦斯卡兰山峰，在海拔 6000 米以下，山体坡度较大，峭壁陡峻。山上常年积雪，"白色死神"常常降临于此。

1960 年 1 月 10 日，瓦斯卡兰山峰发生了一次大雪崩。由于春季降临，大地回暖，气温上升，使积雪开始融化。融水沿着裂隙下渗，起到了润滑剂的作用，减弱了冰雪与山体间的凝聚力。在这种情况下，山峰上的积雪与山坡间的摩擦力降低，从而引起了大规模的雪崩。冰雪巨流以 140 千米 / 时的速度运行，雪崩总量达 500 万立方米，毁坏了山下的 6 个村庄。

但是灾难并没有结束，"白色死神"一直没有走远。10 年后，它又回来了。

1970 年 5 月 31 日 20 时 23 分，在秘鲁安第斯山脉的瓦斯卡兰山，不少人都沉睡于甜美的梦乡之中。突然，远处传来了雷鸣般的响声。随即，大地好像波涛中的航船，顿时失去了控制，在疯狂地、猛烈地颤抖着。紧接着，又从远处传来了山崩地裂般的响声，震耳欲聋，把人们从甜美的睡梦中惊醒。

有的人醒来之后，顾不得穿衣服便稀里糊涂地向外奔跑。那些正在夜读、娱乐和工作着的人们，被这突如其来的响声惊呆了。稍待镇静下来，便都急急忙忙地逃到室外。人们还不知道究竟发生了什么事情，房屋便已东倒西歪、吱吱作响地坍塌了下来。

"地震!""地震!"有人惊恐地呼喊着。

这时，人们才意识到地震灾祸已经降临。

那些还未来得及逃离屋子的人们，都被压在倒塌下来的乱砖碎石之中。有的已被砸死、砸晕，有的在大声地呼救、哭泣。已经跑到室外的人们，此时也都站立不稳。他们自顾不及，根本无法去抢救被压在坍塌物之下的亲朋好友。

外面，寒风凛冽，漆黑一片，谁也看不到谁，只听到隆隆的崩塌声。

忽然，又一阵惊雷似的响声由远及近，从瓦斯卡兰山峰方向传来。一会儿，山崩地裂，雪花飞扬，狂风扑面而来。

原来，由地震诱发的一次大规模的雪崩爆发了。

地震把瓦斯卡兰山峰上的岩石震裂、震松、震碎，同时也震裂、震松、震碎了坚硬的冰雪。强烈的地震波又将山峰上的岩石、冰雪击得粉碎。瞬时，冰雪和碎石犹如巨大的瀑布一样，紧贴着悬崖峭壁倾泻而下，几乎以自由落体的速度塌落了900米之多。

在瓦斯卡兰山峰下，是一片冰川粒雪盆。这里，聚积了厚厚的冰雪。此时，在山峰上落下的冰雪和碎石的猛烈冲击下，粒雪盆内的厚厚冰雪被打碎了。在巨大的气浪作用下，盆内的冰雪粉尘腾空而起，好像下了一场特大的暴风雪。顿时，雪花纷飞，漫天四溅，蘑菇似的雪云升达数百米之高，大有遮天蔽日之势。

剧烈的震动，使山顶上的冰雪和岩石连续不断地崩塌。每崩塌一次，就升起一次蘑菇状的雪云。粒雪盆里，第一次崩塌下来的冰雪堆积还没有稳定，雪粒还没有全部落下，又被再次崩塌下来的冰雪击得粉尘四起。

由于1970年雪崩的影响，冰雪流所过之处的地面已十分光滑，灌丛森林植被已失去了当年那样的阻挡能力，因而这次大雪崩更是所向披靡、势不可当。由峰顶纷纷塌落下来的冰雪碎石，在粒雪盆里汇成了非常庞大的冰雪体。盆内的冰雪愈积愈多，愈积愈厚，开始以极大的速度溢出粒雪盆口，形成了一股强大的冰雪流。这股强大的冰雪流，像脱了缰的野马，带着强大的气浪，喷着白色的烟雾，呼啸而下……

移动的冰川

此时，从粒雪盆呼啸而出的强大冰雪流，以极高的速度急驰而下，犹如一条非常巨大的冰雪巨龙，顺着10年前雪崩的故道，以300千米~400千米/时的速度，疯狂地向山下冲去。

在强大气浪即"雪崩风"的震动和冲击下，沿途的积雪纷纷落下，跟随着呼啸而去，汇成的冰雪巨龙越来越大。轰隆隆之声，夹杂着噼里啪啦的断裂声，传遍了空旷山林。冰雪巨龙所到之处，岩石被击得粉碎，树木不是被连根拔除，就是被拦腰折断，房屋被冲得支离破碎。

被冰雪巨龙扫荡过的地方，留下了一片荒凉凄惨的景象。到处都是倾倒的树枝、断了头的树根，匍匐着的灌木，被剥去植被的光秃秃的山坡，破碎的房屋……

在冰雪巨龙之前形成的强大气浪，是由冰雪体高速运动引起空气的剧烈振动所造成的。这种由冰雪巨龙形成的气浪，冲击力非常之大，能将途中的石块腾空卷起。有一块重达3000千克的大石块，竟被抛到了600米之外的地方。它的破坏力远比冰雪体本身的破坏力要大得多。

这种强大的雪崩气浪，不仅成了冰雪体一路披荆斩棘的开路先锋，而且还殃及了沿途较大范围内的森林植被，使冰雪巨龙没能到达的地方也遭到了严重的祸害，大片大片的森林、果园、田地和房屋被毁。

这条冰雪巨龙在故道里高速行进着，速度之快，令人十分震惊。或许是高速运动之故，它改变了原有的前进方式，形成了罕见的跳跃式雪崩：一股高速行进中的冰雪流，带着强大的气浪，翻越了瓦斯卡兰山峰下的一个山脊，向着沟谷肆无忌惮地横扫而去。所经之处，森林植被全部被毁坏，使另一个山谷也遭到冰雪流的严重破坏。

当冰雪巨龙沿着故道冲到冰舌的末端时，崩塌而来的雪量已达到了3000万立方米，其中携带着数以百万立方米的岩石碎屑，形成高达近百米的龙头，继续呼啸着向山下的河谷、城镇冲去。一路所过，河流被截，道路被堵，城镇摧毁，农田被淹……

在瓦斯卡兰山下，有一座容加依城，当雪崩发生之时，容加依城刚遭到地震厄运的袭击，人们正在忙着抢救自己的亲人，有的准备逃离危险之地以躲避灾祸。这时，带着强大冲击力的气浪迎面袭来，把人们全部推倒在地。顷刻，巨大的冰雪巨龙呼啸而至，大多数人被压死在冰雪体之下。快速行进中的冰雪巨龙，形成的强大的空气压力，使许多人窒息而死。

当时有人记录了这十分悲惨的景况："有的张着大嘴，瞪着双目而死；有的抱着头，蜷缩身子而亡。少数没有被冰雪吞噬的，也个个呼吸困难，张大了嘴拼命地喘息着……"

这场大雪崩，将瓦斯卡兰山峰下的容加依城全部摧毁，造成了两万居民的死亡，受灾面积达23平方千米。这是迄今为止，世界上最大最悲惨的雪崩灾祸。

北美黑风暴

北美黑风暴爆发，人类听到了自然界最严厉的警告。

1934年5月11日凌晨。

美国西部。

突然之间，草原上空卷起了一阵阵遮天蔽日的黑色狂飙。强劲的狂风挟带着泥沙自西向东呼啸而进，并向周围迅速蔓延……这场黑色风暴整整刮了三天三夜，形成了一个东西长2400千米、南北宽1440千米、高3400米的迅速移动的巨大黑色风暴带。黑色狂魔移到哪里，那里的肥田沃土便被携带而去。狂暴所到之处，溪水断流，水井干涸，田地龟裂，庄稼枯萎，牲畜渴死，千万人流离失所。

这是大自然对人类文明的一次历史性惩罚。

北美黑风暴

黑风暴是一种强沙尘暴，俗称"黑风"，它是强风、浓密度沙尘混合的灾害性天气现象。强风是启动力，具有丰富沙尘源的荒漠是构成黑风暴的物质基础。

这次黑风暴起源于加拿大西段边界和美国西部草原地区。美国西部的蒙塔那、勒萨斯、得克萨斯、俄克拉荷马和科拉多等州，曾经是一片青葱碧绿的原野。现在，经过多年的开发，已经面目全非。由于过度开发，森林、草原遭到严重毁坏，土壤风蚀十分严重。同时，连续不断的干旱，使土地沙化现象愈演愈烈。

此时，正值晚春季节。数日来，在炽热的骄阳照射下，广袤的西部大地被晒得滚烫，在靠近地面之处，气温非常高，像个蒸笼。

这时，靠近地面的热空气迅速上升，形成了一个个低气压中心；与此同时，周围的冷空气便迅速涌进补充。冷热空气的猛烈对流，很快就在这里形成了旋风。猛烈的旋风挟带着干旱的沙土扶摇直上，直达高空。许许多多的旋风连成一片，便形成了可怕的黑色狂飙——黑风暴。

黑风暴从 5 月 9 日刮起，前后持续了三天三夜，横扫了美国 2/3 的大陆。在高空气流的作用下，尘粒沙土被卷起，股股尘埃升入高空，随风向东越过北达科他、宾夕法尼亚和纽约等 10 多个州。从西部的沃尔斯堡刮到东边的沃耳巴尼，最北到圣保罗，最南达纳希准耳，形成了巨大的灰黑色风暴带。

据有关资料描述，黑风暴所经之处，耀眼的丽日顿时消失，原来蔚蓝色的天空，瞬间尘土飞扬，沙土像瓢泼的大雨一样从空中倾泻而下。一座座城市，一个个庄园，一块块田野，转瞬间失掉了原有的风采，到处是昏天黑地的凄凉景象。

纽约是受黑色风暴侵袭十分严重的地区。据当时记载，1934 年 5 月 11 日，从上午 11 时 45 分开始，纽约上空出现了弥漫的尘雾，直到下午 3 时才消失，前后持续了 5 小时。黑色狂风席卷而来，沙土尘雾遮住了阳光，使原来明朗的晴天顿时黯然失色，变成了一片昏暗。有人从窗口向外眺望，咫尺之内的高大建筑物也只能隐约可见。遮天蔽日的风沙穿街过巷呼啸而过，发出的凄厉之声令人十分恐怖。

《纽约时报》在当天头版头条位置，刊登了题为"黑风暴——席卷 2400 千米，持续 5 小时"的专题报道。报道中说：远洋的航船因沙土尘雾影响视野而延迟出港；飞机驾驶员为了避开沙尘被迫将飞机爬高到 4570 多米的高空飞行；城市住房和办公室里积满了沙土尘埃；人们的眼睛、鼻孔和耳朵内都灌进了沙粒和尘土……

据纽约气象局测定，当时白天的光度只有平常的 50%，大气中的沙土尘埃比平时多 2.7 倍。又据当时估计，这次黑风暴从西部草原刮走了 3 亿吨沙质土壤，仅芝加哥一处，落下的沙质尘土就达 5000 吨之多。

一位亲身经历过黑风暴袭击的老人，在回想起当时的情景时说："那个时候，居民们个个惊恐万状，觉得好像到了世界末日。"

这次袭击北美的黑色风暴是人类历史上空前未有的。它从加拿大的西段边界和美国西部大草原邻近几个州的干旱地区刮起，以 60~100 千米 / 时的速度向东推进，一路上侵袭了无数的村庄、城镇和大中城市，直达东部海岸，最后消失在数百里的大西洋洋面。

黑风暴的袭击给美国的农牧业生产带来了严重的影响，使它原来已经遭受旱灾的冬小麦大片枯萎而死，以致引起了当时美国谷物市场的波动，冲击着经济的发展。同时，黑色狂暴一路洗劫，将肥沃的土壤表层刮走，露出贫瘠的沙质土层，使受害之地的土壤结构发生了变化，严重地制约了受灾地区日后农业生产的发展。北美黑风暴虽然是一种严重的自然灾害，它的成因却与人类对生态环境的破坏有关。

造成这次黑风暴的原因是，人们过度的开垦和放牧，毁坏了大片的森林和草原，致使水土无法保持，地表大面积裸露，造成了生态系统的破坏，在恶劣的气候条件下，便酿成了严重的灾害。

人类在向自然界索取时种下的苦果，必然要受到自然界的严厉报复，这种报复同样是不可抗拒的。

雾都劫难

当人类正在为征服自然的成功而洋洋自得之时，自然的反攻开始了，出其不意，防不胜防。

1952 年 12 月 4 日，世界上最严重的一次大雾笼罩伦敦，浓雾持续将近一周。大雾期间，有 4700 多人因呼吸道疾病而死亡，雾散以后又有 8000 多人死于非命。这就是震惊世界的"雾都劫难"。

1952 年 12 月 3 日，伦敦难得的一个可爱冬日。舒适的风从北海吹来，在晴朗的天空中点缀着绒毛状的积云。气象台报告说：一个冷锋已在夜间通过，中午时分，气温达到 5.6℃，相对湿度约为 70%。对于这样的天气，老年人和病人特别高兴，他们坐在太阳下，迎着从北海吹来清净的风，聊着天、喝着茶，尽情享受着大自然赐给他们的优美的一天。

然而，"好景"不长，灾难正悄悄地来临。傍晚时分，伦敦正处于一个巨大的高气压反气旋的东南边缘，强劲的北风围绕着这一高压中心顺时针吹着。第二天，即 12 月 4 日，这个反气旋沿着通常的路径向东南方移来，其中心在伦敦以西几百千米处。上午风速变小，云层几乎遮盖了伦敦上空。时至中午，乌云将太阳全部遮住。

到 12 月 5 日，这个高压中心几乎移到了伦敦上空，一个意料不到的事情发生

各种各样的浓烟中含有许多对人体有害的飘尘。

了：伦敦气象台的风速表竟"静止"了。也就是说，空气停滞不动地悬浮在伦敦上空。无风状态下的伦敦到处是雾，站在泰晤士河桥上四面望去，恍如置身在白茫茫的云端。浓雾中，多家店铺白天不得不掌着灯。那不断加重的大雾，使行人走路都感到困难。一些地方能见度只在1米以内，人们刚走出几步便迷失了方向。据报道，一位医生要出诊，甚至雇佣盲人做向导。

12月6日，情况更坏了，相对湿度升到了100%，达到了完全饱和状态。所有飞机的飞行都被取消了，马路上只有少数有经验的司机开着车灯像蜗牛似的爬行着，步行的人沿着人行道像盲人似的摸索着走动，只有地铁仍在快速移动着。12月7日晚上下班高峰期间，多达3000名乘客排起了长队，在中央地铁站特拉福购票上车。

浓浓大雾下，工厂仍然不能停工，居民们仍然要取暖，这样，成千上万个烟囱仍然一刻不停地冒着黑烟，它们悄悄地飘进大气中与浓雾混在一起，犹如黑云压城，侵袭着一切有生命的东西，首当其冲的就是制造黑烟的人类自己。走在马路上的行人眼泪顺着面颊流下来；凡是人群集聚的地方都不时传来咳嗽声和哮喘声。前面提到的享受过来自北海爽快和风的老年人和病人只痛快了一两天，又在这污浊的空气中接受烟雾给予他们的"苦刑"：呼吸困难、哮喘不止。

美国卫生教育部大气防治污染局局长普兰特博士以他的亲身体验这样描述到："当我们乘坐的飞机抵达伦敦时，因为伦敦机场浓雾弥漫，所以飞机只得在伦敦南32千米的多意奇机场着陆。在机场，刚一推开舱门，一股硫黄和煤烟的气味扑面而来。下了飞机，听人说夜里在伦敦街道上散步，口中似乎有金属的味道。鼻子、咽喉及眼睛受到了辛辣的刺激，很像剥洋葱时的感觉。傍晚，从旅馆的窗户往下望去，经过的人群中大约有2/3的人用围巾、口罩、手套等捂着鼻子。"

更可恶的是，烟雾像水一样见缝就钻，即使房子的门窗都关闭着，它照样有办法钻进去。特别是玩耍的孩子们跑出跑进房子时，便会把污染的空气带进室内。如此更加速了支气管炎和心脏病人的死亡，数以千计的居民感到胸口窒闷，并伴有咳嗽、喉痛、心慌、恶心等症状发生。从伦敦烟雾发生的第一天起，伦敦的死亡人数急剧上升。在烟雾期间，前往伦敦各大小医院就医的人络绎不绝。伦敦中心医院一位护士回忆当时的情况至今仍心有余悸："简直是一场噩梦，受烟雾毒害的病人接连不断地被送进病房，哮喘和咳嗽声充塞着整个医院，让人无法安宁……尸体不断地被拉走。"直到两个月后，恐怖气氛仍然笼罩着伦敦。

有着"雾都"之称的伦敦，没想到这一次竟然遭到大雾之劫，是自然的灾难，还是自然的报应呢？

尼奥斯火山湖湖底毒气

突然一声巨响划破了长空。酣睡中的人还没弄清发生了什么事，就被夺去了生命。

1986 年 8 月 21 日晚，位于非洲喀麦隆西北部，距首都雅温德 400 千米的帕梅塔高原上的一个火山湖——尼奥斯火山湖，突然从湖底喷发出大量的有毒气体，它犹如泛滥的洪水，沿着山的北坡倾泻而下，向处于低谷地带的几个村庄袭去……

次日清晨，喀麦隆高原美丽的山坡上，水晶蓝色的尼奥斯火山湖突然变得一片血红，好像一只溃烂而愤怒的红眼睛。草丛里到处躺着死去的牲畜和野兽。尼奥斯火山湖湖畔的村落里，房舍、教堂、牲口棚完好无损，但是街上却没有一个人走动。走进屋里探个究竟，令人震惊的一幕映入眼帘，那里都是死人。这是多么凄惨的景象！死者中有男人、女人、儿童，甚至还有婴儿。

从幸存者的口里，人们知道了惨案发生的经过，伴随着昨晚的巨响，一股幽灵般的圆柱形蒸汽从湖中喷出，整个湖水一下子沸腾了起来，掀起的波浪袭击湖岸，直冲天空，高达 80 多米，然后又像一柱云烟注入下面的山谷。这时，一阵大风从湖中呼啸而起，夹着使人窒息的恶臭将这朵烟云推向四邻的小镇。

一位目击者回忆说："当时我正往下面走，我要去尼奥斯火山湖。可到了那里，才发现根本没有人了——他们全都死了！"另一人说："我去了保健中心，可病房里哪还有活人？"还有人说："我只能站在死人堆中，因为房前屋后、里里外外都是死人，还有牛、狗……全是死的！我简直惊呆了，我数了一下，我们家 56 人中就死了53 个！"事实上，最终统计出的死亡人数竟高达 1800 人。加姆尼奥村靠火山湖最近，受灾也最为严重。全村 650 名居民中，仅有 6 人幸存。

这一喷毒事件，立即引起了各国的极大关注。尼奥斯火山湖也因此闻名于世。日本、英国、美国、法国、意大利等国家，都迅速地派出了紧急救援队，并派出专家对尼奥斯火山湖喷发毒气的成分进行实测，杀人凶手究竟是谁？专家们努力地寻找答案。

前来调查的美国科学家包括乔治·克宁和比尔·伊万斯。克宁一年前曾到过此地，所以此次所见让他深感惊讶。他说："一年前的情景我至今记忆犹新。尼奥斯火山湖在我印象中是如此美丽，可现在全变了。你瞧，过去蓝蓝的、清清的湖水现在不仅变得发红，而且混浊不堪，湖面还漂着不知从何而来的草垫。山谷中，则到处是已经死亡的牲畜。"

伊万斯说："我们刚来时，一切看来都指向火山喷发。首先，尼奥斯湖是个火山湖；其次，这次灾难的规模是如此之大；第三，一些受害者身上有烧伤。"

可是，当他们走到火山口顶部时，才意识到问题不是那么简单。要是真的发生过火山喷发，熔浆流之类的沉积物必然会从湖底冲上来，在火山口顶部留下痕迹。可问题是，在火山口顶部未能发现丝毫的这种痕迹。由此可以推测，并未发生过大规模的火山喷发。克宁和伊万斯感觉到，答案还是得去湖中找。

经过一段时间的努力工作，终于查明了尼奥斯火山湖中所喷出的有毒气体成分。专家们一致认为，喷出的气体主要有二氧化碳，而恶臭则来自硫化氢。

人们在向自然界征服和索取的同时，也遭到了大自然无情的报复。如何才能消除这一潜在的危机呢？或许只有问人类自己了。

肆虐无常的瘟疫之魔

你不去招惹瘟疫，瘟疫也可能来招惹你。

天花大肆虐

"天花面前，人人平等"。在过去的岁月里，几乎没人能躲过天花的袭击。

天花，一种古老的疾病，一个令人谈之色变的瘟疫，中医称之为"痘疮"。据有关资料记载，历史上，天花先后使5亿人失去了生命，同时也给无数人留下了永久的疤痕。

公元前1157年，古埃及的法老拉姆西斯五世患上了一种奇怪的疾病，他全身皮肤出现了红色的疹子，一段时间以后，这些疹子发展成脓疱。拉姆西斯五世感到浑身疼痛难忍，他召来了很多医生，但医生从来没有见到过这种奇怪的疾病，拉姆西斯五世对此非常恼怒，据说，他一气之下杀死了好几位医生。

没多久，拉姆西斯五世就病死了。按照古埃及的习俗，他的尸体照例被涂满防腐剂，制成了木乃伊。

公元1398年，古埃及拉姆西斯五世的木乃伊被人们发现，有人惊奇地注意到，他的尸体上有天花的疤痕。这是迄今为止，人们发现的最早的天花病人——距今已有3000多年。

那么，天花是从哪里而来，又是何时出现在地球上的呢？

自从微生物学诞生以后，科学家们才最终弄清楚，在人类历史上肆虐猖獗的天花等传染病，其元凶主要就是细菌和病毒。无论是细菌，还是病毒，它们都是地球上古老的居民，一旦地球上出现高等生命，它们就开始在这些生命体内营造自己新的家园。大约在一万年前，畜牧业和农业出现，人类开始饲养一些被驯化的动物。

从进化的角度来说，病毒是地球土最古老的生命形式，动物也早于人类来到地球上，可能这些动物感染了病毒，它们在长期的进化过程当中，对这些病毒的感染都已经适应了，或者说，它携带了病毒。引起天花的病毒叫痘病毒，这种病毒在猴子、牛、骆驼等动物当中都有感染，对于天花病毒，动物们已经有了抵抗力，所以习以为常，而最初接触它的人类，却不具有对付这种病毒的抗体。从现代医学的角度看，天花是由天花病毒引发的烈性传染病。天花病毒是一种直径20纳米~400纳米的微生物，它经呼吸道进入人的体内。天花病毒主要靠空气中的飞沫传播，速度极快。在感染天花病毒后的潜伏期中，感染者一般没有不舒服的感觉，但潜伏期一过就会突然发烧、乏力和头痛，而后病毒通过血液侵入皮肤生出疹子，形成脓疱……

得天花的古埃及法老

天花的病死率一般可达25%，有时甚至高达40%。侥幸存活者，也会留下永久性的疤痕。而且它不分贵贱，皇族权贵同样不能幸免。

16世纪，英国女王伊丽莎白一世几乎因为天花而丧生，虽然幸免一死，却鬓发脱尽，容颜被毁，只得永远戴着假发遮丑。

据资料记载，号称"太阳王"的法国国王路易十四，在征战中获得了一颗名贵钻石，他在佩戴这颗钻石后染上了天花病毒，后来虽然痊愈，却留下了满脸的疤痕。

1715年9月12日，路易十四去世，年仅5岁的路易十五就任法兰西新国王。后来，为了避免重蹈路易十四的覆辙，路易十五下令把那颗钻石封存起来。然而，天花却没有对他高抬贵手。

1774年4月27日，路易十五一觉醒来，感到浑身不舒服，头痛、头晕，而且还发烧。几天之后，路易十五的脸、脖子等部位出现了红色疹子，而且很快变为脓疱，这些脓疱扩展的速度很快，最后在口腔、喉咙上也长满了脓疱。这是典型的天花症状。

这一年的5月10日下午3时15分，备受天花折磨、在位长达60年的路易十五痛苦地离开了人世。

天花病毒可以污染衣服、床单或其他物品，即便患者死亡，病毒也能在干燥的尘土中继续存活几个月。

大约2000年前的一场天花，在罗马肆虐了15年之久，它使城市废弃，田园荒芜，数百万人丧命。侥幸死里逃生的人们，不是瞎了眼睛就是面部严重变形，天花成为人类文明的杀手。

天花和人类的迁徙、战争紧密交织在一起，对人类的历史影响巨大。

从6世纪~8世纪，随着阿拉伯人向北非和伊比利亚半岛扩张的脚步，天花也被扩散到了那里。

11世纪~13世纪，大量的亚洲移民和非洲朝圣者、商人，跨越撒哈拉大沙漠，向西非和东非的海港城市迁徙的同时，也把可怕的天花带到了这些地区。

到了16世纪，伴随着探险活动的兴起，天花病毒被漂洋过海的船只和陆地的马帮带入欧洲，导致许多国家和城市天花流行。17世纪在英国的威廉和玛丽时代，有一部描写天花流行的书这样写道："天花流行时，坟地白骨成堆，人心惶惶不宁。它使婴儿变丑，慈母见之心碎；它使如花少女毁容，情人见之丧魂。"而在整个18世纪，欧洲死于天花的总人数据估计在1.5亿以上。

在18世纪的亚洲，天花每年吞噬的人数达80多万。所以，中国的民间早就流传着这样的谚语："孩子生下才一半，出过天花才算全。"

有人推算，在刚刚过去的20世纪里，天花杀死了3亿多无辜的生命。尽管20世纪是充满惨烈战争的时代，但死于战争的人数只是死于天花人数的1/3。

霍乱的幽灵

19世纪的世界病，一旦沾染，非死即伤。

马尔克斯在《霍乱时期的爱情》中这样描述疫情的爆发：当乌尔比诺医生"踏上故乡的土地，从海上闻到市场的臭气以及看到污水沟里的老鼠和在街上水坑里打滚的一丝不挂的孩子们时，不仅明白了为什么会发生那场不幸，而且确信不幸还将随时再次发生。""所有的霍乱病例都是发生在贫民区……设备齐全的殖民地时期的房屋有带粪坑的厕所，但拥挤在湖边简易窝棚里的人，却有2/3在露天便溺。粪便被太阳晒干，化作尘土，随着十二月凉爽宜人的微风，被大家兴冲冲地吸进体内……"

霍乱在1817~1923年的100多年间，在亚、非、欧、美各洲，曾先后发生过6次。只要染上，生还的机会极小。

此后，印度大部分地区连降暴雨。在人口稠密的恒河两岸洪水淹没了田野。5月份，出现的第一例霍乱病人死亡，表明这种可怕的瘟疫又开始作孽了，但在当年它还只限于在印度流行。

1817年，霍乱终于越过了印度边界来到了邻国和邻国的邻国。任何山川峡谷都不能阻挡它，任何国度都可成为它传播的舞台。它传向日本、中国、阿拉伯国家，进入波斯湾和叙利亚，然后又向北指向欧洲的门户里海。幸亏1823~1824年冬天酷冷，暂时阻隔了它的传播。

印度曾发生过严重的霍乱。

1829 年夏季，霍乱又开始复活，向东、向西、向北沿着贸易路线和宗教朝圣路线迅速地向欧洲的人口密集中心推进。1830 年，霍乱传到了莫斯科；1831 年春天，它到达了波罗的海沿岸的圣彼得堡，从那儿它又轻易地跳到芬兰、波兰，然后向南进入匈牙利和奥地利。差不多同一时间，柏林出现了霍乱病人，紧接着汉堡和荷兰也报告出现了疫情。

在欧洲大陆到处报警的情况下，英国的政治家、医生、科学家以及广大民众都忧虑地注视着疫情的发展。1831 年 6 月 2 日，国王威廉四世在国会开幕式上说："我向诸位宣布一下众所关心的可怕疾病在东欧不断发展的情况。我们必须想方设法阻止这场灾难进入英国。"可是，国王的话没有说多久，他说的想方设法还没有一丝头绪，8 月份，疾病已进入英国。

英国第一个死于霍乱的人是在濒临北海的港口城市森德兰郊区被发现的。一个制陶业的画师患病后上吐下泻，排泄物就像是大麦粉加水那样的白色液体。他的手脚发凉、体出虚汗、面色青黪、两眼下陷、嘴唇青紫、口渴难耐、鼻息阴冷、讲话无力、嗓音嘶哑，脉搏细弱得几乎感觉不出它的跳动。除此之外，这位画师还发起高烧。尽管病情很严重，他还是渐渐好了起来。可是两天以后邻居家的一个仆人出现了同样的症状，结果却未能逃脱死亡的命运。

此后死亡连绵不断。对于死亡的原因，那些仅会治疗一般肠胃传染病的英国医生们只能含含糊糊地把它解释为严重的"夏季腹泻"。从 1831 年 10 月 23 日至 12 月 31 日，仅在森德兰一地就有 202 人死于霍乱，第二年的 1 月初，英国东北部其他地区也出现了霍乱传染。2 月份，霍乱蔓延到伦敦港口区，到了夏天，整个英国首都的疫情已经相当严重。1832 年一年当中，伦敦共有 11000 人受到传染。其中死亡人数占一半左右，而这个数字占当年英国全国的霍乱死亡人数的 1/4。

霍乱漫游英国之后，又跨过圣·乔治海峡，来到了爱尔兰，从那里它渡过大西洋一直传到加拿大和美国。在欧洲它遍及法国、比利时、挪威、荷兰。

1832 年春天，德国著名诗人海涅正在巴黎，他留下了活生生的描述：

"3 月 29 日当巴黎宣布出现霍乱时，许多人都不以为然。他们讥笑疾病的恐惧者，更不理睬霍乱的出现。当天晚上多个舞厅中挤满了人，歇斯底里的狂笑声淹没了巨大的音乐声。突然，在一个舞场中，一个最使人逗笑的小丑双腿一软倒了下来。他摘下自己的面具后，人们出乎意料地发现，他的脸色已经青紫。笑声顿时消失。马车迅速地把这些狂欢者从舞场送往医院。但不久他们便一排排地倒下了，身上还穿着狂欢时的服装……"

海涅的描述可谓相当经典，短短的篇幅，十分生动而准确地呈现了霍乱传播之快、之严重，以及面对瘟疫的众生百态。

在大西洋彼岸，美洲人早已得到了警告，他们组成了专门委员会对付疾病。医生们凑在一起相互交换一旦霍乱出现的应对措施。霍乱首先在加拿大的魁北克省和蒙特利尔登陆。1832 年 6 月 26 日，纽约市的一名爱尔兰移民带着霍乱病症死去。不到一星期，他的妻子和两个孩子也相继死去。纽约市立即采取了严格的隔离检疫措施。商店关门，柩车来回穿梭于大街小巷之间。由于死亡率急剧上升，街沟中常见一些尸首。

不少纽约人纷纷逃离城市，去乡下寻找避难之所，但他们发现，连逃跑也不是件容易之事。刚刚跨过长岛海峡，迎接他们的是罗得岛人连珠炮似的枪声，谁也不愿让疾病传入自己的家园。以纽约州为中心，霍乱向四周扩散。它通过伊利运河到达美国中西部地区，又乘着内地的马车和海岸线边的船只到达新奥尔良，并夺去新奥尔良5000人的生命。密歇根州伊普西兰蒂的当地民兵竟向来自底特律的邮车开枪，只因为底特律已经出现了霍乱。在随后的两年中，霍乱时起时伏，夺去了美国上千万条生命。

从1863年开始，沉寂一时的霍乱又开始死灰复燃，这次霍乱大流行历时十余年，到1875年才逐渐平息。到1881年，该病又由印度开始猛烈流行，后传至世界各地，死者不计其数。

1918年的"西班牙女士"

越是温柔的名字，往往越具有不可小瞧的杀伤力。

1918年，第一次世界大战以同盟国的战败投降而告终。战争造成了1000多万人死亡，人们盼望着和平宁静的生活。然而就在此刻，一场更大规模的灾难使得第一次世界大战的死亡幽灵相形见绌。就是所谓的"西班牙流感"。

"西班牙流感"也被称为"西班牙女士"，不过它却有些名不符实。这场流感绝对没有它的名称那样温柔。

现有的医学资料表明，"西班牙流感"最早出现在美国堪萨斯州的芬斯顿军营。1918年3月11日午餐前，这个军营的一位士兵感到发烧、嗓子疼和头疼，就去部队的医院看病，医生认为他患了普通的感冒。然而，接下来的情况出人意料：到了中午，100多名士兵都出现了相似的症状。几天之后，这个军营里已经有了500名以上的"感冒"病人。

在随后的几个月里，美国各地都出现了这种"感冒"的踪影。这一阶段美国的流感疫情似乎不那么严重，与往年相比，这次流感造成的死亡率高不了多少。在一场世界大战尚未结束时，军方很少有人注意到这次流感的爆发——尽管它几乎传遍了整个美国的军营。

随后，流感传到了西班牙，总共造成800万西班牙人死亡，这次流感也就

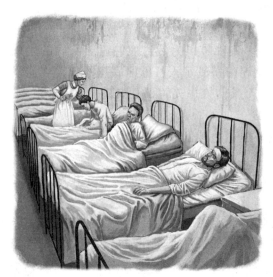
不少士兵都出现了"感冒"症状。

得名"西班牙流感"。9 月，流感出现在波士顿，这是"西班牙流感"最严重的一个阶段的开始。10 月，美国国内流感的死亡率达到了创纪录的 5%。战争中军队大规模的调动为流感的传播火上浇油。有人怀疑这场疾病是德国人的细菌战，或者是芥子气引起的。

这次流感呈现出了一个相当奇怪的特征。以往的流感总是容易杀死年老体衰的人和儿童，这次的死亡曲线却呈现出一种 W 形——20 岁 ~40 岁的青壮年人也成为死神追逐的对象。到了来年的 2 月份，"西班牙流感"迎来了它相对温和的第三阶段。

数月后，"西班牙流感"在地球上销声匿迹了。不过，它给人类带来的损失却是难以估量的。科学家估计，有 2000 万 ~4000 万人在流感灾难中丧生。相比之下，第一次世界大战造成的死亡人数只有它的 1/4~1/2。据估计，在这场流感之后，美国人的平均寿命下降了 10 年。

作为一种传染病，流感至少已经有了 2000 多年的历史。1918 年"西班牙流感"的危害甚至超过了中世纪欧洲爆发的鼠疫，与最近 20 年流行的艾滋病打了一个平手（全球大约有 7000 万人感染艾滋病，2000 万人死亡）。

席卷全球的麻风病

麻风病曾经肆虐全球，在医学发达的今天，仍会有人感染麻风病。

雅典瘟疫被认为是史书最早详细记载的疫病，但却算不上最早留有记录的疫病。人类文明史上最早留有记录的疫病之一，便是麻风病。

世界上有关麻风病起源的地点、时间和原因的推测众说纷纭。关于麻风病起源地点和时间的推测，多数认同最有可能源于南亚的印度，因为公元前 600 年前的古印度文献已经有了明确记载。另有一些人认为，麻风病发端于埃及，时间上至少在公元前 1552~ 公元前 1350 年，然而这被认为只是一种很具想象力的猜测。也有人认为，此病约于 3000 年前来自古代文明的中国、埃及及印度等地，后来传播到欧洲、亚洲其他地方，以及最终遍布世界各地。

引起麻风病的根本原因至今不详，但尽管如此，人们还是认为营养不良、卫生状况差、古老的结核病菌感染、酒精中毒，或许还有遗传变异等诸种健康保健和生活环境因素的综合作用，可能助长了麻风病的产生和传播。

麻风病可以说是人类史上分布地域相当广泛的传染病之一，世界上几乎各大洲都有过麻风病的传播。

亚洲的麻风病传播情况，被认为印度出现麻风病后不长时间，中国便成了下一个受麻风病传染的国家。尔后，该病从中国传到日本、越南，并逐渐传遍了东南亚。但对此让人不禁质疑的是，印度同中国间隔世界最高山脉喜马拉雅山，麻风病又是怎样地翻越过这条山脉而在中国内地传播的呢？是翻越山脉的野牛成就了传播链，还是人与人直接感染的呢？没人对此提供确凿答案。

那么，麻风病如何在北非流传，尔后又怎样传入欧洲的呢？古老传说中称希伯来人是一个麻风病群体,埃及人骑马经过他们的土地而染上了麻风病。因而认为古埃及的麻风病来自希伯来人。另一种传说则描述了相反情景,认为肯定是希伯来人出埃及时因遭到污染物的污染而感染上了麻风病。这些传说从《圣经》中都能找到痕迹。

麻风病传出埃及后的进一步扩散,被认为同腓尼基人有关。腓尼基航海者漂洋过海,把麻风病带入叙利亚及其他同他们经商的国家或地区,所以古希腊名医希波克拉底才把麻风病称之为"腓尼基病"。公元前8~公元前5世纪,爱琴海地区战争不断,并波及北非和西亚,有大量北非及西亚人沦为奴隶而被带入希腊半岛,因而多数学者认为是希腊人将麻风病由埃及传入欧洲的。

也有人认为是亚历山大大帝远征印度时带回了麻风病。地中海周围地区是欧洲最早受麻风病影响的地区,尔后从地中海向西传播,无任何地方幸免。

整个欧洲的麻风病高峰期是在中世纪。13世纪初,蔓延开来的麻风病使这一时期的欧洲估计有19000个用于隔离的麻风病禁锢所。14世纪中期起,麻风病疫情开始在欧洲中部和西部逐渐消退。到了17世纪末,除少数几个地方外,动辄感染麻风病的现象在欧洲已很罕见。19世纪挪威又出现过一次疫情高峰,但到了20世纪50年代,那里的最后一座麻风病医院也归于关闭。

19世纪初,太平洋一些岛屿遭受麻风病的袭击。麻风病途经菲律宾,沿着太平洋诸岛向夏威夷挺进,同来自美洲的传染源一同夹击了夏威夷,随后传向新卡里多尼亚,1912年又抵达瑙鲁。

美洲土生土长的印第安人原本没有麻风病流行,到了15世纪末~16世纪初,哥伦布发现"新大陆"后不久,才由西班牙人传入南美洲。1543年,哥伦比亚首先发现了麻风病人。此后欧洲殖民者贩卖非洲黑人奴隶至美洲,造成了麻风病在南美传播的扩大。以致美洲大陆中部的墨西哥、西印度群岛等地麻风病也开始盛行。

大洋洲澳大利亚和新西兰的麻风病,可能是16世纪经由西班牙和葡萄牙人带入,也可能是由中南半岛、印度尼西亚及波利尼西亚的移民传入。至于各大洋中那些岛屿上的麻风病最早传播者,则被认为是"地理大发现"时期来自欧洲的所谓"发现者"。

艾滋病从何而来

人类在同大自然的斗争中遇到过一个又一个的绝症,从肺结核、麻风到癌症。如今,肺结核、麻风对人类来说早已不再是绝症,在人们把精力集中到解决癌症上的时候,又一种绝症出现了,它就是目前搅得全球人心惶惶的艾滋病。

自从1978年在美国纽约发现第一例艾滋病人以后截至2000年9月30日,世界卫生组织根据各国官方提供的统计数字表明,全世界已有163个国家和地区报告发现了艾滋病人。2011年11月21日,联合国艾滋病规划署对外公布,截止到2010年年底,全球大约已有3400万人感染了艾滋病病毒,其中2010年全球新增感染者270

万例。对于艾滋病的病因，许多科学家进行了大量的研究，但是至今还没有弄清楚。大多数的科学家认为艾滋病的发病与一种 T 细胞有关。

1983 年 5 月，法国巴斯德研究所的吕卡·蒙塔尼埃研究组从病患者体内的淋巴结里分离出了艾滋病病毒。这是人类首次发现艾滋病病毒。这种病毒能够附着 T 细胞的表面进行繁殖，受感染的 T 细胞很快就会停止生长，丧失免疫功能而死亡。而新繁殖的艾滋病病毒又释放到血液中，寻找新的 T 细胞。这样循环往复的进行导致患者的免疫力下降，最终失去抵抗力。

也有少数的科学家认为，艾滋病并不是仅仅由一种病毒引起的，很可能还有其他的因素在起作用。

1986 年上半年，世界卫生组织决定将艾滋病病毒定名为"人体免疫缺损病毒"，英文缩写为 HIV。艾滋病即由 HIV 潜伏性和作用缓慢的病毒引起的疾病，英文缩写为 AIDS。中文音译为艾滋病。1988 年，世界卫生组织为了唤起世界各国共同对付这种人类历史迄今出现的最厉害的病毒，定每年 12 月 1 日为"世界艾滋病日"。

关于艾滋病的来源，说法也是各种各样。起初人们认为艾滋病是由同性恋引起的。因为在美国一些大城市中的同性恋中艾滋病患者居多。可是，经过许多学者的研究后，发现早在古希腊罗马时代，西方国家就已存在同性恋问题，而在东方国家的古代社会里，也同样存在这一问题，如果因同性恋导致艾滋病的产生，那么必定在古代就流行了，为何在当代才传播开呢？从而得出同性恋并非艾滋病起源的结论。

最令人震惊的说法是有人称艾滋病病毒是美国细菌战研究的产物。他们认为艾滋病是美国生物战研究中心利用遗传工程基因重组的新技术制造出来的新病毒。美国在越南战争期间，开始了对这一问题的研究，目的是制造一种新型的生物战武器。研究者首先在中非的绿猴身上做试验，后来转为在以减刑为条件自愿接受该病毒的一些服重刑的囚犯身上试验，囚犯中不少是同性恋者。他们被释放后，便把艾滋病带到社会上，并由各种途径传播开来。这是试验者和被试验者始料不及的后果。这一观点引起各种各样的议论和猜测。尽管美国有关方面否认这一说法，但一些人还是将美国为全世界艾滋病最多的国家与此问题联系起来，持肯定态度。

还有两位英国科学家曾提出过

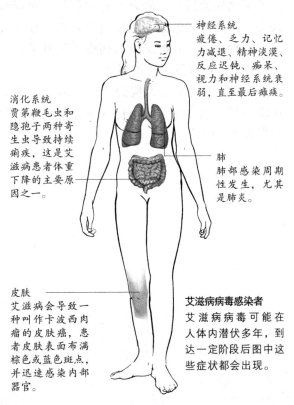

神经系统
疲倦、乏力、记忆力减退、精神淡漠、反应迟钝、痴呆、视力和神经系统衰弱，直至最后瘫痪。

消化系统
贾第鞭毛虫和隐孢子两种寄生虫导致持续痢疾，这是艾滋病患者体重下降的主要原因之一。

肺
肺部感染周期性发生，尤其是肺炎。

皮肤
艾滋病会导致一种叫作卡波西肉瘤的皮肤癌，患者皮肤表面布满棕色或蓝色斑点，并迅速感染内部器官。

艾滋病病毒感染者
艾滋病病毒可能在人体内潜伏多年，到达一定阶段后图中这些症状都会出现。

"外空传入地球"的假说，认为艾滋病病毒可能早在外空中存在，但因千百年来缺乏传播媒介，所以人类一直没感染上。后来由于一颗飞逝的彗星撞击了地球，将这种可怕的病毒带到地球来，祸害了人类。这种假说还没有找到可靠的事实依据来证明。

目前，人们又提出了"猴子传给人类"的假说。科学家经过研究后发现，在猴子身上存在与人类艾滋病患者相同的病毒，被发现的猴子生活在非洲。研究者们从血液接触可以感染上艾滋病病毒以及中非地区高发病率与奇特生活习俗等方面，假定艾滋病病毒是猴子传染给人类的。根据现有的资料显示，早在美国出现艾滋病之前，中非地区的卢旺达、乍得等国家和地区就流行过艾滋病。有人推测类似艾滋病病毒的东西最早存在于当地的猴群中，由于当地人经常被猴抓伤以及吃猴肉等原因，这种病毒就进入了人体，逐渐演变成了艾滋病。据一些专家估计，携带艾滋病病毒者可能高达非洲中部城市人口的10%。在20世纪80年代，扎伊尔的金沙萨市在对千份血液样本加以检验后，发现其中6%~7%带有艾滋病病毒。赞比亚首都卢萨卡也做过一次广泛的调查，发现18%的输血者带有艾滋病病毒，在赞比亚1987年间便约有6000名儿童接受艾滋病治疗。而非洲某些地区5%的新生婴儿都带有艾滋病病毒，其中一半至2/3的人在两年内会演变成艾滋病。法国一位研究人员偶然了解到中非地区有些居民有以下生活习俗：将公猴血和母猴血分别注入男人和女人的大腿和后背等，以刺激性欲；有些居民还用这种方法治疗不孕症和阳痿等病。许多专家认为，艾滋病就是这样传染给人类的。但是中非部分居民奇特生活习俗的历史无疑长于艾滋病流行史，研究者进而假设：可能在很早以前，猴子就将艾滋病病毒传给人类，但因偶然的原因几度自生自灭。在现代，由于大量欧美人员到过非洲，传染上了这种病毒，并把艾滋病病毒带回欧美，加之性生活混乱和吸毒等流行，所以艾滋病在欧美地区就广泛传播开来。

目前，人类对艾滋病的研究已取得许多重大成就，但它究竟起源于哪里，至今众说纷纭，很多专家认为这种争论还只是一个开始，要想弄清艾滋病的来源仍需要相当长的时间。

第十篇

离奇的巧合谜团

生与死：前世今生两茫茫

生死谁能定，茫茫问苍天。

特科抹人诅咒

结尾数字是零的年份当选的美国总统，将遇上危及生命的大灾大难，死于任上。

美国政府在美洲无所顾忌的征伐，没想到竟然为将来留下了莫大隐患。

传说，1811 年，美国将军威廉·亨利·哈里森率领的军队，在蒂皮卡诺大战中一举击溃了著名的美国印第安人首领特科抹人和他的军队，并对印第安人实施了残酷的屠杀。愤怒的特科抹人对美国人施加了咒语。诅咒是这样说的：我告诉你，哈里森将死。继他之后每隔 20 年，每个在尾数是 "0" 的年份当选的总统都必须在任上死去。美国每 4 年一任总统，所以每 20 年就有一任是在结尾数字是 "0" 的年份当选。

1840 年，威廉·亨利·哈里森将军在总统大选中获胜。在就职演说当天，因天气原因感冒，1 个月后就因肺炎死亡。20 年后的 1860 年，亚伯拉罕·林肯当选总统，1865 年就被枪杀。在 1880 年大选中获胜的詹姆斯·加菲尔德，上任 4 个月后就遭枪杀。1900 年，当选总统的威廉·麦金莱上任一年半后被枪杀。1920 年，沃伦·G.哈定当选，在旅行途中突发心脏病而死。富兰克林·D.罗斯福 1940 年第 3 次当选总统，但在第 4 次当选总统后不久就因大脑动脉瘤不治身亡。最年轻的美国总统约翰·肯尼迪在 1960 年当选美国总统，于 1963 年遭枪杀。

"特科抹人诅咒" 究竟是巧合，还是真有此事？

子弹的记忆

人和动物有记忆，这是众所周知的。然而，有谁能想到子弹也会有记忆。

子弹也有记忆，它知道自己的目标在何方，只要锁定目标，无论遇到什么阻碍，只要它存在，就必将击中目标。

1893 年，在德州经营霍尼克洛乌牧场的亨利·席格兰特结婚后，又喜欢上了另外一个名门闺秀。席格兰特十分苦恼，于是对爱人梅莉感到十分嫌恶，看她什么都不顺眼，觉得她既长得难看，又没有什么趣味。她一点也不可爱，整个人没有一点值得让他欣赏的。这个时候的席格兰特，已经完全忘记了自己当初是如何追求现在的妻子的。正因为如此，席格兰特对待自己的妻子十分冷淡无情，经常无辜打骂。这让可怜的梅莉经常独自哭泣，她不知道究竟发生了什么事情，也不知道丈夫怎么就不爱她了。终于有一天，梅莉伤心地自杀身亡了。

梅莉的兄长对于席格兰特的行为感到无比愤恨，他知道是席格兰特害得梅莉自杀的。他发誓要为梅莉报仇。于是有一天，梅莉的兄长就带着手枪向席格兰特开了枪，子弹从席格兰特的脸颊擦了过去，击中了身后的一棵大树。但是，梅莉的哥哥以为自己杀死了席格兰特，接着就举枪自杀了。

席格兰特终于与自己心爱的人在一起了。事情经过了 20 年之后，有一天，席格兰特要把那棵大树砍倒，但因树太硬，很不容易砍倒，于是他就用炸药来炸。当然，席格兰特并没有忘记，20 年前从脸颊上擦过的那颗子弹仍留在大树上。他做好了一切准备之后，便点燃炸药，当炸药爆炸时，波及了这颗嵌在树上的子弹，它弹了出来。正巧击中了席格兰特的头部，席格兰特终于一命呜呼了。命运让席格兰特还是死在了这颗子弹下。

这颗子弹整整迟到了 20 年，或许它虽然在树干之中静静地等待了 20 年，然而复仇的灵魂已经附体，它必然有爆发的一天。

万幸中的不幸

本来是救命，谁知踏上黄泉路。

人生在世，永远不知道下一秒究竟会发生什么事。幸与不幸总是纠缠在一起，让你不知所措。

1977 年，纽约市有个男人，在街道上行走时，被一辆货车撞倒。奇怪的是，他竟然没有受伤。正当他觉得自己算是幸运，从地上爬起来准备离开时，一个过路人劝他说："你躺在地上，不要动，假装受伤。这样，你便可以向保险公司索赔。"他觉得很有道理，于是又横躺在货车前面。就在他躺下的时候，货车司机以为他已经走开，便发动车子，结果货车从他身上一碾而过，他在保险梦中一命呜呼。

1983 年，洛杉矶厂主路达史华兹，在台风中，侥幸从狂风荡平了的小型厂房中逃了出来，只受了轻伤。台风后，他返回废墟视察，一堵未被摧毁的砖墙突然塌下，将他压在下面，他躲过了台风，却没有躲过台风的尾巴。

这种巧合不仅在美国发生过，欧洲的国家也不少。

1979 年，英国列斯市 26 岁的商店售货员路达赫拉斯，由于一个龋齿疼痛异常，而他又最怕见牙医，于是请他的朋友在他的牙床骨外重击一拳，希望把龋齿打落。他的朋友不好意思推却，于是打了他一拳。

龙卷风过境后

当龙卷风将旋转的气柱伸向地面，它中心的气压比正常大气压低几百毫帕，当气旋靠近建筑物时，建筑物内的空气向低气压区突然冲出，引起猛烈的爆炸。此图反映了美国佛罗里达州的一小城镇在龙卷风过后的狼藉景象。

不料路达赫拉斯被击中以后，站立不稳，头部撞在一块凸起的大石头上，头骨破裂而死。真是牙疼不是病，疼起来"真要命"。

1983年7月，一场风暴席卷了意大利那不勒斯市。45岁的维多利亚路易斯，在驾车回家途中，被狂风连人带车吹落激流中，几经艰辛，他才打破车窗，挣扎上岸。正当他为自己庆幸时，一棵大树被狂风连根拔起，刚巧击中他的头部，他因此而丧命。

没有什么不可能。这正应了"祸兮福之所倚，福兮祸之所伏"这句话。在没有真正脱离险境之时，不要过早庆幸。

同日生同日死的双胞胎

双胞胎因为同一胎同日出生，故而被称为双胞胎，可是你听说过双胞胎同日死亡的事情吗？

在芬兰，有一对70岁高龄的双胞胎兄弟在同一天先后因车祸丧生，出事时间只差两小时，而且两人都是骑自行车穿越同一条马路时被卡车突然撞死的，如此多的巧合发生在两个人身上，真的可以说是一件奇事了。

据了解，这对不幸的双胞胎兄弟生于1931年，一个住在帕蒂约基，另一个住在拉海，两家的距离仅有2千米~3千米。

这两起不幸的车祸发生在距芬兰首都赫尔辛基市北方约600千米的拉阿镇。一天，这对孪生兄弟中的哥哥骑自行车通过一条马路时，由于正刮着暴风雪，能见度很差，他没注意到马路上驶来的一辆卡车，而卡车司机也没有看见他，来不及刹车，当场将孪生兄弟中的哥哥撞倒在地。由于天气恶劣，影响了救护车的行驶速度。当医生赶到时，他已经停止了呼吸。

然而，两小时后，令人惊奇的事情发生了。孪生兄弟中的弟弟在中午时分也骑自行车外出，当时天气虽然已转晴，但路面很滑。弟弟在距哥哥死亡地点南1000多米的地方穿越同一条马路时，也被撞身亡。当时正巧一辆汽车通过，弟弟减速让过了汽车，但他没有看到汽车后面还有一辆卡车，在着急穿过马路的时候被卡车撞倒。当医生赶到时，他也早已经停止了呼吸。当时，参与救护的医生还感到非常奇怪，因为这两个人太相像了，简直认不出是两个人，他还以为自己产生了幻觉。经过调查，才知道原来两个死者是孪生兄弟。

据处理事故的交通警察表示，第二起车祸的丧生者不可能知道孪生兄弟遇难的事情，因为警方直到第二起车祸发生前不多久，才辨认出第一起车祸的死者身份。这名警察感叹道，这样的双胞胎兄弟还真少见，不但同日同地生，而且还同日同地死。

难道真的是命中注定的吗？但谁又能解释得清呢？

杀人魔镜

法国有个杀人魔镜，在 250 年中夺去 38 个人的生命。

在 2000 年，香港拍摄了一部惊悚影片《午夜凶镜》，讲述了一面魔镜的故事：明末，一位女子对着镜子整理头发，却被自己的情人派来的杀手杀害。而她的鲜血沾到了镜子上，从此使这个镜子有了一种特殊的能力，成为一个魔镜。1922 年，在上海，马丽收到一份表姐送来的奇特的生日礼物——魔镜梳妆台，而表姐早在 5 年前就已经去世。魔镜就如同神秘的使者一样将马丽 5 年前如何设计害死姑妈和前夫的罪行一一揭露。1990 年，新加坡著名律师詹辛禁不住巨额律师费的诱惑，为一个分明犯下奸杀罪的富家子弟辩护，使他免予刑事处罚。功成利就的詹辛在返回家的路上遭遇车祸而毁容，被送往医院后由著名的整容师为他整容，拆线的日子终于到来了，以为大功告成的詹辛在魔镜中见到的竟是一张被富家子弟杀害的人的脸。1999年，在香港，含辛茹苦将孙子麦迪抚养成人的蓝姨终于盼到孙子从英国学成归来，但他领回一个洋气十足的女人，不久蓝姨就成为那个女人争夺遗产的牺牲品，麦迪失去了奶奶之后才懂得了亲情的珍贵。在离开这个伴随他长大的祖屋时，他将一个小时候和奶奶一起玩耍的棒球拿起来扔了出去，没想到球被一只无形的手接住：奶奶来为他送行了……

影视中的魔镜杀人已让人心颤不已，然而，在法国却真的出现了一面杀人的魔镜。1997 年，法国古玩收集协会突然召集巴黎各大报社的记者开新闻发布会，并向记者们发布了一个匪夷所思的警告——请那些古董收藏家们千万不要买一面有 250 年历史的镜子，因为它是一面会杀人的"魔镜"，自它诞生至今已经杀死了 38 个人！

如果这一事件发生在 500 年前的巫术时代也许情有可原，但它偏偏发生在 20 世纪末——一个最具理性的年代。任何人向这面镜子中观看，就会因脑出血而死，但一直无人能解释它令人神秘死亡的真正原因！

出版社编辑在魔镜前面死于脑出血。

在这面"魔镜"的边框上写有"刘易斯·阿尔泼 1743"字样。这面镜子出厂日期是 1743 年，刘易斯·阿尔泼是制镜工匠的名字，也是首位被害人。这位做了一辈子镜子的匠人，在制作完这面镜子的两天后，突然一头栽倒在工作房内。经医生检查，他死于脑出血。

22 年后，魔镜的得主是一个 35 岁的出版社编辑阿内诺卡，他在巴黎街头的小摊上看到了这面旧镜子，便将它买回家，挂在卧室的墙上。之后，阿内诺卡便突然失去了音信，焦急的老板派人去他居住的公寓中寻找，可房门紧锁。请来房东太太打开门后，人们惊

魔镜让两只小白鼠脑出血死亡。

骇地看到他倒在卧室的地板上，脸上还涂抹着剃须膏。法医鉴定其死因为脑出血。

6年后，一家古董店的老板亨利在旧货市场看中这面古老而精美的镜子，于是以极低的价格买了回去，将它摆在古董店里。3天后的一个正午，亨利在店里一边悠闲地喝着咖啡，一边看着门外来往的人流。可是，两小时后亨利太太来找他时，惊骇地看到丈夫扑倒在桌子上。她惊慌地找来人将亨利送进医院抢救，可20分钟后，医生宣布他已死亡，死因仍是脑出血。亨利的家人将这面镜子扔掉了。

时间一晃又过去了近70年，身为外科医生的尤娜在跳蚤市场见到这面镜子，便买了下来，将它放在书桌上。汉默先生看到镜子对妻子说，它看上去太陈旧了，但尤娜坚持认为它放在这里正合适。就在这时，两人突然双双摔倒在地，家里的用人连忙将他们送往医院，可在途中他们都停止了呼吸，死因仍是脑出血。

至此，这面刻有"刘易斯·阿尔波1743"的镜子正式进入到人们关注的视线中。在之后漫长的时间里，围绕这面镜子，陆续又有30多人死去，死者年龄从22岁~57岁不等，大部分人生前健康状况良好，他们都是在得到这面镜子3天内就突然遇难，且死亡原因出奇的一致。

最后的死者也就是第38位，是史密斯博士，这位科学家决心揭开魔镜的谜团。1997年5月，史密斯博士费了很大周折才弄到这面镜子，它一直被封在木盒中，卖主一再警告博士，最好不要使用。史密斯博士不以为然，他迫不及待地打开木盒，小心地从里面取出这面充满传奇的古镜。但第三天中午，史密斯博士在书房突然感到一阵眩晕，而后倒在地上，家人准备将他送往医院时，他用最后的力气交代他们，将那面镜子密封起来，千万不要再让它害人了。从此以后，这面镜子便被史密斯的家人像所罗门封印下的魔鬼瓶子一样贴上了标签，严密收藏了起来。

后来，这件异事传到了美国，引起了考古学家怀恩博士的好奇。2005年4月，他专程来到巴黎，向法国古玩收集协会提出申请，想对"魔镜"进行研究，却遭到拒绝。怀恩又找到了史密斯博士的孙子，他终于答应将镜子重新拿出来。于是，怀恩在史密斯家的地下室中见到了这面传奇的镜子。它被严密封在一只木盒当中，数年前贴上的封签完好如初。回到美国后，怀恩将木盒拿到自己家里的实验室，妻子玛丽痛哭着请求怀恩停止这个疯狂的举动。在怀恩的劝说下，玛丽哭着离开了实验室。

史密斯博士是在查看镜子后3天死去的，怀恩想：即使自己也难逃噩运，也要充分利用有限的时间将魔镜之谜揭开。怀恩仔细查看镜面，根据多年的考古经验，他认定，镜面的年代没有传言中的那么久远。于是，怀恩对它做了测试，果然这块镜面仅有不到100年的历史。那就是说，镜面曾被人更换过。这样看来，秘密不在镜面上，难道镜框才是杀人的真凶吗？怀恩大脑中灵光一闪，一个想法钻进了他的脑海，他急匆匆地打开门跑了出去。

当怀恩掏出钥匙打开实验室的门时，玛丽发出一声尖叫，她骇然看到，镜子对面的两只小白鼠，正全身僵硬死在铁笼里。怀恩立即冲到实验台前，对死去的小白鼠做了解剖，结果发现两只老鼠脑内都积存着大量的血液，它们也都是死于脑出血！怀恩小心地从镜框上刮取了一些样本，然后把镜子放回到木盒中。第二天，他把这些样本送到了专业的科研机构进行鉴定。

两天后，样本检测结果出来了，果然不出所料，制作这面镜子的木材是一种极罕见的树木——库拉树，它在100多年前已经绝种了。据记载，库拉树的木材中含有一种剧毒物质，在接受强光照射后会大量释放有害气体，可导致吸入者脑部血管在短时间内爆裂，引发脑出血。这次是怀恩的日常习惯救了他。他平日在实验室工作的时候习惯拉上窗帘，所以缺乏光照才使他死里逃生。而当怀恩离开实验室后，玛丽曾走进来拉开了窗帘，在阳光的照射下，镜框释放出有害物质夺走了对面两只小白鼠的性命。谜团终于破解了！

然而，正当怀恩准备召开新闻发布会时，他却惊奇地发现盛放"魔镜"的木盒不翼而飞了！"杀人魔镜"又一次成了一段悬案！

灾与祸：为什么偏偏这时来

碰巧与死神相遇，怎么躲？

同一天发生海难，生还者姓名相同

同名同姓的人可能是巧合，可是多次海难的幸存者都叫同一个名字，就不是用概率论能够解释的了。

1665年12月5日，阳光明媚，一艘船在波澜不惊的米内海峡航行。乘客们沐浴在温暖的阳光下，心情愉快地观赏着海峡周围的美景。美丽的风景消除了人们多日旅行带来的疲累，大家都非常放松，快活地交谈着。这艘船一向行驶安全，可是，令所有人都始料未及的是，船不幸卷入一个漩涡，然后渐渐沉没。船上81名乘客几乎全部遇难，只有一个名叫休奇·威廉斯的人活了下来。至于休奇·威廉斯为什么能够幸免于难，至今还是一个谜。

1785年，还是在12月5日，一艘载有60名乘客的船在大海中快速地航行。可是，由于遭遇大雾，这艘船不幸触礁，船身被撞开一个大洞，进了许多水，船慢慢沉没了。59名乘客不幸遇难，只有唯一一名生还者。巧合的是，这名唯一的生还者居然也叫休奇·威廉斯。

75年后，即1860年，还是不变的12月5日，一艘海船在正常地航行中突然下沉。在下沉的过程中，大家都没有察觉。当大家意识到这一点的时候，为时已晚。至于船为什么会下沉，谁也不知道究竟是什么原因。海船沉没后，船上的许多乘客丧生了。不过，这一次船上有25名船员幸存了下来。其中一名幸存者也叫休奇·威廉斯。

难道休奇·威廉斯是一个受到上帝特殊眷顾的名字？或许只有上帝知道这个答案。这一系列"巧合"就像一道神秘的锁链，把一连串的灾祸连在一起。

这些离奇的"巧合"现象早已不再属于"概率"的范畴，谁能对它作出令人满意的解释呢？

遭遇死神五连环

海上环境变幻莫测，可能前1秒钟还是晴空万里，后1秒钟风暴就席卷着惊涛骇浪而来，因此海难事故经常上演。

1829年10月16日晨，正是风和日丽的好天气。英国"玛梅德"号快速帆船载着21名水手，乘风破浪驶出了悉尼港。好天气一直在持续，可是，到了第5天下午，乌云密布，天气骤变。入夜，狂风大作，海面上掀起了惊涛骇浪。一场大风暴刮翻了帆船，船员全部落水，他们拼着性命同狂风恶浪进行了顽强的搏斗。值得庆幸的是，几小时以后，筋疲力尽的船员们发现前方的海面上有块凸出的礁岩。大家纷纷朝它游去，攀上礁岩，等待救援。

3天以后，一艘名叫"斯依芙特修阿"的轮船通过附近海面时发现了遇难者，把他们全部搭救上船。死里逃生，人们非常激动。谁知到了第3天，"斯依芙特修阿"也遭到厄运，陷入了强大的海流之中，被卷上了浅滩，搁浅翻船了。

海上环境变幻莫测。

可是，非常巧合的是，过了8小时，"嘎巴拿·莱迪"号船从浅滩旁驶过，救起了两艘失事船上的船员。

但是，灾难并没有停止。"嘎巴拿·莱迪号"仅航行了3小时，船上突然发生火灾，熊熊的烈火吞噬了一切。船员们乘上救生艇仓皇逃命。他们在大海上漂流，又冷又饿。

突然有人喊起来，原来一艘澳大利亚政府的独桅快艇"库梅特"号驶过，救起了船员，但不久便遇到风暴在海上沉没。命运似乎在戏弄他们。

18 个小时之后，在海上挣扎的遇难者们又奇迹般地被邮船"丘比特号"发现救了起来。人们以为这次彻底摆脱了死神。出乎意料，"丘比特号"又撞上了暗礁！ 5 名船长和 123 名船员重又落水。

绝望之际，又出现了救星！英国客船"希蒂·奥普·里兹号"正好经过附近海面，船员终于第 5 次得救了。令人不可思议的是，在不到两个星期的时间里，竟然连续 5 次遇难，5 次获救，而且没有一个人死亡！

更令人吃惊的是，在"希蒂·奥普·里兹号"上有个身患重疾的妇女，生命垂危，弥留之际，频频呼唤儿子的姓名。医生见状，想找人顶替她的儿子安慰病人。正在这时，船员中有人自称是妇人的儿子。果然，妇人一眼认出眼前正是自己阔别多年朝思暮想的亲骨肉，顿时病情大愈……

真是有惊无险。

九死一生的人

在遭受不幸的情况下，坚强的意志往往会令奇迹发生。

1985 年，在苏丹西部尼亚拉当教师的普雷斯科特决定和他的同事史密斯徒步 32.5 千米，越过迈拉山脉，去攀登该区最高的死火山——金巴拉山。在迈拉山山脚下的村庄里，两人遇到了丹麦人伊亚特，3 人于是结伴同行，与 11 月 27 日出发，准备花 3 天时间爬上火山顶峰。

3 人爬了两天，一切都正常。然而第 3 天早上，他们准备的饮用水已所剩不多。经过商量后，3 人仍决定继续登上火山口边缘的山头。地图上注明火山口底部有泉水，再走半天可以抵达。他们进入火山口，开始向下走。下午 3 时 30 分左右，普雷斯科特在崎岖的山坡上失足掉到山沟里去了。山沟非常深，伊亚特和史密斯花了 1 小时的时间才爬到他身边，这段时间他一直昏迷着。

普雷斯科特苏醒后，觉得浑身疼痛，不能动弹，身上几处很深的伤口，大量流血。伊亚特决定去求援，可是抄近道也要一个星期才到达尼亚拉。

普雷斯科特知道自己可能等不及伊亚特和营救人员赶到就会死掉。山上的气温又超过华氏 100 度，他挨不了多久。普雷斯科特感觉到自己恐怕已经内出血了，知道自己不死于脱水也会死于失血过多。

伊亚特走后，史密斯一直陪在普雷斯科特身边。第二天早上，史密斯觉得干等下去没有一点用处，于是，决定下山求助。普雷斯科特同意了。临走时，他们两人相约点起火堆作为求救信号。

谁知道，由于气候干燥，火焰不久顺着枯黄的灌木丛烧过来，普雷斯科特只好艰难地一点一点挪动身子，躲避渐渐逼近的火焰，还好火烧到离他还有约 1 米处熄灭了。但是，不幸的是，史密斯留给他的药物和食物都被烧掉了。这使得普雷斯科特有些沮丧，但他仍然鼓励着自己。

普雷斯科特一直坚持了两天，受伤的身体因缺水而非常痛苦。为了不坐以待毙，他努力朝火山口底部移动，盼望能在那里找到泉水。

在他受伤的第 4 天上午 10 时左右，想不到伊亚特居然带着一名医疗人员回来了。他只用 3 天时间赶到尼亚拉，随即与医护人员先乘吉普车再换乘马匹兼程赶回来。普雷斯科特痛痛快快喝了些水，就被抬上马鞍，出了山谷。

飞机把普雷斯科特从尼亚拉送往喀土穆，在当地医院治疗了 8 天，再由飞机送回英国。普雷斯科特到启程回英国的前一晚才能入睡，这是他 11 天来第一次进入梦乡。

在伦敦一家医院，普雷斯科特进行了系统的检查，才明确断定伤势：脑壳破裂，一腕折断，3 块脊椎骨碎裂，1 个膝盖上的韧带与肌肉撕开。在伤势这么严重的情况下仍禁得起马匹和吉普车的颠簸，穿越沙漠，医生和普雷斯科特本人都十分惊奇，觉得这是一个奇迹。医生说，这只能用巧合来解释。因为换作是别人，肯定早就无法活了。

恐怖的 11 日

13、14 被人们认为是不祥的数字，如今可能又要增添一个新成员 "11"。

恐怖分子劫机撞击美国世贸大厦，让人们记住了 "9·11"，然而，灾难并没有因为 "9·11" 的结束而结束，11 日反而成了恐怖的不祥之日。

据法国媒体报道，阿尔及利亚就一直有传言说，恐怖分子计划在每月 11 日发动大规模袭击，目的是让每个人都记住 "9·11" 事件。尽管只是传言，但这种说法也并非毫无根据：

2007 年 4 月 11 日，阿尔及利亚首都发生自杀性爆炸事件，造成 33 人死亡，200 多人受伤。7 月 11 日，阿尔及利亚北部一处军营附近发生自杀爆炸袭击，造成 9 人死亡，另有多人受伤。

2007 年 12 月 11 日，阿尔及利亚首都阿尔及尔发生两起汽车炸弹爆炸事件，造成大量人员伤亡。这让一些人更加相信，11 日是个不祥的日子。阿尔及尔一位居民说，"我都不敢再在 11 号这天出门了"。

世界上许多恐怖袭击也是发生在 11 日。

2004 年 3 月 11 日，西班牙首都马德里发生火车连环爆炸恐怖事件，造成 191 人死亡，1841 人受伤。

2006 年 4 月 11 日，巴基斯坦南部港市卡拉奇发生爆炸，57 人死亡。

2006 年 7 月 11 日，印度孟买发生 7 起连环爆炸，183 人死亡，700 多人受伤。

而这种时间上的巧合也引起了国际情报专家的注意，一名接近反恐机构的法国人说："当我们听说阿尔及尔周二早晨发生两起爆炸，我们立即意识到这是 11 日。"

这究竟是巧合，还是恐怖分子的预谋呢？

地震走了，海啸来了

灾难接踵而至，是自然的愤怒，还是人类的悲剧？

2003年12月26日，伊朗巴姆古城发生的强烈地震导致了两万人死亡，震惊世界。一年之后的同一天，可怕的悲剧竟然再次重演。

印度尼西亚当地时间2004年12月26日上午7时59分，苏门答腊岛附近海域突然发生了强烈地震。位于美国科罗拉多州戈尔登的美国地质勘探局公布的监测结果表明，这次地震的震级为里氏8.9级。

一位来自印度尼西亚亚齐省的目击者说，地震前天空晴朗，万里无云，没有任何异常征兆。但突然间，海边的城市就遭到了巨浪袭击。在部分地区，海水涨到了人们的胸口。

意大利地震专家恩佐·博齐表示，26日大地震"整个地球都在震动"，此次地震甚至对于地球的自转运动都产生了一定的干扰。

美国地质勘探局的地质专家朱利叶斯·马丁内斯说，如此强烈的地震近百年来都十分罕见。这是自1964年美国阿拉斯加发生里氏9.2级地震以来震级最高的地震，也是自1900年以来震级排名第5的强震。

根据美国地质勘探局网站公布的资料显示，自1900年以来世界各国遭遇的最强烈地震是1960年发生在智利的地震，震级达到了里氏9.5级，随后分别是发生在阿拉斯加威廉王子湾（1964年，里氏9.2级）、阿拉斯加安德烈亚诺夫群岛（1957年，里氏9.1级）和俄罗斯堪察加半岛（1952年，里氏9.0级）的大地震。

地震与海啸就像一对孪生兄弟，相互不离左右。这次地震本身造成的人员和财产损失不大，然而地震引发的浪高达10米的海啸却给许多亚洲国家的沿海地区带来了可怕的灾难。

罕见的强烈地震及其引起的海啸在印度、斯里兰卡、孟加拉国、印度尼西亚、泰国、马来西亚、缅甸和马尔代夫等国造成数千人死亡，受伤和失踪者人数更是惊人。

北部的亚齐省，在最高达10米的巨浪袭击下，数千人在惊慌中撤离家园。在印度泰米尔纳德邦，迷人的海滩受到海啸袭击后简直变成了露天停尸场，海浪卷着尸体冲向岸边，将尸体留在了

煤气管道和电缆破漏，引起火灾。

电话线路遭到破坏而中断。

汽车被撞得七倒八歪。

断层线

强烈的地震常会带来严重的灾难，比如地面裂开巨大的豁口，造成道路被毁，建筑物崩塌，甚至整座整座的城镇被夷为平地。左图为在断层的一侧，陆地朝着你迎面移过来。右图为在断层的另一侧，陆地朝离开你的方向移去。

沙滩上，惨不忍睹。据印度内政部长帕蒂尔公布的数据显示，该国南部已经有至少2016人在海啸和洪水中丧生。帕蒂尔说，在该国受灾最为严重的泰米尔纳德邦，已经有700人~800人死亡。在另一个灾情严重的安得拉邦，死亡人数也达到了200人左右。

海啸形成的巨浪像一头猛兽迅速扑向泰国南部地区，泰国著名的旅游地普吉、攀牙和甲米府都未能幸免。位于马来西亚西北的槟榔屿州和吉打州共有42人被巨浪夺走性命，包括多名外国人。印度洋珊瑚岛国马尔代夫的首都马累大部分地区被海水淹没。马累岛上2/3的地区被淹，部分地区水深达到1.2米。

12月26日发生地震概率比较高，是巧合，还是地震难以捉摸？这有待进一步的研究。

同时遭遇袭击的四城市

四个城市在几乎同一时间段遭受爆炸袭击，这难道是巧合吗？

2004年，从10月7日傍晚19时到8日凌晨5时，伊拉克首都巴格达、阿富汗首都喀布尔、法国首都巴黎和埃及旅游胜地西奈几乎同时遭到了不同程度的恐怖袭击。没有人知道它们之间有何必然的联系，但它们的性质都一样——受伤害的都是平民，被瞄准的都是民用目标，遭打击的都是普通人的心灵，施暴者都是既不珍惜自己更不珍惜他人生命的极端分子。

2004年10月7日傍晚19时，位于伊拉克首都巴格达市中心的喜来登酒店遭到武装人员袭击。两枚火箭弹落在了酒店附近，随后从邻近的底格里斯河和美国驻伊大使馆附近传来激烈的枪声。据附近巴勒斯坦饭店的警卫人员说，枪声持续了10分钟左右，美军基地附近也有枪声传来。在交火声逐渐平息的时候，底格里斯河对岸较远的地方又传来一声巨大的爆炸声。

当地时间10月7日晚10时左右，与埃及—以色列边境通道仅有数米之隔的塔巴希尔顿饭店首先发生强烈爆炸，部分建筑坍塌。埃及电视台称爆炸是煤气泄漏所致。但以色列媒体称爆炸是汽车炸弹造成的。据埃及官方最初报告称，爆炸造成至少35人死亡，160多人受伤，其中多数是以色列旅游者。

巴格达上空弹雨纷飞
迎战美国针对性的空袭，伊拉克予以回击。

塔巴希尔顿饭店发生爆炸约两个小时后，西奈半岛的另外两处著名风景点——位于塔巴以南约60千米的希塔尼角和苏尔坦角旅游度假村几乎与此同时又响起爆炸声。两起爆炸间隔不过5秒钟，度假村住满了以色列人。

这两个度假区也是大批以色列旅游者经常光顾的地方。

当地时间 10 月 8 日凌晨 1 时 30 分左右，美国驻阿富汗大使馆遭到火箭弹袭击。两枚火箭弹落在美驻阿使馆附近。

第一枚火箭弹击中了使馆区大选媒体登记站附近的一处停车场，距美国使馆约两三百米，但没有造成人员伤亡。

第二枚火箭弹的具体爆炸位置和造成的损失情况在报道时候尚不清楚。为了谨慎起见，爆炸发生后美国驻阿使馆全体人员都进入地下防空洞躲避。

几乎在同一时间，也就是当地时间 10 月 8 日清晨，印度尼西亚驻法国巴黎大使馆也遭到炸弹袭击。一枚装有自动引爆装置的中等型号的炸弹在巴黎的印度尼西亚大使馆前面爆炸，造成 10 人不同程度的受伤，伤者中包括 5 名使馆人员。这枚炸弹被安置在使馆前不远处，并用旗子掩盖着，很明显是针对印尼使馆的。剧烈的爆炸在现场留下一个大坑，方圆 30 米内的一些建筑物的玻璃被震碎。

尽管无法断定这四起恐怖袭击事件是否有直接的联系，但恐怖分子的残忍和嚣张令人发指，恐怖分子的猖獗对无辜平民的生命财产安全、对国际社会的稳定、发展构成了空前威胁。在今后相当长的时间内，恐怖活动仍是国际社会的主要威胁。